西汉侯国地理

修订本

马孟龙 著

图书在版编目(CIP)数据

西汉侯国地理 / 马孟龙著. —修订本. —上海：
上海古籍出版社，2021.2（2024.6重印）
ISBN 978-7-5325-9858-8

Ⅰ.①西… Ⅱ.①马… Ⅲ.①历史地理-研究-中国-西汉时代 Ⅳ.①K928.634.1

中国版本图书馆CIP数据核字（2021）第027473号

西汉侯国地理（修订本）

马孟龙 著

上海古籍出版社出版发行

（上海市闵行区号景路159弄1-5号A座5F 邮政编码201101）

(1) 网址：www.guji.com.cn
(2) E-mail: guji1@guji.com.cn
(3) 易文网网址：www.ewen.co

常熟市人民印刷有限公司印刷

开本 635×965 1/16 印张41 插页5 字数590,000
2021年2月第1版 2024年6月第4次印刷
印数：5,301—6,350
ISBN 978-7-5325-9858-8
K·2950 定价：168.00元
如有质量问题，请与承印公司联系

序 一

葛剑雄

翻阅马孟龙即将出版的《西汉侯国地理》，往事历历在目。

2007年孟龙报考我的博士研究生，口试时我对他的印象很好，虽然他本科毕业于一所升格不久的地方大学，并且是中文专业，但感到他思路清晰，有自己的见解，认定是可造成之材。岂料他笔试成绩很差，英语更差，离录取线甚远。我怀疑自己的判断能力，就找他了解，方才得知他虽然硕士阶段报的是历史地理专业，入学后却因该校没有找到合适的导师，让他改学其他专业，实际根本没有学过历史地理。我又比较详细地询问了他各方面的情况，特别让他谈了他已发表的一篇论文的思路和感兴趣的问题，更坚定了原来的看法。这样的人才放弃了实在可惜，正好我承担的《中华大典·历史地理典》有工作要做，就邀他来上海边作些辅助工作，边备考。但我知道，即便他能尽力学习，也不可能在短期内达到常规录取的标准。在校研究生院的支持下，我为他单独命题，特招录取，在次年春季入学。

不过应该承认，孟龙此后的进步还是超出了我的预料，特别是在博士生期间就能写出好几篇高质量的论文，能在权威刊物发表，现在又完成了这部专著，其水平远在一般博士论文之上。

入学不久，孟龙就提出，要以西汉侯国为研究方向，作为博士论文的选题。这也出乎我的意料，因此我力劝他改变方向。因为我知道，从清代杰出的史学家钱大昕以来，包括先师季龙（谭其骧）先生在内的诸多学者都曾对此作过研究，发表过不少论著。特别是周振鹤师兄的博士论文《西汉政区地理》中，相当大的篇幅就是研究西汉侯国，并且由此得出了不少重要结论,成为这篇论文的坚实论据。我也知道此后出土或新发现的文书提供了新的史料,但我以为至多只能作些充实补正,纠正若干局部的错漏,难道还能做成一篇博士学位论文?但孟龙信心十足,滔滔不绝地申述自己的理由。我听下来觉得他有些道理,就嘱他先写一篇出来看看。初稿写出后,我觉得确有新意,但因自己长期未注意这方面的成果,判断不准,嘱他向振鹤师兄求教。就这样,孟龙一发不可收,连续写出了几篇,或颠覆了长期沿用的成说,或将一些一直以为无序可循的排列理出了头绪,或填补了某一缺漏。至此我已完全不担心他能否完成论文,却也没有想到最终能形成这样一部立论严谨、内容全面、新见迭出的专著。

季龙先师一直激励我们:"在历史地理研究中,我应该超越钱大昕、王国维,你们应该超过我。"孟龙的新著必能告慰于先师。

能超越前人,固然是后学努力的结果,但也离不开学术界以至整个社会的进步。例如,要是没有 2002 年湖南里耶秦简的发现,即使穷尽秦汉史料,至多也只能对今湘黔一带的秦郡数量和名称存在疑问,却无法断定会有洞庭、苍梧二郡。至此我才体会到先师在论证秦郡数量时持不确定态度的高明之处。相信孟龙一定会明白,《西汉侯国地理》得益于前贤的成果和新出土发现的史料,是一个时代的产物,却绝不是终结,因而迟早要被超越。如果是被孟龙自己,并且是在不久的将来,岂不更好!

2013 年 10 月

序　二

辛德勇

马孟龙君《西汉侯国地理》付梓在即，嘱我写几句话附缀篇末。博士毕业之后，我一直随着性子乱翻书，没有什么研究规划，不过近二十年来，有关秦汉的文章写得稍多些，当然其中做得最多的，仍然是自己的本行，也就是秦汉时期的地理问题。大概就是因为这一点，孟龙君希望我能够就这本书中层出叠现的新见解，深入谈一谈看法。殊不知我读书猴性十足，很难花得下像他这样的苦功，踏踏实实地仔细研读《史记》、《汉书》。特别是像《汉书·王子侯表》之类的《史》、《汉》诸表，除了《史记》的《六国年表》和《秦楚之际月表》，连贯性稍强，还有《汉书·百官公卿表》的上卷，是普通的文字记述，实际上算不上是"表"，因而对这几部分还大致通检过几次之外，其他各种旁行斜上的表格，总是望而生怵，要不是遇到非查不可的问题，平常是从不翻看的。读书如此疏懒，对这部《西汉侯国地理》中艰深的具体问题，很难做出有学术深度的评议。

不过，此前我毕竟大致通看过这部书稿，其中个别章节拆分开来单独发表时，我也稍微仔细一些阅读过，对孟龙君思考问题之清晰，辨析史事之深邃，与其治学之沉潜，一直深为叹赏，因而愿意借此机会，谈谈自己的感想。

我在大学念书时读的是一门不三不四的专业，没有受过历史学科班训练，根本不知道有品味的历史学家该读哪些书，不该读哪些书。直到今天，读书仍然是跟着自己的兴趣走。多年来混迹于历史学者之群，滥竽充数写文章，也只是按照业师史念海先生传授的四字口诀——"读书得间"来行事，从来没有考虑过按照哪一路模式写文章、写什么样的问题以及怎样表述这些问题才算好文章这类严肃的命题。因为受学于先师者，仅此四字而已，我对"读书得间"这一根本路径始终恪守不渝,并且很固执地相信,"读书得间"的文章,虽然在许多人看来不一定是好文章,却一定是真文章,是实实在在的文章,而学术研究的第一要义,正在于求真求实。我读马孟龙君这部《西汉侯国地理》,最为赞赏的地方,或者说最能引发共鸣的地方,就在这里。面对两千年来无数优秀学人都未能梳理清楚的如此复杂的政区地理问题,孟龙君能够耐心细致地搜罗审辨史料,发现其中的规律性问题、关键性问题,提出全新的实质性见解。我想,这绝不是一味揣摩哪个大师的套路或效法某个学派的范式所能做到的,其主要成就,正主要源于读书而能够得间。

中国古代儒者的个人修养,很讲究慎独,要想做好这一点,实际很不容易。慎守其独,对于学者,同样也是一个挑战。走"读书得间"这条路,需要花费很多时间读书,需要读很多书,在校读学位,咬牙坚持一下,或许不太难做到,但要在获得博士学位而走上工作岗位之后,面对缤纷变幻的世态,依然故我,这还需要有一种特殊的学术旨趣,这就是逃离浮华与喧嚣,独自享受学术的清静。能够如钱钟书先生所说,在荒江老屋之中与二三素心之人相与探讨更好;没有,也不妨尚友古人,自得其乐。这是一种特别的境界,不知孟龙君以为良否?

《西汉侯国地理》这部书中有些内容,是我过去已经想到,思考过,想留待日后具体探究的问题。例如我在研究汉武帝"广关"一事时,意识到这是一件影响广泛的重大事件,由此可以展开西汉历史的很多问题,其中即包括"广关"前后侯国地理分布的变迁。读此书稿,看到这一问题已经被孟龙君妥善解决(尽管其中还有个别地方,可以进一步解析),既高兴,又难免有些被人捷足先登的遗憾。我比孟龙君年长二十余年,不禁想到了孔夫子讲的那句老话:后生可畏。很多年前,记不得在清朝什么人一部书中,看到一段专门阐释此语的论述,大意谓后生之真正可畏者不是天资卓异的少年英俊,而是那些孜孜不倦、持之以恒的人。马孟龙君已经用《西汉侯国地理》一书,为自己在学术领域里确立了一个良好的出发点,衷心期望孟龙君能够秉持以往的追求,一步一步,坚实地走下去。

2013年10月4日

导言　如何使用这本书

我建议读者不要从头阅读这本书。之所以这么说，是因为作为一个学术工作者，我深知任何一部学术作品——即便是名家之作——也很难激发读者的阅读兴趣。如果读者饶有兴致地从第一页开始阅读，相信读过两三页后便会觉得枯燥乏味，随后把书束之高阁。这是绝大多数读者（我也不例外）都经历过的阅读体验。其实，当我们主动去翻阅一部学术书籍，并非是怀有浓厚的兴趣，而是为了解决现实的学术问题。我们期望从中获得的，仅仅是解决问题的思路和线索，而非从中得到某种阅读快感。所以我从未奢望这本书能吸引读者去通读，只是期望能给进行学术研究的同仁们提供一些便利。因而身为作者，我有责任指出这本书有何实际用处，而非高谈此书具有怎样的学术价值，以免浪费读者宝贵的光阴。

这本书最大的用处是提供有关西汉侯国的时间（置废年代）和空间（地理方位）信息。以往若想了解这类信息，只能翻阅《史记》、《汉书》相关侯表以及各种地名辞典，查阅极为不易。而本书可以帮助读者省去这个步骤。读者利用本书附录"侯国索引"查检到对应的侯国编号，便可以找到该侯国在"西汉侯国建置沿革综表"中的条目。"综表"提供了诸如置废年代、类别、地理方位和隶属沿革等侯国基本信息。其中所提供的侯国地理方位信息，汇集了目前侯国地望研究以及实地考古调查的最新成果，为本表的特色之一。而"备注"一栏，则为"综表"对某些侯国的名号、置废年代、地理方位等信息所作的修正进行说明，同时提示前人的研究成果。如果某侯国在书中有详细考证，还会指示考证文字在书中的章节位置。"综表"也有相对独立、完整的引用文献注释，从这些征引文献，读者不难发现"综表"可以帮助他们省去许多翻检之劳。因此我相信，只利用本书附录，而不需翻阅正文，就可以解决绝大多数读者遇到的问题。

如果翻阅这本书的读者关心的是西汉政区研究，我会推荐阅读该书的中编。众所周知，目前海内外流行的几种中国历史地图集对西汉政区的标绘，反映的都是西汉末年的面貌（基于《汉书·地理志》）。而本书除汉末政区之外，另复原出六个具有明确断限的西汉政区面貌，涵盖高帝、惠帝、文帝、景帝、武帝时期。虽然对这些时段政区的复原是为了方便探讨不同时期的侯国地理分布特征，但若隐去各章关于侯国分布的讨论，则完全可以看作是对西汉不同时期郡国级政区复原的研究。如果读者仔细阅读各章第一部分"郡国名目"和"郡国辖域范围"的考证文字，并将其与周振鹤先生的《西汉政区地理》对读，相信会有意外的收获。而对于任何一个西汉史研究学者，如果能够简单翻阅书中的几幅西汉政区地图，也许会加深对西汉政治格局发展态势的了解。

如果本书的读者关心的是西汉侯国地理分布问题，我则推荐各位首先阅读中编各章的结语，在这里你可以了解西汉不同时期侯国地理分布的总体特征。另外千万不要错过中编的"本编的基本结论"，这是我静态观察各时期侯国分布特征后，将各年代断面贯通起来，对西汉侯国地理分布特征发展、演变过程的总体考察。在这之后，读者可以翻阅该书的下编。下编所涉及的专题研究，是在中编进行总体考察过程中显现出来的具体问题。这些问题都是前人未曾留意，或有所留意却探讨不深的部分。若读者阅读其中某一两个章节，相信会有耳目一新的感觉。

最后我想提醒各位读者的是，千万不要忽视上编的存在，另外一定要关注本书中编第一章对《汉书·地理志》所进行的文献学分析。以往作为一个历史地理研究者，大多关注搜集和阐释史料，而忽视各类史料的文献来源和编纂过程。其实对于一个古代史研究者（明清史除外），他所能利用的史料大多是经过史家编纂的结果。因而在利用这些史料之前，我们应当具有这样的"自觉"，即追寻史料最初的文献来源以及史家编纂史料的方式和意图。如果遵循这样的过程，我们也许会意外地发现，原来一些看似坚实的史料其实并不可靠，而另外一些被忽视的记载则可能具有更为重要的史料价值。在这里需要说明的是，我之所以具有这样的意识，主要获益于对藤田胜久先生《〈史记〉战国史料研究》的阅读,并且非常有幸在2009年与藤田先生进行多次当面交流。本书的上编和中编关于《汉书·地理志》文献学的分析,其实是最后补入研究计划的,但这两项工作的进行,却改写了中编、下编许多重要的结论。而这之中围绕《汉书·地理志》所进行的各种讨论,我以为是本书最重要的学术贡献之一。

如果还有读者对西汉侯国地理研究历程感兴趣,可以去阅读本书序章的学术史回顾。在这里,读者会意外地发现,"侯国地理分布"这种在今天看来非常狭小和具体的学术问题,曾一度引起诸如钱大昕、钱穆、史念海一流学者的注意,并吸引他们为此进行多项专门研究,与今天"侯国地理研究"的冷清形成鲜明对比。乾嘉、民国时期学术研究的广度与深度,可能会令我们感叹。

当然,我不得不承认,由于研究资料的缺乏,书中很多观点带有推测的成分。如果读者引用书中的某些观点作为自己研究的依据,还要持有谨慎的态度。事实上,我坚信随着出土资料的陆续公布,书中许多观点都需要修正。这一点自然是不可避免的。其实,在所凭据史料有限的前提下进行种种探索,既是上古史研究者所面临的无奈,也是上古史研究的魅力所在。而研究者在反复思考后,找寻到更为合理的答案,并对前人研究的不足进行修正,也是推进学术研究不断进步的过程。因而我非常乐于见到日后针对本书而进行批评和商榷的文章。我也会向从事此类工作的学界同仁表示感谢。

以上啰里啰嗦地讲了许多,只是希望能够给使用这本书的读者提供一些便利。如果读者在使用的过程中,获益于此书提供的帮助,或是为学术研究提供了一些线索和启发,使之感到购买并阅读此书没有浪费宝贵的金钱或时间,那么我将深感荣幸。

目　　录

序一 .... 葛剑雄　1

序二 .... 辛德勇　1

导言　如何使用这本书 1

序章 1
  引言 1
  一、西汉侯国地理研究的学术史回顾 3
  二、本书的主旨及结构 26

上编　基本史料的考订 29
第一章　《汉书》侯表下注"郡县名"体例疏正 31
  一、《汉表》下注县名体例考 31
  二、《汉表》下注郡名体例考 40
  结语 53
第二章　《水经注》、《史记索隐》侯国地理信息考辨 54
  一、《水经注》侯国地理信息之史料来源 54
  二、《史记索隐》侯国地理信息之史料来源 62
  结语 68

中编　侯国地理分布格局的变迁 ························· 71

引论：本编的研究思路 ························· 73

第一章　《汉书·地理志》侯国地理分布 ············· 76
一、《汉书·地理志》行政建制断限考 ············· 77
二、《汉书·地理志》断于"绥和二年三月"辨误 ····· 82
三、元延三年侯国数目 ························· 89
四、元延三年侯国分布图 ······················· 95
五、元延三年侯国分布特征概述 ················· 97
结语 ······································· 103

第二章　高帝十年侯国地理分布 ··················· 105
一、高帝十年行政区划 ························· 106
二、高帝十年侯国数目及侯国分布图 ············· 121
三、高帝十年侯国分布特征概述 ················· 125
结语 ······································· 136
附：汁防侯国非"广汉郡汁方县"考 ············· 138

第三章　惠帝七年侯国地理分布 ··················· 144
一、惠帝七年行政区划 ························· 144
二、惠帝七年侯国数目及侯国分布图 ············· 148
三、惠帝七年侯国分布特征概述 ················· 149
结语 ······································· 153

第四章　文帝十一年侯国地理分布 ················· 155
一、文帝十一年行政区划 ······················· 156
二、文帝十一年侯国数目及侯国分布图 ··········· 160
三、文帝十一年侯国分布特征概述 ··············· 161
结语 ······································· 166

第五章　景帝中五年侯国地理分布 ················· 169
一、景帝中五年行政区划 ······················· 169
二、景帝中五年侯国数目及侯国分布图 ··········· 180

三、景帝中五年侯国分布特征概述 …………………………… 182
　　结语 ……………………………………………………………… 187
第六章　武帝元光五年侯国地理分布 ………………………………… 188
　　一、武帝元光五年行政区划 …………………………………… 188
　　二、武帝元光五年侯国数目及侯国分布图 …………………… 191
　　三、武帝元光五年侯国分布特征概述 ………………………… 192
　　结语 ……………………………………………………………… 195
第七章　武帝太初元年侯国地理分布 ………………………………… 196
　　一、武帝太初元年行政区划 …………………………………… 197
　　二、武帝太初元年侯国数目及侯国分布图 …………………… 211
　　三、武帝太初元年侯国分布特征概述 ………………………… 213
　　结语 ……………………………………………………………… 219
　本编的基本结论 ……………………………………………………… 222

下编　侯国地理分布专题研究 ………………………………………… 225
第一章　"王国境内无侯国"格局的形成 …………………………… 227
　　一、"王国境内无侯国"形成于文帝初年辨误 ……………… 228
　　二、"王国境内无侯国"格局形成的时代断限 ……………… 230
　　三、景帝封建体制改革与侯国地位的变化 …………………… 233
　　四、景帝"徙侯国出王国"考 ………………………………… 240
　　结语 ……………………………………………………………… 250
第二章　汉初王子侯国地理分布 ……………………………………… 252
　　一、惠帝、高后时代王子侯国地理分布 ……………………… 252
　　二、文帝时代王子侯国地理分布 ……………………………… 254
　　三、景帝时代王子侯国地理分布 ……………………………… 262
　　结语 ……………………………………………………………… 266
　　附一：长沙王子侯国迁徙考 …………………………………… 267
　　附二：齐孝王王子侯国封置、迁徙考 ………………………… 278

第三章　异族归义侯国地理分布 ………………………… 285
　一、匈奴归义侯国地理分布 ……………………………… 285
　二、南粤、东越、朝鲜归义侯国地理分布 ……………… 292
　三、归义侯国地理分布特征形成之原因 ………………… 297
　　结语 …………………………………………………… 301

第四章　文帝"迁淮南国三侯邑"史事考辨 …………… 303
　一、文帝迁淮南国三侯邑名目考 ………………………… 304
　二、文帝"易侯邑"与"令列侯之国"制度 …………… 308
　　结语 …………………………………………………… 312

第五章　武帝"广关"与河东地区侯国迁徙 …………… 313
　一、元鼎二年河东地区侯国分布 ………………………… 314
　二、代王子侯国迁徙考 …………………………………… 318
　三、河东地区功臣侯国之变动 …………………………… 322
　四、武帝晚期河东地区封置侯国考辨 …………………… 325
　　结语 …………………………………………………… 328

第六章　元鼎五年"酎金案"研究 ……………………… 330
　一、"酎金失国"列侯名目统计 ………………………… 330
　二、酎金案与汉廷财政危机 ……………………………… 334
　三、酎金案与元鼎年间地域控制政策调整 ……………… 338
　　结语 …………………………………………………… 345

第七章　郡国更置与侯国迁徙 …………………………… 346
　一、元狩六年齐国设置与淄川王子侯国迁徙 …………… 347
　二、广平、清河"郡国更置"与侯国迁徙 ……………… 352
　三、郡国更置过程中对侯国分布因素的兼顾 …………… 356
　　结语 …………………………………………………… 358

附篇 ………………………………………………………… 361
　河西汉简所见与西汉侯国相关的几个地名 ……………… 363

一、魏郡斥阳县 …… 364
　　二、平干国襄嚵县 …… 366
　　三、昌邑国郁狼县 …… 367
　　四、大河郡平县 …… 368
　　五、赵国尉文县 …… 369
　　六、梁国载县 …… 371
　　七、魏郡郶县、魏郡厝县 …… 374
　　八、魏郡抑裴县 …… 378
　　九、淮阳郡赞县 …… 379
　　十、淮阳郡栗侯国 …… 382

北京大学藏秦水陆里程简册释地五则 …… 385
　　一、阳新乡 …… 386
　　二、栎陵 …… 388
　　三、鄇渠 …… 391
　　四、输民（轮氏） …… 393
　　五、女（汝）阳 …… 395

西汉桂阳郡阳山侯国、阴山侯国考辨 …… 398
　　一、岭南阳山县的始置年代 …… 400
　　二、汉代桂阳郡阳山县之方位 …… 404
　　三、试析"阳山改为阴山"说法的由来 …… 410
　　结语 …… 413

汉晋阜陵县地望再探 …… 416

汉代阜城、蠡吾、临乐地望考辨 …… 429
　　一、东汉阜城县 …… 429
　　二、汉代蠡吾县 …… 438
　　三、西汉中山国临乐县 …… 445
　　附：大陆泽、安郭亭之间《山经》大河河道考 …… 449

附录	453
西汉侯国建置沿革综表	455
侯国附考	603
侯国索引	610
参考文献	623
一、古籍	623
二、出土文献及考古报告	625
三、近人论著	626

后记	634
修订本后记	640

序　章

引　言

　　与秦帝国全面郡县制的一元统治体制不同,汉帝国建立后施行郡县与封国并行的二元统治体制。汉代封国势力在政治领域的影响虽呈逐渐削弱的趋势,但作为一种特殊的行政体制,封国贯穿西汉历史始终。因此以封国为中心的西汉封建制度史研究便成为引人关注的课题。① 五十年来,学界以诸侯王国为中心对西汉封建制度展开诸多讨论。时至今日,有关王国制度以及王国疆域变迁的研究已取得丰硕成果,推进了我们对西汉封建制度形成、发展的认识。② 但与王国问题的"热议"形成鲜明对比的是,很少有学者对汉代封国的另一种形态——侯国予以关注,有关侯国制度及历史地理的许多问题迄今仍缺乏清晰的阐述。③ 学界在对西汉封建制度进行探讨时,侯国往往被排除在外,或是鲜被提及。侯国"缺席"状态下所进行的封国研究,在许多领域难以得出更为深入、准确的认识,从而

---

① 本书所涉及之"封建",是指封邦建国的分封体制,并非指人类社会发展形态的封建社会。有关中国史学"封建"一词的由来及内涵,请参看周振鹤:《封建与分封的异同》,载《中国地方行政制度史》,上海:上海人民出版社,2005年,第57—58页。
② 限于篇幅,本书对五十年来的西汉封建制度研究成果不再一一列举。1980—2000年学界对秦汉封建制度的研究情况,可参见罗先文:《近20年来秦汉分封制与郡县制讨论综述》,《湘潭师范学院学报》2002年第5期。需要说明的是,罗文对学界研究成果的收集并不全面,如周振鹤先生对西汉封建制度曾有一系列重要论述,却为罗文所遗漏。
③ 迄今为止,所见有关侯国制度较为详尽的阐述为廖伯源:《汉代爵位制度试释(上)》第四章《列侯之国、家》,载《新亚学报》第十卷,香港:香港新亚图书馆,1973年。有关侯国地理问题阐述较为详尽的是王恢:《汉王国与侯国之演变》,台北:"国立"编译馆中华丛书编审委员会,1984年。

制约了汉代封建制度史的研究,这不能不说是一种缺憾。

就西汉侯国地理问题而言,便存在上述不足。西汉先后分封八百余个侯国,虽然侯国时有置废,但不同时期汉帝国疆域内的侯国数量仍十分庞大。如此众多的侯国在地理分布上是否存在规律,是一个值得探讨的问题。但遗憾的是,很少有学者涉足这一领域,迄今学界对西汉侯国地理相关问题的认识仍十分模糊。鲜有学者关注侯国地理研究,可能是受前人记述的影响。根据郦道元、司马贞、张守节等北朝隋唐士人的描述,西汉侯国地理分布十分广泛,北至辽东、①朔方,②西至河陇、③巴蜀,④南至岭南都有侯国分布。⑤ 似乎汉帝国疆域之内皆可分封侯国,侯国在空间分布上并无规律可循。受此影响,今天的学者可能认为,西汉侯国的地理分布并不存在特征,自然也就没有研究和阐释的必要。

其实,北朝隋唐士人对西汉侯国地理方位的认识,并不比今人具备更多的优势。在经历魏晋十六国的动乱后,文献典籍大量丧失,能够记录诸如侯国这类底层行政区划信息的两汉政府籍册更不可能得以存留。郦道元、司马贞、张守节在进行侯国定位时所利用的资料与我们并无两异。而百年来大量战国秦汉原始文献的出土,反倒使我们有机会看到北朝隋唐时代所不具备的珍贵史料。所以,只要我们破除对《水经注》、《史记索隐》等典籍文献的迷信,以《史记》、《汉书》等两汉史籍为基础,再辅之以出土文献,对西汉侯国地理方位进行全面清理,一定会得出较前人更为深入的认识。当我们了解到西汉侯国的空间分布特征后,不仅能为西汉政区地理研究带来新的视野,也有助于深入理解汉代封建制度和地域观念发展、变革的历程。

---

① 《水经·大辽水注》:"(大辽水)西南流,迳襄平县故城西。……汉高帝八年,封纪通为侯国。"杨守敬、熊会贞疏,段熙仲点校,陈桥驿复校:《水经注疏》卷一四,南京:江苏古籍出版社,1989年,第1267页。
② 《史记》卷二一《建元以来王子侯者年表》"临河侯条"《索隐》曰:"《志》属朔方。"北京:中华书局,1959年,第1091页。
③ 《史记》卷一九《高祖功臣侯者年表》"白石侯条"《索隐》曰:"县名,属金城。"第1001页。
④ 《水经注疏》卷三三《江水注》曰:"洛水迳什邡县,汉高帝六年封雍齿为侯国。"第2779页。
⑤ 《史记》卷一九《高祖功臣侯者年表》"海阳侯条"《索隐》曰:"海阳,亦南越县。"第909页。

在进入主题前,有必要系统回顾一下西汉侯国地理研究的学术史,以便更好地理解我们所要讨论的侯国地理问题在研究史上的地位和意义。而前人研究的不足及缺陷,则是本书进行相关研究时所要避免和注意的。

一、西汉侯国地理研究的学术史回顾

(一) 清人侯国地理研究

宋元时代,一些学人的著述中会偶尔涉及汉代侯国问题,但这些内容多集中于侯国史事的稽补,或是对侯国名称用字及读音的疏证,涉及侯国地理问题的考述非常有限。① 较为系统、完整梳理西汉侯国地理问题始于清代学者。在当时沿革地理研究全面兴盛的推动下,西汉侯国地理问题也受到许多学者的注意。总括清人的西汉侯国地理研究,可以分为两个方向:一是对侯国地域分布特征的总体把握;一是对侯国地理方位的重新梳理。虽然后者并非直接的侯国地理分布研究,但在进行空间分析时,侯国地望的正确考释是必要前提,对于推进侯国地理研究具有基础作用,故本书对清人取得的成绩也进行相应评述。以下,笔者就这两方面分别进行介绍。

1. 侯国地域分布特征

(1) 京畿无侯国

清代学者中较早探讨汉代侯国地理分布特征的,是清初考据大家顾炎武,其《日知录》卷二十二"汉侯国"条曰:

> 《汉书·地理志》京兆尹、左冯翊、右扶风并无侯国,以在畿内故也。然《功臣表》有阳陵侯傅宽、高陵侯王虞人,《恩泽侯国表》有高陵侯翟方进,并左冯翊县名。《功臣表》平陵侯苏建、平陵侯范明友,右

---

① 宋人王观国的《学林》以及元人胡三省的《资治通鉴音注》中,有少量条目涉及西汉侯国地理问题。

扶风县名。而"高陵"下曰"琅邪",二"平陵"下曰"武当",则知此乡名之同于县者,而非三辅也。①

顾炎武在阅读《汉书·地理志》(以下简称《汉志》)时,发现三辅范围内无侯国分布,由此推测西汉存在"京畿无侯国"的侯国地域分布特征。但有关阳陵侯国、高陵侯国、平陵侯国的地理方位,因为《汉志》左冯翊有阳陵县、高陵县,右扶风有平陵县,因此会给人们留下京畿地区也可分封侯国的错觉。对此,顾氏依据《侯表》下注郡县名,指出这些侯国本为乡聚,只是侯国名称与三辅属县相同,并非位于京畿。

顾炎武不迷信前人的说法,从《汉表》体例入手,揭示出西汉侯国地理分布的重要特征,对后来的学者产生了极大影响。如史籍记载高帝兄长刘仲受封之合阳侯国(95),②《水经注》、《史记索隐》、《史记正义》均以为左冯翊郃阳县,而钱坫则据顾氏之说辩驳道:"考汉制三辅地例不封列侯。平原郡亦有合阳县,字作'合',《表》刘仲封合阳侯,亦作'合',不作'郃',疑是平原之县。"③而杨守敬亦据顾氏之说,将合阳侯国地望定于平原郡。④

不过,也有学者对顾氏之说持否定态度。如梁玉绳便针锋相对地驳斥道:

> 若《日知录》卷二十二言"西汉三辅无侯国,阳陵、平陵皆乡名同于县者",恐不尽然。阳陵、平陵应是乡名,他如卢绾之侯长安,刘仲之侯郃阳,丁义之侯宣曲,张敖之侯宣平,温疥之侯栒,吕台之侯酂,非三辅侯国乎?而食邑者不与焉?顾氏未之考耳。⑤

---

① 黄汝成集释:《日知录集释》,上海:上海古籍出版社,2006年,第1249页。另原文标点有误,笔者已对引文标点加以修正。
② 此类编号即附表各侯国编号,以下同。
③ 钱坫:《新斠注地理志集释》,《二十五史补编》本第一册,上海:开明书店,1936年,第1056页。
④ 《水经注疏》卷四《河水注》,第295页。
⑤ 梁玉绳:《史记志疑》卷一四《王子侯者年表》,北京:中华书局,1981年,第509页。

梁玉绳列举许多列侯食邑京畿的例子作为顾氏看法的反证。其实，梁氏举的很多例子都经不起推敲。西汉京畿封置侯国问题比较复杂，笔者会在后文加以辨析，这里就不施赘语了。①

顾炎武有关"西汉京畿无侯国"的阐释，为大多数清代学者所接受。只是部分学者认为在汉初这一限制尚不严格，因此可以存在特例。②

（2）边郡无侯国

清代学者全祖望对秦汉沿革地理用力较深，曾作《汉书地理志稽疑》六卷阐发己见，其中两卷专为考订西汉侯国地理而作。在对《侯表》所载数百个侯国地望进行梳理后，全氏揭示出西汉侯国空间分布的又一个显著特征。其《王子侯表封国考异补正》羹颉侯条曰：

> 案汉人分土，西不过西河、上郡，北不过涿郡、中山，其极边之地不以封。

另《功臣外戚恩泽侯表补正》肥如侯条曰：

> 案汉人分土，凡边郡及巴、蜀险恶之地皆不以封。③

全氏发现西汉涿郡、中山国以北，西河、上郡以西以及巴蜀地区例不封侯，他将此特征概括为"凡边郡及巴、蜀险恶之地皆不以封"。其实，在西汉末年的地域观念中，巴、蜀地区同属"边郡"范畴，因此全氏的这一结论可以概括为"边郡不置侯国"。尚需说明的是，全祖望认为西汉"极边之地不置侯国"的限制并不严格，可以存在特例。如《括地志》载妫州怀戎县（今河北省怀来县）有羹颉山。《史记正义》认为羹颉侯刘信的封邑就在这里。

---

① 见中编第二章第三节考述。
② 如王先谦曰："三辅不封列侯，此（合阳侯）或以亲亲之故，一时变例。"见《汉书补注》卷二八《地理志》左冯翊部阳条，光绪二十六年虚受堂刊本，北京：中华书局1983年影印本，第667页上。
③ 两条分见全祖望：《汉书地理志稽疑》卷五、卷六，朱铸禹：《全祖望集汇校集注》本，上海：上海古籍出版社，2000年，第2567、2605页。

对张守节的这一看法,全祖望予以认同,故曰"龚颉独破例者,欲就此山名也"。而对于雍齿受封于蜀地的传统说法,全氏也没有提出怀疑。

(3)"王国境内无侯国"特征的阐释

《汉志》广平国、信都国属县中列有侯国,再加上《续汉书·郡国志》(以下简称《续志》)王国属县中同样存在侯国,故长期以来,人们多认为汉代王国之中亦有侯国分布。而钱大昕在对《汉志》进行分析后发现,《汉志》郡国名目与侯国名目并非断于一年。其《侯国考》曰:

> 班《志》郡国之名,以元始二年户口籍为断;其侯国之名,则以成帝元延之末为断。元延之世,广平、信都皆郡也,非国也。国已除为郡,则从前之改属他郡者,复返其旧。迨哀帝建平中,复置此二国,则侯国必仍改属他郡,特史家不能一一载之耳。①

按照钱大昕的说法,《汉志》郡国名目得自汉平帝元始二年户口籍,而侯国名目得自汉成帝元延末年版籍,如果把郡国名目复原到元延末年,广平、信都皆为汉郡,所以当时王国境内并没有侯国存在。

钱大昕已经揭示出西汉存在"王国境内无侯国"的特征,不过西汉初年尚有相当数量的侯国分布于王国之中,显然"王国境内无侯国"格局的形成存在一个过程。钱氏对此问题亦有阐释:

> 彭城,楚王封地也,而张良封彭城之留;琅邪,齐王封地也,而周定封琅邪之魏其;钜鹿,赵王封地也,而任敖封钜鹿之广阿;曲逆县亦在燕、赵之间,而陈平得食之。……景、武以后,王国日益削,而王子封侯者皆割属汉郡,自是列侯食邑无有在王国者。②

钱氏认为,西汉"王国境内无侯国"格局的形成,是一个历史发展的过程。

---

① 钱大昕:《廿二史考异》卷九,上海:上海古籍出版社,2004年,第182页。
② 钱大昕:《潜研堂集》卷一二《诸史答问》,上海:上海古籍出版社,2009年,第187—188页。

西汉初年尚无此类限制,而该格局的形成大致完成于景帝、武帝之际。

钱大昕以其敏锐的学术视角、严密的逻辑思维揭示出侯国地域分布中的"回避王国"原则,这对于研究侯国地理分布以及侯国分封制度具有十分重要的意义,可以说大大提升了清人对侯国问题的研究水准。但遗憾的是,钱大昕的这一发现并没有受到充分重视。清末民国时代,西汉王国辖有侯国的看法依然十分流行。这一局面直到周振鹤先生《西汉政区地理》的问世才有所改观。

"京畿无侯国"、"边郡无侯国"、"王国境内无侯国"三项侯国地域分布规律的总结,可以视为清人对西汉侯国地理研究最为卓著的贡献。原本看似毫无规律可循的侯国地理分布,在清代学者的不懈钻研下,逐渐显露出其规整、系统的一面,这为后世学者继续探研西汉侯国地理问题搭建了坚实稳固的学术平台,我们应当予以充分肯定。

2. 侯国地望考释

西汉王朝所分封的八百余个侯国,见于《汉志》者只有两百余个,对于那些无法与《汉志》记载相对应的侯国,其地理方位有待明确。而清代学者在这方面也作出了重要贡献。这主要是受当时学风注重对《史记》、《汉书》等两汉文献的校勘和疏证的影响。各家学者在对《史记》、《汉书》相关侯表进行考订时,明确各侯国方位是一项重要内容,故清代学者对西汉侯国地望的考释成果大多集中于各家考订《史记》、《汉书》相关论著的《侯表》部分。限于篇幅,本书无法对各家的考释成果逐一评述,而只能选择其中取得较大成绩的《汉书地理志稽疑》、《史记志疑》、《廿二史考异》、《汉书补注》(王荣商著)四部作品略作评述。

(1)《汉书地理志稽疑》

全祖望在阅读《汉书》相关侯表时,有感于"封国地理在本表可案者,不过十之四,而质之《地志》则多异"[①],于是作《王子侯表封国考异补正》、《功臣侯表外戚恩泽侯表补正》,对西汉侯国地望进行全面梳理。全氏将

---

① 全祖望:《汉书地理志稽疑》卷五,第 2567 页。

这两篇考证文稿收入《汉书地理志稽疑》，作为其系统考订秦汉地理沿革的成果之一。对于自己的疏证方法，全氏称："予稍为之摭拾其后，其不可考者则阙之，并采郦道元、张守节、乐史、胡三省之言相为疏证，以附《地志》之后，庶亦有补哉。"全祖望对侯国地理的考证，主要杂采前人的说法，当诸家说法出现分歧时，他再予以阐明、判别。由此可以看出，全氏对侯国地望之考证主要采取的是汇释诸说的方法。因为侯国地理信息主要保留在《汉志》、《侯表》、《水经注》和《史记索隐》中，因此全祖望的疏证工作便是以这四篇文献为基础。试举两例：

盖胥　本《表》曰"魏"，而《索隐》曰"《表》在泰山"，谬也。泰山无盖胥，乃盖耳。《地志》无。（《王子侯表封国考异补正》）

安阳　本《表》曰"荡阴"，而道元曰"弘农"，《索隐》曰"汝南"，皆谬。《地志》无。（《功臣侯表外戚恩泽侯表补正》）

全祖望在疏证侯国地理时，首先杂录《志》、《表》、《水经注》、《索隐》的相关记述，然后择取一种他认为合理的说法作为结论。其工作意义主要在于汇集了前人成说，方便学人检索，对侯国地理定位鲜有创见。不过，因为全祖望发现了"边郡无侯国"的特点，因此在对某些侯国地望的判别上，会得出较之前人更为合理的结论。如《王子侯表封国考异补正》临河侯条曰：

《索隐》曰"朔方"。案汉朔方诸郡不以封，则别是一内郡乡亭之名，且朔方以元朔二年开，而封即以三年匆匆置，必无之事也。窃疑代共王子皆封西河，则此或是西河之临水，而传抄误耳。

元朔三年，汉武帝分封代共王子刘贤为临河侯（338）。《汉志》朔方郡有临河县，《水经·河水注》、《史记索隐》均称此临河即刘贤封国所在。但朔方郡为边郡，全祖望因而认为郦道元、司马贞的说法不可信。依据同年所封代王子侯国皆在西河郡的特点，全氏推测《汉志》西河郡之临水县与临河侯国有关。笔者按,西汉之西河郡跨有黄河两岸,而郡境黄河以东皆为代王国故地,①故代王子侯国必在河东地区。而汉临水县地望在今山西省临县境内,全祖望的推测可以坐实。② 类似临河侯国这样的地理考证,《汉书地理志稽疑》中还有几处,这些侯国地望的明判,显然得益于全氏对侯国地理分布特征的宏观把握。

由于全祖望进行侯国地理分析的基础是《志》、《表》、《水经注》、《索隐》等史籍文献,因此当面对《志》、《表》讹误或是《水经注》、《索隐》记述存在差错时,全氏也无良策,作出的种种推测亦难以取信。综合来看,全祖望对西汉侯国的定位误判较多。其实,笔者着重介绍《汉书地理志稽疑》,并非该书在侯国地理定位上多有确见。而是因为全祖望"汇释诸说"的方法对后世影响极大,清代各家考订《史记》、《汉书》,其《侯表》疏证部分多遵循这样的路数,而各家所汇释的书籍,基本不出于全氏之搜罗,因此所获成绩非常有限。

(2)《史记志疑》

在《汉书地理志稽疑》之后出现的各种《史记》、《汉书》疏证作品中,梁玉绳的《史记志疑》对侯国地望多有发微。梁玉绳为乾嘉时人,受当时学风及好友钱大昕的影响,梁氏自青年时代就留意对《史记》的考订。他耗费二十余年心力完成的《史记志疑》对"十表"的考证甚为用力。他在《三代世表》的开篇提到:

> 《表历篇》(《史通》篇章——笔者按)又云:"《表》次在篇第,编诸卷轴,得之不为益,失之不为损。使读者莫不先看《本纪》,越至《世家》,《表》在乎其间,缄而不视。"(刘知几)以为烦费无用,妄加贬斥,不自知其矛盾也。《大事记》谓"《史记》十表,意义宏深"。《通志》谓:"《史记》一书,功在十表"。诚哉斯语,余故参订加详焉。③

---

① 周振鹤:《西汉政区地理》,北京:人民出版社,1987年,第74页。
② 参见下编第五章第一节考述。
③ 梁玉绳:《史记志疑》卷八,第281页。

梁玉绳有感于唐代以来学者对《史记》"十表"的忽视,着力阐发《史表》的史料价值。《史记志疑》对"十表"的考证,即占到全书篇幅的三分之一。而在《高祖功臣侯者年表》、《惠景间侯者年表》、《建元以来侯者年表》、《建元以来王子侯者年表》四篇侯表的考证文字中,侯国地望是其主要用力方向。就方法而言,梁玉绳对侯国地望的梳理与全祖望并无两异,都是采取汇释前说的方式。但有所不同的是,梁氏将汇释材料范围大大拓展,已不满足于对前人侯国地理研究成果的搜罗,而将散见于《左传》、《战国策》、《续志》等史籍中的地名资料也纳入进来。如高帝十一年封戚鳃为临辕侯(117)。临辕不载于《汉志》,其地望历来无人提及,而梁玉绳引《左传·哀公十年》"晋伐齐取辕"及杜预注"祝阿县西北有辕城",指出临辕侯国即《汉志》平原郡之瑗县。① 又如元朔三年所封梁王子刘仁之张梁侯国(278)、元封三年所封朝鲜降将刘参之澅清侯国(502),梁玉绳分别指出前者即《续志》梁国睢阳县之杨梁聚,后者即《孟子》所载之齐国畫邑,与《水经·淄水注》之澅水有关。现在看来,梁氏对这些侯国的定位与王子侯国、朝鲜归义侯国地理分布特征正相吻合,显然是正确的。

不过,梁玉绳亦有滥引古史地名资料的弊病,常常在史籍中看到与侯国名号相同的地名就立刻拿来作为侯国定位的依据,因此犯下张冠李戴的错误。这里举两个例子。元朔四年,汉武帝封城阳王子刘表为广陵侯(371)。《汉志》广陵国有广陵县,但此广陵县为广陵国都所在,显然不会作为列侯封邑。而《史记集解》引徐广曰:"(陵)一作'阳'。"梁玉绳据此以为刘表之封国当即《汉志》广阳国之广阳县。梁氏之辞实不足据。广阳国远离城阳国,城阳王子焉能置封国于燕地?况且武帝以后存在"王国境内无侯国"的侯国分布特征,所以广阳国境内绝不可能有侯国分布。若根据王子侯国地理分布规律,此广陵侯国当在齐地寻之。而临淄封泥见有"广陵乡印",可证齐地确有"广陵"。②《晋书·琅邪王伷传》载:"(伷)临终表求葬母太妃陵次,并乞分国封四子,帝许之。"③同书《武帝纪》载太

---

① 梁玉绳:《史记志疑》卷一一,第591页。
② 刘创新:《临淄新出汉封泥集》,杭州:西泠印社,2005年,第74页。
③ 《晋书》卷三八,北京:中华书局,1974年,第1121页。

康十年十一月,武帝封"琅邪王觐弟澹为东武公,繇为东安公,淮为广陵公,卷为东莞公",①则晋代琅邪国境内有广陵县,当即汉代城阳王子刘表之封国。又高帝六年,丁义受封为宣曲侯(54)。《汉志》无宣曲。梁玉绳引录司马相如《上林赋》"西驰宣曲",谓宣曲侯国地处京畿。②《上林赋》所提到的"宣曲"乃上林苑宣曲宫,③以宫观分封列侯可谓闻所未闻。其实,秦代有宣曲县,《史记·货殖列传》有"宣曲任氏",又故宫博物院藏有秦印"宣曲丞吏"(0065),④可证宣曲为秦代置县,汉初之宣曲侯国乃承袭宣曲县而来,而宣曲县未必地处关中。梁氏以宣曲侯为据,反驳顾炎武"京畿无侯国"的观点自然站不住脚。对于梁玉绳的这些说法我们有必要加以甄别。

(3)《廿二史考异》

与梁玉绳同时代的钱大昕,为乾嘉时期的考据大家,在对古代史籍的考订上取得了令人瞩目的成绩。而钱大昕对汉代侯国问题也非常关注,提出了很多独到的见解。钱大昕对侯国地理的考证成果,主要见于《廿二史考异》。与全祖望、梁玉绳等人不同,钱大昕并未对《侯表》中的侯国逐一梳理,而是有目的性地择取侯国予以疏证。因此若将《廿二史考异》与《汉书地理志稽疑》、《史记志疑》相比,《考异》少了很多臆断之辞,而集中展现了钱大昕对汉代侯国地理研究的创见。

如钱大昕对钟武侯国(601)的考证便十分精彩:

> 《王子侯表》有钟武侯度,此即度所封也。《志》有两钟武县,一属零陵郡,一属江夏郡。度为长沙顷王之子,其初封必在零陵之钟武,而《志》以江夏之钟武为侯国,盖后来徙封。如舂陵侯本在泠道,后移于南阳也。⑤

---

① 《晋书》卷三,第79页。
② 梁玉绳:《史记志疑》卷一一,第547页。
③ 徐正考:《汉代铜器铭文综合研究》,北京:作家出版社,2007年,第221页。
④ 此类编号见罗福颐主编:《秦汉南北朝官印征存》,北京:文物出版社,1987年,第12页。
⑤ 钱大昕:《廿二史考异》卷七"汉书地理志"江夏郡钟武侯条,第133页。

《汉志》江夏郡载有钟武侯国,但依据《王子侯表》,钟武侯为长沙王子,江夏郡远离长沙国,长沙王子侯国为何会分封于江夏郡?历代治汉史者从未留意这个问题。而钱大昕注意到《汉志》零陵郡也有钟武县,其地正与长沙国毗邻。钱氏由此推测,零陵郡钟武县为钟武侯初封所在,钟武侯国后来被汉廷迁往江夏郡,因此才会出现《汉志》零陵、江夏皆有钟武的现象。在清代学者中,钱大昕是为数不多注意到侯国迁徙现象的人,他从侯国迁徙的角度来分析侯国地理变迁具有开创意义,而此研究方法也为我们分析《汉志》"异地同名"现象之产生缘由提供了新的思路。

此外,钱大昕还充分利用"王子侯国临近本王国"的原则对王子侯国地望进行检验,对一些沿袭千年的传统说法提出怀疑。如元朔三年所封济北王子刘遂之平侯国(330),因《汉志》河南郡有平县,《水经注》、《史记索隐》均将刘遂封国定于河南郡,全祖望亦从此说。而钱大昕指出,河南郡平县远离济北国,不会是刘遂封国。与前人随意指认《汉志》地名的做法相比,钱大昕更多考虑到侯国地理分布的地域特点,研究态度更为谨慎。

在《廿二史考异》中还附有一篇《侯国考》。① 这是清代仅见的一篇专门研究侯国问题的文章,此文主要是为辑补《汉志》侯国而作。《汉志》共标注有侯国194个,尚有许多缺漏,故钱大昕"证之诸《表》",对《汉志》失注之侯国进行辑补,共补得侯国25个。在辑补侯国的过程中,钱大昕发现汉成帝绥和元年以后分封的侯国,都没有出现在《汉志》中。钱大昕于是对《汉志》断代于汉平帝元始二年的传统说法产生了怀疑,而提出"班《志》郡国之名,以元始二年户口籍为断;其侯国之名,则以成帝元延之末为断"的论断,这对于深入探求《汉志》断代及史料来源具有重要意义。有关这一问题,笔者在后文还将继续阐述。②

钱大昕对汉代侯国地理的阐释还散见于《三史拾遗》、《十驾斋养新录》、《潜研堂集》等著述,但所论内容与《廿二史考异》多有重复,本书不再介绍。有关钱大昕对某些侯国地理的独到见解,笔者在正文论证中还会

---

① 钱大昕:《廿二史考异》卷九,第172—182页。
② 见中编第一章第一节、第二节考述。

涉及。需要指出的是，钱大昕对顾炎武、全祖望有关西汉侯国地理分布特征的总结没有予以充分重视，仍将许多侯国定位于京畿和边郡。但总体而言，钱大昕对汉代侯国地理多有发微，已经达到了乾嘉时期侯国地理研究的较高水准，其有关侯国地望的相关论述成为日后学者研究侯国地望的主要依据，对后世有较大影响。

（4）《汉书补注》（王荣商著）

乾嘉以后，就汉代侯国地理研究而言，鲜有超越《史记志疑》和《廿二史考异》的作品。而清末学者王荣商的《汉书补注》，则有必要予以提及。与王荣商的《汉书补注》相比，另一位清末学者王先谦的同名作品更为著名。其实，王先谦《汉书补注》的主要贡献在于汇集了前人研究《汉书》的成果，可以看作是汇释《汉书》的集大成作品，而王先谦本人对《汉书》研究并无多少创见。这在对《侯表》的注疏上表现得更为明显，该书对《侯表》各条目的注解多取自前人，而他本人则少有辨别。现今学者多奉王先谦《汉书补注》为侯国地理定位之圭臬，虽然获取资料较为便利，却极易受到该书误导，直接影响了研究成果的可靠性。

浙江镇海人王荣商（字友莱），光绪十二年进士，长年奉职于翰林院，曾任翰林院侍讲，为光绪帝及慈禧太后讲授国史。《汉书补注》的写作，应当与王荣商在翰林院奉职期间研习古史有关。该书总共七卷，虽然只是对《汉书》前二十卷的考释，但已显现出作者出众的史识，今人杨树达之《汉书窥管》便多次引述王荣商的观点。王荣商对《汉书》四篇《侯表》的考释也极见功力，多有发覆之语。如元朔四年所封长沙王子路陵侯（357），《汉表》注其地在南阳。该侯国何以地处南阳郡，前人多疑惑不解。而王荣商指出长沙王子封国多有徙封南阳郡之例，路陵侯国封后，当同样迁徙至南阳郡。又如征和元年所封挹娄侯国（517），《汉志》属魏郡，而《王子侯表》注曰"东海"。王荣商称"东海"本为澎侯条下注，其出现于挹娄侯条，乃因后人传抄错格所致。经过王氏的疏证，史籍中一些看似无法理解的记载便得到了很好的解释。

王荣商在疏证《汉表》时，还留意到表注郡名体例问题，并作以深入分析，这对后人正确利用《汉表》意义尤大。《侯表》下注郡名常有与《汉志》

相矛盾者,在遇到这种情况时,前人多以"《表》注有误"作解。而王荣商却另有看法,其《汉书补注》卷六"南宫侯条"曰:

> 梁玉绳曰:"南宫属信都,《表》云'北海',不可晓。"……(荣商案)弓高属河间,而《表》云在营陵。辟阳属信都,而《传》云近淄川。凡此皆有徙封之故。史文缺略,不能尽知。疑南宫亦类此。①

王荣商从侯国迁徙的角度来解释《志》、《表》记载的分歧,可谓独具慧眼,而从本书对某些侯国地理方位变迁的考证来看,王荣商的这一看法是非常正确的,其对文献记载认真审慎的研究态度,较之其他学者简单以史籍记载有误的解释方法更为可取。

王荣商对西汉侯国地望考订多有贡献。总括而言,其贡献可列为两点。其一,王荣商充分考虑到侯国分布的地域特征,对于明显不符合侯国地域分布规律的说法,力加辨析,并作出较为合理的解释。其二,王荣商注意到《侯表》下注郡县名称的书写体例问题,他对该问题的有益探索,对于我们正确解读文献和分析侯国迁徙问题具有启发意义。可以说,王荣商在乾嘉学者研究的基础上,将汉代侯国地望的研究继续推进,已经达到了清人研究这一问题的最高水准。

(二) 百年来侯国地理研究

1. 20 世纪 10 年代至 80 年代初侯国地理研究

这一阶段,也有少数学者关注西汉侯国地理问题。1935—1936 年,《禹贡》半月刊连载刊发了史念海先生的《西汉侯国考》。② 这是学术史上第一篇以全部西汉侯国为研究对象的专论性文章。但该文在研究方法上只是利用了乾嘉学人的考证成果,将地望可考的侯国分别编排于《汉志》各郡国名目之下,实际相当于把西汉不同时期的侯国全部落实在西汉末

---

① 王荣商:《汉书补注》,《二十四史订补》第二册,北京:书目文献出版社,1996 年,第 1048 页。
② 分见《禹贡》第四卷第二期、第四卷第五期、第四卷第九期。

年的行政区划平面上,使该文成为一篇以《汉志》为纲目的"西汉侯国分域编"。① 后人很难利用这篇文章来探研西汉侯国地理分布的特点,也许我们把此文定义为一篇"侯国分域索引"更为恰当。需要说明的是,史先生对清人取得的成就没有予以足够的重视,他把一些侯国编排于京兆尹、左冯翊、右扶风的做法显然是不妥当的。

民国时期,著名学者钱穆对西汉侯国地理问题作过一系列工作。钱穆先生在1931年于北京大学讲授秦汉史课程时,已对侯国地理问题有所留意。如在谈到汉代侯国地理分布时,他充分肯定钱大昕的发现,认为西汉侯国分布格局确实存在由"王国错在侯国"到"王国境内无侯国"的转变,并推测该转变发生在文帝初年。② 1939—1940年,钱穆在苏州探亲期间,撰写《史记地名考》,其中有四卷专考"汉侯邑名",这是对《史记》所见侯国地望的系统梳理。据钱穆自叙,自己向来看重古史地理的考证,并总结出一些研究原则。③ 就钱氏的西汉侯国地望研究而言,的确不乏创见。如对东城侯国(301)地望考证便值得称道。元朔二年,武帝封赵王子刘遗为东城侯,其封邑所在历来无人提及。④ 而钱穆以《汉志》赵国邯郸县下张晏注曰"邯郸山在东城下"入手,引《水经·浊漳水注》"(牛首水)又东历邯郸阜,张晏所谓'邯山在东城下'者也"为据,指出东城侯国地望约在今邯郸市东。钱氏这一结论与赵王子侯国地理分布特征相符,很好地解决了东城侯国地理定位问题。

分析钱穆的西汉侯国地望考证,有一点值得注意,就是他充分利用了《魏书·地形志》(以下简称《地形志》)。南北朝时期,各政权的行政区划设置趋于泛滥。《北齐书·文宣帝纪》曰:"百室之邑,便立州名;三户之名,空张郡目。"在行政区划滥置的背景下,一些原本不见经传的乡聚,也

---

① 史念海先生的这篇文章似乎并未完成,因为他只罗列了24个郡的侯国信息,尚有许多汉郡条目付缺。
② 钱穆:《秦汉史》,北京:三联书店,2004年,第270—271页。据该书自序,此书本为作者在1931年于北京大学讲授秦汉史课程的讲义。
③ 钱穆:《史记地名考》自序,北京:商务印书馆,2001年。
④ 《汉志》九江郡有东城县,《史记索隐》以为此东城即刘遗封邑,然赵王子侯国不当远至楚地,全祖望、梁玉绳均不采此说。

因此升格为县而被载入史籍。《地形志》记录的很多县邑，其前身乃是两汉时代的乡聚或废县，因此保留了许多珍贵的古代地名信息。如景帝中五年所封临汝侯国(245)，《汉志》无载，全祖望推测该侯国地处汝南郡，但无依据。① 而钱穆引《地形志》豫州汝南郡之临汝县，称此临汝县即西汉临汝侯国，地望在今河南上蔡县西。② 新近河南省平舆县出土的秦汉汝南郡官署封泥见有"临汝国丞"，③可证《地形志》所载可信。钱穆在探讨平州、张、平曲、弓高、尉文等侯国地望时，也多次引证《地形志》，所得结论较为可信。

钱穆编写《史记地名考》"汉侯邑名"各卷，还有另外一层深意。他在该书自序中称：

> 本书所以于侯邑名不惮重复别出者，为便读者可以会合而观，分类而求，或可于汉初之侯邑分布中发现其时之社会背景以及经济情况，或其他意义，亦不失为考史方法中一新途径。又或取《史》、《汉》两书之《侯邑表》合并研究，并可连类及于东汉以下。自来治史者，于历代封邑，除考其地名所在以外，尚少注意及于其他牵连之事项，或其背后蕴含之意义，此乃本书所以于侯邑名四卷中，不惮重复别出，以求保存当时侯邑分布之全貌一项微意所在也。④

可以看出，钱穆已经意识到对西汉侯国地理的研究不能仅仅停留在考释地名，而应当注意侯国之地域分布，并探讨影响侯国地域分布的政治、经济因素。而他之所以对《史记》侯国地名进行系统梳理，是希望后人能在他的工作基础上，去实现上述目标。

---

① 全祖望：《汉书地理志稽疑》卷六，第 2603 页。
② 钱穆：《史记地名考》，第 1156 页。按《地形志》豫州汝南郡之临汝县自注："刘裕置，魏因之。"而《宋书·州郡志》南豫州汝南郡之临汝县自注"汉旧名"，史料价值较《地形志》更为重要。钱穆《史记地名考》从未引录《宋志》，据钱氏自叙，其《地名考》引录书籍主要取自无锡乡居"古史地理书二三十种"，盖其中并无《宋书》。
③ 王玉清、傅春喜编著：《新出汝南郡秦汉封泥集》，上海：上海书店出版社，2009 年。
④ 钱穆：《史记地名考》自序。该序文写于 1966 年。

读过此段，我们必须肯定的是，钱穆先生对西汉侯国地理问题的考虑已非常深入，他对侯国地理研究的种种设想，指明了该领域的发展方向。可以说，钱穆的侯国地理研究理念已领先于他所处的时代，在此后的几十年内，再无人提出类似的设想。而本书的写作，从某种意义上可以视为对钱穆上述学术构想的实践。

其实，对于自己提出的侯国地理研究设想，钱穆也作过一些工作。1942年，钱穆发表《汉初侯邑分布》，①这是学术史上第一篇专门研究西汉侯国地理分布的文章。该文以《汉志》郡国名目为纲，以汉帝为分断，通过编绘表格来统计各郡不同时代分封侯国的数量，并在表格后附有简要的备注。该文所列侯国截止于武帝，不难看出此文实际是《史记地名考》的"副产品"。此文在研究方法上存在一定问题。因为《汉志》记录的是西汉末年的行政区划，钱穆以汉末政区来分析汉初侯国分布显然是不可行的，再加上《史记地名考》许多侯国地望定位有误，由此而得出的种种结论也存在误差。例如根据此文统计，汉初东海郡境内侯国数量十分可观，钱氏由此得出"东海盖拟于三齐，滨海之区，生聚易也"的结论。而事实上，《汉志》东海郡与汉初东海郡辖域差别极大，具体到汉初，武帝元朔年间以前东海郡并无侯国分封，②可见研究思路和研究方法的疏失，会直接影响到结论的准确性。

自20世纪40年代中期到80年代初，再无学者系统研究西汉侯国地理问题。③ 严耕望先生的《中国地方行政制度史（秦汉地方行政制度卷）》在谈到侯国地域分布时，基本承袭钱穆之说。④ 1984年，王恢先生的《汉王国与侯国之演变》一书正式出版。⑤ 这是迄今为止，唯一一部以西汉侯

---

① 齐鲁大学国学研究所学报编辑委员会编：《齐鲁学报》第一期，1942年。该文后收入氏著《古史地理论丛》，北京：三联书店，2004年。
② 参见中编第二章第三节相关考述。
③ 据许宝蘅先生自撰《夬庐居士年谱》，他本人曾于1941年撰写《西汉侯国考》（见许恪儒整理：《许宝蘅日记》，北京：中华书局，2010年，第2086页），但此文并未公开发表，笔者未曾获阅，只能暂记于此。此信息为李晓杰先生告知，谨致谢忱。
④ 严耕望：《中国地方行政制度史（秦汉地方行政制度卷）》，上海：上海古籍出版社，2007年，第55—57页。
⑤ 王恢：《汉王国与侯国之演变》，台北："国立"编译馆中华丛书编审委员会，1984年。

国地理为主要研究对象的学术专著。该书对西汉侯国用力甚勤,其有关侯国的研究占到全书总篇幅的三分之二。不过王恢先生的侯国研究方法仍是延续清代学者的汇释套路。该书将西汉所有侯国分列为789条,并在每个侯国条目下汇释前人的各种说法,由于在研究方法上没有突破,故王氏用力甚多却收效甚微,在侯国地望考释上并没有获得太多的成绩。

《汉王国与侯国之演变》在侯国地理研究上的最大贡献主要体现在书中所附《高帝侯国分布图》和《〈汉书地理志〉侯国图》两幅地图。这两幅地图的绘制,开创了利用"侯国分布图"分析侯国地理分布特征的新思路。该书中篇第五节《(高帝)侯国之分布》以及下篇后记第4小节《(地理志)侯国分布图说》的撰写,便主要依据以上两图完成。但由于受到种种条件的限制,王恢绘制的"侯国分布图"存在诸多不足,制约了其对西汉侯国地理分布特征的把握,所得出的结论也没有突破前人的认识。有关王恢先生对西汉侯国地理研究的得失,本书在随后的专题论证中还会涉及,兹不赘言。

总括清代以来至20世纪80年代初的侯国地理研究,乃是以汇释诸说为主要方法的具体侯国地望考证,而学者们对西汉侯国地理分布特征的把握则比较零散,还无法形成相对完整的体系。虽然钱穆先生在20世纪60年代中期已经提出了具有前瞻性的研究构想,但限于当时的学术条件和研究水平,其种种设想很难实现,对侯国地理的研究也难以深入。而王恢先生的《汉王国与侯国之演变》则可以看作是对此前西汉侯国地理研究的总结。仔细分析该书侯国地理论述,可明显分为两部分:一部分是对具体侯国地望的考释,以汇释诸说的传统方法将前人的考释成果一网打尽。(遗憾的是,王恢先生遗漏了王荣商的《汉书补注》);另一部分则是对西汉侯国地域分布特征的分析,以图示形式将前人对西汉侯国地域分布特点的看法汇集起来。因此,把《汉王国与侯国之演变》视为汇集三百年来传统侯国地理研究成果的总结性作品,并不为过。

20世纪学术发展的另一大特点是出土文献对史学研究的推动。出土文献的发现不仅为学界提供了更为原始可靠的史料,同时也为我们正确诠释传世文献带来了新的契机。而一些与西汉侯国有关的出土文字资料的发现和利用,则有助于促进侯国地理研究的发展。例如出土的汉代封泥、玺印、青铜器上往往会出现一些侯国名,可以与传世文献相印证,这些看似简单的文献校订工作,也会附带解决一些众讼不清的侯国地理问题。

光绪二十三、二十四年(1897、1898),山东临淄县附近陆续发现西汉早期齐国官署封泥一千余枚,成为各藏家争相收购的藏品。1913年,罗振玉将自己收藏的临淄封泥与郭申堂、刘鹗两家封泥藏品合拓编成《齐鲁封泥集存》。① 在王国维为此书所作的序中,已经意识到这批封泥对于校订古史的重要价值。如《史表》、《汉表》载文帝四年封齐王子刘罢军为管侯(186),司马贞定刘罢军封国于河南郡荥阳县之管城。王国维则依据封泥"营侯相印"指出史籍中的"管侯"皆为"营侯"之误,刘罢军封国可明确为济南郡营县。② 王氏利用出土封泥,刊正了史籍记载的谬误,对于正确判定某些封国地望是有实际意义的。

陈直先生的《史记新证》、《汉书新证》也做了一些类似的工作。《汉表》载高帝八年封有歷侯程黑(81),《史表》作磨侯。《史记索隐》以为其封邑为《汉志》信都国之歷县,此说法多为后人沿袭。陈直则据临淄封泥"厤城之印"判定《汉志》济南郡"歷城"应作"厤城",即程黑封国所在,③ 从而纠正了沿袭千年的误说。

1972年,湖南长沙发现了西汉轪侯的家族墓地,有关轪侯国地望一时为学界热议。经过学者们的考辨,大家认识到《水经注》将今湖北省浠水县的轪县故城定为西汉轪侯国的说法是不正确的,西汉轪侯国地望应在今河南省光山县境。④

---

① 孙慰祖:《封泥发现与研究》,上海:上海书店出版社,2002年,第27页。
② 王国维:《齐鲁封泥集存序》,收入《观堂集林》卷十八,王国维遗书本,上海:上海古籍出版社影印,1983年。另《水经·济水注》载"济水东迳营县故城南。汉文帝四年,封齐悼惠王子罢军为侯国",清儒曾因此怀疑《史表》、《汉表》之"管"乃"营"字之误,但无确证。见全祖望:《汉书地理志稽疑》卷五,第2568页;梁玉绳:《史记志疑》卷一二,第627—628页。
③ 陈直:《史记新证》,天津:天津古籍出版社,1979年,第49页。另王国维也曾留意过"厤城之印"封泥,但未与《表表》之歷侯联系起来。
④ 黄盛璋、钮仲勋:《有关马王堆汉墓的历史地理问题》;马雍:《轪侯和长沙国丞相》,两文同刊于《文物》1972年第9期。

2. 周振鹤先生的西汉王子侯国地理研究

自清代以来，学者对具体侯国地望的考证主要采取汇释诸说的方式，可以说仍停留在排比史料的阶段。而在研究方法上真正实现突破的是周振鹤先生。周先生对侯国地望的考证，不拘泥于前人说法，而是以侯国地理分布特征为前提，综合运用地名学、文献学等基本原则，再结合西汉相关政治制度，对侯国地望进行分析，从而使传统的侯国地名考证呈现出焕然一新的面貌。

周振鹤先生对西汉侯国地理问题的考虑始于对钱大昕研究成果的注意。钱大昕《廿二史考异》卷八曰：

> 《地理志》诸侯王国二十，如赵、真定、河间、广阳、城阳、广陵皆止四县；菑川、泗水止三县；高密、六安皆五县；鲁六县；东平、楚皆七县。窃疑汉初大封同姓，几据天下之半，文景以后，稍有裁制，然诸侯王始封，往往兼二三郡之地，其以罪削地者，史亦不多见，何至封域如此之小？及读《中山王胜传》，谓武帝"用主父偃谋，令诸侯以私恩自裂地分其子弟，而汉为定制封号，辄别属汉郡，汉有厚恩而诸侯地稍自分析弱小"云，始悟诸侯王国所以日削者，由王子侯国之多。以《王子侯表》征之，城阳五十四人，赵三十五人，河间二十三人，菑川二十一人，鲁二十人。王国之食邑，皆入于汉郡，无怪乎封圻日蹙矣。①

周先生后来在文章中回忆道："钱氏的发现使我想到，如果我们将别属汉郡的王子侯国还给那些诸侯王国，不是可以复原实施推恩法以前的诸侯王国的面貌吗？"②如果要进行这样的工作，首先必须明确各王子侯国的地理方位，随后再将王子侯国按照时间顺序依次还之于诸侯王国，这样便可以推演出不同时期的诸侯王国疆域。正是在这一研究思路的指导下，周先生开始对王子侯国地望进行系统梳理，作为日后复原诸侯王国疆域的基础。

---

① 钱大昕：《廿二史考异》，第152页。
② 周振鹤：《学腊一十九》自序，济南：山东教育出版社，1999年。

1980年，周振鹤先生先后发表《西汉齐郡北乡侯国地望考》和《西汉长沙国封域变迁考》。① 前者是对《汉志》齐郡北乡侯国地理方位的考证。北乡侯国的地望历代史籍均无记载，如果按照传统的汇释方法，不但无法得出答案，就连可供排比的史料都没有。而周先生从推恩法入手，指出建昭四年分封的菑川王子北乡侯国（701）只能从当时菑川国仅存的剧、东安平、楼乡三县中析置。而剧县不与齐郡相连，楼乡仅为一乡之地，无由再析置侯国，北乡侯国应析自东安平县。而从北乡侯国的名称来看，该侯国显然位于东安平县以北的齐郡境内。从这篇文章可以看出，周先生抓住了王子侯国临近本王国分布的地理特征。他通过地名学分析，辅之以缜密的逻辑推理，得出较为可信的结论，成功破解了一桩看似无从下手的疑案。

至于《西汉长沙国封域变迁考》的写作，则与当时刚发现不久的长沙马王堆汉墓有关。马王堆汉墓发现后，许多人认为汉初长沙国的封域与《汉志》长沙国相同。周先生为了纠正这一错误的看法，将自己复原汉代诸侯王国封域的思路付诸实践，对长沙国的封域变迁作以考证。周先生在文中对西汉分封的23个长沙王子侯国的地望进行了清理，据此逆推出不同时期的长沙国封域，首次把汉代政区变迁研究的精度提高到以年为尺度的水平。

1981年发表的《〈水经·浊漳水注〉一处错简——兼论西汉魏郡邯会侯国地望》则是周先生在研究赵国封域变迁时所遇到的具体问题。② 对于赵王子之邯会侯国（299）地望，前人多引录《水经注》将其定在河南安阳县西北。而周先生发现这一地理定位远离赵国，显然与王子侯国分布特征不符。周先生回到《浊漳水注》原文，发现有关邯会侯国的一段记述非常突兀。联系上下文，这段记载实为错简，应当重新编排于"又东北过斥章县南"之前，邯会侯国地望也可修正为今河北肥乡县附近。③ 周先生此文

---

① 分别刊发于《复旦学报（社会科学版）》1980年增刊；《文物集刊》第2辑，北京：文物出版社，1980年。两文俱收入《学腊一十九》。关于两文写作缘起，可参见《学腊一十九》自序。
② 复旦大学中国历史地理研究所编：《历史地理》创刊号，上海：上海人民出版社，1981年。
③ 1982年正式出版的《中国历史地图集》第二册"西汉邯会侯国"的定点即根据周先生此文进行了修订。

不但解决了邯会侯国定位问题,还附带解决了《水经注》的文本错乱问题,其研究视野之开阔,剖析问题之深入,令人叹服。

1982年,《中华文史论丛》连载刊发了《西汉诸侯王国封域变迁考》,①此即周先生的硕士学位论文。该文汇集了周先生有关西汉王子侯国地望的考订成果,其中不乏精辟的论证,限于篇幅本书无法对其考证结论一一评述。概括周先生的王子侯国地望研究,有三个特点。一是充分解析"推恩法",归纳出"王子侯国必在汉郡"、"王子侯国临近本王国"、"先封之王子侯国位于后封之王子侯国之外围"三大原则,②以此为基础对王子侯国地望进行全面清理。二是综合运用地名学、自然地理学等多种方法分析侯国地望。三是结合出土文献、石刻文献等新材料,扩大侯国地望研究的材料来源。经过周先生的清理,许多西汉王子侯国的定位问题得到了很好的解决,而王子侯国地域分布的规律性也愈加清晰。

1986年,周振鹤先生发表《西汉县城特殊职能探讨》。③该文的附录部分对《汉志》失注之侯国进行了重新辑补,可以视作对钱大昕《侯国考》的补充。1987年周先生博士论文《西汉政区地理》正式出版,该书囊括了周先生此前有关王子侯国研究的所有成果。此后,周先生还发表过《〈汉书·王子侯表〉笺证》,④另外其《〈汉书·地理志〉汇释》也有关于侯国地理的少量表述。⑤

毋庸置疑,周振鹤先生是迄今为止对西汉侯国地理研究贡献最大的学者,他完全改变了侯国地望研究的传统做法,实现了侯国地理研究由传统考据之术向现代学术研究的转变,其对王子侯国地理分布规律的归纳以及侯国地望考证方法成为后人遵循的研究准则。不过,由于王子侯国是在武帝执行推恩令后才大量产生的,所以我们还无法通过王子侯国来

---

① 连载于《中华文史论丛》1982年第3、4期。
② 见《西汉长沙国封域变迁考》。
③ 复旦大学中国历史地理研究所编:《历史地理研究》第1辑,上海:复旦大学出版社,1986年。
④ 陕西师范大学西北环发中心编:《史念海先生八十寿辰学术文集》,西安:陕西师范大学出版社,1996年。
⑤ 周振鹤:《〈汉书·地理志〉汇释》,合肥:安徽教育出版社,2006年。

探寻西汉侯国地域分布特征形成和变化的规律。而深化西汉侯国地理分布特征的认识,则是我们所要继续完成的任务,这也是笔者写作本书的初衷之一。

还需要说明的是,周振鹤先生之所以能够实现以地域分布为视角解决西汉王子侯国地理问题,主要获益于此前谭其骧先生主持编修《中国历史地图集》(以下简称《图集》)的完成。正因为《图集》解决了西汉许多县邑侯国的定位,并将各县邑的空间关系以地图的形式加以呈现,才使周先生可以从繁琐的地名考证中解放出来,而直接利用《图集》进行相关空间分析。由此可以看到一项优秀的基础研究工程对学术的推动作用。周振鹤先生称《西汉政区地理》是"导师与研究生两代人的共同创造",①这样的总结是非常恰当的。

3. 近二十年侯国地理研究

近二十年的侯国地望研究可以明显看到受周振鹤先生研究影响的痕迹。如郝红暖的《西汉中山"新市侯国"小考》是对景帝中二年所封新市侯国(226)地望的考证。② 该文指出,前人多以为景帝所封新市侯国即《汉志》巨鹿郡之新市侯国,而巨鹿郡新市侯国乃元凤五年分封广川王子而新置,本为广川国乡聚,此新市景帝时并不存在。景帝时代所封新市侯国应为《汉志》中山国之新市。郝文的结论可以信从,而这一观点显然是作者研读《西汉政区地理》的收获。

郑威先生的《西汉东海郡所辖戚县、建陵、东安侯国地望考辨》则是对《中国历史地图集》西汉东海郡之戚县、建陵侯国、东安侯国定点的商榷。③该文称《图集》戚县定点紧邻鲁国,而其外围的兰旗、容丘、良成皆是鲁王子侯国,在上述侯国未分封时,东海郡何能越过鲁国管辖戚县? 通过对历代地理志的分析,郑先生指出《图集》戚县其实误取了沛郡广戚侯国的定点,戚县地望应据《括地志》定于今山东省临沂市南。而《图集》鲁王子之

---

① 周振鹤:《中国行政区划通史·总论》,上海:复旦大学出版社,2009年,第39页。
② 郝红暖:《西汉中山"新市侯国"小考》,《邢台学院学报》2006年第2期。
③ 郑威:《西汉东海郡所辖戚县、建陵、东安侯国地望考辨》,《中国历史地理论丛》2006年第2期。

建陵侯国(642)、东安侯国(644)定点皆远离鲁国,显然与王子侯国分布特征不符,两侯国当据《括地志》、《地形志》分别定位于今山东枣庄市峄城区西和山东枣庄市山亭区。2011年郑威先生又发表了《西汉东海郡的辖域变迁与城邑分布》,①该文第二部分对推恩令施行后,别属东海郡的王子侯国地望进行全面清理,其中对山乡(641)、武阳(739)、新阳(743)三侯国做出更为精确的定位,纠正了以往的错误看法。该文以汉郡为中心的侯国地望整理模式,是继《西汉政区地理》以王国为中心的侯国地望整理模式之后,一种有益的探索。从以上两文可以看出,郑威先生对王子侯国地望的考证思路与周振鹤先生十分近似,可以视为周先生王子侯国地望清理工作的延续。

此外,邢承荣先生的《西汉柳侯国(柳县)的建置沿革及其遗址考证》则是以实地调查的形式确认侯国遗址方位,这是对《图集》定点的有益补充。② 而张玉女士的《"推恩令"与河间献王诸子侯国》一文,③虽然声称"考证了河间献王诸子侯国的地理位置",但文中基本承续《大清一统志》和王先谦《汉书补注》的说法,唯一提出新见的是旁光侯国(313)地望。对于这个历代地理志都不曾提到的侯国,张女士独辟蹊径地指出"旁光"乃"东光之旁"之意,其地望在今河北省东光县境。④ 这样的考证思路及结论,实在让人不敢信从。

除了具体侯国地望的相关考证,李开元先生的《西汉轪国所在与文帝的侯国迁移策》与陈苏镇先生的《汉文帝"易侯邑"及"令列侯之国"考辨》则是两篇值得关注的文章。⑤ 前者通过对轪侯国、鄸侯国地望的考证,指出文帝初年曾出台"徙侯国出王国"的政策。李先生的这一看法可以看作

---

① 郑威:《西汉东海郡的辖域变迁与城邑分布》,复旦大学历史地理研究所编:《历史地理》第25辑,上海:上海人民出版社,2011年。
② 邢承荣:《西汉柳侯国(柳县)的建置沿革及其遗址考证》,《渤海学刊》1995年第4期。
③ 张玉:《"推恩令"与河间献王诸子侯国》,《沧州师范专科学校学报》2004年第4期。
④ 旁光侯国,《史表》作"房光"。旁、房古音相同。旁、房皆为标注音地名之音,非"近旁"之义甚明。
⑤ 李开元:《西汉轪国所在与文帝的侯国迁移策》,《国学研究》第二卷,北京:北京大学出版社,1994年;陈苏镇:《汉文帝"易侯邑"及"令列侯之国"考辨》,《历史研究》2005年第5期。

是对钱穆观点的发扬，不过李先生在具体的地名考证中存在疏漏，得出的结论还有不足。陈苏镇先生的《汉文帝"易侯邑"及"令列侯之国"考辨》则以文帝初年的"迁淮南国三侯邑"为切入点，讨论了文景时期的侯国政策，全文涉及汉初王子侯国地域分布，文帝侯国政策，"王国境内无侯国"格局的形成等西汉侯国地理重要问题，其论证对笔者多有启发，关于陈先生的具体看法，本书在专题论证中还会指出。

这一时期，部分韩日学者的研究也涉及西汉侯国地理问题。如韩国学者崔在容对西汉的"京畿制度"进行考察，指出汉代的京畿包括京畿地区（三辅）和准京畿地区（三河及弘农郡），西汉时代除极个别的情况外，基本不在京畿和准京畿地区封置侯国。① 崔先生的看法大体正确，但研究方法存在不足。首先，崔先生根据王先谦的《汉书补注》来确定侯国地望，而该书对侯国地望的考证错误甚多，直接影响到崔先生研究的准确性。其次，崔先生忽视了西汉封置侯国的时代差异。如果对西汉侯国地望进行重新梳理，并分时段予以考察，可明确西汉一代从不在京畿地区封置侯国，武帝元封年间以后从不在准京畿地区封置侯国。另外，崔先生称汉代不在京畿封置侯国是他"首次论及"，显然没有对顾炎武等清人的考证成果给予足够的重视。

日本学者中，仲山茂先生对西汉侯国地理问题进行了一系列研究，并取得一定成绩。他于 2006 年发表的《前漢侯国の分布——〈漢書〉外戚恩沢侯表を中心に》是继钱穆《汉初侯邑分布》之后，第一篇专门研究汉代侯国地理分布特征的文章。② 该文指出，昭帝以后分封的外戚恩泽侯国，其地域分布与封户数量存在对应关系。以恩泽侯国为例，封户在千户以下的侯国分布在淮河流域，封户在一千户至两千户的侯国分布在琅邪郡，封户在两千户以上的侯国分布在南阳郡。而外戚侯国虽然封户数量相差较大、地域分布较为分散，但若将封户数量与地域生产力相配，各侯国基本处在同一水准。在考订外戚恩泽侯国地理方位的过程中，仲山氏留意到《汉书》相关侯表注记地名的体例问题，故继续写作《〈漢書〉列侯関連諸表

---

① 崔在容：《西漢京畿制度的特征》，《历史研究》1996 年第 4 期。
② 《名古屋大學東洋史研究報告》第 30 号，2006 年，第 20—48 页。

にみられる地名注記の性格について》予以讨论。① 在这篇文章中,仲山茂先生提出《汉表》注记郡名均为侯国废除时之属郡的新观点。仲山先生的这一看法还值得商榷,但不失为对西汉侯国地理问题的有益探索。②

近二十年大量出土文献的发现也为西汉侯国研究提供了新线索。《汉志》沛郡载有敬丘侯国,但《侯表》并无敬丘侯,故清代以来的许多学者怀疑《汉志》敬丘所注"侯国"为衍文。而廖伯源先生根据尹湾汉简"盐官别治郁州丞沛郡敬丘淳于赏故侯门大夫以功迁"一条的分析,指出西汉确有敬丘侯国,《汉志》记载可信。③ 廖先生的这一研究,是利用出土文献解决侯国问题的很好例证。

二、本书的主旨及结构

通过以上学术史回顾可以看出,近四百年来侯国地理研究主要是具体侯国地望的考释,其研究方法则以排比史料、汇释诸说为主,这样的地望考证无论从研究旨趣还是从研究方法上来讲,都可以视为传统地名考证的一部分。而在研究方法上实现突破的则是周振鹤先生,由于充分注意侯国自身的地域分布特点,周先生将空间分析的理念引入侯国地望考释,从而大大提升了该领域的研究水准。

随着前人侯国地望考释工作的发展,一个侯国地理研究的新方向孕育产生,那就是对侯国空间分布规律的探索。少数清代学者已经隐约感觉到西汉侯国地理分布存在特征,并提出一些零散的看法。20 世纪 60 年代,钱穆先生明确提出,对侯国分布及影响侯国分布的政治、经济因素的探索为治史之"新途径"。但受当时学术研究水准的限制,钱氏这一具有前瞻性的研究构想并不能实现。首要原因是,当时缺乏一部相对准确的

---

① [日]柴田昇编著:《《漢書》とその周辺》,名古屋:昆仑书房,2008 年,第 31—67 页。中文译本见郭永钦译:《〈汉书〉侯表地名注记的体例特征》,复旦大学历史地理研究中心编:《历史地理》第 26 辑,上海:上海人民出版社,2012 年。
② 参见上编第一章第二节考述。
③ 廖伯源:《汉书敬丘侯国与瑕丘侯国辨》,收入氏著《简牍与制度》,桂林:广西师范大学出版社,2005 年,第 167—171 页。

历史地图,因此很难将侯国地望的考释成果转化为地理定位信息来进行空间分析。另一个不能忽视的原因是,当时还不具备复原不同时期西汉郡国疆域的手段,因此对侯国地理分布的研究只能局限在《汉志》所反映的西汉末年政区断面,而无法追寻侯国地理分布格局发展、变化的趋势。可以说,正是由于以上两个基础性工作尚未完成,才使得西汉侯国地理分布研究难以取得实质性的进展。不仅钱穆本人的侯邑分布研究不尽如人意,而且几十年后作为侯国地理研究集大成的《汉王国与侯国之演变》,其对侯国地理分布特征的表述,也不过寥寥数语。

时至今日,学界的研究环境已大为改观。首先是复旦大学历史地理研究中心研发的CHGIS系统的发布。该系统充分吸收了《中国历史地图集》历代地名考订成果,同时利用最新的测绘数据对《图集》的地名定位、政区边界划分进行了修订,为学界利用这一系统绘制相对精确的历史地图提供了便利。其次是周振鹤先生《西汉政区地理》的出版。该书将西汉两百余年郡国级政区的演变过程,系统而完整地揭示出来,从而使以年为标尺复原西汉任意时段的郡国政区成为可能。这两项基础性工作的完成,为深入分析西汉侯国分布特征搭建了坚实的技术平台。可以说,实现钱穆侯国地理研究构想的时机已经成熟。

鉴于学界在各领域取得的进展,笔者将把西汉侯国地理分布特征及变化作为本书的主要研究方向,同时对具体侯国地望逐一考证,将定位精确至今天行政区划乡镇一级。而笔者对前人侯国地望考释成果的修订,请参考本书相关章节及附表的备注和附考部分。

下面,笔者对本书的篇章结构作简要介绍:除序章外,正文共分为三编,由以下三方面内容构成。

第一,在进行西汉侯国地望考证时,《汉书·地理志》、《汉表》下注郡县名、《水经注》和《史记索隐》所记侯国方位是主要依据。但对于四篇文献的史料价值,还存在许多不明之处,这直接关系到侯国地望考释结论的可信程度。在上编"基本史料的考订"中,笔者将对其中三种文献的史料价值进行分析,试图阐明两个问题:"《汉表》下注郡县名之体例"、"《水经注》、《史记索隐》所记侯国方位的文献依据"。另外,关于对《汉志》所载行政区划建制时代断限及材料来源的考察,因为与汉末侯国建置紧密相关,故放在中编第一章与汉末侯国地理分布格局的分析一并讨论。在回答上述问题后,我们可以明确四种文献在侯国地理研究中所具有的价值和作用,由此可以对前人侯国地望考释结论进行检验和批判。

第二,借鉴英国历史地理学者达比(H. C. Darby)提出的"水平横剖面"方法论。截取成帝元延三年(前10年)、高帝十年(前197年)、惠帝七年(前188年)、文帝十一年(前169年)、景帝中五年(前145年)、武帝元光五年(前130年)、武帝太初元年(前104年)七个标准年份为断代剖面,复原各年份的侯国地理分布格局,分别阐释各年份侯国地理分布特征及其形成原因。将七个标准年份的侯国地理分布格局进行对比,我们可以把握西汉侯国地理分布特征形成、发展的总体趋势。此即中编"西汉侯国地理格局变迁"的主要内容。

第三,在明确不同时期西汉侯国地理分布格局的特点后,笔者以专题形式探讨相关问题。此即下编"西汉侯国地理研究专题",包括"王国境内无侯国"格局的形成、王子侯国地域分布特征、文帝初年"迁淮南国三侯邑"、武帝元鼎三年河东地区侯国集体迁徙、武帝元鼎五年"酎金失国"侯国地域分布、"郡国更置"与侯国迁徙、异族归义侯国地域分布特征七个专题。

在正文之后,全书还附有"西汉侯国建制沿革综表"。记录高帝六年至成帝绥和二年所置787个侯国的置废年代、地理方位、所属郡目(或所在郡国),并汇释前人侯国地望考订成果及考古发现。该附表为本书进行西汉侯国地理定位的基础。

本书最后为侯国名称笔画索引,可以方便读者查找西汉侯国的建制沿革及某些侯国在正文考述中的相应位置。

上 编
基本史料的考订

第一章 《汉书》侯表下注"郡县名"体例疏正

西汉的封侯制度在汉武帝时期发生较大变化。此前的高帝、惠帝、高后、文帝、景帝时代,列侯的封邑都是由汉县改置而来。因此武帝以前的侯国定位,可以利用《汉志》予以确定。但是到了武帝以后,列侯封邑多由乡聚改置,这些侯国废除后往往恢复为乡聚,很难在《汉志》中留下记载,这无疑增大了我们对西汉中后期侯国地理定位的难度。

不过,仔细考察《汉书》相关侯表(以下简称《汉表》),可以发现在各列侯条目下,常常标注有县名和郡名。这些地名信息的标注显然与各侯国的地理方位有关,是我们确定西汉中后期侯国方位的重要依据。但是对于这些地名的性质,还存在许多不明之处。例如,侯国与标注的汉县之间究竟是什么关系?再有,列侯条目下标注的郡名显然是各侯国的上属郡,但这些标注的郡名为何常与《汉志》的记载相矛盾?要想明确西汉中后期的侯国方位,就必须对这些疑问作出合理的解答。在本章,笔者将分别对《汉表》下注县名和郡名的体例特点进行考察,希望能够回答上述疑问。

一、《汉表》下注县名体例考

让我们先来看《汉表》下注县名之体例。在清代,一些学者已经注意到《汉表》下注县名体例问题,并尝试作出解释。钱大昕《廿二史考异》卷六曰:

> 临众敬侯始昌，下注"临原"字，似分临原地置临众侯国也。
>
> 乐成敬侯许延寿，……予按此《表》注"平氏"字，平氏县属南阳，而《地理志》南阳郡本有乐成侯国，此即延寿所封，分平氏置者也。①

钱大昕推测《汉表》列侯条目下所注县名，是代表其侯国由该县析置。钱氏对《汉表》下注县名的这一看法，可称为"析置说"。从上述考证文字的语气来看，钱大昕对自己的看法还不敢肯定，带有明显的推测意味。但是到了钱大昭的《汉书辨疑》，其兄长的看法被广泛引用，凡是遇到《汉表》下注县名时，钱大昭概以"析置说"作解。试举两例：

> 众利侯郝贤，下注"姑莫"，即"姑幕"，琅邪县。盖元狩元年分姑幕之众利乡为侯国。
>
> 扶阳节侯韦贤，下注"萧"。扶阳与萧并沛郡县，当是分萧县置。②

经过钱大昭的征引，"析置说"得以流行，此后王先谦、史念海、钱穆、王恢等中国学者，以及纸屋正和、仲山茂等日本学者在对"《汉表》下注县名"体例进行解释时均采纳了"析置说"。③ 所谓《汉表》标注之县即侯国析置之县的看法俨然成为定论，为中外学界普遍接受。

就史籍相关记载而言，"析置说"的确具备一些优势。如元朔三年，武帝封公孙弘为平津侯(333)，其诏书曰："其以高成之平津乡户六百五十封丞相弘为平津侯。"④据此，公孙弘之平津侯国乃是析高城县之平津乡设置。而《外戚恩泽侯表》平津献侯公孙弘条注有"高城"。又《外戚恩泽侯表》乐安侯匡衡条下注"僮"，而《汉书·匡衡传》载"(匡)衡封僮之乐安乡"，则匡衡之乐安侯国(700)乃析僮县之乐安乡所置。

从上述两例来看，"析置说"很好地诠释了《汉表》下注县名体例，我们

---

① 钱大昕：《廿二史考异》，第100、106页。
② 钱大昭：《汉书辨疑》卷八，《丛书集成初编》，北京：中华书局，1985年，第110、122页。
③ ［日］纸屋正和氏之观点见《〈漢書〉列侯表考証(上)》，载《福岡大學人文論叢》第15卷第2期，1983年。
④ 《汉书》卷五八《公孙弘传》，第2620页。

似乎可以根据这一解释来分析侯国地理问题了。但是,如果我们对某些侯国地望进行仔细考辨,便会发现"析置说"存在很多缺陷。下面分别举例予以说明:

1. 成平侯国(319)

元朔三年,汉武帝分封河间献王子刘礼为成平侯。今本《王子侯表》无下注郡县名。而《史记索隐》注成平侯条曰"《表》在南皮",则司马贞所见唐本《王子侯表》注有"南皮"。但《汉志》南皮县属勃海郡,根据"推恩令"王子侯国裂王国地分封的规定,成平侯国当由河间国地析置,而不应从勃海郡析置。周振鹤先生注意到这一矛盾,于是解释道:

> 《索隐》云,《汉表》在南皮,是成平乃析南皮置。故南皮县必先属河间,后削入勃海。①

周先生认为元朔年间南皮县属河间国,故成平侯国析南皮县而置,与"推恩令"并不矛盾。周先生进一步推断《汉书·河间献王传》载甘露年间,河间国"削二县,万一千户"中必有南皮,南皮在此后转属勃海郡。② 但是,李启文先生在对史籍记载进行考辨后指出,勃海郡初置时即有南皮县,南皮县从未归属河间国管辖。③ 李先生之说可信,成平侯国绝非析置南皮县而置,④因此用"析置说"无法解释成平侯国与南皮县之间的关系。

2. 茌关侯国(323)

元朔三年,汉武帝分封济北贞王子刘骞为茌关侯。《汉表》茌关侯条下注"茌平",按照"析置说"的解释,此侯国乃是析茌平县乡聚而置,则茌平县必为济北国属县。不过,在《秩律》中茌平县隶属东郡。⑤ 再结合《汉

---

① 周振鹤:《西汉政区地理》,第 85 页。
② 周振鹤:《西汉政区地理》,第 86 页。
③ 李启文:《西汉勃海郡初置领县考》,复旦大学历史地理研究所编:《历史地理》第 13 辑,上海:上海人民出版社,1996 年。
④ 李启文认为成平侯国乃析建成县而置,见《西汉勃海郡初置领县考》。
⑤ 晏昌贵:《〈二年律令·秩律〉与汉初政区地理》,复旦大学历史地理研究所编:《历史地理》第 21 辑,上海:上海人民出版社,2006 年。

书·尹齐传》"尹齐,东郡茌平人也"以及《汉志》茌平县属东郡的记载,可知西汉时期茌平县一直为东郡管辖,从未归属济北国,以"析置说"的观点来建立荣关侯国与茌平县的关系,显然不能成立。

3. 宜冠侯国(427)

元狩二年,汉武帝分封功臣高不识为宜冠侯。《汉表》宜冠侯条下注"昌"。昌县,《汉志》属琅邪郡。但元狩二年,琅邪郡之昌为城阳王子刘差之侯国(423)。汉代绝无析侯国置侯国之道理。

4. 平州侯国(500)

元封三年,汉廷封朝鲜降将王唊为平州侯。《汉表》平州侯条下注"梁父",《汉志》泰山郡有梁父县。若按照"析置说",平州本为梁父县乡聚。但高帝曾封昭涉掉尾为平州侯(123),则高帝时已有平州县。元封三年所封之平州侯国当是以平州县改置,并非梁父县乡聚。

类似于这些无法用"析置说"解释的侯国,在《汉表》中还能找出很多。可见"析置说"本身存在诸多漏洞,并不能很好解释《汉表》下注县名体例问题。对于《汉表》下注县名的真正含义,我们还需要从其他角度予以求证。

其实,对于"析置说"本身的缺陷,周振鹤先生已有察觉。他在对陆地侯国(349)地望进行考辨时提道:

> 陆地,《表》辛处,元鼎五年免,并入辛(薪)处。此侯分封在薪处之后,薪处已先一年别属涿郡,故《汉表》在薪处,乃表明陆地免侯以后并入薪处,而不是说明陆地侯国析薪处而置。①

《汉表》陆地侯条下注"辛处",即《汉志》中山国之薪处县。若根据"析置说",则陆地侯国乃析薪处县置。但陆地侯受封之时,薪处为侯国(307),而且已别属涿郡,汉廷绝不会从薪处侯国中析置陆地侯国。周先生于是

---

① 周振鹤:《西汉政区地理》,第94页。

变换思路，提出表注"辛处"乃是指陆地侯国废除后的并入之县。笔者暂且把周先生的这种看法定名为"并入说"。如果我们利用"并入说"来分析上述成平、荣关、成安、平州各条，则侯国与其下注县名之间可以得到合理的解释。同样，"并入说"也适用于平津、乐安两侯国。这两个侯国虽是从高城县、僮县中析置，但两侯国废除后应当重新并入高城县、僮县，这与"并入说"并不矛盾。

笔者认为周振鹤先生提出的"并入说"可以较为合理地解释各侯国与《表》注县名的关系，应当更接近于《汉表》下注县名体例。不过，周先生的这一看法还需进行修正，比如前面提到的宜冠侯国。该侯国封于元狩元年，除国于元狩四年。而元狩四年，昌侯国尚存，汉廷显然不会把废除的侯国并入侯国。由宜冠侯国的情况我们可以得出如下认识：宜冠侯国废除后，并没有直接并入昌侯国，而是先并入其他县，后来随着地方政区界限的调整，宜冠侯国故地才调整入昌县，所以《汉表》才会在宜冠侯国条下注有"昌"。

现在已知《汉表》下注县名并非各侯国废除之际的并入地，那么《汉表》所反映宜冠侯国故地位于昌县境内的情况又是什么时候的情形呢？接下来，笔者试图通过分析新市侯国（550）、扶阳侯国（567）和武阳侯国（739）的沿革来回答这一问题。

《汉表》载新市侯国、扶阳侯国于王莽时败绝，而新市侯条下注"堂阳"、扶阳侯条下注"萧"，则新市侯国并入堂阳县，扶阳侯国并入萧县只可能发生在新莽以后。而《外戚恩泽侯表》武阳侯条曰："元寿二年，侯获嗣，更始元年为兵所杀。"另该条下注"郯"。武阳侯国并入郯县必在更始元年（23年）以后。因此，笔者认为《汉表》下注县名很有可能反映的是东汉时代的情形。

具体而言，东汉之班昭在编制《侯表》时，①还知道西汉某些侯国的具体方位，于是通过标注东汉县名来表明前代侯国地望。这一做法与后人标注历史地名时常称"故某地，位于今某县境"的做法十分相似。

---

① 《后汉书·班昭传》曰："（昭）兄固著《汉书》，其八表及《天文志》未及竟而卒，和帝诏昭就东观藏书阁踵而成之。"

班昭在列侯条目下标注县名，其实是表示前代侯国位于本朝某县境内。如她在平州侯国下标注"梁父"，就是表明前代的平州侯国地处本朝梁父县境。

如果笔者这一看法成立，就必须同时符合两个条件：其一，那些标注有县名的侯国，其行政建制没有延续到东汉；其二，班昭所标注的县名，都见存于东汉和帝时代。为了直观地反映各侯国与《表》注县名的沿革关系，笔者编制表1-1来进行说明。

表1-1　《汉表》侯国及所注县名与《汉志》、《续志》对照表

序号	侯国	续志	表注县名	续志	序号	侯国	续志	表注县名	续志
1	便	○	编	●	14	若阳	○	平氏	●
2	丹阳	●	无湖	●	15	平陵	○	武当	●
3	临众	○	临原	○	16	岸头	○	皮氏	●
4	寿梁	○	寿光①	●	17	昌武③	○	舞阳	●
5	荣关	○	茌平	●	18	襄城	○	襄乡④	●
6	陆地	○	辛处	●	19	乐安	○	博昌⑤	●
7	易	○	鄗	●	20	合骑	○	高城	●
8	鳣	○	襄贲	●	21	轵	○	西安	●
9	陆	○	寿光	●	22	从平	○	乐昌	○
10	新市	○	堂阳	●	23	众利	○	姑幕	●
11	高郭	○	鄚	●	24	潦	○	舞阴⑥	●
12	禽	○	内黄	●	25	宜冠	○	昌	○
13	亲阳	○	舞阴②	●	26	辉渠	○	鲁阳	●

---

① 《王子侯表》注"寿乐"，周振鹤先生以为"寿乐"为"寿光"之讹误，暂取此说。见《西汉政区地理》，第103页。
② 《景武昭宣元成功臣表》注"舞阳"，乃"舞阴"之误。见下编第三章第一节考述。
③ 《汉志》胶东国有昌武县，非此昌武侯国。见下编第四章第四节考述。
④ 《景武昭宣元成功臣表》注"襄垣"，乃"襄乡"之误。见下编第三章第一节考述。
⑤ 《景武昭宣元成功臣表》误作"昌"。考辨见附表乐安侯国条(408)备注。
⑥ 《景武昭宣元成功臣表》注"舞阳"，乃"舞阴"之误。见下编第三章第一节考述。

(续表)

序号	侯国	续志	表注县名	续志	序号	侯国	续志	表注县名	续志
27	下摩	○	猗氏	●	49	爰氏	○	单父	●
28	邔离	○	朱虚	●	50	扶阳	○	萧	●
29	义阳	○	平氏	●	51	高平	○	柘	●
30	杜	○	重平	●	52	武阳	○	郯	●
31	湘成	○	堵阳①	●	53	乐成	○	平氏	●
32	散	○	阳成	●	54	博望	○	南顿	●
33	臧马	○	朱虚	●	55	乐安	○	僮	●
34	术阳	○	下邳	●	56	高阳	○	东莞	●
35	成安	○	郏	○	57	成阳	○	新息	●
36	骐	○	北屈	●	58	新成	○	穰	●
37	平州	○	梁父	●	59	博山	○	顺阳	●
38	商利	○	徐	●	60	孔乡	○	夏丘	●
39	平通	○	博阳②	●	61	平周③	○	湖阳	●
40	安远	○	慎	●	62	高乐	○	新野	●
41	信成	○	细阳	●	63	高武	○	杜衍	○
42	平津	○	高城	●	64	杨乡	○	湖阳	●
43	周子南	○	长社	●	65	新甫	○	新野	●
44	乐通	○	高平	●	66	汝昌	○	阳谷	○
45	富民	○	蕲	●	67	阳新	○	新野	●
46	安阳	○	荡阴	●	68	高安	○	朱扶	●
47	平丘	○	肥城	○	69	方阳	○	龙亢	●
48	昌水	○	于陵	●	70	宜陵	○	杜衍	○

---

① 《景武昭宣元成功臣表》两湘成侯条,一注"阳成",一注"堵阳"。此阳成乃堵阳别称。见谭其骧:《陈胜乡里阳城考》,收入氏著《长水集》(下),北京:人民出版社,第336—341页。
② 此博阳当即《续志》泰山郡博县,而非《汉志》汝南郡博阳。详见平通侯国(597)附考。
③ 《汉志》西河郡有平周县。西汉边郡不置侯国,故西河郡之平周非丁满之侯国。

(续表)

序号	侯国	续志	表注县名	续志	序号	侯国	续志	表注县名	续志
71	扶德	○	赣榆	●	73	褒成	○	瑕丘	●
72	褒鲁	○	南平阳①	●	74	沈犹	○	高苑②	●

说明：地名信息见于《续志》记载者，标注"●"；不见于《续志》记载者，标注"○"。

《汉表》标注有县名的侯国条目共74条。③ 从表1-1可以看到，这74个侯国见于《续志》记载的只有1个。仔细分析该条，仍存在令人疑惑的地方。《汉志》《续志》皆载有丹阳，表明此县从未省并，不知为何要标注其他县名，这一现象实在费解，只能先持以阙疑的态度。④

如果暂且排除存在疑问的丹阳一条，可以看到这些曾置为侯国的县邑都没有延续到东汉时代，因此班昭若想对这些侯国的方位予以标示，就只能借用东汉的县名作为参照。那么班昭所标注的县邑在东汉时代是否都存在呢？从表1-1可以看到，班昭所标注的县名，虽然大部分见于《续志》，但仍有九个县名在《续志》中找不到。这样一来，笔者的推断便出现了问题。假如东汉时代没有设置过这九个县，班昭岂不是在用古地名来标注古地名？以班昭之贤智，断不会作出如此违背常理的事情。

这里，笔者想提醒读者注意《续志》的时代断限。据李晓杰先生研究，《续志》断于汉顺帝永和五年(140年)，⑤ 而班昭作《侯表》约在汉和帝永元五年(93年)，⑥ 两者间尚有五十年的差距，因此在班昭作《侯表》时，这九

---

① 《外戚恩泽侯表》误作"南阳平"。
② 今本《王子侯表》沈犹侯无下注县名，据《索隐》及晋灼语，知《汉表》本注有"高苑"。见下编第一章第四节考述。
③ 条目重复的，按一条计算。如西汉先后封有两个平陵侯国。两平陵侯国《表》皆注"武当"，本表即计作一条。另《景武昭宣元成功臣表》建平侯条、《外戚恩泽侯表》阳城侯条下皆注"济阳"。这两处"济阳"乃"济阴"之误，为郡名而非县名。参见附表建平侯国条(541)、阳城侯国条(563)备注。
④ 或许丹阳县东汉初曾并入芜湖县，班昭编制《侯表》时因无丹阳县，故于丹阳侯国下标注"无湖"。和帝以后丹阳县复置，故见载于《续志》。此聊备一说。
⑤ 李晓杰：《东汉政区地理》，济南：山东教育出版社，1999年，第14—15页。
⑥ 班固卒于汉和帝永元四年，则班昭受命作《表》约在永元五年前后。

个县可能是存在的。这样的推断当然需要证明,请看以下两例。

《外戚恩泽侯表》平丘侯条注有"肥城"。肥城,《汉志》属泰山郡,《续志》无。而《后汉书·章帝纪》载元和二年(85年)二月"己未,凤皇集肥城。……辛未,幸太山,柴告岱宗",据此,元和二年泰山郡尚有肥城县。几年后的永元年间,肥城县见存的可能性是很大的。

《景武昭宣元成功臣表》成安侯条注有"郏"。郏,《汉志》属颍川郡,《续志》无。《后汉书·光武帝纪》载建武十七年(41年)十月"有五凤皇见于颍川之郏县",可知郏县不在建武六年省并四百余县之列。① 又洛阳南郊东汉刑徒墓地出土编号 P11M36：1 砖有"无任颖川郏髡钳贯纪,元初六年闰月十二日死"之铭文。② 元初六年(119年)为汉安帝年号,此砖铭文可证至迟元初六年仍有郏县。③ 班昭在编作《汉表》时,郏县是明确存在的。

从肥城、郏两县的沿革情况来看,另外七县也应存在于汉和帝时代,这九县省废的时间在永元五年至永和五年之间。总之,笔者认为《汉表》标注的县名,全部是汉和帝时代的置县。班昭其实是在利用东汉的地名信息来标注前代侯国的方位,这才应是《汉表》下注县名的真正体例。

明确了《汉表》下注县名的体例特点,一些看似不可理解的现象便可以得到合理的解释。《外戚恩泽侯表》博山侯条下注"顺阳"。《续志》南阳郡顺阳曰"故博山"。东汉人应劭曰："(博山)汉明帝改曰顺阳。"④ 由以上记载可知,西汉之博山于东汉明帝时改为顺阳,博山与顺阳为一地。《汉表》在博山下注"顺阳"无论以"析置说"还是以"并入说"都无法解释。现已知班昭是在利用东汉置县标注西汉侯国方位,则上述疑惑可迎刃而解。汉和帝时代博山县已改名为顺阳县,班昭在博山侯国条下标注顺阳,

---

① 《后汉书·光武帝纪》载建武六年六月"条奏并省四百余县,吏职减损,十置其一"。
② 中国社会科学院考古研究所编:《汉魏洛阳故城南郊东汉刑徒墓地》,北京:文物出版社,2007年,附图二九六。
③ 另清人黄山以为《续志》颍川郡之襄县,即郏县之更名,此聊备一说。见钱林书《续汉书郡国志汇释》,合肥:安徽教育出版社,2007年,第64页。
④ 《汉书》卷二八《地理志上》"南阳郡博山"条颜师古注,第1564页。

实际是在告诉阅《表》者,博山侯国即本朝的顺阳县。同样,《高惠高后文功臣表》便侯条下注"编",《汉志》南郡有编县。王先谦注曰:"(编),南郡县。……(便侯国)盖分编置。"①而松柏汉墓35号木牍见有"便侯国",而无编县,表明汉武帝早期无编县,显然便侯国不是从编县中析置而来,相反便侯国应当是编县的前身。班昭对于两者的关系是清楚的,在便侯国条下标注"编",意在说明前代之便侯国即本朝之编县。

最后附带提及,清末学者王荣商对《汉表》下注县名体例另有新解,其《汉书补注》曰:

> 昌武侯赵安稽,(注)舞阳。荣商案,昌武,本胶东县。安稽后击匈奴,益封舞阳,故以舞阳系之。非谓昌武即在舞阳也。
> 高平宪侯魏相,(注)柘。荣商案,是时侯国有别邑。若张安世别邑在魏郡,霍光别邑在东武阳是也。柘县或其别邑所在。②

王荣商以为《汉表》下注县名为各列侯之别邑。王氏的这一看法显然是错误的,我们可以轻易找出这一说法的缺陷。如武阳侯条下注"郯",郯县为东海郡郡治,汉廷显然不会把东海郡治作为列侯别邑。又如宜冠侯条下注"昌",而宜冠侯国所存在的元狩元年至元狩四年间,昌为侯国,汉代焉有以甲侯国作为乙列侯之别邑的道理?还有合骑侯(404)下注"高城",而同一时期的平津侯(333)在《汉表》中也注有"高城",武帝把一县同时封给两个人作别邑,实在不合情理。王荣商此说甚谬,读者自有明断。

二、《汉表》下注郡名体例考

《汉表》在多数列侯条目下注有郡名,这些郡名显然是各侯国的属郡。但是,在与《汉志》对照后,我们发现《汉表》对某些侯国属郡的标注与《汉志》并不一致(参见表2-3)。对于《汉表》、《汉志》所记侯国隶属关系的矛

---

① 王先谦:《汉书补注》卷一六,第257页。
② 王荣商:《汉书补注》卷六,第1050、1054页。

盾,王恢《汉王国与侯国之演变》一律称为"《表》误"。王氏之说未免武断,相较而言,周振鹤先生的看法更为合理。如平干王子之曲梁侯国(613),《汉表》注魏郡,而《汉志》属广平。周先生解释道:

> (曲梁侯国)始封时入魏郡,五凤二年,平干国除为广平郡时回属,以下志属广平者同此。

据周先生的意见,元康三年曲梁侯国初封时,因平干国不能辖有侯国而别属魏郡。五凤二年平干国除为广平郡后,曲梁侯国才回属广平郡,直至汉末。《表》注"魏郡"反映的是曲梁侯国初封时的隶属关系,《志》、《表》之间的分歧是因所录侯国建制时代断限不同造成。综合《汉表》中的类似记载,周先生的结论是,《表》注郡名基本与《汉志》一致,反映了汉末各侯国的隶属关系,但某些《表》注反映的是侯国初封时的情况,所以与《汉志》存在分歧。

周先生有关"《志》、《表》分歧是因所录侯国建制时代断限不同"的观点,后得到日本学者仲山茂的肯定。但对于《表》注郡名之体例,仲山氏却有不同的理解。他指出某些《志》、《表》分歧的现象,并不完全适用"《表》注初属郡"的解释。如梁王子曲乡侯国(750),《表》注济阴,《志》属山阳。而永始三年(前14年)曲乡侯国初封时,济阴郡为定陶国,所以《表》注"济阴"绝不是曲乡侯国的初属郡。仲山茂先生于是逆向思维,提出《表》注郡名皆为侯国废除时之属郡的新观点。①

仲山茂先生对《表》注郡名体例的解释虽然适用于曲乡侯国,但相反的例证却也不少。如昌成侯国(620),《表》注信都,而该侯国废除之建平三年正为信都国时代,汉代废除之侯国不会并入王国。有关昌成侯国的问题,仲山茂先生有所留意。他认为《表》所记昌成侯国废除之"建平三年"为"建平元年"之误。建平元年信都为汉郡,昌成侯国废除后并入信都郡,故《表》注信都。

---

① 仲山茂:《〈汉书〉侯表地名注记的体例特征》,复旦大学历史地理研究中心编:《历史地理》第26辑。

如果说昌成侯国问题还可以用文献讹误来加以解释,那么随成(407)、胡孰(271)两侯国问题就绝不是文献讹误那么简单了。

随成侯国废除于元狩二年,《表》注千乘;胡孰侯国废除于元鼎五年,《表》注丹阳。若下注郡名为侯国废除时的属郡,则两侯国废除后分别并入千乘郡、丹阳郡。千乘郡乃武帝元狩六年置,①丹阳郡则是武帝元封二年由鄣郡更名而来,②也就是说两侯国废除时并不存在千乘郡和丹阳郡,这两处《表》注显然不是两侯国废除时的所属郡。

《表》注郡名既非侯国初封之属郡,又非侯国废除后的属郡,那么会不会与《表》注县名一样反映的是东汉时代的情形呢?笔者认为可以排除这种可能,因为各条目下注郡名有很多不存在于东汉时代。如广平郡,在建武十三年(37年)省并,虽然明帝永平三年(60年)复置广平国,但只延续到章帝建初七年(82年),此后再未设置。也就是说,在东汉绝大多数时期都没有广平郡(国)的建制。而且明帝、章帝时代的广平国只领有七县,其规模远不能与《汉志》辖有十六县的广平郡相比。另外汉明帝永平十五年(72年)改信都郡为乐成国,此后信都郡(国)之名不复见于史籍。③ 在汉和帝时代,广平、信都、千乘等郡国均已省改,班昭显然不会用这些已废撤的建制当作本朝制度。

另外,根据表 2-2 统计,《汉表》标注郡名的侯国条目共 234 条,其中只有 36 县邑见于《续志》,其余近两百个县邑建制在东汉以前即废撤,班昭显然已不清楚绝大多数侯国的方位,把这些方位不明的侯国定位到东汉行政区划,在技术上难以实现。因此,笔者认为班昭在《汉表》中标注的郡名并非东汉制度,而反映的是前代侯国各自的隶属关系。

事实上,对于东汉时代的班固和班昭,搞清前代侯国的隶属关系,要比明确前代侯国的地理方位容易得多。东汉时代,西汉政府的许多籍册文书仍然得以保留,班固在编撰《汉书》时,便大量利用了前代政府籍册。

---

① 见拙文《西汉郡国更置与侯国迁徙——兼论千乘郡的始置年代》,《中国史研究》2012年第4期。
② 参见中编第七章第一节第二部分"丹阳郡"条。
③ 有关东汉广平国、信都郡沿革及疆域,分见李晓杰:《东汉政区地理》,第 86—87、97—98 页。

以《地理志》为例，班固所利用的西汉政府籍册，就目前可考的有成帝元延三年的行政版籍、成帝绥和二年的全国"集簿"以及平帝元始二年的户口簿。① 可以想见，当班昭受诏补作《汉表》时，仍然有许多前代政府籍册可以利用。而在前代籍册中，很多类文书都可以用来复原当时的行政隶属关系，如近二十年出土的《二年律令·秩律》、《乐浪郡初元四年县别户口簿》、《南郡免老簿》、《东海郡吏员簿》，②这些文书并非西汉的行政版籍，但我们却可以根据文书上的记载复原当时的郡县隶属关系。例如根据松柏汉墓35号木牍所记《南郡免老簿》，我们虽然无法知道该文书中的便侯国、邔侯国、轪侯国的地理方位，却可以获知三侯国隶属南郡管辖。因此，只要班昭能够看到前代政府的相关籍册，哪怕没有行政版籍可以利用，仍可以复原出某些侯国的所属郡目。

班固在编撰《地理志》时曾利用了汉成帝元延三年的行政版籍。当班昭续补《汉书》时，应该也能看到这份资料。那么班昭是否利用了相同资料来复原前代侯国的隶属关系呢？我们可以将《汉志》记载的侯国隶属关系与《汉表》所见侯国隶属关系进行比较，进而回答这一问题。

为了直观展现《汉表》各侯国的隶属关系，笔者编制了表1-2，该表以郡名为纲，将《汉表》下注郡名相同的侯国编排在一起，以便于进一步统计。

表1-2 《汉表》标注郡名之侯国条目分类表

郡　名	侯　国　名
河东	瓡讘
河内	临蔡、邟
东郡	乐平*、阳平*

---

① 参见中编第一章第一、二节考述。
② 张家山二四七号汉墓竹简整理小组编著：《张家山汉墓竹简》，北京：文物出版社，2006年；尹龙九：《平壤出土〈乐浪郡初元四年县别户口簿〉研究》，中国出土资料学会编：《中国出土资料研究》第十三号，2010年；连云港市博物馆等编：《尹湾汉墓简牍》，北京：中华书局，1997年；荆州博物馆：《湖北荆州纪南松柏汉墓发掘简报》，《文物》2008年第4期。

(续表)

郡　名	侯　国　名
陈留	长罗
颍川	成安
汝南	终弋、南利、归德、宜春*、阳城、安成*、安昌、定陵、长平、承阳
南阳	路陵、攸舆、复阳*、特辕、潦、安道、下郦*、涉都、冠军、红阳、新都、氾乡、广阳
江夏	轪*
九江	东城*、当涂*、曲阳*
山阳	成都、邵①
济阴	爰戚②、黄、甾乡③、曲乡④、秺、邛成、成阳*⑤
沛	浮丘、东乡、陵乡、溧阳、鳌乡、高柴、鄟*、建成、平阿、殷绍嘉
魏	毕梁、旁光、盖胥、武始、漳北、安檀、邯沟、曲梁*、平利、平乡*、襄城
巨鹿	甘井、襄隄、南䜌、安定、平隄、乐乡、乐信、广乡、西梁、历乡、武陶、桃、昆、题
常山	柏畅⑥、䣙*、乐阳、桑中⑦、遽乡、都乡*、平台
清河	修*、繹阳
涿	将梁、薪馆、陆城、薪处、柳宿⑧、曲成、安郭、成、新昌、利乡⑨、临乡、西乡、阳乡、益昌、范阳
勃海	蒲领⑩、广、山原、参戚、沂陵⑪、沈阳、修市、景成、获苴、重合*

---

① 《王子侯表》无下注郡名。《索隐》邵侯条注"《表》在山阳"，知今本脱漏"山阳"。
② 《王子侯表》下注"济南"，应为"济阴"之误。
③ 《王子侯表》下注"济南"，应为"济阴"之误。
④ 《王子侯表》下注"济南"，应为"济阴"之误。
⑤ 《外戚恩泽侯表》误作阳城，《表》注"济阳"乃"济阴"之误，见附表阳城侯国（563）备注。
⑥ 《王子侯表》下注"中山"，应为"常山"之误。见周振鹤：《西汉政区地理》，第79页。
⑦ 《王子侯表》张侯下注"常山"，当前移至"桑中侯"格。
⑧ 《王子侯表》无下注郡名，《索隐》柳宿侯条注曰"《表》在涿郡"，知今本脱漏"涿"字。
⑨ 《王子侯表》阳兴侯至昌虑侯下注皆当退后一格。见周振鹤：《西汉政区地理》，第31页。
⑩ 《王子侯表》下注"东海"，应为"勃海"之误。
⑪ 《王子侯表》参戚、沂陵下注"东海"，应为"勃海"之误。见参戚侯国（355）备注。

(续表)

郡 名	侯 国 名
平原	陪、前、安阳、干章、高平、重、钜合、枂、平纂、湿阴*、合阳、牧丘、富平①*、宜成
千乘	随成、高昌
济南	博阳、高乐、朝阳*、河綦、常乐、外石②、德、宜城③、营平
泰山	德、五據、胡母、平邑、式
齐	广*、平、台乡④、按道、漕清、涅阳、新畤
北海	乐望、饶⑤、羊石、石乡、新城、上乡、南宫、博陆
东莱	临朐⑥、堂乡、承父
琅邪	龙丘、海常、麦、昌、石洛、挟术、庸、祝兹、高乡、兹乡、枣原⑦、箕、高广、高广、即来、胶乡、昆山、折泉、博石、要安、房山、騩兹、蒲、驷望、高陵、义阳
东海	雷、辟土、有利、东平、运平、文成、翟、彭⑧、东淮⑨、栒⑩、湏、江阳、平曲、昌虑*、山乡、建陵、合阳*、东安、承乡*、建阳、籍阳、都平、干乡、就乡、义阳
临淮	淮陵*⑪、皋琅、南陵、开陵、博成⑫、西平、高平、扶平
会稽	句容、无锡*
丹阳	胡孰*
豫章	安城*、建成*⑬、海昏*

---

① 东汉更名为厌次县。
② 《景武昭宣元成功臣表》下注"济阳",应为"济南"之误。详见附表北石侯国(481)。
③ 《景武昭宣元成功臣表》下注"济阴",应为"济南"之误。
④ 《王子侯表》徐乡侯下注"齐",当后移至"台乡侯"格。
⑤ 《王子侯表》误作"成侯"。
⑥ 《王子侯表》下注"东海",应为"东莱"之误。
⑦ 即《汉志》琅邪郡之柔侯国。
⑧ 澎侯屈氂条下注"东海"误入"抑裴侯"格。
⑨ 《王子侯表》下注"北海",应为"东海"之误。
⑩ 《王子侯表》下注"千乘",《索隐》栒侯条曰"《表》在东海",则今本"千乘"为"东海"之讹误。
⑪ 《王子侯表》下注"淮陵",应为"临淮"之误。见附表淮陵侯国(273)。
⑫ 《景武昭宣元成功臣表》下注"淮阳",《索隐》作"《表》在临淮",当以临淮为是。
⑬ 《王子侯表》无下注郡名。《索隐》建成侯条曰"《表》在豫章",则今本脱漏"豫章"。

(续表)

郡名	侯国名
桂阳	茶陵、阳山* ①
西河	蔺*
广平	襄嚵、邯平、成乡、成陵、柞阳
信都	东襄、昌成* ②

说明：1.《王子侯表》尉文侯、阴安侯、柳泉侯、安平侯，《高惠高后文功臣表》䩭成侯，《景武昭宣元成功臣表》幾侯，《外戚恩泽侯表》安平侯、乐昌侯下注郡名为衍文，本表未取。

2. 庸，《王子侯表》两见，皆注"琅邪"。彭，《王子侯表》两见，皆注"东海"。承父，《景武昭宣元成功臣侯表》两见，皆注"东莱"。秅，《景武昭宣元成功臣侯表》两见，皆注"济阴"。《外戚恩泽侯表》冠军（阳）两见，皆注"南阳"。以上皆并作一条。

3. 各县邑名见于《续志》的，表注"＊"。

在明确《汉表》各侯国的郡目分类后，我们再将其中见于《汉志》记载的侯国抽出，与《汉志》所载各侯国隶属关系进行对比。③ 请看表1-3。

表1-3 《汉表》、《汉志》侯国隶属关系对照表

郡名	侯国	汉志	侯国	汉志	侯国	汉志	侯国	汉志
东郡	阳平	●						
陈留	长罗	●						
颍川	成安	●						
汝南	归德	●	宜春	●	定陵	●		
	阳城	●	安成	●	安昌	●		
南阳	复阳	●	红阳	●	新都	●		
九江	当涂	●	曲阳	●				
山阳	成都	●						
济阴	爰戚	山阳	黄	山阳	甾乡	山阳	曲乡	山阳
	邔成	山阳						

---

① 即《汉志》桂阳郡之阴山侯国。
② 东汉改"昌成县"为"阜城县"。
③ 《汉志》各郡所辖侯国名目见中编第一章第三节表1-1。

(续表)

郡名	侯国	汉志	侯国	汉志	侯国	汉志	侯国	汉志
沛	东乡	●	溧阳	●	高柴	●	平阿	●
	建成	●						
魏	邯沟	●	曲梁	广平	平利	广平	平乡	广平
巨鹿	南䜌	●	安定	●	平隄	信都	广乡	广平
	乐乡	信都	乐信	●	西梁	信都	历乡	●
	桃	信都	武陶	●				
常山	乐阳	●	桑中	●	都乡	●	平台	●
涿	成	●	新昌	●	利乡	●	益昌	●
	临乡	●	西乡	●	阳乡	●		
勃海	蒲领	●	修市	●	景成	●		
平原	合阳	●	富平	●	宜成	济南		
千乘	高昌	●						
济南	朝阳	●	宜成	●				
泰山	式	●						
齐	广	●	平	●	台乡	●		
北海	乐望	●	饶	●	羊石	●	上乡	●
	石乡	●	新城	●				
东莱	临朐	●						
琅邪	高乡	●	兹乡	●	枣原	●	房山	●
	箕	●	高广	●	即来	●	駟望	●
	昆山	●	折泉	●	博石	●	高陵	●
东海	平曲	●	昌虑	●	山乡	●	于乡	●
	建陵	●	合阳	●	东安	●	都平	●
	承乡	●	建阳	●				
临淮	西平	●	高平	●				
豫章	海昏	●						

(续表)

郡名	侯国	汉志	侯国	汉志	侯国	汉志	侯国	汉志
桂阳	阳山	●						
广平	成乡	●						
信都	昌成	●						

说明：本表以《汉表》所见侯国隶属关系为基础，与《汉志》进行对比，凡《汉志》、《汉表》隶属关系相同的，标注"●"。隶属关系不同的，在侯国条目后标注该侯国的《汉志》属郡。

从上表可以看出，《汉表》所记录的各侯国隶属关系与《汉志》基本相同，表明班昭所利用的西汉政府籍册与班固在《地理志》中所采用的元延三年行政版籍，在时代上较为接近。但《汉表》中也有部分侯国的隶属关系与《汉志》不同。这些《表》、《志》记载的分歧，恰好可以被我们用来探寻班昭所见籍册文书的断代。下面结合各郡具体情况分别说明：

1. 济阴郡

西汉末年，王国不能辖有侯国，故《汉志》济阴郡无侯国。① 但《汉表》却有五个侯国下注"济阴"，这说明班昭所见济阴郡籍册文书录有侯国，反映的不是王国时代的面貌。五侯国中曲乡侯国设置最晚，置于永始三年（前 16 年），而成帝河平四年（前 25 年）至哀帝建平二年（前 5 年）济阴郡为定陶国，则班昭所见济阴郡籍册必为建平二年以后之物。

2. 魏郡、巨鹿郡、信都郡

《汉志》信都郡辖乐乡、平隄、桃、西梁、昌成、东昌六侯国。② 除东昌《表》无下注郡名外，乐乡、平隄、桃、西梁《表》注巨鹿，昌成《表》注信都。《汉志》信都郡所辖侯国几乎都被《汉表》标注为隶属巨鹿郡。这一现象透露出班昭所见信都籍册文书不载录有侯国（昌成侯国见下文叙述），该文书反映的是信都国时代的行政建制。

不过，《汉表》昌成侯国却注有"信都"。如信都为王国，不应辖有昌成

---

① 《汉志》所录郡国名目得自平帝元始二年户口簿。元始年间济阴为汉郡。而在元延年间，济阴为定陶国。故《汉志》济阴郡应该为定陶国。参见周振鹤：《西汉政区地理》，第 22—24 页。

② 见中编第一章第三节表 1-1。

侯国。查昌成侯国建制,该侯国于建平三年(前4年)废除,改置为县,①故建平三年以后昌成县可以隶属王国管辖。笔者推测,信都、巨鹿的籍册断代应在建平三年之后。具体而言,建平三年昌成侯国废免后,成为巨鹿郡属县,不久转属信都国管辖。班昭见到的信都国籍册,虽然没有乐乡、平隄、桃、西梁、东昌五侯国,却辖有昌成县,故在《汉表》昌成侯条下注"信都"。因为信都为王国,所以乐乡、平隄、桃、西梁、东昌五侯国已转属巨鹿郡管辖,故见载于巨鹿郡籍册文书。

另外《汉志》广平郡辖南曲、曲梁、广乡、平利、平乡、阳城、城乡七侯国。其中曲梁、平利、平乡《表》注魏郡,广乡《表》注巨鹿。与上述情况相似,这一现象反映出班昭所见魏郡、巨鹿郡籍册文书的断代在广平郡置为王国之时,故原属广平郡管辖的侯国已改属魏郡、巨鹿郡。广平郡于建平三年改置为广平国。综合前文所述,班昭所见魏、信都、巨鹿各郡国的籍册断代应在建平三年之后。

通过对比《汉表》、《汉志》侯国隶属关系的差异,我们可以明确班昭所见济阴、魏、信都、巨鹿各郡国文书的时代断限在建平三年以后。而分析个别侯国的设置年代,也可以帮助我们了解另外一些郡国行政信息的断代。

1. 汝南郡

《外戚恩泽侯表》承阳侯条注有"汝南",②《汉志》无承阳。承阳侯受封于元始元年(1年),则班昭所见汝南郡籍册书有承阳侯国,该文书断代应在元始元年以后。

2. 南阳郡

《外戚恩泽侯表》广阳侯甄丰条注有"南阳",③《汉志》南阳郡无广阳。广阳侯受封于元始元年,则班昭所见南阳郡籍册的断代在元始元年以后。又《外戚恩泽侯表》氾乡侯条注有"南阳"。《汉书·何武传》载:"氾乡在琅邪不其,哀帝初即位,更以南阳犨之博望乡为氾乡侯国。"何武之氾乡侯国

---

① 《续志》安平国阜城县,司马彪自注"故昌成"。可知西汉昌成侯国废除后,其地并未省并,而是改为昌成县并延续到东汉时期。
② 《汉书》卷一八《外戚恩泽侯表》,第715页。
③ 《汉书》卷一八《外戚恩泽侯表》,第715页。

本在琅邪郡，建平元年（前6年）更封南阳。班昭所见南阳郡籍册文书录有氾乡侯国，必非元延三年之物。

3. 临淮郡

《外戚恩泽侯表》扶平侯条注有"临淮"，①《汉志》无扶平。扶平侯受封于元始元年，则班昭所见临淮郡籍册的断代在元始元年以后。

4. 东海郡

《外戚恩泽侯表》高乐侯师丹条注有"东海"。②《汉书·师丹传》载元始三年二月诏"其以厚丘之中乡户二千一百封丹为义阳侯"。厚丘，《汉志》属东海郡。则班昭所见东海郡籍册的断代在元始三年以后。

5. 沛郡

《外戚恩泽侯表》殷绍嘉侯条注有"沛"，《汉志》无殷绍嘉。③ 殷绍嘉侯受封于绥和元年（前8年），则班昭所见沛郡籍册的断代在绥和元年以后。

6. 东莱

《王子侯表》堂乡侯条下注"东莱"，④《汉志》东莱郡无堂乡。堂乡侯受封于绥和元年，则班昭所见东莱郡籍册的断代在绥和元年以后。

根据以上分析可以明确，班昭作《汉表》时所采用的部分郡国籍册的断代要晚于绥和元年。这一现象表明，班昭没有利用《汉志》所收录的元延三年行政版籍。那么这是否意味着班昭利用了另一份具有统一断代，且断代在哀帝元始年间的全国行版籍呢？笔者认为不存在这样的可能性。首先，《汉表》中许多延续到西汉末年的侯国都没有标注"郡名"，说明班昭手中没有一份完整的全国行政资料。另外，从《汉表》个别侯国的下注郡名来看，班昭显然还利用了断代在元延三年以前的籍册。请看以下几例。

1. 豫章郡

《王子侯表》安城侯条下注"豫章"，安城侯为长沙王子，分封后其侯国

---

① 《汉书》卷一八《外戚恩泽侯表》，第714页。
② 《汉书》卷一八《外戚恩泽侯表》，第711页。《外戚恩泽侯表》高乐侯条下注"新野"、"东海"。此新野为高乐侯国所在。东海为师丹绍封之义阳侯国所在。
③ 《汉书》卷一八《外戚恩泽侯表》，第709页。
④ 《汉书》卷一五《王子侯表》，第516页。堂乡侯条下注"东莱"误入西阳侯格。

当别属豫章郡。但《汉志》安城县属长沙国,《续志》长沙郡亦有安城县,说明安城侯国废除后,曾回属长沙国,直到东汉末年一直隶属长沙郡(国)管辖。班昭在安城侯条下注"豫章",意味着她所见豫章郡籍册录有安城县,此文书断代必在元延三年之前。

2. 会稽郡

《王子侯表》句容侯条下注"会稽",句容侯为江都王子,①分封后其侯国当别属会稽郡。《汉志》、《续志》句容皆属丹阳郡,则句容县元延三年之前回属丹阳郡。班昭所见会稽郡籍册的断代必在元延三年之前。

3. 涿

《王子侯表》陆成侯条、薪处侯条下注"涿",两侯为中山王子,分封后其侯国当别属涿郡。《汉志》陆成、薪处皆属中山国,则陆成、薪处于元延三年之前由涿郡回属中山国。② 班昭所见涿郡籍册文书断代亦在元延三年之前。

从豫章、会稽、涿郡的情况来看,班昭所见三郡籍册的断代皆在元延三年以前。可见,班昭所利用的郡国籍册并无统一的断代年限。由于班昭见到的郡国籍册断代不一,所以在为《汉表》侯国标注属郡名时,还出现了同一侯国,分注两郡的奇怪现象。《王子侯表》宜成侯条下注"平原",而《景武昭宣元成功臣表》宜成侯条却注作"济南",《汉志》济南郡有宜成侯国。前辈学者多据《汉志》以为《王子侯表》下注有误。今查《图集》,宜成侯国地望在济南、平原两郡交界地带,如明确班昭所利用的郡国籍册断代不一,则上述现象可以给出合理的解释。宜成侯国初属平原郡,后改属济南郡。班昭见到的济南郡、平原郡籍册文书断代不同,均载录有宜成侯国。班昭在为《王子侯表》作注时,采用了平原郡籍册;在为《景武昭宣元成功臣表》作注时,利用了济南郡籍册,所以才会出现宜成侯国在不同篇章标注不同郡名的现象。同样,《王子侯表》德侯条下注"泰山",而《景武昭宣元成功臣表》德侯条下注"济南"。德侯国,地望不详。但泰山、济南

---

① 《王子侯表》书句容侯为"长沙王子",应为"江都王子"。见序章王荣商《汉书补注》介绍。
② 周振鹤先生以为陆成、薪处为绥和元年由涿郡益封中山国(见《西汉政区地理》,第96页)。今按周先生此说不确,详见中编第一章第一节考述。

两郡相邻,德侯国当先后归属两郡管辖。不同篇章将德侯国分注两郡的现象也是因利用不同断代籍册所致。

总之,从《汉表》各侯国标注的郡名来看,班昭所利用的籍册文书与班固编撰《地理志》所采用的元延三年行政版籍存在差异。由于两者时代断限不同,故某些侯国在《汉表》、《汉志》中反映出的隶属关系也有所不同。经过进一步分析后,可以发现班昭所采用的籍册资料没有统一的断代,各郡国籍册的断代年限各不相同。这些都说明班昭在标注《汉表》时,采用了性质不同、断代不一的郡国籍册,这是造成《汉表》、《汉志》记载分歧的原因所在。

还有一点需要说明。一些短暂设置于武帝时代的侯国在《汉表》中同样注有郡名。这是否意味着,在东汉和帝时代仍然保留有两百多年前汉武帝时代的籍册文书?笔者认为这种可能性很小,而且不符合档案保存的规律。笔者更倾向于班昭是利用西汉末年籍册复原出武帝时代侯国的隶属关系。这种解释并非无法成立。武帝以后,侯国多以乡聚分封,在废除后仍会恢复为乡聚。如果班昭见到的郡国籍册载录有乡聚之名,那么完全可以根据乡聚名称来与武帝时代的某些侯国建立联系。比如说,汉末琅邪郡的某种籍册记录有挟术、祝兹、騠兹这样的乡聚名,很显然这些乡聚就是武帝时代挟术侯国、祝兹侯国、騠兹侯国所在,班昭可以根据这些记载复原出武帝时代某些侯国的所属郡目。

在《汉志》中,常常会见到一些乡聚的信息。如上党郡铜鞮县下标注"有上虒亭,下虒聚";泰山郡蛇丘县注有"隧乡,故隧国。《春秋》曰'齐人歼于隧'也"。这些记载表明,班固在作《地理志》时仍可以看到某些县邑下属乡聚的记载。安徽天长纪庄西汉墓出土的《东阳县户口簿》、《东阳县算簿》是目前所见载录乡聚信息的西汉籍册实物。① 班昭在作《汉表》时,能够利用一些载录有乡聚信息的西汉政府籍册,笔者认为这样的可能性是存在的。

---

① 天长市文物管理所、天长市博物馆:《安徽天长西汉墓发掘简报》,《文物》2006年第11期。《东阳县户口簿》、《东阳县算簿》记载当时的东阳县辖有东乡、都乡、杨池乡、鞠乡、垣雍北乡、垣雍东乡。

结　　语

　　在本章，笔者对《汉表》下注县名和下注郡名的体例特点进行了考察。经过分析，可以发现，东汉时代的班昭在为前代侯国地理方位进行标识时，采用了两种不同的方法。对于地理方位明确的侯国，班昭通过标注东汉县名来予以定位，意在说明前代侯国位于本朝某县境内。对于地理方位不明的侯国，班昭只标注其在西汉的上属郡，意在说明该侯国在西汉隶属某郡管辖。而班昭在复原前代侯国隶属关系时所采用的政府籍册与《汉志》所录元延三年全国行政版籍有所不同。《汉表》反映出的郡国行政信息并无统一的断代，这说明班昭手头没有一份完整的全国行政版籍资料，而是根据各郡国不同性质、不同断代的籍册文书来复原西汉侯国的隶属关系，因此其记载与《汉志》多有矛盾之处。

　　明确《汉表》下注县名的体例特点，不仅可以帮助我们对西汉侯国进行精确定位，同时也有助于西汉郡国政区的复原工作，以往的一些观点可得到修正。而《汉表》下注郡名因为保留了不同于《汉志》断代的行政信息，则为我们提供了探寻侯国迁徙和侯国隶属关系变更的线索。《汉表》下注县名和郡名体例特点的明晰，可以使我们进行西汉侯国地理研究时得出更为可靠的结论。

第二章 《水经注》、《史记索隐》侯国地理信息考辨

除《汉志》、《汉表》以外,北朝时代的地理类著作《水经注》以及唐人司马贞的《史记索隐》也记述了很多西汉侯国地望信息。宋代以后,各家学者在对西汉侯国进行定位时,《水经注》和《史记索隐》是重要的依据。在很多人看来,郦道元和司马贞去汉未远,再加上两人是名声显赫的学者,所以两书对西汉侯国方位的记述十分可信。时至今日,很多学者在论及西汉侯国地望时,《水经注》、《史记索隐》仍是必引的文献资料。

但自清代以来,一些学者相继指出,《水经注》、《史记索隐》对西汉侯国地望的记述存在诸多问题。因此在对侯国地望进行考证时,不应偏信《水经注》和《史记索隐》的记载。学界如此截然相反的两种意见,使我们不得不重新考虑两书有关西汉侯国地理方位记述的史料价值。在本章,笔者将分别对《水经注》和《史记索隐》有关西汉侯国方位的记述进行分析,通过考察其记载的史料来源,来明确两书在侯国地理研究中的利用价值。

一、《水经注》侯国地理信息之史料来源

郦道元在《水经注》中,记述了西汉两百四十余个侯国的方位,这是除《汉志》、《汉表》以外,记录西汉侯国地理信息最多的一部著作。鉴于《水经注》在古史地理考证中的重要地位,其有关侯国方位的记述,向来受到学者们的重视。清代各家学者在论及西汉侯国地望时,大多参考《水经

注》的记载。王恢曾总结清代以来的侯国地理考证曰:"考两汉侯国所在者,殆无不引称两汉志与《水经注》。"①直到今天,仍有学者对《水经注》中的侯国记述备加推崇。如李开元在对西汉轪侯国地望进行考证时便力主《水经注》的记载,同时肯定地说:"郦道元乃一代地理大家,其《水经注》之可信性自不待言。"②李先生的看法代表了当今绝大部分学人的认识。

不过,仔细分析郦道元的记述,多是将某城直接指认为汉代列侯封邑,其惯常的叙述形式为,"某水迳某城,汉某年封某为侯国",像这样不明依据的描述,其可信性未免令人生疑。清代学者钱大昕对西汉侯国地理多有留意,他在对《水经注》的记载进行考辨后发现,该书对西汉侯国方位的记述多不可信,《十驾斋养新录》卷十一"《水经注》难尽信"条曰:

> 《水经注》载汉时侯国难以尽信。如《河水篇》以临羌为孙都封国,不知孙都本封临蔡,其地在河内不在金城也。以西平为公孙浑邪封国,不知浑邪本封平曲,其地在高城不在金城也。《汾水篇》以河东之平阳为范明友封国,不知明友本封平陵,其地在武当不在河东也。安成侯刘苍,在《赣水篇》以为长沙之安成,在《汝水篇》以为汝南之安成。桃侯刘襄,在《沸水篇》以为酸枣之桃虚,属东郡。在《浊漳水篇》以为信都之桃县。建成侯刘拾,在《赣水篇》以为豫章之建成,在《淮水篇》以为沛之建成。皆彼此重复,不相检照。③

对于《水经注》中的侯国地理记述,周振鹤先生也持有与钱大昕类似的看法。他在《象郡考》一文中提道:

> 考证地名和政区沿革本非道元所长,如西汉侯国至班固时多已不能指实其地,但《水经注》往往一一注明,结果造成笑话。或一侯国

---

① 王恢:《水经注汉侯国辑释》,台北:中国文化大学出版部,1981年。
② 李开元:《西汉轪侯国所在与文帝的侯国迁移策》,《国学研究》第二卷,北京:北京大学出版社,1994年。
③ 钱大昕:《十驾斋养新录》,收入《嘉定钱大昕全集》第七册,南京:江苏古籍出版社,1997年,第291—292页。

分指两地,或应在甲地而附会为乙地。甚至《汉书》已指明其地的,《水经注》依然自编自唱。如成安侯韩延年国,《汝水注》以为在颍川之成安,《沁(笔者按——当改作"汳")水注》又作陈留之成安,实际上《汉表》明载其国分自郏县,应在颍川。临羌,《河水注》以为孙都之侯国,不知武帝封孙都时,临羌地尚未属汉,且孙都之封实在临蔡,并《汉书》亦未细读。《浊漳水注》以信都辟阳亭为审食其侯国,但本传言辟阳近淄川,非信都之辟阳明甚。此类例子比比皆是,悉出于顾名思义,因缘附会,想当然耳。①

钱大昕、周振鹤指出《水经注》对西汉侯国方位的记述谬误甚多,故对《水经注》记载之可信性持怀疑态度。笔者受二位前辈学者的启发,对《水经注》中的侯国方位记载进行全面清理,发现该书对西汉侯国的定位确实存在种种问题。以下,笔者将《水经注》侯国定位之谬误分为九类,每类举有几个代表性的例证:

1. 指认边地城邑为侯国

西汉存在"边郡不置侯国"的制度。郦道元对此显然不知,他把很多侯国都定位于边地。如将临河侯国(338)定位于朔方郡之临河城;定肥如侯国(37)于辽西郡之肥如城;定汁防侯国(30)于广汉郡之汁方县。② 上述地区,西汉时期均无侯国分布,郦氏这些说法皆不可信。

2. 王子侯国定位远离本王国

根据推恩令,王子侯国乃裂王国地分封,故其方位应在本王国附近。但《水经注》对一些王子侯国方位的记述显然与王子侯国地域分布特征相违背。如《河水注》称河南之平县故城即济北贞王子刘遂之封国(330),但此地远离济北国。杨守敬对郦氏之说深表怀疑:"济北王十一子,所封多在魏郡、泰山、平原间,何以刘遂独在河南?"③又如《洙水注》称中山王子刘

---

① 周振鹤:《象郡考》,《中华文史论丛》1984年第3辑。后更名《秦汉象郡新考》,收入《学腊一十九》,第29—54页。
② 分见《河水注》、《濡水注》、《江水注》。
③ 《水经注疏》卷五,第385页。

将夜之封国(393)为《汉志》泰山郡之桑丘,但泰山郡远离中山国,郦氏之说显误。杨守敬曰:"将夜之封,不在泰山。郦氏但以《史表》作桑丘,遂一并系于此,而未觉中山靖王子,不得远封泰山。"①

3. 定一侯国于两地

《水经注》在记述侯国时,有时会把同一个侯国分别定位于不同的城邑。除了钱大昕、周振鹤所举成安、安成、桃、建成几个侯国外,还有卞訢之阳阿侯国(69),《河水注》记为平原郡之阿阳县,《沁水注》记为上党郡之阳阿县。

4. 与《汉志》相矛盾

地节四年,史高受封为乐陵侯(594)。《河水注》:"(商河)又东迳乐陵故城南。汉宣帝地节四年,封侍中史子长为侯国。"查《外戚恩泽侯表》,乐陵侯王莽时败绝。《汉志》临淮郡乐陵自注"侯国",则史高之封国乃临淮郡之乐陵,非商河所迳之乐陵故城。又汉成帝封丞相张禹为安昌侯(729),其子张玄更始元年为兵所杀,国绝。《汉志》汝南郡有安昌侯国,《外戚恩泽侯表》安昌侯条下注"汝南",则安昌侯国地处汝南郡。而《沁水注》曰:"(沙沟水)东南迳安昌城西,汉成帝河平四年封丞相张禹为侯国。"郦道元定安昌侯国于河内郡,显然未曾留意《汉志》。

5. 与《汉表》相矛盾

《汾水注》:"(汾水)又南过平阳县东。"郦道元曰:"汉昭帝封度辽将军范明友为侯国。"但《景武昭宣元成功臣表》平陵侯条下注"武当",则范明友之侯国(547)地处南阳郡武当县境。王恢曰:"《汉书·昭帝纪》及《表》,昭帝元凤四年封范明友为平陵侯,在武当。同日封傅介子为义阳侯,在平氏,皆属南阳。"②王氏之说可从。

始元二年,昭帝封上官桀为安阳侯(531)。《外戚恩泽侯表》安阳侯条下注"荡阴",则上官桀之封国地处荡阴县境。《河水注》"(河水)又东过陕县北",郦道元注曰:"安阳溪出石崤南,西迳安阳城南,汉昭帝封上官桀为侯国。"今按《河水注》之安阳城于汉为弘农郡地,西汉不于弘农郡置侯国。郦道元不取《表》注,另立异说,尤为荒谬。

---

① 《水经注疏》卷二五,第2181页。
② 王恢:《水经注汉侯国辑释》,第12—13页。

6. 与《本传》相矛盾

《浊漳水注》载信都县之辟阳亭为审食其之辟阳侯国(61)所在。《汉书·王陵传》载:"(景帝三年)淄川王反,辟阳近淄川,(审)平降之,国除。"审平之辟阳侯国在齐地,与淄川国相近,故涉入七国之乱。《水经注》所载辟阳侯国方位与《王陵传》记载相矛盾。

7. 以郡治、王国都城为侯国

《浊漳水注》:"衡水东迳阜城县故城北,乐成县故城南,河间郡治。……褚先生曰:汉宣帝地节二年封大将军霍光兄子山为侯国也。"《大辽水注》曰:"(大辽水)迳襄平县故城西。……汉高帝八年,封纪通为侯国。"汉景帝以后,乐成为河间国国都所在,而襄平自秦代以来一直为辽东郡郡治,西汉绝无于王国都城、汉郡治所分封侯国之道理,郦道元之说不足据。

8. 因字形讹误而滥定侯国

《湟水注》曰:"湟水又东,迳临羌故城北。汉武帝元封元年以封孙都为侯国。"又《颍水注》曰:"颍水迳阳城故县南,汉成帝永始元年封赵临为侯国。"查《史表》、《汉表》孙都所封为临蔡侯(489),赵临所封为成阳侯(745)。郦道元误定两侯国方位,当是所据文本有误,误"临蔡"为临羌,误"成阳"为"阳城",郦氏不查,随意指认相似地名,结果出了差错。

综上,《水经注》所言侯国方位错误甚多,除钱大昕、周振鹤所举"定一侯国于两地"、"与《志》、《表》相歧义"外,还存在违背西汉侯国分布特征,定王国都城、汉郡治所为侯国等不合情理之处。从《水经注》的这些谬误不难看出,郦道元在记述西汉侯国方位时,并无可靠的依据。郦氏不仅未能见到两汉政府籍册文书,而且连《汉志》、《汉表》也未细致检核。通过分析《水经注》的侯国定位模式,可以肯定,郦氏将某城邑与西汉列侯封邑联系起来的主要依据是地名。只要某城邑与西汉侯国名称相同,郦氏便径直指认为侯国所在。正因如此,才会出现定同一侯国于两地,违背西汉侯国分布规律之类的错误。而一旦郦道元所据文本有误,其误定侯国方位便不可避免,如《水经注》称临羌县和阳城县为"临羌侯国"、"阳城侯国"所在,就属于这种情况。

由此可知，郦道元的侯国方位记述并无坚实史料依据，其有关古城邑与西汉侯国的联系乃是基于地名的相似性，因此《水经注》有关西汉侯国方位的记述不仅不能视为可靠的史料，也不能看作北朝时代严谨的学术考证成果。我们在对具体侯国地望进行考证时，如果完全取信《水经注》的记载，势必影响到结论的可信性。清代以来，某些学者把《水经注》视为与《汉志》、《汉表》同等重要的侯国研究文献，这样的看法并不可取。

　　不过，《水经注》对西汉侯国方位的记述并非毫无价值，由于《水经注》记录了许多两汉古城邑信息，而许多古城在西汉曾为列侯封邑。因此郦道元对某些侯国方位的记述，虽然没有文献依据，却很有可能正确地反映了这些侯国的地理方位。这里举两个例子。

《水经·沭水注》云：

> 沭水又南与葛陂水会。水发三柱山，西南流迳辟城南，世谓之辟阳城。《史记·建元以来王子侯者年表》曰：汉武帝元朔二年，封城阳共王子节侯刘壮为侯国也。……沭水自阳都县又南，会武阳沟水。水东出仓山，山上有故城，世谓之盐官城，非也。即古有利城矣。汉武帝元朔四年，封城阳共王子刘钉为侯国也。①

　　根据《水经注》记载，北魏时代的沭水上游存在辟、有利两座古城，郦道元认为这两座古城即是汉武帝时代分封的城阳王子侯国辟侯国(294)和有利侯国(364)。根据推恩令，城阳王子侯国当分布在城阳王国周围，辟、有利二座古城的方位约在西汉东海郡境内，与城阳国相近。而《王子侯表》辟侯条、有利侯条皆注"东海"。综合这些因素，郦道元对辟、有利两侯国方位的描述与王子侯国地域分布特征相符合，应当是准确的。

　　《水经·沔水注》："（沔水）又东南过涉都城东北。"郦道元注："故乡名也。案《郡国志》筑阳县有涉都乡者也。汉武帝元封元年封南海守降侯子嘉为侯国。"《水经》记载沔水沿岸有涉都城，郦道元指出此即西汉涉都侯

---

① 《水经注疏》卷二六，第2195—2196页。

国(492)所在。郦氏的上述看法虽然还是依据地名,但《景武昭宣元成功臣表》涉都侯条下注"南阳",所以郦氏的看法是可以得到文献支持的。根据《水经注》,我们可以把涉都侯国精确定位于今湖北省丹江口市西。

必须明确的是,《水经注》对西汉侯国的定位主要依据地名。尽管郦道元对某些侯国的定位是正确的,但却带有一定偶然性。其实就研究方法而言,这与前述郦道元误定侯国的情况并无两异。因此,在借鉴《水经注》侯国地望记述的某些说法时,我们还必须结合其他文献来予以考辨。而仅从地名的相似性来探寻侯国方位的研究方法,则是我们应当避免的。

郦道元的侯国定位虽然缺乏文献依据,但要是说郦氏完全没有参考前代文献典籍显然是不公允的。在《水经注》中,郦道元曾多次征引《陈留风俗传》,而该书保留有一些西汉侯国信息。如《河水注》曰:

> 商河水又东北,迳富平县故城北,《地理志》曰:侯国也。……案《汉书》昭帝元凤六年,封右将军张安世谓富平侯,薨,子延寿嗣。国在陈留,别邑在魏郡。《陈留风俗传》曰:"陈留尉氏县安陵乡,故富平县也。"是乃安世所食矣。①

《汉书·张延寿传》载:"(张)延寿已历位九卿,既嗣侯,国在陈留,别邑在魏郡,……天子以为有让,乃徙封平原。"根据《汉书》,张延寿之富平侯国(553)本在陈留郡,宣帝时迁至平原郡。《汉志》平原郡有富平侯国,此乃富平侯国迁徙后的方位所在。至于富平侯国的初封地,由于不见于《汉志》,故较难考证。而郦道元根据《陈留风俗传》"尉氏县安陵乡,故富平县"的记载,指出尉氏县安陵乡即富平侯国初封地。《陈留风俗传》的记载是可信的,《后汉书·张升传》曰:"张升字彦真,陈留尉氏人,富平侯放之孙也。"②直到东汉末年仍有富平侯的后代居住在尉氏县,尉氏县即是富平

---

① 《水经注疏》卷五,第496页。
② 张放为第五代富平侯。富平侯国于第二代侯张延寿在位时迁往平原郡,故其子孙不应著籍尉氏县。张升当是第一代富平侯张安世庶子之后,并未随大宗张延寿迁往平原郡。张升自称张放之后,当属冒籍。

侯国的初封地应当没有问题。

又《渠水注》曰：

> （康沟水）迳平陆县故城北。高后元年，封楚元王子礼为侯国。建武元年，以户不满三千，罢为尉氏县之陵树乡，又有陵树亭。汉建安中，封尚书荀攸为陵树乡侯。故《陈留风俗传》曰："陵树乡，故平陆县也。"①

郦道元根据《陈留风俗传》的记载，指出尉氏县陵树乡即西汉之平陆县，此地为楚元王子刘礼之封国(210)。今按，陵树乡远离楚国，此地绝非刘礼之侯国。②郦道元侯国定位只从地名着眼，其说不足信。其实，西汉另有一个平陆侯。《王子侯表》载汉平帝元始元年，封淮阳宪王子刘宠为平陆侯。③查《图集》，西汉陈留郡尉氏县正与淮阳国相邻，此平陆实为刘宠之封国。因为《水经注》保留了《陈留风俗传》的内容，才为我们确定平陆侯国地望提供了宝贵线索。

总之，郦道元对西汉侯国地望的定位主要基于地名的相似性，并没有充分的文献依据，因此我们在对西汉侯国地望进行分析时，绝不能偏信《水经注》的说法。如果要利用《水经注》的侯国定位记述，还必须结合其他史料以及侯国地域分布规律进行考辨。不过，这并不是说《水经注》对西汉侯国地理研究意义甚微，作为中古时代一部重要的地理类著作，《水经注》记录了大量古城邑信息。事实上，目前很多汉代县邑的地理定位，都是依靠《水经注》得以实现。而很多县邑曾是西汉列侯封邑，因此《水经注》将某些城邑直接指认为西汉侯国的说法虽不可信，但其有关古城邑方位的记载却可间接地帮助我们复原某些侯国的地望。所以只要留心于《水经注》丰富的记载，耐心梳理上古城邑与汉代侯国之间的联系，我们还是可以探寻出一些侯国的地理位置，这才是利用《水经注》进行西汉侯国

---

① 《水经注疏》卷二二，第1909页。
② 刘礼之平陆侯国地望，见下编第二章第三节考证。另刘礼受封于景帝元年，非高后元年。
③ 《汉书》卷一五《王子侯表》，第508页。

地理研究的价值所在。

二、《史记索隐》侯国地理信息之史料来源

在《史记》三家注中，唐人司马贞的《史记索隐》被公认为是质量最高的一部。明人毛晋曰："读史家多尚《索隐》，宋儒尤雅推小司马《史记》，与小颜氏《汉书》如日月并照。"①又近人朱东润有言："《索隐》语颇详密，又少异同，其所以凌驾裴、张，取重后世者，非无故也。"②而在《史记索隐》中，司马贞对《史表》中的侯国几乎都标注了方位。由于《史记索隐》对后世影响较大，故历来研究西汉侯国地望者，常引述《索隐》的说法。但唐代距西汉毕竟有千年之遥，司马贞何从知晓西汉时代的侯国方位，这还是让人怀疑。因此我们有必要对司马贞的这些说法，从史料来源上进行考察。

仔细分析《史记索隐》的侯国注文，可以看到绝大多数的条目都写作"县名，属某郡"，或是"《表》在某某"。《史记·高祖功臣侯者年表》汝阴侯条《索隐》曰："凡县名皆据《地理志》，不言者，从省文也。"又《史记·建元以来王子侯者年表》朝侯条《索隐》曰："凡侯不言郡县，皆《表》、《志》阙。"不难看出，司马贞对西汉侯国方位的确定，主要根据《汉志》、《汉表》。如果他对侯国方位没有标示，就说明在《汉志》和《汉表》中均找不到该侯国的定位信息。其实，除了《汉志》和《汉表》外，司马贞还利用了《晋书·地道记》（以下简称《晋记》）。如司马贞注《高祖功臣侯者年表》阳都侯条曰："《汉志》阙。《晋书·地道记》属琅邪。"又同篇删成侯条曰："《汉志》阙。《晋书·地道记》属北地。"③以上记载表明，当《汉志》、《汉表》均无资料可供利用时，司马贞还会从《晋记》中寻找相关线索。遍检《史记索隐》侯国注文，不再见有司马贞利用其他文献资料。由此可见，司马贞在为《史表》侯国进行定位时，主要利用了《汉志》、《汉表》、《晋记》三种文献。

---

① 毛晋：《跋〈史记索隐〉后》，见《史记索隐》，明汲古阁刻本。
② 朱东润：《司马贞〈史记索隐〉说例》，收入氏著《史记考索》，上海：华东师范大学出版社，1996年，第141页。
③ 司马贞引用《晋记》的其他例证，本书限于篇幅，不一一列举。

《汉志》、《汉表》为常见文献。王隐《晋书》虽已亡佚,但该书《地道记》所记为西晋初年之行政建制,其时距西汉已有三百余年,当然不会保留有西汉侯国信息,①故司马贞标注侯国方位时,此书仅作备考。从所用文献来看,司马贞并无出众之处,其对西汉侯国的定位自然难以得出过人的结论。

司马贞的西汉侯国定位乃是以《汉志》、《汉表》为基础,而分析《史记索隐》侯国注文,司马贞侯国定位的依据也是地名。如某侯国名称与《汉志》县邑名称相同,司马贞便将二者直接对应,故所犯"张冠李戴"的错误较《水经注》有过之而无不及。如齐王子刘雄渠之白石侯国(195),司马贞以为即《汉志》金城郡之白石县。殊不知西汉边郡不封侯国,且白石县地,文帝时尚未属汉。又如高帝功臣傅宽所封之阳陵侯国(5),《索隐》曰:"阳陵县,属冯翊。"殊不知西汉畿辅不置侯国,且阳陵为景帝陵邑,何以封予列侯?如果同样的地名两见于《汉志》,司马贞索性将两处地名全部标出,让读者自行判断。《史记·建元以来侯者年表》宜春侯条《索隐》曰:"《志》县名,属汝南,豫章亦有之。"又如《史记·惠景间侯者年表》平陆侯条《索隐》曰:"县名,属西河。又有东平陆,在东平。"类似这样的问题,《史记索隐》中比比皆是,究其原因,乃是司马贞附会地名,而不加辨析之故。杨守敬曰"《索隐》往往于侯国妄为之说",②盖不虚矣。

《史记索隐》对侯国方位的解释主要抄录《汉志》、《汉表》,但司马贞对《汉志》、《汉表》的检核并不细心,一些明载于《汉志》的县邑名称,他却未能检出,概称"《志》阙"。钱大昕批评道:

> 《索隐》虽知讨寻《表》、《志》,亦多疏漏。如城阳有阳都,北海有都昌,辽西有海阳,东莱有曲成,胶东有昌武,楚有武原,东海有戚,南阳有山都,沛有广戚,临淮有盱眙,涿有阿武、樊舆,《志》文俱在,而小司马皆以为阙。南阳、清河皆有复阳,南阳、济南皆有朝阳,平原、琅

---

① 从清人毕沅所搜集的《地道记》佚文来看,《地道记》并没有记录西汉侯国信息,司马贞根据晋代的行政区划来为西汉侯国定位的方法是很危险的。参见毕沅:《晋书地道记》,《丛书集成初编》,北京:中华书局,1985年。
② 《水经注疏》卷九,第874页。

邪皆有平昌,而小司马仅举其一。又如傅宽封阳陵侯,非冯翊之阳陵;虫达封曲成侯,非涿郡之曲成;吴程封义陵侯,非汝南之义阳;刘勃封安阳侯,非冯翊之安陵;父城侯刘光非辽西之文城。名同实异,小司马皆不能别白,乃知班氏得古史阙文之遗意也。①

钱大昕指出司马贞于《汉志》、《汉表》往往漏检,可见司马氏对《史表》的注释甚为随意,这样的考释结论自然不应作为我们引据的对象。

司马贞的西汉侯国定位基本抄录《汉志》、《汉表》,而他对《志》、《表》的检核又不细心。可以说,对于西汉侯国地理研究而言,《史记索隐》既无史料价值,又无学术价值。因此我们在进行相关侯国地望考证时,不应再引述《索隐》的说法,而应当直接引据《索隐》所本之《汉志》、《汉表》。不过,如果仔细分析《史记索隐》的侯国注文,可以发现司马贞所见《史表》、《汉表》与今本《史表》、《汉表》略有差异,因此也就具有了校勘今本《史表》、《汉表》的版本价值。

今本《汉书·王子侯表》柳宿侯条无下注郡名。《史记·建元以来王子侯者年表》柳宿侯条《索隐》曰"《表》在涿郡"。则司马贞所见唐本《汉表》柳宿侯条注有"涿"。查柳宿侯刘盖(395)为中山王子,而同日受封之中山王子侯国皆别属涿郡,则刘盖之柳宿侯国地处涿郡合乎情理。《汉书·外戚传》曰:"翁须乘长儿车马过门,呼曰:'我果见行,当之柳宿。'"三国人苏林注曰:"聚邑名也,在中山卢奴东北三十里。"又《元和郡县志》定州望都县载:"柳宿城,县东南四十二里,宣帝母王夫人微时,泣别于柳宿城,即此地也。"②根据以上记载,柳宿城之地望于西汉正在中山国与涿郡之间,即今望都县贾村乡柳絮村。③则《汉表》柳宿侯条下注"涿"字可信。今本《汉表》柳宿侯条当脱漏"涿"字。

又《史记·建元以来王子侯者年表》邵侯条《索隐》曰"《表》在山阳"。今本《汉书·王子侯表》邵侯条无下注郡名,则唐本《汉表》邵侯条注有"山

---

① 钱大昕:《潜研堂集》,第185—186页。
② (唐)李吉甫:《元和郡县志》卷一八,北京:中华书局,1983年,第512页。
③ 曲英杰:《燕地古城考》,北京:社会科学文献出版社,2018年,第109—110页。

阳"。居延汉简常见昌邑国邹县,昌邑国为武帝时以山阳郡改置,可知山阳郡确有邹侯国(335)。①《索隐》所引《汉表》可信。

以上是根据《索隐》校补今本《汉表》脱漏的两个例证,接下来再举两个利用《索隐》校正今本《汉表》讹误的例子。②

《汉书·王子侯表》东淮侯条注有"北海",但东淮侯刘类(455)为城阳王子,北海郡不与城阳国相接,城阳王子侯国何以远至北海郡?查《史记·建元以来王子侯者年表》东淮侯条《索隐》曰:"《表》在东海"。东海郡与城阳国相邻,唐本《汉表》所注可信,今本《汉表》东淮侯条下注"北海"当为"东海"之讹误。

《汉书·景武昭宣元成功臣表》博成侯条下注"淮阳",博成侯(595)受封于地节四年(前66年),然元康三年(前63年)以后淮阳为王国,王国境内不应置有侯国。且《汉表》下注"淮阳"者,仅此一例。查《史记·建元以来侯者年表》博成侯条,《索隐》曰"《表》在临淮",则今本《汉表》博成侯条之"淮阳"乃"临淮"讹误。

上面所举的四个例证是利用《索隐》来对勘《汉表》下注郡名的脱漏和讹误。而事实上,利用《索隐》我们还可以对《史表》所记录的侯国名称进行校勘。③ 这里附带举两个例子。

《史记·惠景间侯者年表》载有清都侯驷钧(182)。而《史记·孝文本纪》记作清郭侯驷钧。《史表》清都侯条引《索隐》曰:"清郭侯驷钧。齐封田婴为清郭君。"显然,司马贞所见唐本《史表》写作"清郭",与《孝文本纪》相合。又汲古阁刻十七史本《史记·惠景间侯者年表》所记驷钧封号亦为"清郭"。④

---

① 参见下编第五章第二节考述。
② 有关《索隐》所引《汉表》与今本《汉表》的差别,请参看本编第一章表1-2相关注释。
③ 《史记索隐》在唐代为单行流传,直到宋代才被散列入《史记》正文,合编刊刻(见《四库全书》研究所整理:《钦定四库全书总目》卷四五,北京:中华书局,1997年,第614页)。因此《索隐》注文与《史记》正文之间的文字差异,很有可能是因所据版本不同而造成的。
④ 清人张文虎校刊金陵局本《史记·惠景间侯者年表》曰:"清都。毛(毛晋汲古阁刻十七史本——笔者按)作'清郭',与《索隐》本合。"(见《校刊史记集解索隐正义札记》卷二,北京:中华书局,1977年,第228页)又临淄出土齐国官署封泥见有"请郭邑丞"、"请郭乡印"(秦汉时期,"清"、"请"二字通用,如岳麓秦简书"清河郡"多作"请河郡"),益证"清都"为"清郭"讹误。

由此可见,中华书局点校本《史表》之"清都"乃"清郭"讹误,①今可据《索隐》、汲古阁本《史记》改正。

《史记·建元以来王子侯者年表》载有父城侯刘光(447)。《汉书·王子侯表》作文成侯。《索隐》曰:"《志》在辽西。"查《汉志》辽西郡有文成县,则司马贞所见唐本《史表》亦作文成侯,今本《史表》之"父城"为"文成"讹误。

从这些例证可以看出,与今本《史表》、《汉表》相比,司马贞在《史记索隐》中引录的《史表》、《汉表》保留了某些唐代古本面貌。在文献流传过程中,《史表》、《汉表》侯国名称不可避免地会发生讹误,而《汉表》下注郡县名发生脱漏、讹误、窜格的现象更为严重。利用《索隐》记录的古本信息,我们可以对今本《史表》、《汉表》进行校订和勘误,从这一点来讲,《史记索隐》具有一定文献校勘价值,应当引起我们的重视。

《索隐》某些侯国注文所引用的《汉表》记载,同样不见于今本《汉表》相对应的侯国条目,这些还不能一概视作今本《汉表》之脱漏。如《史记·惠景间侯者年表》阳信侯条《索隐》曰:"《表》在新野。"查《汉书·高惠高后文功臣表》阳信侯条无下注县名,这是否意味着《汉表》阳信侯条原本注有"新野",后因文献传抄而脱漏?② 实则不然。《索隐》此注文乃移录自《汉书·外戚恩泽侯表》阳新侯条。对此,清人梁玉绳已有察觉,故曰:"考《汉表》并无'新野'之文,因《外戚恩泽表》阳新侯郑业封下有'新野'字而误。"③ 又《汉书·景武昭宣元成功臣表》邃侯条无下注郡名,但《史记·惠景间侯者年表》邃侯条《索隐》曰:"案《汉表》乡名,在常山。"此语显然抄自《汉书·王子侯表》邃乡侯条。考《索隐》侯国条目所引《汉表》下注郡县名,有相当比例移录自其他侯国条目。今试将《高祖功臣侯者年表》、《惠景间侯者年表》中,司马贞转录《汉表》的侯国条目加以归纳,并列出各条的来源(见表 2-1)。对于《索隐》引文的这一特点,还需留意。

---

① 中华书局标点本《史记》所用底本为清金陵局本。
② 全祖望即认为今本《汉表》阳信侯条脱漏"新野"二字。见《汉书地理志稽疑》卷六,第2615 页。
③ 梁玉绳:《史记志疑》卷十二,第 625 页。

表 2-1 《高祖功臣侯者年表》、《惠景间侯者年表》
部分侯国条目《索隐》注文史料来源

篇 目	侯国	《索隐》注文	文献来源
高祖功臣侯者年表	曲成	《表》在涿郡	《王子侯表》曲成侯条
	彭	《表》属东海	《王子侯表》彭侯条
惠景间侯者年表	祝兹	《汉书(表)》作琅邪	《王子侯表》祝兹侯条
	建陵	《汉表》作东海	《王子侯表》建陵侯条
	阳信	《表》在新野	《外戚恩泽侯表》阳新侯条
	营	《表》在济南	《外戚恩泽侯表》营平侯条
	平曲	《汉表》在高城	《外戚恩泽侯表》平津侯条
	江阳	县,在东海也	《王子侯表》江阳侯条
	遽	《汉表》乡名,在常山	《王子侯表》遽乡侯条
	商陵	《汉表》在临淮	《王子侯表》南陵侯条
	盖	《汉表》在勃海	出处不详

明确了《索隐》的体例特点,我们可以对某些具体问题作深入考辨。《史记·惠景间侯者年表》载有商陵侯赵周(227)。《索隐》曰:"《汉表》在临淮。"查《汉表》商陵侯条无下注郡名,全祖望以为《汉表》脱漏"临淮"。① 其实,《索隐》此注文乃转录《汉书·王子侯表》南陵侯条下注。王荣商已指出:"商陵侯赵周……《百官表》作南陵。《王子侯表》南陵在临淮。此《索隐》所本,非脱也。"② 王氏所言极是,但称司马贞因《百官表》书有"南陵侯赵周"而转录《王子侯表》则未必属实。③ 前面已经提到,司马贞注《史表》主要依据《汉志》、《汉表》、《晋记》,并未参考《百官表》。且若《史表》明书"商陵",司马贞仅据《百官表》而转引《汉表》南陵侯注文也显草率。显然,司马贞直接转引《王子侯表》南陵条注文,乃是因其所见唐本《史表》写作"南陵",这一版本信息与《百官表》"南陵侯赵周"可相对应。今本《史

---

① 见《汉书地理志稽疑》卷六,第 2617 页。
② 王荣商:《汉书补注》,第 1050 页。
③ 《汉书》卷一九《百官公卿表》曰:"(建元二年)南陵侯赵周为太常,四年免。"第 767 页。

表》之"商陵"当为"南陵"讹误。

虽然唐本《史表》所记赵周、刘庆封国名称皆为"南陵",但司马贞据此定两侯国为一地的做法并不妥当。景帝时代之列侯为整县受封,而受封于武帝晚期的赵王子刘庆,其所封之南陵应为乡聚,①与赵周之南陵侯国绝非一地。张家山汉简《二年律令·秩律》南阳郡属县见有南陵,秦封泥亦见"南陵丞印",②知秦代已置有南陵县,延续至汉初,此南陵县当即赵周封国所在。③

结　语

清代以来,《水经注》、《史记索隐》被认为是进行西汉侯国地望研究的基础文献。但一些学者指出《水经注》和《史记索隐》对西汉侯国方位的记述存在诸多谬误,因此能否利用两书对西汉侯国地理进行复原便成为亟待解决的问题。

在本章,笔者对《水经注》、《史记索隐》中的西汉侯国方位记载进行了分析,通过考察这些记载的史料来源,发现两书对侯国方位的记述并无充分的文献依据。郦道元主要通过寻找与西汉侯国名称相似的古城邑来进行侯国定位,而司马贞则是将侯国与《汉志》作简单地对应,由于二人的考证都是基于地名的相似性,故《水经注》、《史记索隐》对西汉侯国方位的记述谬误甚多。前人将《水经注》、《史记索隐》视为与《汉志》、《汉表》同等重要的侯国研究文献,这样的看法应得到检讨。在今后的侯国地望研究中,不应再以《水经注》、《史记索隐》的说法为立论基础,而必须结合其他文献资料对侯国地理问题进行探讨。

《水经注》、《史记索隐》中的侯国方位记述虽然不尽可靠,但两书对西汉侯国地理研究仍然具有重要价值。《水经注》记载有大量古代城邑信

---

① 《汉志》临淮郡无南陵,足证刘庆封国之小,此侯国武帝后元二年国除后,即省并不存。
② 周晓陆等:《于京新见秦封泥中的地理内容》,《西北大学学报(哲学社会科学版)》2005年第4期。
③ 关于《秩律》南陵县地望,参见晏昌贵《张家山汉简释地六则》,《江汉考古》2005年第2期。

息,因此梳理《水经注》中的记载,探寻某些城邑与西汉侯国之间的关联仍是今后侯国地理研究的方向。而《史记索隐》所保留的唐代《汉表》古本信息,则具有校勘今本《汉表》的版本价值。利用勘正后的《汉表》可以使我们的侯国地理定位更为可信,同样也可以解决一些历史地理问题。这些都是我们日后进行侯国地理研究所要关注的方向。

中 编
侯国地理分布格局的变迁

引论：本编的研究思路

西汉一代享国两百余年，先后分封八百余个侯国，如何能够直观地反映出西汉王朝侯国地域分布特征是一个必须考虑的问题。在笔者看来，最为有效的方式莫过于绘制几幅具有明确时代断限的侯国分布图。这一做法相当于建立了数个时间序列的地理剖面。对每一个地理剖面的分析，可以静态地了解某一标准年份的侯国地理分布特征。而若将这些不同时序的地理剖面连接起来，便动态地展现出侯国地理分布变化、发展的趋势。①

要想绘制这样的地图，取决于两个前提条件。第一是要明确西汉某一年份的侯国数量和名目。第二则要明确与该年份相匹配的汉帝国疆域范围及行政区划。如果这两个条件得到满足，我们便可绘制出具有明确时代断限的侯国分布图。

对于第一个前提条件，我们可以利用《汉书》相关《侯表》加以解决。《汉书》收录的四篇《侯表》，②是一份从高帝六年（前201年）至孺子婴居摄元年（6年）③西汉政府完整的封侯名录，每个列侯的废免年代也记录在案。从理论上讲，我们完全可以根据《汉表》复原出西汉任意年份的

---

① 笔者的这一思路乃是受到英国历史地理学家达比（H.C.Darby）所倡导的"水平横剖面"方法论的启发。有关达比教授研究理论的总结和探讨，参见寇·哈瑞斯：《对西方历史地理学的几点看法》，复旦大学历史地理研究所：《历史地理》第4辑，上海：上海人民出版社，1986年；邓辉：《论克利福德·达比的区域历史地理学理论与实践》，《中国历史地理论丛》2003年第3期。
② 即《王子侯表》、《高惠高后文功臣表》、《景武昭宣元成功臣表》、《外戚恩泽侯表》。
③ 《王子侯表》、《外戚恩泽侯表》所载最晚封侯年代为平帝元始五年（5年）。但《景武昭宣元成功臣表》安远侯条载有"居摄元年，侯永以吉曾孙绍封"，故《汉书》最晚的封侯记录当在孺子婴居摄元年。

侯国名目。① 至于第二个前提条件的解决,难度则要大得多。有汉两百余年,行政区划的变化极其繁复,变动幅度堪称剧烈。《汉书》虽然载录有《地理志》,但反映的仅是西汉末年的行政区划,并不能作为我们探讨西汉不同阶段侯国分布特征的依据,而这正是制约西汉侯国地理研究进一步深化的"瓶颈"所在。

随着周振鹤先生《西汉政区地理》的出版,第二个前提条件的解决成为可能。该书将西汉两百余年郡国级政区的演变过程,系统而完整地揭示出来,从而使以年度为标尺复原西汉任意年份的郡国政区成为现实。因此,我们可以根据《西汉政区地理》复原出任意年份的西汉郡国行政区划的基本面貌。

以这两项前提条件的解决为基础,笔者在本编将分别择取成帝元延三年(前10年)、高帝十年(前197年)、惠帝七年(前188年)、文帝十一年(前169年)、景帝中五年(前145年)、武帝元光五年(前130年)、武帝太初元年(前104年)七个标准年份为断代剖面,分别统计各个年份的侯国名目,并复原各年份的西汉疆域政区面貌,最后绘制该年份的侯国地理分布图,以此为基础阐释各图所呈现出的侯国地理分布特征(见研究思路说明图)。

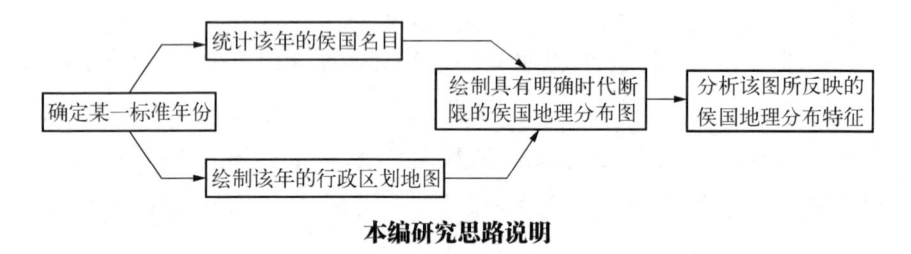

本编研究思路说明

需要说明的是,本编各章并未完全按照时代序列进行编排,而是将时代最晚的"成帝元延三年"排在最先。这样编排主要基于两点考虑。第一,成帝元延三年行政区划见载于《汉书·地理志》,这是目前所见最可靠

---

① 之所以说"理论上来讲",是因为《汉表》存在漏载列侯的情况,另有部分列侯封年、废年不详。不过这两种情况在《汉表》中极为罕见,因此在进行某一年的侯国数量统计时,对上述情况可以忽略不计。

的西汉断代行政区划资料,具有不可替代的"原始性"。而其他年份的行政区划主要根据《西汉政区地理》复原得出,带有一定"构拟性",这与元延三年行政区划得自原始文献的性质存在区别。第二,西汉一代的侯国地理分布存在显著变化,将年代最晚的"元延三年侯国分布"与年代最早的"高帝十年侯国分布"编排在一起,可以使读者直观地感受到这一变化的存在。以上两点便是笔者对本编章节编排的考虑。

第一章 《汉书·地理志》侯国地理分布

《汉志》是目前仅存的一份系统完整的西汉全国行政版籍，我们依据《汉志》可以绘制出一张相对准确的西汉行政区划图。但问题的关键在于，《汉志》反映的是哪一年的政区面貌？如果我们可以确定《汉志》的时代断限，再统计出该年的侯国名目，最后将地望明确的侯国落实于《汉志》所反映的行政区划图，便可得出一幅较为可靠的西汉侯国分布图。

对以上研究思路，台湾学者王恢曾予以实践。他在《汉王国与侯国之演变》中附有一幅《汉书地理志》侯国图》，并对该图所反映的侯国分布特征进行说明。① 王氏的研究具有开创意义，但在论证过程和具体操作上却存在种种不足。

首先，王恢对《汉志》的时代断限判断有误。王氏以为《汉志》的断限为汉成帝绥和二年三月（前7年），而事实并非如此（详见后文所叙）。由于对《汉志》断限的错误判断，使其绘制的侯国分布图成为不同年份的侯国名目和行政区划资料的叠加，从而无法如实反映汉代侯国分布的原貌。利用这张《侯国图》所进行的各项分析，其准确性自然大大降低。其次，王氏虽然指出《汉志》的时代断限为汉成帝绥和二年。但在绘制地图时，并没有把郡国名目复原到绥和二年时的情形。如广平、信都在绥和年间为汉郡，而王氏因照抄《汉志》将两郡标绘为王国。② 这在分析

---

① 王恢：《汉王国与侯国之演变》，第294页，对该图的解说见第390—391页。
② 《汉志》所录郡国名目得自平帝元始二年户口簿。元始年间广平、信都为王国。参见周振鹤：《西汉政区地理》，第22—24页。

侯国分布与诸侯王国之间的关系上将引起误导。最后从技术层面来看，王氏所绘制的西汉政区图没有采用一份精确的历史地图为底本，而只利用了普通实测地图进行转绘。在转绘的过程中，也没有进行精确的复制，只是描摹海陆江河的大概轮廓，再根据《汉志》绘出郡国边界，最后将侯国标绘于政区图之上。如果将王恢之《侯国图》与清人杨守敬所绘《历代舆地图》及近人谭其骧所编绘《中国历史地图集》进行对照，会发现"王图"误差极大，我们很难利用此图对西汉侯国分布进行分析。诚如王氏所言，他所绘制的地图实际是"强试复原，其不尽切实际"，只能"示意而已"。①

由于受到所绘制地图的限制，王氏在对西汉侯国分布进行分析时，只能就侯国分布位置和分布密度简单谈了两点看法，所得出的见解并没有突破清人的认识。由此可见，如果我们试图利用《汉志》对西汉侯国地理分布进行研究，就必须在《汉志》的文献学分析以及历史地图的绘制上有所改进。而在今天，我们已经具备了一些有利条件，首先是复旦大学历史地理研究中心研发的 CHGIS 系统的发布。该系统充分吸收了《中国历史地图集》对历代地名的考订成果，同时利用最新的测绘数据对《中国历史地图集》的地名定位、政区边界划分进行了修订，为学界利用这一系统绘制相对精确的历史地图提供了便利。而历史地理学界对两汉政区研究的推进，也为我们进一步分析《汉志》时代断限及侯国问题提供了很多可以借鉴的学术成果。

鉴于学界在以上两个领域取得的进展，笔者将利用《汉志》重新绘制西汉侯国地理分布图，并根据此图对当时的侯国分布特征进行分析，以期能够获得更加深入的认识。

一、《汉书·地理志》行政建制断限考

《汉志》京兆尹下注"元始二年户十九万五千七百二"，另后序曰："讫

---

① 王恢：《汉王国与侯国之演变》，第28页。

于孝平,凡郡国一百三。"长期以来,人们普遍认为平帝元始二年(2年)为《汉志》的断代年限。而清代学者钱大昕发现,《汉志》所录侯国名目与元始二年的时代断限并不相符,其《侯国考》曰:

> 考哀、平间侯国,《志》皆不书。《王子侯表》堂乡以下十一侯,《恩泽侯表》殷绍嘉以下三侯,皆成帝绥和以后所封,而《志》亦不之及,然则《志》所书侯国,盖终于成帝元延之末。①

钱大昕的发现十分重要。他留意到成帝绥和元年(前8年)以后分封的侯国,都没有出现在《汉志》中。而依照汉制,侯国与县地位相当,封置侯国后,其名目自当登录于版籍之上,因此《汉志》所反映的侯国信息只截止于汉成帝元延末年。对于钱大昕的这一发现,周振鹤先生给予充分肯定,并进一步指出绥和元年以后分封的侯国不见于《汉志》,恰恰说明《汉志》的时代断限就在汉成帝元延、绥和之际。②

钱大昕及周振鹤先生利用侯国沿革来限定《汉志》断代的做法十分巧妙,但结论未免宽泛。而笔者则试图延续这一思路,对《汉志》的断代作出更为明确的判断。钱大昕已经指出,《王子侯表》堂乡以下十一侯、《外戚恩泽侯表》殷绍嘉以下三侯皆不见于《汉志》。而堂乡侯(771)受封于绥和元年五月,殷绍嘉侯(768)受封于绥和元年二月,因此《汉志》断代下限当在绥和元年二月。另外,《外戚恩泽侯表》载定陵侯(767)淳于长"元延三年二月丙午封",而定陵见载于《汉志》汝南郡,《汉志》断代上限可据此定于元延三年二月(前10年)。不过需要说明的是,《汉志》汝南郡定陵不注"侯国",这样便存在两种可能。一是定陵侯国已分封,但《汉志》失注"侯国"。另一种可能是定陵侯国尚未分封,汝南郡之定陵仍为县,如此则元延三年二月不可作为《汉志》断代上限。但笔者以为,第二种可能性可以排除,这可从营平侯国(560)的置废沿革得到辅证。《外戚恩泽侯表》载营

---

① 钱大昕:《廿二史考异》卷九,第172页。
② 周振鹤:《西汉政区地理》,第22—23页。

平侯国元延三年废,而《汉志》济南郡并无营平之名,①可见《汉志》所反映的行政区划确是元延三年元月以后的情形。②

利用《汉表》,我们可以把《汉志》的断代限定在元延三年二月至绥和元年二月之间。若想进一步明确《汉志》断代则必须结合汉代的簿籍编造制度来予以分析。秦汉时代,中央政府会在每年九月对全国各项数据进行汇总,此即见诸史籍的"计断九月"。③ 为配合中央政府这一举措,郡国长官要在每年九月之后派遣计吏前往长安上报地方相关统计数据,在长安的各官署机构也会对当年九月之前的各项数据进行汇总上报朝廷,中央政府则会根据各地、各官署上报数据编制各类簿籍。④ 居延汉简曾见"元康三年十月尽四年九月戍卒簿"(5·14⑤)、"建昭元年十月尽二年九月大司农部丞簿录簿算"(82·18A),以上两类账簿都是以头年十月至第二年九月为一会计年度。而安徽天长纪庄汉墓木牍《算簿》则明确标有"集九月事算万九千九百八十八"字样。⑥ 这些账簿虽然是西汉地方政府的文书,但所反映的簿籍计纳制度应当与中央相同。由此观之,载有行政区划的版籍也应当根据当年九月的行政建制资料编制而成。⑦ 因此地

---

① 《外戚恩泽侯表》营平侯条下注"济南",说明该侯国地处济南郡,而《汉志》济南郡无营平之名。巧合的是,尹湾木牍《东海郡下辖长吏名籍》中有"东安侯家[丞]济南营平侯国□谭故侯仆以功迁"的记载(见连云港市博物馆等编:《尹湾汉墓简牍》,第94页),进一步验证了《外戚恩泽侯表》有关营平侯国地处济南郡并延续到元延年间记载的可信性。
② 《外戚恩泽侯表》没有记载营平侯免于元延三年哪一月份,故只能保守估计《汉志》所反映的是元延三年元月以后的情形。
③ 有关"计断九月"见《周礼·秋官·小行人》"令诸侯春入贡,秋献功",东汉郑玄注:"秋献之,若今计文书断于九月,其旧法。"(《十三经注疏》,北京:中华书局影印本,1980年,第893页)另《续汉书·百官志五》"(郡国)岁尽遣吏上计",刘昭注引卢植《礼注》曰:"计断九月,因秦以十月故也。"(《续汉书》志二八,中华书局,1965年,第3621—3622页)
④ 严耕望:《中国地方行政制度史(秦汉地方行政制度卷)》第八章《上计》,第257—268页;葛剑雄:《秦汉的上计及上计吏》,《中华文史论丛》1982年第2辑。
⑤ 此类简号见谢桂华、李均明、朱国炤:《居延汉简释文合校》,北京:文物出版社,1987年。
⑥ 天长市文物管理所、天长市博物馆:《安徽天长西汉墓发掘简报》,《文物》2006年第11期。
⑦ 葛剑雄师及严耕望先生都指出,行政区划和政区变迁是地方政府上计的重要内容(见葛剑雄:《秦汉的上计及上计吏》;严耕望:《中国地方行政制度史(秦汉地方行政制度卷)》,第260页)。另尹湾汉墓木牍《集簿》是难得的上计文书实物,其中载录有大量东海郡行政信息(见连云港市博物馆等编:《尹湾汉墓简牍》,第77—78页)。

方行政区划的变动不会立即反映在政府籍册中,而要等到当年(或次年)九月各项资料汇总后,才会编入政府版籍。依据前面的考证,《汉志》反映的行政区划是元延三年二月至绥和元年二月的情形,所以《汉志》的主要文献来源应当是以元延三年九月或是元延四年九月为"计断"的政府版籍。

比较这两个年份,《汉志》利用元延四年九月版籍的可能性较小。《汉书·文三王传》载武帝元朔年间"削梁王五县……梁余尚有八城",又载成帝元延年间"削(梁王)立五县",则元延末年梁国当余有三县。但《汉志》梁国仍辖有八县,诚如周振鹤先生所言,《汉志》梁国封域显然是"元延中"削地之前的形势。① 若《汉志》所载梁国领有八县反映的是元延四年九月的形势,那么此次削地只能发生在元延四年十月至十二月间,这已是元延纪年的末尾,显然与史籍"元延中"的描述不相吻合。故笔者以为《汉志》所录版籍为截止于汉成帝元延三年九月的行政区划信息,这便是《汉志》的时代断限。

明确《汉志》的断代在元延三年九月,则《汉表》和史籍中的相关记载皆能得到合理的解释。定陵侯国分封于元延三年二月,营平侯国则在此年九月以前废除,故《汉志》汝南郡有定陵而济南郡无营平。《汉志》所著录梁国封域仍满足八县之数,说明"元延中"汉廷削梁国五县发生于元延三年十月至次年十二月间。而分封于绥和元年的殷绍嘉等侯国自然不会出现在《汉志》中。

需要指出的是,周振鹤先生认为《汉志》并无统一的断代,《汉志》不同郡国的行政区划信息可能得自不同年份的版籍。② 周先生之所以作出如此判断,主要得自对中山国疆域变迁的分析。《王子侯表》载汉武帝曾分封陆城(306)、薪处(307)、安险(400)三个中山王子侯国,根据"推恩令",王子侯国乃析王国地而置,分封后别属汉郡,故三侯国必须从中山国析出。但《汉志》中山国辖县见有陆城、薪处、安险之名。周先生根据《汉书·成帝纪》绥和元年"益中山国三万户"的记载作出如下

---

① 周振鹤:《西汉政区地理》,第59页。
② 周振鹤:《西汉政区地理》,第23—24页。

推测:

> 阳朔二年以后的中山国本应仅有卢奴、北平、曲逆、望都、唐县、苦陉、深泽、毋极、新市九县而已。但《汉志》载中山有县十四,新增之五县:北新成、安险、安国、陆成、薪处盖由成帝绥和元年三万户而来。……北新成在三万户中;其余四县本由中山国分封而别属涿郡者。由此可见《汉志》所表示的郡国县目亦有截至于绥和元年的。①

周先生以为陆城、薪处、安险三侯国分封后,别属涿郡。直到绥和元年汉廷才将已除国为县的陆城、薪处、安险益封予中山国。因此,载录三县名目的中山国封域乃得自绥和元年版籍。

周先生所言有理,但并非定谳。历史上某一现象的形成,往往存在多种可能。而在古史研究中,由于相关史料的缺失,对某一现象成因的分析就变成一个不定方程式,存在不止一组答案。就拿《汉志》中山国辖有陆城、薪处、安险的现象来说,钱大昕便提出另外一种解释:

> 中山之陆成、新处、安险皆尝为侯国,改属它郡矣。宣元之世,中山绝而复封,所封又是帝子,故稍以旧封益之。如北新成,刘向以为涿郡,而《志》属中山,亦是后来益封之证也。②

钱大昕留意到,中山国在宣帝、元帝时代有过一次国除复封的经历。③ 钱氏以为,三县回属中山国,当在中山国重新封置之时。在史料记载不完整的情况下,钱大昕的推测同样可以成立。当然,我们还能举出其他可能,比如说昭帝、宣帝曾益封中山国,但史籍中没有留下记载;或者中山国除

---

① 周振鹤:《西汉政区地理》,第 96 页。另周先生以为《汉志》中山国安国县即《王子侯表》所载之安郭侯国,故谓"四县本由中山国分封而别属涿郡者"。今按《水经·滱水注》载安国县有安郭亭,故知安国、安郭为两地,《汉志》安国县不应视为安郭侯国。
② 钱大昕:《廿二史考异》卷八,第 152—153 页。
③ 五凤三年(前 55 年),中山王修薨,无后,中山国除。永光元年(前 43 年),元帝复以中山郡置为王国,徙清河王竟为中山王。

国为郡时,其故地纷纷回属;①或者还有别的答案。总之,《汉志》中山国辖有陆城、薪处、安险这一现象的形成,存在多种可能,不一定是承袭绥和元年版籍的缘故。

综上,所谓《汉志》某些郡国政区资料得自绥和年间版籍的看法并非坚实可靠。笔者以为,《汉志》所记录的行政区划面貌不是由不同断代的版籍拼凑而成,而具有一个统一而明确的年代断限:汉成帝元延三年九月。

二、《汉书·地理志》断于"绥和二年三月"辨误

王恢先生在《汉王国与侯国之演变》中对《汉志》的时代断限提出另外一种看法:汉成帝绥和二年三月。在对《汉志》侯国名目进行统计之前,有必要对这一说法进行考辨。先来看看王恢作出如是判断的依据。

《汉志》后序载录有一份全国郡、县级行政单位的统计数字,其曰:"讫于孝平,凡郡国一百三,县邑千三百一十四,道三十二,侯国二百四十一。"前面提到,《汉表》保留有西汉完整连续的封侯记录。理论上来讲,每一个标准年的侯国数目都可以统计得出。因此,如果统计出西汉哪一年的侯国数目是241个,也就知道了这组数字所反映的是哪一年的政区面貌。正是基于这一思路,王恢先生首先以钱大昕"侯国之名,则以成帝元延之末为断"结论为基础,统计出元延四年的侯国数目为226个。这一数字与《汉志》后序所载录的侯国数目并不相符。于是王先生逐年累加新增的侯国数目。绥和元年,汉廷新封有殷绍嘉、宜乡、氾乡、堂乡、安国、梁乡、襄乡、容乡、缊乡、广昌、都安、乐平、方乡十三个侯国(参见书末附表三),故绥和元年的侯国数目为239个。绥和二年,汉廷新封有博山、阳安、孔乡、平周、新成、高乐、庸乡七个侯国,故绥和二年的侯国数目为246个,而绥和二年以后的侯国数目都在250个以上。经过统计,似乎没有哪一年的

---

① 笔者更倾向于这样的看法。因为武帝曾分封安城、容陵、攸、茶陵四长沙王子侯国,但在《汉志》中四地皆属长沙国。这一现象的产生,便与初元元年长沙国除时,四县回属长沙郡有关。参见下编第二章附考。

侯国数目可以与《汉志》后序的记载相对应。这时,王先生将注意力集中到绥和二年三、四月间的帝位更替,并作出如下推测:

> 会(绥和二年)三月丙戌,帝暴崩……四月己卯,帝葬,壬寅封阳安、孔乡二侯,并以下平周、高乐,汉表以年虽未终,帝已易祚,如文帝、武帝、哀帝功臣表,一例属之新主;故汉志自博山以后,再无注侯国者矣。此最显著之分界,以钱氏(大昕)考核之勤,何未见及? 是凡在绥和二年三月以前侯者,皆在二百四十一之数。①

王恢先生将绥和二年三月的成帝病逝视为一个重要分断,称之为"最显著之分界"。该"分界"之后所分封的侯国虽然也在绥和二年,但已是哀帝在位时期,故不计入成帝侯国名目。据王恢推算,截至该年三月共有侯国 240 个,这与《汉志》后序 241 个侯国数目非常接近,于是王先生提出《汉志》的断限为绥和二年三月,并非元延之末,他认为自己不仅纠正了钱大昕的错误,还为《汉志》作了精确的断代。那么,王氏的"发现"到底能不能成立呢?

首先,王氏的说法并不切合实际。前面已经讲过,两汉时代一直严格遵守"计断九月"的数据计纳制度,从地方到中央各类籍册的登造都以当年九月的数据为基础,并不会因为皇帝的驾崩而有所改变。倘若帝位更替就要改变计断时限,那么各级地方官员就要做好随时上计的准备,所谓"八月算人"、"八月案比"、"八月书户"②等一系列统计调查工作也要发生改变,地方政府的行政运作将毫无秩序可言。而若真的发生这种情况,我们在传世或出土文献中就应当看到不以九月为断的籍册文书,而事实上我们找不到这样的实例。既然不存在以三月为断的可能,自然不会有截止于绥和二年三月的版籍。因此,所谓绥和二年版籍以三月为断的说法无法成立。

其次,王恢对绥和年间的侯国数目进行统计时,还存在失误。具体而

---

① 王恢:《汉王国与侯国之演变》,第 387 页。
② "八月算人"见《后汉书·皇后纪》。"八月案比"见《后汉书·安帝纪》李贤注引《东观记》。"八月书户"见张家山汉简《二年律令·户律》。在睡虎地秦简《秦律十八种》、张家山汉简《二年律令》中有许多涉及八月统计、九月上报各项数据的法律条文,足见"计断九月"制度在当时得到严格的执行。

言,王先生在计算绥和元年、二年的侯国数目时,只想到累加新增侯国的数目,却忘记减掉废除侯国的数目,所以他得出的绥和二年侯国数目是不准确的。截止到绥和二年三月,其实只有 236 个侯国,与《汉志》后序 241 个侯国的记录还有差距,王先生通过数字推算得出的绥和二年三月的分断点自然是不可靠的。

不过值得肯定的是,王恢先生充分注意到《汉志》后序载录统计数字的形成时代问题。这对于分析《汉志》的文献来源及构成十分重要,所以我们有必要延续王氏的这一想法,对《汉志》后序侯国统计数字的形成时代再作推算。

元延四年实有侯国 225 个,王恢先生统计得出的 226 个侯国并不准确(详见后文)。绥和元年,汉廷新分封十三个侯国,同时废除一个侯国。《外戚恩泽侯表》定陵侯条"绥和元年,(淳于长)坐大逆,下狱死",故绥和元年实有侯国 237 个。绥和二年新封侯国七个,废除侯国两个。《外戚恩泽侯表》高阳侯条"(薛宣)绥和二年,坐不忠孝,父子贼伤近臣,免",《外戚恩泽侯表》成都侯条"绥和二年,(王况)坐山陵未成,置酒歌舞,免",故绥和二年有侯国 242 个。《汉志》后序侯国统计数字极有可能就是绥和二年的情形。那么,多出的一个侯国又该如何解释呢?这里,应当注意以下四条记载:

> 安阳侯:哀侯得嗣,薨,亡后。
> 柴侯:恭侯莫如嗣,薨,亡后。
> 伊乡侯:(永光三年)三月封,薨,亡后。①
> 童乡侯:(永始四年)七月己酉封,薨,亡后。②

上述四个侯国皆因列侯无嗣而废除,除国年代不详。但《汉志》平原郡有安侯国,泰山郡有柴(失注侯国),琅邪郡有伊乡侯国,勃海郡有童乡侯国,③说

---

① 《汉书》卷一五《王子侯表》,第 451、466、502 页。
② 《汉书》卷一七《景武昭宣元成功臣表》,第 674 页。
③ 《汉志》勃海郡章乡侯国即童乡侯国。见全祖望:《汉书地理志稽疑》卷六,第 2625 页。

明直到元延三年九月，这四个侯国仍然存在，其除国年代在元延三年以后。笔者推测，这四个侯国中有一个除国于元延三年九月至绥和二年九月之间，如此则截至绥和二年九月的侯国数目正好为241个。

经过计算，可以明确《汉志》后序"侯国二百四十一"的记载，反映的是绥和二年的政区面貌，那这是否意味着《汉志》行政区划的断代为绥和二年呢？我们并不能作这样简单的联系。因为《汉志》如果是以绥和二年为断的话，我们就无法解释为什么绥和元年、二年分封的侯国没有出现在《汉志》中，同样也无法解释绥和二年已废除的高阳、成都两侯国为什么还见于《汉志》的记载，更无法解释元延末年只余有三县的梁国为何在《汉志》中还有八县的封域。这些都说明，《汉志》后序所录县级行政单位统计数字与《汉志》所录县邑名目并非得自同一年的版籍。而王恢对《汉志》断代判断失误的根本原因在于，他所有的推论都建立于这样的预设前提：《汉志》县邑名目与县邑统计数字得自同一年的版籍。现在看来，这一预设前提无法成立。

笔者之所以对元延、绥和之际的侯国数目进行反复推算，目的在于说明《汉志》后序所载录的县邑统计数字与《汉志》所录县邑名目反映的是不同年份的政区面貌。《汉志》所录县邑名目得自元延三年的版籍，而《汉志》后序所载录的各项统计数字则存在另外的文献来源——绥和二年的中央政府簿籍。那么，《汉志》后序所依据的政府簿籍又是何种性质的文书呢？让我们先来看看后序载录的这段文字：

> 讫于孝平，凡郡国一百三，县邑千三百一十四，道三十二，侯国二百四十一(1)。地东西九千三百二里，南北万三千三百六十八里(4)。提封田一万万四千五百一十三万六千四百五顷(12)，其一万万二百五十二万八千八百八十九顷，邑居道路，山川林泽，群不可垦，其三千二百二十九万九百四十七顷，可垦不可垦，定垦田八百二十七万五百三十六顷(13)。民户千二百二十三万三千六十二(10)，口五千九百五十九万四千九百七十八(11)。汉极盛矣。

江苏省东海县尹湾汉墓出土的简牍中有一份《集簿》，该文书记录了西汉末年东海郡各类项统计数字，现择取部分内容列举如下：

  县、邑、侯国卅八：县十八，侯国十八，邑二。其廿四有堠，都官二。（1）
  乡百七十，□百六，里二千五百卅四，正二千五百卅二人。（2）
  亭六百八十八，卒二千九百七十二人；邮卅四，人四百八；如前。（3）
  界东西五百五十一里，南北四百八十八里；如前。（4）
  ……
  户廿六万六千二百九十，多前二千六百廿九，其户万一千六百六十二获流。（10）
  口百卅九万七千三百卌三，其四万二千七百五十二获流。（11）
  提封五十一万二千九十二顷八十五亩二□……人。如前。（12）
  □国邑居园田廿一万一千六百五十二□□十九万百卅二……卅五万九千六……长生。（13）①
  ……

《集簿》分行列举了二十二个项目的统计数字。为方便对比，笔者摘录其中八项，每项统计数字后标明了该类项在木牍文书中的行号。通过与《汉志》的比较，我们不难看出，《汉志》后序所载录的各种统计项目不仅能与《集簿》中的项目一一对应（笔者已在《汉志》引文后标注了与《集簿》各项目行号相对应的数字），而且其对全国行政建置、疆界、提封田、垦田、户口等项目统计的格式和用语与《集簿》如出一辙。② 显然，在当时的中央政府应当保存有一份与东海郡《集簿》相类似，载录有全国政区、人口、垦田、官

---

① 连云港市博物馆等编：《尹湾汉墓简牍》，第77—78页；《集簿》图版见第13页。引文标点为笔者所加。
② 有关《汉志》后序与尹湾汉牍《集簿》的相似性，谢桂华先生已有留意。见谢桂华：《尹湾汉墓所见东海郡行政文书考述》，连云港市博物馆、中国文物研究所编：《尹湾汉墓简牍综论》，北京：科学出版社，1999年，第22—45页。

员、作物种植等各类信息及相关统计数字的"集簿"。① 而班固在编撰《地理志》时,手头就存有一份这样的《集簿》,这份《集簿》便是《汉志》后序所录全国各项目统计数字的资料来源。②

从居延汉简和尹湾汉墓简牍来看,《集簿》是汉代通见于各级政府的一种行政文书。③ 此类文书是分类记录统计事项及相关统计数字的年度报簿。④ 尹湾汉牍《集簿》就是一份载录东海郡某一年相关事项和统计数字的年度报簿,这从该《集簿》所见的"多前"、"如前"等用语中便可以看出。而班固在编撰《地理志》时所利用的《集簿》,应当是载录有绥和二年全国各类项目统计数字的中央政府《集簿》。需要注意的是,尹湾汉牍《集簿》中并没有标注纪年,像这种综合载录各类项目的《集簿》,其不书"纪年"的做法很有可能是当时的惯例。⑤ 这样看来,班固所利用的全国《集簿》很有可能也是没有纪年的,所以他才会把反映绥和二年统计信息的《集簿》作为元始二年的材料来加以引用。

根据以上考述,我们可以深化《汉志》文献来源的认识。即《汉志》大体上

---

① 汉代各级政府官署的《集簿》应当有统一的规范,所以我们看到《汉志》后序的这段文字才会与尹湾汉牍《集簿》的内容十分相似。
② 我们在《汉书·百官公卿表》中也能找到班固利用这份全国《集簿》的痕迹。《百官表》曰:"凡县、道、国、邑千五百八十七,乡六千六百二十二,亭二万九千六百三十五。……吏员自佐史至丞相,十二万二百八十五人。"这些统计项目及书写格式可以与尹湾汉牍《集簿》第一行"县、邑、侯国卅八",第二行"乡百七十",第三行"亭六百八十八",第六行"吏员二千二百三人"等统计项目相对应。而"县、道、国、邑千五百八十七"的数字与《汉志》后序"县邑千三百一十四,道三十二,侯国二百四十一"三项数字总和相同,可见《百官表》与《地理志》利用的是同一份《集簿》。
③ 居延汉简则有"肩水侯官元康四年十二月四时集簿"(5·1)、"第五丞别田令史信元凤五年四月铁器出入集簿"(310·19),尹湾汉牍则有《武库永始四年兵车器集簿》(分见谢桂华、李均明、朱国炤:《居延汉简释文合校》;连云港市博物馆等编:《尹湾汉墓简牍》)。
④ 《续汉书·百官志五》"秋冬集课,上计于所属郡国"。刘昭注引胡广《汉官解诂》:"秋冬岁尽,各计县户口垦田,钱谷入出,盗贼多少,上其集簿。"(《续汉书》志二八,第3623页)尹湾汉牍整理者根据这条记载,认为《集簿》为汉代地方政府的上计文书(连云港市博物馆等编:《尹湾汉墓简牍》,第2页)。《集簿》即上计文书的看法为大多数学者接受。而谢桂华指出《集簿》的性质应为记录各项目统计数字的年度报簿,和上计文书之间可能存在某些联系,"但不应视同为上计簿"(谢桂华:《尹湾汉墓简牍和西汉地方行政制度》,《文物》1997年第1期)。笔者完全赞同谢先生对《集簿》这一类文书性质的看法。
⑤ 居延汉简所见"集簿"和尹湾汉牍《武库永始四年兵车器集簿》虽然书有纪年,但这些都是专项统计文书,载录某一级政府综合统计项目的《集簿》很可能是不书纪年的。

是三份资料的混合物。一份是平帝元始二年各郡国的户口簿，一份是成帝元延三年各郡国的行政版籍，一份是成帝绥和二年的全国《集簿》。想必班固在编撰《地理志》时，所见三份资料，只有户口簿有明确纪年，另外两种资料并无纪年。为了统一时限，班固把三份资料拼凑在一起，总冠以"讫于孝平"。这便是《汉志》户口数字与县邑名目、县邑统计数字皆不能对应的原因。

写到这里，附带引出另外一个问题。如果将《汉志》正文所列县名相加，总数为 1578。① 而若将《汉志》后序所载县级行政单位"县邑千三百一十四，道三十二，侯国二百四十一"三项数字相加，总数为 1587，两者之间尚存在九县的差距。包括钱大昕在内的很多学者都认为，这缺失的九县是《汉志》流传过程中文字脱漏造成，并陆续有人对《汉志》"失载"九县进行辑补。现在既然明确《汉志》后序载录的数字与《汉志》所录县目得自不同年份的版籍，那么类似的辑补工作自然是有问题的。因为元延三年的县级行政单位数目如果不是 1587 个，当然也就没有所谓的"失载九县"。考虑到绥和元年、二年分封了二十个侯国，笔者推测今本《汉志》未必存在脱漏，即使存在脱漏，也不会脱漏九县之多。同样的道理，《汉志》后序曰"道三十二"，而《汉志》正文只录有道名三十个，② 清代以来的许多学者通过各种途径对《汉志》"失载道目"进行辑补。③ 这些学者研究思路之疏误

---

① 《汉志》东郡有"畔观"，清人多以为"畔"为衍文，中华书局标点本《汉书》据此删去"畔"字。但据汉代铜器铭文及居延汉简可知西汉确有畔县（见周振鹤：《汉书地理志汇释》，第 98—99 页），则前人统计《汉志》县邑总数时漏掉一县。另《汉志》北地郡有"方渠除道"，以往此道名被误点断为"方渠"、"除道"两名，直到相家巷出土"方渠除丞"秦封泥才获晓"方渠除道"为一个道名（见周天游、刘瑞：《西安相家巷出土秦封泥简读》，《文史》2002 年第 3 辑）。故《汉志》增"畔"，去"除道"，县邑总数仍为 1578 个。
② 此数字据久村因、周振鹤二位先生统计（见[日]久村因：《秦の"道"について》，收入《中国古代史研究》，东京：吉川弘文馆，1960 年；周振鹤：《西汉政区地理》，第 243—244 页）。不同学者对《汉志》道名的统计不尽相同，本书不一一列举。另外，周振鹤先生认为"除道"、"故道"未必是管理少数民族的机构。今按，"除道"应作"方渠除道"。又《魏书·氐传》曰："自汧渭抵于巴蜀，种类实繁，或谓之白氐，或谓之故氐。"马长寿已指出，故道即管理"故氐"之机构（见《氐与羌》，上海：上海人民出版社，1984 年，第 32 页）。则"方渠除道"、"故道"皆可确认为管理少数民族的地方机构。
③ 如齐召南：《汉书考证》卷二八，文渊阁《四库全书》本，台北：台湾商务印书馆，1986 年，第 249 册；黄以周：《儆季史说略》卷二"汉县道考"条，收入谭其骧主编：《清人文集地理类汇编（第一册）》，杭州：浙江人民出版社，1987 年，第 107—108 页；后晓荣：《〈汉书·地理志〉"道"目补考》，《中国历史地理论丛》2008 年第 1 期。

在于,他们认为西汉之三十二道是一成不变的常制,而忽视了不同时期道目存在变动的事实。① 其实,《汉志》所录道名未必存在缺失,如下可能并不能被排除:截至元延三年九月,西汉全国有道三十个。至绥和二年九月的三年间,汉廷又增设两道,这便是《汉志》后序"道三十二"数目的由来。

三、元延三年侯国数目

明确《汉志》的时代断限为元延三年九月,我们可以对《汉表》中的侯国进行统计,从而确定元延三年的侯国名目。迄今为止,钱大昕、王恢、周振鹤都曾利用《汉表》对《汉志》侯国进行对勘,②这为本书统计元延三年的侯国名目提供了便利。笔者充分吸收三位前辈学者的对勘成果,对《汉表》见存于元延三年的侯国进行统计,并编制《元延三年侯国名目综表》(见表1-1)。该表在编排方式上,以《汉志》所录郡名为纲,将各侯国分别排列于所属郡目之下,并在各侯国名后标明该侯国在附表中的编号。《汉志》共标注侯国194个,对于《汉志》失注的侯国,本表通过在侯国名目标识符号"﹡"来予以区别。

表1-1 元延三年侯国名目综表

郡　名	侯　国　名　目
河东郡	骐(759)
东　郡	乐昌(592)﹡　阳平(655)﹡
陈留郡	长罗(573)

---

① 刘志玲注意到汉代道目数量变动的事实,因此强调"道的设置在西汉一代曾有过变更。我们不应将不同时代道的设置皆作为西汉末年的情况"(见刘志玲:《秦汉道制问题新探》,《求索》2005年第12期)。
② 分见钱大昕:《廿二史考异》卷九《侯国考》,第172—182页;王恢:《汉王国与侯国之演变》,第378—387页;周振鹤:《西汉政区地理》,第240—243页。以下引述三位学者观点俱见于此,不再一一注明。

(续表)

郡 名	侯 国 名 目
颍川郡	成安(545) 周承休(603)
汝南郡	弋阳(543) 宜春(546) 阳成(593) 归德(618) 安成(710) 安昌(729) 安阳(740) 博阳(741) 成阳(745) 定陵(767)*
南阳郡	安众(361) 春陵(413) 鄧(599) 复阳(600) 红阳(725) 新都(746) 博望(764) 乐城(765)
南 郡	高城(602)*
江夏郡	钟武(601)
庐江郡	松兹(533)
九江郡	当涂(525) 博乡(704) 曲阳(726)
山阳郡	瑕丘(345)* 爱戚(575) 邛成(604) 中乡(688) 郑(689) 黄(690) 平乐(691) 甾乡(692) 栗乡(736) 曲乡(750) 成都(724) 西阳(763)
沛 郡	公丘(346) 栗(514) 浽(515) 建平(541) 建成(634) 扶阳(674) 东乡(693)* 溧阳(695《志》漂阳)* 高柴(697) 临都(698)* 高(699) 义成(709)* 平阿(723) 广戚(728) 祁乡(747)
魏 郡	邯会(299) 即裴(517) 邯沟(576) 平恩(667)
巨鹿郡	象氏(352) 新市(550) 安定(559) 乐信(619) 历乡(628) 武陶(631) 柏乡(705) 安乡(706)
常山郡	封斯(296) 乐阳(577) 桑中(578) 平台(607) 都乡(637)
清河郡	东阳(572) 新乡(570《志》信乡)
涿 郡	广望(303) 阿武(316) 州乡(318) 樊舆(397) 成(549) 新昌(574) 高郭(583) 利乡(636) 临乡(670) 西乡(671) 阳乡(672) 益昌(673)
勃海郡	参户(317) 临乐(373) 定(379) 柳(383) 蒲领(539) 修市(568) 景成(580) 童乡(753)
平原郡	安阳(327) 羽(331) 富平(553) 平昌(591) 合阳(614) 楼虚(754) 龙领(760)

(续表)

郡　名	侯　国　名　目
千乘郡	被阳(378)　繁安(382)　高昌(596)*　平安(668)　延乡(751)*
济南郡	猇(516)　宜成(524)　朝阳(556)
泰山郡	宁阳(344)　柴(386)*　桑丘(737《志》乘丘)*　桃乡(742)　富阳(749)*　桃山(755)　式(761)*
齐　郡	广饶(459)*　北乡(701)　广(707)*　平(708《志》平广)　台乡(762)*
北海郡	剧(280)　平望(282)　平旳(286)　剧魁(287)　乐望(588)　饶(589)　柳泉(590)　羊石(675)　石乡(676)　新成(677)　上乡(678)　平城(714)　密乡(715)　乐都(716)　胶阳(718)　成乡(720)
东莱郡	平度(289)*　临朐(291)*　牟平(385)*　昌乡(711《志》昌阳)*　阳乐(713)　陵石(744《志》阳石)*　徐乡(758)*
琅邪郡	临原(283)　稻(380)　云(384)　虖葭(425《志》雩叚)　挟(445《志》袚)　虚水(454)　䣙(460)　皋虞(484)　魏其(485)　高乡(647)　兹乡(648)　柔(651)　箕(652)　高广(653)　即来(654)　昆山(661)　折泉(662)　博石(663)　房山(665)　石山(681)　参封(683)　伊乡(684)　顺乡(712《志》慎乡)　武乡(719)　丽兹(721)　安丘(734)　驷望(735)　高阳(738)　高陵(748)　新山(752)　临安(757)
东海郡	南成(370)　兰旗(535)　容丘(536)　良成(537)　平曲(557)　昌虑(639)　山乡(641)　建陵(642)　东安(644)　建阳(646)　都平(650)　干乡(679)　都阳(682)　阴平(730)　郚(732)　建乡(733)　武阳(739)　新阳(743)
临淮郡	开陵(512)　乐陵(594)　西平(638)*　襄平(685)*　兰陵(702《志》兰阳)　广平(703)　高平(727)　昌阳(756)
豫章郡	海昏(669)*　安平(668)
桂阳郡	阳山(659)
零陵郡	夫夷(402)*　都梁(414)　泉陵(416)
广平郡	南曲(540)*　曲梁(613)　广乡(621)*　平利(623)*　平乡(624)*　阳成(629《志》阳台)　城乡(766)*

(续表)

郡　名	侯　国　名　目
信都郡	桃(567)＊　东昌(569)　平隄(581)　乐乡(582)　昌成(620)　西梁(627)
属郡不明	怀昌(281)　利昌(336)　卑梁(717)

说明：1.《汉志》郡国名目以平帝元始二年为断，时广平、信都为王国。此表所统计为成帝元延三年侯国数目，故将广平、信都恢复为汉郡。

2. 本表所录侯国名俱以《汉表》为准，括号内所附为《汉志》所记侯国名称不同者。①

3. 童乡(753)、安阳(327)、柴(386)、伊乡(684)四侯国除年不详，但四侯国皆见载于《汉志》，故知四侯国除于元延三年之后。

在《元延三年侯国名目综表》中，有两个侯国的编排方式需要进行说明：

乐昌侯国(592)：《外戚恩泽侯表》载有乐昌侯，宣帝地节四年(前66年)封，至新莽败绝。《汉志》东郡有乐昌，失注"侯国"。钱大昕未予检出，故依据《外戚恩泽侯表》乐昌侯条下注"汝南"，以为《汉志》汝南郡脱漏乐昌侯国。周振鹤先生承袭此说，并举《后汉书·张酺传》为证，以为汝南郡别有乐昌侯国，与东郡乐昌无涉。② 而日本学者仲山茂指出，《外戚恩泽侯表》乐昌侯条下的"汝南"，其实是后一栏"阳城缪侯刘德"下注"汝南"的衍抄。③ 故乐昌侯国当据《汉志》归类于东郡。

临朐侯国(291)：《王子侯表》载元朔二年武帝分封淄川懿王子刘奴为临朐侯，至新莽败绝。《汉志》齐郡、东莱郡皆有临朐，两临朐都不注"侯国"。清儒普遍认为东莱郡临朐失注"侯国"，周振鹤先生则倾向于齐郡临朐。其实，齐郡临朐为刘奴初封所在，东莱郡临朐为武帝元狩六年临朐侯

---

① 《汉表》所载侯国名称明确有误者，本表已作修正。如柔(651)，《表》作枣；干乡(679)，《志》、《表》皆作于乡，据尹湾汉牍可知两侯国名为柔、干乡。另邔成(604)、兰旗(535)，《志》作郜成、兰祺，尹湾汉牍亦作邔成、兰旗，知《志》误。阳乐(713)，《表》作乐阳；平旳(286)，《志》、《表》皆作平的，传世汉官印有"阳乐侯相"、"平旳国丞"，知阳乐、平旳为是。

② 《后汉书·张酺传》载："张酺，字孟侯，汝南细阳人，赵王张敖之后也。敖子寿，封细阳之池阳乡，后废，因家焉。"据《高惠高后文功臣表》，张敖子张受高后八年受封为乐昌侯。周先生以为此为乐昌侯国地处汝南郡之确证(见周振鹤：《西汉政区地理》，第239页)。今按，《张酺传》有关张寿受封于汝南郡的记载并不可信。陈苏镇已有考辨。(《汉文帝"易侯邑"及"令列侯之国"考辨》，《历史研究》2005年第5期)

③ ［日］仲山茂：《〈汉书〉侯表地名注记的体例特征》，复旦大学历史地理研究中心编：《历史地理》第26辑。

国迁徙后的方位,①故元延三年临朐侯国在东莱郡。《汉志》东莱郡临朐当补注"侯国"。

通过对《汉表》的梳理,可得元延三年的侯国数目为 225 个。其中利昌(336)、怀昌(281)、卑梁(717)三侯国不见于《汉志》,钱大昕、王恢、周振鹤以为三侯国为《汉志》脱漏。② 另《汉志》博山、阴山、良乡、敬丘、瓡五侯国无法与《汉表》对应,对这四个侯国还需作具体分析。

《汉志》南阳郡有博山侯国。《外戚恩泽侯表》载博山侯绥和二年封,已在《汉志》断限之后。钱大昕曰"博山一侯,或后人增加也",周振鹤先生从之。王恢因断《汉志》于绥和二年三月,故谓《汉志》博山侯国所记无误。今已知《汉志》断于元延三年,则当以钱、周二人所言为是,今本《汉志》博山所注"侯国"当为衍文。

《汉志》桂阳郡有阴山侯国。《汉表》无阴山侯。周振鹤先生认为《志》阴山侯国即《表》阳山侯国,《志》阳山之"侯国"为衍注。③ 今按周先生看法有误,详见本书附篇《西汉桂阳郡阳山侯国、阴山侯国考辨》。据笔者考证结论,《志》阳山注"侯国"无误,阴山之"侯国"可能是衍文。

《汉志》涿郡有良乡侯国。《王子侯表》载有赵王子梁乡侯刘交,绥和元年封,钱大昕以为即《汉志》良乡侯国,王恢从之。周振鹤先生举两点予以驳斥:"一则赵王子所封一般不当至涿,二则梁乡侯封于绥和元年六月亦不当入《志》。《汉志》良乡下注侯国乃衍文。"周先生所论至确,《汉志》良乡与《王子侯表》梁乡无关,但良乡下注侯国是否衍文,笔者以为尚不能确指,此处姑且存疑。

《汉志》沛郡有敬丘侯国。钱大昕以为即《王子侯表》之瑕丘侯国,王恢从之。但《汉志》山阳郡已见瑕丘之名,周振鹤先生以为《汉志》瑕丘失注"侯国",敬丘所注"侯国"为衍文。④ 今按,山阳郡之瑕丘与鲁国相近,为

---

① 参看下编第七章第一节考述。
② 全祖望以为怀昌即《汉志》千乘郡之博昌(《汉书地理志稽疑》卷五,第 2571 页)。王恢承袭此说,以为只有利昌、卑梁为《汉志》脱漏。今按怀昌为淄川王子侯国,千乘郡不与淄川国相接。全氏之说不足取信。
③ 周振鹤:《西汉政区地理》,第 125—126 页。
④ 周振鹤:《西汉政区地理》,第 57—58 页。

鲁王子瑕丘侯国所在应无疑义。但周先生"敬丘非侯国"的看法却受到出土文献的冲击。尹湾汉墓木牍《东海郡下辖长吏名籍》曰："盐官别治郁州丞沛郡敬丘淳于赏故侯门大夫以功迁。"廖伯源指出，侯家之门大夫为侯国相属吏，例由侯国相于本国人中辟置。① 结合《东海郡下辖长吏名籍》所见其他侯国相属吏之籍贯，与廖先生所论相合，则元延年间确有敬丘侯国。但廖先生以为敬丘侯为《汉表》所佚，则需商榷。

《汉志》北海郡有瓡侯国。《王子侯表》载瓡侯（453）武帝元鼎元年封，宣帝五凤二年绝，则《汉志》北海郡之瓡不当注"侯国"。王恢以为《汉表》记瓡侯国除年有误，此侯国延续到绥和二年。周振鹤先生则言"《志》注侯国，不知何故，录以存疑"。因王恢、周振鹤两位先生在进行侯国统计时，皆计入瓡侯国，故所得元延末年侯国数为226。而笔者以为《汉表》所载瓡侯国除年无误，《志》瓡下注侯国当另有原因，故未予计入，所得元延末侯国数为225。

经过分析，《汉志》博山、阴山之"侯国"为衍注，而敬丘确为侯国，至于良乡、瓡是否为侯国则不能确指。既然不能排除《汉志》敬丘、良乡、瓡为侯国的可能性，那么是否意味着《汉表》确有缺漏，而元延三年的侯国总数也要修正为228个呢？笔者认为还不能下这样的结论，我们还必须考虑到侯国更封的因素。西汉时期，列侯封地时有变更，而变更信息常不见于《汉表》。现举两个例子来说明。《高惠高后文功臣表》载高帝十二年封高梁侯（137），武帝元狩元年除。如果只看《汉表》，似乎高梁侯国从未发生变动。而《汉书·郦食其传》曰："食其子疥数将兵，上以其父故，封疥为高梁侯。后更食武阳，卒，子遂嗣。"根据本传记载，郦疥后更封为武阳侯，故其封国当由高梁变更为武阳。另《高惠高后文功臣表》载周昌于高帝六年受封为汾阴侯（20）。但《史记·吕太后本纪》、《汉书·叙传》却记作"建平侯周昌"，可见汾阴侯周昌后更封为建平侯，但更封之事不载于《汉表》。以上两例说明，《汉表》往往会缺漏侯国更封信息，因此在没有《纪》、《传》的辅证下，仅凭《汉表》我们很难获知某侯国发生过更封。结合这一情况，笔者以为《汉志》良乡、

---

① 廖伯源：《汉书敬丘侯国与瑕丘侯国辨》，收入氏著《简牍与制度》，桂林：广西师范大学出版社，2005年，第167—171页。

敬丘、瓨三侯国也许正与《汉表》中不见于《汉志》记载的利昌、怀昌、卑梁三侯国有关。① 笔者倾向于今本《汉表》有关元延三年的侯国信息并无缺漏，《汉表》中的利昌、怀昌、卑梁三侯在分封后可能封地发生变更，变更后的封地正为良乡、敬丘和瓨，如此则《汉志》、《汉表》侯国信息可相互对应，我们也不必非要以文献脱漏来解释《汉志》、《汉表》之间的分歧了。

四、元延三年侯国分布图

在明确《汉志》时代断限为汉成帝元延三年，并根据《汉表》统计出该年的侯国数目后，我们可以利用复旦大学历史地理研究中心 CHGIS 系统西汉政区数据绘制元延三年的侯国分布图（图 1-1、1-2）。

元延三年 225 个侯国中，地理方位明确的，本图以标绘"●"的形式予以定位。地理方位不详的侯国中，有部分侯国可大致推知方位所在，对这些侯国，本图以标绘"○"的形式予以反映。对于地理方位没有任何线索的侯国，本图不再予以标绘（"图 1-1"共标绘侯国 177 个）。

通过分析《汉志》郡国名目的编排，可以发现郡级行政区划的排列顺序明显存在规律，其郡国名目按照次序先后可分为四组。第一组为京兆尹、左冯翊、右扶风，此为西汉地域概念中的"三辅"，为京师所在，是汉帝国的畿辅地区。第二组从弘农郡开始，至零陵郡终，此为西汉地域概念中的"内郡"，为汉帝国的核心区。第三组从汉中郡开始，至日南郡终，此为西汉地域概念中的"边郡"，为汉帝国的边疆地区。② 最后一组从赵国开始，至长沙国终，此为西汉地域概念中的"王国"。《汉志》的郡国排序存在着首叙三辅，再叙内郡，再叙边郡，最后叙诸侯王国的编排顺序。③ 这便使《汉志》展现

---

① 居延汉简 EPT53·63 简载有"元康二年五月……东郡遣利昌侯国相力白马司空佐梁将成卒"的记载（见甘肃省文物考古研究所等编：《居延新简》，北京：文物出版社，1990年，第284页）。此记载可证利昌侯国元康二年地处东郡，但笔者以为不能排除利昌侯国元康二年以后发生更封的可能。

② 汉初，天子只领有十五郡，当时并无"边郡"、"内郡"之分。"边郡"、"内郡"的概念出现在汉武帝以后，此观念的产生对于分析西汉政治地理格局的变迁十分重要，笔者将另撰文予以探讨。

③ 关于《汉志》郡国编排问题，参见下编第五章第四节论述。

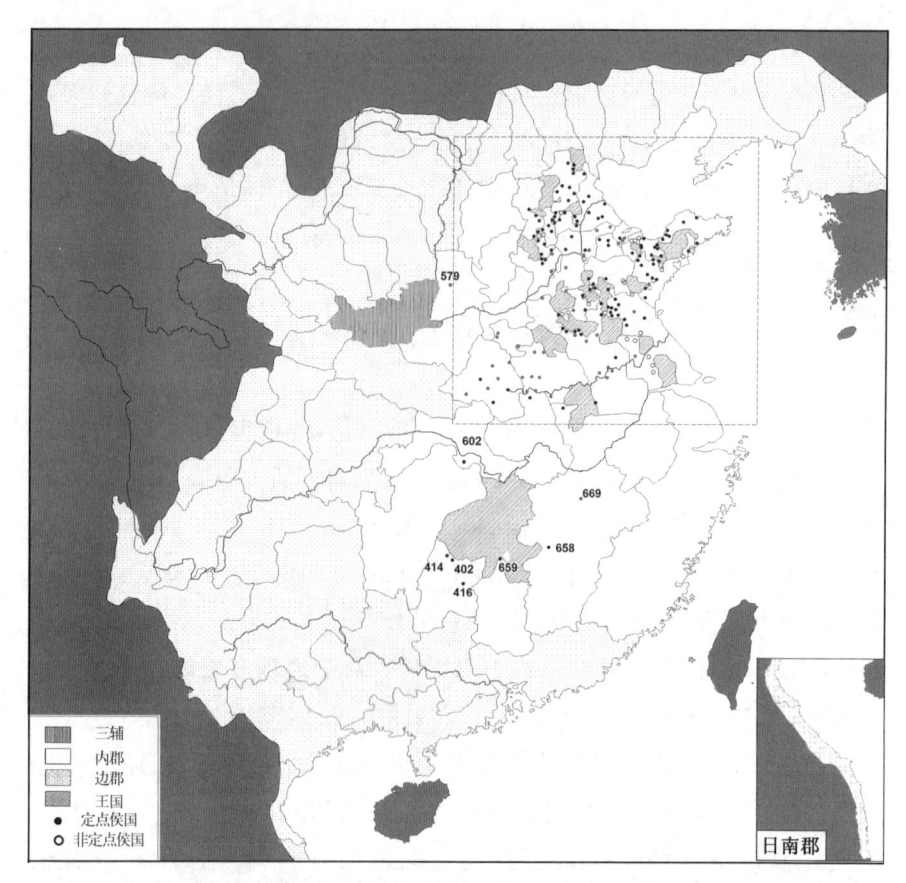

说明：1. 因本图所绘为汉成帝元延三年的政区形势，故将《汉志》中的济阴郡恢复为定陶国，将广平、信都两王国恢复为汉郡。
2. 图中数字为侯国编号，编号与侯国对应关系参见表1-1《元延三年侯国名目综表》。
3. 本图西汉疆域、郡国边界、地名定点信息采自复旦大学历史地理研究中心CHGIS第四期数据，并根据学界最新研究作以简要修订。
4. 为直观展现侯国分布态势，本图未对郡国名称进行标注。郡国对应关系请参看《中国历史地图集》第二册"西汉政区图组"。

图1-1　元延三年侯国分布图

出一种以京师为核心，外层再环绕以内郡、边郡的"圈层式结构"。① 为了直观展现侯国分布与上述四个地理区域之间的关系，本图对三辅、内郡、

---

① 有关历史上政治地理格局的圈层式结构的论述，请参看周振鹤：《中国历史上两种基本政治地理格局的分析》，复旦大学历史地理研究所编：《历史地理》第20辑，上海：上海人民出版社，2004年。

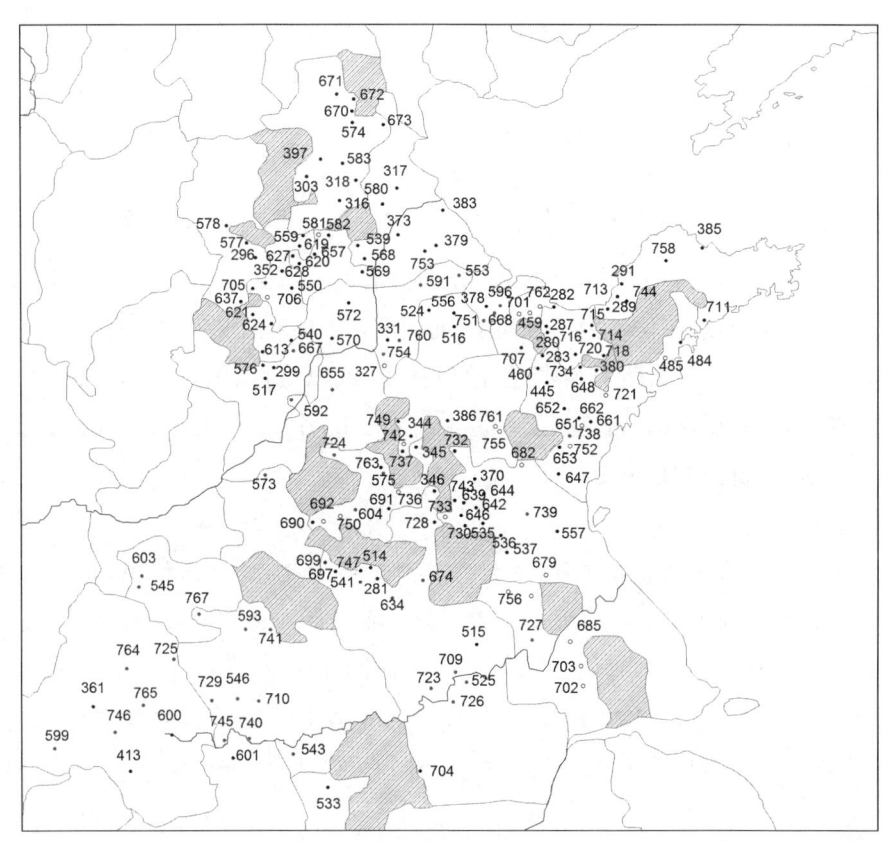

说明：因北海郡侯国分布过于密集，故本图只标绘其郡境内的定点侯国，未对非定点侯国进行标绘。

图 1-2　关东地区局部放大图

边郡、王国四个区域采取填充不同的图形符号来予以区别。

五、元延三年侯国分布特征概述

从所绘侯国分布图可以看出，元延三年的侯国地理分布呈现出明显的地域特征。笔者结合前人研究成果，现就西汉地域概念中"三辅"、"边郡"、"王国"、"内郡"等区域的侯国分布情况概述如下：

1. 三辅

从图中可以清楚地看到，三辅地区没有侯国。该图所呈现的侯国地域分布的这一特征,与顾炎武"西汉京畿不置侯国"的看法相吻合。

2. 边郡

从侯国分布图可以看出,西汉"边郡"范围内皆无侯国分布。这验证了全祖望有关西汉"边郡不置侯国"看法的可信性。①

3. 王国

西汉初年,有相当数量的侯国分布在诸侯王国之中。不过到了景帝末年,已经出现"王国境内不置侯国"的制度。② 对于西汉侯国地理分布特征的这一变化,钱大昕有所察觉,故曰:"景、武以后,王国日益削,而王子封侯者,皆割属汉郡,自是列侯食邑无有在王国者矣。"③对于钱大昕的这一看法,严耕望的意见是:

> 武帝从主父偃之谋,令诸侯推恩分其土地,俾子弟毕侯,此等侯因而分属汉郡。然则此前王国已例不辖侯国矣。意者,此种制度,当即形成于文景之世欤? 西汉末年,此种王国不辖侯国之限制是否存在,颇有问题。何者? 检《汉地志》,二十王国中,惟广平国领曲梁、阳台两侯国,信都国领乐乡、平隄、西梁、昌成、东昌五侯国。④

严耕望虽认可西汉存在"王国不辖侯国"的制度,但对此制度是否得到贯彻却持怀疑态度,其原因在于《汉志》广平国、信都国皆领有侯国。显然,严氏并不了解《汉志》的文献构成,看到广平国、信都国下列有侯国,就误以为汉末王国辖有侯国。同样,王恢因为照搬《汉志》郡国名目,在其《〈汉书地理志〉侯国图》中便出现广平国、信都国辖有侯国的局面。其实,《汉志》郡国名目得自平帝元始二年户口簿,县邑名目得自成帝元延三年版籍,落实到元延三年,广平、信都皆为汉郡,并无王国辖有侯国之事,周振鹤先生已有详尽阐释。⑤

---

① 另杨光辉也曾提出两汉魏晋南北朝的王侯分封,存在"皇畿不立封国"、"边陲之地不立国"两条原则。见杨光辉:《汉唐封爵制度》,北京:学苑出版社,2001 年,第 68—69 页。
② 参见下编第一章论述。
③ 钱大昕:《潜研堂集》卷一二《诸史答问》,上海:上海古籍出版社,2009 年,第 188 页。
④ 严耕望:《中国地方行政制度史(秦汉地方行政制度卷)》,第 55 页。
⑤ 周振鹤:《西汉政区地理》,第 23 页。

从图1-1也可清楚地看到,西汉末年确实存在"王国境内无侯国"的现象。

4. 内郡

在西汉"三辅"、"内郡"、"边郡"、"王国"四个区域中,侯国只分布在内郡地区。而在内郡范围内,侯国分布也很不均衡,有的汉郡境内侯国分布十分密集,有的极为稀疏,有的甚至没有侯国分布。现对内郡范围内侯国分布情况作简要叙述:

在内郡范围内,太行山至新函谷关为一条显著的分界。此界线以西的弘农、河东、上党、太原四郡只分布有骐侯国(759)。汉武帝元鼎年间以后,太行山至新函谷关一线为关西、关东两大政治区域的分界。① 太行山至新函谷关一线无侯国分布的现象,表明西汉末年存在"关西不置侯国"的地域特征。

在关东地区有两郡同样没有侯国分布,即河南郡和河内郡。两郡不分封侯国与自身的特殊地位有关。汉代,河南、河内、河东三郡合称"三河",被视为"天下之中",②地理地位异乎寻常。而据辛德勇先生研究,在武帝元封年间西汉地域控制政策曾发生较大变化,具体表现为左、右内史和"三河"地位的强化。③ 元封年间以后,"三河"逐渐具备一种"准京畿"的特性,汉廷不在河南郡和河内郡境内封置侯国,显然是遵照"京畿不置侯国"之惯例行事。④

在其余关东各郡范围内,桐柏山至淮河一线为显著的分界。该分界以北的侯国分布十分密集,而该分界以南只分布有侯国16个。⑤ 其中弋阳(543)、当涂(525)、曲阳(726)、钟武(601)四侯国濒临淮河,暂且不论,剩余的12个侯国情况都比较特殊。襄平(685)、兰陵(702)、广平(703)为广陵王子侯国,博乡(704)、松兹(533)为六安王子侯国,高成(602)、安平

---

① 参见下编第五章论述。
② 司马迁言:"昔唐人都河东,殷人都河内,周人都河南。夫三河在天下之中,若鼎足,王者所更居也。"(《史记》卷一二九《货殖列传》,第3262—3163页)王充曰:"九州之内五千里,竟三河土中。"(《论衡》卷二四《难岁篇》,上海:上海人民出版社,1974年,第377页)
③ 辛德勇:《两汉州制新考》,收入《秦汉政区与边界地理研究》,北京:中华书局,2009年。另"三辅"为武帝太初元年改左、右内史设置,元封三年尚无"三辅"建制。
④ 若明确西汉在"准京畿"区域内不封置侯国,则《汉志》河东郡骐侯国的记载更为可疑。
⑤ 临淮郡横跨淮河两岸,开陵(512)、乐陵(594)、西平(638)三侯国地望不详,暂计为淮河以北之侯国。

(658)、阳山(659)、夫夷(402)、都梁(414)、泉陵(416)为长沙王子侯国。广陵、六安、长沙三王国都地处桐柏山、淮河以南,根据"推恩令"王子侯国裂王国地分封的特点,这 11 个王子侯国自然也分布于当地。真正被汉廷有意分封在江淮以南的,只有海昏侯国(669)。而海昏侯刘贺本为废帝,为政治斗争的失败者,其被分封于豫章郡,本身就带有流放的用意。

因此,我们可以说西汉末年原则上还存在桐柏山、淮河以南不分封侯国的特征。该现象的产生,应当与当地自然条件恶劣、地理位置偏僻、生产力发展水平低下有关。这与边郡不封侯国的原因相似。其实,在汉武帝平定闽越、南越之前,武陵、桂阳、豫章、丹阳、会稽皆属边郡,①向来不置侯国。岭南十郡设置后,上述各郡虽然转变为"内地",但其自然、经济条件并无改观,故汉廷仍不于当地封置侯国。而一些分布于当地的王子侯国,也会申请迁离当地。如元帝初元年间,长沙王子春陵侯刘仁"以春陵地势下湿,山林毒气,上书求减邑内徙。元帝初元四年,徙封南阳之白水乡,犹以春陵为国名"。②因春陵侯国(413)发生了迁徙,故见载于《汉志》南阳郡,而不在长沙国附近。同样,长沙王子钟武侯(601)、复阳侯(600)、安众侯(361)之封国出现在江夏郡、南阳郡,也是因侯国迁徙所致。③

除去太行山以西的骐侯国以及桐柏山、淮河以南的 16 个侯国,其余 208 个侯国全部分布在燕山以南、太行山以东、淮河以北这一区域范围内,占到元延三年侯国总数目的 93%。而各郡内的侯国分布密度也存在明显差距,现将该区域内 25 个汉郡的侯国分布密度进行计算,列表如下(表 1-2):

表 1-2 元延三年部分汉郡侯国分布密度

次序	郡名	县数	侯国数(王子侯国数)	面积(平方公里)	密度(个/万平方公里)
1	北海	9	17(17)	4 000	42.50
2	广平	9	7(7)	2 804	24.96

---

① 零陵郡为武帝平南越后析桂阳郡设置,见《汉志》零陵郡本注。
② 《后汉书》卷一四《城阳恭王祉传》,第 560 页。
③ 参见下编第二章附考。

(续表)

次序	郡名	县数	侯国数（王子侯国数）	面积（平方公里）	密度（个/万平方公里）
3	琅邪	20	31(27)	21 212	14.61
4	巨鹿	12	8(8)	5 804	13.78
5	山阳	11	12(9)	9 084	13.21
6	齐郡	7	5(5)	3 928	12.73
7	信都	11	6(6)	4 896	12.26
8	千乘	10	5(2)	4 096	12.21
9	东海	20	18(17)	19 756	9.11
10	涿	16	13(13)	15 372	8.46
11	平原	12	7(2)	9 172	7.63
12	沛	21	16(11)	27 818	5.75
13	勃海	18	8(8)	16 272	4.92
14	东莱	10	7(7)	14 592	4.80
15	济南	11	3(3)	6 888	4.36
16	泰山	17	7(7)	19 048	3.68
17	汝南	27	10(0)	31 364	3.19
18	常山	13	5(4)	15 747	3.18
19	清河	12	2(2)	6 427	3.11
20	魏	14	4(4)	14 028	2.85
21	临淮	21	8(4)	28 856	2.77
22	颍川	18	2(0)	11 512	1.74
23	南阳	28	8(3)	48 831	1.64
24	东郡	20	2(0)	13 456	1.49
25	陈留	16	1(0)	12 100	0.83

说明：1. 各郡面积数据采自复旦大学历史地理研究中心CPGIS(中国人口地理信息系统)。
2. 沛郡的侯国数目包含敬丘侯国，涿郡的侯国数目包含良乡侯国。

结合图1-2和表1-2可以看出，关东地区的侯国主要集中在三个区域：1. 太行山东麓的漳河流域，主要是巨鹿郡、广平郡及周边地区。2. 泰山山脉北麓及东麓地区,包括齐、北海、琅邪三郡。3. 泗水、睢水流域,即山阳、沛、东海三郡交界地带。在这三个区域中又以北海、广平、琅邪、巨鹿、山阳五郡境内的侯国最为密集。从表1-2可以看到,这五个郡的侯国分布密度,在关东诸郡中排名最高,平均每一万平方公里内分布十个以上的侯国。相反,在关东西部,侯国分布十分稀疏,如颍川郡、东郡、陈留郡在每一万多平方公里范围内,只分布有一两个侯国,这使得侯国分布在关东地区呈现出"西疏东密"的态势。若进一步分析该现象形成的原因,显然与王子侯国分封有关,如侯国分布较为密集的汉郡多地处诸侯王国之间。山阳郡与定陶、梁、东平、鲁四王国相接壤,北海郡、琅邪郡地处甾川、高密、胶东、城阳四王国间,巨鹿郡则与中山、真定、赵三国相邻,其东部的信都、清河两郡也曾多次置为王国。再看各郡的侯国构成,几乎全部为王子侯国,其数量在各郡辖县的比重中也接近半数。特别是北海郡,因与甾川、胶东、高密三王国相邻,接纳了大量王子侯国,其所辖王子侯国数甚至是辖县数的两倍。而广平郡因曾置为平干国,使其狭小的郡境内分布了六个平干王子侯国和一个清河王子侯国,也成为侯国分布最为密集的地区。不过也有例外,如陈留郡与淮阳国、定陶国、梁国相接,但却没有接纳任何王子侯国,这一现象颇值得注意。

除了以上提到的各郡,其他汉郡境内的侯国也以王子侯国居多。因王子侯国在空间上存在邻近本王国分布的特点,这便形成关东地区侯国围绕王国密集分布的态势,同时也造成各郡境内的侯国呈现出不均衡分布的特点。如东海郡、琅邪郡的侯国几乎全部分布在西部邻近王国的地区。在沛郡同样呈现出侯国集中分布于北部地区的特点。这些郡因接纳王子侯国,郡域向王国核心地带延展,可见武帝以"推恩令"蚕食王国土地的策略收到了实际效果。

以上涉及多为王子侯国,而功臣外戚侯国的分布也存在一些特征。通过分析表1-2和图1-2,可以发现功臣外戚侯国多封置于南阳盆地和淮河流域,这在图中便反映为功臣外戚侯国多集中在南阳郡、汝南郡及沛郡南部和九江郡、临淮郡北部地区。除淮河流域,地处今山东省北部的平原、千乘两郡也是功臣外戚侯国集中分布的地区。

在此需要辨析的是，王恢在对《汉志》侯国分布进行分析时，发现侯国多分布在人口密集的地区，而人口密度又与经济发展密切相关，于是提出西汉侯国分布"政治地理的发展，不及经济条件优越的自然地理的诱导之快速"。① 言外之意，西汉末年侯国地理分布格局的形成主要受经济因素的影响。王氏的论说似乎很有道理，因为根据葛剑雄师对西汉末年人口分布格局的分析，当时人口最为稠密的地区也恰恰是燕山以南、太行山以东、淮河以北这一区域，②但两者的重合并无必然联系。元延年间的侯国，80%为王子侯国，而王子侯国分封在地域择取上有很大局限性，都分布在王国周围，这与经济因素并无关联。也就是说，侯国密集分布于"关东"北部，主要还是受"推恩令"的影响。如长沙国周围有很多侯国分布，就与经济因素没有什么关系。真正能够体现出皇帝在地域择取之考虑的是功臣、外戚恩泽侯国。前面提到，功臣、外戚恩泽侯国多分布于淮河中下游地区，而这一地区反倒是关东人口密度较低的区域。③ 西汉末年的侯国分布确实也受到经济因素的影响，如边郡不置侯国和桐柏山、淮河以南不置侯国的现象就与经济因素有关，但这并非影响全国范围侯国分布格局的主要原因。西汉末年"三辅无侯国"、"王国无侯国"、"关西无侯国"、"河南、河内无侯国"以及关东侯国环绕王国密集分布的态势，无不体现出政治地理因素的强烈影响。因此笔者的观点与王恢恰恰相反。笔者以为，元延年间侯国地理分布格局的形成乃受到政治地理及经济地理因素的双重影响，相较而言，西汉"众建诸侯以少其力"、"以关西制关东"的地域控制政策以及"畿辅特制"、"内外有别"的政治地域观念才是影响侯国分布的主要原因。

结　　语

最后，笔者将本章的主要结论概述如下：

---

① 王恢：《汉王国与侯国之演变》，第 391 页。
② 葛剑雄：《中国人口史》第一卷，上海：复旦大学出版社，2002 年，490 页。
③ 葛剑雄：《中国人口史》第一卷，第 491 页。

《汉志》所载西汉行政区划具有明确的时代断限：汉成帝元延三年。以元延三年九月行政区划资料为基础编制的政府版籍是《汉志》所录县、道、侯国名目的主要来源。而《汉志》后序载录的县、道、侯国统计数字得自汉成帝绥和二年的全国《集簿》，与《汉志》载录县、道、侯国名目并不吻合。《汉志》实际上是由平帝元始二年各郡国的户口簿、成帝元延三年各郡国的行政版籍，成帝绥和二年全国《集簿》三份不同断代的资料拼凑而成，因此《汉志》户口数字、所辖县道侯国名目、县道侯国统计数字皆无法对应。一些学者利用《汉志》后序所载县、道统计数字而进行的县目、道目辑补工作，其研究思路有重新检讨的必要。

通过对《汉表》的梳理，可得元延三年的侯国数目为225个。不见于《汉志》的利昌、怀昌、卑梁三侯国，与见于《汉志》却不见于《汉表》的敬丘、良乡、瓡三侯国可能存在对应关系，不能用《汉表》、《汉志》存在缺漏的说法作以简单的解释。

西汉末年的侯国地理分布具有明显的地域特征。三辅、边郡、王国地区均无侯国分布。侯国只分布在"内郡"范围内，其空间分布极不均衡。太行山、函谷关以西的关西地区以及河南郡、河内郡没有侯国分布。关东地区以桐柏山、淮河为界，几乎所有的侯国都分布在此界线以北。而桐柏山、淮河以北的侯国又呈现出围绕王国密集分布的态势。西汉末年侯国地理分布格局的形成，与武帝以来地域控制政策的推行有关，乃受到政治地理因素和经济地理因素的双重作用，其中受政治因素的影响更为强烈。

第二章　高帝十年侯国地理分布

刘邦立汉以后，为了酬劳从征天下的功臣，创立侯国分封制度。自高帝六年十二月起，刘邦陆续封置侯国以赏赐功臣，截至高帝十二年共分封侯国143个。作为西汉侯国分封制度的开端，高帝时代的侯国分封对于西汉侯国地理分布特征的形成及演变具有十分重要的意义。正是基于这一时段在西汉侯国研究史上的重要地位，王恢在《汉王国与侯国之演变》一书中，除《〈汉书地理志〉侯国图》外，还绘制有一幅《高帝侯国分布图》，作为探讨高帝时期侯国分布特征的依据。但是，由于不清楚高帝时期的行政区划建制，其《侯国图》只标绘出侯国的相对位置，没有附加任何行政区划信息，因此王氏只能就全国地理形势谈一些粗浅的看法。所得出的结论，除复述清人"三辅、巴、蜀及边郡不封侯国"以外，仅有"（侯国）都在关东—河济两岸，翼带淮、汾"。①

要想深入分析高帝时代的侯国地域分布特征，明确汉初行政区划面貌是必要前提。在王恢写作《汉王国与侯国之演变》时，这一条件尚不具备。而今天，学术环境已大为改观。近三十年，秦汉政区研究取得长足进展，学界对西汉不同阶段的政区设置已经有较为清晰的认识；而某些载录汉初行政区划信息的出土文献，也为我们了解汉初政区面貌提供了宝贵的资料。可以说，复原高帝时期行政区划面貌的条件已经具备，这也使笔者有信心对高帝时期的侯国地域分布特征作进一步探讨。

---

① 王恢：《汉王国与侯国之演变》，第205—206页。

在本章，笔者将通过复原高帝十年的行政区划面貌，来绘制该年的侯国分布地图，并对汉初的侯国分布态势进行分析。

需要说明的是，本章探讨的是高帝十年的侯国地域分布特征，而非高帝十二年(高帝末年)。这样做的考虑是：第一，在高帝时代曾发生异姓诸侯王国逐渐被同姓诸侯王国取代的变化。至高帝十二年，异姓诸侯王国除吴氏长沙国外已悉数翦除。而刘邦创立侯国分封制度时，半壁江山几为异姓诸侯王所控，故刘邦封置侯国必然考虑到异姓诸侯王国的因素。高帝十年，尚存有彭越之梁国、卢绾之燕国、英布之淮南国、吴臣之长沙国，以该年为断限，可以探讨侯国地域分布与异姓诸侯王国之间的关系。第二，分析高帝时代所分封的143个功臣，可明显分为两个阶段。第一阶段为高帝六年十二月至高帝九年九月，分封103功臣。第二阶段为高帝十一年十二月至高帝十二年六月，分封40功臣。查看第二阶段受封功臣之"功状"，可以发现这些人是因为参与平定陈豨、英布、卢绾反叛才得以封侯。他们与此前103功臣在功劳上尚有差别。显然，先前分封的103人才是真正的开国功臣，而此后的40人本不在封侯之列，乃是因参与平定异姓诸侯王才获得受封列侯的资格。所以若要探讨开国功臣之侯国地域分布状况，以高帝十年为断是较为妥当的。

一、高帝十年行政区划

(一) 高帝十年汉中央及各诸侯王国所辖郡目

要想明确高帝十年郡国级行政区划的面貌，首先要确定该年汉中央及各诸侯王国所辖郡目。下面分别予以考述(参见表2-2)：

汉中央 《史记·汉兴以来诸侯王年表》序(以下简称"《表序》")云："高祖末年，非刘氏而王者，若无功上所不置而侯者，天下共诛之。高祖子弟同姓为王者九国，唯独长沙异姓……汉独有三河、东郡、颍川、南阳，自江陵以西至蜀，北自云中至陇西，与内史凡十五郡。"司马迁的这段叙述，是后人复原高帝时期汉中央直辖郡目的重要依据。

先来看此段叙述所反映的时代。《表序》云"高祖子弟同姓为王者九国,唯独长沙异姓",此同姓九国即齐、楚、吴、淮南、赵、梁、代、淮阳、燕。九国中,刘建之燕国封置最晚,置于高帝十二年二月,则《表序》所言高帝自领十五郡反映的是十二年二月以后的情形。不过,司马迁的叙述与《汉书·高帝纪》存在明显矛盾。《高帝纪》载:"(十一年三月)罢东郡,颇益梁;罢颍川郡,颇益淮阳。"基于《高帝纪》的记载,十一年三月以后汉中央已不领有颍川、东郡。面对《史记》、《汉书》的矛盾,后人只能择取其一。如全祖望、①齐召南、②钱大昕③、王国维④取信《史记》,认为高帝末年汉中央领有颍川、东郡。而谭其骧⑤则取信《汉书》,不将颍川、东郡计入汉中央直辖十五郡(参见表2-1)。

表2-1 各家考订高帝自领十五郡名目

	内史	河东	河内	河南	南阳	南郡	巴	蜀	汉中	陇西	北地	上郡	云中	东郡	颍川	广汉	魏	武陵
全	内史	河东	河内	河南	南阳	南郡	巴	蜀	汉中	陇西	北地	上郡	云中	东郡	颍川		魏	武陵
齐	内史	河东	三川		南阳	南郡	巴	蜀	汉中	陇西	北地	上郡	云中	东郡	颍川		上党	
钱	内史	河东	河内	河南	南阳	南郡	巴	蜀	汉中	陇西	北地	上郡	云中	东郡	颍川			
王	内史	河东	河内	河南	南阳	南郡	巴	蜀	汉中	陇西	北地	上郡	云中	东郡	颍川		上党	
谭	内史	河东	河内	河南	南阳	南郡	巴	蜀	汉中	陇西	北地	上郡	云中			广汉	上党	
笔者	内史	河东	河内	河南	南阳	南郡	巴	蜀	汉中	陇西	北地	上郡	云中	东郡	颍川		上党	

分析《史记》、《汉书》相关叙述,笔者以为《汉书·高帝纪》的记载存在问题。先看《高帝纪》所记梁王刘恢、淮阳王刘友受封之事:

(十一年)三月,梁王彭越谋反,夷三族。诏曰:"择可以为梁王、

---

① 全祖望:《汉书地理志稽疑》卷四,第2555页。
② 齐召南:《汉书考证》,文渊阁四库全书本。
③ 钱大昕:《廿二史考异》卷二,第16页。
④ 王国维:《汉郡考》,收入《观堂集林》卷一二,王国维遗书本,上海古籍出版社,1983年。
⑤ 谭其骧:《西汉地理杂考》,收入《长水集》(上),第96—97页。

淮阳王者。"燕王绾、相国何等请立子恢为梁王，子友为淮阳王。罢东郡，颇益梁；罢颍川郡，颇益淮阳。

"罢东郡，颇益梁；罢颍川郡，颇益淮阳"之事不见于《史记》记载，班固载此事于《高帝纪》，说明他有可靠的文献来源，其真实性毋庸置疑。但两郡之罢废未必发生于十一年三月。让我们来看刘恢受封的时间。《高帝纪》载梁王刘恢、淮阳王刘友同封于十一年三月。但《史记·汉兴以来诸侯王年表》曰"（十一年）二月丙午，初王恢。"对于《史记》、《汉书》有关刘恢封王时间的分歧，《资治通鉴考异》云："《汉书·诸侯王表》作'三月丙午'。按刘义叟《长历》：三月丙辰朔，无丙午，今从《史记年表》。"①刘恢乃受封于二月，《高帝纪》十一年三月之纪事存在错乱。可见，《高帝纪》十一年三月之记事并非得自《实录》，而是根据不同的文献补缀而成。② 笔者推测班固所依据的文献虽然有高帝罢废颍川、东郡益封淮阳国、梁国的记载，但并未言及两郡罢废的时间。班固在处理史料时，将其系于梁王、淮阳王初封之时，从而造成与《表序》之间的矛盾。

高帝十一年三月，陈豨之叛未平，异姓诸侯王英布、卢绾尚在，刘邦的精力还在平定赵、代之地的叛乱和防范异姓诸侯王，对于划定诸侯王国疆域无暇顾及。唯有异姓诸侯王悉数剪除，天下归于刘氏，方才具备进行全国范围内王国疆域调整的条件。宋昌言"高帝王子弟，地犬牙相制，所谓盘石之宗也"，③说明刘邦晚年曾对同姓诸侯王国疆域进行调整，"罢东郡，颇益梁；罢颍川郡，颇益淮阳"应当是此次王国疆域调整的一部分。高帝十二年二月封置燕王刘建后，九个同姓诸侯王中，只有梁王、淮阳王领有一郡之地，其余诸侯王皆兼领数郡。刘邦罢颍川、东郡益封淮阳国、梁国也许是出于平衡同姓子弟封域的考虑。

---

① 《资治通鉴》卷一二《汉纪四》，北京：中华书局，1956年，第393页。另据银雀山汉墓所出西汉古历谱推算，高帝十一年三月确为"丙辰朔"。见陈久金、陈美东：《临沂出土汉初古历初探》，《文物》1974年第3期。
② 《汉书·诸侯王表》"赵共王恢"条载"十一年三月丙午，为梁王"。此"三月"乃"二月"之讹误。班固应当是根据《诸侯王表》的记载，误将刘恢封王编入高帝十一年三月纪事。
③ 《汉书》卷三《文帝纪》。

总之，笔者以为《高帝纪》系"罢东郡，颇益梁；罢颍川郡，颇益淮阳"于十一年三月乃是班固的误记，颍川、东郡的罢废应在高帝十二年二月以后。司马迁所言高帝自领十五郡反映的是高帝十二年燕国封建之后，颍川、东郡尚未罢废之前的情形。

高帝十二年，刘邦自领之十五郡，司马迁已叙十郡之名目：河东、河内、河南、东郡、颍川、南阳、南郡、蜀、云中、陇西。另《汉书·诸侯王表》序转引司马迁此段叙述为"自江陵以西至巴、蜀"，则尚有巴郡之名为今本《表序》脱漏。所余郡目当有汉中、北地、上郡。张家山汉简《二年律令·行书律》见有三郡之名。同出《奏谳书》所载高帝时期案例亦见"汉中守"、"北地守"。汉中、北地、上郡皆在关西，高帝末年为刘邦自领无疑。又上党郡，高帝十一年孙赤以上党守封堂阳侯，①可知高帝末年仍有上党郡之建制。但全祖望以为上党郡高帝四年以后属赵，景帝三年方收归汉廷。②今按《表序》云："常山以南、太行左转，……为齐、赵国。"上党郡地处太行山西，当属汉廷所有。如此则高帝自领十五郡名目为：上郡、北地、陇西、蜀、巴、汉中、河东、河南、河内、上党、颍川、东郡、南阳、南郡、云中。

全祖望以为高帝十五郡包括魏郡、武陵郡，其说不足信，谭其骧先生已有辨析。而张家山汉简《二年律令·秩律》（以下简称《秩律》）的公布，表明直到高后初年仍无魏郡的建制。③ 全祖望、谭其骧认为十五郡中有广汉郡，依据的是《水经·江水注》"（高帝）六年，乃分巴、蜀置广汉郡"的记载。④ 但遍检《史记》、《汉书》，都无法找到文帝以前广汉郡存在的证据。而从《秩律》的县名排列来看，高后初年仍无广汉郡，⑤故广汉郡当排除在十五郡之外。

司马迁所述十五郡，并不包括内史。因内史为京师所在，不置郡守，

---

① 《史记》卷一八《高祖功臣侯者年表》，第955页。
② 全祖望：《汉书地理志稽疑》卷二，第2501页。
③ 晏昌贵：《〈二年律令·秩律〉与汉初政治地理》，复旦大学历史地理研究所编：《历史地理》第21辑。
④ 周振鹤先生已指出《水经注》有关高帝六年分置广汉郡的记载，其实录自《华阳国志》。见《西汉政区地理》，第142页。
⑤ 参见拙作《西汉广汉郡置年考辨——兼谈犍为郡置年》，《四川文物》2019年第3期。

故不计入郡数。司马迁把内史与十五郡分列应当承袭秦制。秦代一直严格区分内史和郡,新出岳麓秦简所记秦令格式为"内史、郡二千石官共令",①便是分举内史和郡。后人把内史计入十五郡,主要是受《表序》"与内史凡十五郡"一语的影响。王恢指出此句或有倒误,原文应作"凡十五郡与内史",②所见极为精当。总之,高帝十二年刘邦自领十五郡不包括内史,该年汉中央辖有十五郡,外加内史,共十六个郡级政区。这与王国维考证结论一致。

司马迁所叙高帝自领十五郡反映的是高帝十二年的情形。高帝十一年正月诏曰:"代地居常山之北,与夷狄边,赵乃从山南有之,远,数有胡寇,难以为国。颇取山南太原之地益属代,代之云中以西为云中郡,则代受边寇益少矣。"③此诏之意,乃是将代国所属之云中郡收归中央,同时将中央管辖下的太原郡益封予代国,故回溯至高帝十年之时,汉中央直辖区域不包括云中郡,而有太原郡。又高帝十一年三月,刘邦以淮阳郡分封皇子刘友。据此,高帝十年汉中央直辖区域当以高帝十二年十五郡为基础,减云中郡,增太原郡和淮阳郡,共十六郡,合内史,总计十七个郡级政区。

赵国　秦代在太行山以东置有邯郸郡、恒山郡。④ 高帝十年刘如意之赵国当辖有两郡。⑤

《史记·高祖功臣侯者年表》东阳侯条曰:"高祖六年,(张相如)为中大夫,以河间守击陈豨"。又《史记·樊哙传》载:"(樊哙)因击陈豨与曼丘臣军,战襄国,破柏人,先登,降定清河、常山凡二十七县。"陈豨反叛在高帝十年,则高帝十年已有河间、清河两郡。周振鹤先生推测河间、清河两郡乃高帝九年张敖之赵国废除后,由巨鹿郡析置。⑥ 但出土秦封泥见有

---

① 陈松长:《岳麓书院所藏秦简综述》,《文物》2009年第3期。
② 王恢:《汉王国与侯国之演变》,第12页。
③ 《汉书》卷一《高帝纪》,第70页。
④ 何慕:《秦代政区研究》,复旦大学历史地理研究中心2009年博士毕业论文。
⑤ 《史记·淮阴侯列传》载高帝九年"陈豨拜为钜鹿守,辞于淮阴侯"。此处记载有误,周振鹤先生已有辨析(《中国行政区划通史·秦汉卷》,上海:复旦大学出版社,第25—27页)。
⑥ 周振鹤:《西汉政区地理》,第76页。

"河间尉印"、"清河大守",①另岳麓书院所藏秦简亦见有河间郡、清河郡之名,②可见河间、清河两郡秦代已有。汉初之河间郡、清河郡乃承袭自秦代,非高帝新置之郡。

《汉书·高帝纪》载高帝六年"以云中、雁门、代郡五十三县立兄宜信侯喜为代王",七年,刘喜弃国亡归洛阳,刘邦随即封皇子刘如意为代王。九年"春正月,废赵王敖为宣平侯。徙代王如意为赵王,王赵国"。③ 高帝十年,刘如意徙封赵王后,仍领有云中、雁门、代三郡。

要之,高帝十年刘如意之赵国领有邯郸、恒山、河间、清河、云中、雁门、代七郡。

燕国　高帝五年九月,封卢绾为燕王。《表序》云高帝末年"自雁门、太原以东至辽阳,为燕、代国"。今已知代郡以西高帝六年为代国地,则代郡以东秦所置之广阳、上谷、渔阳、右北平、辽西、辽东六郡皆属燕国。④

齐国　《汉书·高帝纪》载高帝六年"以胶东、胶西、临淄、济北、博阳、城阳郡七十三县立子肥为齐王",周振鹤先生以为《汉书》此处遗漏琅邪郡,因高后时见有琅邪郡之名。⑤ 周先生之说可从,因秦代已置有琅邪郡,秦封泥所见"琅邪司马"、"琅邪候印"、"琅邪发弩"可为证。⑥ 高帝十年刘肥之齐国辖有胶东、胶西、临淄、济北、博阳、城阳、琅邪七郡之地。

梁国　《汉书·高帝纪》载高帝五年十月"取睢阳以北至谷城皆以王彭越"。又《汉志》梁国自注"故秦砀郡,高帝五年为梁国"。则彭越之梁国只有秦砀郡之地。

楚国　《汉书·楚元王传》曰:"汉六年,既废楚王信,分其地为二国,立贾为荆王,交为楚王,王薛郡、东海、彭城三十六县。"则刘交之楚国辖薛、东海、彭城三郡。

---

① 傅嘉仪:《秦封泥汇考》1190、1587,上海:上海书店,2007年,第173、261页。
② 陈松长:《岳麓书院藏秦简中的郡名考略》,《湖南大学学报(社会科学版)》2009年第2期。
③ 《汉书》卷一《高帝纪》,第67页。
④ 谭其骧主编:《中国历史地图集》第二册"山东北部诸郡",第9—10页。
⑤ 周振鹤:《西汉政区地理》,第99页。
⑥ 傅嘉仪:《秦封泥汇考》1578、1579、1594,第259、262页。

荆国 《汉书·高帝纪》载高帝六年"以故东阳郡、鄣郡、吴郡五十三县立刘贾为荆王"。则刘贾之荆国领有东阳、鄣、吴三郡。

淮南国 《汉书·英布传》载高帝五年"(英)布遂剖符为淮南王,都六,九江、庐江、衡山、豫章郡皆属焉。"则高帝十年英布之淮南国辖有九江、庐江、衡山、豫章四郡。

长沙国 史籍所载吴芮之长沙国疆域多有讹谬。后经周振鹤先生考证,此问题始渐明晰。据周先生的意见,吴芮初封之时,得故秦之武陵、长沙两郡。①

表 2-2 高帝十年汉中央及诸侯王国所辖郡目表

国名	王名	封域	始封年月
汉	刘邦	内史、河东、河内、河南、南阳、南郡、巴郡、蜀郡、上郡、北地、陇西、汉中、上党、颍川、淮阳、东郡、太原	元年十月(项羽始封)
淮南	英布	九江、庐江、衡山、豫章	四年七月
梁	彭越	砀郡	五年正月
长沙	吴臣	武陵、长沙	五年二月
燕	卢绾	广阳、上谷、渔阳、右北平、辽西、辽东	五年九月
楚	刘交	薛郡、东海、彭城	六年正月
齐	刘肥	胶东、胶西、临淄、济北、博阳、城阳、琅邪	六年正月
荆	刘贾	东阳、鄣郡、吴郡	六年正月
赵	刘如意	邯郸、恒山、河间、清河、云中、雁门、代郡	九年正月

(二) 各郡辖域范围

在明确汉中央及各诸侯王国所辖郡目之后,接下来的工作是确定各郡的辖域范围。周振鹤先生的《西汉政区地理》已把西汉两百余年郡国级政区的演变过程系统而完整地揭示出来。本书即充分借鉴周先生的研究

---

① 新近出土的里耶秦简、岳麓书院藏秦简见有苍梧、洞庭两郡名,学者们已趋向于认定苍梧郡为长沙郡前身,洞庭郡为武陵郡前身。见陈伟:《秦苍梧、洞庭二郡刍论》,《历史研究》2003 年第 5 期;周振鹤:《秦代洞庭苍梧两郡悬想》,《复旦学报》2005 年第 5 期。

成果，利用《西汉政区地理》复原高帝十年的行政区划面貌。而在政区地图的具体绘制上，则以《中国历史地图集》"秦时期图组"（以下简称《秦图》）为基础，加以改绘。《秦图》对秦郡辖域范围有较为清楚的界定，再加上各图以实测地图为底图，并对秦代主要城邑有明确的定位，因此更利于高帝时期行政区划图的绘制。①《秦图》反映的行政区划是秦始皇三十三年以后的面貌，②距高帝十年仅有十七年。高帝时期，天下甫定，刘邦对行政区划改革甚小，基本延续了秦末的行政区划格局，故以《秦图》为基础绘制高帝时代的行政区划图是可行的。

另外，1983 年湖北江陵出土的张家山汉简《二年律令·秩律》记录了高后元年（前 187 年）汉中央直辖区域的行政建制。③ 高后元年与高帝十年仅相差十年，我们还可以根据《秩律》所记录的高后初年行政区划信息对高帝十年部分郡国的辖域范围进行修正。

（1）汉中央直辖十七郡

内史　郡域范围与《秦图》内史相同。据《秩律》，北界无枸邑。

北地郡　郡域范围与《秦图》北地郡相当，而无故塞以北之"河南地"。④ 据《秩律》，南界以甘泉山与内史分界。

上郡　郡域与《秦图》上郡基本相当，而无故塞以西之"河南地"。据

---

① 对《秦图》各郡辖域范围的考证，请参看谭其骧：《秦郡界址考》，收入《长水集》（上册），第 13—21 页。1996 年版《中国历史地图集》"秦时期图组"又增补庐江、鄣两郡，两郡名目及郡域范围的确认，主要采纳周振鹤先生的意见（周振鹤：《关于〈中国历史地图集〉第二册两项较大修改的说明》，《历史地理》第 10 辑，上海：上海人民出版社，1992 年）。近十年来，学界出现许多研究秦代政区的专著和文章，代表性的成果有辛德勇：《秦三十六郡新考》（收入《秦汉政区与边界地理研究》）；后晓荣：《秦代政区地理》（北京：社会科学文献出版社，2009 年）；何慕：《秦代政区研究》。但这些研究基本着力于秦代郡目的考订，对秦郡界址范围鲜有涉及，特别是《秦代政区地理》一书，虽然附有多幅秦代政区图，但基本复制《中国历史地图集》。因此就秦代郡域范围而言，尚无人突破谭其骧先生的研究成果。
② 《秦图》虽然没有明确的断代，但从图中绘出桂林、南海、象三郡以及西北边境以黄河为界来看，其所反映的行政区划显然是秦始皇三十三年（前 214 年）平定岭南及蒙恬夺取"河南地"以后的情形。
③ 有关高后元年汉中央直辖区域行政地理的复原，请参看拙作《高后元年汉中央直辖区域行政区划复原》，待刊。以下所引述《秩律》相关内容俱出自该文，不再一一注明。
④ 《史记·匈奴列传》载秦末"诸侯畔秦，中国扰乱，诸秦所徙适戍边者皆复去，于是匈奴得宽，复稍度河南与中国界于故塞"。

《秩律》,北界至武都县。

陇西郡　郡域与《秦图》陇西郡基本相当,而无故塞以西之"河南地"。据《秩律》,东界有故道,南界有羌道。

蜀郡　据《秩律》,汉初蜀郡约当《秦图》蜀郡之西部地,其东界为今龙泉山脉。另《华阳国志·蜀志》载"高后六年,城僰道,开青衣",则《汉志》犍为郡之僰道县地,本属蜀郡。高帝十年蜀郡之南界当在僰道。结合《秩律》可以发现,汉初之蜀郡是以岷江流域为基础设置。

又涪水上游之阴平、甸氐、刚氐三道之地,《秦图》标绘为"白马氐",未属蜀郡。而《秩律》蜀郡辖县已见阴平道、甸氐道之名,可知汉初其地属汉。汉初未有开疆拓地之举,阴平道、甸氐道建制当承袭自秦代。《秦图》蜀郡北界当据《秩律》修正。

巴郡　郡域与《秦图》巴郡略同,西界至今龙泉山脉。

汉中郡　郡域与《秦图》汉中郡相当。西界无故道。

河东郡　郡域与《秦图》河东郡相当。据《秩律》,东界至濩泽。

上党郡　郡域与《秦图》上党郡相当。据《秩律》,西界至端氏,东界有太行山以东之涉、武安两县。

河内郡　郡域与《秦图》河内郡略同。据《秩律》,北部以漳水为界,有《秦图》邯郸郡南部之内黄、繁阳、馆陶、邺四县地。

河南郡　郡域与《秦图》河南郡略同。据《秩律》,东界有《秦图》砀郡西部之大梁、启封、陈留、圉四县地,另有东郡之酸枣县。

南郡　郡域与《秦图》南郡略同。据《秩律》,南界有《秦图》武陵郡北部之孱陵,又有长沙郡北部之下隽县,郡域东北角有《汉志》江夏郡之轪县地。①

南阳郡　郡域与《秦图》南阳郡略同。据《秩律》,东界有《汉志》汝南郡西部之西平、阳安、郎陵三县。

颍川郡　据《秩律》,汉初之颍川郡辖域与《秦图》颍川郡完全一致。

太原郡　郡域与《秦图》太原郡相当,而北界以恒山与代郡分界(见代郡)。

---

① 参见拙文《松柏汉墓35号木牍侯国问题初探》,《中国史研究》2011年第2期。

东郡　据《秩律》，汉初之东郡辖域约相当于《秦图》东郡之北部地，南界在东阿、鄄城、燕一线。

《秩律》东郡辖域与《秦图》东郡辖域差别较大，此现象乃与汉初的王国疆域调整有关。谭其骧先生已有解说，《秦郡界址考》曰：

> 其后汉收项羽梁地东、砀二郡，自取东郡河、济之间以通齐，而以砀郡与东郡济、濮以左王彭越，都于济阴之定陶，济阴自是属梁，迄于梁孝王不改。后人以济阴为梁之分国，因谓秦属砀郡，未尝深考也。①

由此看来，《秩律》所载东郡辖域虽与《秦图》有较大出入，但不能以《秦图》有误论之。

淮阳郡　郡域南界与《秦图》陈郡相当。② 据《秩律》，西界以安城、新息一线与南阳郡分界。北界以襄邑、宁陵一线与梁国分界（见梁国）。

《秦图》绘城父县于泗水郡，绘谯县、鄼县于砀郡。但居延汉简、肩水金关汉简见有"淮阳郡城父"、"淮阳郡谯"、"淮阳郡鄼"之名，③可证昭宣之际城父县、谯县、鄼县尚属淮阳郡。城父、谯、鄼三县改属沛郡当在宣帝元康三年复置淮阳国之时，故汉初淮阳郡东界在城父、鄼一线。

（2）赵国所辖七郡

云中郡　郡域范围与《秦图》云中郡略同。据《秩律》，南界在南舆、曼柏一线与上郡分界，西界至西安阳，北界为阴山战国故塞。

《秩律》中的几个县名于《秦图》属九原郡地域范围。辛德勇先生认为秦之九原郡于汉初并未罢废，《秩律》九原、西安阳、南舆、蔓柏、莫黥、河阴、武都七县属九原郡，云中、咸阳、原阳、北舆、旗陵、武泉、沙陵七县属云中郡。④ 而周振鹤、晏昌贵二位先生均以为上述县邑属云中郡。对比两种

---

① 谭其骧：《秦郡界址考》，载《长水集》（上册），第15页。
② 《秦图》之"陈郡"当更名为"淮阳郡"。见何慕：《秦代政区研究》，第43—46页。
③ 见谢桂华、李均明、朱国炤：《居延汉简释文合校》，第12页；甘肃简牍保护研究中心等编：《肩水金关汉简（壹）》，上海：中西书局，2011年。
④ 辛德勇：《张家山汉简所示汉初西北隅边境解析》，收入《秦汉政区与边界地理研究》，第256—284页。

看法，笔者更倾向于周、晏二位的观点。因为若九原郡、云中郡各辖七县，均不足一郡之规模。况且《史记·绛侯周勃世家》载高帝十一年周勃"定雁门郡十七县，云中郡十二县"，则汉初云中郡至少辖有十二县。① 再看上述县名在《秩律》中的排序，均混杂在一起，无法区别出九原、云中两组。另据史籍，高帝六年刘邦"以云中、雁门、代郡五十三县立兄宜信侯喜为代王"，其意图是让刘喜为汉廷守边，如果当时有九原郡，刘邦为何要自领该郡？纵然刘邦领有九原郡，但在云中郡划属代国后，九原郡已被阻隔于代国之外，汉廷又如何对九原郡实施管辖？还有，汉初阴山一带为汉廷与匈奴反复争夺的地带，史籍所载汉初西北战事，多次提到云中郡，却从未出现九原郡。② 结合这些疑点，笔者认为汉初无九原郡之建制。

雁门郡　郡域与《秦图》雁门郡略同。据朱郑勇考证，秦汉之际匈奴侵夺雁门郡地，武帝元朔年间以前，雁门郡北界在武州县附近。③

代郡　郡域与《秦图》代郡略同。据朱郑勇考证，武帝以前代郡北界在高柳、延陵一线。

高帝十二年，刘邦封张平为卤侯（143）。《汉志》安定郡、代郡皆有卤县。全祖望以安定郡卤县当作张平封国所在。④ 但汉代关西不置侯国，全氏之说不足为据。钱大昕则倾向于代郡之卤县。⑤ 但代郡为边郡，亦不当置为侯国。今查代郡卤县故址，在山西省繁峙县大营镇小庄村北，⑥地处

---

① 辛德勇先生也留意到《绛侯周勃世家》的记载。辛先生转述了周振鹤先生的看法，认为高帝十一年刘邦析云中郡为云中、定襄两郡，故高帝十一年以后云中郡只辖七县。其实，定襄郡并非析置于云中郡。郑宗贤曾有简要辨析（见《国境之北：西汉云中郡的政区变迁蠡测》，《兴大历史学报》第21期，2009年，第107—133页）。而在笔者看来，定襄郡乃析置雁门郡设置，设置的时间约在元朔三、四年间。参见本编第七章第一节考述。
② 《史记·匈奴列传》载文帝初："匈奴日已骄，岁入边，杀略人民畜产甚多，云中、辽东最甚。"《史记·田叔列传》载文帝初"孟舒坐虏大入塞盗劫，云中尤甚"。阴山一带为汉中央直辖区域最接近匈奴的地带，很难想象在云中郡连年受到匈奴攻略的情况下，与之邻近的九原郡却没有留下任何遭受匈奴攻击的记载，可见当时没有九原郡。又《史记·卫将军列传》载武帝元朔元年"令车骑将军青出云中以至高阙"，如当时有九原郡，当作出九原以西。
③ 朱郑勇：《西汉初期北部诸郡边界略考》，《中国历史地理论丛》2008年第2期。
④ 全祖望：《汉书地理志稽疑》卷六，第2614页。
⑤ 钱大昕：《廿二史考异》卷一，第24页。
⑥ 国家文物局主编：《中国文物地图集·山西分册》，北京：中国地图出版社，2006年，第615页。

恒山山脉以南。秦代之代郡、太原郡当以恒山为界,①则卤县汉初属太原郡,可以封置侯国,钱大昕之说可从。《秦图》依据《汉志》将卤县地划入代郡,不妥,当修正以恒山为界。

恒山郡　郡域与《秦图》恒山郡相近,唯东南以大河旧渎(《山经》大河)为界。

邯郸郡　汉初邯郸郡北界与《秦图》邯郸郡相同。据《秩律》,汉初邯郸郡西界无涉、武安两县,南界以漳水与河内郡相接。邯郸郡之东界,《秦图》、《西汉政区地理》皆以为至大河,不确,当以大河旧渎一线与清河郡分界(见清河郡)。

清河郡　北界至《汉志》信都郡下博、东昌、观津、修县一线与河间郡分界。西界以大河旧渎与邯郸郡分界。南界在《汉志》魏郡斥丘、魏县一线。东界大河。②

河间郡　汉初河间郡北界、西界以大河旧渎分别与广阳郡、恒山郡分界。南界至《汉志》乐乡、弓高一线与清河郡相接(见清河郡)。

另《汉志》勃海郡大河以南之东光、南皮、浮阳三县,周振鹤先生以为汉初属河间郡。③李启文则认为三县本属齐国,高帝末年因齐赵两国边界调整而划入赵国。④今按《史记·高祖本纪》载汉元年,项羽"封成安君陈余河间三县,居南皮"。又同书《项羽本纪》记此事曰:"陈馀弃将印去,不从入关,然(项羽)素闻其贤,有功于赵,闻其在南皮,故因环封三县。"上述记载可明确陈馀所封南皮三县皆为赵国河间郡地。以地望揆之,此三县应即大河以南之东光、南皮、浮阳。汉初河间郡有大河以南三县乃直接承袭自秦代,李先生所谓高帝末年齐赵边界调整之事并不存在。

(3) 燕国所辖六郡

汉初燕国所辖广阳、上谷、渔阳、右北平、辽西、辽东六郡,与《秦图》广

---

① 高帝十一年诏有言"颇取山南太原之地益属代",则太原郡北界恒山。《汉书》卷一《高帝纪》,第70页。
② 关于汉初清河郡辖域范围之考订过程,笔者将另撰文叙述,此处暂列入考订后的结论。
③ 周振鹤:《西汉政区地理》地图十六,第77页。
④ 李启文:《西汉勃海郡初置领县考》,复旦大学历史地理研究所编:《历史地理》第13辑。

阳、上谷、渔阳、右北平、辽西、辽东五郡一致。①

(4) 齐国所辖七郡

济北郡　博阳郡　济北郡、博阳郡(秦之泰山郡)皆为秦郡,两郡秦代至西汉初年应与《秦图》济北郡相近,济水以北为济北郡,以南为博阳郡。另据元朔四年所封齐孝王子定侯国(379)、柳侯国(383)、云侯国(384)、高乐侯国(389)来看,上述四侯国皆在齐孝王封国境内。② 由此逆推,《秦图》济北郡东部沿海之地汉初皆属临淄郡。

临淄郡　郡域应以《秦图》临淄郡为主,增济北郡沿海之地。另历县(今济南)向来为临淄门户。《秦图》济北郡济水以南、历城以东、齐长城以北之地,西汉初年应属临淄郡。

胶西郡　郡域西界与《秦图》胶东郡西界相当,北濒勃海。③ 东界为胶水一线。④《秦图》绘胶东郡南界于高密,此划界偏北。周振鹤先生已指出,汉初胶西郡南界在浯水、沭水分水岭。⑤ 周先生之说可从,浯水、沭水分水岭于战国时代为齐长城所经。⑥ 秦代临淄、胶东两郡当以齐长城为南界。

胶东郡　郡域西界为胶水一线,东濒大海,南界以齐长城与琅邪郡分界。

城阳郡　郡域西界、南界与《秦图》琅邪郡西界、南界相当。北界至浯水、沭水分水岭与临淄郡、胶西郡相接。东界为《汉志》琅邪郡之昆山、高乡一线。⑦

琅邪郡　郡域南界在《汉志》东海郡利成(今江苏省东海县)。东濒大海。北界至齐长城与胶东郡相接。西界以昆山、高乡一线与城阳郡相接。

(5) 梁国

汉初梁国北界约在范、廪丘、离狐一线,与汉之东郡接壤;西界约在平

---

① 周振鹤:《西汉政区地理》,第69页。
② 参见下编第二章附考二考述。
③ 周振鹤先生以为汉初胶西郡不滨海。此看法有误。详见下编第七章第一节考述。
④ 周振鹤:《西汉政区地理》,第117页。
⑤ 周振鹤:《西汉政区地理》,第114页。
⑥ 谭其骧主编:《中国历史地图集》第一册"齐鲁宋",第39—40页。
⑦ 周振鹤:《西汉政区地理》,第111页。

丘、雍丘一线,与汉之河南郡接壤;西南界约在睢阳、雍丘一线,与汉之淮阳郡接壤;东南界约在建平、敬丘、砀一线,与楚内史接壤;东界约在方与、下邑一线,与楚国薛郡接壤。①

(6) 楚国所辖三郡

彭城郡　郡域西北界与《秦图》泗水郡西界相当,而有芒县。② 南界淮河。西界在郸、下蔡一线(见淮阳郡)。北界有《汉志》东海郡之阴平。③ 东界与《秦图》泗水郡东界相当。

薛郡　郡域范围与《秦图》薛郡一致。

东海郡　郡域范围即《秦图》东海郡淮河以北地。④

(7) 荆国所辖三郡

东阳郡　郡域范围即《秦图》东海郡淮河以南地。另据尹湾汉牍,永始二年至元延元年时期的广陵郡辖有全椒县。⑤ 另外,历阳在南北朝之前一直是沟通江东的重要渡口,汉初也应当隶属荆国。则元延二年之前全椒、历阳两县隶属广陵郡管辖。汉初二县隶属东阳郡。

鄣郡　吴郡　郡域范围与《秦图》鄣郡、会稽郡一致。

(8) 淮南国所辖四郡

衡山郡　汉初衡山郡的西界在《汉志》江夏郡之鄂、邾一线,北界以大别山与九江郡分界。⑥ 东界在潜、居巢一线。⑦ 南界长江。

九江郡　郡域范围与《秦图》九江郡基本一致。东界无全椒、建阳两县。西界以潜、居巢与衡山郡相接。另《秦图》衡山郡大别山以北地,亦属九江郡。

---

① 参见拙文《西汉梁国封域变迁研究(附济阴郡)》,《史学月刊》2013年第5期。
② 《秦图》之"泗水郡"当正名为"四川郡"。见何慕:《秦代政区研究》,第46页。
③ 周振鹤:《西汉政区地理》,第28页。另周先生以为景帝三年以前之彭城郡有《汉志》沛郡之广戚,理由是成帝河平三年曾封楚王子为广戚侯。其实,此广戚侯乃裂汉地分封,非裂楚地分封。郑威已有考辨,请参看《西汉东海郡所辖戚县、建陵、东安侯国地望考辨》,《中国历史地理论丛》2006年第2期。
④ 周振鹤:《西汉政区地理》,第27页。
⑤ 连云港市博物馆等编:《尹湾汉墓简牍》,第85页。
⑥ 见拙文《荆州松柏汉墓35号木牍侯国问题初探》。
⑦ 周振鹤:《西汉政区地理》,第48页。

庐江郡　郡域范围即《秦图》庐江郡南昌以北地。①

豫章郡　郡域范围即《秦图》庐江郡南昌以南地。

（9）长沙国所辖二郡

武陵郡　郡域范围与《秦图》黔中郡相近。②

《汉志》武陵郡南有镡城县地。③《山海经·海内东经》云"沅水出象郡镡城西"，谭其骧先生指出《海内东经》所载表明，秦代镡城县属象郡。④《秦图》即绘象郡北界于镡城县之北。至于镡城县转属武陵郡的时间，周振鹤先生说："汉初象郡地为赵佗所并，故武陵郡不得有镡城地。元鼎六年平南越后，镡城方属武陵。"⑤不过，1975年长沙南塘冲M24汉墓出土一方鼻钮滑石印，印文为"镡成令印"。据周世荣介绍，南塘冲M24汉墓为汉文帝时期墓葬，此印的发现表明"汉初长沙国的南部边界已抵达'象郡'"。⑥如果"镡成令印"确实是文帝时代之物，那此印出土于长沙国官吏墓葬，可以证明汉初长沙国辖有镡城县。查镡城县方位，约在今湖南靖州市南，⑦在五岭以北。谭其骧先生曾提到，秦代岭南诸郡的划界常打破五岭的自然区划。⑧岭南之象郡领有五岭以北之镡城县也应当属于这种情况。秦末天下大乱，赵佗据南海、桂林、象三郡自守。而镡城县地处五岭以北，赵佗保有镡城县较为困难。故笔者推测，秦末赵佗为据五岭天险，弃岭北之镡城县，故汉初长沙国之武陵郡辖有镡城县，该郡南界当在镡城县以南之五岭。

长沙郡　郡域范围与《秦图》长沙郡略同，北界在下隽以南与汉之南郡相接（见南郡）。

---

① 周振鹤：《西汉政区地理》，第50—51页。
② 周振鹤：以为汉初武陵郡无临沅县（《西汉政区地理》，第124—125页）今按里耶秦简载临沅县为洞庭郡治。汉初武陵郡应有临沅县。
③ 谭其骧主编：《中国历史地图集》第二册"荆州刺史部"，第22—23页。
④ 谭其骧：《秦郡界址考》，第20—21页。
⑤ 周振鹤：《西汉政区地理》，第128页。
⑥ 周世荣：《从出土官印看汉长沙国的南北边界》，《考古》1995年第3期。
⑦ 谭其骧主编：《中国历史地图集》第一册"淮汉以南诸郡"，第11—12页。
⑧ 谭其骧：《马王堆汉墓出土地图所说明的几个历史地理问题》，收入《长水集》（下册），第246—262页。

二、高帝十年侯国数目及侯国分布图

高帝六年十二月至高帝十年九月,刘邦共分封侯国 103 个。其中阳夏侯陈豨(25)于高帝十年八月反叛,国除。截止于高帝十年九月,共有侯国 102 个。现已知高帝十年汉中央及各诸侯王国所辖郡目及各郡辖域范围,我们可以将见存于高帝十年九月的 102 个侯国,根据其地理方位,确定各侯国所在之郡。现根据本书附表,编制《高帝十年侯国名目综表》(见表 2-3),该表以郡名为纲,将各侯国分别排列于其所在郡目之下,并在各侯国名后标明该侯国在附表中的编号。

表 2-3 高帝十年侯国名目综表

国 名	郡 名	侯 国 名 目
汉	内史	郦(11)　合阳(95)
	河东	平阳(1)　绛(17)　汾阴(20)　猗氏(85)
	河内	隆虑(26)　棘蒲(31)　平皋(67)　共(92)
	河南	武强(33)　故市(42)
	上党	阳阿(69)　阏氏(93)
	颍川	舞阳(18)　颍阴(19)
	南阳	乐成(60)　棘阳(71)　涅阳(72)　杜衍(78)
	东郡	清(86)
	淮阳	汝阴(4)　鄢(15)　新阳(28)　祁(45)　城父(48)　吴房(89)
赵	内史	广平(7)　曲周(16)　任(49)　斥丘(57)
	清河	清阳(3)　复阳(68)
	恒山	曲逆(9)　贳(34)　安国(59)　安平(62)　北平(64)　平棘(73)　深泽(75)　蒙(83)　宋子(84)
	河间	阿陵(51)　中水(77)
齐	内史	广(6)　博阳(8)*　梁邹(21)　蓼(23)　柳丘(43)　高宛(53)　绛阳(55)　台(58)　辟阳(61)*　厌次(66)　历(81)　繁(98)*

(续表)

国 名	郡 名	侯 国 名 目
齐	博阳	平(46) 龙(97)
	济北	河阳(39) 朝阳(70)
	城阳	费(24) 阳都(27) 枸(80) 彭(88)
	胶西	东武(29) 都昌(32) 昌(91) 安丘(94)
	胶东	曲成(38) 魏其(44) 昌武(52)
楚	内史	建成(12) 留(13) 汁防(30) 芒(41) 武原(82)
	薛	成(22) 鲁(47) 东茅(56) 宁(90)
荆	东阳	堂邑(10) 射阳(14) 海阳(35) 淮阴(40) 羹颉(74)
长沙	内史	离(101)
	武陵	陆梁(99) 义陵(103)
	地望无考	信武(2) 阳陵(5) 南安(36) 肥如(37) 棘丘(50) 宣曲(54)? (63) 高胡(65) 柏至(76) 赤泉(79) 强(87) 襄平(96) 高(100) 宣平(102)

说明：部分侯国虽然知道所在的郡目，但却不清楚其具体方位。对此类侯国，本表通过标识"＊"来予以区别。

见存于高帝十年九月的102个侯国中，有89个侯国可推知大致方位（参见本书附表）。在已明确高帝十年汉中央及各诸侯王国所辖郡目及各郡辖域范围的情况下，我们可以根据以上信息绘制高帝十年的侯国分布图（图2-1、2-2）。

对于图2-1、2-2的郡名标绘，有一点需要说明。西汉初年，诸侯王国的行政体制与汉中央一致。《汉书·诸侯王表》序云："（高帝末年）藩国大者夸州兼郡，连城数十，宫室百官同制京师。"又《汉书·百官公卿表》序曰："（诸侯王国）群卿大夫都官如汉朝。"汉初，汉中央的行政制度承袭自秦代，乃以内史治京师，郡守治郡。《百官表》曰："内史，周官，秦因之，掌治京师。"与汉中央一样，诸侯王国同样设有内史。《百官表》曰："诸侯王，高帝初置……有太傅辅王，内史治国民。"史籍中也可以找到汉初王国设

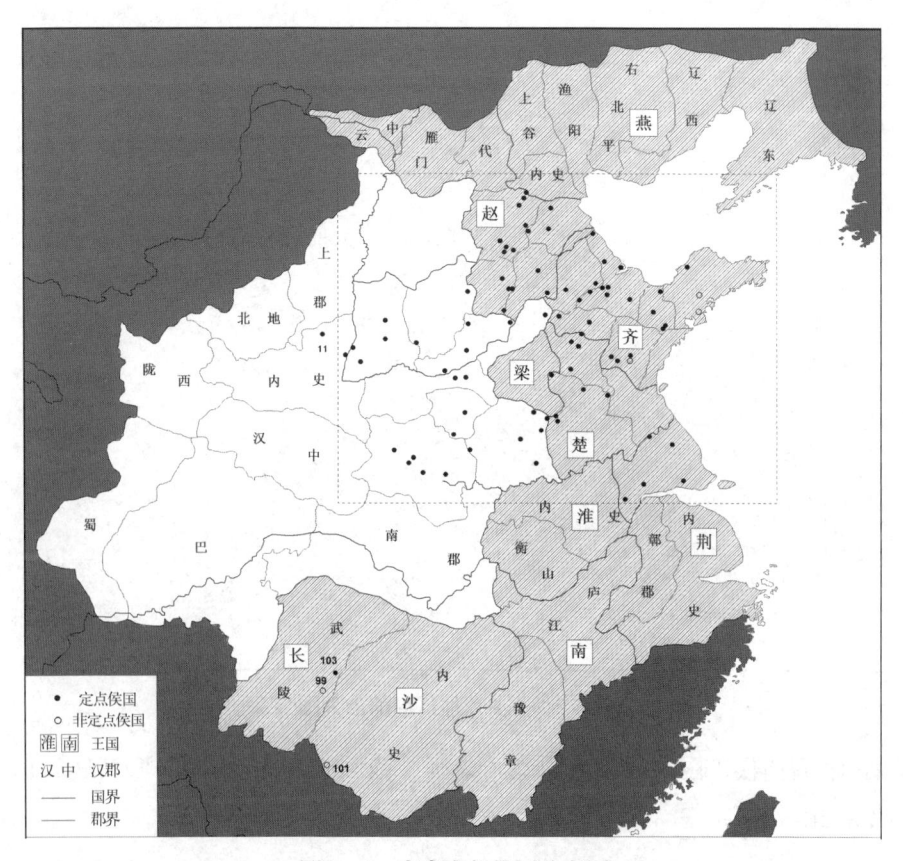

图 2-1 高帝十年侯国分布图

置内史的记载。《史记·齐悼惠王世家》载:"(曹)参以(魏勃)为贤,言之齐悼惠王。悼惠王召见,则拜为内史。"又《史记·高祖功臣侯者年表》留侯条曰:"(文帝)五年,侯不疑坐与门大夫谋杀故楚内史,当死。"以上两条记载可证刘肥之齐国、刘交之楚国皆置有内史。另外,《齐鲁封泥集存》、《临淄封泥文字》著录有"齐内史印",①而山东洛庄汉墓出土有"吕内史印"封泥,②《汉书·高五王传》载高后元年至七年以齐国之济南郡置吕国,故上述两件封泥可视为汉初诸侯王国置有内史之证据。汉中央以内史掌治

---

① 孙慰祖:《古封泥集存》436、437、438,上海:上海书店出版社,1994年,第75—76页。
② 崔大庸、房道国、宁荫堂:《章丘发现洛庄汉墓》,《中国文物报》2000年6月7日。

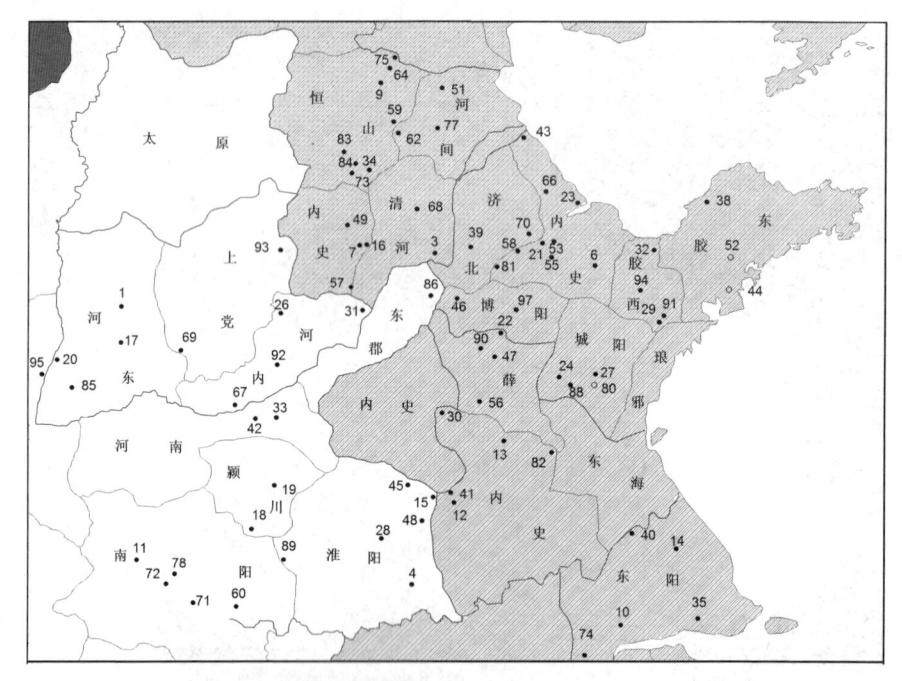

图 2-2 关东地区局部放大图

畿辅，则诸侯王国同样以内史掌治畿辅。钱大昕对此已有考辨，其《汉百三郡国考》曰：

> 汉初立诸侯王国俱有内史，与京师官称相等，且王国各有所领之郡，国都则内史治之，与郡守权不殊。①

由此看来，高帝十年赵国、燕国、齐国、梁国、楚国、荆国都城所在之邯郸郡、广阳郡、临淄郡、砀郡、彭城郡、吴郡皆应称作内史。只有淮南国、长沙国的情况不明，因《史记·灌婴传》载灌婴"击破（英）布上柱国军及大司马军"，另《史记·高祖功臣侯者年表》义陵侯条载高帝九年吴程"以长沙

---

① 钱大昕：《潜研堂集》卷一六，第264页。另外，周振鹤先生也曾有类似的看法，他在《西汉长沙国封域变迁考》提到"（汉初）王国独立性很大，也跟中央政权一样将封域分为内史和支郡"，"吴姓长沙国在分封之后曾分为长沙内史和桂阳郡，武陵郡三部分"（载《文物集刊》第2辑，北京：文物出版社，1980年）。

柱国侯",淮南、长沙两国行楚制,未必置有内史。但战国时代,国都附近由中央直辖乃是列国的通例。淮南国、长沙国绝无设置九江守和长沙守之道理,即便两国无内史之官职,也必有相应官员管辖畿辅地区,故图中仍将九江、长沙两郡书作"内史"。本图的这一标绘方式与《西汉政区地理》存在差别,还望读者留意。

三、高帝十年侯国分布特征概述

与西汉末年三辅—内郡—边郡的"圈层式结构"政治地理格局有所不同,高帝时期的政区划分并没有明显的"内外区分",而更多地继承了战国末年"列国对立"的政治态势。由于刘邦奉行立足秦国故地,以"关西"制"关东"的战略思维,①因此在当时"关西"、"关东"的属性差别要比内郡、外郡的属性差别更为明显。鉴于汉初地缘政治格局的这一特点,本节在对高帝时代侯国分布特征进行分析时,将以"关西"、"关东"两个区域架构为基础,分别进行探讨。

(一) 关西地区

秦汉之际的"关西"泛指函谷关以西地区,大致相当于战国晚期的秦国旧地。② 张家山汉简《二年律令·津关令》的公布,使汉初"关西"之地域范围更为明确。由《津关令》记载可知,汉初之关西乃是指临晋关、函谷关、武关、郧关、扞关一线以西地区,③相当于汉初之内史、上郡、北地、陇西、蜀、巴、汉中七个郡级政区。现结合高帝十年侯国分布图,对关西范围内的侯国分布状况予以概述:

---

① 辛德勇:《汉武帝"广关"与西汉前期地域控制的变迁》,《中国历史地理论丛》2008年第2期。
② 秦汉之际,人们也常常以"大关中"的概念来指代"关西"。见王子今:《秦汉区域地理学的"大关中"概念》,《人文杂志》2003年第1期。
③ 参见王子今、刘华祝:《说张家山汉简〈二年律令·津关令〉所见五关》,《中国历史文物》2003年第1期;杨建:《西汉初期津关制度研究》第二章《津关布局与关中区域》,上海:上海古籍出版社,2010年。

1. 汉内史

顾炎武曾根据《汉志》提出西汉"京畿不置侯国"。① 不过梁玉绳却持有不同看法：

> 若《日知录》卷二十二言"西汉三辅无侯国，阳陵、平陵皆乡名同于县者"，恐不尽然。阳陵、平陵应是乡名，他如卢绾之侯长安，刘仲之侯郃阳，丁义之侯宣曲，张敖之侯宣平，温疥之侯栒，吕台之侯鄜，非三辅侯国乎？而食邑者不与焉？顾氏未之考耳。②

梁玉绳所举之侯国多封于高帝时代，有人据此认为高帝时代"京畿不置侯国"制度并不严格。如钱穆曰："汉首脑部不以封（侯邑），惟汉初偶有例外。"③

梁玉绳所举某些例证，显然存在问题。《汉志》右扶风虽然有栒邑县，但汉初齐国之城阳郡同样有栒县，④故温疥受封之栒侯国(80)不可确指为京畿之地。⑤ 至于丁义之宣曲侯国(54)、张敖之宣平侯国(102)，梁玉绳以为与上林苑宣曲宫、长安城之宣平门有关。⑥ 以宫观、城门分封列侯可谓闻所未闻，梁氏此说极谬。今按，光武帝封宋弘为宣平侯，⑦故宫博物院藏有秦印"宣曲丞吏"⑧可证秦汉确有宣曲县、宣平县，两县地望不详，当在关东。卢绾受封于高帝四年，当时侯国制度尚未确立，其"长安"可能是嘉号，而非实有其地。

至于刘仲之合阳侯(95)、吕台之鄜侯(11)，情况较为特殊。笔者此

---

① 见序章第一节。
② 梁玉绳：《史记志疑》卷一四《王子侯者年表》，第509页。
③ 钱穆：《汉初侯邑分布》。
④ 《史记·建元以来王子侯者年表》载武帝元鼎元年封城阳王子刘买为栒侯(456)，可知城阳郡有栒县。
⑤ 王恢曰："当以河东郇县为是，在今山西猗氏县西南。"（《汉王国与侯国之演变》，第172页）聊备一说。
⑥ 梁玉绳：《史记志疑》卷一一，第547页、第581页。
⑦ 《后汉书》卷二六《宋弘传》，第904页。
⑧ 罗福颐主编：《秦汉南北朝官印征存》0065，第12页。

前以为两地也在关东，但是出土文献出现的某些信息，动摇了这一看法。2004年扬州文物工作者清理了西汉早期吴国宗室刘毋智墓，墓中出土的一件漆耳杯烙印有"郃阳侯家"，同时划刻有"吴家"。① 西汉初年吴王刘濞乃刘仲之子，这件烙印有"郃阳侯家"的漆器显然是郃阳侯刘仲的器物。其中"郃阳"的写法，与秦封泥、张家山汉简《秩律》所见关中"郃阳"的写法一致，说明刘仲封国即汉初内史郃阳县。又张家山汉简《秩律》简459见有"鄜"，其在简文中的位置处于六百石秩级律文的后补入部分。笔者已撰文指出，《秩律》律文后补入的文字，都是吕后元年初的制度变化。而"鄜"被补入律文，正与吕后元年鄜侯吕台晋升为吕王，鄜县被收归汉廷管辖的背景相关。② 由此看来，高帝时期确有封国置于京畿地区。

不过，西汉初年置侯国于京畿显然是当时的特例。郃阳侯刘仲为高帝兄长，第一代周吕侯（鄜侯）吕泽是高后兄长。两人显然是因为皇帝、皇后兄长的身份，才得以置封国于京畿，其目的可能是方便入觐皇帝、皇后。正如王恢所说"（鄜侯）吕台，吕后兄子也，亦如刘仲之侯合阳，卢绾之侯长安，一为弟兄，一为情同兄弟，自当别论。"③

置皇帝、皇后兄长之封国于京畿，只是西汉立国之初的特例。随着惠帝二年刘仲病故，高后元年吕台晋封吕王，京畿内的侯国最终消失。此后直到西汉末年，京畿地区再也未封置过侯国。

2. 关西六郡

关西地区除内史以外，还设置有上郡、北地、陇西、蜀、巴、汉中六郡。从图中可以清楚地看到，上述六郡范围内同样没有侯国分布。对于西汉不在上郡、北地、陇西、汉中封置侯国，清代以来的各家学者均无异义，但对于巴、蜀两郡，各家的看法并不统一。如全祖望认为，汉初巴蜀之地可以封置侯国，其《功臣外戚恩泽侯表补正》汁防侯条曰：

---

① 扬州市文物考古研究所：《江苏扬州西汉刘毋智墓发掘简报》，《文物》2010年第3期。
② 《张家山二四七号汉墓〈二年律令·秩律〉抄写年代研究——以汉初侯国建置为中心》，《江汉考古》2013年第2期。
③ 王恢《汉王国与侯国之演变》，第205页。

汉人不以巴、蜀为封国，汁防终以宿憾，而平州则以土著也，见后。

同篇平州侯条曰：

《索隐》曰："《晋书地道记》属巴郡。"案汉人不以巴、蜀分封，而昭涉掉尾疑是巴人，故建国焉。本《表》其玄孙尚为涪不更，是可证也。①

全祖望称汉代虽然存在巴蜀不封置侯国的通例，但执行并不严格。王恢受此影响，也认为汉初可在巴蜀封置侯国。② 其实，全祖望的说法不能成立，他所举汁防、平州的例子都有问题。钱大昕对平州侯国曾有考辨：

《春秋传》"会于平州"，杜预云"在泰山牟县西"；元封三年封朝鲜降将王唊为平州侯，《表》在梁父，盖即《春秋》之平州也。平州虽有三名，汉初封国，当以梁父者近似。③

梁玉绳曰：

《汉志》无平州，《索隐》引《晋书地道记》属巴郡，岂以此侯玄孙为涪不更之故乎？晋置巴西郡平州县，似不可以征汉初侯国。而武帝封王唊为平州侯，《汉表》明言在梁父，当即此侯所封之地。梁父属泰山郡，《左传》宣元年杜注云"平州在泰山牟县西"。《魏志》牟县注云"有莱芜城、平州城"，则在今泰山府莱芜县西。④

钱大昕、梁玉绳所论极是，平州侯国（123）地处齐地，应无疑义。根据《侯

---

① 两条分见全祖望：《汉书地理志稽疑》卷六，第 2604、2613 页。
② 王恢：《汉王国与侯国之演变》，第 205 页。
③ 钱大昕：《廿二史考异》，第 23 页。
④ 梁玉绳：《史记志疑》卷一一，第 596 页。

表》自注"梁父"以及杜预注"在泰山牟县西",可知平州应在徂徕山东麓的今泰安市化马湾乡一带。今化马湾乡正有一座春秋至汉代的城址"燕语城",当即平州侯国。① 至于汁防侯国,请见本章附考辨析,此不赘言。总之,"关西无侯国"应为高帝十年侯国地域分布的显著特征。

现已知晓京畿封置侯国为特例,巴蜀不封置侯国,则汉初存在"关西不置侯国"的制度。而从情理上分析,汉代也不会在关西范围内封置侯国。刘邦平定天下后,采纳刘敬和张良的建议,定都长安,奉行"以关西制关东"的策略。而张良在陈述定都关西的优势时说道:"夫关中左殽函,右陇蜀,沃野千里,南有巴蜀之饶,北有胡苑之利,阻三面而守,独以一面东制诸侯。"②张良认为,关西的优势在于可以利用自身地理形势之险固防备诸侯。为了贯彻张良的战略,汉廷建立了严格的关津制度作为控御诸侯的防线,故贾谊曰:"所为建武关、函谷、临晋关者,大抵为备山东诸侯也。"③在这一背景下,我们很难想象汉廷会在津关防线之内分封诸侯,这显然与保障关西区位优势的战略意图相违背。其实,史籍中的一些记载已经透露出汉代不于关西封置侯国的信息。景帝三年,吴楚七国之乱爆发。当时居住在长安的列侯为筹措从军资费而向长安富户借贷,而"子钱家以为侯邑国在关东,关东成败未决,莫肯与",④此语已道出汉代侯国皆地处关东的事实。

(二) 关东地区

高帝时代,几乎所有的侯国都分布在关东地区,而关东地区的侯国分布也存在明显特征。现对关东范围内各地区的侯国分布情况作以简要叙述:

1. 汉中央直辖十郡

关东地区有十郡为汉中央直辖,可以明显地看到,十郡之中的南郡和太原郡没有侯国分布。南郡境内不分封侯国的现象应与当地自然条件有

---

① 国家文物局主编:《中国文物地图集·山东分册》(下册),北京:中国地图出版社,2007年,第520—521页。
② 《史记》卷五五《留侯世家》,第2044页。此处张良乃是以大关中的概念指代关西。
③ 阎振益、钟夏:《新书校注》卷三《壹通》,北京:中华书局,2000年,第113页。
④ 《史记》卷一二九《货殖列传》,第3280页。

关。汉代,淮河以南开发程度较低,自然环境十分恶劣,被人们视为荒远险恶之地。司马迁曰:"衡山、九江、江南、豫章、长沙是南楚也,……江南卑湿,丈夫早夭。"①《史记·淮南衡山列传》载:"孝景四年,吴楚已破,衡山王朝,上以为贞信,乃劳苦之曰:'南方卑湿。'徙衡山王王济北,所以褒之。"这些记载表明江淮之间在汉代被认为是不适宜居住的地区,皇帝自然不会把功臣分封于此。至于太原郡为何没有侯国分布,应与太原郡曾置为韩国有关,详见后文所叙。

除南郡、太原郡以外,汉中央直辖的另外八郡均有侯国分封。仔细观察各郡的侯国分布,并无明显的地域特征。不过,河南郡的情况较为特殊,该郡境内的函谷关至伊洛盆地无侯国,所有的侯国都分布在荥阳以东。这显然与洛阳、荥阳两地的特殊地位有关。汉代,洛阳为汉廷经营关东的基地,刘邦初都于洛阳,即使迁都长安以后也多次驻幸洛阳,若在洛阳附近分封侯国则会威胁到刘邦的安全。而荥阳既是拱卫洛阳的门户,又是汉廷控御关东的前沿。每当关东有变,汉廷便会聚兵荥阳以震慑诸侯。高后七年,相国吕产闻齐国有变,"乃遣颍阴侯灌婴将兵击之。……乃屯留荥阳"。② 景帝三年,吴楚七国之乱爆发,汉景帝命窦婴"守荥阳,监齐赵兵"。③ 洛阳之武库、荥阳之敖仓,都是汉中央的战略物资集转中心。刘邦不在荥阳以西分封侯国,既能够保障函谷关—荥阳交通线的畅通,又能够保障洛阳、荥阳的安全,其战略意图十分明显。

2. 王国区域

高帝时代,关东大部分区域为诸侯王属地。由于汉代只在关东地区封置侯国,故有相当数量的侯国分布在王国之中。仔细观察图 2-1 能够发现王国范围内的侯国分布带有鲜明的地域特征,值得我们作深入分析。

(1) 边郡

在王国范围内,燕国之辽东、辽西、右北平、渔阳、上谷五郡,赵国之代、雁门、云中三郡,荆国之内史、鄣两郡,淮南国之庐江、豫章两郡以及长

---

① 《史记》卷一二九《货殖列传》,第 3268 页。
② 《史记》卷九《吕太后本纪》,第 407 页。
③ 《史记》卷一〇七《魏其武安侯列传》,第 2840 页。

沙国之内史、武陵郡,因与匈奴、瓯越、闽越、南越等敌对政权相邻,属于"边郡"范畴。① 从图2-1可以清楚地看到,上述区域范围内无侯国分布(离侯国和义陵侯国的状况较为特殊,详见后文所叙),展现出"边郡无侯国"的地域分布特征。前辈学者所总结的"西汉边郡不置侯国"规律,同样适用于高帝时代。

刘邦不在边郡分封侯国应当是出于现实的需要。按照西汉封侯制度,列侯若没有得到皇帝的许可,须前往封国居住,在国期间还要定期赴长安朝见。② 而留居长安的列侯,其封国租税也要转运长安。③ 如果列侯的封国在边郡,无论是列侯就国、朝见,还是转运租税,都会带来很大不便。同时,边郡地区开发程度较低,又时常受到异族侵扰。如北边郡在汉初便处在匈奴严重威胁之下,韩王信和代王喜因无法抗御匈奴而分别投降敌方和弃国内逃。在这种情况下,皇帝若将列侯封于边郡,不仅不能保障就国列侯的安全,也无法保障列侯的经济收入,刘邦不置侯国于边郡乃是情理之中的事情。

由于边郡不封置侯国,这便使高帝时代的汉帝国疆域范围内呈现出恒山—燕山以北,长江以南无侯国的局面,这不禁让人联想到司马迁在《货殖列传》中对全国区域的划分。在《货殖列传》开篇,司马迁将天下划分为"山西"、"山东"、"龙门、碣石北"、"江南"四个区域。而如果与高帝时代的侯国分布图相对照,可以发现所有的侯国都分布在司马迁所说的"山东"范围内。④ 西汉的侯国分布与司马迁"四大区"的天下区划描述为何会如此契合,我想这是值得我们深入思考的问题。

(2) 异姓诸侯王国

从图2-1、2-2可以看到,高帝时代某些诸侯王国境内没有侯国分

---

① 周振鹤指出:"秦汉时期的边郡是指直接与敌对的政权相邻的郡。"见《中国历史上两种基本政治地理格局的分析》。
② 廖伯源:《汉代爵位制度试释(上)》,《新亚学报》第十卷,第120—124页。
③ 如文帝二年十月诏曰:"今列侯多居长安,邑远,吏卒给输费苦。"(《史记》卷十《孝文本纪》,第422页)
④ 司马迁在《货殖列传》中所说的"山东"与通常意义上的"关东"并不完全一致。辛德勇先生将《货殖列传》中的"山东"称为"小关东",与通常概念的"关东"加以区别。见辛德勇:《汉武帝徙民会稽史事证释》,收入《秦汉政区与边界地理研究》,第307—322页。

布。没有侯国分布的王国是燕国、梁国、淮南国。如果寻找三个诸侯王国的共同特征,不难发现三国均为异姓诸侯王国。显然,刘邦不在三国境内分封侯国,是对卢绾、彭越、英布权益的尊重。毕竟分封侯国就意味着把一县的治民权和财税收入划给列侯,因此若在三国境内分封侯国,无异于削夺了异姓诸侯王的权益。可见,刘邦在侯国地域择取上,还存在"避让异姓诸侯王国"的特点。

如果说刘邦封置侯国存在"避让异姓诸侯王国"的考虑,但同为异姓诸侯王国的长沙国,其境内却分布着陆梁(99)、离(101)、义陵(103)三个侯国。似乎刘邦对吴芮、吴臣父子的权益不甚尊重。不过,仔细分析这三个列侯的功状,可以看出三人与刘邦并没有隶属关系。《史表》陆梁侯条曰"诏以为列侯,自置吏,受令长沙王",从"受令长沙王"来看,陆梁侯应为长沙王属下。离侯邓弱,功状《史表》《汉表》阙,惟《汉表》载有:"成帝时光禄大夫滑湛曰旁占验曰:'邓弱以长沙将兵侯。'"义陵侯吴程,《史表》曰"以长沙柱国侯"。以上三侯,均无功状,其共同之处是长沙王属下,显然三人不属于刘邦功臣集团。

笔者这一判断也可以得到列侯排位的佐证。高后二年,吕后命丞相陈平根据功劳大小,排列一百余位列侯的位次。① 查询《史表》、《汉表》三侯位次,义陵侯排位一百三十四,陆梁侯排位一百三十七,两侯与项羽旧臣桃侯(136)项襄为功臣排位的最后三位。至于离侯邓弱,则连排位都没有。不难看出,三人与刘邦集团实无瓜葛,他们受封为列侯当另有缘由。西汉时代,惟天子有分封列侯的权利。② 想必三人有功于吴芮,第二代长沙王吴臣即位后,为酬谢先王功臣上书请封三人。刘邦从其所请,但三人无功于汉,故令长沙王裂本国地分封。而倘若三人为刘邦功臣,刘邦是不会把三人分封到长沙国如此荒远偏僻之地。

因此,我们可以说,高帝时代存在不于异姓诸侯王国境内分封侯国的特征。如果我们明确侯国地域分布的这一特点,那么对"太原郡无侯国"的现象也可以给出合理的解释。高帝六年至高帝七年初,太原郡为韩王

---

① 《汉书》卷一六《高惠高后文功臣表》序,第527页。
② 廖伯源:《汉代爵位制度试释》,第124—125页。

信之韩国,刘邦为保障韩王信的权益,未于韩国境内封置侯国。高帝十年韩国虽然已改置为太原郡,但其境内无侯国的局面却得以延续。

需要辨析的是,高帝六年至高帝九年,赵国为张敖所有。而自高帝六年十二月刘邦首封列侯以来,就不断有功臣被分封在赵国境内。显然,所谓刘邦封置侯国"避让异姓诸侯王国"之原则对张敖却是例外。其实,该现象不难理解。仔细分析各异姓诸侯王的身份,英布、彭越、吴芮、韩王信都是与刘邦一同起兵反秦的群雄,而卢绾则是跟随刘邦从征天下的亲信。对于这些本与刘邦平起平坐的列强,刘邦必然有所顾忌。而张敖却不同,他不仅是异姓诸侯王中的小辈,而且还是刘邦的女婿,刘邦自然不会把张敖视为与其他诸侯王一样的群雄来对待。可以间接证明这一点的,有《史记·张耳列传》的记载:

> 汉七年,高祖从平城过赵,赵王朝夕袒韝蔽,自上食,礼甚卑,有子婿礼。高祖箕踞,詈,甚慢易之。

获知刘邦对张敖的态度,我们对汉廷在赵国境内大量封置侯国的做法便容易理解了。刘邦并未将张敖视作需要尊重的异姓诸侯王,而张敖"子婿"的身份,倒使刘邦将其视为与刘肥、刘交、刘贾同等的子弟,而遵照同姓诸侯王国准例,在其境内封置侯国。

了解到刘邦对赵国的态度,我们对"贯高、赵午谋刺案"也许会有更为深入的认识。身为异姓诸侯王的张敖,理应享有权益上的独立自主权。但刘邦却将张敖视同为刘氏子弟,不但不予以礼节上的尊重,而且还如同对待同姓诸侯王一样,不断侵夺赵国权益。这对于张耳旧臣贯高、赵午来说,是不能接受的。这样看来,贯高、赵午欲图刺杀刘邦,恐怕并非仅是嫌怨张敖孱弱而做出的负气之举。

(3) 同姓诸侯王国

汉初,诸侯王国的行政体制与汉中央相同,而汉中央直辖区域范围内存在"内史不置侯国"的特征。那么,诸侯王国境内的侯国分布是否也存在"避让内史"的规律呢? 从图2-1可以看到,在赵、齐、楚、荆四王国中,只有荆国之内史无侯国分布。但荆内史地处江南，本身属于不封置侯国的地区，因此荆内史境内无侯国并不意味着刘邦在封置侯国时，对荆内史有意回避。结合楚内史、齐内史、赵内史境内存在侯国的现象，我们可以说汉初的侯国分封并不存在避让诸侯王国内史的特征。

另外，图2-1还反映出，在楚国所属的东海郡和齐国所属的琅邪郡境内没有侯国分布。这一现象值得注意，因为两郡在元延三年都是侯国密集分布的地区。可见高帝时代和成帝时代，中央对待两郡的政策存在差异。而汉初不在两郡境内封置侯国的现象较为费解。笔者推测，该现象的产生可能与秦汉之际的地域观念有关。秦国统一天下后，琅邪、东海两郡被视为帝国的东疆。如秦始皇二十八年所立琅邪刻石，其铭文便有"六合之内，皇帝之土。西涉流沙，南尽北户。东有东海，北过大夏"以及"乃抚东土，至于琅邪"等词句。而在东海郡朐县，秦始皇还立有东门阙，作为帝国东大门的象征。① 由此看来，刘邦不在东海、琅邪两郡封置侯国，可能是将两郡视为帝国东疆，故遵照"边郡不置侯国"通例行事。

钱穆曾对汉初侯国分布进行分析，他统计得出高帝时代在东海郡分封有三个侯国，在琅邪郡分封有四个侯国。琅邪郡、东海郡的侯国数量在与其他各郡的对比中处于优势。钱穆因而得出"三齐最为殷庶，即据侯邑分布可知"，"东海盖拟于三齐，滨海之区，生聚易也"的结论。② 钱穆之所以得出与笔者截然相反的结论，在于他将《汉志》所载西汉末年行政区划看成汉代的通制。实际上，他列入东海郡的三个侯国于高帝时代地处城阳郡，而列入琅邪郡的四个侯国于高帝时代分处胶西郡、胶东郡。钱穆不明高帝时代行政区划，径直套用《汉志》，得出与历史事实不符的结论。由此益可看出，复原西汉不同时期的行政区划对于探讨侯国分布特征所具有的基础性作用。

高帝十年共有侯国102个，在所处郡目明确的89个侯国中，有25个侯国分布在汉郡境内（合阳，酂情况特殊，暂不纳入），有3个侯国分布在

---

① 参见辛德勇：《越王勾践徙都琅邪事析义》第四节《赣榆"秦始皇碑"与秦"东门阙"之本来面目》，《文史》2010年第1辑。
② 钱穆：《汉初侯邑分布》。

长沙国境内,剩余的58个侯国全部分布在赵国、齐国、楚国、荆国四王国境内。可见,高帝时代有2/3的侯国地处同姓诸侯王国之中,这使得四王国境内的侯国分布十分密集。现将高帝十年四同姓诸侯王国境内的侯国数量排列如下,见表2-4。

表2-4 高帝十年赵国、齐国、楚国、荆国境内侯国数量

国　　名	赵	齐	楚	荆
境内侯国数	17	27	9	5
始封城数	55①	73	36	53
侯国所占比重	30%	37%	25%	9%

从表2-4可以看到,赵王、齐王、楚王封域内的侯国数量均占到各自始封城邑数量的三到四成。② 荆国境内的侯国数虽然只占到其城邑总数的8%,但荆国之内史、鄣郡属于不封置侯国的区域。荆国境内的5个侯国都分布在东阳郡,占到东阳郡城邑总数的30%,③与赵、齐、楚三国的比值一致。

四王国境内的侯国分布如此密集,恐怕不仅仅是因"侯国分封避让异姓诸侯王国"所致,而应当与刘邦的王国政策有关。汉初,关东之赵、齐、楚、荆(吴)被认为是实力最强的诸侯国。刘邦将四国分封予同姓子弟,便是想借助同宗之力来控御四国。为了防止同姓子弟凭借四国之势谋反,刘邦还对四国采取了削弱和压制政策。贾谊曾提到汉初朝廷曾推行"疏山东,蘖诸侯"的政策,④这里的"蘖"当有打压、为害之意。《楚辞·天问》曰:"帝降夷羿,革蘖夏民。"王夫之释曰:"革蘖,革夏祚而蘖夏民。"⑤又《吕

---

① 此处所列为高帝四年张耳受封赵国之城邑数目。蒯通曾说韩信曰:"郦生一士,伏轼掉三寸之舌,下齐七十余城,将军将数万众,岁余乃下赵五十余(城)。"(见《史记》卷九二《淮阴侯列传》,第2620页)蒯通称齐国有城七十余,可知其所言五十余城为赵国所领之城邑数。今暂取55城之数。
② 考虑到尚有14个侯国的所处郡目不明,故实际比值应高于表2-4的统计。
③ 汉初东阳郡约辖有十七县,见《西汉政区地理》,第37页。
④ 阎振益、钟夏:《新书校注》卷三《壹通》,第113页。
⑤ 王夫之:《楚辞通释》卷三《天问》,上海:上海人民出版社,1975年,第53页。

氏春秋·遇合》:"贤圣之后,反而孽民。"高诱注曰:"孽,病也。"①从贾谊的描述来看,建立严格的通关制度,限制关西物资、人员流入关东王国为"孽诸侯"的重要举措。其实,汉初徙关东之民于关西也与"孽诸侯"政策有关。高帝九年十一月刘邦"徙齐诸田,楚昭、屈、景、燕、赵、韩、魏后,及豪桀名家居关中"十余万人,②便是削弱诸侯王国实力。现在看来,刘邦在四国境内封置大量侯国,应当是"孽诸侯"政策的体现。分封侯国就意味着要把一县的治民权和财税收入划给列侯,刘邦不断在四国境内封置侯国,无异于变相的削地。高帝十年,赵王、齐王、楚王各自封域内超过三分之一的土地被刘邦分封给列侯,三诸侯王国"跨郡连城"的地域优势大大削弱。

结　语

在本章,笔者通过复原高帝时代的行政区划面貌,进而绘制带有行政区划信息的侯国分布图,并依据该图对高帝时代的侯国地理分布特征进行分析。

根据《高帝十年侯国分布图》可以发现高帝时代的侯国地理分布带有明显的地域特征。作为汉中央立国根基的关西地区不存在封国(合阳、郦二侯国除外),所有的诸侯王国和侯国都分布在关东地区。在关东地区汉中央直辖的十个郡中,除南郡、太原郡以外皆有侯国分布。而河南郡境内的侯国全部分布在荥阳以东,这显然是汉中央保障洛阳、荥阳安全之战略意图的反映。

在关东范围内,"边郡无侯国"为又一显著特征,而淮河以南地区因自然条件较为恶劣也极少有侯国分布。另外,琅邪、东海两郡境内不分封侯国,可能是汉廷将两郡视为边郡,故遵照"边郡不置侯国"通例行事。

在关东的王国区域,所有的侯国都分布在同姓诸侯王国中,异姓诸侯

---

① 陈奇猷:《吕氏春秋校释》卷一四,上海:学林出版社,1995年,第817页。
② 《史记》卷九九《刘敬列传》,第2719—2720页。《汉书·高帝纪》系此事于高帝九年十一月。

王国境内则无侯国分布，汉中央直辖的太原郡因曾置为韩国，也无侯国分布。长沙国境内虽然有三个侯国，但三侯为长沙王旧臣，与刘邦集团无关，故长沙国境内三侯国的存在与"异姓诸侯王国境内不置侯国"政策并不冲突。

通过对高帝时代侯国地域分布特征的揭示，可以看出刘邦在侯国地域择取上带有明显的政治意图。关西不置侯国显然与汉初"关西本位"战略体系有关。① 为了维护自身的安全和保障汉廷对关西资源的调配，刘邦在关西地区推行全面郡县的一元统治体制，并着力构建临晋关、函谷关、武关、郧关、扞关一线的关防界线。刘邦将所有的封国都分封在这条关防界线以外，这一做法当为"关中政策"的体现。②

刘邦虽然把所有的侯国都封置于关东地区，但在地域择取上又体现出"保障功臣集团权益"的考虑。刘邦不在异姓诸侯王国境内封置侯国是对开国群雄权益的维护，不在边郡及江淮以南分封侯国，则可以看作是对列侯权益的保障。从关东地区的侯国地域分布可以看出刘邦"与天下士贤大夫共享天下"的政治意图，由此再来看高帝十二年诏"吾立为天子，帝有天下，十二年于今矣。与天下之豪士贤大夫共定天下，同安辑之。其有功者上致之王，次为列侯……吾于天下贤士功臣，可谓亡负矣"之语，益可看出刘邦经营天下之用心良苦。

前一章提到，元延年间的侯国地域分布展现出"京畿无侯国"、"边郡无侯国"、"王国无侯国"、"关西无侯国"、"河南、河内郡无侯国"以及侯国集中分布于燕山以南、桐柏山—淮河以北的地域特征。在与高帝时期的侯国地域分布态势进行对比后，可以发现"京畿无侯国"、"边郡无侯国"、"关西无侯国"以及侯国集中分布于燕山以南、桐柏山—淮河以北等地域

---

① 辛德勇先生明确提出："秦汉时期在地缘政治和军事地理意义上曾经奉行过一项非常强烈的'关中本位'政策，或者说是'关中本位'战略。这一政策或者战略的思想核心内容，是区别对待关中和关东地区，依托关中，控御关东，特别是中原地带。"《汉武帝"广关"与西汉前期地域控制的变迁》)
② 杨建先生指出西汉初年汉中央曾执行一项以充实、保障关中实力为主要内容的"关中政策"。见《西汉初期津关制度研究》第七章第二节《强化皇权与"关中政策"》，第139—168页。

特征早在高帝时期便已存在,以上四项可以视为西汉始终贯彻之侯国地域封置政策。

高帝时期虽然存在"异姓诸侯王国境内无侯国"的现象,但仍有相当数量的侯国分封在同姓诸侯王国境内,因此汉末"王国境内无侯国"的地域特征在汉初并不具备。还有,高帝时代的上党郡、河东郡、河南郡、河内郡皆有侯国分布,时至西汉末年上述地区却成为不封置侯国的区域。另外,高帝时代琅邪郡、东海郡无侯国,但在西汉末年,两郡却是侯国密集分布的地区。可见,"王国无侯国"、"太行山以西无侯国"、"河南、河内两郡无侯国"以及"琅邪郡、东海郡侯国密集分布"的地域特征是随着历史的发展而逐渐形成的。上述四项侯国地域分布特征的形成,其背后蕴含着怎样的历史背景,都是本书需要回答的问题。以上便是笔者对比《元延三年侯国分布图》和《高帝十年侯国分布图》所得到的启示。

附:汁防侯国非"广汉郡汁方县"考

高帝六年三月,刘邦分封同乡雍齿为汁防侯(30)。《汉书·地理志》广汉郡有汁方县(今四川省什邡市南)。《水经注》、《括地志》、《通典·州郡典》、《元和郡县志》等书均载此汁方县为雍齿之封国。雍齿受封于广汉郡汁方县已成为定论,从未引起人们的怀疑。

不过,留意史籍中的相关记载,"雍齿受封于广汉郡汁方县"实有可疑之处。两汉之广汉郡地处四川盆地,而秦汉时代的四川盆地路途险远、人烟稀少,乃是政府流放犯人之地。如秦王政平定嫪毐之乱,将嫪毐舍人党羽"夺爵迁蜀四千余家"。① 而秦王惩处失势的吕不韦,亦是"其与家属徙处蜀"。② 秦朝灭亡后,项羽分封天下,因对刘邦有所顾忌,将其封于巴蜀,项羽的考虑是"巴、蜀道险,秦之迁人皆居蜀"。③ 而韩信则为刘邦鸣不平

---

① 《史记》卷六《秦始皇本纪》,第 227 页。
② 《史记》卷八五《吕不韦列传》,第 2513 页。
③ 《史记》卷七《项羽本纪》,第 316 页。

曰:"项羽背约而王君王于南郑,是迁也。"①在韩信看来,刘邦受封于巴蜀实与流放无异。西汉时代,四川盆地作为犯人流放之所的地位仍未改变。如梁王彭越获罪,刘邦"赦以为庶人,传处蜀青衣"。而彭越不愿前往巴蜀,在向吕后哭诉时唯一的请求是"愿处故昌邑"。②文帝废淮南王刘长,亦将其流放蜀郡严道。刘长对这样的惩处结果显然不能接受,于是以"不食而死"的方式以示抗争。可见西汉时代人们仍视巴蜀为险途,即使是犯人也不愿被流放到蜀地。而刘邦竟把功臣雍齿分封到连犯人都不愿去的地方,岂非咄咄怪事?

清人全祖望注意到这个问题,故曰:"汉人不以巴、蜀为封国,汁防终以宿憾。"③全氏留意到西汉不在巴蜀封置侯国,但又对雍齿受封于广汉郡的说法深信不疑,只得以"宿憾"作解。此处的"宿憾"即《高惠高后文功臣表》所言雍齿"与上有隙"。在全氏看来,雍齿与刘邦曾有矛盾,刘邦封雍齿于蜀地,乃是借分封之名,行流放之实。王恢对全氏的说法深表赞同。④其实若仔细推敲有关史实,全氏之说并不能成立。《史记·留侯世家》对雍齿封侯始末有详细记载:

> 上已封大功臣二十余人,其余日夜争功不决,未得行封。上在雒阳南宫,从复道望见诸将往往相与坐沙中语。上曰:"此何语?"留侯曰:"陛下不知乎?此谋反耳。"……上乃忧曰:"为之奈何?"留侯曰:"上平生所憎,群臣所共知,谁最甚者?"上曰:"雍齿与我故,数尝窘辱我。我欲杀之,为其功多,故不忍。"留侯曰:"今急先封雍齿以示群臣,群臣见雍齿封,则人人自坚矣。"于是上乃置酒,封雍齿为什方侯,而急趣丞相、御史定功行封。群臣罢酒,皆喜曰:"雍齿尚为侯,我属无患矣。"

---

① 《汉书》卷一《高帝纪》,第 30 页。
② 《史记》卷九〇《彭越列传》,第 2594 页。
③ 全祖望:《汉书地理志稽疑》卷六,《全祖望集汇校集注》,第 2604 页。
④ 王恢:《汉王国与侯国之演变》,第 151 页。另张至皋先生也有类似的看法,其称汉高祖"最讨厌雍齿……什邡是川西比较差的地方,所以才用来对付雍齿"。见任乃强、张至皋《温江地区十二县(下)》,《社会科学研究》1981 年第 1 期。

在天下初定之时，由于行封未遍，功臣中出现了谋反的苗头。面对这一紧迫局面，张良建议刘邦先行分封"平生所憎"的雍齿为列侯，以平息众人的疑怨情绪。张良此议的关键在于刘邦必须厚待雍齿，才能使功臣们打消"见疑平生过失及诛"的疑虑。不妨试想，刘邦虽然采纳张良的意见，却借"封侯"之名把雍齿流放到蜀地，岂不是向众人展现自己睚眦必报的心态。这不仅与张良献策的初衷背道而驰，更会加重功臣们的恐惧情绪。在这种气氛下，功臣们又何以发出"雍齿尚为侯，我属无患矣"的欣喜之辞？

从《留侯世家》的记载不难看出，雍齿乃得到刘邦优厚对待，绝无被"流放"蜀地的可能。让我们再来看看"雍齿受封于广汉郡汁方县"说法的由来。检阅两汉魏晋相关史籍，并无雍齿受封于巴蜀的记载。晋人常璩的《华阳国志》对蜀中掌故记述尤详，也没有提到雍齿封于汁方县之事。最早把广汉郡汁方县与雍齿联系起来的是北魏时代的郦道元。《水经·江水注》曰："洛水迳什邡县，汉高帝六年封雍齿为侯国。"唐代志书《括地志》、《通典·州郡典》、《元和郡县志》应该都是沿袭了郦道元的说法。

郦道元的《水经注》虽然是北朝时代的地理类名著，但在记述西汉侯国时却错误百出，滥定侯国地望的现象屡见不鲜。① 郦道元称汁方县为雍齿封国所在，很有可能是因地名相同而引发的联想，并无坚实的依据，因此将《水经注》的记载视为判定汁防侯国地望的唯一依据，显然是不妥当的。

如果我们对西汉所封八百余个侯国的地理方位进行梳理，会发现所有地望明确的侯国都分布在关东地区。在《汉书·地理志》中，巴、蜀、广汉、汉中等关西诸郡皆无侯国分布。② 西汉侯国地理分布的这一特征与《史记·货殖列传》所言"子钱家以为侯邑国在关东"的记载正相吻合。这可进一步辅证汁邡侯国必不封置于巴蜀地区，有关"雍齿受封于广汉郡汁方县"的说法完全可以摒弃。

汉帝国幅员辽阔，疆域之内常有异地同名的现象。③ 因此在高帝六

---

① 参见上编第二章第一节考述。
② 参见本编第一章图1—1。
③ 清人钱大昕及王鸣盛对《汉书·地理志》中的多地同名现象曾进行归纳。参见钱大昕：《十驾斋养新录》卷一一"汉地理志县目相同"条，第305—306页；王鸣盛：《十七史商榷》卷一七"县名相同"条，上海：上海书店，2005年，第121—123页。

年,关东地区应当另有一处汁防县。关东地区的这个汁防县并非毫无线索可寻,上世纪居延汉简的发现及公布为我们探寻雍齿封国所在提供了新的契机。

在居延汉简中常见"昌邑国西邔"和"昌邑国东邔",为方便叙述,今各举两例:

  昌邑国东邔西安里丁☐   90·14①
  昌邑东邔望中里宋当时二百一十七☐☐   299·9A,299·32A
  田卒昌邑国西邔西道里张☐   510·29
  戍卒昌邑国西邔西土里朱广德 假有方一完 512·24

《汉书·地理志》山阳郡昌邑县自注:"武帝天汉四年更山阳郡为昌邑国。"昭帝元平元年(前74年)昌邑国除,复为山阳郡,②故居延汉简所见"昌邑国西邔"和"昌邑国东邔"反映的是武帝末年至昭帝时期(前97—前74年)的建制。《汉书·地理志》及《续汉书·郡国志》山阳郡并无西邔、东邔二县。其实,《后汉书》不乏有关"西防"的记载。《后汉书·刘永传》:"(刘永)遣使拜西防贼帅山阳佼强为横行将军。"李贤注曰:"西防,县名,故城在今宋州单父县北。"③同书《盖延传》:"(盖延)因率平狄将军庞明攻西防,拔之。"④另《杜茂传》:"茂率补虏将军马武进攻西防,数月拔之。"⑤上述记载可证东汉初年置有西防县。⑥《太平寰宇记·单州单父县》:"西防故城,在县北四十九里。汉为防置兵戍于此。故城在今县北,犹存。"根据李贤注及《太平寰宇记》的记载,汉西防故城约在今山东省单县北。⑦ 至于汉简中

---

① 此类简号,见谢桂华、李均明、朱国炤编:《居延汉简释文合校》。
② 《汉书》卷六三《武五子传》,第2765页。
③ 《后汉书》卷一二《刘永传》,北京:中华书局,1965年,第494页。
④ 《后汉书》卷一八《盖延传》,第687页。
⑤ 《后汉书》卷二二《杜茂传》,第776页。
⑥ 清人钱大昕以为《汉志》山阳郡之西阳侯国即《后汉书》之西防(《廿二史考异》卷一一,第198页)。《中国历史地图集》采信钱大昕之说,将山阳郡之"西阳"更为"西防"(见谭其骧主编:《中国历史地图集》第二册,第19—20页)。
⑦ 乐史:《太平寰宇记》卷一四,北京:中华书局,2007年,第284页。

的"东邨",学者们普遍认为与《续汉书·郡国志》山阳郡之防东县有关。①《后汉书·张俭传》载:"中常侍侯览家在防东。"李贤注曰:"县名,属山阳郡,故城在今兖州金乡县南。"②《读史方舆纪要·山东兖州金乡县》:"防东城,在县南。后汉置县,属山阳郡,晋省。"③据此,汉防东故城应在今山东金乡县南。史籍所记载西防故城和防东故城的方位都在山阳郡境内,因此称上述二城与居延汉简中的昌邑国西邨、东邨存在关联,应该是没有问题的。

如果对照地图可以发现,汉代西防、防东两地相邻,从地名上分析,两地或存在渊源关系。《左传·隐公十年》:"六月壬戌,公败宋师于菅。辛未,取郜。辛巳,取防。"晋人杜预注曰:"高平昌邑县西南有西防城。"④又东汉《金乡长侯成碑》载侯成为山阳郡防东人,其先世"以功佐国,要盟齐、鲁,嘉会自郜,因以为家焉"。⑤ 不难看出,"东邨"、"西邨"的前身即宋国之防邑。笔者推测,此防邑即为汁防侯国所在,⑥居延汉简中的"东邨"和"西邨"极有可能是由汁防侯国改置而来。虽然雍齿初封户数只有两千五百,但司马迁云:"汉兴,功臣受封者百有余人。天下初定,故大城名都散亡,户口可得而数者十二三,是以大侯不过万家,小者五六百户。后数世,民咸归乡里,户益息,萧、曹、绛、灌之属或至四万,小侯自倍,富厚如之。"⑦汁防侯国受封于高帝六年(前 201 年),除国于武帝元鼎五年(前 112 年),国祚延续近百年,在高帝所封百余个侯国中,已属国运长久。⑧ 元鼎年间汁

---

① [日]日比野丈夫:《汉简所见地名考》,中国社会科学院历史研究所战国秦汉史研究室编:《简牍研究译丛》第二辑,北京:中国社会科学出版社,1987 年,第 339—351 页;于豪亮:《居延汉简释地》,收入氏著《于豪亮学术文存》,北京:中华书局,1985 年,第 225—226 页。
② 《后汉书》卷六七《张俭传》,第 2210 页。
③ 顾祖禹:《读史方舆纪要》卷三二,北京:中华书局,2005 年,第 1534 页。
④ 《春秋经传集解》,上海:上海古籍出版社,1997 年,第 52 页。笔者按,西晋泰始元年(265 年)更山阳郡为高平国。
⑤ 碑文录自洪适《隶释》卷八,北京:中华书局,1986 年,第 92 页。
⑥ 汁防,《汉书》卷二二《礼乐志》作"兹邡"(第 1073 页)。笔者以为"汁"、"兹"为发语词,仅用于记音,并无实际的意义。
⑦ 《史记》卷一八《高祖功臣侯者年表》,第 877—878 页。
⑧ 高帝共分封侯国 143 个,延续至武帝元鼎五年的,只有平阳、梁邹、新阳、汁防、故市、斥丘、安国、乐成、平皋、阳河、中水、椠、清、阏氏、襄平、陆梁、开封、临辕、戴、中牟、德、壮、桃 23 个侯国。

防侯国的人口已逾万户。① 当其除国之时，把万余户的汁防侯国直接改置为汁防县显然难以治理。想必正是考虑到这一情况，汉廷方将汁防侯国析置为东防、西防两县。

综上，笔者以为居延汉简中的"东邡"、"西邡"应与汁防侯国有关，雍齿之汁防侯国当在今山东省单县、金乡县一带。巧合的是，雍齿的故乡丰邑正在今天单县、金乡县以东的江苏省丰县境内。而刘邦在分封功臣时，多遵循故国本籍受封原则。根据这一原则，雍齿应该封在丰邑，但丰邑同为刘邦故乡，刘邦显然不会把自己的故乡分封给雍齿，而与丰邑相邻的汁防县无疑是分封雍齿的最佳选择。这样看来，把与丰邑相邻的防邑定为雍齿之汁防侯国所在，也是合乎情理的。

---

① 如与雍齿同日受封的东武侯郭蒙(29)，其初封户数为三千户，至景帝六年(前151年)国除时封国户数已达一万一百户。汁防侯国除国在东武侯国除国40年后，其封国户数超逾万户应当没有问题。

第三章　惠帝七年侯国地理分布

高帝十一、十二年，刘邦陆续翦除异姓诸侯王。至惠帝即位之时，除吴氏长沙国外，整个天下都为汉中央和刘氏诸侯王国所控。高帝初年刘邦与异姓诸侯王"共有天下"之政治格局不复存在。在这一历史背景下，惠帝时代的侯国地域分布特征是否会随之变化。本章将择取惠帝在位末年，即惠帝七年为断，对该年限的侯国地域分布特征进行分析。

一、惠帝七年行政区划

(一) 惠帝七年汉中央及各诸侯王国所辖郡目

汉中央　高帝十年，汉中央领有内史、北地、上郡、陇西、蜀郡、巴郡、汉中、河东、上党、河内、河南、南郡、南阳、颍川、东郡、淮阳、太原十七个郡级政区。高帝十一年，刘邦复置代国，封皇子刘恒，并对代国封域进行调整。十一年正月诏曰："颇取山南太原之地益属代，代之云中以西为云中郡，则代受边寇益少矣。"据此，刘邦乃收代国之云中郡属汉，而将太原郡益封予代国。又同年三月："燕王绾、相国何等请立子恢为梁王，子友为淮阳王。"次年五月以后："罢东郡，颇益梁；罢颍川郡，颇益淮阳。"(见本编第二章)此则刘恢之梁国辖有彭越之故梁国地与东郡地；刘友之淮阳国辖有淮阳、颍川两郡地。惠帝元年，"徙淮阳王友为赵王"。① 刘友徙封赵王后,淮阳、颍川两郡复属汉。据此,惠帝七年汉中央直辖区域当以高帝十年之十七郡为基础,增云中郡,减东郡、太原郡,领有十六郡。

代国 高帝十一年,刘邦"分赵山北,立子恒以为代王,都晋阳"。② 又《汉书·高帝纪》载高帝十一年正月诏曰:"代地居常山之北,与夷狄边,赵乃从山南有之,远,数有胡寇,难以为国。颇取山南太原之地益属代,代之云中以西为云中郡,则代受边寇益少矣。"高帝十一年,刘邦将赵国太行山以西之代郡、雁门、云中三郡与汉之太原郡合置为代国,封皇子刘恒。刘邦在分封刘恒的同时,为减轻代国抵御匈奴的压力,将受到匈奴严重袭扰的云中郡收归汉中央管辖。故惠帝七年刘恒之代国领有太原、代郡、雁门三郡。

赵国 高帝十一年,刘邦分赵国太行山以西置代国,则刘如意之赵国只余有太行山以东之邯郸、恒山、河间、清河四郡。惠帝元年,赵王刘如意薨,汉廷徙封淮阳王刘友为赵王,其封域与刘如意之赵国相同。

燕国 高帝十二年,刘邦封皇子刘建为燕王,其封域与卢绾之燕国疆域相同。惠帝七年,刘建之燕国辖有广阳、上谷、渔阳、右北平、辽西、辽东六郡。

齐国 惠帝七年刘襄之齐国与高帝十年并无变化,仍领有胶东、胶西、临淄、济北、博阳、城阳、琅邪七郡之地,为惠帝时代第一大藩国。

梁国 惠帝七年,刘恢之梁国除砀郡外,尚领有东郡。

楚国 惠帝七年刘交之楚国封域与高帝十年相同,领有彭城、薛、东海三郡。

吴国 高帝十二年,刘邦封兄子刘濞为吴王。《史记·吴王濞列传》:"上患吴、会稽轻悍,无壮王以填之,诸子少,乃立濞于沛为吴王,王三郡五十三城。"则刘濞之封域与刘贾之荆国相同,领有吴、鄣、东阳三郡。

淮南国 《史记·淮南王传》:"高祖十一年七月,淮南王黥布反,立子

---

① 《史记》卷九《吕太后本纪》,第397页。
② 《史记》卷八《高祖本纪》,第389页。

长为淮南王,王黥布故地,凡四郡。"则刘长之淮南国封域与英布之淮南国相同,辖有九江、庐江、衡山、豫章四郡。

长沙国　惠帝七年吴国之长沙国封域与高帝十年相同。

根据以上考订,我们可以编制"惠帝七年汉中央及诸侯王国所辖郡目表"(表3-1)。

表3-1　惠帝七年汉中央及诸侯王国所辖郡目表

国名	王名	封域	始封年月
汉	刘盈	内史、北地、上郡、陇西、蜀郡、巴郡、汉中、河东、上党、河内、河南、南郡、南阳、颍川、淮阳、云中	元年十月(项羽始封)
长沙	吴回	武陵、长沙	五年二月
楚	刘交	薛郡、东海、彭城	六年正月
齐	刘襄	胶东、胶西、临淄、济北、博阳、城阳、琅邪	六年正月
代	刘恒	太原、代郡、雁门	十一年正月
梁	刘恢	砀郡、东郡	十一年三月
赵	刘友	邯郸、恒山、河间、清河	十一年三月
淮南	刘长	九江、庐江、衡山、豫章	十一年七月
吴	刘濞	东阳、鄣郡、吴郡	十二年十月
燕	刘建	广阳、上谷、渔阳、右北平、辽西、辽东	十二年二月

(二) 各郡辖域范围

惠帝七年,各郡辖域范围基本延续了高帝十年的面貌,只有个别郡存在变动。现对高帝十年至惠帝七年新置郡的辖域范围作以考订,同时对辖域范围存在变动之郡进行说明。

(1) 汉中央直辖十六郡

内史、北地、上郡、陇西、蜀郡、广汉、巴郡、汉中、河东、上党、河内、河南、南郡、南阳、颍川、淮阳十六郡辖域范围与高帝十年相同。

云中郡　高帝十一年，刘邦收代国之云中郡由中央直辖。据《秩律》，高后初年云中郡之东界在原阳、云中、武泉、①旗陵、南舆一线，可证《高帝纪》有关刘邦收归云中郡之记载可信。惠帝七年，云中郡之东界与《汉志》所载相同。

（2）代国所辖三郡

太原、代郡、雁门三郡辖域范围与高帝十年相同。

（3）赵国所辖四郡

河间、邯郸、恒山、清河四郡辖域范围与高帝十年相同。

（4）燕国所辖六郡

广阳、上谷、渔阳、右北平、辽西、辽东六郡辖域范围与高帝十年相同。

（5）齐国所辖七郡

惠帝七年，刘襄齐国所辖胶东、胶西、临淄、济北、博阳、城阳、琅邪七郡之范围与高帝十年相同。

（6）梁国所辖两郡

惠帝七年，刘恢梁国之砀郡、东郡辖域范围与高帝十年相同。

（7）楚国所辖三郡

高帝十年刘交楚国之彭城、薛、东海三郡辖域范围至惠帝七年无变化。

（8）吴国所辖三郡

惠帝七年，刘濞吴国之吴、鄣、东阳三郡辖域范围与高帝十年刘贾之荆国相同。

（9）淮南国所辖四郡

惠帝七年，刘长淮南国之九江、庐江、衡山、豫章四郡辖域范围与高帝十年英布之淮南国相同。

（10）长沙国所辖两郡

惠帝七年，吴回长沙国之武陵郡、长沙郡辖域范围与高帝十年相同。

---

① 《图集》将武泉县定点于今呼和浩特东北。此定点有误。汉武泉县应为今托克托县的黑水泉古城。见孙驰：《两汉武泉今地考》，《中国边疆史地研究》1998年第3期。

二、惠帝七年侯国数目及侯国分布图

现以惠帝七年九月为断,对该年限见存的侯国名目进行统计,同时根据各侯国的地理方位,确定其所在郡目。请参看《惠帝七年侯国名目综表》(表3-2)。

表3-2 惠帝七年侯国名目综表

国名	郡名	侯国名目
汉	内史	鄜(11)
	河东	平阳(1) 绛(17) 猗氏(85) 长修(111) 高梁(137)
	河内	隆虑(26) 棘蒲(31) 平皋(67) 共(92) 波(118)
	河南	武强(33) 故市(42) 启封(105) 中牟(124)
	上党	阳阿(69) 平都(146)
	颍川	舞阳(18) 颍阴(19) 傿陵(142)
	南阳	鄧(15) 乐成(60) 棘阳(71) 涅阳(72) 杜衍(78)
	淮阳	汝阴(4) 建平(20) 新阳(28) 祁(45) 城父(48) 蒯成(63) 吴房(89) 慎阳(107) 江邑(112)
	南郡	邔(125) 轪(145)
代	内史	土军(114) 汾阳(120) 卤(143)
赵	内史	广平(7) 曲周(16) 任(49) 斥丘(57) 广阿(115) 张(141)
	清河	清阳(3) 复阳(68) 东阳(104) 堂阳(109)
	恒山	曲逆(9) 贳(34) 安国(59) 安平(62) 北平(64) 平棘(73) 深泽(75) 枣(83) 宋子(84) 禾成(108) 谷阳(133)
	河间	阿陵(51) 中水(77) 壮(134) 景(139)
齐	内史	广(6) 博阳(8)* 梁邹(21) 蓼(23) 柳丘(43) 高宛(53) 绛阳(55) 台(58) 辟阳(61)* 厌次(66) 历(81) 繁(98)* 德(129) 纪(138)
	博阳	平(46) 龙(97) 平州(123)

(续表)

国名	郡名	侯国名目
齐	济北	河阳(39) 重平(47) 朝阳(70) 祝阿(110) 临辕(117)
	城阳	费(24) 阳都(27) 枸(80) 彭(88)
	胶西	东武(29) 都昌(32) 昌(91) 安丘(94) 营陵(113) 高陵(130)*
	胶东	曲成(38) 魏其(44) 昌武(52)
梁	内史	宁陵(119) 戴(121) 成阳(135) 桃(136) 袲枣(140)
	东郡	清(86) 衍(122) 戚(132)
楚	内史	建成(12) 留(13) 汁防(30) 武原(82) 傅阳(126) 下相(128)
	薛	成(22) 东茅(56) 宁(90) 须昌(116)
吴	东阳	堂邑(10) 海阳(35) 羹颉(74)
淮南	内史	期思(131)
长沙	内史	离(101) 便(144)
	武陵	陆梁(99) 义陵(103)
	地望无考	信武(2) 阳陵(5) 南安(36) 肥如(37) 棘丘(50) 宣曲(54) 高胡(65) 柏至(76) 赤泉(79) 强(87) 襄平(96) 高(100) 宣平(102) 阳义(127)

说明：部分侯国虽然知道所在的郡目，但却不清楚其具体方位。对此类侯国，本表通过标识"*"来予以区别。

高帝十年共有侯国102个。高帝十一年至惠帝七年，新封侯国43个，废除侯国6个，截止于惠帝七年九月汉帝国疆域范围内共有侯国139个。在这139个侯国中，有125个侯国可推知大致方位所在(参见本书附表)。在已明确惠帝七年汉中央及各诸侯王国所辖郡目及各郡辖域范围的情况下，我们可以根据以上信息绘制惠帝七年的侯国分布图(图3-1、3-2)。

三、惠帝七年侯国分布特征概述

《元延三年侯国分布图》和《高帝十年侯国分布图》反映出，西汉时期

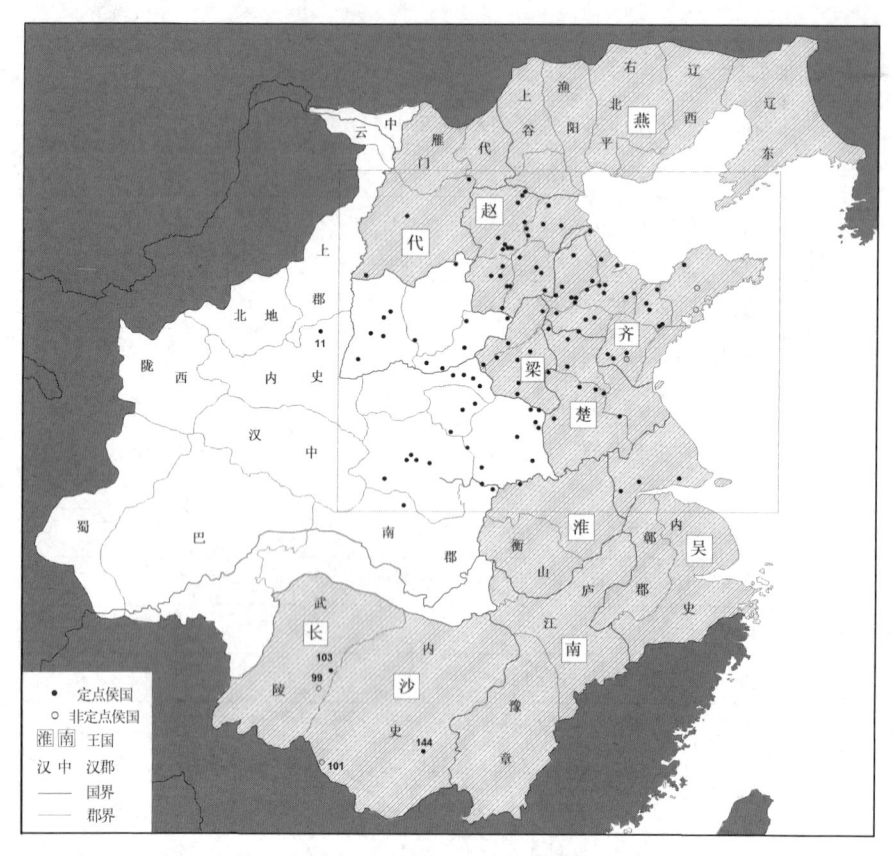

图3-1 惠帝七年侯国分布图

存在"关西无侯国"、"边郡无侯国"以及侯国密集分布于燕山以南及桐柏山—淮河以北地区等地域特征。现对照《惠帝七年侯国分布图》,可以发现惠帝时代的侯国地域分布也符合上述三项特征,此现象可佐证"关西无侯国"、"边郡无侯国"及侯国密集分布于燕山以南及桐柏山—淮河以北地区等侯国地域分布规律为西汉始终贯彻之侯国封置政策。

与高帝十年侯国地域分布稍有不同的是,南郡、九江郡在高帝初期为不封置侯国的地区,至惠帝七年两郡境内出现了邔(125)、轪(145)、期思(131)三个侯国。前一章提到,受淮河以南自然环境的限制,刘邦很少在当地封置侯国,而上述三侯国的分封是否与汉廷不在淮河以南封置侯国的政策相冲突?其实,高帝、惠帝将三人封于淮南,并非欲将三人流放于

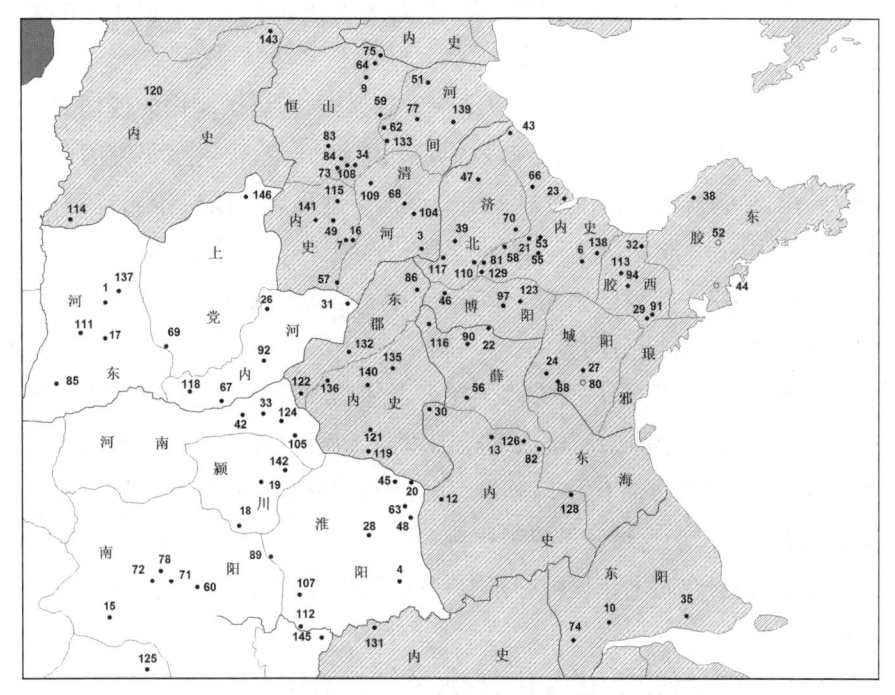

图 3-2 关东地区局部放大图

荒远之地。邠侯黄极忠之功状载:"以群盗长为临江将,已而为汉击临江王及诸侯,破布,封千户。"期思侯贲赫功状曰:"淮南王英布中大夫,告反,侯,一千户。"① 从黄极忠曾为临江王属将,贲赫曾为淮南王中大夫的经历来看,二人当为南郡、九江郡本地人。而轪侯利苍,据王利器先生考证,同为楚人。② 由此看来,刘邦、刘盈封三人于淮南,与三人的籍贯有关。其实,高帝十年堂邑侯(10)、射阳侯(14)、海阳侯(35)、淮阴侯(40)被分封在淮河以南的东阳郡同样与四人的籍贯有关。③ 刘邦在分封功臣时,多遵循

---

① 《汉书》卷一六《高惠高后文功臣表》,第 608、611 页。
② 王利器:《试论轪侯利苍的籍贯》,《人文杂志》1984 年第 5 期。王利器先生从三代轪侯之姓名入手,考订利苍为楚人,其说可从。但仅以《汉表》轪侯条"元康四年,苍玄孙之子竟陵簪裹汉诏复家"推测利苍为江夏郡竟陵人未免武断。故笔者只采纳王先生有关利苍为楚人的意见。
③ 淮阴侯韩信为淮阴人,堂邑侯陈婴为东阳人,海阳侯摇毋余为越人,射阳侯项伯虽然籍贯不详,但从其兄子项羽落籍下相来看,也应当是江淮之人。

故国本籍受封原则,封部分功臣于淮南,是为了让他们享受衣锦还乡的荣耀,故在侯国地域择取上较为宽松。

虽然高帝、惠帝时代在淮河以南封置有侯国,但该区域内的侯国数量仍然十分有限。惠帝七年,淮河以南共有侯国 10 个,仅占该年侯国总数的 7%,93% 的侯国仍分布在桐柏山—淮河以北地区。汉成帝元延三年,分布在桐柏山—淮河以北地区的侯国占当年侯国总数的比值同样是 93%,可见西汉一代侯国密集分布于燕山以南及桐柏山—淮河以北地区的地域分布特征是十分明显的。

惠帝时代的侯国地域分布除了符合上述四项特征外,与《高帝十年侯国分布图》相比,高帝时代"河南郡荥阳以西无侯国"和"东海郡、琅邪郡无侯国"的现象在惠帝时代得以延续,可见"保障洛阳、荥阳安全"和"视东海、琅邪为边郡"的地域政策仍被执行。

仔细分析《惠帝七年侯国分布图》可以发现惠帝时代的侯国分布还具有两点特征:

(1)"异姓诸侯王国境内不置侯国"特征的消失

高帝初期,"异姓诸侯王国境内不置侯国"为一项显著的特征,而伴随着异姓诸侯王国的蒌除,这一侯国地域分布特征也随之消失。从图 3-1 可以清楚地看到,高帝十年没有侯国分布的梁国、淮南国、太原郡至惠帝七年皆有侯国分布。只有燕国没有侯国分布。惠帝时代,除燕国以外的诸侯王国境内都有侯国分布,高帝时代侯国地域分布的"王国差异"已不存在。

(2)"封建侯国以削弱王国"政策的延续及扩大

高帝十年,近 2/3 的侯国封置在王国境内,刘邦此举显然带有"封建侯国以削弱王国"的用意。惠帝时代,刘邦的这一政策仍被延续。高帝十年至惠帝七年新分封的 43 个侯国,至少有 31 个侯国位于王国境内。① 也就是说,惠帝七年仍有超过 2/3 的侯国分布在王国之中。由于各王国的

---

① 高帝十年至惠帝七年新分封的 43 个侯国中,有 41 个侯国的所在郡目明确。这 41 个侯国有 11 个位于汉郡境内,30 个位于王国境内。若按照这一比例,所在郡目不明的 2 个侯国至少有 1 个地处王国境内。

封域没有明显变化,因此汉廷持续地在王国境内封置侯国,就相当于不间断地削夺王国土地。至惠帝七年,各王国境内侯国数量均有所增加,现对赵、齐、楚三国境内的侯国数量进行统计,请看表3-3。

表3-3 惠帝七年赵国、齐国、楚国境内侯国数量

国　　名	赵	齐	楚
境内侯国数	25	35	10
始封城数	55	73	36
侯国所占比重	45％	48％	28％

从表3-3可以看到,与高帝十年相比,惠帝七年赵、齐、楚三国境内的侯国数量显著增加,三王国封域内侯国数量占各国始封城邑数量的比值,已接近或超过四成。这之中尤以齐国最为明显。齐王始封之73城,在惠帝七年有35城置为侯国,如果考虑到惠帝二年,齐王刘肥被迫献城阳郡为鲁元公主汤沐邑,①则惠帝七年齐王所领城邑,已不足始封城邑的半数。刘邦"封建侯国以削弱王国"政策已经收到实际的效果。

随着异姓诸侯王的翦除,韩国、梁国、燕国、淮南国更易为同姓诸侯王封地,②一些侯国逐渐被封置在四国境内。刘邦"封建侯国以削弱王国"的政策便扩大到整个王国地区。但由于四国境内封置侯国的时间较晚,至惠帝七年,代国、梁国、燕国、淮南国境内的侯国数量较为有限,封建侯国对上述王国的影响还不明显。

结　语

高帝五年,随着项羽的兵败自杀,刘邦完成了形式上的天下统一。之所以说是"形式上的统一",是因为刘邦虽然被拥立为天子,但天下大部分地区却控制在异姓诸侯王手中。这些异姓诸侯王拥兵自重,是完全独立

---

① 《史记》卷九《吕太后本纪》,第398页。
② 韩王信受封之太原郡,于高帝十一年划归代国。

的割据集团。对于他们的领地,刘邦只拥有名分上的所有权,却不能直接掌控。因此,刘邦为巩固汉中央优势地位而制定的种种政策只能施行于汉中央直辖区域与同姓诸侯王国,而无法施加于异姓诸侯王国地区。

高帝初年,"封建侯国以削弱王国"是刘邦为保障汉中央优势地位、削弱诸侯王国实力的重要举措,但出于对异姓诸侯王权益的尊重,刘邦的这一政策无法推行于异姓诸侯王国。高帝末年,随着异姓诸侯王的翦除,全天下都处于天子的掌控之下,刘邦随即将"封建侯国以削弱王国"的政策推向整个王国地区。惠帝时代,除燕国以外的诸侯王国境内均有侯国分布,侯国地域分布的"王国差异"已经消除,这成为惠帝七年侯国地域分布特征最显著的变化。

异姓诸侯王国的翦除使刘邦可以根据自己的意愿来制定施行于全国的地域控制政策。除了扩大"封建侯国以削弱王国"政策的实行范围,"犬牙相制"的王国划界策略的出台也与这一历史背景有关。秦始皇统一天下后,为防止割据势力的形成,在郡界的划定上采取"犬牙相制"的策略,使地方势力无法凭借山川之险对抗中央。①"犬牙相制"的政区划界方法可以使中央政府有效地达到控制地方的目的,但在汉初,刘邦显然不能对异姓诸侯王国疆域随意调整。但随着异姓诸侯王被同姓诸侯王取代,刘邦推行"犬牙相制"政区划界方案的时机已经成熟。《汉书·文帝纪》载宋昌语:"高帝王子弟,地犬牙相制,所谓盘石之宗也。"高帝十二年,将东郡划入梁国,将颍川郡划入淮阳国的调整便与这一政策有关。高帝末年,"封建侯国以削弱王国"政策以及王国边界"犬牙相制"牵制策略在王国范围内的全面推行可以视作刘邦一系列地域控制构想的实现。

---

① 周振鹤:《中国历史上行政区域划界的两大原则——犬牙交错与山川形便》,收入《学腊一十九》,第 73—97 页。

第四章　文帝十一年侯国地理分布

高帝末年，关东地区逐渐形成一条相对稳定的郡国分界。在这条郡国分界以外，刘邦采取分封制，让诸侯王和列侯行使行政管辖权，此即汉初之封国区域。高帝、惠帝、高后时代，虽然王国、侯国时有废置，但汉廷始终维系着这条郡国分界，从不对界限外的地区实行直接管辖。到了文帝时代，情况有所变化。文帝三年，济北王刘兴居反叛，叛乱平定后，文帝并未封立新王，而是将济北国所属之济北、济南二郡收归中央直辖。文帝六年，淮南王刘长因罪国除，文帝同样未另立新王，而是将九江、衡山、庐江、豫章四郡收归中央。高帝时代所形成的郡国分界被彻底打破，汉中央辖域范围向关东地区大大拓展。

不过，汉廷拓展关东直辖范围的努力并未持续很久，在贾谊等人的建议下，文帝很快放弃了直接管辖济北国、淮南国故地的念头。文帝十二年，刘恒徙城阳王刘喜为淮南王，领有故淮南国四郡。十六年，文帝分封齐王子刘志为济北王，封刘辟光为济南王。至此，济北国、淮南国故地复为诸侯王辖域，关东地区的郡国分界基本恢复到高帝时代的面貌。

从以上叙述可以看到，文帝即位之初对王国政策有所变革，并试图调整关东地区的封国布局。而在文帝变革王国政策的同时，对侯国封置政策是否也会作以调整？这是值得探讨的问题。在本章，笔者将以文帝十一年（前169年）为断，对该年的侯国地域分布进行分析。从次年开始，汉廷逐渐放弃对诸侯王故地的直接管辖，故以文帝十一年的侯国分布态势来探讨文帝初年的侯国封置政策应当是合适的。

一、文帝十一年行政区划

（一）文帝十一年汉中央及各诸侯王国所辖郡目

汉中央 惠帝七年，汉中央领有内史、北地、上郡、陇西、蜀郡、巴郡、汉中、河东、上党、河内、河南、南郡、南阳、颍川、淮阳、云中十六郡。高后元年，吕后收夺梁国之东郡。① 文帝即位时，汉中央辖有十七郡。文帝三年，济北王刘兴居反叛，文帝将济北国所领之济北、济南两郡收归中央。② 四年，文帝以淮阳郡置为王国，更代王刘武为淮阳王。六年，淮南王刘长获罪国除，九江、衡山、庐江、豫章四郡收归中央。据此，文帝十一年汉中央直辖区域当以惠帝七年之十六郡为基础，增东郡、济北、济南、九江、衡山、庐江、豫章七郡，减淮阳郡，共领有二十二郡。

齐国初封之时并无济南郡之名。谭其骧先生以为博阳郡后更名济南郡。③ 周振鹤进一步论证，"大抵因博阳郡治迁至济水以南之东平陵，遂更郡名为济南。更名之年已不可考。"④ 谭、周先生此说可信。唯其更名之年，《史记·齐悼惠王世家》载："（高后）二年，高后立其兄子郦侯吕台为吕王，割齐之济南郡为吕王奉邑"。⑤ 据此，似乎吕后元年之前博阳郡已更名为济南郡。⑥ 然此说不可信，因吕国设置之前，博阳郡并无泰山以北之东平陵周边地（见后文济南郡辖域叙述）。司马迁当是以晚出的济南郡名称追述前事。吕后七年更吕国为济川国，吕后死后，济川国地复属齐国为郡。济南郡之名当承袭自济川国，更名于文帝元年。

代国 高后八年，代王刘恒继帝位。文帝二年，刘恒封皇子刘武为代

---

① 见拙文《西汉梁国封域变迁研究（附济阴郡）》，《史学月刊》2013年第5期。
② 周振鹤：《西汉政区地理》，第104—105页。
③ 谭其骧：《秦郡界址考》，收入《长水集》上册，第20页。
④ 周振鹤：《西汉政区地理》，第107—108页。
⑤ 《史记》卷五二，第2000页。
⑥ 据《吕太后本纪》《高祖功臣侯者年表》，吕台封吕王在吕后元年。

王,辖雁门、代郡;封皇子刘参为太原王,辖太原郡。四年,文帝"徙代王为淮阳王,以代尽与太原王,号曰代王"。①故文帝十一年,代王刘参领有太原、代郡、雁门三郡,与刘恒之代国封域相同。

赵国　河间国　文帝元年,刘恒绍封赵幽王子刘遂为赵王,辖幽王故地之邯郸、恒山、河间、清河四郡。二年,文帝复封刘遂之弟刘辟疆为河间王,分赵国之清河、河间两郡王之。文帝十一年,赵王刘遂辖有邯郸、常山两郡,②河间王刘辟疆辖有清河、河间两郡。

燕国　文帝元年,徙琅邪王刘泽为燕王,其封域与刘建之燕国相同,辖有广阳、上谷、渔阳、右北平、辽西、辽东六郡。

齐国　城阳国　文帝元年,齐王刘襄薨,子刘则继位。二年,文帝为酬谢刘兴居、刘章平定诸吕之功,裂齐国之济北、济南郡予刘兴居,立济北国;裂齐国之城阳、琅邪二郡予刘章,立城阳国。

周振鹤先生以为,文帝封刘章之城阳国仅有城阳一郡之地。③笔者以为此说不妥,理由有三。其一,城阳、琅邪两郡同在齐长城之南,两地地域毗连,置为一国较为合理。而齐国若跨越齐长城领有濒海之琅邪郡,则封域划分殊为不便。其二,城阳、琅邪二郡关系密切。据谭其骧先生的意见,汉初之城阳郡、琅邪郡于秦皆为琅邪郡地。④周振鹤先生以为城阳郡为高帝六年分琅邪郡置。⑤今按,出土秦封泥见有"城阳候印",⑥说明城阳郡设置于秦代。至于秦代城阳郡之由来,当如谭其骧、周振鹤先生所言,乃析琅邪郡西部地置。⑦文帝二年所置济北国、城阳

---

① 《史记》卷五八《梁孝王世家》,第2081页。
② 文帝即位后,为避讳,更名恒山郡为常山郡。
③ 周振鹤:《西汉政区地理》,第108页。
④ 谭其骧:《秦郡界址考》,收入《长水集》(上册),第20页;谭其骧主编:《中国历史地图集》第二册《(秦)山东南诸郡》,第7—8页。
⑤ 周振鹤:《西汉政区地理》,第117页。
⑥ "城阳候印"秦封泥存世有两种品类。一种为相家巷出土,一种收藏于济南市博物馆。分见周晓陆、路东之:《秦封泥集》二·三·48,西安:三秦出版社,2000年,第300页。
⑦ 辛德勇先生认为,秦国在灭亡齐国后,在齐国东南部置有城阳郡,辖域相当于汉初城阳、琅邪两郡之和。秦始皇二十六年,更城阳郡之名为琅邪郡。秦末似乎又从琅邪郡中分置城阳郡(见《秦三十六郡新考》)。辛先生有关秦琅邪郡沿革的解说虽然与谭、周二位先生不同,但同样认为汉初之城阳、琅邪郡乃由秦代琅邪郡析出。

国,其疆域划分存在历史渊源,如济北国所领之济北、济南两郡,为故秦之济北郡地。① 由此看来,刘章受封之城阳国疆域当与故秦之琅邪郡相同,辖有城阳、琅邪两郡之地。其三,文帝二年封置济北国、城阳国,显然带有三分齐国的用意。如城阳国仅辖有城阳郡,则齐国尚有临淄、胶西、胶东、琅邪四郡,齐国、济北国、城阳国的辖郡数目比值为 4∶2∶1,三国疆域相差悬殊。而如果城阳国辖有城阳、琅邪两郡,则齐国、济北国、城阳国的辖郡数目比值为 3∶2∶2,三国疆域基本相当。综上,文帝二年之城阳国辖有城阳、琅邪两郡,当无疑义。

梁国 文帝二年,立皇子刘揖为梁王,辖有砀郡之地。

楚国 文帝十一年刘戊之楚国封域无变化,仍领有彭城、薛、东海三郡。

淮阳国 文帝四年,徙代王刘武为淮阳王,辖有淮阳郡之地。

吴国 文帝十一年刘濞之吴国封域并无变化,仍领有东阳、鄣、吴三郡。

长沙国 文帝十一年吴著之长沙国封域与惠帝七年相同,领有长沙、武陵两郡。

根据以上考订,我们可以编制"文帝十一年汉中央及诸侯王国所辖郡目表"(表 4-1)。

表 4-1　文帝十一年汉中央及诸侯王国所辖郡目表

国名	王名	封　　域	继位年
汉	刘恒	内史、北地、上郡、陇西、蜀郡、巴郡、汉中、河东、上党、河内、河南、南郡、南阳、颍川、云中、东郡、济北、济南、九江、衡山、庐江、豫章	高后八年②
长沙	吴著	武陵、长沙	文帝二年
楚	刘戊	薛郡、东海、彭城	文帝五年
齐	刘则	胶东、胶西、临淄	文帝元年

① 谭其骧主编:《中国历史地图集》第二册《(秦)山东南部诸郡》,第 7—8 页;周振鹤:《西汉政区地理》,第 107 页。
② 西汉时代,国君嗣位采用"逾年称元法",故帝王继位年实为各自元年的前一年。

(续表)

国名	王名	封域	继位年
城阳	刘喜	城阳、琅邪	文帝三年
代	刘参	太原、代郡、雁门	文帝二年
梁	刘揖	砀郡	文帝四年
赵	刘遂	邯郸、恒山	文帝元年
河间	刘辟疆	河间、清河	文帝二年
燕	刘泽	广阳、上谷、渔阳、右北平、辽西、辽东	文帝元年
吴	刘濞	东阳、鄣郡、吴郡	高帝十二年
淮阳	刘武	淮阳	文帝四年

(二) 各郡辖域范围

济南郡　齐国初置之时，博阳郡仅有泰山以南之地。吕后元年，吕后以齐国博阳郡封吕台为吕王。吕国都城即东平陵县，这已被发现于山东省章丘市的吕台墓（洛庄汉墓）所证实。可见吕国已领有泰山以北、济水以南之地。吕国领有东平陵周边土地，当在吕国初封之时。吕后元年，吕后封置吕国带有强烈监控齐国之目的。吕后将泰山以北东平陵一带领土划归吕国，不仅使吕国紧邻齐国都城临淄，而且使临淄失去赖以自守的门户——历下，其政治、军事意图十分显著。文帝元年，文帝将吕国故地（时称济川国）交还给齐国，改置济南郡，其辖域不变，约相当于高帝时期之博阳郡，另增《汉志》济南郡之济水之南地。

文帝十一年，除济南郡、临淄郡变化外，其余各郡辖域范围与惠帝七年相比并无变化。另有吴国所辖之鄣郡、东阳郡辖域略有调整。文帝初年，刘濞将国都由吴县迁往江北之广陵，随即对新内史（即东阳郡）辖域进行调整。为了加强对江南鄣郡、会稽郡的控制，刘濞将原鄣郡北部沿江数县划入内史。吴内史与鄣郡的分界在《汉志》丹阳郡之丹阳、句容一线。

二、文帝十一年侯国数目及侯国分布图

现以文帝十一年九月为断,对该年限见存的侯国名目进行统计,同时根据各侯国的地理方位,确定其所在郡目。请参看《文帝十一年侯国名目综表》(表4-2)。

表4-2 文帝十一年侯国名目综表

国名	郡名	侯国名目
汉	河东	平阳(1) 绛(17)
	河内	隆虑(26) 棘蒲(31) 平皋(67) 共(92) 波(118) 轵(180)
	河南	武强(33) 故市(42) 启封(105) 中牟(124) 波陵(196) 南䢴(197)*
	上党	阳阿(69) 阏氏(93) 平都(146)
	颍川	舞阳(18) 颍阴(19)
	南阳	乐成(60) 棘阳(71) 杜衍(78) 鄳(160) 山都(165)
	南郡	邔(125) 轪(145)
	东郡	聊城(46) 清(86) 衍(122) 戚(132) 乐平(164) 黎(202)
	济北	朝阳(70) 祝阿(110) 临辕(117) 营(186) 杨虚(190) 朸(191) 安都(192) 平昌(193) 白石(195) 武城(194)*
	济南	梁邹(21) 高苑(53) 绛阳(55) 台(58) 历(81) 龙(97) 平州(123) 德(129) 瓜丘(187)* 营平(188) 杨丘(189)
	九江	阜陵(198) 安阳(199) 周阳(200)* 东城(201)
代	内史	汾阳(120)
赵	内史	广平(7) 曲周(16) 斥丘(57) 广阿(115) 张(141)
	常山	曲逆(9) 贳(34) 安国(59) 安平(62) 北平(64) 深泽(75) 櫐(83) 宋子(84) 禾成(108) 谷阳(133)
河间	内史	阿陵(51) 中水(77) 壮(134) 景(139) 中邑(163)
	清河	清阳(3) 复阳(68) 东阳(104) 堂阳(109) 信成(114) 南宫(185)

(续表)

国名	郡名	侯国名目
城阳	内史	费(24) 阳都(27) 栒(80) 彭(88)
齐	内史	广(6) 博阳(8)* 蓼(23) 柳丘(43) 辟阳(61)* 繁(98)* 纪(138) 阳信(179)
	胶西	东武(29) 都昌(32) 昌(91) 安丘(94) 高陵(130)*
	胶东	魏其(44) 昌武(52)* 壮武(181)
梁	内史	宁陵(119) 戴(121) 成阳(135) 桃(136) 羹枣(140)
淮阳	内史	汝阴(4) 建平(20) 新阳(28) 祁(45) 吴房(89) 慎阳(107)
楚	内史	汁防(30) 武原(82) 傅阳(126) 下相(128) 梧(150)
	薛	成(22) 东茅(56) 宁(90) 须昌(116) 樊(184)
吴	内史	堂邑(10) 海阳(35)
长沙	内史	离(101) 便(144)
	武陵	陆梁(99) 沅陵(157)
	地望无考	武忠(5) 信武(2) 南安(36) 肥如(37) 宣曲(54) 柏至(76) 赤泉(79) 长陵(85) 强(87) 襄平(96) 高(100) 信平(111) 阳义(127) 期思(131) 武阳(137) 平定(151) 松兹(166) 成阴(167)

说明：部分侯国虽然知道所在的郡目，但却不清楚其具体方位。对此类侯国，本表通过标识"＊"来予以区别。

惠帝七年共有侯国139个。高后元年至文帝十一年，新封侯国57个，废除侯国46个，截止于文帝十一年九月汉帝国疆域范围内共有侯国150个。在这150个侯国中，有132个侯国可推知大致方位所在(参见本书附表)。在已明确文帝十一年汉中央及各诸侯王国所辖郡目及各郡辖域范围的情况下，我们可以根据以上信息绘制文帝十一年的侯国分布图(图4-1、4-2)。

三、文帝十一年侯国分布特征概述

西汉一代始终贯彻之"京畿无侯国"、"关西无侯国"、"边郡无侯国"以

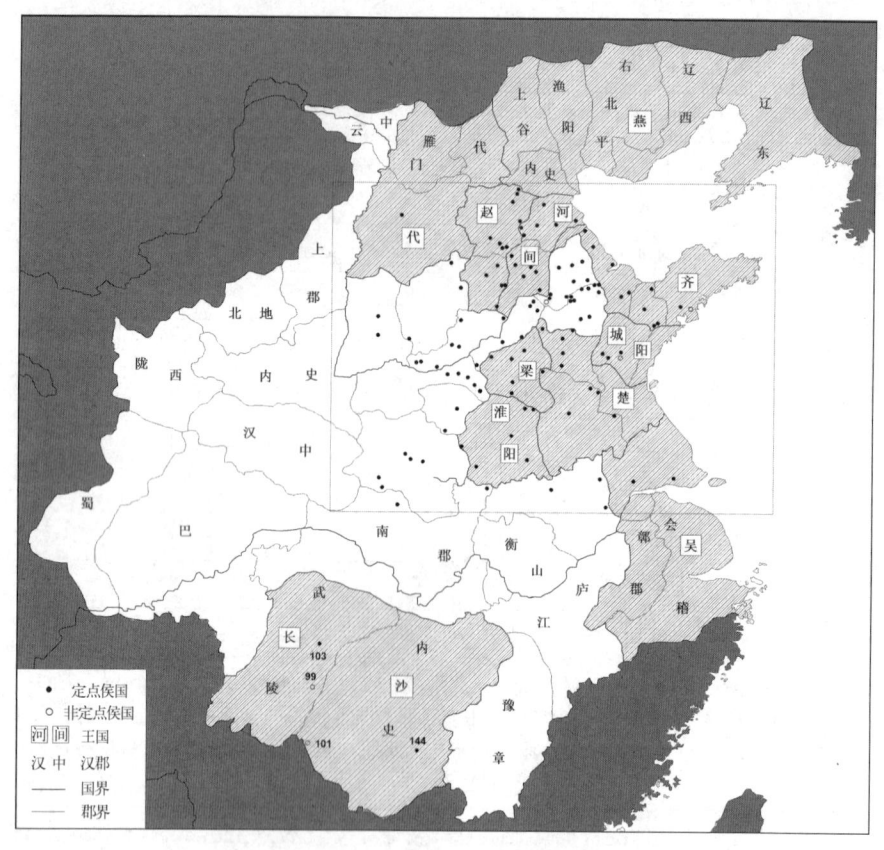

图 4-1　文帝十一年侯国分布图

及置侯国于燕山以南及桐柏山—淮河以北等侯国封置政策在《文帝十一年侯国分布图》中同样有所体现。现将文帝十一年汉中央直辖区域和诸侯王国区域的侯国分布情况概述如下：

（一）汉中央直辖区域

文帝十一年，关东地区汉中央直辖十五郡，其中十一郡有侯国分布。淮河以南的南郡、九江郡、衡山郡侯国分布十分稀疏。而云中、庐江、豫章因属边郡而无侯国分布。河南郡荥阳以西地区仍无侯国分封。汉中央直辖区域的侯国分布态势，总体看来与高帝、惠帝、高后时期没有显著变化。

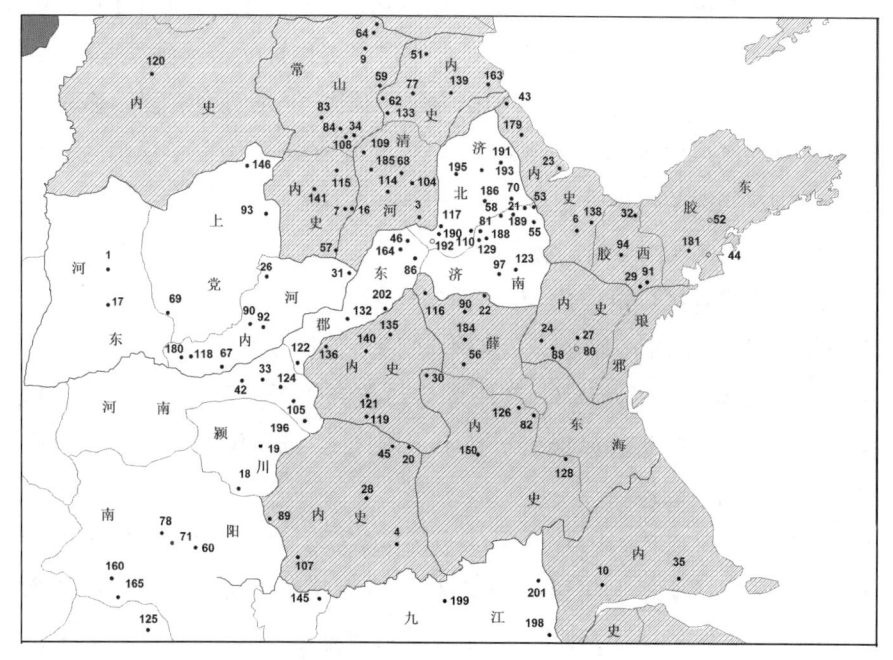

图 4-2 关东地区局部放大图

（1）济南郡、济北郡侯国分布态势

在有侯国分布的十一个郡中，济北、济南两郡的情况比较特殊。两郡境内的侯国分布极为密集，文帝十一年济南郡境内的侯国至少有 12 个，济北郡境内的侯国至少有 12 个。两郡境内的侯国数量在十一郡中位列前两位。汉初，一郡平均辖有十余县。[①] 而济北、济南两郡境内侯国竟有十余个之多，这表明两郡大部分地域为列侯封地，其境内的侯国地域相连，形成庞大的"侯国群"。

济南、济北二郡的侯国分布如此密集，非同寻常。仔细考察两郡境内的侯国构成，主要是齐王子侯国，而齐王子侯国的分封则与文帝初年汉廷与王国间的博弈有关。文帝三年，刘恒在平定济北王反叛后，将济北、济南二郡削归中央，从而使关东地区的汉中央直辖区域大大拓展。为了缓

---

① 从《秩律》所展现的汉初郡县隶属关系来看，平均一郡辖有十六县。另外从汉初齐国辖七郡七十三县，楚国辖三郡三十六县，吴国辖三郡五十三县的数字来看，每郡的辖县数也在十余个左右。

和因收夺济北国地而引发的汉廷与诸侯王国之间的矛盾,贾谊建议文帝"封置诸侯王子孙于王国削地"。贾谊的建议很快被文帝采纳,次年汉廷一次性在济北郡、济南郡分封了十个齐王子侯国。① 此举使两郡一跃成为汉中央直辖区域内侯国最为密集的地区,可见文帝时代王子侯国封置政策的变化对当时的侯国分布格局产生了较大影响。

(2) 九江郡侯国分布态势

汉中央直辖区域范围内,九江郡的侯国分布情况也比较特殊。文帝十一年,九江郡境内分布有四个侯国,这四个侯国全部为淮南王子侯国。文帝封置淮南王子于九江郡,其用意与封置齐王子于济北、济南两郡相同,可见贾谊有关"封置诸侯王子孙于王国削地"的做法在文帝八年被同样推行于淮南国故地。

阜陵(198)、安阳(199)、周阳(200)、东城(201)四淮南王子侯国封置于文帝八年。则文帝七年以前,九江郡境内无侯国。文帝初年,"九江郡无侯国"的现象与文帝三年前后"徙侯国出淮南国"的政策有关。关于这一政策的具体情况,请参看下编第四章相关考述,此不赘言。

(二) 王国区域

就图 4 - 1 来看,文帝十一年除燕国以外,所有诸侯王国境内都有侯国分布。文帝时代王国区域范围内的侯国分布特征与惠帝、高后时代基本一致,似乎并无变化。不过,如果我们仔细考察文帝时代的侯国地域分布态势,还是会发现某些新动向。文帝十一年,共有侯国 150 个,除 18 个侯国所在郡目不明外,余下的 132 个侯国有 71 个侯国地处王国境内。王国境内的侯国数量占到侯国总数的 53%,这与高帝、惠帝、高后时代,全国 65% 以上的侯国地处王国境内的数值相比,有明显下降。这意味着,文帝时代封置于王国境内的侯国数量少于封置在汉郡境内的侯国数量。为了方便后文考述,现将文帝元年至后元七年封置的侯国按照各自所处地域分类统计(请参看表 4 - 3)。

---

① 见下编第二章第二节考述。

表4-3 文帝封置侯国分域统计表

汉　郡									王　国				无考
23									7				
河内	河南	南郡	济北	济南	河间	九江	清河	勃海	赵	齐	楚	淮南	1
2	1	1	7	3	1	4	2	2	1	4	1	1	

说明：表中的数字为侯国数量。

对于表4-3各郡国的侯国统计方式，还需要进行相关说明。文帝时代，郡国更置较为频繁，某些郡时属王国、时属汉廷，这给各郡国的侯国数目统计带来不便。有鉴于此，笔者在对侯国所在郡国进行分类时，俱以始封年为准。杨虚(190)、枳(191)、安都(192)、平昌(193)、白石(195)、武城(194)六侯国封置时，济北郡属汉，故本表将六侯国纳入汉郡统计。同样的道理，文帝元年南宫侯(185)张敖受封时，其侯国所在之清河郡为赵国支郡，故将南宫侯国纳入赵国统计。而文帝十六年，弓高侯(204)韩颓当受封时，河间国已除，故将弓高侯国纳入汉郡统计。

文帝元年至后元七年共封置侯国31个，从表4-3可以看到，这些侯国中有23个地处汉郡，7个地处王国。这7个封置于王国境内的侯国，有一些的情况比较特殊。如南宫侯(185)张偃本为赵王张敖之子，遵照王子侯国封置规律，只能裂赵国地分封。而清郭侯(182)驷钧、周阳侯(183)赵兼分别为齐王、淮南王舅父，二人封国也只能置于齐国、淮南国境内。若排除这三个侯国，则只有阳信(179)、壮武(181)、樊(184)、缾(203)四侯国为文帝有意封置于王国。上述7个侯国中，阳信、壮武、清郭、周阳、樊、南宫皆封于文帝元年，在此后的24年中，文帝只在王国境内封置了缾侯国。另外，关于故安侯(207)申屠嘉之封地，前人多以为《汉志》涿郡故安。此地文帝时期属燕国，如此则文帝后元年间仍有侯国封置于王国之中。但是燕国自高帝以来一直是不封置侯国的地区。目前可以确定最早封置于燕地的侯国，是景帝中元年间封置的一批匈奴归义侯。而武帝直至西汉末年，涿郡境内的侯国全部是中山、河间、广阳王子侯国。唯一例外的是元鼎六年所封将梁侯杨仆(476)，而此将梁侯国本中山王子封地

(304),可知其并不属燕地范畴。因此我们可以说,西汉一代有不在燕地封置功臣侯、外戚恩泽侯的惯例,所以申屠嘉封国为涿郡故安县的说法是不可信的。目前所知汉廷最后一个封置于王国的侯国就是鲱侯国,可能属于特例。我们可以说,文帝元年以后,汉廷就不在王国境内封置侯国了。

由于文帝二年以后不在王国境内封置侯国。这与高帝、惠帝、高后多将侯国封置于王国的做法完全不同(参见表4-4)。高帝、惠帝、高后在王国境内封置大量侯国,其目的是削弱诸侯王国实力,此为汉初"孽诸侯"策略的体现。文帝改变这一做法,在分封列侯时多将侯国置于汉郡,这固然是对诸侯王权益的尊重。①

表4-4 高帝、惠帝、高后、文帝封置侯国之地域统计

汉帝	封置侯国总数	汉郡侯国数	王国侯国数	所在郡国不详之侯国数	王国境内侯国所占侯国总数之比重
高帝	143	34	93	16	72%
惠帝	3	1	2	0	67%
高后	32	7	25	0	78%
文帝	31	24	7	0	23%

说明:所在郡国不详之侯国未列入统计。

自高帝六年以来,随着侯国的封置,诸侯王国封域不断削减。而文帝即位以后,由于不在王国境内封置侯国,再加上汉初侯国的自然消亡,王国封域由减转增。文帝侯国封置政策的转变,令诸侯王得到了实惠,更有利于汉廷对诸侯王的笼络。

结　　语

高帝末年,随着异姓诸侯王的翦除,刘邦初步实现了"同姓封建"的政

---

① 文帝多将侯国封置于汉郡,应当还有便于监管列侯的考虑。见下编第一章结语。

治理想。① 关东诸侯王国虽然为同姓子弟所控,但由于各封国人口繁庶、地域广阔,依然对汉中央构成潜在威胁。所以刘邦在封建同姓诸侯王的同时,还制定了一系列旨在削弱王国实力的措施,此即汉初之"孽诸侯"策略。"孽诸侯"策略包括:以限制关西人力、物资流入王国为内容的津关政策,以迁徙王国富户、豪强于关西为内容的移民政策,以众建侯国以削夺王国封域为内容的侯国封置政策等。

刘邦去世后,惠帝、高后相继掌权,惠帝为汉室嫡宗、高后为皇太后,两人在宗室中享有绝对权威,故能够继续推行刘邦之"孽诸侯"策略。但这一形势在文帝时代发生了变化。文帝并非皇嗣,他能够以藩王身份入继皇位乃是功臣集团妥协的结果,带有一定偶然性。文帝即位之初,根基尚不牢靠,为防范长安的功臣集团,急需得到关东诸侯王的支持。再加上文帝在宗室中不具有惠帝、高后一样的权威,不得不放弃直接打压诸侯王国的策略,以换取诸侯王的拥护。

就文帝的侯国分封来看,保障诸侯王权益的意图十分明显。文帝改变高帝、惠帝、高后多在王国境内封置侯国的做法,将多数侯国封置于汉郡,减少了对诸侯王封地的侵夺,这是汉初以来侯国封置政策的重要转变。而文帝在济北、济南二郡境内大量封置齐王子侯国,则是为了缓和因收夺济北国地而引发的汉廷与齐国的矛盾。② 文帝由削夺济北国、淮南国地,发展到在济北国、淮南国故地封建王子侯国,再到恢复济北、淮南为王国的一系列变动,背后折射着文帝反复平衡汉廷与王国关系的努力。

总之,文帝时代王国政策的调整,对当时的侯国封置政策也产生了影响。文帝基本放弃了高帝"封建侯国以削弱王国"的政策,这是文帝为缓

---

① 刘邦"同姓封建"的政治理想在白马之盟中有明晰的体现。白马盟誓的内容为:"非刘氏不王,若有无功非上所置而侯者,天下共诛之。"(《汉书》卷一八《外戚恩泽侯表》序)李开元曾指出:"汉之同姓诸侯王之封,其思想渊源可以说是受到周之分封同姓的影响。"(见《汉帝国的建立与刘邦集团》,北京:三联书店,2000年,第91页)周振鹤先生提道:"汉初实行封建制在名义上是效仿周朝遗意。"(见《中国地方行政制度史》,第40页)两位先生有关"刘邦封建同姓诸侯王取法于周代封建制度"的表述值得参考。
② 李开元提到,文帝二年至文帝十五年:"诸侯王国的个别变动主要是围绕着代国与齐国对于汉朝皇位的继位纠纷而出现的。"(见《汉帝国的建立与刘邦集团》,第98页)

和与诸侯王的矛盾、争取诸侯王拥护而采取的必要举措。而文帝之王国策略调整并非只局限于侯国政策一项。我们发现,汉初被严格执行的津关制度这时也出现了松动。《汉书·文帝纪》载十二年三月"除关,无用传"。文帝废除津关制度,解除了对王国的人员、物资封锁,使诸侯王国获得更多收益,同样有利于赢得诸侯王的支持。另外史籍中不见有文帝徙王国豪强的记载,这是否暗示当时"移民关中"的政策亦被终止? 这还只能是一种推测。

  以上种种迹象表明,文帝即位后,相继放弃了高帝为打压诸侯王国而制定的各项政策,这使得文帝六年之后,汉廷与诸侯王国基本处于相安无事的状态,更有利于天下的稳定。正因如此,晁错在追述文帝功绩时,才会特别提到"通关去塞、不孽诸侯"一语。① 而《史记·孝文本纪》称赞文帝初年的天下局势为:"施德惠天下,填抚诸侯四夷皆洽欢。"

  不过,如果说文帝放弃了对诸侯王国的抑制,显然是不准确的。文帝之王国政策的调整,只是改变了高帝以来直接打压王国势力的做法,转而采用"众建诸侯"、"以亲置疏"等相对缓和的策略来削弱、控御王国。因此就汉廷对王国的防范心态而言,文帝与高帝、惠帝、高后并无不同,只是方法存在差异而已。

---

① 《汉书》卷四九《晁错传》,第 2296 页。晁错只提到"通关去塞、不孽诸侯"为一项"安海内"的仁政,并未指明此政策出自何时。如果结合景帝元年述先帝功绩诏"孝文皇帝临天下,通关梁,不异远方"(《史记·孝文本纪》),则晁错此语显然是在追述文帝之政策。

第五章　景帝中五年侯国地理分布

景帝三年（前154年），汉廷推行全面的削藩政策，诸侯王国所辖支郡收归中央直辖。由于王国封域的大幅缩减，地处王国境内的侯国数量急剧减少，这与高帝、惠帝、高后、文帝时代侯国多分布于王国的态势判然有别，从而使景帝时代的侯国地域分布呈现出新的面貌。在本章，笔者将对景帝时代的侯国地域分布特征进行分析。

需要说明的是，中六年（前144年），景帝对封建制度进行变革，为配合地方行政体系的重建，汉廷对侯国分布重新规划，许多侯国的地理方位因此而发生变动。① 这使得景帝中六年前后的侯国地域分布特征存在较大差异。如果以景帝在位末年为断代剖面，将无法客观反映景帝时代侯国地理分布的基本面貌。有鉴于此，笔者将择取景帝改革封建制度的前一年，即中五年（前145年）为断，以该年的侯国分布态势为基础，来探讨景帝时代的侯国地域分布特征。

一、景帝中五年行政区划

（一）景帝中五年汉中央及各诸侯王国所辖郡目

文帝十二年（前168年）至景帝中五年（前145年），关东地区行政建

---

① 参见下编第一章考述。

制变动极为繁复。为方便叙述，本节以文帝十一年十一王国及济北国故地、淮南国故地为十三个地理单元，分别梳理23年间各地理单元内的行政建制沿革。

(1) 代国

文帝十一年，代王刘参领有太原、代郡、雁门三郡。景帝三年，汉廷收夺代郡、雁门二郡。截至景帝中五年，代王国故地范围内有王国一：代国(太原郡)。汉郡二：代郡、雁门。

(2) 赵国

文帝十一年，赵王刘遂领有邯郸、常山两郡。景帝三年，刘遂谋反国除，两郡属汉。同年析常山郡东部地置中山国，封皇子刘胜；①析邯郸郡、常山郡东部地置广平郡。五年，景帝徙皇子广川王刘彭祖为赵王，王邯郸一郡。中五年，景帝复以缩小的常山郡分封皇子刘舜。截至景帝中五年，赵国故地范围内有王国三：赵国(邯郸郡)、常山国、中山国。汉郡一：广平郡。

(3) 河间国

文帝十一年，河间王刘辟疆领有河间、清河两郡。十五年，河间王刘辟疆薨，河间、清河两郡属汉。周振鹤先生以为，文帝在收归河间国地的同时，将河间郡析分为河间、勃海、广川三郡。② 此说有两个问题。第一，广川郡地本属清河郡，而非河间郡。第二，文帝若析分河间郡，拆分出的河间、广川、勃海三郡辖域范围与其他旧郡相差悬殊，很不合理。因此笔者以为，文帝时代并无拆分旧郡之举。那么勃海、广川等郡又是什么时候出现的呢？

《汉书·景帝纪》："(二年)春三月，立皇子德为河间王，阏为临江王，馀为淮阳王，非为汝南王，彭祖为广川王，发为长沙王。"景帝以前，汉廷封置诸侯王国多以旧有郡名为号。而景帝二年封置之汝南、广川并无与之对应的旧郡名(楚汉之际置有临江国，故临江非新见国名)。从《汉志》汝南郡辖域范围来看，汝南国显然是从淮阳郡分置出来的。也就是说，该年

---

① 周振鹤：《西汉政区地理》，第93页。
② 周振鹤：《西汉政区地理》，第85页。

景帝以汝水为界,①把淮阳郡拆分为淮阳、汝南两王国,分封两皇子。笔者以为这一信息非同寻常,可能预示着景帝分封皇子,不再以整郡分封,而是以半郡之地置国。故该年所封河间王刘德应有故河间郡西部,东部于该年开置为勃海郡;所封广川王仅有清河郡北部地。

景帝五年,广川王刘彭祖徙为赵王,广川郡属汉。中二年以广川郡封皇子刘越。中三年,封皇子刘乘为清河王,其封地仅有清河郡北部地,原清河郡南部地与河内郡北部地合置为魏郡。

截至景帝中五年,河间国故地范围内有王国三:河间国、广川国、清河国。汉郡二:魏郡、勃海郡。

(4) 燕国

文帝十一年,燕王刘泽领广阳、上谷、渔阳、右北平、辽西、辽东六郡。景帝三年,汉廷收夺上谷、渔阳、右北平、辽西、辽东五郡。

关于涿郡置年,周振鹤先生以为在元狩六年封置燕国之时。此说不可信。因景帝中三年在涿郡境内封置一系列匈奴归义侯国,②故涿郡置年绝不会晚于景帝中三年。梳理景帝时期燕地史事,笔者以为景帝三年吴楚七国之乱值得注意。虽然燕国并未直接参与叛乱,但是刘濞告天下檄文有"燕王、赵王固与胡王有约,燕王北定代、云中,抟胡众入萧关"一语。《赵王刘遂列传》载"(赵王遂)北使匈奴,与连和攻汉"。赵国不与匈奴相接,若无燕国的配合,无法实现与匈奴"连和"。综合以上记载,笔者推测吴楚叛乱时,燕王虽未公开反叛,却暗中给予赵国支持。故叛乱结束后,汉廷削广阳郡西部置涿郡,令燕王仅有旧广阳郡半郡之地,与景帝诸皇子封国规模相当。

截至景帝中五年,燕国故地范围内有王国一:燕国(广阳郡)。汉郡六:涿郡、上谷郡、渔阳郡、右北平郡、辽西郡、辽东郡。

(5) 齐国

文帝十一年,齐王刘则领有胶东、胶西、临淄三郡。文帝十五年,刘则

---

① 《中国历史图集》"西汉图组"所绘汝水乃西汉末年流向,西汉初年汝水流向见周运中考证(《汝南郡在汝北之谜试解》,《中原文化研究》2017年第5期)。
② 参见下编第三章第一节考述。

薨。次年，文帝以胶东郡分封齐悼惠王子刘雄渠为胶东王、以胶西郡分封齐悼惠王子刘卬为胶西王，同时析临淄郡东部地置淄川郡，分别以临淄郡、淄川郡分封齐悼惠王子刘将闾、刘贤为齐王、淄川王。景帝二年，汉廷削胶西国六县，置为北海郡，属汉。① 三年，淄川王、胶西王、胶东王因参与七国之乱，国除，景帝随即徙济北王刘志为淄川王，封皇子刘端为胶西王，胶东郡属汉。四年，景帝析胶东郡地置东莱郡，以缩小的胶东郡封皇子刘彻。② 七年，胶东王刘彻立为太子，胶东郡属汉。中二年，景帝复以胶东郡分封皇子刘寄。截至景帝中五年，齐国故地范围内有王国四：齐国（临淄郡）、淄川国、胶西国、胶东国。汉郡二：北海郡、东莱郡。

（6）城阳国

文帝十一年，城阳王刘喜领有城阳、琅邪郡。景帝三年，汉廷收夺琅邪郡。截至景帝中五年，城阳国故地范围内有王国一：城阳国。汉郡一：琅邪郡。

（7）济北国故地

文帝十一年，济北国故地之济北、济南二郡属汉。十六年，汉廷以济北郡封齐悼惠王子刘安都为济北王，以济南郡封齐悼惠王子刘辟光为济南王。景帝三年，济南王刘辟光谋反国除，济南郡收归汉廷。景帝四年，汉廷徙济北王刘安都为淄川王，同时改济北郡为平原郡，收归汉廷。景帝另析济南郡故博阳郡地置为新济北国，徙置故衡山王刘勃。③ 截至景帝中五年，济北国故地范围内有王国一：济北国。汉郡二：平原郡、济南郡。

（8）梁国

文帝十一年，梁王刘揖领有砀郡一郡之地。次年，刘揖薨，文帝徙淮阳王刘武为梁王。截至景帝中五年，梁王刘武仍领有砀郡。

（9）楚国

文帝十一年，楚王刘戊领有彭城、薛、东海三郡。景帝三年，刘戊谋反，国除。同年，复立楚元王少子刘礼为楚王，析彭城郡部分地立沛郡，以

---

① 周振鹤：《西汉政区地理》，第 112 页。
② 周振鹤：《西汉政区地理》，第 115 页。
③ 周振鹤：《西汉政区地理》，第 105 页。

余地置楚国。① 薛、东海两郡则收归汉廷,同时徙封淮阳王刘余为鲁王,王有故薛郡东部,西部并入梁国。截至景帝中五年,楚国故地范围内有王国二：楚国(彭城郡)、鲁国(薛郡)。汉郡二：沛郡、东海郡。

（10）淮阳国

文帝十一年,淮阳王刘武领有淮阳郡一郡之地。次年,梁王刘揖薨,文帝徙淮阳王刘武为梁王,淮阳郡属汉。景帝二年,以淮阳郡封皇子刘余,析分汝南郡封皇子刘非。次年,景帝徙淮阳王刘余为鲁王,徙汝南王刘非为江都王,淮阳、汝南两郡属汉。截至景帝中五年,淮阳国故地范围内有汉郡二：淮阳郡、汝南郡。

（11）吴国

文帝十一年,吴王刘濞领有东阳、会稽、鄣三郡。景帝三年,刘濞反叛,国除属汉。同年,景帝徙汝南王刘非为江都王,王东阳郡。截至景帝中五年,吴国故地范围内有王国一：江都国（东阳郡）。汉郡二：会稽郡、鄣郡。

（12）淮南国故地

文帝十一年,淮南国故地之九江、衡山、庐江、豫章四郡属汉。十六年,文帝封淮南厉王三子为王,王有淮南国故地。其中,刘安领有九江郡,为淮南王。刘勃领有衡山郡,为衡山王。刘赐领有庐江、豫章两郡,为庐江王。② 景帝三年,汉廷收夺庐江国之豫章郡。四年,景帝徙衡山王刘勃为济北王,徙庐江王刘赐为衡山王,庐江郡属汉。截至景帝中五年,淮南国故地范围内有王国二：淮南国（九江郡）、衡山国。汉郡二：庐江郡、豫章郡。

（13）长沙国

文帝十一年,长沙王吴著领有长沙、武陵两郡。后七年,吴著薨,无后国除,两郡属汉。景帝二年,汉廷以故长沙郡北部封皇子刘发为长沙王。故长沙郡南部开置为桂阳郡。截至景帝中五年,长沙国故地范围内有王国一：长沙国。汉郡二：桂阳郡、武陵郡。

---

① 周振鹤：《西汉政区地理》,第28—29页。
② 周振鹤：《西汉政区地理》,第46—53页。

现对文帝十一年十三王国(含济北国、淮南国故地)与相应区域内景帝中五年的行政区划之沿革关系进行归纳(表5-1)。

表5-1 文帝十一年十三王国(含济北国、淮南国故地)与景帝中五年二十七郡二十一王国行政建制对应表

文帝十一年	王国	代			赵				河间			
	郡目	雁门	代	太原	邯郸		常山		清河		河间	
景帝中五年	郡国名目	雁门郡	代郡	代国	赵国	广平郡	常山国	中山国	魏郡	清河国	广川国	河间国	勃海郡

文帝十一年	王国	燕						齐				
	郡目	广阳	上谷	渔阳	右北	辽西	辽东	临淄		胶西		胶东	
景帝中五年	郡国名目	燕国	上谷郡	渔阳郡	右北平	辽西郡	辽东郡	齐国	淄川国	胶西国	北海郡	胶东国	东莱郡

（注：燕国行涿郡列于上谷郡之前）

文帝十一年	王国	城阳		济北故地		梁	楚		淮阳	
	郡目	城阳	琅邪	济北	济南	砀郡	薛	东海	彭城	淮阳
景帝中五年	郡国名目	城阳国	琅邪郡	平原郡	济北国	济南郡	梁国	鲁国	东海郡	楚国	沛郡	淮阳国	汝南郡

文帝十一年	王国	吴			淮南故地				长沙		
	郡目	东阳	会稽	鄣	九江	衡山	庐江	豫章	长沙	武陵	
景帝中五年	郡国名目	江都国	会稽郡	鄣郡	淮南国	衡山国	庐江郡	豫章郡	长沙国	桂阳郡	武陵郡

根据以上考订,景帝中五年汉廷直辖区域当以内史、北地、上郡、陇西、蜀郡、巴郡、汉中、河东、上党、河内、河南、南郡、南阳、颍川、东郡、云中十六郡为基础,增代、雁门、广平、魏、勃海、涿、上谷、渔阳、右北平、辽西、辽东、北海、东莱、琅邪、平原、济南、沛、东海、淮阳、汝南、会稽、鄣、庐江、豫章、桂阳、武陵二十六郡,共四十二郡。

景帝中五年另有代、赵、常山、中山、河间、广川、清河、燕、齐、淄川、胶西、胶东、城阳、济北、梁、楚、鲁、江都、淮南、衡山、长沙二十一王国(表5-2)。

表5-2　景帝中五年汉中央及诸侯王国所辖郡目表

国名	王名	封　　域	继位年
汉	刘启	内史、北地、上郡、陇西、蜀郡、巴郡、汉中、河东、上党、河内、河南、南郡、南阳、颍川、东郡、云中、代、雁门、广平、魏、勃海、涿、上谷、渔阳、右北平、辽西、辽东、北海、东莱、琅邪、平原、济南、沛、东海、淮阳、汝南、会稽、鄣、庐江、豫章、桂阳、武陵	文帝后七年
代	刘登	太原	文帝后二年
赵	刘彭祖	邯郸	景帝五年①
常山	刘舜	常山	景帝中五年
中山	刘胜	中山	景帝三年
河间	刘德	河间	景帝五年
广川	刘越	广川	景帝中二年
清河	刘乘	清河	景帝中三年
燕	刘定国	广阳	景帝五年
齐	刘寿	临淄	景帝三年
淄川	刘志	淄川	景帝三年
胶西	刘端	胶西	景帝三年
胶东	刘寄	胶东	景帝中二年
城阳	刘喜	城阳	文帝三年
济北	刘勃	博阳	景帝四年
梁	刘武	砀郡	文帝十二年
楚	刘道	彭城	景帝六年

---

① 刘彭祖于景帝二年受封为广川王。五年更封为赵王。此处所记年份为刘彭祖继赵王位之年，非始封为诸侯王之年份。以下各例同。

(续表)

国名	王名	封域	继位年
鲁	刘余	薛	景帝三年
江都	刘非	东阳	景帝三年
淮南	刘安	九江	文帝十六年
衡山	刘赐	衡山	景帝四年
长沙	刘发	长沙	景帝二年

(二) 各郡辖域范围

景帝中五年,各郡辖域范围与文帝十一年相比并无显著变化。现对文帝十二年至景帝中五年新置郡的辖域范围作以考订,同时对辖域范围存在变动的郡域进行说明。

(1) 汉中央直辖四十二郡

内史、北地、上郡、陇西、蜀郡、巴郡、汉中、河东、上党、河南、颍川、东郡、云中、代、雁门、上谷、渔阳、右北平、辽西、辽东、琅邪、东海、会稽、鄣、庐江、豫章、武陵二十七郡辖域范围与文帝十一年相同。

南郡 据《秩律》,高后初期之南郡辖有下隽县。但在松柏汉墓35号木牍所记录的武帝早期南郡辖县中,已无下隽之名。由下隽县的地理方位来看,应改属长沙国,当在景帝二年复置长沙国之时。故景帝中五年南郡之南界无下隽县。

南阳郡 据《秩律》,高后初期南阳郡东部有西平、阳安、郎陵三县。但在《汉志》中,以上三县属汝南郡。就淮阳国的建制沿革来看,这一变动应发生在景帝二年汝南国初置之时。故景帝中五年之时,南阳郡东界当退缩至叶、舞阴、比阳一线,与《汉志》所示南阳郡东界相同。

汝南郡 景帝二年,汉廷新置汝南国,其西界与《汉志》汝南郡西界相同,南界淮水,东界慎县、细阳,北界汝水(见淮阳郡)。

淮阳郡 景帝二年,汉廷析淮阳郡置汝南国。关于汝南国分置后,淮阳郡的南部界限,周振鹤先生以为与《汉志》淮阳国、汝南郡分界大致相同,唯有长平县初属淮阳郡。① 今按,肩水金关汉简见有"淮阳郡新郪"(73EJT2∶2A)、"淮阳郡西华"(73EJT10∶294),可见元康三年以前新郪、西华亦属淮阳郡。从长平、新郪、西华三县的方位来看,景帝二年淮阳郡应以汝水为界。② 汝南郡全境皆在汝水以南,"汝南郡"当因此得名。

河内郡　据《秩律》,高后初期河内郡与赵国以漳水为界。景帝中三年,汉廷以河内郡北部地与清河郡南部地新置魏郡。河内郡北界退缩至隆虑、朝歌以北,与《汉志》所示河内郡北界相同。

魏郡　景帝中三年,汉廷以河内郡北部地与清河郡南部地新置魏郡,其南界在隆虑、朝歌以北,东界大河,北界在清渊、贝丘一带,西界与故清河郡相同。

广平郡　景帝三年,汉廷析邯郸郡、常山郡东部地置广平郡。景帝中五年,广平郡与赵国大致以湡水为界,与常山国大致以下曲阳、杨氏为界,

涿郡　景帝三年析燕国内史(广阳郡)西部地置涿郡,涿郡与燕国以西乡、新昌一线分界。

又《汉志》涿郡旧大河、泒水之间数县地,本属河间郡。周振鹤先生以为该地转入燕国在高帝末年。③ 笔者则以为此地应在涿郡建置时划入涿郡,其目的是与该年设置的广平郡一同起到分隔赵地诸侯的作用。

勃海郡　文帝十五年,汉廷析河间郡东部地置勃海郡。勃海郡与河间郡之分界在《汉志》勃海郡束州、中邑一线以西,④另有大河以南之东光、南皮、浮阳三县。

平原郡　景帝四年,汉廷改济北郡为平原郡。平原郡辖域与《汉志》平原郡相当。

济南郡　景帝四年析济南郡泰山以南地置济北国,所余济南郡地与

---

① 周振鹤:《西汉政区地理》,第42页。
② 周运中:《汝南郡在汝北之谜试解》,《中原文化研究》2017年第5期。
③ 周振鹤:《西汉政区地理》,第66—69页。
④ 李启文:《西汉勃海郡初置领县考》,复旦大学历史地理研究所编:《历史地理》第13辑,第136—141页。按,李启文先生以为勃海郡初置时有阜城县,如此则勃海郡辖域深嵌入河间国。笔者以为勃海郡初置时无阜城县。阜城、建成两县当为宣帝甘露年间由河间国削入勃海郡。

《汉志》济南郡相同。

北海郡　景帝二年,汉廷削胶西国六县,置为北海郡,属汉。此六县为营陵、平寿、斟、淳于、都昌、桑犊。① 据此可绘制出中五年北海郡之辖域范围。

东莱郡　景帝四年,汉廷析胶东郡地置东莱郡。其辖域范围与《汉志》东莱郡略同,而无昌阳、阳乐两县。②

沛郡　景帝三年,楚国因叛乱而废除。随后,景帝析彭城郡东部地复置楚国,分封刘礼。西部地则改置为沛郡。沛郡与楚国分界与《汉志》沛郡、楚国分界相当。

桂阳郡　景帝二年以长沙国南部地置桂阳郡。据长沙走马楼西汉简,武帝初年长沙国仍辖有便、郴、临武县。③ 故桂阳郡初置时,约有《汉志》零陵郡路山、泉陵、舂陵乡以南之地,另有《汉志》桂阳郡桂阳、南平二县。

(2) 二十一王国

代国　景帝中五年,代国有太原郡之地,辖域范围与文帝十一年太原郡相同。

赵国　景帝中五年,赵国有故邯郸郡滹水以西之地。

中山国　常山国　景帝三年,汉廷析常山郡东部地置中山国。中五年,以缩小的常山郡置常山国。中山国与常山国之分界与《汉志》中山国、常山郡分界略同。④

《汉志》中山国有新市县,地处中山国、常山郡交界。景帝中二年,汉廷分封王康为新市侯(226)。此新市侯国地望即《汉志》中山国之新市。⑤ 景帝中元年间,汉廷所置侯国,除王子侯国以外,皆在汉郡。中二年,中山为王国,则新市侯国地处常山郡的可能性较大。又新市侯王康为赵内史王慎之子,而同日受封赵相建德之子横,其封国遽(225)亦地处常山郡。由此看来,中二年景帝所封之新市、遽两侯国皆在常山郡境。中五年,中山国、常山国分界当在新市县以东。

---

① 周振鹤:《西汉政区地理》,第112页。
② 周振鹤:《西汉政区地理》,第117页。
③ 此信息承蒙周海锋先生告知。
④ 周振鹤:《西汉政区地理》,第96页。
⑤ 郝红暖:《西汉中山"新市侯国"小考》,《邢台学院学报》2006年第2期。

河间国　景帝二年,汉廷析河间郡东部地置勃海郡。勃海郡与河间郡之分界在《汉志》勃海郡束州、中邑一线以西(见勃海郡)。

广川国　景帝二年,汉廷析清河郡北部地置广川郡。广川郡与清河郡之分界与《汉志》信都郡、清河郡分界基本相当,为修、复阳一线以北(见清河国)。

清河国　景帝二年,汉廷析清河郡北部地置广川郡。景帝中三年,析清河郡南部地置魏郡。分置广川、魏郡之后的清河郡,北界在修县、复阳一线,南界在清渊县、贝丘县之间,东界大河。同年以缩小的清河郡设置为清河国。

燕国　景帝三年以后,燕国仅余广阳郡西乡、新昌一线以东地(见涿郡)。

齐国　淄川国　文帝十六年,汉廷析临淄郡东部地置淄川国,以缩小的临淄郡置齐国。淄川国与齐国之分界在广县、东安平县、巨定湖一线以西。①

胶西国　文帝十六年,汉廷以胶西郡置为王国,封齐悼惠王子刘卬。景帝二年,汉廷削胶西郡营陵、平寿、斟、淳于、都昌、桑犊六县置北海郡(见北海郡)。景帝中五年,胶西国之封域当以文帝十一年胶西郡为基础,减去营陵、平寿、斟、淳于、都昌、桑犊六县之地。

胶东国　景帝四年,汉廷析胶东郡地置东莱郡,以缩小的胶东郡置胶东国。析置东莱郡之后的胶东国,其辖域范围有文帝十一年胶东郡南部地,北界在昌阳、阳乐两县以北(见东莱郡)。

城阳国　景帝中五年,城阳国辖城阳一郡之地。又武帝以后所封城阳王子侯国,有相当数量在今山东诸城市境内,可知景帝末年城阳国辖域北境已突破齐长城一线。笔者推测这一变化与七国之乱有关。城阳国是齐地唯一协助汉廷平叛的国家。可能在景帝三年七国之乱后,汉廷为了嘉奖城阳王,将原属叛国胶西国的部分土地划归城阳国。故景帝中五年城阳国辖域范围当以文帝十一年城阳郡辖域为基础,增今诸城市一带土地。

---

① 　周振鹤:《西汉政区地理》,第 104 页。

济北国　景帝四年,汉廷改济北郡为平原郡。迁济北国于故博阳郡。景帝中五年济北国辖域与高帝十年博阳郡相当。

梁国　景帝三年,吴楚七国之乱平定后,汉廷将薛郡西部数县之地益封予梁国。梁国东界拓展至章、樊、湖陵一线。①

楚国　景帝中五年,楚国仅有故彭城郡东部地,辖域范围与《汉志》楚国略同。

鲁国　景帝三年,汉廷析薛郡西部地益封梁国,以辖域缩小之薛郡置为鲁国。景帝中五年,鲁国辖域当以文帝十一年薛郡为基础,西界收缩至章、樊、湖陵一线以东(见梁国)。

江都国　景帝中五年,江都国有东阳郡之地。

淮南国　衡山国　景帝中五年,淮南国、衡山国辖域范围与文帝十一年相同。

长沙国　景帝中五年,长沙国有故长沙郡北部之地,南界在路山、泉陵、舂陵一线(见桂阳郡),北界有下隽县。

二、景帝中五年侯国数目及侯国分布图

现以景帝中五年九月为断,对该年限见存的侯国名目进行统计,同时根据各侯国的地理方位,确定其所在郡目。请参看《景帝中五年侯国名目综表》(表5-3)。

表5-3　景帝中五年侯国名目综表

国名	郡名	侯国名目				
汉	河东	平阳(1)	张(217)	垣(243)		
	河内	平皋(67)	波(118)	轵(180)	山阳(228)	隆虑(239)
	河南	武强(33)	故市(42)	启封(105)	中牟(124)	

---

① 参见拙文《西汉梁国封域变迁研究(附济阴郡)》,《史学月刊》2013年第5期。

(续表)

国名	郡名	侯国名目
汉	上党	阳阿(69) 阏氏(93) 平都(146)
	颍川	舞阳(18) 颍阴(19)
	南阳	乐成(60) 棘阳(71) 杜衍(78) 山都(165) 南陵(227)
	南郡	邔(125) 轪(145)
	东郡	清(86) 衍(122) 戚(132) 乐平(164) 黎(202) 阳平(244)
	汝南	汝阴(4) 吴房(89) 慎阳(107) 江阳(222) 临汝(245)
	淮阳	新阳(28) 祁(45) 建平(220)
	魏	斥丘(57) 襄城(205)
	广平	贳(34) 堂阳(109) 广阿(115) 平棘(246)
	勃海	壮(134) 中邑(163) 章武(208) 南皮(209) 盖(242)*
	涿	安国(59) 安平(62) 中水(77) 谷阳(133) 安陵(230) 垣(231) 遒(232) 容成(233) 易(234) 范阳(235) 翕(236)* 亚谷(238)
	平原	临辕(117)
	济南	梁邹(21) 高苑(53) 朝阳(70) 德(129)* 绳(224)
	北海	安丘(94)
	琅邪	更(247)
	东海	建陵(219) 节氏(249)
	沛	汁防(30) 红(211) 棘乐(214)* 鄣(223)
	武陵	陆梁(99) 沅陵(157)
	桂阳	离(101)
代	内史	汾阳(120)
赵	内史	张(141)
常山	内史	槀(83) 遽(225) 新市(226)
中山	内史	曲逆(9) 北平(64)
河间	内史	弓高(204)
广川	内史	南宫(185)

(续表)

国名	郡名	侯国名目
清河	内史	清阳(3) 复阳(68) 东阳(104) 信成(114) 俞(218)
济北	内史	平州(123)
齐	内史	蓼(23) 柳丘(43) 繁(98)*
胶东	内史	昌武(52)* 魏其(215)
城阳	内史	彭(88)
楚	内史	武原(82) 梧(150)
鲁	内史	沈犹(212)*
梁	内史	戴(121) 成阳(135) 桃(136) 樊(184) 乘氏(240) 桓邑(241)
江都	内史	堂邑(10) 海阳(35)
长沙	内史	便(144)
	地望无考	武忠(5) 柏至(76) 襄平(96) 武阳(137) 平定(151) 松兹(166) 故安(207) 武阳(214) 安阳(229) 缪(237) 发娄(248) 塞(250)

说明：部分侯国虽然知道所在的郡目，但却不清楚其具体方位。对此类侯国，本表通过标识"*"来予以区别。

文帝十一年共有侯国150个。文帝十二年至景帝中五年，新封侯国48个，废除侯国75个，截止于景帝中五年九月汉帝国疆域范围内共有侯国123个。在这123个侯国中，有111个侯国可推知大致方位所在（参见本书附表）。在已明确景帝中五年汉中央及各诸侯王国所辖郡目及各郡辖域范围的情况下，我们可以根据以上信息绘制景帝中五年的侯国分布图（图5-1、5-2）。

三、景帝中五年侯国分布特征概述

从图5-1可以直观地看到，景帝中五年的侯国分布仍然符合"京畿无侯国"、"关西无侯国"、"边郡无侯国（含东海、琅邪二郡）"、"河南郡荥阳以

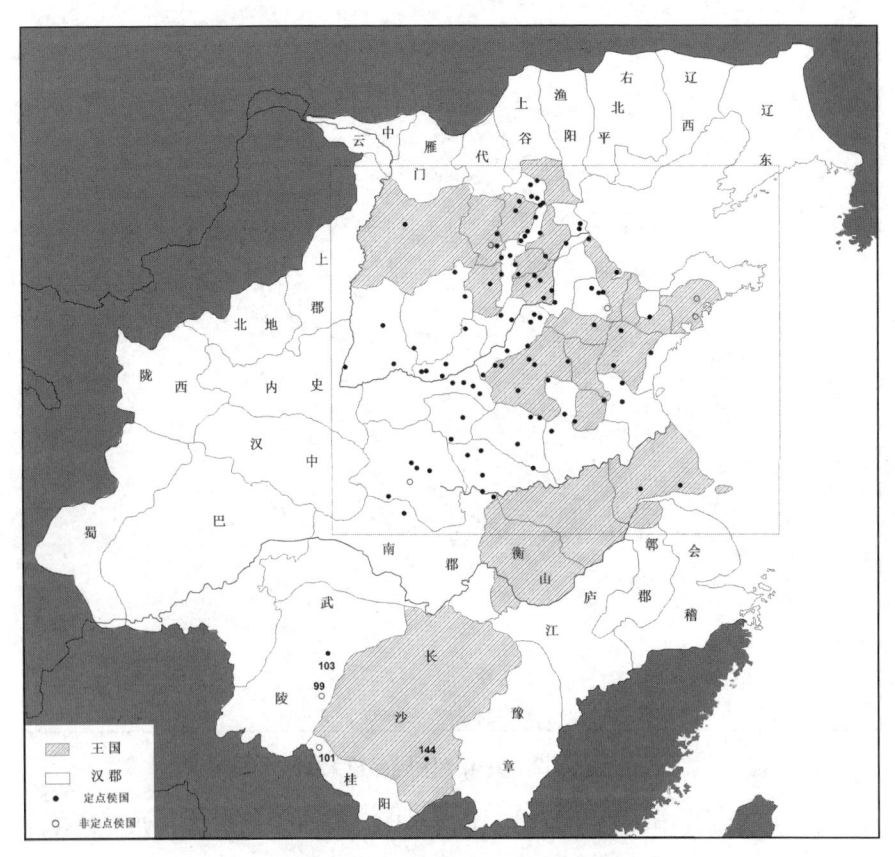

图 5-1　景帝中五年侯国分布图

西无侯国"以及侯国密集分布于燕山以南及桐柏山—淮河以北地区等地域特征。

与高帝、惠帝、文帝时代相比,景帝时代侯国分布态势最明显的变化是绝大多数侯国分布于汉郡。经过统计,景帝中五年方位明确的 111 个侯国,有 78 个分布在汉郡,有 33 个分布在王国,汉郡境内的侯国数量占侯国总数的 70%。景帝时代,汉廷不断削夺诸侯王国疆域,特别是七国之乱平定后,王国支郡全部收归中央。中五年,汉中央直辖 43 郡,王国仅有 21 郡,中央领郡数占郡总数的比值为 67%。因此景帝晚期 70% 的侯国分布在汉郡境内,似乎是情理之中的事情。不过,若仔细分析关东地区的郡国格局,事实并非这么简单。

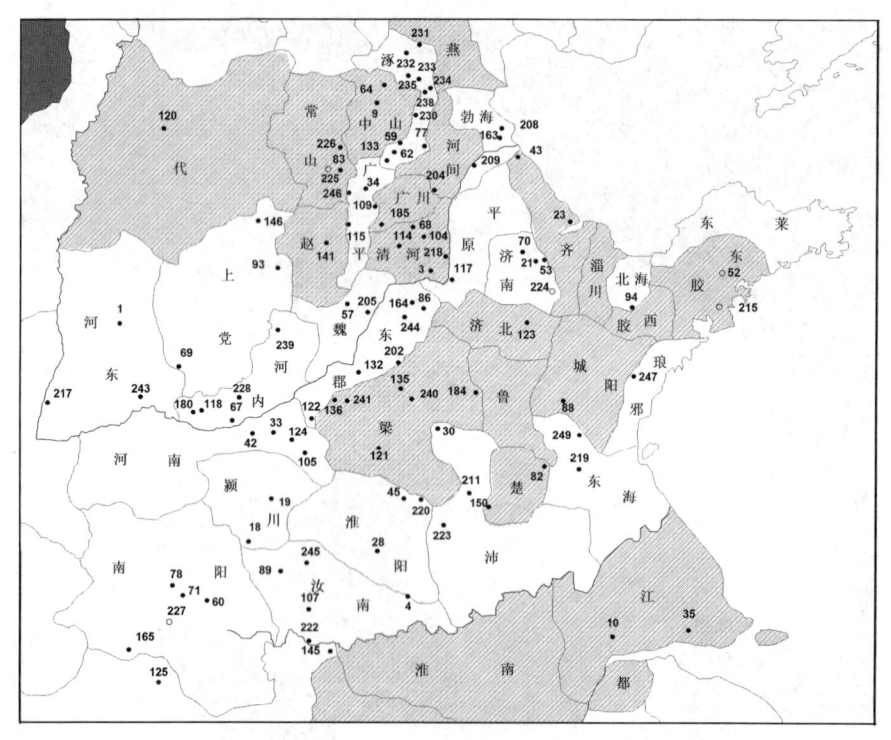

图 5-2 关东地区局部放大图

景帝三年，汉中央虽然削夺王国支郡，但王国支郡多属边郡，是不封置侯国的区域。边郡的收夺，并不会增加汉中央直辖区域内的侯国数量。如果我们将 17 边郡(含长沙国、琅邪郡、东海郡)排除在外，① 则景帝中五年燕山以南、长江以北的侯国分布区域内，有 19 汉郡和 20 王国。也就是说，在侯国分布区域内，汉中央直辖范围与王国范围相比，在地域面积上并不占优势。在地域面积相当的情况下，汉郡境内的侯国数量远多于王国境内的侯国数量，表明汉郡境内的侯国分布更为密集。在关东侯国分布区域内，19 汉郡分布有侯国 78 个，平均每郡有侯国 4 个；20 王国分布有侯国 33 个，平均每王国有侯国 1.7 个，两者相差悬殊，而在惠帝、高后、文帝时期，汉郡的侯国密度与王国支郡的侯国密度基本相当(参见表 5-4)。可见，中五

---

① 十七边郡为：云中、雁门、代、上谷、渔阳、右北平、辽西、辽东、武陵、桂阳、长沙、豫章、庐江、鄣、会稽、东海、琅邪。

年2/3的侯国分布在汉郡之中,与汉中央直辖区域的扩大并无必然的关联,而根本原因在于该时段汉郡境内的侯国分布要比王国更为密集。

表5-4 惠帝、文帝、景帝时期汉郡及王国支郡侯国分布密度

年　代	汉郡数量	侯国数量	侯国分布密度（个/郡）	王国支郡数量	侯国数量	侯国分布密度（个/郡）
惠帝七年	8	36	4.5	19	88	4.6
文帝十一年	11	58	5.3	16	72	4.5
景帝中五年	19	78	4.1	20	33	1.7

景帝中元年间,汉郡境内的侯国密度何以高于王国?首先,这与文帝以来的侯国封置政策有关。文帝即位后,为保障诸侯王权益,同时也是为了加强对列侯的控制,将侯国封置于汉郡。这一政策后被景帝延续。由于文帝、景帝不再将侯国置于王国,随着时代的推移,自然会使王国境内的侯国密度有所下降。

除了文帝、景帝所施行的侯国封置政策,一些重要政治事件也对王国境内的侯国分布产生了影响。

文帝二年,汉廷将地处淮南国境内的三个侯国全部迁出,重新安置于汉郡。① 此举措使淮南国成为高帝十二年以来,继燕国之后又一个没有侯国分布的诸侯王国。

文帝十六年,刘恒放弃了对齐国故地和淮南国故地的直接管辖,②将上述地区恢复为王国封域。为了能够达到"众建诸侯而少其力"之目的,文帝大举分封王子侯为诸侯王。由于王子侯国分封于王国境内,大量王子侯的改封,使得某些王国境内的侯国数量迅速减少。如济北郡在文帝十五年有侯国11个,十六年文帝分封济北郡境内的6个齐王子侯为诸侯王,故至济北国封置之时,其境内只余有5侯国。而九江郡在文帝十四年有4个淮南王子侯国,十六年文帝封3个淮南王子侯为诸侯王。至此,九

---

① 参见下编第四章第一节考述。
② 文帝三年,济北王刘兴居反叛,国除,济北、济南二郡收归中央。十二年,文帝徙城阳王刘喜为淮南王,城阳国之城阳、琅邪二郡收归中央。十五年,齐王刘则薨,临淄、胶西、胶东三郡收归中央。自此,刘肥所辖有之齐国七郡已全部为中央直辖。

江郡境内已无侯国分布。① 文帝十六年,汉廷的王国政策变动,对王国境内侯国分布的影响十分明显。

景帝三年,吴楚七国之乱爆发,很多王国境内的侯国也参与了叛乱。七国之乱平定后,汉廷对参与反叛的列侯进行清算,叛侯的封国被悉数废除。景帝二年,胶西国境内有东武(29)、都昌(32)、昌(91)、安丘(94)、高陵(130)五侯国,胶东国境内有夜(38)、魏其(44)、昌武(52)、壮武(181)四侯国,淄川国境内有辟阳(61)、纪(138)、鲱(203)三侯国。景帝三年,魏其、辟阳、昌、高陵、纪、鲱皆因参与叛乱而除国。截至景帝三年末,胶西、胶东两国境内各余有三侯国,而淄川国则成为没有侯国分布的王国。另外,楚国和济南国境内也有七个侯国因参与叛乱而除国。大量王国境内的侯国因"七国之乱"而废免,成为景帝三年侯国地域分布的最大变化。

由于文帝、景帝将侯国置于汉郡,使得汉郡境内的侯国数量不断增加,而一系列政治事件又促使王国境内的侯国数量急剧减少,在这两方面因素的共同作用下,汉郡与王国侯国分布密度的差距越来越大。景帝中元年间,除清河国、梁国以外,其他王国境内的侯国只有一两个,而燕、淄川、济北、淮南、衡山五王国则无侯国分布。可以说,景帝时代侯国地处汉郡逐渐成为常态。

景帝中五年,侯国地域分布另一个值得注意的现象是涿郡境内侯国数量的激增。涿郡初置时分布有4个侯国。而在景帝中五年,涿郡境内侯国数量增至12个,侯国分布十分密集。仔细分析文帝十二年至景帝中五年的侯国分封,可以发现这一变化发生在景帝中三年。该年,汉廷在涿郡封置7个侯国,使涿郡一跃成为侯国数量最多的汉郡。而这7个列侯全部是归降的匈奴贵族,汉廷把匈奴归义侯集中分封在涿郡,显然具有特殊的考虑。② 可见,汉廷的异族归义列侯封置政策,在一定程度上也影响到全国范围内的侯国分布格局。

景帝时期侯国地域分布变化的另外一个特点是东海郡、琅邪郡自景

---

① 东城侯(201)已于文帝十五年病故。
② 见下编第三章第一节考述。

帝六年开始封置侯国。这意味着,吴楚七国叛乱之后,汉廷对琅邪、东海两郡的定位发生变化,不再将其视为边郡,故开始封置侯国。

结　　语

　　西汉立国以后,如何防范关东诸侯王国一直是汉中央面临的首要难题。无论是高帝、惠帝、高后时代的"孽诸侯"策略,还是文帝时代的"以亲置疏"、"众建诸侯"策略,无不体现出汉中央着力控御关东王国的战略意图。七国之乱平定后,汉景帝借助军事胜利的余威,直接削夺王国疆域。随着王国支郡的收回以及削取王国土地开置新郡,景帝三年、四年成为西汉历史上郡国级行政建制变动幅度最大的时期。因七国之乱而引发郡国政区的剧烈变动,是我们进行西汉政区研究所必须注意的现象。

　　与郡国政区剧烈变动不同,七国之乱对侯国地域分布的影响非常有限。除了部分地处叛国境内的侯国因参与谋反而被废除外,西汉侯国地域分布格局并未发生显著变化,七国之乱前后的侯国地域分布具有明显的延续性,并未展现出突变的趋向。可以说,在七国之乱后的一段时期内,景帝在侯国封置政策上仍然遵循高帝以来的既定方针。因此在不考虑郡国因素的前提下,仅就侯国地理分布而言,景帝中期的侯国分布格局与高帝、惠帝、高后、文帝时代并无明显的区别。

　　但是,随着关东地区汉中央直辖区域的拓展,以及文帝以来置侯国于汉郡之政策执行,景帝时代汉郡与王国境内侯国数量的差距越来越明显。至景帝中元年间,大多数侯国分布在汉郡境内。汉廷在日后制定与侯国相关政策时,势必更多地考虑到汉郡与侯国之间的关系。总之,王国境内侯国的日趋消亡,应当是景帝时代侯国地域分布特征发展的基本趋势。

第六章 武帝元光五年侯国地理分布

景帝中六年(前144年),汉廷对封建制度和地方行政制度进行改革。为了使侯国成为汉郡直接管辖下的地方行政单位,景帝将王国境内残余的侯国悉数迁出,重新安置于汉郡之中。① 这是景帝对侯国地域分布格局的一次重要调整。在本章,笔者将择取封建制度改革后的第15年,即武帝元光五年(前130年)为时代断限,复原该年的侯国地理分布,以展现此次制度改革对侯国分布格局的影响。

武帝时代是西汉侯国地域分布格局发展、变化的重要时期。至武帝末年,侯国地域分布态势与武帝初年相比,已发生剧烈变化。本章以元光五年为时代断限,可以展现武帝初年的侯国分布格局,在与武帝晚期的侯国分布格局进行对照后,更有利于我们把握武帝时代侯国地域分布的变动趋势。这是笔者择取元光五年作为断代剖面的另一层考虑。

一、武帝元光五年行政区划

(一) 武帝元光五年汉中央所辖郡目及王国数目

(1) 汉中央直辖区域

景帝中五年,汉中央辖四十三郡。中六年,梁孝王刘武薨,景帝分梁

---

① 参见下编第一章第一节考述。

国置梁、济川、济阴、山阳、济东五国。后元年,济阴王刘不识薨,济阴属汉为郡。武帝建元三年,济川王刘明获罪国除,济川郡属汉。建元五年,山阳王刘定薨,无后,国除为山阳郡。

建元五年,清河王刘乘薨,无后,国除为清河郡。建元六年,汉廷分内史辖地为左内史、右内史,①元光三年开西南夷地置犍为郡、广汉郡②。元光五年,汉中央直辖区域当以景帝中五年四十三郡为基础,增济阴、济川、山阳、清河、犍为、广汉、右内史七郡,共四十九郡(表6-1)。

表6-1 武帝元光五年汉中央所辖郡目及王国名目表

汉中央直辖四十九郡	左内史、右内史、北地、上郡、陇西、蜀郡、广汉、巴郡、汉中、河东、上党、河内、河南、南郡、南阳、颍川、东郡、云中、代、雁门、广平、魏、勃海、涿、上谷、渔阳、右北平、辽西、辽东、北海、东莱、琅邪、平原、济南、沛、东海、淮阳、汝南、会稽、鄣、庐江、豫章、桂阳、武陵、济阴、济川、山阳、清河、犍为
二十一王国	代、赵、常山、中山、河间、广川、燕、齐、淄川、胶西、胶东、城阳、济北、梁、济东、楚、鲁、江都、淮南、衡山、长沙

(2) 王国数目

景帝中五年共有二十一王国。中六年,分梁国置梁、济川、济阴、山阳、济东五国。景帝后元年至武帝建元五年,济阴、济川、山阳、清河四国相继废除。故元光五年王国数目当以景帝中五年二十一王国为基础,减清河国,增济东国,仍为二十一王国(表6-1)。

(二) 各郡国辖域范围

武帝元光五年,各郡国辖域范围与景帝中五年相比并无显著变化。现对景帝中五年至武帝元光五年新置郡的辖域范围作以考订,同时对辖域范围存在变动的郡国进行说明。

梁国 中六年,梁孝王刘武薨,景帝分梁国置梁、济川、济阴、山阳、济

---

① 周振鹤先生以为内史辖域划分为左、右内史在文帝末年(《西汉政区地理》,第131页)。其说法有误。参见崔在容:《西汉三辅的成立和其机能》,《庆北史学》第8辑,庆北:庆北大学出版社,1985年。
② 拙文:《西汉广汉郡置年考辨——兼谈犍为郡置年》,《四川文物》2019年第3期。

东五国。析分后的梁国,有故梁国南部地。以《汉志》言之,梁国北界为成武、单父一线,西界为甾、宁陵一线,南界为敬丘,东界在平乐、杼秋之间。①

济东国　中六年,景帝析梁国置济东国,有故梁国之东部地。元光五年济东国封域与《汉志》东平国基本相同,东界无富城县,而有《汉志》泰山郡桃乡、乘丘两县。②

济阴郡　中六年,景帝析梁国置济阴国,有故梁国之北部地。后元年,济阴国除。以《汉志》言之,元光五年济阴郡之辖域北界在范、离狐一线,东界巨野泽,南界以冤句、秅一线与梁国分界。③

山阳郡　中六年,景帝析梁国置山阳国,有故梁国之中部地。建元五年,山阳国除。元光五年,山阳郡之辖域范围比《汉志》山阳郡略小,无东部之瑕丘、南平阳,无南部之成武、平乐、西防、薄、单父,无西部之城都、都关、黄诸县。

济川郡　中六年,景帝析梁国置济川国,有故梁国之西部地。建元三年,济川王获罪,国除属汉。元光五年济川郡辖域与《汉志》陈留郡略同,西无酸枣、封丘、浚仪、陈留,东无宁陵、僪两县。

左内史　右内史　建元六年,汉廷分内史辖地为左内史、右内史。左内史辖域与《汉志》左冯翊相同。右内史辖域即《汉志》右扶风、京兆尹辖域之和。④《汉志》右扶风栒邑县,《秩律》属北地郡,当在此次内史辖域调整过程中,由北地郡划入右内史。

犍为郡　建元六年,武帝派唐蒙出使西南夷,劝喻巴郡以南的夜郎国及附近小邑归顺汉朝。元光三年,汉廷将巴郡南部地与归附的南夷地合置为犍为郡。犍为郡初置时的辖域,北部地区与《汉志》犍为郡基本相同,南部地区有《汉志》牂柯郡北部的姑且兰、夜郎、鳖、平夷四县地,而无《汉志》犍为郡之朱提、堂琅等地。⑤

---

① 参见拙文《西汉梁国封域变迁研究(附济阴郡)》,《史学月刊》2013年第5期。
② 济川、山阳、济东三国初置时之疆域,俱见周振鹤先生考证《西汉政区地理》,第56—63页。
③ 参见拙文《西汉梁国封域变迁研究(附济阴郡)》。
④ 周振鹤:《西汉政区地理》,第131页。
⑤ 周振鹤:《西汉政区地理》,第143—144页。

广汉郡　元光三年,汉廷析巴郡、蜀郡置广汉郡,辖域范围与《汉志》广汉郡相同。

蜀郡　元光年间,司马相如出使西南夷,在邛崃山以南置十余县,属蜀郡。蜀郡南界跨越邛崃山,延伸至邛都县以南的南山附近。①

二、武帝元光五年侯国数目及侯国分布图

现以武帝元光五年九月为断,对该年限见存的侯国名目进行统计,同时根据各侯国的地理方位,确定其所在郡目。请参看《元光五年侯国名目综表》(表6-2)。

表6-2　元光五年侯国名目综表

郡　名	侯　国　名　目
河东	平阳(1)　张(217)　垣(243)　周阳(256)
河内	平皋(67)　山阳(228)　隆虑(239)
河南	武强(33)　故市(42)　启封(105)　中牟(124)
上党	阳阿(69)　阏氏(93)　武安(255)
南阳	昌武(52)　乐成(60)　棘阳(71)　杜衍(78)　桃(136)　山都(165)　南陵(227)
南郡	邔(125)　便(144)　轪(145)
东郡	堂邑(10)　清(86)　衍(122)　戚(132)　黎(202)　阳平(244)
汝南	汝阴(4)　慎阳(107)　樊(184)*　江阳(222)　南(251)*　临汝(257)
淮阳	新阳(28)　信成(114)
魏	斥丘(57)　襄城(205)　翕(259)
广平	贳(34)　广阿(115)　平棘(246)
勃海	壮(134)　章武(208)　南皮(209)　盖(242)*　平曲(254)

---
①　周振鹤:《西汉政区地理》,第145—146页。

(续表)

郡名	侯国名目
涿	安国(59) 安平(62) 中水(77) 谷阳(133) 遒(232) 容成(233) 亚谷(238)
平原	临辕(117)
北海	安丘(94) 弓高(204)
济南	梁邹(21) 朝阳(70) 德(129)* 沈犹(212) 绳(224)
沛	汁防(30) 红(211) 棘乐(216)* 郸(223) 睢陵(258)
琅邪	更(247)
东海	建陵(219) 节氏(249)
武陵	陆梁(99)
桂阳	离(101)
地望无考	武忠(5) 蓼(23) 复阳(68) 柏至(76) 桑(83) 襄平(96) 繁(98) 戴(121) 平州(123) 武阳(137) 梧(150) 平定(151) 故安(207) 俞(218) 武阳(214) 缪(237) 塞(253) 兹(260)

说明：部分侯国虽然知道所在的郡目，但却不清楚其具体方位。对此类侯国，本表通过标识"*"来予以区别。

高帝、惠帝、高后、文帝时代，侯国数量稳定维持在140个左右。景帝以后，侯国数量逐渐减少。至武帝元光五年，汉帝国疆域范围内仅有侯国92个，这是自高帝九年以来西汉历史上侯国数量的最低值。在这92个侯国中，有74个侯国可推知大致方位所在（参见本书附表）。在已明确武帝元光五年汉中央及各诸侯王国所辖郡目及各郡辖域范围的情况下，我们可以根据以上信息绘制元光五年的侯国分布图（图6-1、6-2）。

三、武帝元光五年侯国分布特征概述

从图6-1可以直观地看出，元光五年的侯国分布仍然符合"京畿无侯国"、"关西无侯国"、"边郡无侯国（不含东海、琅邪二郡）"、"河南郡荥阳以西无侯国"以及侯国密集分布于燕山以南及桐柏山—淮河以北地区等地域特征。

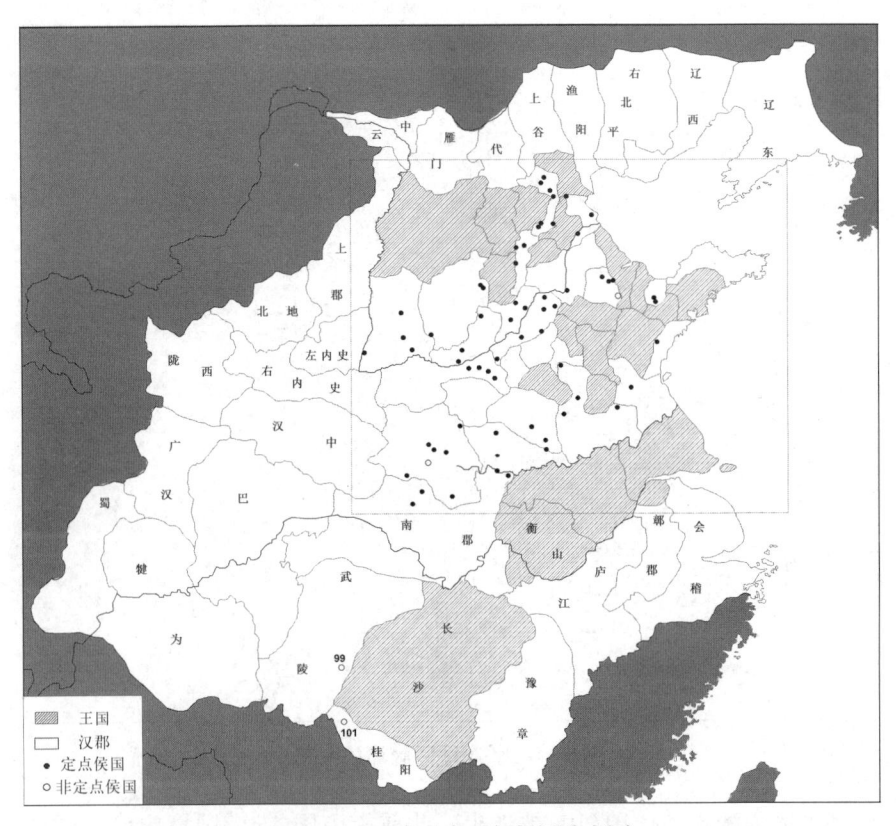

图6-1　武帝元光五年侯国分布图

与高帝、惠帝、文帝时代及景帝中前期相比,武帝早期侯国分布态势最明显的变化是所有的侯国都分布于汉郡,王国境内则无侯国分布。武帝时代"王国境内无侯国"现象的出现,乃是因景帝中六年的封建制度改革所致。中六年,为配合地方行政体系的重建,景帝将王国境内残余的侯国全部迁出,重新安置于汉郡。"王国境内无侯国"由此成为西汉侯国地域分布的显著特征。

"王国境内无侯国"格局的出现,对景武之际的侯国地域分布也产生了影响。高帝以来,江淮之间的东阳郡有少量侯国分布。[①] 景帝中六年,

---

① 东阳郡于高帝六年至文帝二年为荆国、吴国支郡;文帝二年至景帝三年为吴国内史;景帝三年至武帝元狩二年为江都国内史。

194　中编　侯国地理分布格局的变迁

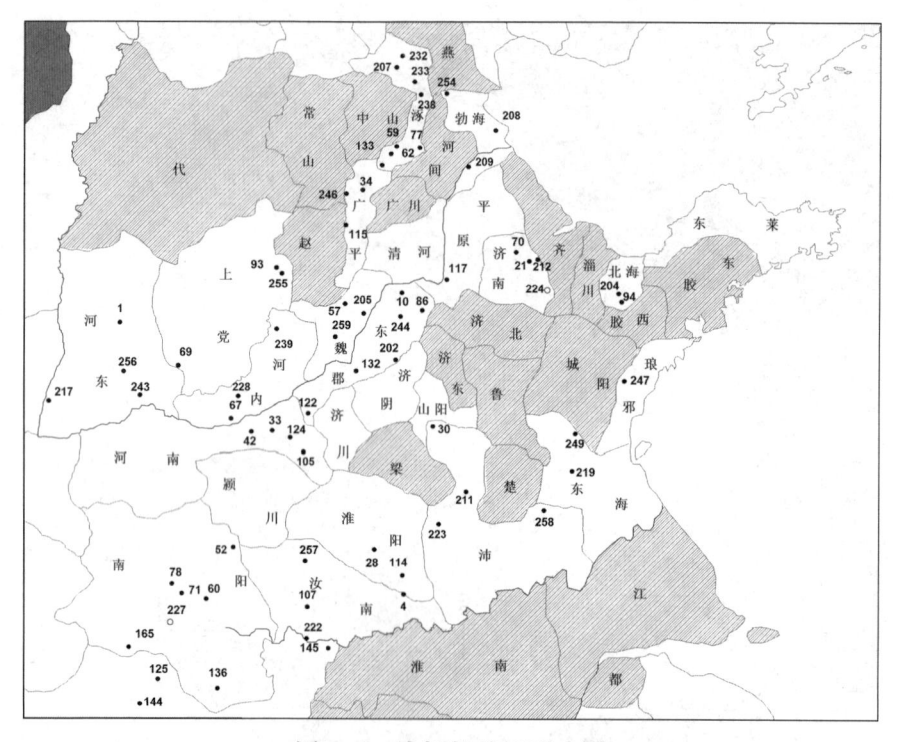

图6-2　关东地区局部放大图

江都国境内的堂邑侯国(10)被迁出。此前衡山国、淮南国境内已无侯国分布，故景帝中六年之后，江淮之间成为没有侯国分布的区域。而淮河以南地区也仅有邳(125)、便(144)、轵(145)、陆梁(99)、离(101)五个侯国分布，淮河以南鲜有侯国分布的地域特征在该年最为显著。

高帝、惠帝、高后时期，关东地区的侯国分布较为均衡(参见本编表5-4)。文帝、景帝时代，由于汉廷置侯国于汉郡，从而使关东西部汉中央直辖区域的侯国密度不断上升，侯国地域分布逐渐呈现出"西密东疏"的态势。这一态势在武帝元光五年展现的尤为明显。该年关东地区的侯国分布，可明显区分为东西排列的三个层次。第一层次为西部的河东、上党、河内、魏、东郡、河南、颍川、南阳、汝南诸郡，此为侯国密集分布区。第二层次为中部的涿、广平、勃海、平原、清河、济南、济阴、济川、山阳、淮阳、沛诸郡，此为侯国稀疏分布区。第三个层次是东部沿海的北海、东莱、琅邪、东海四郡,为鲜有侯国分布的地区。因此就侯国分布密集程度而言,高帝至武帝初年显然存在由"东西均衡"到"西密东疏"的转变趋势。

综上,景帝中六年至武帝元光五年,"王国境内无侯国"、"沿海地带鲜有侯国"为这一时段侯国地域分布的显著特征。"侯国密集分布于燕山以南及桐柏山—淮河以北地区"的地域特征在这一时段内体现得最为明显。而侯国地域分布"西密东疏"态势的出现则是值得注意的新动向。

结　语

景帝中元年间,王国境内的侯国数量已十分稀少。中六年,汉廷为强化对侯国的管理,将王国中残余的侯国全部迁出,同时制定"不在王国境内封置侯国"的制度。自此,诸侯王国境内不再有侯国分布,这是高帝以来侯国地域分布格局的一次重要变革。

景帝中六年的侯国地域调整,使侯国分布格局更为规整。桐柏山—淮河以南逐渐成为无侯国分布的地区,而沿海地带的侯国也呈逐渐消失的趋势。武帝即位之初,在侯国封置政策上仍然遵循高帝、景帝的既定方针,元光五年的侯国分布态势延续了景帝后元年间的面貌,而没有展现出更多变化的趋势。这表明,在建元元年至元光五年的十一年间,武帝仍严格承继先代制度,其锐意求新的变革精神尚未显现。

第七章　武帝太初元年侯国地理分布

　　武帝即位之初，继续奉行文景以来"休养生息"的施政方针，对外并无征伐之举。但自元朔年间开始，武帝致力于对外扩张。至元封年间，汉帝国周边政权几乎被全部消灭，武帝"兼并天下"的政治抱负已经实现。

　　在帝国疆域空前广阔的背景下，武帝认为自己的功绩已经超越了前代帝王，于是在元封末年开始酝酿进行全面的国家制度改革。太初元年（前104年）夏，武帝下令"改正朔，易服色"，定年号为"太初"，同时对各项政治制度进行变革。① 在汉武帝看来，他亲手缔造了一个空前繁盛的强大帝国，而太初元年正是帝国新生的标志。

　　汉武帝的"太初改制"在中国历史上有着重要的地位，它标志着成熟的汉文化与汉制度的形成，特别是太初元年所建立的一套政治制度，被此后西汉历代帝王沿用。鉴于武帝太初年间在西汉历史上的特殊地位，本章将对太初元年的侯国分布进行复原，以展现该年的侯国地域分布特征，并分析太初年间侯国分布格局对汉末侯国分布格局的影响。

---

① 《汉书·律历志》载元封七年十一月武帝下诏更元封七年为"新元年"。而根据辛德勇先生考证，新元年正式定名为太初元年，乃是在新元年五月《太初历》颁布之时。见辛德勇：《重谈中国古代以年号纪年的启用时间》，《文史》2009年第1期。

一、武帝太初元年行政区划

(一) 武帝太初元年汉中央所辖郡目及王国数目

(1) 汉中央直辖区域

元朔至元封年间,汉帝国疆域急剧扩张,汉廷在新开拓的疆域内设置大量新郡。元朔二年,汉廷收复河南地,增置朔方、五原二郡。元鼎六年,汉廷于河西设张掖、酒泉二郡。① 同年灭南越国,置南海、郁林、象、苍梧、合浦、儋耳、朱崖、交趾、九真、日南十郡。同时借灭亡南越之余威,复开西南夷,置牂柯、武都、汶山、沈黎、越嶲五郡,元封二年又增开益州郡。元封三年,灭朝鲜及其附庸,置乐浪、真番、临屯、玄菟四郡。至此,汉廷共开置二十四初郡。

原汉帝国疆域内,同样有新郡设置。在关西地区,元朔四年析上郡地置西河郡。元鼎三年,分北地郡置安定郡,分陇西郡置天水郡,分右内史、河南、南阳三郡地置弘农郡。同年徙代王为清河王,更代国为太原郡。② 太初元年,作为国家制度改革的一部分,汉廷改左内史为左冯翊,改右内史为右扶风、京兆尹。

这里谈一下定襄郡设置年代问题。定襄郡,《汉志》自注"高帝置"。《水经·河水注》言高帝六年置。③ 周振鹤先生结合《汉书·高帝纪》十一年诏书"代之云中以西为云中郡"的记载,推测该年汉廷析故云中郡西部置为新云中郡,东部地置为定襄郡,故定襄郡的设置在高帝十一年。④ 而台湾学者郑宗贤指出"代之云中以西为云中郡"一语指代不明,难以作为高帝十一年设置定襄郡的依据,综合各方记载,高帝时期似无

---

① 有关酒泉、张掖两郡置年的表述,本章采纳的是陈梦家先生的意见。见陈梦家:《河西四郡的设置年代》,收入氏著《汉简缀述》,北京:中华书局,1980 年。
② 元鼎三年,汉武帝将关西与关东的分界由今晋陕黄河南流河道一线,整体东移至太行山一线,故本章所述关西诸郡,包括上党、太原、云中诸郡。
③ 《水经注疏》卷三,第 234 页。
④ 周振鹤:《西汉政区地理》,第 73 页。

定襄郡。① 笔者基本赞同郑宗贤的看法,因为《史记·汉兴以来诸侯王年表》序文在描述高帝十二年五月以后的政区面貌时称:"自雁门、太原以东至辽阳,为燕、代国。"如当时有定襄郡,应称"定襄、太原以东",此亦可证明高帝末年仍无定襄郡。② 从定襄郡的地理位置来看,应是从雁门郡析置而来。检索史籍,可以发现武帝元朔年间之前从未出现过"定襄郡"。而《汉书·武帝纪》记载元朔三年夏,匈奴袭扰代地时,也仅提及代、雁门二郡。定襄郡之名首次出现,是《武帝纪》元朔四年"夏,匈奴入代、定襄、上郡,杀略数千人"。因而笔者推测,定襄郡的设置应在元朔三、四年间。元朔二年,汉廷因夺取河南郡而增置五原、朔方二郡,随后便开始对北疆的政区设置进行一系列调整。元朔三、四年间从雁门郡析置定襄郡,以及从上郡析置西河郡都应当是同时进行的政区调整。

综上所述,截至太初元年关西增置有西河、定襄、安定、天水、弘农、太原、京兆尹七郡。

在关东地区,元狩元年得济北国献地置泰山郡。次年,以衡山国、淮南国、江都国的废除为契机,更衡山国为江夏郡,更淮南国为九江郡。同时并庐江郡入鄣郡(元封二年,更鄣郡名为丹阳郡),于江北分庐江郡、衡山郡地置新庐江郡。元狩六年,析齐国为千乘、齐两郡,分沛郡、广陵郡两郡之地置临淮郡。元鼎三年,除常山国为郡,属汉。元鼎六年,灭南越国后,析桂阳郡西部地置零陵郡。同年,东平国除为大河郡。元封三年,除胶西国,属汉。故至太初元年,关东地区新增泰山、江夏、九江、庐江(新)、千乘、齐、临淮、常山、零陵、大河、胶西十一郡,并庐江(旧)、鄣二郡为丹阳郡,减清河郡,实增九郡。

太初元年,汉中央直辖区域当以元光五年四十九郡为基础,增二十四初郡、关西七郡、关东九郡,共八十九郡(表7-1)。

---

① 郑宗贤:《国境之北:西汉云中郡的政区变迁蠡测》,《兴大历史学报》第 21 期,2009 年,第 107—133 页。
② 王国维亦认为定襄郡非高帝所置,但未说明定襄郡设置的具体时间。见《汉郡考》,收入《观堂集林》卷一二,王国维遗书本,上海:上海古籍出版社,1983 年。

表 7-1 武帝太初元年汉中央所辖郡目及王国名目表

汉中央直辖八十九郡	京兆尹、右扶风、左冯翊、弘农、北地、安定、上郡、西河、陇西、天水、蜀郡、广汉、巴郡、汉中、河东、上党、河内、河南、南郡、南阳、颍川、东郡、云中、代、雁门、定襄、魏、勃海、广平、泰山、江夏、九江、庐江、千乘、齐、临淮、太原、常山、零陵、大河、胶西涿、上谷、渔阳、右北平、辽西、辽东、北海、东莱、琅邪、平原、济南、沛、东海、淮阳、汝南、会稽、丹阳、豫章、桂阳、武陵、济阴、陈留、山阳、犍为、朔方、五原、张掖、酒泉、南海、郁林、象、苍梧、合浦、儋耳、朱崖、交趾、九真、日南、牂柯、武都、汶山、沈黎、越巂、益州、乐浪、真番、临屯、玄菟
十八王国	赵、中山、河间、广川、燕、淄川、胶东、城阳、济北、梁、楚、鲁、长沙、六安、清河、真定、广陵、泗水

(2) 王国数目

元光五年共有二十一王国。元狩元年，除淮南、衡山二国。元狩二年，江都国除。同年新置六安国。元狩六年置广陵国。元鼎三年，徙代王为清河王，更常山国为真定国。元鼎四年，新置泗水国。元鼎六年，东平国除。元封元年，除齐国。元封三年，除胶西国。故太初元年王国数目当以元光五年二十一王国为基础，减齐、淮南、衡山、江都、代、常山、济东、胶西八王国，增六安、清河、真定、广陵、泗水五王国，共十八王国(表 7-1)。

(二) 各郡国辖域范围

现对元光五年至太初元年新置郡的辖域范围作以考订，同时对辖域范围存在变动的郡国进行说明。

(1) 二十五初郡

朔方郡　元朔二年，汉廷收复河南地，置朔方郡，其辖域范围与《汉志》朔方郡相同。

今伊克昭盟杭锦旗境内之霍洛柴登汉城遗址，《图集》标示为朔方郡修都县，此标绘有误。因该遗址出土有西汉"西河农令"铜印，[1]故此城必为西河郡属县。《图集》朔方郡与西河郡分界当修正为今库布齐沙漠一

---

[1] 国家文物局主编：《中国文物地图集·内蒙古自治区分册》，西安：西安地图出版社，2003 年，第 579 页。

带。由此可知，朔方郡乃是以黄河沿岸数县设置。

五原郡　元朔二年，汉廷收复河南地，以故云中郡西部地、上郡北部地与部分新开拓的土地置五原郡。《汉书·武帝纪》载太初三年"遣光禄勋徐自为筑五原塞外列城，西北至卢朐"，则太初元年五原郡辖域范围与《汉志》五原郡略同，而无阴山战国故塞以北地。

张掖郡　元鼎六年，汉廷于河西置张掖郡，其辖域西界焉支山，南界祁连山，东界大河。① 张掖郡初置时之北界，周振鹤先生以为与《汉志》武威郡北界相同，此说不确。《史记·大宛列传》载太初三年"益发戍甲卒十八万，酒泉、张掖北，置居延、休屠以卫酒泉"，则太初三年方置休屠县。太初元年张掖郡北界当在《汉志》武威郡休屠县南。

酒泉郡　元鼎六年，汉廷于河西置酒泉郡，其辖域东界焉支山，南界祁连山，西界玉门关。《汉书·武帝纪》载太初三年强弩都尉路博德始筑居延塞，则太初元年酒泉郡北界当在《汉志》会水县一带。

武都郡　元鼎六年，汉廷以陇西郡南部地及新开白马氐地置武都郡，辖域范围与《汉志》武都郡相同。

周振鹤先生曾推测《汉志》广汉郡阴平、甸氐、刚氐三道为元鼎六年开白马氐所置，故三道武帝时期属武都郡，昭帝元凤年间改属广汉郡。② 今按《秩律》蜀郡辖县已见阴平道、甸氐道之名，则三道之地武帝时期已属广汉郡管辖，非昭帝时由武都郡改属。故太初元年之武都郡并无《汉志》广汉郡西北地。

汶山郡　元鼎六年，汉廷以蜀郡北部地及新开冉駹夷地置汶山郡，辖域范围约为《汉志》蜀郡汶江、蚕陵、湔氐、广柔、緜虒五县地。③

沈黎郡　元鼎六年，汉廷以蜀郡南部地及新开筰都夷地置沈黎郡，辖域范围约为《汉志》蜀郡青衣、严道、牦牛、徙四县地。

越巂郡　元鼎六年，汉廷以新开邛都夷地置越巂郡，辖域范围与《汉志》越巂郡相同。

---

① 周振鹤：《西汉政区地理》，第170—171页。
② 周振鹤：《西汉政区地理》，第139,150页。
③ 汶山、沈黎、越巂、牂柯四郡辖域考证，详见周振鹤：《西汉政区地理》，第143—149页。

牂柯郡　元鼎六年，汉廷灭且兰等小国，以所灭国之地与犍为郡南部地置牂柯郡，辖域范围与《汉志》牂柯郡略同，而无东部之毋敛县地。

益州郡　元封二年，汉廷灭滇国，置益州郡。后数年，复灭昆明国，并其地入益州郡。① 太初元年益州郡辖域范围与《汉志》益州郡同。

象郡　元鼎六年，汉廷灭南越国，置有象郡，其辖域范围相当于《汉志》郁林郡西部地，东界为大明山—都阳山一线，另有《汉志》牂柯郡毋敛县地。②

郁林郡　郁林郡辖域范围约相当于《汉志》郁林郡东部，西以大明山—都阳山一线与象郡分界。

南海郡　苍梧郡　合浦郡　交趾郡　九真郡　日南郡　以上六郡自元鼎六年设置以来，辖域范围没有变化，与《汉志》六郡范围相同。

儋耳郡　朱崖郡　以上两郡辖域范围不明，只知儋耳郡辖有今海南岛西部，朱崖郡辖有今海南岛东部。

乐浪郡　元封三年，汉廷灭朝鲜，于其地置乐浪郡，其辖域西界浿水，东界单单大岭，南界在屯有县南。③

真番郡　元封三年，汉廷灭朝鲜，原朝鲜属国真番亦归附汉廷，汉廷于其地置真番郡，其辖域南至江华岛，东至单单大岭，北至带方、含资一线。

临屯郡　元封三年，汉廷灭朝鲜，原朝鲜属国临屯亦归附汉廷，汉廷于其地置临屯郡，其辖域相当于《汉志》乐浪郡单单大岭以东，而无北部之夫租县。

玄菟郡　元封三年，汉廷灭朝鲜，原朝鲜属国沃沮亦归附汉廷，汉廷于其地置玄菟郡，其辖域相当于《汉志》玄菟郡全境及乐浪郡夫租县地。

(2) 关西诸郡

京兆尹　左冯翊　右扶风　太初元年，汉廷改左内史为左冯翊，改右内史为右扶风、京兆尹。京兆尹、左冯翊、右扶风三行政区自设置后，辖域范围未再变化，与《汉志》所载相同。

弘农郡　元鼎三年，汉廷析右内史、河南郡、南阳郡地置弘农郡，其辖

---

① 汉灭昆明国时代不详，暂定于元封二年至元封六年之间。
② 周振鹤：《西汉政区地理》，第202—203页。
③ 乐浪、真番、临屯、玄菟四郡辖域考证，详见周振鹤：《西汉政区地理》，第206—216页。

域范围与《汉志》弘农郡相同。

陇西郡　元朔二年,汉廷败匈奴,夺河南地,以黄河为塞,陇西郡辖域范围由此向西拓展。元鼎三年,汉廷分陇西郡东部地置天水郡。元鼎六年,汉廷又将陇西郡南部数县道划归新设置的武都郡。太初元年的陇西郡,其辖域与《汉志》陇西郡略同,另有《汉志》金城郡之白石、枹罕两县地,①北界为皋兰山、黄河一线。

天水郡　元鼎三年,汉廷分陇西郡东部地置天水郡,其辖域范围与《汉志》天水郡相当,另有《汉志》金城郡之金城、榆中两县地。

北地郡　元朔二年,汉廷夺取河南地,以黄河为塞,北地郡辖域范围由此向西拓展至贺兰山一线。元鼎三年,汉廷分北地郡西部地置安定郡。元鼎三年以后的北地郡,其辖域与《汉志》北地郡相同。

《图集》北地郡朐衍、归德县间,有塞外地"斗入"郡境之内,此标绘方式乃是因误读《汉志》所致。②元朔二年之后,河南地皆为汉廷所辖,此斗入北地郡之塞外地当消除。

安定郡　元鼎三年,汉廷分北地郡西部地置安定郡,其辖域范围与《汉志》安定郡相同。

上郡　元朔二年,汉廷夺河南地,以黄河为塞,上郡辖域范围由此向西拓展。元朔四年,汉廷分上郡置西河郡。元朔四年之后的上郡,辖域范围与《汉志》上郡相同。

《图集》绘上郡西界在今伊克昭盟乌审旗附近,此标绘有误。元朔二年以后,河南地皆为汉廷所辖。今内蒙古鄂托克旗以南地,皆为上郡辖域。③另外《图集》标绘北地郡朐衍县地,实际为上郡龟兹县。④又《图集》误将今秃尾河定为圜水。圜水应为今无定河,圜水沿岸之圜阴、圜阳、鸿门诸县皆在无定河流域,故上郡、西河郡分界应在无定河南。⑤

---

① 周振鹤:《西汉政区地理》,第172—173页。
② 李新峰:《西汉西河郡西北边境考》,《文史》2005年第4辑。
③ 史念海:《新秦中考》,《中国历史地理论丛》1987年第1期。
④ 拙文:《朐衍抑或龟兹——宁夏盐池张家场古城考辨》,《中国边疆史地研究》2019年第4期。
⑤ 吴镇烽:《秦晋两省东汉画像石题记集释》,《考古与文物》2006年第1期。

西河郡　元朔四年，汉廷分上郡置西河郡，辖域范围与《汉志》西河郡相同。

《图集》绘西河郡西界于今伊克昭盟伊金霍洛旗西。此标绘方式有误，错误原因与前述上郡、北地郡划界不当之处相同，西河郡之西界应在今乌海市附近的黄河西岸。① 另《图集》误将西河郡中阳、平周两县绘于黄河以东，两县应标绘在黄河以西，②西河郡东界南段应修正于今山西省中阳、孝义之间。

云中郡　元朔二年，汉廷收复河南地，将云中郡西部地划归新设置的五原郡。元朔二年至太初三年的云中郡，其辖域范围与《汉志》云中郡略同，而无阴山战国故塞以北地。

太原郡　元朔二年，武帝封代王子九人为列侯，九侯国由代国析出，别属上郡。元鼎三年，代王徙封清河，代国更为太原郡。元鼎三年以后的太原郡，其辖域范围与《汉志》太原郡相同。

上党郡　元鼎三年，为配合"广关"政策，汉廷将上党郡太行山东的武安、涉两县划属魏郡管辖。③ 此后的上党郡辖域范围与《汉志》上党郡相同。

定襄郡　雁门郡　代郡　元朔三、四年间，汉廷拓展雁门郡、代郡的北部边界，同时析雁门郡地置定襄郡。太初年间，三郡辖域与《汉志》所载相同。

蜀郡　元鼎六年，汉廷分蜀郡北部置汶山郡，分蜀郡南部置沈黎郡。太初元年的蜀郡仅余有成都、临邛、郫、江原、广都、繁六县地。

汉中郡　据《秩律》，汉初之汉中郡辖有沮县。沮县，《汉志》属武都郡。此县由汉中郡转属武都郡，当在元鼎六年武都郡初置之时。太初元年汉中郡辖域与《汉志》汉中郡相同。

犍为郡　元鼎六年，汉廷将犍为郡南部地划归新设置的牂柯郡。此后犍为郡的辖域与《汉志》犍为郡相同。

---

① 史念海：《新秦中考》；李新峰：《西汉河西郡西北边境考》。
② 参见拙文《西汉归德、中阳、西都地望新考》，《陕西师范大学学报（哲学社会科学版）》2020年第2期。
③ 参见下编第五章第三节考述。

元光五年至太初元年,广汉、巴两郡辖域范围无变化。

(3) 关东诸郡

1. 燕赵地区

燕国　　元狩六年,武帝封皇子刘旦为燕王。元封年间,汉廷削燕国良乡、文安、安次三县。太初元年的燕国封域,当以元光五年疆域为基础,除去良乡、文安、安次三县。

涿郡　　太初元年的涿郡辖域范围当以元光五年辖域为基础,增中山王子侯国十七:广望(303)、将梁(304)、薪馆(305)、陆城(306)、薪处(307)、陆地(349)、临乐(373)、高平(375)、广川(376)、桑丘(393)、高丘(394)、柳宿(395)、戎丘(396)、樊舆(397)、曲成(398)、安郭(399)、安险(400);增河间王子侯国四:距阳(314)、蒌(315)、阿武(316)、州乡(318)。元封年间,得燕国削县良乡。

勃海郡　　元狩六年,汉廷将齐郡北部数县划归勃海郡管辖。① 太初元年勃海郡辖域范围当以元光五年辖域为基础,增原属齐郡管辖之柳、高成、定、阳信、重平、重合六县。另增河间王子侯国五:旁光(313)、参户(317)、成平(319)、广(320)、沈阳(390);增广川王子侯国二:参戚(355)、沂陵(356)。元封年间,得燕国削地文安、安次两县。

中山国　　元朔至元封年间,中山国先后裂地分封王子侯国十八个。太初元年中山国之封域当以元光五年疆域为基础,除去广望(303)、将梁(304)、薪馆(305)、陆城(306)、薪处(307)、陆地(349)、临乐(373)、高平(375)、广川(376)、桑丘(393)、高丘(394)、柳宿(395)、戎丘(396)、樊舆(397)、曲成(398)、安郭(399)、安险(400)、东野(374)十八侯国地。

常山郡　　元鼎三年,常山王刘勃获罪,常山郡属汉。同年,汉廷分常山郡地置真定国。太初元年常山郡辖域范围当以元光五年辖域为基础,除去《汉志》真定国辖县及乐阳(577)桑中(578)两侯国。② 另增赵王子侯国三:封斯(296)、柏阳(391)、鄗(496)。

---

① 参见下编第二章附考二。
② 桑中(577)、乐阳(578)为真定王子侯国,宣帝地节二年封置。太初元年当还两侯国地予真定国。

真定国　元鼎三年，武帝析常山郡地置真定国。太初元年，真定国封域与《汉志》真定国略同，另有《汉志》常山郡乐阳(577)、桑中(578)两侯国(见常山郡)。

广平郡　太初元年广平郡辖域范围当以元光五年辖域为基础，增赵王子侯国三：象氏(352)、易(353)、南𣿰(494)；增中山王子侯国一：东野(374)；增广川王子侯国二：甘井(462)、襄隄(463)。

河间国　元朔至元封年间，河间国先后裂地分封王子侯国十一个。太初元年河间国之封域当以元光五年疆域为基础，除去距阳(314)、蒌(315)、阿武(316)、州乡(318)、旁光(313)、参户(317)、成平(319)、广(320)、沈阳(390)、重(377)、盖胥(321)十一侯国地。

广川国　元朔至元封年间，广川国先后裂地分封王子侯国八个。太初元年广川国之封域当以元光五年疆域为基础，除去蒲领(309)、西熊(310)、枣强(311)、毕梁(312)、参䦆(355)、沂陵(356)、甘井(462)、襄隄(463)八侯国地。

清河国　元鼎三年，汉廷改清河郡为王国，封代王刘义。在更置清河国的同时，汉廷将南部的贝丘、鄃、厝、灵四县划归魏郡管辖。① 太初元年，清河国封域当以元光五年清河郡为基础，增广川王子侯国四：蒲领(309)、西熊(310)、枣强(311)、毕梁(312)，除去南部贝丘、鄃、厝、灵四县。

魏郡　太初元年的魏郡辖域范围当以元光五年辖域为基础，增赵王子侯国六：邯会(299)、朝(300)、东城(301)、武始(351)、漳北(493)、安檀(497)。另增元鼎三年由上党郡来属之武安、涉两县，以及由清河郡来属之贝丘、鄃、厝、灵四县(见上党郡)。

赵国　元朔至元封年间，赵国先后裂地分封王子侯国二十个。太初元年赵国之封域当以元光五年疆域为基础，除去尉文(295)、封斯(296)、榆丘(297)、襄嚵(298)、邯会(299)、朝(300)、东城(301)、阴城(302)、邯平(350)、武始(351)、象氏(352)、易(353)、柏阳(391)、鄗(392，常山郡)、鄡(496，巨鹿郡)、漳北(493)、南𣿰(494)、安檀(497)十八侯国地，另南陵

---

① 参见附篇《河西汉简所见与西汉侯国相关的几个地名》。

(495)、爰戚(498)两侯国封地发生迁徙，南陵、爰戚为迁徙后的封国，两侯初封地约在《汉志》南和、广年、曲梁一带。①

元光五年至太初元年，上谷、渔阳、右北平、辽西、辽东五郡辖域范围无变化。

2. 齐地

平原郡　太初元年平原郡辖域范围当以元光五年辖域为基础，增济北王子侯国四：陪(325)、前(326)、安阳(327)、羽(331)；增河间王子侯国一：重(377)。

济北国　元朔三年，济北国裂地分封王子侯国十一个。太初元年济北国之封域当以元光五年疆域为基础，除去陪安(322)、荣关(323)、周坚(324)、陪(325)、前(326)、安阳(327)、五据(328)、富(329)、平(330)、羽(331)、胡母(332)十一侯国地。

另《史记·封禅书》载元狩年间，济北王"献泰山及其旁邑，天子以他县偿之"。故太初元年之济北国已无泰山周边地，汉廷所偿予济北王之地则不可考。

济南郡　济南郡辖域与《汉志》济南郡相同。

泰山郡　元狩元年，汉廷以济北国献地置泰山郡。太初元年泰山郡之辖域当有《汉志》泰山郡茌、蛇丘以东地。另增济北王子侯国二：五据(328)、胡母(332)。

千乘郡　元狩六年，汉廷析齐郡西部地置千乘郡，其辖域与《汉志》千乘郡相同。

齐郡　元狩六年，汉廷析齐郡西部地置千乘郡。② 太初元年齐郡之封域当以元光五年齐国疆域为基础，除去《汉志》千乘郡地，增淄川王子侯国五：龙丘(209)、平度(289)、宜成(290)、临朐(291)、广饶(459)。

淄川国　元朔至元封年间，淄川国先后裂地分封王子侯国十七个。太初元年淄川国之封域当以元光五年疆域为基础，除去龙丘(279)、剧

---

① 参见下编第七章第二节考述。
② 参见拙文《西汉郡国更置与侯国迁徙——兼论千乘郡的始置年代》，《中国史研究》2012年第4期。

(280)、怀昌(281)、平望(282)、临原(283)、葛魁(284)、益都(285)、平昫(286)、剧魁(287)、寿梁(288)、平度(289)、宜成(290)、临朐(291)、陆(458)、广饶(459)、䶈(460)、俞闾(461)十七侯国地。

北海郡　太初元年的北海郡辖域范围当以元光五年辖域为基础，增淄川王子侯国十：剧(280)、怀昌(281)、平望(282)、葛魁(284)、益都(285)、平昫(286)、剧魁(287)、寿梁(288)、陆(458)、俞闾(461)。

胶西郡　元光、元朔之际，胶西王获罪，"削其国，去太半"。据周振鹤先生考证，胶西国所削为《汉志》琅邪郡东武、折泉县以西地。[①] 元封三年，胶西国除为郡。太初元年的胶西郡辖域范围当以元光五年胶西国辖域为基础，除去《汉志》琅邪郡东武、折泉县以西地。

胶东国　元封元年，胶东国裂地分封王子侯国三个。太初元年胶东国之封域当以元光五年疆域为基础，除去皋虞(484)、魏其(485)、祝兹(486)三侯国地。

琅邪郡　元光、元朔之际，琅邪郡得胶西国削地。太初元年琅邪郡之封域当以元光五年辖域为基础，增《汉志》琅邪郡东武、折泉县以西地，另增淄川王子侯国二：临原(283)、䶈(460)；增城阳王子侯国十六：东莞(293)、海常(368)、驺丘(369)、广陵(371)、麦(421)、钜合(422)、昌(423)、零殷(425)、石洛(443)、挟术(444)、挟(445)、朸(446)、挍(448)、庸(449)、瓡(453)、虚水(454)；增胶东王子侯国三：皋虞(484)、魏其(485)、祝兹(486)。

城阳国　元朔至元封年间，城阳国先后裂地分封王子侯国三十三个。太初元年城阳国之封域当以元光五年疆域为基础，除去雷(292)、东莞(293)、辟(294)、利乡(363)、有利(364)、东平(365)、运平(366)、山州(367)、海常(368)、驺丘(369)、南城(370)、广陵(371)、杜原(372)、麦(421)、钜合(422)、昌(423)、蕡(424)、零殷(425)、石洛(443)、挟术(444)、挟(445)、朸(446)、文成(447)、挍(448)、庸(449)、翟(450)、鳣(451)、彭(452)、瓡(453)、虚水(454)、东淮(455)、栒(456)、涓(457)三十三侯国地。

元光五年至太初元年，东莱郡辖域范围无变化。

[①] 周振鹤：《西汉政区地理》，第114页。

3. 梁楚地区

东海郡 元鼎三年,汉廷析东海郡南部地置泗水国。太初元年的东海郡辖域范围当以元光五年辖域为基础,除去《汉志》泗水国地,增城阳王子侯国十七:雷(292)、辟(294)、利乡(363)、有利(364)、东平(365)、运平(366)、山州(367)、南城(370)、杜原(372)、箕(424)、文成(447)、翟(450)、鳣(451)、彭(452)、东淮(455)、栒(456)、涓(457)。

鲁国 元朔至元封年间,鲁国先后裂地分封王子侯国六个。太初元年鲁国之封域当以元光五年疆域为基础,除去广戚(268)、宁阳(344)、瑕丘(345)、公丘(346)、郁狼(347)、西昌(348)六侯国地。

泗水国 元鼎三年,汉廷析东海郡南部地置泗水国,其辖域与《汉志》泗水国略同。

楚国 元光六年,楚国裂地分封王子侯国两个。太初元年胶东国之封域当以元光五年疆域为基础,除去杏山(265)、浮丘(266)两侯国地。

沛郡 元狩六年,汉廷分沛郡东部数县地置临淮郡。太初元年沛郡辖域范围当以元光五年辖域为基础,除去《汉志》临淮郡淮河以北地,增楚王子侯国二:杏山(265)、浮丘(266);增鲁王子侯国一:广戚(268)。

大河郡 元鼎六年济东国除为大河郡。大河郡设置后,富(329)、平二侯国(330)由东郡来属。太初元年大河郡辖域当以元光五年济东国封域为基础,增济北王子侯国二:富、平。

山阳郡 太初元年山阳郡辖域范围当以元光五年济东国封域为基础,增鲁王子侯国五:宁阳(344)、瑕丘(345)、公丘(346)、郁狼(347)、西昌(348)。

梁国 元朔年间,梁王获罪,削夺栗、邘成、敬丘、宁陵、襄邑、单父、成武、薄八县。[①] 元朔二年,梁国裂地分封张梁(278)侯国。太初元年梁国封域当以元光五年封域为基础,除去栗、邘成、敬丘、单父、成武、宁陵、襄邑、薄八县及张梁侯国。

陈留郡 元朔二年,济川郡得梁国削地宁陵、襄邑两县。元狩元年,汉廷将河南郡东部数县及颍川郡尉氏县划予济川郡,徙郡治于陈留,更郡

[①] 参见拙文《西汉梁国封域变迁研究(附济阴郡)》。

名为陈留郡。太初元年之陈留郡辖域当以元光五年济川郡辖域为基础，增河南郡东部之浚仪、小黄、陈留三县地及颍川郡之尉氏县，另增原属梁国之宁陵、襄邑两县及张梁(278)侯国。

汝南郡　元朔五年，得淮南国削地弋阳、期思。次年得衡山王子之终弋侯国(419)。太初元年之汝南郡辖域当以元光五年辖域为基础，增淮南国之弋阳、期思及终弋(419)侯国。

济阴郡　元朔二年，济阴郡得梁国削地单父、薄、成武、邛成四县(见梁国)。太初元年济阴郡辖域当以元光五年辖域为基础，增单父、薄、成武、邛成四县。

淮阳郡　元朔年间，淮阳郡得梁国削地栗、敬丘两县(见梁国)。①太初元年淮阳郡辖域范围当以元光五年为基础，增梁国削地栗、敬丘两县。

元光五年至太初元年，东郡辖域范围无变化。

4. 江淮以南地区

临淮郡　元狩六年，汉廷分沛郡东部数县地及广陵郡地置临淮郡，其辖域与《汉志》临淮郡略同，②而无南部堂邑、舆、射阳三县地。

广陵国　元狩六年，武帝以广陵郡部分地置广陵国，其封域与《汉志》广陵国略同，而有全椒、历阳、堂邑、舆、射阳数县地。

会稽郡　元鼎六年，汉廷灭闽越国，并其地入会稽郡。此后会稽郡之封域与《汉志》会稽郡相同。

丹阳郡　元狩二年，江都国除，武帝随即对江东地区的行政区划进行调整，将庐江郡北部地、江都国之江南地并入鄣郡。元封二年，汉廷迁郡治于丹阳，更鄣郡为丹阳郡。③　此后，丹阳郡辖域未有变化。故太初元年

---

① 肩水金关汉简 73EJT22∶18 载有"淮阳郡栗侯国"，可知栗、建平、敬丘三县元朔年间削入淮阳郡，元康三年以后转入沛郡。
② 《图集》临淮郡淮浦县定点有误，淮浦县应在淮河以南。参见周运中：《汉代县治考：江淮篇》，载《秦汉研究》第 4 辑，西安：陕西人民出版社，2010 年。
③ 《汉志》丹扬郡自注："故鄣郡，属江都。武帝元封二年更名丹扬。"周振鹤先生认为《汉志》鄣郡元封二年更名丹阳的记载有误，理由是："汉改郡名均在国除为郡或郡境有所变动之时，若元封二年，鄣郡无所变化，不得无故更名。"(《西汉政区地理》，第 38 页)今按，西汉郡治变更也会引发郡名变更，如元狩元年济川郡因迁郡治于陈留而更名陈留郡。故元封二年鄣郡更名丹阳郡，应与郡治变迁有关。《汉志》的记载不应轻易否定。

丹阳郡辖域与《汉志》丹阳郡相同。

豫章郡 元狩二年,汉廷将庐江郡北部地并入鄣郡,将庐江郡南部地并入豫章郡。此后豫章郡的辖域范围与《汉志》豫章郡相同。

庐江郡 元狩二年,汉廷割九江郡南部地与衡山郡东部地新立庐江郡,其辖域与《汉志》庐江郡相同。

九江郡 元狩元年,淮南王谋反,国除为九江郡。次年,汉廷割九江郡南部地予庐江郡,另分郡西之地置六安国。此后,九江郡辖域范围与《汉志》九江郡相同。

六安国 元狩二年,汉廷分九江郡西部地置六安国,其辖域与《汉志》六安国略同。

江夏郡 元狩二年,汉廷以衡山郡西部地与南郡东部地新置江夏郡,其辖域与《汉志》江夏郡相同。

长沙国 元光、元朔年间,长沙国先后裂地分封王子侯国十五个。太初元年长沙国之封域当以元光五年疆域为基础,除去安城(261)、宜春(262)、容陵(264)、路陵(357)、攸舆(358)、荼陵(359)、建成(360)、安众(361)、叶(362)、安道(401)、夫夷(402)、舂陵(413)、都梁(414)、洮阳(415)、泉陵(416)十五侯国地。

桂阳郡 元鼎六年,南越国亡,汉廷对桂阳郡辖域进行调整,分泉陵、泠道以西置零陵郡,将南越国北部数县划入桂阳郡。太初元年桂阳郡辖域当以元光五年辖域为基础,除去泉陵、泠道以西地,增岭南阳山、浈阳、含洭、曲江四县地,另增长沙王子侯国七:安成(261)、容陵(264)、攸舆(358)、荼陵(359)、安众(361)、叶(362)、安道(401)。

零陵郡 元鼎六年,汉廷分桂阳郡西部地置零陵郡,辖域范围与《汉志》零陵郡略同,而无东北部之钟武县。①

元光五年至太初元年,武陵郡辖域范围无变化。

5. 河内、河南、颍川、南阳、南郡地区

河南郡 元狩元年,汉廷将河南郡东部数县划予济川郡。元鼎三年,

---

① 《汉志》零陵郡之钟武(601),本为长沙国地,宣帝元康元年因分封长沙王子而别属零陵。太初元年之零陵郡当无钟武县地。

复分郡西之地予弘农郡,同时将属颍川郡北部三县划入河南郡。① 太初元年河南郡辖域当以元光五年辖域为基础,除去东部之浚仪、小黄、陈留三县地以及西部之陕、黾池、新安、宜阳、陆浑五县,增密、新郑、苑陵三县地,与《汉志》河南郡相同。

颍川郡　元狩元年,汉廷将颍川郡之尉氏县划予济川郡。元鼎三年,复将北部之密、新郑、苑陵三县划予河南郡。太初元年颍川郡辖域当以元光五年辖域为基础,除去上述四县,与《汉志》颍川郡辖域略同。

南阳郡　元鼎三年,汉廷割南阳郡西北部之析、丹水两县划予新设置之弘农郡,此后南阳郡辖域与《汉志》南阳郡相同。

南郡　元狩二年,汉廷割南郡东部地及衡山郡西部地置江夏郡,此后南郡辖域与《汉志》南郡略同。

元光五年至太初元年,河内郡辖域范围无变化。

二、武帝太初元年侯国数目及侯国分布图

现以太初元年九月为断,对该年限见存的侯国名目进行统计,同时根据各侯国的地理方位,确定其所在郡目。请参看《太初元年侯国名目综表》(表 7-2)。

表 7-2　太初元年侯国名目综表

郡　名	侯　国　名　目
颍川	周子南(464)
南阳	安众(361)　襄城(388)　辉渠(428)　义阳(437)　散(441)　瞭(475) 安道(477)*　随桃(478)　湘成(479)　下郦(482)　涉都(492)
东郡	利昌(336)*
淮阳	张梁(278)　长平(308)

---

① 周振鹤:《西汉政区地理》,第 134 页。

（续表）

郡 名	侯 国 名 目
魏	邯会(299) 武始(351) 梁期(472) 漳北(493) 安檀(497)
广平	阴成(302) 象氏(352) 易(353) 东野(374) 甘井(462)* 襄隄(463)* 昆(470)* 南䜌(494) 南陵(495) 爰戚(498)
常山	封斯(296) 柏阳(391) 鄗(496)
勃海	参户(317) 临乐(373) 定(379) 山(381)* 柳(383) 壮(438) 荻苴(501)
涿	平阳(1) 逎(232) 容成(233) 亚谷(238) 广望(303) 蒌(315) 阿武(316) 州乡(318) 桑丘(393) 樊舆(397) 安郭(399)
平原	安阳(327) 羽(331)* 朸(446) 牧丘(473)
济南	河綦(434)* 常乐(435)* 北石(481)
泰山	柴(386)
千乘	被阳(378) 繁安(382)*
齐	广饶(459) 漕清(502) 按道(499)* 涅阳(508)*
北海	剧(280) 平望(282) 益都(285) 平旳(286)* 剧魁(287) 瓡(453)* 陆(458) 俞闾(461)
东莱	平度(289) 临朐(291) 牟平(385)
琅邪	临原(283) 驺丘(369)* 稻(380)* 云(384)* 雩殷(425)* 众利(439) 石洛(443) 挟术(444) 挟(445) 庸(449)* 虚水(454)* 鉼(460) 皋虞(484) 魏其(485) 瓡讘(506)*
东海	南城(370)
山阳	邵(335)* 宁阳(344) 瑕丘(345) 公丘(346)
临淮	睢陵(258) 开陵(488)*
九江	东城(490)
会稽	无锡(491)
豫章	安成(261)

（续表）

郡 名	侯 国 名 目
零陵	夫夷(402) 春陵(413) 都梁(414) 泉陵(416)
地望无考	埤山(69) 载(121) 缪(237) 怀昌(281) 下麾(430) 骐(471) 江邹(474) 湿野(503)

说明：1. 部分侯国虽然知道所在的郡目，但却不清楚其具体方位。对此类侯国，本表通过标识"＊"来予以区别。
2. 南陵侯(495)、爰戚侯(498)为更封后的新封号，其初封名号不详。

武帝元朔至元封年间，是西汉历史上侯国剧烈变动的阶段。这一时期，侯国分封和废除的数量都十分巨大。在元光六年至元封六年的 25 年间，汉廷先后分封侯国 247 个，废除侯国 224 个，截至太初元年九月，汉帝国疆域内共有侯国 113 个。虽然从数量上看，太初元年的侯国数量与元光五年相差不大，但元光五年的 90 个侯国中，延续到太初元年的只有 8 个。太初元年汉帝国疆域内的侯国，93％是元光六年以后分封的侯国。因此就侯国名目来看，这二十余年间的侯国兴衰可谓翻天覆地。

元朔至元封年间，不仅侯国名目变化巨大，侯国的类型构成也发生了变化。元光五年的 90 个侯国中，王子侯国仅有 5 个，占侯国总数的 6％。而太初元年的 113 个侯国中，王子侯国有 73 个，占侯国总数的 64％，这一变化显然与推恩令的执行密切相关。

武帝太初元年，侯国名目与侯国类型构成与元光五年相比均发生了剧烈变化。那么太初元年的侯国在地域分布上又有哪些新动向？让我们先复原太初元年的侯国地域分布面貌。在太初元年的 113 个侯国中，可复原出 105 个侯国的所属郡目，现将方位明确的 84 个侯国标绘于太初元年行政区划地图之上，可得到太初元年的侯国地域分布图（图 7-1、7-2）。

三、武帝太初元年侯国分布特征概述

从图 7-1 可以看到，太初元年侯国地域分布基本延续了元光五年的格局。"京畿无侯国"、"关西无侯国"、"边郡无侯国"、"王国境内无侯国"

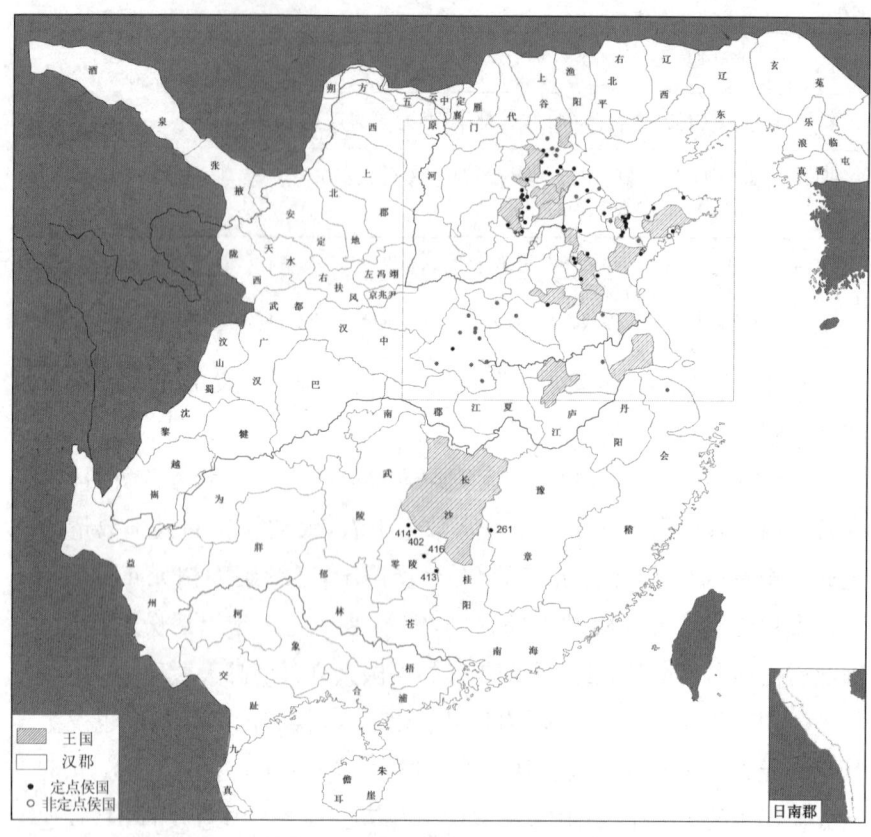

图 7-1 武帝太初元年侯国分布图

以及侯国密集分布于燕山以南及桐柏山—淮河以北等地域特征,在《太初元年侯国分布图》上仍有体现。这说明,元朔至元封年间,虽然侯国置废无常、变动剧烈,但在侯国地域择取上,汉廷的基本政策并无动摇。不过,若仔细对照《元光五年侯国分布图》和《太初元年侯国分布图》,仍可发现两者存在一定差异,这些差异的出现与武帝时代地域控制政策的转变以及推恩令的执行密切相关。

与《元光五年侯国分布图》相比,我们发现元朔至元封年间,一些汉郡境内侯国已经消失,表明这些地区已转变成为无侯国分布的地区。

(1) 太行山以西无侯国

元光五年,在黄河以东、太行山以西的地域范围内分布有十个侯国。

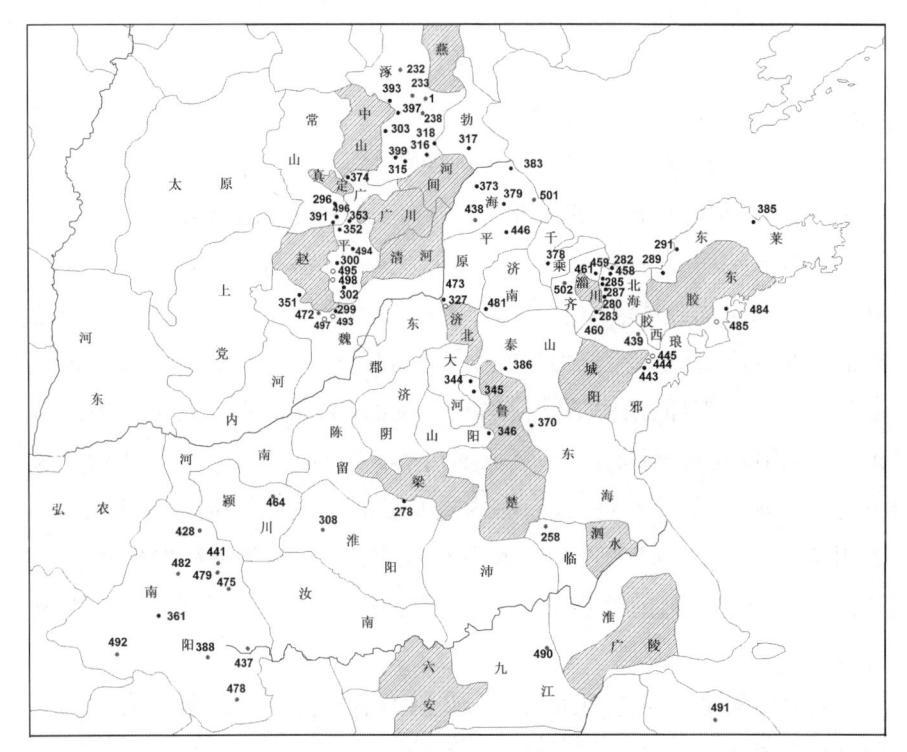

图 7-2　关东地区局部放大图

但是到了太初元年,上述区域却无侯国分布。这一变化的产生,乃与武帝时代的地域控制政策调整有关。高帝至武帝早期,关西、关东的分界依然延续着战国以来临晋关、函谷关、武关一线的格局,而在元鼎三年,汉廷推行"广关"政策,其目的是将关西、关东的分界整体东移至太行山、新函谷关、武关一线。在这次地域控制政策调整后,原本属于关东范畴的河东地区,转而纳入关西地域范围,而因为汉初以来即有"关西不置侯国"的定制,因此为配合"广关"政策,汉廷将河东地区的十余个侯国在元鼎三年一次性迁出,重新安置于太行山以东,从而保障了"关西不置侯国"制度的施行。① 元鼎三年以后,汉廷不再于河东地区分封侯国,故至太初元年,"太行山以西无侯国"成为侯国地域分布的新特征。

---

① 参见下编第五章考述。

(2) 河南郡、河内郡无侯国

元光五年，河南郡、河内郡境内均分布有侯国。而在太初元年，两郡则成为无侯国分布的地区。这一变化同样与元鼎、元封年间地域政策的转变有关。元鼎年间，随着诸侯王国的相继废免，关东地区汉廷直辖区域迅速扩张，原汉帝国京畿地区（左右内史）偏离帝国疆域几何中心的不利地位愈加明显，而地处天下之中的"三河"（河南、河内、河东三郡），其特殊的区位优势逐渐凸显出来。因此在元鼎年间扩大"关西"地域范围的同时，汉廷逐步将"三河"纳入京畿范围之中。① 元鼎五年，武帝借"酎金案"将河南郡、河内郡的侯国全部废除，彻底消除了两郡境内的封国形态，为汉廷将两郡纳入京畿范围扫清了障碍。② 元封五年武帝分天下为十三刺史部，并不包括左、右内史及弘农、河东、河南、河内诸郡，这表明弘农郡和"三河"的地位已在其他汉郡之上，具备一种"准京畿"的特性。③ 河南郡、河内郡不置侯国应当是遵照"京畿不置侯国"之惯例行事。

与前面叙述相对应，元光五年一些原本不封置侯国的地区，在太初元年已有侯国分布。

(3) 江南地区的侯国分封

高帝以来，汉廷已有不在江南封置侯国的惯例。虽然高帝至景帝时期，长沙国境内也曾有侯国存在，但这些侯国都与吴氏长沙国有关，乃是汉廷优待吴芮集团之特殊政策的体现。直至武帝元光五年以前，汉廷从未有意在长江以南封置侯国。而在元光六年至元封元年，江南地区的豫章、桂阳（元鼎六年分置零陵郡）、庐江（元狩二年并入豫章、丹阳）、会稽陆续出现侯国，这在一定程度上突破了高帝"长江以南不置侯国"

---

① 据辛德勇先生研究，武帝元封年间西汉地域控制政策发生较大变化，具体体现为左、右内史和"三河"地位的强化。见《两汉州制新考》第四节《汉武帝之广关拓边与改行十二州的地理背景》。
② 见下编第六章第三节考述。
③ 崔在容注意到，武帝以后西汉政府常将弘农郡与"三河"并举，施行与别郡不同的政策。崔先生将弘农郡、三河称为汉帝国的"准京畿"区域，这一提法值得重视（见《西汉京畿制度的特征》）。

的限制。

　　进一步分析武帝时代江南地区的侯国,可以看到这些侯国基本都是长沙王子侯国和江都王子侯国。① 根据推恩令,王子侯国乃裂王国地分封,而江都国有相当部分的疆域位于长江以南,而长沙国全境皆地处江南,因此若贯彻执行推恩令,则无法避免在长江以南分封侯国。可见,当推恩令与高帝"长江以南不置侯国"制度相冲突时,武帝会选择打破旧制来保障削夺王国土地策略的执行。

　　武帝时代,江南地区的侯国并非都是王子侯国。元封元年,武帝在会稽郡境内分封蓾儿(487)、无锡(491)两侯国。两侯国的分封都与当年的平定东越有关。蓾儿侯为汉军军卒,无锡侯为东越降将,笔者怀疑蓾儿侯亦为越人,西汉分封异族为列侯,其封国择取常为族人徙居之地。会稽郡向来为政府安置内徙越人的主要地区,汉廷分封两人于会稽郡,应当也是出于这一考虑。②

　　通过对太初元年江南地区和琅邪、东海两郡侯国分布情况的分析,可以看到推恩令的执行使一些原本没有侯国分布的区域转变为侯国封置区。就此而言,推恩令直接推动了侯国封置区域的拓展。不过,推恩令对侯国地域格局的影响还不只表现在这一点。由于王子侯国乃裂王国地分封,而太初元年64%的侯国为王子侯国,这使得太初年间的侯国总体上呈现出围绕诸侯王国密集分布的态势。如长沙国、淄川国、城阳国、赵国、中山国在元朔至元封年间先后裂地分封侯国数十个,至太初元年与上述王国相邻的汉郡,其境内侯国分布十分密集。相反,那些远离诸侯王国的汉郡,因无法接纳王子侯国,其境内的侯国数量不断减少。局部区域内的侯国分布态势因此而发生变化,现排列出元光五年和太初元年侯国数量最多的六个汉郡,参看表7-3。

---

① 元光六年、元朔元年分封之丹阳(269)、胡孰(271)、秣陵(272)三江都王子侯国地处庐江郡。
② 参见下编第三章第二节考述。

表7-3　元光五年、太初元年部分汉郡侯国数量

元　光　五　年			太　初　元　年		
位次	郡名	侯国数量	位次	郡名	侯国数量
1	涿郡	7	1	琅邪	15(13)
1	南阳	7	2	南阳	11(0)
3	东郡	6	2	涿郡	11(7)
4	沛郡	5	4	广平	10(9)
4	汝南	5	5	北海	8(8)
4	济南	5	6	勃海	7(5)

说明：1. 所属郡目不明的侯国未纳入统计。
　　　2. 太初元年"侯国数量"一栏内括号内的数字为王子侯国数量。

从表7-3可以看出，以侯国数量为参照，元光五年排位前六位的汉郡至太初元年只有南阳郡和涿郡还在前六位之中。其余四郡在元朔至元封年间，侯国数量急剧减少。仔细分析这四个汉郡的地理方位，济南郡、汝南郡、东郡只与一个诸侯王国相邻，①这使得三郡接纳王子侯国的数量极为有限。沛郡虽然与楚国、梁国相接壤，但两国在元朔至元封年间一共只裂分三个侯国。由于得不到王子侯国的补充，再加上郡境内原有侯国的自然消亡，故至太初年间济南郡、汝南郡、东郡、沛郡已成为侯国分布稀疏的地区，沛郡和汝南郡甚至没有侯国分布。而与之形成鲜明对比的是，琅邪、广平、勃海、北海四郡在元光五年属于侯国分布稀疏的地区。由于四郡地处多个诸侯王国之间，再加上这些王国在武帝时期裂分了大量王子侯国（参见表7-4），使得四郡境内的侯国数量急剧增加，迅速成为汉帝国疆域内侯国分布最为密集的地区。

景帝中元年至武帝元光五年，由于侯国分封需要避让诸侯王国，从而使关东地区的侯国多分布于西部汉中央直辖区域之中，在东部地区侯国分布较为稀疏，而沿海的东莱、琅邪、东海诸郡则鲜有侯国分布，这使得景、

---

① 济南郡元光六年至太初元年与济北国相邻。汝南郡元光六年至元狩元年与淮南国相邻，元狩二年至太初元年与六安国相邻。元光六年至太初元年，东郡与济北国相邻。

表 7-4 元光六年至元封六年各诸侯王国裂分王子侯国数量

位次	国名	王子侯国数量	位次	国名	王子侯国数量
1	城阳	33	9	广川	8
2	赵	20	11	江都	5
3	中山	18	10	鲁	6
4	淄川	17	12	胶东	3
5	长沙	16	13	楚	2
6	河间	11	14	梁	1
6	济北	11	14	衡山	1
8	代	9			

说明：燕、真定、清河、胶西、泗水、济东、广陵、淮南、六安、常山十王国无王子侯国分封。齐国虽分封王子侯国十一个，但并未执行推恩法，故未列入统计。

武之际的侯国地域分布呈现出"西密东疏"的态势。而武帝元朔至元封年间，由于推恩令的执行、大量王子侯国随之产生，关东地区呈现出侯国围绕王国密集分布的"西疏东密"态势。武帝在位的二十余年间，关东范围内的侯国分布重心由西部转向东部，这应当是推恩令对西汉侯国地域分布格局所产生的又一显著影响。

由以上分析可以看出，武帝太初元年的侯国地域分布虽然大体承袭了高帝以来的格局，但在局部区域仍然有所调整。这具体体现在侯国封置区域的西界逐渐退缩，而南界和东界却不断拓展，另外在侯国分布密度上则呈现出"西疏东密"的态势，这与元光五年"西密东疏"的侯国分布态势截然相反。造成武帝时代侯国地域分布格局变动的主要因素是国家地域控制政策的调整和推恩令的执行。由此益可看出，政治策略对西汉侯国分布格局影响之巨大。

结　语

武帝元朔至元封年间，是汉帝国疆域急速拓展的时期。这一时期的疆域拓展存在内、外两条战线，外线是通过兼并异族政权来扩大汉帝国的版图，内线则是通过削夺诸侯王国封域来扩大汉中央的直辖区域。与外线拓展采取武力征伐的形式不同，汉武帝的内线拓展采取了更具策略性的办法——推恩令——以裂分王子侯国的形式来分解王国封域。

推恩令是武帝对侯国封置政策的一次重要改革。而王子侯国的分封也对高帝以来相对稳定的侯国地域分布格局产生了冲击。根据本章的分析，推恩令的执行使侯国封置区域大大拓展，一些原本没有侯国分布的地区因接纳王子侯国而转变为侯国封置区。而王子侯国的大量分封使得诸侯王国周边地带成为侯国密集分布区，侯国地域分布态势由此发生从"西密东疏"到"西疏东密"的变化。因此武帝元朔至元鼎年间，侯国地域分布格局因推恩令的执行而发生变化，是这一时期侯国地域分布特征发展、变化的主要趋势。

武帝元鼎年间，随着西北边疆的拓展以及关东中央直辖区域的扩大，高帝至景帝时代汉中央与关东诸侯王国"东西对立"的地域基础不复存在，武帝开始筹划重新设计汉帝国的权力空间布局。元鼎、元封年间，汉武帝对国家地域控制政策进行调整，其主要内容为扩大汉中央立国根基之"关西"地域范围，同时将地处帝国疆域几何中心的"三河"地区逐渐纳入京畿范围。因高帝以来即有"关西不置侯国"、"京畿不置侯国"的制度，武帝这两项地域控制政策的调整势必引发侯国分布格局的变动。因此在元鼎三年"广关"政策推行的同时，武帝将太行山以西的侯国全部迁出。而在元鼎五年为惩罚列侯集团而网织"酎金案"时，武帝更是将河南、河内两郡的侯国全部废免。自此武帝实现"新关西无侯国"和"新京畿无侯国"的目标，这也是武帝时代侯国地域分布格局的又一次重大变动。武帝元鼎、元封年间，侯国地域分布格局因国家地域控制政策的调整而发生变化，则是这一时期侯国地域分布特征发展、变化的另一个趋势。

经过推恩令的冲击和国家地域控制体系的重建，至武帝太初改制前夕，全国的侯国地域分布形成全新的格局。这一格局除继承景帝时代"京畿无侯国"、"边郡无侯国"、"关西无侯国"、"王国境内无侯国"等地域特征外,还出现了"太行山以西无侯国"、"河南郡、河内郡无侯国"、①"侯国围绕王国密集分布"、"侯国分布西疏东密"等新特征。武帝在侯国地域分布规划上,作出了超越前代帝王的改革,其亲手构建的侯国地域分布体系标志着一个全新时代的到来。

与第一章所复原的汉成帝元延三年侯国分布态势进行对照后,我们发现元延三年侯国地域分布的种种特征与武帝太初元年完全吻合。这表明在武帝太初改制以后,其侯国地域封置政策一直被后代帝王严格遵奉,武帝重新构建的侯国地域分布格局在此后的近百年间没有显著变化,成帝元延三年侯国地域分布乃是武帝元封、太初年间侯国分布体系的延续。

---

① 武帝元鼎年间以后所出现的"太行山以西无侯国"、"河南郡、河内郡无侯国"可视为高帝"关西无侯国"、"京畿无侯国"制度的扩大化。

本编的基本结论

在本编，笔者通过对七个标准年份侯国地域分布格局的复原及分析，基本勾勒出西汉侯国地域分布特征发展、变化的趋势。根据本编的考述，刘邦立汉以后，对侯国地域分布有所规划，制定了一系列侯国地域封置政策。刘邦的侯国地域封置政策有一些被后代汉帝严格遵奉，成为西汉始终贯彻的基本国策。还有一些则随着政治形势的发展，或被改造、或被放弃。而后世汉帝还会根据需要，对原有政策进行调整，或是制定新的政策。这使得西汉不同历史阶段，存在着既先后相续，又各具时代特色的侯国封置政策，各时期的侯国地域分布格局因此而呈现出不同的面貌。

为了直观反映西汉一代侯国地域封置政策发展、变化的趋势，现将各时期侯国地域封置政策制定、延续、废止的时代年限进行排比，并绘制下表（表7-5）。

根据表7-5，我们可把西汉侯国地域封置政策的发展划分为三个阶段：第一个阶段是从高帝六年（前201年）至景帝中五年（前145年）。这一时期汉廷严格贯彻高帝所创立的侯国地域封置政策。此时段内的侯国地域分布体系带有较强的延续性和稳固性。

第二个阶段是从景帝中六年（前144年）到武帝元鼎六年（前111年）。这一时期汉廷开始对侯国地域封置政策进行调整。为了适应政治形势发展的需要，景帝、武帝先后制定了"王国境内不置侯国"、"王子侯国裂王国地分封，别属汉郡"（推恩令）、"太行山以西不置侯国"、"河南郡、河内郡不置侯国"的新政策，同时放弃了高帝"江南不置侯国"、"琅邪郡、东海郡不置侯国"的政策。高帝所创建的侯国地域分布体系部分瓦解，侯国地域分布格局处在不断变动之中，长期未能形成稳定的侯国分布体系。

本编的基本结论　223

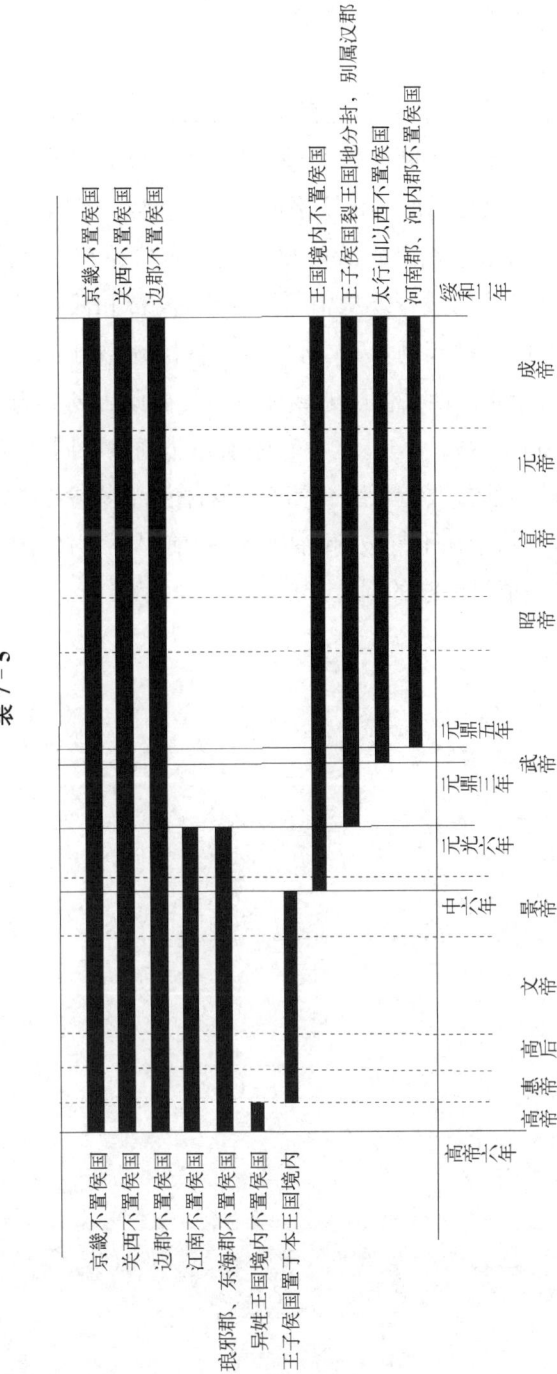

表 7-5

左侧标签	时期	右侧标签
京畿不置侯国	高帝六年—成帝绥和二年	京畿不置侯国
关西不置侯国	高帝六年—成帝绥和二年	关西不置侯国
边郡不置侯国	高帝六年—成帝绥和二年	边郡不置侯国
江南不置侯国	高帝六年—元光六年	
琅邪郡、东海郡不置侯国	高帝六年—元光六年	
异姓王国境内不置侯国	高帝六年—惠帝时期	
王子侯国置于本王国境内	高帝六年—中六年（景帝）	
	元鼎三年—元鼎五年	王国境内不置侯国
	元鼎五年—绥和二年	王子侯国裂王国地分封，别属汉郡
	元鼎五年—绥和二年	太行山以西王国不置侯国
	元鼎五年—绥和二年	河南郡、河内郡不置侯国

时期横轴：高帝六年｜高帝｜惠帝｜高后｜文帝｜景帝（中六年）｜武帝（元光六年、元鼎三年、元鼎五年）｜昭帝｜宣帝｜元帝｜成帝｜绥和二年

第三个阶段是从武帝元封元年（前 110 年）至成帝绥和二年（前 8 年）。随着推恩令的贯彻执行以及国家地域控制政策调整的完成，侯国分布格局也结束了动荡的局面，逐渐形成新的侯国地域分布体系。新侯国地域分布体系在太初改制中得到进一步落实，成为汉帝国基本国家制度之一。这一体系被此后的皇帝严格遵奉，一直延续到西汉灭亡。

三阶段的划分展现出西汉侯国地域分布体系存在一个从"稳定"到"变动"再到"稳定"的过程。从中可以看出，高帝和武帝是构建西汉侯国地域分布体系的关键人物，两人所创立的侯国地域分布体系先后延续了五十余年和百余年。西汉侯国地域分布格局由此可划分为"高帝体系"和"武帝体系"两套体系。不过，这两套体系并非截然不同，"武帝体系"乃是对"高帝体系"的部分改造，这之中仍然包含着许多高帝制定的侯国封置政策。而文帝、景帝在不打破"高帝体系"的前提下，对侯国封置政策的策略性运用，也是值得注意的问题。

下 编
侯国地理分布专题研究

第一章 "王国境内无侯国"格局的形成

自高帝六年起，刘邦陆续封置侯国，以酬谢从征天下的功臣。刘邦所封置的侯国有相当数量位于王国境内，钱穆先生曾就此发论：

> 汉封侯国，其地有不尽在中央直辖之郡，而错在王国者。汉初，中央直辖凡十五郡，而公主列侯颇邑其中，则明多不邑其中矣。……汉初列侯封，其错在王国之可考者，如彭城，楚王封地也，而张良封彭城之留。琅邪，齐王封地也，而周定封琅邪之魏其。巨鹿，赵王之封地也，而任敖封巨鹿之广阿。曲逆县亦在燕赵之间，而陈平封曲逆。皆其证。①

诚如钱氏所言，汉初侯国地理分布比较广泛，有的地处汉郡，有的地处王国。根据笔者对高帝十年侯国地理分布的复原，可以大致推算出，该年见存的102个侯国，至少有63个位于王国境内。② 不过到了西汉末年，情况有所变化，王国境内已无侯国分布。通过分析元延三年政区状况，可以看到所有的侯国都分布在汉郡，"王国境内无侯国"是西汉末年侯国地理分布的显著特征。③

要言之，西汉时期侯国地理分布格局曾发生较大变化。随着时间的

---

① 钱穆：《秦汉史》，第270—271页。
② 见中编第二章第三节。
③ 见中编第一章第五节。

推移,王国境内的侯国逐渐消失,并最终形成"王国境内无侯国"的局面。至于这一局面形成于何时,其背后又体现了皇帝怎样的考虑,则是西汉侯国地理研究中不可避开的问题。在本章,笔者试图对"王国境内无侯国"格局的形成时代作以考察,并尝试探讨该格局形成的内在原因。

一、"王国境内无侯国"形成于文帝初年辨误

西汉侯国地理分布格局发生"侯国错在王国"到"王国境内无侯国"的转变,曾引起部分学者的注意。一些学者认为这一转变发生在文帝初年,之所以作出这样的判断,主要基于史籍中如下两条记载:

> 皇帝初即位,易侯邑在淮南者,大王不肯。皇帝卒易之。使大王得三县之实,甚厚。(《汉书·淮南王传》载薄昭谏淮南王刘长书)
> 侯邑之在其国者,毕徙之他所。陛下于淮南王不可谓薄矣。(《新书·淮难》)

以上记载表明,文帝即位之初把淮南国境内的三个侯国迁出,重新安置于汉郡。① 钱穆先生受此启发,提出:"而汉之为此,则自欲使政令一统,易于为治,故不欲侯封错在王国也。"② 王恢亦从其说,故曰"侯国早期有错在王国者,文帝时加以调整徙之汉郡"。③ 而李开元则明确提出文帝即位后制定了"徙侯国出王国"的政策,即"将散处在各王国中的侯国迁出,安置于汉郡中","文帝之侯国迁移策并非仅限于淮南一国,而是作为汉朝之'定制'而施行全王朝的"。④ 王、李两位先生认为,文帝即位后不欲使侯国错在王国,于是将诸侯王国境内的侯国悉数迁出。见诸史籍的文帝"易侯

---

① 至于文帝迁淮南国三侯国的年代及三侯国的名目,见本编第四章考述。
② 钱穆:《秦汉史》,第 271 页。
③ 王恢:《汉王国与侯国之演变》,第 377 页。
④ 李开元:《西汉轪国所在与文帝的侯国迁移策》,《国学研究》第二卷,北京:北京大学出版社,1994 年。

第一章 "王国境内无侯国"格局的形成　229

邑"之事并非仅是针对淮南国的政策,同时也推行于其他诸侯王国。随着诸侯王国境内侯国的迁出,文帝初年即已形成"王国境内无侯国"的局面。以上诸位先生的看法虽不无根据,但仔细考订文帝时期的侯国分布状况,这一结论并不能成立。

先来看文帝时代,王国境内的侯国是否都发生了变动。高后元年,汉廷分封长沙王子吴阳为沅陵侯(157)。沅陵,《汉志》属武陵郡,汉初为长沙国封域。① 若文帝即位后推行"徙侯国出王国"的政策,则沅陵侯国必须从长沙国迁出。但1999年,湖南省文物工作者在沅陵县发现了第一代沅陵侯吴阳的墓葬。② 据史籍记载,吴阳逝世于文帝后元二年,说明文帝末年沅陵侯国仍地处长沙国,并未发生迁徙。③

高帝六年(前201年),刘邦封夏侯婴为汝阴侯。汝阴,《汉志》属汝南郡,汉初地处淮阳郡。④ 1978年,第二代汝阴侯夏侯竈夫妇墓葬在安徽省阜阳市被发现。⑤ 夏侯竈逝世于文帝十五年(前165年),文帝四年至十二年汉廷置淮阳国,⑥则至迟文帝十二年汝阴侯国仍在淮阳国境内,而未迁徙。

再看辟阳侯国(61)。辟阳侯国封置于高帝六年,景帝三年(前154年)废除。辟阳虽不见于《汉志》,但《汉书·王陵传》记载景帝三年"淄川王反,辟阳近淄川,(审)平降之,国除",可知辟阳地处齐地。19世纪末以来,山东临淄出土的西汉早期齐国官署封泥见有"辟阳侯相"、"辟阳邑丞",⑦可以验证《王陵传》的记载。文帝初年,齐地皆为齐系诸侯王封地,⑧若文帝迁王国境内之侯国,则辟阳侯国当从齐地迁出。而《王陵传》的记载表明,直到景帝三年辟阳侯国仍在齐地。且景帝三年之时,齐地仍

---

① 周振鹤:《西汉政区地理》,第119—120页。反映高后初年行政区划建制的《二年律令·秩律》,不见有任何武陵郡属县,可以验证周先生的看法。
② 湖南文物考古研究所:《沅陵虎溪山一号汉墓发掘简报》,《文物》2003年第1期。
③ 据《史记·汉兴以来诸侯王年表》,吴氏长沙国除于文帝后元七年。
④ 周振鹤:《西汉政区地理》,第41—43页。
⑤ 安徽省文物工作队等:《阜阳双古堆西汉汝阴侯墓发掘简报》,《文物》1978年第8期。
⑥ 《汉书》卷一四《诸侯王表》,第406页。
⑦ "辟阳侯相"、"辟阳邑丞"封泥著录于罗振玉辑:《齐鲁封泥集存》;山东省立图书馆辑:《临淄封泥文字》(以上两种俱转引自孙慰祖主编:《古封泥集成》,上海:上海书店出版社,1994年,第84、232页)。
⑧ 周振鹤:《西汉政区地理》,第98—100页。

为齐系诸侯王封地。① 这不仅表明辟阳侯国在文帝初年并未迁徙,同时表明景帝初年王国境内仍有侯国分布,可见文帝时代并无所谓"施行全王朝"的"侯国迁移策"。

此外,文帝所封列侯,其封国仍有地处王国者。如文帝十四年所封缾侯国(203),地处淄川国。② 景帝三年,缾侯孙单参与七国之乱,正与其封国地处叛国境内有关。由此可以看出,文帝时代仍有侯国被封在王国,当时显然不存在"王国境内无侯国"的局面。

文帝时代,不仅王国境内的侯国没有被悉数迁出,而且仍有侯国新封在王国境内,"迁淮南国三侯邑"应当是文帝针对淮南国的政策,并非施行于全国,所谓文帝初年已形成"王国境内无侯国"局面的说法完全可以摒弃了。

二、"王国境内无侯国"格局形成的时代断限

文帝初年的迁淮南国三侯邑是汉初的重要事件。前人把西汉侯国地理分布格局的转变与此事联系起来,是可以理解的。但经过分析,这种说法并不符合汉初侯国地理分布的实际情况。可见,在不考虑侯国地理分布特征的前提下,仅从某些特殊事件入手的研究思路存在局限。③ 有鉴于此,笔者试图以复原汉初侯国地理分布特征为基础,通过限定"王国境内无侯国"局面出现的时代上限和下限,来探求该格局形成的确切时间。

新近公布的荆州松柏汉墓 35 号木牍文书,为我们限定"王国境内无侯国"格局出现的时代上限提供了非常重要的文献依据。松柏汉墓 35 号木牍记录了西汉南郡《免老簿》、《新傅簿》、《罢癃簿》三份行政公文。④ 从

---

① 参见《西汉政区地理》所附"景帝二年七齐与北海、琅邪二郡示意图",第 99 页。
② 《王子侯表》载元鼎元年武帝封淄川王子刘成为缾侯,可知缾本属淄川国,元鼎元年别属琅邪郡。
③ 阿部幸信先生曾对历史研究过程中"仅仅被大规模事件吸引了全部目光"的研究倾向进行检讨。见《"统治系統"論の射程》(初刊《日本秦漢史研究》第 11 号,2011 年),此据徐冲译文,刊《早期中国史研究》第三卷第一期,2011 年。
④ 荆州博物馆:《湖北荆州纪南松柏汉墓发掘简报》,《文物》2008 年第 4 期。

松柏汉墓所出建元、元光年间的历谱以及公文记录的行政建制来看,三份行政公文反映的是汉武帝早期的状况。① 值得注意的是,公文中有邔侯国和轪侯国。邔侯国封置于高帝十二年,轪侯国封置于惠帝二年,两侯国之名见于武帝早期的南郡行政公文,说明两侯国封置后,一直地处南郡,从未发生迁徙。而据史籍记载,南郡曾于景帝七年至中三年(前 150—前 147 年)置为临江国,②则该时段的临江国境内分布有侯国。可见直至景帝中三年王国境内仍有侯国分布,"王国境内无侯国"局面的形成在景帝中四年以后。景帝中四年可以作为"王国境内无侯国"格局形成的时代上限。

至于"王国境内无侯国"格局形成的时代下限,则可以借助"推恩令"来加以限定。汉武帝时期,汉廷颁布"推恩令"来削夺王国封域。所谓"推恩令"是指皇帝以"推恩"的名义令诸侯王以王国地分封子弟,从而析出众多王子侯国,而王子侯国必须转属周边汉郡管辖,王国疆域因此受到蚕食。有关"推恩令"对削弱王国势力起到的作用,学界已有详尽阐释,但对"推恩令"所透露出的西汉侯国地域分布格局的变化,却鲜有学者提及。最早留意于此的是清代学者钱大昕,其《侯国考》曰:"侯国例不属诸侯王,故王子而侯者,必别属汉郡。"③近人严耕望则明确指出:"武帝从主父偃之谋,令诸侯推恩分其土地,俾子弟毕侯,此等侯因而分属汉郡。然则此前王国已例不辖侯国矣。"④显然在"推恩令"颁布的时代,已经存在"王国境内无侯国"的侯国分布格局,所以当诸侯王以王国地分封子弟后,王子侯国必须划入周边汉郡,以保证王国不与侯国相涉。因此,武帝实施推恩令的时代可以视为"王国境内无侯国"格局出现的时代下限。

《汉书·武帝纪》载"(元朔二年)春正月,诏曰:'梁王、城阳王亲慈同生,愿以邑分弟,其许之,诸侯王请与子弟邑者,朕将亲览,使有列位焉。'于是藩国始分,而子弟毕侯矣。"推恩令虽然颁布于元朔二年,但是"分裂王国土地封置王子侯国,别属汉郡"的做法却早已执行。检索《史记·建

---

① 参见拙作《荆州松柏汉墓 35 号木牍侯国问题初探》,《中国史研究》2011 年第 2 期。
② 《史记》卷一七《汉兴以来诸侯王年表》,第 845 页。
③ 钱大昕:《廿二史考异》卷九《侯国考》,第 182 页。
④ 严耕望:《中国地方行政制度史(秦汉地方行政制度卷)》,第 55 页。

元以来王子侯者年表》、《汉书·王子侯表》,元光六年所封四个长沙王子侯国,分别转属豫章、桂阳两郡;①同年所封楚王子浮丘侯国(266)则转属沛郡。至于元朔元年所封一个鲁王子侯国、五个江都王子侯国也都改属汉郡管辖。只不过元光六年、元朔元年的诸侯王子分封,是在诸侯王薨后,由武帝主导执行的。②元朔二年,武帝把分封王子的权限下放给诸侯王,从而才导致推恩令的产生。③因此,元光六年可以作为"王国境内不置侯国"制度出现的时代下限。

通过分析元光、元朔之际的王子侯国地理分布,也可以验证高、董两位先生的看法不误。如元光六年,武帝封长沙王三子为列侯,三侯国分封后,分别由长沙国改属豫章、桂阳两郡。④同年,武帝封楚王子刘不审为浮丘侯(266)。浮丘侯国分封后,从楚国析出,别属沛郡。而元朔元年,武帝所封鲁王子侯一人、江都王子侯五人皆执行了推恩法。诚如周振鹤先生所言,元光六年推恩法已然施行。⑤因此,推恩令的施行不会晚于元光六年,元光六年可以作为"王国境内不置侯国"制度出现的时代下限。⑥

通过对出土文献和传世文献的梳理,可以明确西汉全国范围"王国境内无侯国"格局的形成大致在景帝中四年至武帝元光六年的 16 年间。那么,我们有无可能进一步限定该格局形成的确切年代呢?

---

① 参见本编第二章附考。
② 另据《王子侯表》,元光五年武帝分封河间献王子刘明为兹侯(260)。但"兹"之地望不详,因此不能排除兹侯国是裂汉地而封。稳妥起见,笔者将元光六年定为"分裂王国土地封置王子侯国,别属汉郡"制度产生的上限。
③ 高敏先生以元光末年武帝分裂诸侯王国土地封置王子侯国为据,怀疑推恩令执行于元光末年(见《秦汉史杂考十二题》,收入氏著《秦汉史论集》,郑州:中州书画出版社,1982年,第 382 页)。周振鹤、董平均二位先生也持有类似的观点(分见周振鹤:《西汉政区地理》,第 28 页、第 123 页;董平均:《汉武帝下推恩令非元朔二年考》,《首都师范大学学报〔社会科学版〕》2001 年第 4 期)。近来,日本学者楯身智志已经很好地解决了这一问题。他指出,元光五年至元朔元年分封的王子侯国,都是在诸侯王死后,由朝廷封置的。这与"推恩令"要求诸侯王在世时决定王子侯人选的做法存在本质不同。(见《西汉推恩令再考》,未刊稿)
④ 参见本编第二章附考。
⑤ 周振鹤:《西汉政区地理》,第 28、123 页。
⑥ 另据《王子侯表》,元光五年武帝曾分封河间献王子刘明为兹侯(260)。但"兹"之地望不详,因此不能排除兹侯国是裂汉地而封。为稳妥起见,笔者将元光六年定为推恩令执行的上限。

分析西汉侯国封置政策的变化,对于探讨"王国境内无侯国"格局的形成具有一定参照价值。前面提到,高帝至文帝时期不断有侯国被封置在王国,但当全国范围内形成"王国境内无侯国"的格局后,皇帝便不能再把侯国封置在王国境内。因此,如果能够明确汉廷不在王国境内封置侯国的时代,便可大致推测出"王国境内无侯国"格局的形成时间。

检索《史记》、《汉书》相关侯表,景帝中五年(前145年)汉廷分封梁孝王子刘买为乘氏侯、封刘明为桓邑侯,两侯国皆在梁国境内。① 这是史籍所见侯国封在王国的最晚例证。中六年以后封置的侯国都不在王国境内,由这一现象分析,西汉的侯国封置政策大约在景帝中六年前后发生了变化,这一变化是因何种原因而产生的呢?笔者以为,要想合理解释这个疑问,还需要从西汉侯国地位的变化谈起。

三、景帝封建体制改革与侯国地位的变化

刘邦平定天下以后,为了满足功臣"日夜望咫尺之地"的愿望,开始对秦代的彻侯制度进行改造,在拜赐功臣以彻侯爵位的同时,还封赐一县之地作为封国(即侯国),令彻侯(武帝以后改称列侯)世代承袭。这使得汉代的彻侯除军功爵外,还兼有"诸侯"的身份。② 在封国内,彻侯享有"诸侯"的种种特权,如"自治民"、"自置吏"、"得赋敛"等,③侯国因此具有相对独立的地位,不受汉廷直接统辖。④ 但随着时代的推移,彻侯逐渐丧失了

---

① 参见本编第二章第三节考述。
② 秦代的彻侯只享有食邑,而无封国。刘邦令彻侯领有封国,从而使彻侯转变为诸侯。前人在探讨西汉彻侯制度时,未能区分封国制度和食邑制度的差别,常将两者混为一谈,忽视了彻侯的"诸侯"身份。
③ 如高帝十二年三月诏曰:"而重臣之亲,或为列侯,皆令自置吏,得赋敛。"(《汉书·高帝纪》)在张家山汉简《二年律令·秩律》所记录的职官名称中,不见有王国、侯国官员,说明汉高后时期王国、侯国官员并不在汉廷官僚体系之中,这与高帝十二年诏所反映的内容一致。
④ 廖伯源、周振鹤、李开元都曾指出汉初的侯国享有较高的独立地位。参看廖伯源:《汉代爵位制度试释(上)》,《新亚学报》第十卷,第135页;周振鹤:《中国地方行政制度史》,第40—42页;李开元:《汉帝国的建立与刘邦集团——军功受益阶层研究》,第252页。

"自治民"、"自置吏"等特权,侯国行政权被收归汉廷,侯国由此纳入汉廷地方行政体系,成为与县道地位相当的基层行政组织,受到汉郡的直接管辖。从荆州松柏汉墓出土的武帝早期南郡行政公文来看,南郡境内的侯国与县道一样,其赋税缴纳、人口管理、劳役征发均由南郡统一调配,①说明武帝初年侯国已归属所在汉郡管辖。

若要实现汉郡对侯国的有效管辖,就必须保证侯国地处汉郡境内,西汉侯国地域分布格局的变化显然与此有关。也就是说,汉廷为了确保汉郡对侯国的行政管理,对全国范围内的侯国地域分布重新规划,"王国境内无侯国"分布格局乃是为了配合新的地方行政体系而构建。因此,明确西汉侯国地位的下降过程,便可以理解"王国境内无侯国"格局形成的内在原因。

有关西汉侯国地位的变迁,史籍中没有明确记载。但因侯国性质与王国相近,因而可以通过分析王国地位的变化,来推寻侯国制度变革的时代。西汉初年,诸侯王国拥有独立地位,与汉是对等的国家,两者间并无明确的统辖关系。②但在吴楚七国之乱后,景帝开始对诸侯王国加以限制。景帝首先采取"收支郡"和"众建王国"的策略来削弱王国势力。但这些举措只是缩小诸侯王国疆域,于王国制度并未触及。中五年,景帝开始对王国制度进行改革。《汉书·百官公卿表》(以下简称《百官表》)载:"景帝中五年,令诸侯王不得复治国,天子为置吏,改丞相曰相,省御史大夫、廷尉、少府、宗正、博士官,大夫、谒者、郎诸官长丞皆损其员。"《史记·五宗世家》太史公曰:"自吴楚反后,五宗王世,汉为置两千石,去'丞相'曰'相',银印。诸侯独得食租税,夺之权。"诸侯王"自治民"、"自置吏"、"得赋敛"等特权是维持王国独立地位的基础。而中五年的王国制度改革,剥夺了诸

---

① 荆州博物馆:《湖北荆州纪南松柏汉墓发掘简报》,《文物》2008年第4期。朱江松:《罕见的松柏汉代木牍》,荆州博物馆编:《荆州重要考古发现》,北京:文物出版社,2009年。
② 对此问题,中日学界的看法已趋于一致。参见陈苏镇:《汉初王国制度考述》,《中国史研究》2004年第3期。杉村伸二:《二年律令より見た漢初における漢朝と諸侯王国》,富谷至编:《江陵張家山二四七号墓出土漢律令の研究》,东京:朋友书店,2006年;阿部幸信:《漢初"郡国制"再考》,《日本秦漢史学会会報》9,2008年。

侯王的上述权力,王国由此丧失独立地位,而逐步纳入汉中央的地方行政体系,成为与汉郡相当的地方行政组织。① 从王国地位的变化轨迹来分析,侯国地位的变化也应发生于同时,以景帝中五年前后的可能性为大。

在查阅《百官表》时,其中一条记载引起了笔者的注意。《表序》云:"主爵中尉,秦官,掌列侯。景帝中六年更名都尉。"景帝中六年,汉廷"列卿"称号发生集体变更,主爵中尉便是其中之一。《史记·孝景本纪》曰:

> (中六年)更命廷尉为大理,将作少府为将作大匠,主爵中尉为都尉,长信詹事为长信少府,将行为大长秋,大行为行人,奉常为太常,典客为大行,治粟内史为大农。

景帝中六年汉廷"列卿"的集体更名应存在深层次的原因,对此问题日本学者大庭脩曾提出这样看法:"这次改名的重点,可能在于这个目的:将过去与王国相同的汉王朝行政机构与王国区别开来。"②对于大庭氏的意见,笔者深表赞同。景帝中六年中央"列卿"的集体更名与前一年进行的王国制度改革显然存在关联。贾谊《等齐》中的一段叙述可以作为我们分析该问题的切入点:

> 天子列卿秩二千石,诸侯列卿秩二千石,则臣已同矣。人主登臣而尊,今臣既同,法恶得不齐? 天子卫御,号为大仆,银印,秩二千石;诸侯之御,号曰大仆,银印,秩二千石,则御已齐矣。御既已齐,则车饰恶得不齐?③

汉初,诸侯王国官制与汉廷相同,即所谓"群卿大夫都官如汉朝"、④"百官

---

① 李开元曾提道:"在景帝期间,汉之王国有两次重大变化:一是景帝三年七国之乱前后,对于诸侯王国领土的消减;一是景帝中五年对于诸侯王国制度的改定。"见《汉帝国的建立与刘邦集团——军功受益阶层研究》,第100页。
② 大庭脩:《秦汉法制史研究》,上海:上海人民出版社,1991年,第20页。
③ 阎振益、钟夏:《新书校注》卷一《等齐》,第46—47页。
④ 《汉书》卷一九《百官公卿表》,第741页。

皆如朝廷"。① 诸侯王国所置列卿名称与汉廷列卿无异。② 但在景帝中五年王国制度变革后，王国的独立性已经丧失，其地位等同于汉郡，汉廷列卿若再与王国列卿同名显然不合时宜。景帝变更朝廷列卿官名，使朝廷列卿在称号上与王国列卿区别开来，实际彰显了中央官员的特殊地位。③

中六年汉廷"列卿"的集体更名恐怕还不是变更称号这么简单，其背后可能还存在秩级的变化。根据张家山汉简《二年律令·秩律》，高后时期二千石为官员最高秩级，朝廷列卿皆秩二千石。贾谊曰："天子列卿秩二千石，诸侯列卿秩二千石，则臣已同矣。"这表明西汉初年朝廷列卿与诸侯王国列卿皆秩二千石，为官员最高秩级。④ 但根据《百官表》记录的西汉末年官员秩级，中二千石为最高秩级，朝廷列卿多秩中二千石。有关"中二千石"秩级的形成，阎步克先生曾作过细致考察。阎先生以为，"中二千石秩级"形成于汉景帝时期，这与景帝压抑诸侯王国有关，"汉景帝曾调高中央二千石俸额，或压低王国二千石俸额，从而使'中二千石'变成一个新秩"。⑤ 阎先生把"中二千石"秩级的形成放在汉与王国地位变动的背景下予以考察，极有见地，而王国地位的下降是从景帝中五年开始的。另据《史记·孝景本纪》后元年"三月丁酉，赦天下，赐爵一级，中二千石、诸侯相爵右庶长"，显然后元年"中二千石"已经成为一个独立的秩级。因此，"中二千石"秩级的形成应当在中六年前后。结合当时汉廷"列卿"的集体更名，我们不难得出这样的结论：中六年，景帝为了体现中央官员与王国官员的差别，变更了汉廷列卿的名称，同时提高了汉廷列卿的秩级，这使得汉廷列卿在名称上、秩级上皆比王国列卿高出一等，这样的官制构建无疑与当时汉廷、

---

① 《续汉书·百官志》，第 3627 页。
② 这一点已为出土文字材料所证明。如临淄出土汉初齐国官署封泥、徐州楚王陵出土汉初楚国官署官印，封泥所见诸侯王国官名与汉廷完全相同。
③ 景帝中六年，并非所有中央列卿都改变了名称，如贾谊提到的太仆便没有更名。《汉书·百官公卿表》："（武帝）改（王国）太仆曰仆，秩亦千石。"可见汉中央太仆的称号直到武帝时期才与王国区别开来。
④ 阎步克：《从爵本位到官本位——秦汉官僚品位结构研究》下编第一章第二节《今见〈秩律〉的中二千石秩级阙如问题》，北京：三联书店，2009 年，第 293—300 页。
⑤ 阎步克：《从爵本位到官本位——秦汉官僚品位结构研究》下编第一章第三节《"中二千石"秩级的形成》，第 301—305 页。

王国的地位更为匹配(参见表1-1)。"中二千石"秩级的形成以及朝廷列卿官名的变更，都应当是汉廷为配合王国地位变化所进行的制度调整。①

表1-1 景帝中四年、中六年汉廷与王国列卿名称、秩级对照

景帝中四年				景帝中六年			
汉廷		王国		汉廷		王国	
列卿	秩级	列卿	秩级	列卿	秩级	列卿	秩级
廷尉	二千石	廷尉	二千石	大理	中二千石	—	—
将行	二千石	将行	二千石	大长秋	中二千石	将行	二千石
大行	二千石	大行	二千石	行人	中二千石	大行	二千石
奉常	二千石	奉常	二千石	太常	中二千石	奉常	二千石
典客	二千石	典客	二千石	大行	中二千石	典客	二千石

景帝中五年的王国制度改革，打破了以往汉廷与王国的对等关系，由此引发了中六年中央官制的一系列变更，大庭氏的推测非常合理。不过，大庭氏的解说并不适用于中六年所有更名的中央官员。如王国廷尉已于景帝中五年裁撤，中六年朝廷的廷尉不需要以更名的方式来实现与王国官员的区别。廷尉之更名应当有其他的考虑，限于文献记载，具体情况不得而知(不知是否与秩级的变化有关？)。而本书要讨论的主爵中尉，其发生更名的原因也十分特殊。《百官表》记载主爵中尉之职权为执掌彻侯事务，而汉代惟天子有分封彻侯的权力，②故诸侯王国并无"主爵中尉"一职的设置。汉廷变更主爵中尉名称，也不是出于区别朝廷官员和王国官员的需要。因此对于景帝中六年主爵中尉之更名，还有另作考察的必要。

在对景帝中六年主爵中尉之变化进行考察后，可以注意到这样的现

---

① 周群依据《史记·万石张叔列传》与《汉书·周仁列传》中有关周仁"以二千石禄归老"的记载，倾向于中二千石秩级的形成在武帝建元初年以后，但不排除该秩级形成于景帝中六年的可能，故称"中二千石由指京师二千石到独立成为一个秩级，必在汉景帝中元六年甚至是武帝建元初年以后"，见《西汉二千石秩级的演变》，《史学月刊》2009年第10期。现在如果明确朝廷列卿更名和秩级变化之间的关系，则中二千石秩级形成于景帝后元年以后的可能性可以排除。
② 廖伯源：《汉代爵位制度试释》，第124—125页。

象：景帝中六年官制改革后，主爵中尉的地位有所下降。先来看主爵中尉的官名变化。在秦汉的武职系统中，"中尉"、"都尉"都是常见的职称，而中尉的级别要高于都尉。如楚汉相争时，陈平归汉，刘邦拜其为"都尉，使为参乘，典护军"，即被授予"护军都尉"一职，①不久又"厚赐，拜为护军中尉，尽护诸将"。②《史记·高祖功臣侯者年表》曲逆侯条载陈平功状为"汉王二年，初从修武，为都尉，迁为护军中尉"。又同篇临辕侯条载戚鳃功状"初起从为郎，以都尉守蕲城，以中尉侯"。③景帝中六年，"主爵中尉"更名为"主爵都尉"相当于降低了该官职的级别。④再来看主爵中尉之秩级变化。根据《百官表》，直到西汉末年主爵中尉（时已更名为右扶风）仍为二千石官员，可见在景帝中六年的朝廷列卿秩级的集体调整中，主爵都尉的秩级并未随着其他列卿一同水涨船高，其级别实际有所下降。

在中六年的官制改革中，景帝为何要降低"主爵中尉"一职的级别？恐怕这还要从该官职的职事变化寻找原因。主爵中尉的职能为"掌列侯"，而据周振鹤先生推测，主爵中尉最初还执掌部分侯国事务。⑤从汉代的"太仆"既执掌皇帝舆马，又兼管边地马苑的现象来看，⑥周先生的推测有一定道理。汉初因侯国相对独立，其事务或由主爵中尉兼管。而当侯国的独立地位丧失，转变为汉郡管辖下的基层行政单位，主爵中尉自然失去了兼管侯国事务的职权，其级别和秩级的下降就是情理之中的事情了。也就是说，主爵中尉级别的下降乃与侯国制度的变动有关，中六年主爵中尉之更名其实暗示侯国已于该年丧失了独立地位。

分析王国地位变化与王国丞相名称变化之间的关系，可以辅证笔者的上述论证。西汉初年，王国享有与汉廷对等的地位，故王国丞相与汉廷丞相地位相当，不仅称号相同，且同配金印。贾谊曰："天子之相，号为丞

---

① 有关护军都尉官职的描述，见《汉书》卷一九《百官公卿表》，第737页。
② 《史记》卷五六《陈丞相世家》，第2053—2054页。
③ 《史记》卷一八，第887、959页。
④ 《史记·孝景本纪》、《汉书·百官公卿表》称景帝中六年主爵中尉更名为都尉并不准确，应更名为主爵都尉。见安作璋、熊铁基：《秦汉官制史稿》（下），济南：齐鲁书社，1984年，第40页注释2。
⑤ 周振鹤：《中国地方行政制度史》，第40页。
⑥ 安作璋、熊铁基：《秦汉官制史稿》（上），第137—141页。

相，黄金之印；诸侯之相，号为丞相，黄金之印，而尊无异等。"①中五年，随着王国地位的下降，王国丞相的级别也随之降低。《史记·五宗世家》："自吴楚反后，五宗王室，汉为置两千石，去'丞相'曰'相'，银印。"王国丞相级别的降低除了改佩银印以外，最主要的变化便是更"丞相"曰"相"，王国丞相的官名变更成为王国地位下降的外在表现，这与侯国地位的下降导致主爵中尉官名变更的现象相得益彰。明确地说，景帝中元年间"王国丞相"与"主爵中尉"的更名，与两官职的级别降低有关，而两官职的级别降低又是因王国、侯国地位下降引发。这之间的连带关系如下图所示：

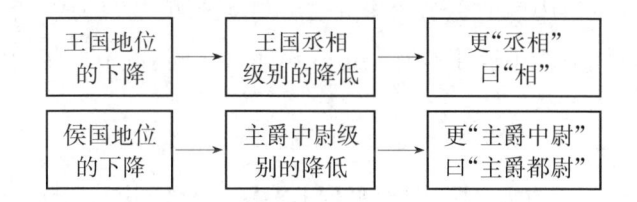

| 王国地位的下降 | → | 王国丞相级别的降低 | → | 更"丞相"曰"相" |
| 侯国地位的下降 | → | 主爵中尉级别的降低 | → | 更"主爵中尉"曰"主爵都尉" |

总之，景帝中六年中央列卿的集体更名和秩级变化与同时进行的封建体制改革存在关联。随着王国地位的下降，中央官员需要通过改变称号和秩级来实现与王国官员的等级差别，这印证了大庭脩的说法。但同时，侯国地位的下降却导致了中央管理彻侯事务的"主爵中尉"职权的降低，主爵中尉官名的变更与秩级的"停滞不前"都与此有关。在景帝中六年的官制改革中，虽然主爵中尉的更名并非如大庭氏所说，是为了实现中央官制和王国官制的差别，但就引发变化的根源来看，主爵中尉级别的下降与其他朝廷列卿级别的上升都是因封国地位的下降而造成的。

结合王国地位的变迁和主爵中尉的职权变化，我们有理由相信，景帝中五年、中六年汉廷在改革王国制度的同时，对侯国制度也进行了改革。这次改革的结果是取消了侯国的独立地位，将侯国行政权收归中央，②使

---

① 阎振益、钟夏：《新书校注》卷一《等齐》，第46页。
② 汉初，彻侯在侯国内享有"自置吏"的特权，这是彻侯拥有侯国行政权的体现。但到了武帝时期，侯国官员已由汉廷派置。廖伯源注意到侯国官员任免权的这一变化，并推测此变化的发生"大约在景武之际"（见《汉代爵位制度试释〔上〕》，第140页）。现在看来，这一变化应发生在景帝中六年。中六年，侯国的独立地位被剥夺，官员任免权被收归中央，这与前一年王国制度的改革方式大体相当。

侯国成为汉郡管辖下的基层行政单位。自此,王国成为与汉郡相当的地方行政组织,侯国则成为与汉县相当的地方行政组织,全新的中央—郡(国)—县(侯国)的地方行政建构得以建立,同时汉廷还建立了与该体系相匹配的中央官员—郡官员(王国官员)—县官员(侯国官员)的官制体系。可以说,景帝中六年以后,王国和侯国已不再是真正意义上的"独立国家",而被纳入"汉国家"范畴之内,作为"国内体制"的地方行政管理制度——"郡国制"得以确立。①

根据《汉书·景帝纪》的记载,王国制度改革发生于中五年八月,而中六年四月主爵中尉的更名意味着侯国制度改革已经完成,所以侯国制度的变革时代应在中五年八月至中六年四月之间,以中六年初的可能性为大。②

四、景帝"徙侯国出王国"考

景帝中六年,汉廷对封建制度进行全面改革,将侯国纳入地方行政体系,使之成为汉郡管辖下的基层行政组织。为了保证汉郡对侯国的直接管辖,汉廷制定了"王国境内不置侯国"的政策。自此以后,新分封的侯国都在汉郡境内,不再与王国相涉。不过,景帝中六年王国境内还遗留有相当数量的侯国,在侯国制度发生变革后,这些"孤悬"于王国境内的侯国又如何接受汉郡的管辖呢?可以想见,为了避免"王国辖有侯国",汉廷会把残留在王国境内的侯国迁出,重新安置于汉郡,这样方与新的地方行政体系相适应。如同李开元所言,汉代确实存在一个大规模"迁侯国出王国"的举措,只不过这一举措不会实施于文帝初年,而应当在景帝末年。

---

① 前人多认为作为地方行政管理制度的"郡国制"是伴随西汉始终的基本制度。而现在越来越多的学者认识到,西汉初年王国拥有完全独立的地位,与汉是对等的国家,因此汉初并不存在作为地方行政制度的"郡国制"。阿部幸信先生指出,汉初王国与汉构成"共天下体制",作为"国内体制"的郡国制是武帝以后形成的(见《汉初天下秩序考论》,复旦大学中古史共同研究班2011年6月15日报告)。对于阿部先生的看法,笔者基本赞同,并在此借用阿部先生"国内体制"的说法。
② 武帝太初元年(前104年)之前以十月为岁首,故侯国制度变革应在景帝中五年九月,中六年十月、十一月、十二月、元月、二月、三月七个月内,以中六年初的可能性最大。

根据本书对景帝中五年侯国地域分布的复原,可知中五年至少有33个侯国分布在王国境内。① 景帝中六年,王国境内的海阳(35)、张(141)、乘氏(240)、桓邑(241)四侯国废免,故该年王国境内至少有29个侯国(参见表1-2)。按照笔者的看法,汉廷会将这29个侯国从王国中迁出。受文献记载的限制,我们无法逐一复原这29个侯国迁徙的情况。不过,综合分析传世文献和出土文献,还是可以找到一些侯国迁徙的线索。下面,笔者对某些侯国的地理变动予以考察,希望能够复原景帝"徙侯国出王国"的基本态势。

表1-2 景帝中六年各王国境内侯国名目

王 国	侯 国
代	汾阳(120)*
常山	槀(83) 遽(225) 新市(226)
中山	曲逆(9) 北平(64)
河间	弓高(204)*
广川	南宫(185)*
清河	清阳(3) 复阳(68) 东阳(104) 信成(114)* 俞(218)*
济北	平州(123)
齐	蓼(23) 柳丘(43) 繁(98)
胶东	昌武(52)* 魏其(215)
城阳	彭(88)
楚	武原(82) 梧(150)
鲁	沈犹(212)*
梁	戴(121) 成阳(135) 桃(136)* 樊(184)*
江都	堂邑(10)
长沙	便(144)*

说明:本书已有考证的侯国,在其后标示"*"。

---

① 参见中编第五章"表5-3"。

1. 弓高侯国（204）

文帝十六年，汉廷分封匈奴降臣韩颓当为弓高侯。弓高，《汉志》属河间国。《水经·浊漳水注》："衡漳又东，迳弓高县故城北。汉文帝封韩王信之子韩隤当为侯国。"①据《水经注》，河间国之弓高即为韩颓当所封。但《汉书·高惠高后文功臣表》弓高侯条却注记县名"营陵"。②《汉志》北海郡有营陵县，根据《汉表》这一体例，弓高侯国当在北海郡营陵县境。对于《志》、《表》所载弓高侯国地望的分歧，前人曾给予多种解释。元人胡三省曰：

> 韩王信之子颓当自匈奴中来归，封为弓高侯，《功臣表》：弓高属营陵；《地理志》：弓高属河间国。盖颓当受封于文帝之初，而河间国则三年所置，故《志》与《表》异。③

胡三省以为，文帝分封弓高侯时尚无河间国，故初属营陵。景帝三年置河间国，弓高侯国转属河间。《志》、《表》之间的歧义是因隶属关系变化造成。今按，胡氏之说不得要领，营陵县地处北海郡，距河间国有数百里之遥，弓高侯国何以能够初属营陵，后转属数百里外的河间国？胡说显然有误。钱大昕对此有所察觉，另立新解：

> 弓高。《索隐》云："《汉表》在营陵。"案：《汉志》河间国有弓高县，《水经注》以为韩颓当所封也。营陵县属北海郡，疑《汉表》误。或河间别有营陵乡。④

---

① 《水经注疏》卷一〇，第 992 页。
② 中华书局点校本《汉书·高惠高后文功臣表》弓高侯条无"营陵"二字。《史记·惠景间侯者年表》弓高侯条《索隐》曰"《汉表》在营陵"（《史记》，第 1005 页），则司马贞所见唐本《汉书·高惠高后文功臣表》注记有"营陵"。另宋代庆元年间刻本《汉书·高惠高后文功臣表》亦有"营陵"二字（《國寶：漢書宋慶元本》，东京：朋友书店，1977 年，第 200 页）。王先谦注弓高侯条曰："此夺营陵二字。闽本、官本有。"（《汉书补注》卷五，第 275 页）可见清代某些版本的《汉书·高惠高后文功臣表》仍有"营陵"二字，中华书局点校本脱漏"营陵"，是不应有的失误。
③ 《资治通鉴》卷一六"汉景帝前三年"胡三省注，第 524—525 页。
④ 钱大昕：《廿二史考异》卷二，第 27 页。

钱大昕提出两种可能。或是《表》注有误，或是河间国别有一处营陵。钱氏的两种解说没有举出任何理由，很难令人信服。相较而言，清末学者王荣商的看法更值得注意：

> 钱（大昕）说非也。弓高本河间国地，孝文十六年河间国废，故颓当封之。孝景二年复置河间国，因徙颓当于营陵，仍称弓高侯。故《志》在河间，《表》云营陵耳。武帝为胶东王时，颓当孙嫣与上学书相爱，亦以营陵近胶东故也。①

王荣商提出《志》、《表》歧义是因弓高侯国迁徙所致，而弓高侯国迁徙又与"王国境内无侯国"之格局有关。王荣商可谓眼光独到，不过按照此说，文帝十六年已存在"王国境内无侯国"的格局。本书前面已经提到，该格局的出现不会早于景帝中四年，因此弓高侯国之迁徙不当在景帝二年初置河间国之时，而应当在中六年侯国制度发生变革之后。也就是说，景帝二年到中五年，弓高侯国仍在河间国境内。景帝末年，汉廷将弓高侯国从河间国迁出，重新安置于北海郡。《汉志》河间国之弓高当为韩颓当初封所在，《表》注"营陵"为弓高侯国迁徙后的方位。《志》、《表》之间的歧义是因弓高侯国迁徙造成。

2. 南宫侯国（185）

文帝元年，汉廷废鲁王张偃为南宫侯，武帝元光元年除。《汉志》南宫属信都郡，信都郡于景帝中二年至宣帝本始四年置为广川国，故景帝末年南宫侯国地处广川国境内。②

《史表》载高祖功臣张买于高后元年受封为南宫侯（149），高后八年除。③ 而《汉表》南宫侯张买条曰"侯生嗣，孝武初有罪，为隶臣，万六千六百户"，此处所载南宫侯除年与《史表》不同。两相比较，显然《汉表》有误。钱大昭《汉书辨疑》曰：

---

① 王荣商：《汉书补注》卷六，《二十四史订补》第二册，第1049页。
② 参见中编第五章第一节考述。
③ 《史记》卷一九《惠景间侯者年表》，第981页。

> 张生是南宫侯张偃之孙,孝武初正为南宫侯。是时张买国绝已久,安得复有子名生者为南宫侯乎?且生罢侯时,其户万六千六百,必是张敖之后,封国本大,故有此户数。若是寻常之侯,必不能享此大国。当是传写者因其姓及封地皆同,误移于此。①

钱大昭所论极是。《汉书·张耳传》云:"孝文即位,复封故鲁王偃为南宫侯。薨,子生嗣。武帝时,生有罪免,国除。"可见,南宫侯张生乃文帝所封张偃之后,非高后所封张买之后,班昭乃是将张偃世系误植于张买条下。《汉表》南宫侯张买条,注有"北海",此"北海"即张生之南宫侯国所在。张偃之封国本在广川国境内,至张生时,封国已在北海郡,说明南宫侯国曾发生迁徙。② 此次迁徙,当发生在景帝末年。

3. 信成侯国(114)

高帝十一年,刘邦分封功臣宣义为土军侯,元朔二年除。《汉表》土军侯条曰"位次曰信成侯"。《汉表》所录高祖功臣位次皆得自高后二年丞相陈平所制《列侯位次簿》。刘邦所封列侯中,有少数功臣的封邑发生变更,故至高后二年部分列侯的封号已经改变。颜师古注曰:"汉《列侯位次簿》有谥号、姓名与史所记不同者,《表》则俱载矣。"③《汉表》"位次曰信成侯",说明班昭所见《列侯位次簿》记宣义之封号为"信成侯",则高后二年宣义已更封为信成侯。信成,《汉志》属清河郡。景帝中三年至武帝建元五年清河郡置为王国,故景帝末年信成侯国地处清河国境内。

景帝末年,信成侯国从清河国迁出。五凤二年,宣帝封归降的匈奴左

---

① 钱大昭:《汉书辨疑》卷六,第100页。
② 全祖望不明侯国有迁徙之例,故曰"北海之南宫,乡名也,张买所封。信都之南宫,县名也,张偃所封。"(《汉书地理志稽疑》卷六,第2614页)而王荣商已经察觉到《志》、《表》对南宫侯国地望记述的矛盾与侯国迁徙有关:"弓高属河间,而《表》云在营陵。辟阳属信都,而《传》云近淄川。凡此皆有徙封之故,史文缺略不能尽知。疑南宫亦类此。"(《汉书补注》卷六,第1048页)又临淄出土封泥见有"南宫丞印"、"南宫相印"(杨广泰编:《新出封泥汇编》第二册,杭州:西泠印社,2010年,第154页),当与迁徙后的南宫侯国有关。
③ 《汉书》卷一六《高惠高后文功臣表》,第535页。

大将军王定为信成侯(633),《汉表》注"细阳",说明汝南郡亦有信成。① 笔者怀疑景帝中六年,信成侯国由清河国迁往淮阳郡,②元朔二年国除为信成县或信成乡,五凤二年复置为侯国分封匈奴降将王定。

4. 俞侯国(218)

《史记·河渠书》载武帝元光年间:"武安侯田蚡为丞相,其奉邑食鄃。鄃居河北,河决而南则鄃无水灾,邑收多。"而《史记·惠景间侯者年表》载栾布于景帝六年受封为鄃侯,武帝元狩六年(前117年)第二代侯栾贲获罪国除,则元光年间鄃侯国尚存。田蚡、栾贲岂能同食一邑? 对此,钱大昕解释道:

> 俞侯栾布子贲以景帝中六年嗣侯,元狩六年,坐为太常牺牲不如令,国除。当武安为相时,贲尚无恙,而奉邑得食鄃者,布封邑仅千八百户,除所封之外,仍属之有司也。③

钱氏认为西汉封侯多有"不尽食一县"者,故田蚡、栾贲同食一邑并无不妥。④ 钱大昕的说法是有问题的。因为西汉以乡、聚分封列侯的制度,形成于武帝以后。汉初列侯都是整县受封,柳春藩先生对此已有详细考辨。⑤ 总之,钱氏有关田蚡、栾贲同食一县的说法不能成立。

笔者以为,《河渠书》与《惠景间侯者年表》的分歧也与侯国迁徙有关。即景帝六年,栾布封为鄃侯。鄃,《汉志》属清河郡。鄃侯国初封于清河郡,景帝中三年清河郡改置为王国,景帝末年鄃侯国从清河国中迁出,徙往他郡,故武帝初年鄃县才会成为田蚡的奉邑。鄃侯国更封后的地望不详。

5. 汾阳侯国(120)

高帝十一年分封功臣靳强为汾阳侯。汾阳,《汉志》属太原郡,西汉初

---

① 见本编第三章第一节考述。
② 景帝元康三年以前,汝水以北属淮阳郡。参见中编第五章第一节考述。
③ 钱大昕:《廿二史考异》卷七,第141页。
④ 钱大昕有关西汉封侯多不尽食一县的阐述,见《廿二史考异》卷八,第147页。
⑤ 柳春藩:《秦汉封国食邑赐爵制》,沈阳:辽宁人民出版社,1984年,第75—76页。另梁玉绳也不同意钱大昕的看法,曾致信予以商榷。见梁玉绳:《答钱氏论汉侯国封户书》(转引自王恢:《汉王国与侯国之演变》,第377页)。

年地处代国境内。景帝末年,汾阳侯国当从代国迁出。今按,解放前在河南省淅川县陈营村出土一件汉代铜壶,上有刻铭"□阳侯"。① 细审铭文拓片,应为"汾阳侯"。虽然铜器流动性较大,但是置用于今山西省境内的铜壶流转至河南省南阳市境内也较为特殊。疑汾阳侯国于景帝中五年迁出代国后,安置于南阳郡境内。

6. 昌武侯国(52)

元朔四年,汉武帝分封功臣赵安稽为昌武侯(387)。昌武,《汉志》属胶东国。而《汉表》昌武侯条下注"舞阳"。王先谦据《表》定昌武侯国地望于舞阳。② 而王荣商则倾向于《汉志》,但又不能无视《表》注的存在,于是解释道:

> 昌武,本胶东县。安稽后击匈奴,益封舞阳,故以舞阳系之。非谓昌武即在舞阳也。③

王荣商对昌武侯国地望的判定显然有误。元朔四年,胶东为景帝子刘寄之王国,而当时王国境内已无侯国,因此昌武侯国绝不会封置于胶东国。对于《景武昭宣元成功臣表》所注"舞阳",王荣商将其解释为益封之邑。王氏的这一说法缺乏根据。今检《汉书》侯表注记县名,没有一例可确定为彻侯益封之邑,且据《史记·骠骑列传》赵安稽从骠骑将军出击匈奴仅益封三百户,远不及一县户数,王荣商所谓"舞阳"是益封之邑的解释是没有道理的。

不过,赵安稽之昌武侯国与胶东国之昌武县也并非毫无关系。两者之间的关联恐怕也与侯国迁徙有关。高帝六年,刘邦封单宁为昌武侯(52),单宁之封国当即胶东郡之昌武。景帝中二年,刘启以胶东郡置为王国,分封皇子刘寄,则昌武侯国地处胶东国境。景帝末年,昌武侯国因侯国制度变革被汉廷迁往南阳郡舞阴县。④ 元朔三年,第四代昌武侯单德获

---

① 刘霞:《南阳市博物馆收藏的几件汉代刻铭铜器》,《中原文物》2004年第5期。
② 王先谦:《汉书补注》卷一七,第265页。
③ 王荣商:《汉书补注》卷六,第1050页。
④ 《表》注"舞阳"乃"舞阴"之误。见本编第三章第一节考述。

罪国除。次年，武帝复以南阳之昌武侯国故地分封赵安稽。如此，对于昌武侯国沿革我们可以梳理出一个比较清晰的脉络：南阳郡之赵氏昌武侯国实际延续单氏昌武侯国而来，而单氏昌武侯国则是景帝中六年从胶东国迁徙到南阳郡的。

7. 沈犹侯国（212）

景帝元年，汉廷封楚元王子刘岁为沈犹侯，其封国在楚国薛郡境内。① 景帝三年，薛郡置为鲁国，故该年以后沈犹侯国地处鲁国境内。今本《汉表》沈犹侯条无下注郡县名，而《史表》沈犹侯条《索隐》曰："《汉表》在高苑。"另《汉书·楚元王传》"景帝即位，以亲亲封元王宠子五人……岁为沈犹侯"，颜师古注引晋灼曰："《王子侯表》属千乘高苑。"由此看来，晋灼、司马贞所见《汉书·王子侯表》沈犹侯条皆注有"高苑"，为今本《汉表》脱漏。根据《汉表》体例，沈犹侯国地处高宛县境。原本位于鲁国境内的沈犹侯国，其地望被班昭标注在高宛县，可见该侯国曾发生迁徙，迁徙的时间即景帝末年。

另外，高宛县《汉志》属千乘郡，而千乘郡乃武帝元狩六年由齐国析置。② 由此逆推，景帝中六年的高宛县应在齐国境内。景帝迁徙王国境内侯国，不会把侯国再安置在王国境内。今查高宛县地望，在千乘郡、济南郡交界地带，③而汉代县邑隶属关系常常发生变更，故景帝中六年之时高宛县应在济南郡境内，高宛县改属千乘郡在武帝以后。中六年，沈犹侯国乃是被景帝从鲁国迁往济南郡安置。

8. 桃侯国（136）

高帝十二年（前 195 年），刘邦分封刘襄为桃侯。关于桃侯国地望，传世文献有明确记载。《水经·济水注》曰："濮渠又东北，迳燕城南，……迳桃城南，即《战国策》所谓酸枣、虚、桃者也。汉高帝十二年，封刘襄为侯国。"④《史记·项羽本纪》："桃侯、平皋侯、玄武侯皆项氏，赐姓刘。"《史记正义》引

---

① 见本编第二章第三节考述。
② 参见拙文《西汉郡国更置与侯国迁徙——兼论千乘郡的始置年代》，《中国史研究》2012 年第 4 期。
③ 谭其骧主编：《中国历史地图集》第二册，第 21 页。
④ 《水经注疏》卷八，第 710 页。

《括地志》曰："故城在滑州胙城县东四十里。《汉书》云高祖十二年封刘襄为桃侯也。"根据《水经注》和《括地志》的记载，刘襄受封之桃侯国即战国魏地之桃城，其地约在西汉燕县东，即今滑县王庄镇一带。张家山汉简《二年律令·秩律》显示汉初东郡、河南郡之东界在白马、燕、酸枣、阳武、中牟、启封一线，①桃城位于此线以东，故刘襄之桃侯国汉初地处梁国。

依据传世文献的记载，可以明确桃侯国位于梁国境内。而在2006年公布的湖北随州孔家坡汉墓简牍《告地书》中，却出现"桃侯国丞万告地下丞"字样。② 简牍整理者指出"墓主葬地应在当时的桃侯国境内，也就是说今随州一带，景帝后期应有一个桃侯国。"整理者的上述见解无疑是正确的，但整理者随后称"传世文献里尚找不到今随州一带在景帝后期置有桃侯国的记载"。③笔者以为这一判断有失武断，根据史籍记载，刘襄受封之桃侯国直到元鼎五年（前112年）才废除。景帝末年，桃侯国尚存，孔家坡汉墓简牍《告地书》所提到的桃侯国无疑是第二代桃侯刘舍之封国。

其实，整理者在对《告地书》进行注释时，已经注意到史籍中有关刘襄之桃侯国的记载。④ 整理者在《随州孔家坡汉墓发掘报告》中未将《告地书》之桃侯国与刘襄之桃侯国联系起来，应当是认为刘襄之桃侯国明确在今河南省境内，与随州境内的桃侯国无关。显然，整理者未能充分留意西汉侯国迁徙现象，不知汉代侯国方位会因"更封"而发生变化。孔家坡汉墓简牍《告地书》的发现可以说明，西汉桃侯国的方位发生过变动，在景帝末年已由梁国迁徙至南阳郡。

9. 樊侯国(184)

文帝元年，汉廷封常山国相蔡兼为樊侯，《汉志》东平国有樊县，即蔡兼封国所在。文帝时期，樊侯国地处楚国薛郡，景帝三年因梁、楚边界变迁而转入梁国。⑤ 景帝中六年，樊侯国当从梁国迁出。新近公布的河南省

---

① 参见拙作《西汉梁国封域变迁研究（附济阴郡）》，《史学月刊》2013年第5期。
② 湖北省文物考古研究所、随州市考古队合编：《随州孔家坡汉墓简牍》，北京：文物出版社，2006年。
③ 《随州孔家坡汉墓简牍》，第36页。
④ 《随州孔家坡汉墓简牍》，第197页。
⑤ 参见拙作《西汉梁国封域变迁研究（附济阴郡）》。

平舆县出土秦汉汝南郡官署封泥见有"樊侯相印"、"樊侯邑印"两类。① 汝南郡官署封泥所见县邑基本为汝南郡辖县,而樊侯国相、樊侯邑封泥皆见于汝南郡府,表明樊侯国亦为汝南郡管辖。笔者由此推测,景帝末年樊侯国当由梁国迁往汝南郡。

10. 便侯国(144)

惠帝元年,汉廷封长沙王子吴浅为便侯,其封国在长沙国境内,②而新近公布的荆州松柏汉墓简牍中却见有便侯国之名。荆州松柏汉墓简牍是汉武帝早期的南郡行政文书,文书中出现便侯国之名,说明武帝早期便侯国地处南郡。传世文献与出土文献对便侯国方位记述的分歧当如何解释?笔者以为,这一现象也与侯国迁徙有关。即,便侯国初封于长沙国,后被汉廷迁出,安置于南郡,故见载于松柏汉墓简牍文书。③

11. 堂邑侯国(10)

高帝六年,刘邦封陈婴为堂邑侯,其地即《汉志》临淮郡堂邑县。陈婴为东阳县人,故刘邦择东阳县附近之堂邑县为封国。景帝中五年堂邑侯国地处江都国,故当于景帝末年迁出。隋唐在今山东省聊城市境内设置有堂邑县。《通典》《旧唐书》皆著录为"汉旧县"。《元和郡县志》博州堂邑县载有堂邑故城"在县西北二十七里。高帝五年,陈婴为堂邑侯,婴孙午继封,尚馆陶公主。"④《元和郡县图志》称博州堂邑故城为陈婴始封地不确,但称其为陈午封地应该是可信的。这表明景帝末年堂邑侯国由江都国迁徙至东郡安置。

以上,笔者对景帝中元年间分布在王国境内的十一个侯国进行了考察,发现这些侯国的地理方位都曾发生变动,这一现象显然与景帝中元年间的侯国制度改革有关。由这十一个侯国的情况来分析,笔者有关景帝末年残留在王国境内的侯国被汉廷全部迁徙到汉郡的推断是可以成立的。

---

① 王玉清、傅春喜编著:《新出汝南郡秦汉封泥集》,上海:上海书店出版社,2009年。
② 见本编第二章第一节考述。
③ 参见拙作《荆州松柏汉墓35号木牍侯国问题初探》,《中国史研究》2011年第2期。
④ (唐)李吉甫:《元和郡县图志》卷一六,第458页。

汉廷"迁侯国出王国"的举措又是何时实行的呢？对于这一问题的探讨，孔家坡汉墓简牍《告地书》有重要的参考价值。前面提到，孔家坡汉墓简牍《告地书》所记载的桃侯国地处南阳郡，这是桃侯国迁徙后的方位。而《告地书》书有纪年"二年正月壬子朔甲辰"，据整理者推算，此"二年"为景帝后元二年（前142年）。这说明桃侯国的迁徙在景帝后元二年之前，而景帝中五年王国境内仍有侯国分布，故中五年之前桃侯国并无迁出梁国的必要。结合以上因素，桃侯国的迁徙应当发生在景帝中六年、景帝后元年两年之间。综合考虑这两年的形势，该举措实行于景帝中六年的可能性较大。① 也就是说，在景帝酝酿变革侯国制度之时，已经考虑到王国境内侯国的管辖问题。于是在中六年确立侯国归属汉郡管辖的同时，将残留在王国境内的侯国全部迁徙至汉郡安置，并制定了不在王国境内新置侯国的政策。自此以后，所有的侯国都分布在汉郡境内，全国范围内最终形成"王国境内无侯国"的格局，并一直延续到西汉末年。

结　　语

　　汉帝国建立伊始，刘邦为削弱诸侯王国势力，推行"封建侯国以削弱王国"的政策，在王国境内分封大量侯国。在王国境内分封侯国，虽然可以达到削夺王国疆域的目的，但若列侯就国，居于王国境内的列侯便处于汉廷掌控之外。文帝二年、三年，皇帝接连下发"令列侯就国"的诏书，此举虽然有利于瓦解长安的功臣集团，但由于大量列侯的封国地处王国境内，这样的结果同样会使汉廷无法有效监控列侯的活动。

　　与这一背景有关，文帝二年以后，汉廷多置侯国于汉郡。② 但高帝、惠帝、高后时代在王国境内分封有大量侯国，因此文帝、景帝在位时期，仍有相当数量的侯国无法受到汉廷的监管。七国之乱爆发后，地处叛国境内

---

① 景帝中六年四月梁孝王刘武薨，五月丙戌汉廷下诏分封桓邑侯刘明为济川王、乘氏侯刘买为梁王，则中六年四月王国境内仍有侯国。侯国制度的改革、不在王国境内封置侯国政策的制定、迁王国境内侯国应当都发生于景帝中六年四五月间。
② 保障诸侯王国权益也是文帝很少在王国境内分封侯国的原因之一。见中编第四章第三节考述。

的十余个侯国参与了叛乱,进一步暴露了汉廷难以监管王国境内侯国的制度缺陷。就此而言,汉廷最终制定"王国境内不置侯国"的制度乃是大势所趋。

景帝中六年,随着封建制度改革的完成,侯国被纳入地方行政体系。为了保证汉郡对侯国的直接管辖,"王国境内不置侯国"成为定制。而中六年,王国境内仅残存有 29 个侯国,这也为汉廷一次性将王国境内的侯国迁出创造了便利条件。中六年,景帝推行"徙侯国出王国"的举措,使全国范围内最终形成"王国境内无侯国"的格局,这一格局延续到西汉末年,成为此后侯国地理分布最显著的特征。

第二章　汉初王子侯国地理分布

元光末年,武帝制定王子侯国裂本王国地分封,别属汉郡的制度。王子侯国由此形成围绕王国密集分布的地域特征,此已成为学界共识。但对于武帝以前的王子侯国地域分布状况,学界尚无明确的看法。2005年,陈苏镇先生发表《汉文帝"易侯邑"及"令列侯之国"考辨》,文中对惠帝、高后分封王子侯国地望作以简要梳理,指出"文帝以前,王子封侯例皆置侯邑于本王国内",①这是对汉初王子侯国地域分布特征的重要揭示。在本章,笔者将延续陈先生的思路,对文帝、景帝所封王子侯国地域分布作以考察,尝试归纳武帝以前王子侯国地域分布特征。

一、惠帝、高后时代王子侯国地理分布

高帝在位时期,虽然分封有143个列侯,但这些列侯均为功臣侯,并无王子侯。② 检索《史表》、《汉表》,王子侯之封乃始于惠帝。现对惠帝、高后所封王子侯之封国地望进行考证,并总结这一时期王子侯国地域分布之特征。

便(144)　惠帝元年,汉廷封长沙王吴芮之子吴浅为便侯。便县,《汉

---

① 陈苏镇:《汉文帝"易侯邑"及"令列侯之国"考辨》,《历史研究》2005年第5期。以下引述陈苏镇先生看法俱出自该文。不再一一注明。
② 《汉书·王子侯表》把羹颉(74)、合阳(95)、德(129)归为高帝所封王子侯。班昭的这一做法不妥。羹颉侯刘信之父刘伯为刘邦兄长,早卒,并未受封为诸侯王。合阳侯刘喜为刘邦兄长,不属王子侯甚明。德侯刘广之父刘喜虽曾封为代王,但刘广受封之时,刘喜已降爵为合阳侯。故不应将刘广视为王子侯。

志》属桂阳郡。《水经·耒水注》云:"(耒水)又北过便县之西"。郦道元注曰:"县故惠帝封长沙王子吴浅为侯国,王莽之便屏也。"①据此,吴浅之便侯国即《汉志》桂阳郡之便县。据笔者考订,桂阳郡从长沙国分置要晚至景帝二年。② 故惠帝元年便侯国地处长沙国内史境内。

沅陵(157) 高后元年,汉廷封长沙王吴臣之子吴阳为沅陵侯。③ 沅陵,《汉志》属武陵郡。1999年,湖南省文物工作者在沅陵县发现了第一代沅陵侯吴阳的墓葬,④可证沅陵侯国确为《汉志》武陵郡沅陵。文帝后元七年以前,武陵郡为长沙国支郡,则高后、文帝时期,沅陵侯国地处长沙国武陵郡境内。

上邳(158) 高后二年,汉廷封楚元王子刘郢客为上邳侯。《汉志》无上邳。颜师古注《汉志》东海郡下邳县曰:"应劭曰:'邳在薛,其后徙此,故曰下。'臣瓒曰:'有上邳,故曰下邳也。'"⑤根据应劭的说法,上邳在薛县境。《汉志》鲁国薛县自注:"夏车正奚仲所国,后迁于邳,汤相仲虺居之。"《水经·泗水注》云:"泗水又南,漷水注之,又迳薛之上邳城西而南注者也。"⑥其地即今山东省微山县欢城镇。综合以上记载,上邳侯国初封之时地处楚国薛郡境内。

朱虚(159) 高后二年,汉廷封齐悼惠王子刘章为朱虚侯。朱虚,《汉志》属琅邪郡。查汉朱虚县地望,在今山东省临朐县柳山镇城头村。朱虚侯国初封之时地处齐国内史境内。

东牟(172) 高后六年,汉廷封齐悼惠王子刘兴居为东牟侯。《汉志》东莱郡有东牟县,即其封国所在。东莱郡乃景帝四年析胶东郡置,⑦故东

---

① 《水经注疏》卷三九,第3216页。
② 参见中编第五章第一节考述。
③ 《史记·惠景间侯者年表》记载沅陵侯吴阳为"长沙嗣成王之子"。但《汉书·吴芮传》载:"至孝惠、高后时,封芮庶子二人为列侯,传国数世绝。"此二人必是指吴浅、吴阳。今按,若吴浅、吴阳同为吴芮子,不应相差七年受封。吴阳受封时,吴臣已死,吴阳当以吴臣王子的身份受封。
④ 湖南文物考古研究所:《沅陵虎溪山一号汉墓发掘简报》,《文物》2003年第1期。
⑤ 《汉书》卷二八《地理志上》,第1589页。
⑥ 《水经注疏》卷二五,第2130页。
⑦ 周振鹤:《西汉政区地理》,第115页。

牟侯国初封之时地处齐国胶东郡境内。

信都（174） 高后八年，汉廷封故赵王张敖之子张侈为信都侯。《汉志》信都郡有信都县，即其封国所在。信都郡前身乃景帝二年从清河郡分置之广川国，故信都侯国初封之时地处赵国清河郡境内。

乐昌（175） 高后八年，汉廷封故赵王张敖之子张受为乐昌侯。乐昌，《汉志》属东郡。但细查汉乐昌县地望，在今河南省南乐县梁村乡，地处大河西岸。① 战国时代，齐、赵两国以大河为界，汉初之赵国亦当东界大河。故乐昌侯国初封之时地处赵国清河郡境内。②

以上通过对惠帝、高后所封七个王子侯国地望的梳理。可以发现，各王子侯国皆封置于本王国境内。可见惠帝、高后时代的王子侯国分封，在地域择取上具有明显的规律性。王子侯国与本王国之间的地域分布关系十分密切。陈苏镇先生有关"文帝之前，王子封侯例皆置侯邑于本王国内"的表述是正确的。

二、文帝时代王子侯国地理分布

文帝在位时期，先后分封了十四个王子侯国。先来看文帝四年，所封十个齐王子侯国的地域分布情况。

菅侯（186） 文帝四年，汉廷封齐悼惠王子刘罢军为菅侯。菅侯，今本《史表》、《汉表》皆误作"管侯"。《水经·济水注》云"济水东，迳菅县故城南。汉文帝四年，封齐悼惠王子罢军为侯国"，③则郦道元所见《王子侯表》记作"菅侯"。另临淄封泥见有"菅侯相印"，即菅侯国遗物，④可证刘罢军封国确为菅县。菅，《汉志》属济南郡，即今山东省章丘市黄河镇临济村。此地在西汉济水以北，文帝时期应在济北郡境内。

瓜丘（187） 文帝四年，汉廷封齐悼惠王子刘宁国为瓜丘侯。《汉表》

---

① 见《中国历史地图集》第二册，第19—20页。
② 反映高后元年汉中央直辖区域政区面貌的张家山汉简《二年律令·秩律》所见东郡辖县并无"乐昌"，旁证汉初东郡不辖有乐昌县。
③ 《水经注疏》卷八，第750页。
④ 王国维：《齐鲁封泥集存序》，收入《观堂集林》卷一八。

作氏丘侯。瓜丘、氏丘，地望皆不详。司马贞以为即《汉志》魏郡之斥丘县，其说不足据。梁玉绳辨曰：

> 《索隐》本作"斥丘"，谓即魏之县，则妄甚。齐王子所封不应国于魏郡，且斥丘侯唐厉其时见存，安得取以封刘宁国哉。①

梁氏言之有据，瓜丘侯国地望当另作探讨。

营平(188)　文帝四年，汉廷封齐悼惠王子刘信都为营平侯。营平，今本《史表》记作"营"，此当脱漏"平"字。何以知之？《史记索隐》营侯条曰："《表》在济南。"此乃转引《汉书·外戚恩泽侯表》营平侯条下注，②则司马贞所见《史表》写作"营平"。《汉志》无营平，但据《汉书·外戚恩泽侯表》下注，可知营平地处济南郡，此已为尹湾汉墓木牍所证明。③《太平寰宇记》齐州历城县引《述征记》曰"历城到营城三十里"。④ 此营城即汉代营平县，隋代复置营城县，唐初废入平陵县。由此可知营平在历城东三十里，约在今济南市历城区港沟街道一带，文帝时期在济南郡境内。

杨丘(189)　文帝四年，汉廷封齐悼惠王子刘安为杨丘侯。⑤ 杨丘，即《汉志》济南郡之阳丘。古书"杨"、"阳"二字通用。如《汉书·艺文志》载有"阳丘侯刘隁赋十九篇"，⑥此阳丘侯刘隁即《汉表》所载第二代杨丘侯刘偃。而山东章丘市汉东平陵故城出土"阳丘骑"烙马印，亦为阳丘侯之物。⑦《水经·济水注》云："(百脉水)西北流，迳阳丘县故城中。汉孝文帝四年，以封齐悼惠王子刘安为阳丘侯。"⑧故杨丘侯国初封之时地处济南郡境内。

杨虚(190)　文帝四年，汉廷封齐悼惠王子刘将庐为杨虚侯。今本

---

① 梁玉绳：《史记志疑》卷十二，第628页。
② 见上编第二章第二节考述。
③ 见中编第一章第一节考述。
④ （宋）乐史：《太平寰宇记》卷一九，第383页。
⑤ 此侯《史表》失载。
⑥ 《汉书》卷三〇《艺文志》，第1747页。
⑦ 郑同修、胡常春、马前伟：《东平陵城与济南国》，载《汉代考古与汉文化国际学术研讨会论文集》，济南：齐鲁书社，2006年。
⑧ 《水经注疏》卷八，第751页。

《汉志》平原郡有楼虚县,即"杨虚"之误写。《水经·河水注》云:"(河水)又东北,过杨虚县东。"郦道元注曰:"《地理志》杨虚,平原之隶县也。汉文帝四年,以封齐悼惠王子将庐为侯国也。"①则郦道元所见《汉志》仍写作"杨虚"。齐召南曰:"(楼虚)当作杨虚,各本俱误。文帝封齐悼惠王子为杨虚侯,后汉光武封马武为杨虚侯,即此县也。《水经注》可证。"②今按,出土汉封泥有"杨虚丞印",③可证齐召南之说不误。《中国历史地图集》已将平原郡"楼虚"改作"杨虚"。④ 平原郡乃景帝四年析济北郡置,⑤则杨虚侯国初封之时地处济北郡境内。

枬(191) 文帝四年,汉廷封齐悼惠王子刘辟光为枬侯。枬,《汉志》属平原郡。文帝时平原郡尚未从济北郡中析置,则枬侯国初封之时地处济北郡境内。

安都(192) 文帝四年,汉廷封齐悼惠王子刘志为安都侯。此安都当与《汉志》平原郡安侯国(327)有关。⑥ 秦汉时期常在专有地名后附加"阳"、"陵"、"都"等通名,故平原郡之安县,亦可称作安阳、安都、安陵。⑦《史记·建元以来王子侯者年表》、《汉书·王子侯表》即书"安侯国"为"安阳侯国"。《史记·仓公列传》则书"安县"为"安陵"。与此相类似的还有"益都"。元朔二年,武帝封淄川王子刘胡为益都侯(285),其地即《汉志》北海郡益县。"益"、"益都"乃是同一地点的不同书写形式。

《汉志》平原郡安侯国,本济北国地,因元朔三年分封济北王子而别属平原郡。故文帝四年安都侯国初封之时地处济北郡境内。⑧

平昌(193) 文帝四年,汉廷封齐悼惠王子刘卬为平昌侯。平昌,《汉

---

① 《水经注疏》卷五,第492—493页。
② 齐召南:《汉书考证》卷二八,文渊阁《四库全书》本。
③ 孙慰祖:《古封泥集成》,第179页。
④ 谭其骧主编:《中国历史地图集》第二册,第19—20页。
⑤ 周振鹤:《西汉政区地理》,第105页。
⑥ 临淄封泥见有"安都丞印"(1600),当即此地。见孙慰祖《古封泥集成》,第269页。
⑦ 王荣商曰:"(安都侯国)疑近于平原之安县。"可谓得其要旨。见《汉书补注》卷五,第1031页。
⑧ 《史记·齐悼惠王世家》:"文帝十六年,复以齐悼惠王子安都侯志为济北王。"张守节《正义》曰:"安都故城在瀛州高阳县西南三十九里。"此乃误取燕国安县之定点,详见本编第三章第一节考述。

志》属平原郡。文帝时平原郡尚未从济北郡中析置,则平昌侯国初封之时地处济北郡境内。

武成(194) 文帝四年,汉廷封齐悼惠王子刘贤为武成侯。《汉志》定襄郡、清河郡皆有武成。但文帝四年,定襄郡属代国,清河郡属河间国,汉廷断无封齐王子于他国之道理。今按,临淄封泥多见"武城邑丞"(947、948),①可证汉初齐地确有武城。② 又《史记·齐悼惠王世家》:"菑川王贤,齐悼惠王子,以武城侯文帝十六年为菑川王。"司马贞《索隐》曰:"《地理志》县名,属平原。"似乎司马贞所见唐本《汉志》平原郡有武成县,但此仅为孤证,尚不能确指。不过就同年所封其他齐王子侯国来看,其地处济北郡的可能性较大。

白石(195) 文帝四年,汉廷封齐悼惠王子刘雄渠为白石侯。司马贞以为此白石侯国即《汉志》金城郡之白石县,其说不足据。③《史记·齐悼惠王世家》:"胶东王雄渠,齐悼惠王子,以白石侯文帝十六年为胶东王。"张守节《正义》云:"白石古城在德州安德县北二十里。"唐之安德县即《汉志》平原郡安德县。据此,白石侯国约在今山东陵县滋镇南,初封之时地处济北郡境内。

通过对文帝四年所封十个齐王子侯国地望的考证,可以发现,除瓜丘侯国地望不详外,其余九侯国皆分布于济北郡、济南郡境内。④ 由此看来,瓜丘侯国亦当分布于济北郡或济南郡,笔者推测瓜丘侯国地处济南郡。因为第二代瓜丘侯刘偃曾参与七国之乱,景帝三年之时济北王刘志不与诸侯相谋,固国自守,若瓜丘侯国地处济北国,参与叛乱的难度较大。而当时的济南国则为叛国之一,其境内的菅、菅平、杨丘三侯国皆参与了反叛,故瓜丘侯国地处济南郡(国)的可能性较大。

文帝八年,汉廷封淮南厉王四子为阜陵侯(198)、安阳侯(199)、周阳

---

① 孙慰祖:《古封泥集成》,第161页。
② 王献唐释"武城邑丞"封泥曰:"左冯翊、定襄郡皆有武城县。……(武城邑)为齐悼惠王子分封之地,亦必在齐国。"见《临淄封泥文字》,《海岳楼金石丛编》本,青岛:青岛出版社,2009年,第363页。
③ 见上编第二章第二节考述。
④ 参看中编第四章《文帝十一年侯国分布图》。

侯(200)、东城侯(201)。其中阜陵、东城《汉志》属九江郡，文帝八年两侯国可明确在九江郡境内。安阳侯国、周阳侯国地望则需作以考述。

周阳(200)　周阳侯刘赐，《史表》、《汉表》皆误作"阳周侯"，当据《史记·淮南衡山列传》改正。① 刘赐受封之周阳，文帝元年曾封予淮南王舅父赵兼，地处九江郡，为文帝二年所迁淮南国境内三侯邑之一。② 文帝八年，刘赐受封之周阳侯国亦地处九江郡境内。

安阳(199)　安阳侯刘勃，其封地不详。《水经·淮水注》曰："淮水又东迳安阳县故城南……文帝八年，封淮南厉王子刘勃为侯国。"③《淮水注》所载之安阳县故城即《汉志》汝南郡之安阳侯国，此安阳侯国为王音之封国(740)。后世学者多根据《水经注》的记载，认为刘勃封国与王音封国同为一地。本文此前曾经提到，《水经注》对西汉侯国地理方位的记述，仅从地名着眼，并无文献依据，故仅根据《水经注》来判断刘勃封国方位是不可靠的。而且王音之安阳侯国仅以一千六百户始封，当为乡聚之地。文帝时期，列侯均为整县受封，故刘勃之安阳侯国与王音之安阳侯国显非一地。又东汉应劭注汝南郡安阳曰："故江国，今江亭是"。④《淮水注》亦曰"(安阳故城)江国也，嬴姓矣。今其地有江亭"。汉高祖分封功臣赵尧为江邑侯(112)，景帝封苏嘉为江阳侯(222)，二人封国即此地。由此可知汝南郡安阳在西汉初年仍称"江"。刘勃封国不可能在此。

今按，郦道元《沘水注》注"安风故城"曰："俗名之曰安城矣"。⑤ 南北朝时期称安风县为安城。地名"安城"与"安阳"相通。又《太平寰宇记》光

---

① 钱大昕曰："阳周，《淮南传》作'周阳'，而《诸侯年表》及此表并作'阳周'，误也。《汉表》亦作'阳周'其误与此同。"(《廿二史考异》卷一，第 17 页)中华书局本《史记·淮南衡山列传》记刘赐封号为"阳周"，此乃承袭清金陵局本之误。清人张文虎校刊金陵局本《史记·淮南衡山列传》曰："阳周，各本作'周阳'，《考证》据《惠景间侯者年表》、《汉书》表传改，下同。《志疑》说同。"(见张文虎《校刊史记集解索隐正义札记》卷五，第 685 页)
② 见本编第四章第一节考述。
③ 《水经注疏》卷三〇，第 2499 页。
④ 《汉书》卷二八《地理志》，第 1563 页。
⑤ 《水经注疏》卷三二，第 2671 页。按今本作"安丰故城"，应为"安风故城"。今本常误"安风县"作"安丰县"，参见杨守敬《水经注疏》卷三〇《淮水注》"水出六安国安风县穷谷"(第 2518 页)、卷三二"泄水自濡溪迳安风县"(第 2673 页)疏证。

州固始县载"安阳山,在县东六十里,山顶与霍县分界。"①此安阳山即今河南省固始县陈集乡与安徽省霍邱县马店镇分界之"大山"。② 安阳山在汉代地处安丰县(治今河南省固始县张老埠乡③)、安风县(治今安徽省寿县板桥乡安城村)交界,有可能即是因安阳县(安风县)西部界山而得名。故安阳侯国可能就是安风县的旧称。

在对文帝所封十四个王子侯国地望进行梳理后,我们发现文帝时代的王子侯国分封与惠帝、高后时代存在明显不同。惠帝、高后所封王子侯国皆在王国境内,而文帝分封的王子侯国都在汉郡境内,这是文帝王子侯国封置方式与前代的最大区别。不过,仔细分析文帝时代十四个王子侯国的地理方位,可以发现他们的地域分布仍带有明显的规律性,而且与本王国之间的关系十分密切。齐王子侯国所分布的济北、济南二郡本为齐悼惠王辖域。而淮南王子侯国所处的九江郡亦为淮南厉王封国故地。这十四个王子侯国虽然封置于汉郡,但若从"王子侯国置于本王国境内"的角度来分析,文帝的王子侯国封置政策与惠帝、高后时代仍具有一致性。其实,高后八年汉廷分封赵王张敖之子张侈、张受之时,张氏赵国已不存,当时的赵国为吕禄之封地。因此严格地讲,信都、乐昌两王子侯国也是封置于本王国故地,可见"置王子侯国于本王国故地"的做法并非文帝的首创。

文帝八年,汉廷分封淮南王子侯国之时,淮南国已废除,故四侯国只能置于淮南国故地。而文帝四年,汉廷分封齐王子侯国之时,齐国尚存。若严格遵照"王子侯国封置于本王国境内"方针行事,这十个王子侯国应当封置在齐国境内。显然,文帝对齐王子侯国的地域择取还存在着另外的考虑。

对于文帝所封齐王子侯国皆分布于济北郡、济南郡的现象,陈苏镇先生曾有留意。陈先生认为,文帝此举带有瓦解齐国宗室势力的用意,齐王

---

① 《太平寰宇记》卷一二九,第2515页。
② 徐少华:《〈中国历史地图集〉先秦汉晋若干地理补正》,收入氏著《荆楚历史地理与考古探研》,北京:商务印书馆,2010年,第387页。
③ 黄学超:《〈水经〉文本研究与地理考释》,复旦大学历史地理研究中心博士学位论文,2015年,第251页。

子侯国分封后"悼惠十子和驷均应当都离开了齐国国都,居住在各自的封邑,从而落入汉朝济北、济南二郡的监视和控制之下。失去他们的辅佐和支持,年幼的齐文王当然不能有任何作为"。陈先生的看法虽不无道理,但仍存在许多疑问,如果文帝此举是为了瓦解齐国宗室势力,并对齐王子实施监控,那么把他们分封在远离齐国的地方岂不是更安全?济北、济南二郡与齐国相邻,把齐王子分封在这里,并不能有效断绝齐王子侯国与齐国的联系,①显然所谓"瓦解齐国宗室势力"的看法不能很好地解释文帝分封齐王子侯国于济北郡、济南郡的意图。

要想深入理解文帝在济北郡、济南郡封置齐王子侯国的用意,应当结合文帝初年汉中央直辖区域与王国区域的地域分布格局来看待问题。

刘邦立汉以后,重建封建体系,把关东大部分地区划定为王国封域。至高帝末年,关东地区逐渐形成一条相对稳定的郡国分界。高帝、惠帝、高后时代,虽然王国时有废置,但汉廷始终维系着这条郡国分界,从不对界限外的地区实行直接管辖。

文帝三年,济北王刘兴居反叛国除。济北国位于关东郡国分界以外,若按照高帝的王国政策,济北国除后,文帝或应另立济北王,或应将济北国地还之齐国。但文帝并未如此行事,而是将济北国所辖之济北、济南二郡收归中央直辖。这是高帝末年以来,汉廷首次打破郡国分界,对齐国故郡实施直接管辖。文帝即位之初,各诸侯王国中以济北、城阳、齐为代表的"三齐"势力最为强大。文帝把济北国地收归中央,不仅打破了高帝以来相对森严的郡国分界,同时也是对齐系诸侯王国利益的严重损害。文帝即位之初,极力争取诸侯王支持,对抗长安功臣集团。在此背景下,文帝收夺济北国地的做法显然不利于团结诸侯王,文帝还需要采取其他方法来消除此事对诸侯王的影响。

就在济北国废除后的第二年,文帝一次性在济北国故地分封了十个齐王子侯国,这不禁让人联想到此事与济北国的废除存在某种关联。而

---

① 《史记·扁鹊仓公列传》记载,仓公在供职杨虚侯国期间,多次前往齐国,为齐王、齐王子、齐王太后、齐侍御史、齐郎中令、齐中御府长、齐中尉等人诊治疾病,可见齐王子侯国与齐国联系紧密,并未受到济北郡的监控。

事实上，在贾谊的奏策中已经透露出文帝封建齐王子侯国的深层用意。《新书·五美》曰：

> 诸侯之地其削颇入汉者，为徙其侯国及封其子孙于彼也，所以数偿之。故一寸之地，一人之众，天子无所利焉，诚以定治而已，故天下咸知陛下之廉。①

贾谊建议文帝将削夺诸侯王之地用来徙置王国境内的侯国和分封诸侯王子孙。这样一来，汉廷既得削藩之实，又无贪地之名，可谓两全其美。明确了贾谊的上述想法，则文帝在济北郡、济南郡封置齐王子侯国显然是对贾谊奏策的实践。② 文帝虽然收夺了济北、济南二郡，却把两郡规划为侯国封置区，用来封置齐王子侯国，这样便可向天下展示自己并无贪图王国土地之心。文帝此举无疑可以缓和围绕济北国处置问题而引发的汉廷与诸侯王之间的矛盾。

文帝八年，汉廷在九江郡封置四个淮南王子侯国，显然是把在济北国故地实施的政策继续推行于淮南国故地。陈苏镇先生因为对周阳、安阳侯国定位有误，从而认为文帝在齐国的做法并未推行于淮南国。这样的看法，应当得到修正。

综上所述，文帝时代的王子侯国分封仍带有很强的地域特征，王子侯国皆封置于王国削地和王国故地。这是文帝时代王子侯国地域分布的新动向。文帝的王子侯国封置政策虽然与惠帝、高后略有差别，但就"王子侯国置于本王国境内"的方针而言，文帝的做法可以看作是对前代政策的灵活运用。而利用封置王子侯国来缓和汉廷与诸侯王之间的关系，才是

---

① 阎振益、钟夏：《新书校注》卷二，第67页。
② 《新书·五美》载有"栈奇、启章之计不萌"，此即文帝六年棘蒲侯太子柴奇、士伍开章谋反之事。陈苏镇先生指出，"贾谊此疏作于文帝六年之后，所言是文帝已经在齐国实行过的办法"。笔者看法略有不同。从《新书》各篇章构成来看，常有同样的献策内容分见于不同篇章的现象。就《五美》的记述来看，"徙其侯国及封其子孙于彼也"为贾谊献策的主要内容，而不是对文帝政策的复述。《五美》篇虽作于文帝六年之后，但有关封置诸侯王子的一系列建议应是贾谊在重述自己之前的主张。

文帝调整王子侯国封置政策的根本目的。我们只有把文帝的王子侯国封置政策放在汉廷、王国力量博弈的背景下作以考察,方能折射出其特殊的时代意义。

三、景帝时代王子侯国地理分布

景帝时代的王子侯国分封是否存在地域特征?对此问题,陈苏镇先生持否定态度。他指出文帝八年所封淮南王子侯国散布于上郡、汝南郡、九江郡,地域特征已不明显。景帝元年所封楚王子侯国,有置于齐国者,有置于梁国者,自然也无地域特征可寻。笔者在前一节已经提到,文帝八年封置淮南王子侯国皆在九江郡,具有明显的地域特征。那么,景帝封置王子侯国是否也存在地域特征呢?让我们先对景帝所封王子侯国的地理方位进行梳理。

景帝元年,汉廷封置四个楚王子侯国:

平陆(210) 景帝元年,汉廷封楚元王子刘礼为平陆侯。《汉志》西河郡、东平国皆有平陆。应劭、韦昭以为刘礼封国即西河郡平陆。① 此说不可信。《汉志》西河郡之平陆虽地望不详,但据《秩律》可知平陆汉初为上郡属县。上郡属关西地区,西汉历来不置侯国于关西。刘礼之封国当为《汉志》东平国之平陆。元人胡三省即主此说,清人全祖望、梁玉绳从之。② 今对照汉初行政区划,《汉志》东平国之平陆景帝初年为薛郡辖县,③ 故平陆侯国初封之时地处楚国薛郡境内。④

休(211) 景帝元年,汉廷封楚元王子刘富为休侯。休,《汉志》无。梁玉绳对休侯国地望曾有考辨:

---

① 见《史记·孝景本纪》"立楚元王子平陆侯礼为楚王"条《索隐》引韦昭语,《正义》引应劭语。
② 胡三省说见《资治通鉴》卷一五,全祖望说见《汉书地理志稽疑》卷六,梁玉绳说见《史记志疑》卷一二。
③ 见中编第二章第一节薛郡辖域范围考述。
④ 另《水经·渠水注》载刘礼之封国地处西汉陈留郡尉氏县境。此乃误定淮阳王子刘宪之平陆侯国为刘礼封国,本书上编第二章第一节已有考述。

休,乡名,即孟子去齐居休之地。《四书释地续》曰:"故休城在今兖州府滕县北十五里。"《方舆纪要》言:"在滕县西二十五里。"①

今按,休城遗址位于今山东省滕州市大坞镇休城村,②其地汉初位于楚国薛郡境内。

沈犹(212)　景帝元年,汉廷封楚元王子刘岁为沈犹侯。沈犹,《汉志》无,地不详。但《荀子·效儒》载"仲尼将为司寇,沈犹氏不敢朝饮其羊",杨倞注曰:"鲁人。《孔子家语》曰:'沈犹氏常朝饮其羊以诈市人。'"③又《孟子·离娄下》载有沈犹行,为曾子弟子。金履详注曰:"鲁人。盖鲁旧有沈犹氏也。"④鲁之沈犹氏当以地为氏,则鲁国有城邑名为沈犹。东周鲁国辖域皆在汉初之薛郡境内,若刘岁确以沈犹县为封邑,则其地在楚国薛郡境内。

宛朐(213)　景帝元年,汉廷封楚元王子刘执为宛朐侯。《汉志》济阴郡有冤句县,《史记·靳歙列传》书作"宛朐",故学者多将此地定为刘执封邑所在。⑤可是济阴郡冤句县景帝时为梁国封域,楚王子侯国何以封置于梁国?王恢对"济阴说"有所怀疑:

> 冤句其时为梁孝王地,不得分封楚元王子。吴楚反,亚夫据昌邑,未闻近在冤句有何行动,疑"宛"字误衍,盖东海之朐县,今江苏东海县,故得与下相、纪、高陵、魏其、辟阳、昌、阳都及䣙诸侯响应反矣。⑥

王恢所言极是。景帝三年,刘执因参与七国之乱而被汉廷诛杀,查对因七国之乱而废免的十余个侯国地理方位,除宛朐地望不详外,其余侯国

---

① 梁玉绳:《史记志疑》卷一二,第636页。
② 国家文物局主编:《中国文物地图集·山东分册》(下册),第193页。
③ 王先谦:《荀子集解》卷四,北京:中华书局,1988年,第118页。
④ 金履祥:《孟子集注考证》卷四,文渊阁《四库全书》本。
⑤ 郦道元《水经·济水注》即作此解。后世学者多采此说,陈苏镇先生亦从之,故谓景帝所封楚王子侯国,有置于梁国者。
⑥ 王恢:《汉王国与侯国之演变》,第264页。笔者按,王恢谓阳都侯(27)参与七国之乱的说法有误。阳都侯景帝二年因罪免,非景帝三年"反诛"。

全部地处叛国境内。七国之乱爆发时，梁孝王抵抗最为坚决，如果刘执的封国在梁国境内，刘执很难有所作为。七国之乱平定后，景帝曾下诏曰："楚元王子艺等与濞等为逆，朕不忍加法，除其籍，毋令污宗室。"①可见，刘执与刘濞同为反叛元凶，并非只是一个在梁国境内策应叛军的小角色。又刘执死后，葬在楚都彭城，其墓葬于20世纪90年代被发现。② 以上种种迹象说明，七国之乱爆发时，刘执身处楚都彭城，其封国自然在楚国境内。

王恢认为刘执的封国为东海郡朐县，此说不确。因为东海郡在景帝六年以前，为不封置侯国的地区。另目前徐州已出土有西汉楚国官印"朐之左尉"、"朐之右尉"，封泥"宛朐邑印"，③可知朐与宛朐绝非一地。刘执之宛朐侯国所在，当另作他解。《汉志》东郡寿良县自注"有朐城"。《水经·济水注》曰："济水又北，迳须朐城西。城临侧济水，故须朐国也。……《地理志》曰：寿良西北有朐城者是也。"④据此，西汉寿良县境内有朐城，为故朐国地约在今梁山县小安山镇东部。此地距刘礼之平陆侯国甚近，或与刘执之宛朐侯国有关。寿良汉初属薛郡，⑤若笔者以上推测不误，宛朐侯国初封之时地处楚国薛郡境内。

根据以上考证，景帝元年所封四个楚王子侯国皆位于楚国薛郡境内。⑥ 景帝三年，汉廷复封楚元王子二人为列侯：

红(211) 景帝三年四月，汉廷复封故休侯刘富为红侯。《汉志》沛郡有虹县，即其封国所在。《中国历史地图集》定汉代虹县于今安徽省五河县西，主要依据《元和郡县志》泗州虹县为汉旧县的说法。不过，这个虹县最早只能追溯至南北朝时期的"虹城"。《水经·淮水注》曾载录此虹城，

---

① 《汉书》卷五《景帝纪》，第143页。此处所说的楚元王子刘艺即刘执。《汉书·王子侯表》宛朐侯刘执条，颜师古注曰："执，音艺。"
② 徐州博物馆：《徐州西汉宛朐侯刘执墓》，《文物》1997年第2期。
③ 李银德：《徐州出土西汉印章与封泥概述》，中国印学博物馆编：《青泥遗珍——战国秦汉封泥文字国际学术研讨会论文集》，杭州：西泠印社，2011年。
④ 《水经注疏》卷八，第725页。
⑤ 见中编第二章第一节薛郡辖域范围考述。
⑥ 高后二年封楚元王子刘郢客为上邳侯，其封国同在薛郡。景帝三年以前，楚王子侯国皆封置于薛郡，这一现象颇值得注意。

却未提及此城为汉代虹县。① 而《获水注》称"获水又东历洪沟东注，……《春秋·昭公八年》，秋，蒐于红。杜预曰：沛国萧县西有红亭，即《地理志》之虹县也。景帝三年，封楚元王子富为侯国，王莽之所谓贡矣"，②明确提到萧县西之红亭才是汉代虹县所在，也是刘富的封国。郦道元称萧县红亭为汉代虹县，对淮水的虹城不置一词，应当另有依据。故汉代虹县应定位在今安徽省萧县西，刘富分封时地处楚国境内。今萧县西部有洪河，即《获水注》之"洪沟"，虹县约在今萧县张庄寨镇附近。

棘乐（216） 景帝三年八月，汉廷封楚元王子刘调为棘乐侯。棘乐，《汉志》无，地望不详。《左传·昭公四年》"吴伐楚，入棘栎、麻"之"棘栎"当与刘调之棘乐侯国有关。关于棘栎所在，历代治《左传》者众说纷纭。今按楚灵王时代（相当于鲁昭公在位前期）之吴楚战事，多集中在淮北一带，③故棘乐侯国与红侯国同处楚国的可能性较大。

景帝中五年，汉廷封梁孝王二子为列侯：

乘氏（240） 景帝中五年五月，汉廷封梁孝王子刘买为乘氏侯。乘氏，《汉志》属济阴郡。济阴郡乃景帝中六年析梁国设置，故乘氏侯国初封时地处梁国境内。

桓邑（241） 景帝中五年五月，汉廷封梁孝王子刘明为桓邑侯。桓邑，《汉志》无载，《汉书·文三王传》记作垣邑侯，《汉志》陈留郡有长垣县，梁玉绳以为此长垣即刘明封邑所在，④梁氏之说可以信从。陈留郡同为景帝中六年析梁国设置，故桓邑侯国亦地处梁国境内。

在对景帝所分封的八个王子侯国地理方位进行清理后，不难发现景帝元年、中五年所封楚王子侯国、梁王子侯国皆地处本王国境内。景帝三年所封楚王子侯国虽然地处沛郡，但沛郡本为楚国属地，景帝三年由楚国

---

① 《水经注疏》卷三十，第 2545 页。
② 《水经注疏》卷二十三，第 1982—1983 页。
③ 参见徐少华：《周代南土历史地理与文化》第二章第一节，武汉：武汉大学出版社，1994 年，第 268 页。
④ 梁玉绳：《史记志疑》卷一二《惠景间侯者年表》，第 650 页。

析置。景帝在分封王子侯国时，综合采用了"置王子侯国于本王国"和"置王子侯国于王国削地"两种方式。这表明惠帝、高后、文帝时代的王子侯国封置政策在景帝时代仍被继续执行。"王子侯国置于本王国境内"方针的贯彻执行，使景帝时代的王子侯国分布仍具有鲜明的地域特征，有关景帝封置王子侯国不存在地域考虑的看法是不准确的。

结　　语

在本章，笔者对惠帝、高后、文帝、景帝所封王子侯国的地理方位进行全面清理，发现武帝以前的王子侯国封置存在鲜明的地域特征。"王子侯国置于本王国境内"是汉初侯国封置政策的基本原则。文帝时代的王子侯国虽然封置于汉郡，但这些汉郡皆为王国削地，故文帝的王子侯国封置政策可以视为对既有政策的灵活运用，其本身与"王子侯国置于本王国境内"的方针并不矛盾。

汉初的王子侯国封置政策决定了王子侯国只能封置于本王国境内（或王国削地），而在景帝中六年"王国境内不置侯国"制度产生后，王子侯国封置政策便无法继续执行。从景帝中六年（前144年）到武帝元光五年（前130年）的十五年间，汉廷再未分封王子侯，这一局面直到"推恩法"的出现才得以改观。可见，当新制定的侯国封置政策与既有的王子侯国封置政策相冲突时，景帝会选择放弃王子封侯制度来保障新制度的执行。

武帝元光年间，由于汉廷废止了王子封侯制度，使得诸侯王子无寸土之封。从元光六年开始，武帝重新封置王子侯国，但要求新建的王子侯国必须别属汉郡，这也成为日后"推恩法"的制度渊源。前人多以为"分裂王国土地封置王子侯国，别属汉郡"为武帝独创的侯国封置制度，而当我们对汉初侯国封置政策有所了解后，可以发现"推恩法"自有制度渊源。推恩法所规定"王子侯国裂王国地分封"乃承继自汉初"王子侯国置于本王国境内"的方针，而"王子侯国别属汉郡"则是出于保障"王国境内不置侯国"制度的需要。推恩法的巧妙之处就在于把看似无法调和的"王子侯国置于本王国境内"和"王国境内不置侯国"两项制度有机地融合起来,在不破坏西汉侯国封置体系的前提下,达到了削弱诸侯王国实力和封建诸侯王子的双重目的。正是由于这项制度满足了各方的利益诉求,才使其成为西汉的基本国策,为后世奉行。

附一: 长沙王子侯国迁徙考

《汉书·王子侯表》记载,元朔五年武帝分封长沙定王子刘买为舂陵侯(413),舂陵侯世代沿袭,直至王莽败绝。至于舂陵侯国所在,《汉志》记载为南阳郡。根据推恩令,长沙王子当裂长沙国地分封,故舂陵侯国应在长沙国附近。南阳郡远离长沙国,长沙王子侯国何以远封至南阳郡?所幸《后汉书·城阳恭王祉传》保存了舂陵侯国的沿革,使我们得以了解这一现象背后的缘由,《传》曰:

> (刘)敞曾祖父节侯买,以长沙定王子封于零道之舂陵乡,为舂陵侯。买卒,子戴侯熊渠嗣。熊渠卒,子考侯仁嗣。仁以舂陵地势下湿,山林毒气,上书求减邑内徙。元帝初元四年,徙封南阳之白水乡,犹以舂陵为国名。①

原来,刘买受封之舂陵,确实在长沙国境内。② 舂陵侯国分封后,别属零陵郡。③ 初元四年,舂陵侯刘仁因舂陵"地势下湿,山林毒气",请求减邑内徙,元帝从其所请,将舂陵侯国迁徙到南阳郡安置,故舂陵侯国见载于《汉志》南阳郡。

与舂陵侯国相类似,长沙王子侯国安众(361)、叶(362)同样见载于《汉志》南阳郡。周振鹤先生推测:"汉代大约有一套侯国迁徙之规定,惜不得其详。舂陵侯国迁南阳乃是以减邑为条件,其他侯国亦可能仿此。

---

① 《后汉书》卷一四,第560页。
② 长沙马王堆汉墓出土古地图即见有舂陵,可证舂陵确为长沙国地。
③ 零陵郡乃元鼎六年析桂阳郡置,故元朔五年至元鼎五年,舂陵侯国隶属桂阳郡管辖。

安众、叶两侯国《志》皆南阳,其原因当与舂陵同。"①《汉志》长沙王子侯国安众、叶同处南阳郡,这一现象暗示我们,长沙王子侯国迁徙并非舂陵一例。元光六年至元始二年,汉廷先后分封 21 个长沙王子侯国。除安众、叶、舂陵以外,是否还有长沙王子侯国发生过迁徙?让我们逐一考察长沙王子侯国的封置情况。

安城(261)　元光六年长沙定王刘发薨,武帝封长沙定王子刘苍为安城侯。《汉志》安城属长沙国,而《汉表》注"豫章"。从安城的地望来看,安城侯国分封后,当别属豫章郡。安城侯传三代,宣帝五凤四年废。最近江西省文物工作者在莲花县升坊镇麻石村罗汉山发现了西汉安城侯墓地。②可见安城侯国并未迁徙,而一直归属豫章郡管辖。以往认为西汉安成县在今江西省安福县严田乡,③但是此地距离安城侯墓过远,显然不可信。基于安城侯墓的方位,汉代安成县应在今莲花县城区附近。

既然安城侯国别属豫章郡,那么《汉志》安城县为何列在长沙国下?周振鹤先生已注意到这个问题,他说:

> 《汉志》长沙国领临湘等十三县,其中之安城、容陵、攸、茶陵四县本以长沙王子侯国别属汉郡,何以仍属长沙?颇疑成帝元延末年之长沙只应有九县之地。④

周先生倾向于《汉志》记载有误。而笔者不这么认为。细查长沙国沿革,初元元年长沙炀王刘旦薨,无后,国除为郡。这时安城、容陵、攸、茶陵四侯国均已废除,故四县当于该年回属长沙郡。⑤ 初元四年,元帝以

---

① 周振鹤:《西汉政区地理》,第 124 页。
② 江西省文物考古研究院:《江西莲花罗汉山西汉安成侯墓》,上海:上海古籍出版社,2017 年。
③ 安福县志编纂委员会:《安福县志》,北京:中共中央党校出版社,1995 年。
④ 周振鹤:《西汉政区地理》,第 127 页。
⑤ 周振鹤先生在《西汉长沙国封域变迁考》中曾提到安城、容陵、攸、茶陵四县可能在初元二年(笔者按:应为元年),长沙国除时回属(载《文物集刊》第 2 辑,北京:文物出版社,1980 年)。但在随后发表的《西汉诸侯王国封域变迁考(下)》和《西汉政区地理》中,周先生放弃了这一说法。

长沙郡置为王国,分封刘旦弟刘宗,元帝并未对长沙郡地进行调整,故初元四年之后的长沙国辖有安城、容陵、攸、茶陵四县。这一现象与五凤三年中山国除时,故中山王子侯国陆城、薪处、安险三地回属中山郡的情况极为类似。①

宜春(262)　元光六年,武帝封长沙定王子刘成为宜春侯。《汉志》宜春属豫章,知该侯国分封后别属豫章郡。刘成在位十七年,元鼎五年因酎金免。宜春侯国发生迁徙的可能性较小。

句容(263)　元光六年,武帝封长沙定王子刘党为句容侯,次年薨。《汉志》句容属丹阳郡,而《汉表》下注"会稽"。句容县在丹阳、会稽两郡交界,疑班昭编《汉表》时,见到过会稽郡辖句容县的西汉行政文书,故将句容注记为"会稽"。句容县远离长沙国,封置长沙王子于吴地,并不符合当时的王子侯国封置制度,故周振鹤先生怀疑句容侯国曾有迁徙。② 然而句容侯国仅短暂存在一年,迁徙的可能性较小。而王荣商则提出另外一种解释:

> 句容,江都国地,与秣陵、湖孰侧近连接,长沙王子不当封之。疑江都易王子所封也。《表》云"会稽"者,句容既为侯国,不得仍隶江都,故改隶会稽耳。③

句容县与江都国地域相近,王氏的解说具有一定合理性。然而椹身智志先生已指出,元光五年至元朔元年,推恩令尚未施行,当时的王子侯国皆是在本国诸侯王薨后,由朝廷分封。④ 元光六年,江都易王刘非仍健在,朝廷不可能预先分封江都易王子,所以王荣商的推论并不能成立。

值得注意的是,同时封置的长沙定王子刘党之容陵侯国,《史表》误记为"句陵"。句容、句陵、容陵三个地名的同时出现,使笔者怀疑"句容"是"句陵"、"容陵"两地名混淆后的结果,或许刘党的封国应作"句陵",为长

---

① 参见中编第一章第一节考述。
② 周振鹤:《西汉政区地理》,第 123 页。
③ 王荣商:《汉书补注》卷五,第 1032 页。
④ 椹身智志:《西汉推恩令再考》,未刊稿。

沙国属县。当然我们也不能排除长沙国也存在一个句容县的可能,毕竟当时异地同名的现象也很常见。之前所述,刘党之封国仅存在一年,迁徙他地的可能性较小。该侯国封置后,当改属豫章郡。

容陵(264)　元光六年,武帝封长沙定王子刘福为容陵侯,元鼎五年因酎金免。《汉志》容陵属长沙国。就容陵的地理方位来看,容陵侯国分封后当别属豫章郡。元鼎五年容陵侯国除国为县,仍属豫章郡。初元元年,长沙国除,容陵县回属长沙郡(与安城相同)。容陵侯国分封后,未曾发生迁徙。

路陵(357)　元朔四年,武帝封长沙定王子刘童为路陵侯,元狩二年因罪自杀。路陵,《汉志》无,顾祖禹《读史方舆纪要·宝庆府》曰:

> 邵阳县。附郭。汉置昭陵县,属长沙国。武帝封长沙定王子重为洛阳侯。《括地志》云:"即昭陵也。"①

根据顾祖禹的说法,路陵侯国即《汉志》长沙国之昭陵县。钱大昭曰:"(路陵)疑昭陵之误。昭陵,长沙县。"②梁玉绳亦从此说。③ 今按,顾、钱、梁之说不足据。昭陵县地望在资水沿岸,其上游还有夫夷、都梁两县。④ 夫夷、都梁于元朔五年分封长沙王子,知两县本为长沙国地。若元朔四年昭陵已别属他郡,长沙国将如何管辖夫夷、都梁两县?笔者以为,王恢的看法值得注意:

> 按:《水经》"资水出零陵郡都梁县路山",山在今湖南武冈县西南百里,路陵疑在武冈境;元朔五年又封长沙定王子于都梁,境相接也。⑤

查《中国历史地图集》,路山在都梁县南。从元朔四年先置路陵侯国,次年复置都梁侯国来看,王恢的看法十分合理。路陵侯国当在路山附近,《水

---

① 顾祖禹:《读史方舆纪要》卷八一,第3809页。《史表》作"洛陵侯"。
② 钱大昭:《汉书辨疑》卷四,第50页。
③ 梁玉绳:《史记志疑》卷一四,第719页。
④ 谭其骧主编:《中国历史地图集》第二册,第22—23页。
⑤ 王恢:《汉王国与侯国之演变》,第282页。

经·资水注》曰：

> 资水出武陵郡无阳县界唐糺山，盖路山之别名也，谓之大溪水。东北迳邵陵郡武冈县南，县分都梁之所置也。县左右二冈对峙，重岨齐秀，间可二里，旧传后汉伐五溪蛮，蛮保此冈，故曰武冈，县即其称焉。大溪迳建兴县南，又迳都梁县南。①

《中国历史地图集》将汉代都梁县定位于武冈县城东，此地恰有一座古城遗址，当地文物部门登记为"都梁侯国故城"。② 但据《资水注》，都梁县地处南朝建兴县（今洞口县高沙镇八房头村）下游。《中国历史地图集》、武冈县文物部门的定位显然源自《读史方舆纪要》"都梁城，（武冈）州东五里"。《纪要》这一记载已被张修桂先生证明有误。③ 武冈县东之古城应该就是《资水注》提到武冈县。《文物地图集》提到该古城遗址采集有汉代陶片，笔者推测古城可能与汉代路陵侯国有关。路陵侯国废除后并入都梁县，西晋又从都梁县分置为武冈县。元朔四年路陵侯国分封后，别属桂阳郡。

《汉表》路陵侯条下注"南阳"，说明路陵侯国地处南阳郡。显然，路陵侯国与舂陵、安众、叶三侯国一样，分封后曾发生迁徙。王荣商曰：

> 长沙侯国不应远隶南阳。此（指路陵侯—笔者按）及攸舆侯皆注云南阳，而安众、叶平又皆南阳之地。岂同日内徙耶？④

王氏之说得其要旨，⑤唯路陵侯国徙封之年不可考。

攸舆（358） 元朔四年，武帝封长沙定王子刘则为攸舆侯，太初元年

---

① 《水经注疏》卷三八，第3111—3112页。
② 国家文物局主编：《中国文物地图集·湖南分册》，长沙：湖南地图出版社，1997年，第298页。
③ 张修桂：《〈水经注〉洞庭湖水系校注与复原（下篇）》，收入作者论文集《龚江集》，上海：上海人民出版社，2014年，第162—163页。
④ 王荣商：《汉书补注》卷五，第1034页。
⑤ 周振鹤先生也有类似的看法，见《西汉长沙国封域变迁考》。

因罪被杀。《水经·洣水注》：

> （攸水）西北流迳攸县北，县北带攸溪，盖即溪以名县也。汉武帝元朔四年，封长沙定王子则为攸舆侯，即《地理志》所谓攸县者也。①

据此，攸舆侯国即《汉志》长沙国攸县。故《史表》攸舆侯条《索隐》曰："今长沙有攸县，本名攸舆。"

《汉表》攸舆侯条下注"南阳"，梁玉绳以为《表》注有误，②周振鹤先生则认为"南阳"为"桂阳"之误，③二人之说均不确。《表》注"南阳"，说明该侯国后迁徙至南阳郡。攸舆侯国初封当别属豫章郡，迁往南阳郡后，原攸舆恢复为县。初元元年，与安城、容陵、茶陵三县一并回属长沙郡。

茶陵（359） 元朔四年，武帝封长沙定王子刘䜣为茶陵侯，太初元年除。《汉志》茶陵属长沙国，《汉表》注"桂阳"，初封别属桂阳郡，初元元年回属长沙郡。

建成（360） 元朔四年，武帝封长沙定王子刘拾为建成侯，元鼎二年除。《汉志》建成属豫章郡。今本《汉表》建成侯条无下注郡名，而《史表》建成侯条《索隐》曰："《表》在豫章。"知今本《汉表》脱漏"豫章"。建成侯国分封后，别属豫章郡。

叶（362） 元朔四年，武帝封长沙定王子刘嘉为叶侯，元鼎五年除。《汉志》叶属南阳郡，前面曾引述周振鹤先生的观点，南阳郡之叶侯国乃由长沙迁置而来。今按，《待时轩印存》著录有一方西汉滑石印"叶阳邑长"。④ 滑石官印是湖南地区西汉墓葬特有的随葬物，可证西汉长沙国确有"叶（阳）"县，即刘嘉初封之地。

安众（361）、舂陵（413） 以上两侯国分封后别属桂阳郡，后迁徙至南阳郡，与叶侯国建置沿革相同。

---

① 《水经注疏》卷三九，第 3221 页。
② 梁玉绳：《史记志疑》卷一四，第 719 页。
③ 周振鹤：《西汉政区地理》，第 123 页。
④ 罗福颐：《秦汉南北朝官印征存》，第 57 页。此印文原误释作"茅阳邑长"，施谢捷先生已作订正。见《〈秦汉南北朝官印征存〉释文订补》，《文教资料》1995 年第 2 期。

安道（401）　元朔五年封刘恢。刘恢《史表》、《汉表》皆作中山靖王子，对此记载历代注家均未有所怀疑，直到梁玉绳才发现其中的问题：

> 其后武帝封越揭阳令为安道侯，谓在南阳。中山王子何以封于荆州之域乎？疑此侯是长沙定王子，与下夫夷六人同以六月壬子封，《表》盖误。①

梁氏所言极是。安道侯国地处南阳郡，②中山王子侯国无远至南阳郡者，而长沙王子侯国却多有封置于南阳郡。《表》所谓"中山靖王子"乃是前一格"安险侯"之衍抄，当据下一格"夫夷侯"更为"长沙定王子"。南阳郡之安道侯国已是迁徙后的方位所在，至于其初封地，王恢曰"疑与泠道、营道相近，在今湖南道县境"，③所说应大致不误。

夫夷（402）、都梁（414）、泉陵（416）　以上三侯国皆见载于《汉志》零陵郡。三侯国元朔五年分封后，别属桂阳郡，元鼎六年改属零陵郡管辖，直到汉末，从未迁徙。④

洮阳（415）　元朔五年，武帝封长沙定王子刘狩燕为洮阳侯，元狩六年除。洮阳，《汉志》属零陵郡。此侯国分封后别属桂阳郡，似未迁徙。

复阳（600）　元康元年，宣帝封长沙顷王子刘延为复阳侯，至王莽败绝。《汉志》复阳侯国属南阳郡，《汉表》亦注南阳。《汉志》复阳侯国自注："故湖阳乐乡。"可知南阳郡复阳侯国本湖阳县乐乡，后因徙置长沙王子侯国而改名复阳。此种情形与舂陵侯国极为类似。《后汉书·城阳恭王祉传》曰："元帝初元四年，徙封南阳之白水乡，犹以舂陵为国名。"故《汉志》舂陵侯国自注："故蔡阳白水乡。"至于复阳侯国迁徙的时代，《水经注》留有线索。《淮水注》曰："（淮）水南即复阳县也。阚骃言：复阳县，湖阳之乐

---

① 梁玉绳：《史记志疑》卷一四，第730页。
② 见本编第三章第二节考述。
③ 王恢：《汉王国与侯国之演变》，第289页。
④ 湖南省文物工作者已在永州市鹞子岭发现了泉陵侯家族墓地。见湖南省文物考古研究所、永州市芝山区文物管理所：《湖南永州市鹞子岭二号西汉墓》，《考古》2001年第4期。

乡也,元帝元延二年置。"①如阚骃之说可信,则南阳郡湖阳县乐乡改置为复阳侯国在成帝元延二年,至于元延二年以前之复阳侯国所在,已无从考证。

钟武(601) 元康元年,宣帝封长沙顷王子刘度为钟武侯,至王莽败绝。《汉志》零陵郡有钟武县,江夏郡有钟武侯国。对于两者间的关系,钱大昕已有解释,《廿二史考异》卷七"汉书地理志"江夏郡钟武侯国条曰:

> 《王子侯表》有钟武侯度,此即度所封也。《志》有两钟武县,一属零陵郡,一属江夏郡。度为长沙顷王之子,其初封必在零陵之钟武,而《志》以江夏之钟武为侯国,盖后来徙封。如春陵侯本在泠道,后移于南阳也。②

诚如钱大昕所言,钟武侯国初封别属零陵郡,后迁徙至江夏郡安置。

高城(602) 元康元年,宣帝封长沙顷王子刘梁为高城侯,至王莽败绝。③ 高城,《汉志》属南郡,失注"侯国"。《水经·油水注》曰:"(浣)水出高城县浣山,东迤其县下,东至屖陵县入油水也"。浣水即今浣水支流洛溪河。据注文,高城在今洛溪河、浣水交汇处之洛溪河北岸,约在今松滋市斯家场镇。

南郡高城侯国并不与长沙国相接,周振鹤先生分析:

> 南郡高城侯国与长沙国之间尚隔着武陵郡的索、屖陵、临沅三县,长沙国不能越此三县而有高城,故可推测大约在分封高城侯国后,三县方削入武陵。④

---

① 陈桥驿校证:《水经注校证》卷三〇,北京:中华书局,2007年,第702页。元延为成帝年号,故此处之"元帝"应为"成帝"之误。熊会贞《水经注疏》据《王子侯表》改"元帝元延二年"为"宣帝元康元年",这显然是不明侯国迁徙之例而误改原书,不可取。
② 钱大昕:《廿二史考异》卷七,第133页。
③ 《王子侯表》始元六年亦见有高城侯刘梁,周振鹤先生以为此条重出,今取其说。见《西汉政区地理》,第124页。另仲山茂以为刘梁始元六年初封,后废,元康元年再次被封为高城侯。见《〈汉书〉侯表地名注记的体例特征》,复旦大学历史地理研究所主编:《历史地理》第26辑。
④ 周振鹤:《西汉侯国地理》,第124—125页。

周先生认为沅水下游诸县本属长沙国,如此长沙国才能裂地分封高城侯国。但是后来出土的里耶秦简表明,索、临沅两县秦代属洞庭郡,屋陵属南郡。洞庭郡即西汉武陵郡前身,且秦代洞庭郡、汉代武陵郡都设置于沅水流域,沅水下游理应属于郡域的一部分。又据里耶秦简,临沅为洞庭郡郡治。《汉志》索县为武陵郡首县,西汉末年为武陵郡郡治。秦、西汉末年洞庭郡、武陵郡郡治皆在沅水下游,足见这一地区对于两郡的重要。笔者以为,西汉时期索、临沅、屋陵三县从未归属长沙国内史管辖。

南郡高城侯国并不与长沙国相接,说明该侯国也发生过迁徙。南郡接纳迁徙长沙王子侯国早有便侯国(144)的先例。因此高城侯国分封后迁徙至南郡安置,初封地不可考。

安平(658) 初元元年,元帝封长沙剌王子刘习为安平侯,至王莽败绝。① 安平侯国,《汉志》属豫章郡,可知该侯国分封后,别属豫章,未曾迁徙。另《汉表》安平侯条下注"巨鹿",此乃前一格"桃侯"下注之衍抄,不足据。

阳山(659) 初元元年,元帝封长沙剌王子刘宗为阳山侯,至王莽败绝。《汉表》阳山侯条下注"桂阳",而《汉志》桂阳郡有阴山侯国、阳山侯国。对于《汉志》记载的分歧,参见本书附篇《西汉桂阳郡阳山侯国、阴山侯国考辨》。阳山侯国分封后,别属桂阳郡,未曾迁徙。

以上,笔者对元光六年至元始二年,汉廷封置的21个长沙王子侯国进行了考察。可以发现,除了春陵侯国、安众侯国、叶侯国,至少还有6个长沙王子侯国发生过迁徙(参见表2-1),而这9个侯国的迁徙时代并不相同。如路陵侯国的迁徙发生于元狩二年之前,而复阳侯国的迁徙却迟至元延二年。这表明,汉廷对长沙王子侯国的迁徙是一项持久政策,这与景帝中六年"王国境内侯国的集中迁徙"和元鼎三年"河东范围内侯国的集中迁徙"存在明显不同。同时,对于侯国的迁徙,长沙王子侯拥有自主权,这与景帝中六年和元鼎三年的侯国强制迁徙也存在差别。

西汉分封的21个长沙王子侯国中,有9个发生迁徙,其比例之高非

---

① 安平侯刘习、阳山侯刘宗,《汉表》作长沙孝王子,周振鹤先生以为当改作长沙剌王子,今取其说。见《西汉政区地理》,第125页。

同寻常。考察其他王子侯国，未有迁徙数量如长沙王子侯国之众者。为何长沙王子侯国发生迁徙的数量会如此之高？笔者认为，这与长沙国特殊的地理位置有关。

西汉的长沙国位于长江以南，而江南地区因生产力低下、自然环境恶劣，在武帝以前一直是不封置侯国的地区。元光六年，汉武帝为贯彻执行推恩令，打破了这一侯国封置政策的限制，自此原本没有侯国分布的桂阳郡、豫章郡因接纳长沙王子侯国而转变为侯国分布区。① 桂阳郡、豫章郡虽然可以接纳侯国，但当地自然条件并无改观，而且元鼎六年以前，两郡与南粤国接壤，属边郡范畴。分封在当地的王子侯不仅入朝长安路途遥远，还会受到来自南粤国的军事威胁。想必汉武帝也考虑到了这些因素，于是在要求长沙王裂地分封子弟的同时，还制订了一套折中方案，允许长沙王子侯用减少封户作为交换，迁离桂阳郡和豫章郡。可见，武帝在制定推恩令的同时，对长沙国的特殊情况也有所顾及，针对长沙王子侯国制定了"减邑内徙"的政策，② 这一政策在随后的昭帝、宣帝、元帝、成帝时代一直被贯彻执行。当然这一制度也并非武帝的首创。前面提到，早在景帝中六年就出现过把吴姓长沙王子之便侯国迁徙到南郡的先例。因此汉武帝迁徙长沙国王子侯国到南阳、江夏郡，很有可能是继承了景帝的做法。

表 2-1 长沙王子侯国封置情况

侯 国	封 年	除 年	初封所在	迁徙后所在
安城	元光六年	五凤二年	豫章	
宜春	元光六年	元鼎五年	豫章	
句容	元光六年	元朔元年	豫章？	
容陵	元光六年	元鼎五年	豫章	
路陵	元朔四年	元狩二年	桂阳	南阳

---

① 参见中编第七章第三节考述。
② 元光至元鼎年间，汉廷与南粤国长期处于敌对状态。如果结合这一背景来分析，元光六年、元朔四年所分封的宜春、容陵、茶陵、建成四侯国中一定还有迁徙到内郡者，也许随着日后出土文献的公布，我们还会找到长沙王子侯国迁徙内地的线索。

(续表)

侯国	封年	除年	初封所在	迁徙后所在
攸舆	元朔四年	太初元年	豫章	南阳
荼陵	元朔四年	太初元年	豫章	
建成	元朔四年	元鼎二年	豫章	
安众	元朔四年	莽绝	桂阳?	南阳
叶	元朔四年	元鼎五年	桂阳?	南阳
安道	元朔五年	元鼎五年	桂阳	南阳
夫夷	元朔五年	莽绝	桂阳	
舂陵	元朔五年	莽绝	桂阳	南阳
都梁	元朔五年	莽绝	桂阳	
洮阳	元朔五年	元狩六年	桂阳	
泉陵	元朔五年	莽绝	桂阳	
复阳	元康元年	莽绝	桂阳?	南阳
钟武	元康元年	莽绝	零陵	江夏
高城	元康元年	莽绝	桂阳?	南郡
安平	初元元年	莽绝	豫章	
阳山	初元元年	莽绝	桂阳	

说明：部分侯国初封地望不详，笔者暂定其初封后别属豫章郡、桂阳郡，并标注"?"。

通过分析上表，还有一个现象值得关注，即目前可考发生过迁徙的 9 个长沙王子侯国，除钟武侯国、高城侯国以外，其余 7 侯国全部被汉廷安置在南阳郡，而江夏郡、南郡亦与南阳郡相近。① 这说明汉廷在迁置长沙王子侯国时，在地域择取上也有一定考虑，均安置在南阳郡及周边。梁玉绳曾经提到，长沙国与南阳郡同属荆州，故长沙王子侯国可置于南阳郡，而中山王子侯国则不可。② 梁氏的看法值得注意，南阳郡是荆州范围内最靠近内地的地区，如果汉廷在安置长沙王子侯国时考虑到了州域的问题，

---

① 谭其骧主编：《中国历史地图集》第二册，第 22—23 页。
② 梁玉绳：《史记志疑》卷一四，第 730 页。

那么南阳郡的确是很好的选择。而笔者注意到,南粤归降首领及民众基本被汉廷安置在南阳郡及周边地区,①那么按照梁玉绳的思路,这似乎暗示武帝在征服南粤国后,将岭南地区划入荆州范围。辛德勇先生推测,在正式设置交州之前,交趾刺史部辖区"从地理位置上,不外乎隶属于扬州或是荆州这两种可能"。而在随后的论证中,辛先生倾向于把岭南地区归入扬州。②而若从南粤归降侯国和内徙部众的地域分布来看,笔者以为把岭南地区划入荆州可能更符合实际。

附二:齐孝王王子侯国封置、迁徙考

元朔二年,齐厉王在主父偃的胁迫下自杀,无后国除。次年,主父偃胁迫齐王事败露,"上闻大怒,以为主父劫其王令自杀,乃征下吏治。"③武帝知齐厉王无辜,故于元朔三年、四年分封齐厉王叔父齐孝王子十一人为列侯。这十一个侯国的方位,以《汉志》所载,遍布千乘、琅邪、勃海、泰山、东莱诸郡,已超出齐孝王封域范围。周振鹤先生分析:

> 齐孝王子侯国之封,情况较为特殊。齐国已于元朔二年除为汉郡,而齐孝王子却分封于此后。推恩的通例是以王国地分封王子,而后别属汉郡。既齐孝王国已除为汉郡,其十一王子封于齐孝王故地与否已无关系,故此十一侯国遂分封于各汉郡之中,当然这些汉郡仍是齐悼惠王故地。④

周先生认为齐孝王子分封时已无齐国,故不必受到齐国故地的限制,可以安置于汉郡之中,只要这些汉郡是齐悼惠王封国故地即可。但是,王国废除后分封王子侯的情况,在武帝以前也多次发生,却无一例外都在本

---

① 参见本编第三章第二节。
② 辛德勇:《两汉州制新考》第六节《十二州与十三刺史部的划分以及西汉后期更十二州为十三州》。
③ 《史记》卷一一二《主父偃列传》,第 2962 页。
④ 周振鹤:《西汉侯国地理》,第 101 页。

王国故地。如吕后八年分封张敖二王子为信都侯(174)、乐昌侯(175)。当时张敖之赵国早已废除，而信都侯国、乐昌侯国都在张敖赵国故地。文帝八年分封淮南厉王四子为列侯，其时淮南国已除，而阜陵(198)、安阳(199)、周阳(200)、东城(201)四侯国皆在淮南厉王封国故地。

除此以外，武帝以前汉廷分封某些王子侯国虽然在汉郡，但也必须满足父王封国故地的条件。如文帝四年分封十个齐悼惠王子侯国，这些侯国地处济北、济南两郡境内，而济北、济南两郡皆是齐悼惠王封国故地。又如景帝三年分封两个楚元王子为列侯，封地为红侯国(211)、棘乐侯国(216)，两侯国皆在沛郡，为楚元王封国故地。通过以上事例，可以发现封置王子侯国在父王封国故地是西汉初年王子侯国封置政策的基本原则。汉武帝在封置齐孝王子侯国时，却要打破这一既有原则，实在令人费解。

分析十一个齐孝王子侯国地理方位，可以发现一些侯国的方位似乎并不满足封置侯国的基本条件。例如元朔四年分封的齐孝王子刘代(386)，《侯表》载为"柴侯"。这个侯国即《汉志》泰山郡柴县。关于柴县的地理方位，《水经·汶水注》有明确记载。《汶水注》曰："淄水又西南迳柴县故城北。《地理志》泰山之属县也，世谓之柴汶矣。"①根据《汶水注》的描述，柴县地处梁父、鄡城之间，即今山东省新泰市楼德镇柴城村。②此地在元朔年间地处鲁国、济北国之间，从方位来看当时应属济北国。而景帝中六年侯国制度改革后，汉廷已不在王国境内封置侯国。所以在元朔四年，柴县并不具备封置侯国的条件。

若以柴县封置侯国，必须在其属汉郡管辖的时期。《史记·封禅书》载："其明年，郊雍，获一角兽，若麃然。……于是济北王以为天子且封禅，乃上书献太山及其旁邑，天子以他县偿之。"③此事发生于元狩元年，汉廷因得济北王所献泰山周边地而置泰山郡，柴县由此纳入泰山郡管辖。所以只有在元狩元年以后，柴县才具备封置侯国的条件。在元朔四年刘代初封之时，其侯国必不在柴县，而应当另有其地。

---

① 《水经注疏》卷二四，第2069页。
② 国家文物局主编：《中国文物地图集·山东分册》，第256页(图)，第528页(文)。
③ 《史记》卷二八，第1387页。

根据以上分析,刘代封国初封之时并不在柴县,而是在元狩元年之后迁徙到柴县的。这暗示齐孝王子侯国存在徙封现象。而史籍中恰好保留了一条齐孝王子侯国迁徙的线索。元朔四年,汉廷封齐孝王子刘信为云侯(384),此侯国延续至王莽时期,即《汉志》琅邪郡云侯国。琅邪郡并不在齐孝王封地范围内,但《水经·河水注》对刘信封国却另有记录。《河水注》曰:"(商河)水侧有云城。汉武帝元朔四年,封齐孝王子刘信为侯国也。"① 按照《水经注》对商河流路的记述,这个云城大致位于今山东省阳信县境内。当地阳信镇东关村恰有一座汉代古城遗址,当地历代县志记载为云城。② 此地约在《汉志》平原郡、勃海郡交界地带,并不在琅邪郡境内。对于《水经注》《汉志》记载的分歧,前人多不明其故。③ 现在看来这正与侯国迁徙有关,即刘信封国最初在今山东省阳信县境内,后来迁徙到琅邪郡安置。

通过对柴侯国、云侯国的分析,齐孝王子侯国在分封后,部分侯国发生迁徙。而我们所看到部分齐孝王子侯国不在齐孝王封地境内,很有可能是后来发生了迁徙。我们知道,齐孝王封国至少包括《汉志》千乘、齐两郡,④《汉志》千乘郡尚有被阳(378)、繁安(382)两个齐孝王子侯国,而齐郡境内却一个齐孝王子侯国也没有。汉武帝分封齐孝王子侯国时,千乘郡尚未从齐郡中分置。⑤ 为何汉武帝只在齐孝王封国的西境封置王子侯国,而不在东境封置王子侯国呢?

笔者认为,元朔四年封置的十个齐孝王子侯国,应该也有地处《汉志》齐郡地域范围内的。这些侯国之所以后来消失了,应该与侯国迁徙有关,而导致侯国迁徙的原因,乃元狩六年齐国复置。

元狩六年,汉武帝封皇子刘闳为齐王,乃是将原齐孝王封国的东部设置

---

① 《水经注疏》卷五,第498页。
② 国家文物局主编:《中国文物地图集·山东分册》,第343页(图),第865页(文)。
③ 钱穆:《史记地名考》,第1280页;王恢:《汉王国与侯国之演变》,第287页。
④ 谭其骧:《西汉地理杂考》"汉初胶西国都"条(初刊《益世报》,1942年3月24日及1943年7月15日),收入氏著《长水集》(上册),北京,人民出版社,1987年,第91—98页;周振鹤:《西汉政区地理》,第100—102页。
⑤ 参见拙文《西汉郡国更置与侯国迁徙——兼论千乘郡的始置年代》,《中国史研究》2012年第4期。

为新齐国,而西部地区开置为千乘郡。① 笔者已经指出,在元狩六年封置新齐国时,新齐国境内分布有相当数量的侯国。经过考证可知,当时新齐国境内至少分布有龙丘(279)、平度(289)、宜成(290)、临朐(291)四个菑川王子侯国。为了保证"王国境内无侯国"的制度,汉武帝将四个侯国分别迁往琅邪、东莱、济南三郡。② 现在看来,当时新齐国境内显然也存在齐孝王子侯国,这些侯国在元狩六年的时候与菑川王子侯一并迁出,由此才会出现《汉志》齐郡无齐孝王子侯国,以及齐孝王子侯国不在齐孝王封国故地的现象。

接下来,我们重新梳理一下十一个齐孝王子侯国的地理方位和迁徙情况。

博阳(343)　元朔三年封刘就为博阳侯,元鼎五年除。《汉表》注"济南",但济南郡无博阳县。王恢、周振鹤先生以为即《汉志》泰山郡博县。③ 周先生认为元狩元年泰山郡未置之前,博县属济南郡。这样的话,则《汉表》《汉志》所载可以统一。不过,博县就在泰山南麓,在元封元年设置奉高邑之前,博县一直是祭祀泰山所在。如果博县属济南郡,元狩元年济北王就不必"献太山及其旁邑"了。更何况《侯表》下注郡名的时代绝不可能早到武帝时期。所以博县在元朔年间属于济北国,并不能封置侯国。

刘就之博阳侯国应当遵从《汉表》,位于西汉末年济南郡境内。但济南郡并不属于齐孝王封域。此博阳侯国应原本地处齐郡东部,因元狩六年封置齐国,而与菑川王子宜成侯国(290)一同迁往济南郡。《水经·济水注》:"(关庐)水导源马耳山,北迳博亭城西,西北流至平陵城,与武原水合"。④ 关庐水即今章丘市绣源河,博亭城约在今章丘市双山街道。疑此城即元狩六年迁置于济南郡之博阳侯国。

被阳(378)　元朔四年封刘燕为被阳侯,至王莽败绝。《汉志》千乘郡被阳侯国即其封地。千乘郡本齐孝王封域,该侯国分封后未有迁徙。

定(379)　元朔四年封刘越为定侯,至王莽败绝。《汉志》勃海郡定侯国即其封地。此地亦为齐孝王封域(详见后文考述),该侯国分封后未有迁徙。

---

① 参见拙文《西汉郡国更置与侯国迁徙——兼论千乘郡的始置年代》。
② 参见本编第七章第一节。
③ 王恢:《汉王国与侯国之演变》,第 280 页;周振鹤:《西汉政区地理》,第 100—101 页。
④ 《水经注疏》卷八,第 747 页。

稻(380)　元朔四年封刘定为稻侯,至新莽败绝。《汉志》琅邪郡稻侯国即其封地。琅邪郡不属齐孝王封地。该侯国初封应在齐郡东部,元狩六年封置齐国,与云侯国、甾川王子龙丘侯国(279)一并迁徙至琅邪郡安置。

山(381)　元朔四年封刘国为山侯,建昭四年除。该侯国地望不详。《汉表》注"勃海"。《汉志》勃海郡南部地本属齐孝王封域。该侯国应位于西汉后期勃海郡南部,分封后未有迁徙。

繁安(382)　元朔四年封刘忠为繁安侯,至王莽败绝。《汉志》千乘郡繁安侯国即其封地。千乘郡本齐孝王封域,该侯国分封后未有迁徙。

柳(383)　元朔四年封刘阳为柳侯,至王莽败绝。《汉志》勃海郡柳侯国即其封地。此地亦为齐孝王封域,该侯国分封后未有迁徙。

云(384)　元朔四年封刘信为云侯,至新莽败绝。《汉志》琅邪郡有云侯国。据前文考述,云侯国本在齐郡西境,元狩六年与稻侯国、甾川王子龙丘侯国一并迁徙至琅邪郡安置。

牟平(385)　元朔四年封刘渫为牟平侯,至新莽败绝。《汉志》东莱郡牟平侯国即其封地。东莱郡不属齐孝王封域。该侯国初封应在齐郡东部,元狩六年封置齐国,与甾川王子平度侯国(289)、临朐侯国(291)一并迁徙至东莱郡安置。

柴(386)　元朔四年封刘代为列侯,除国年不详。《汉志》泰山郡柴县即其封国。根据前文考证,柴县只有在元狩元年以后才能封置侯国。所以刘代初封地必不在柴县,而应当在齐郡东部,元狩六年迁徙至柴县,改称柴侯国。

高乐(389)　《汉表》载录有齐孝王子高乐侯,列侯名、封年、除国年俱无。此侯《史表》无载。今按齐孝王子分封基本都在元朔四年,此侯分封年代亦当如此。《汉志》勃海郡有高乐县,当即此侯封地。又《汉表》下注"济南",前人皆以为《表》注有误。笔者怀疑此侯初封于《汉志》勃海郡高乐县,后迁徙至济南郡。《表》注未必有误。勃海郡高乐县并不在元狩六年所置新齐国范围内。此侯迁徙未必在元狩六年。

以上梳理了十一个齐孝王子侯国封置状况。由此可推知在元朔四年之时,博阳、稻、云、牟平、柴五个侯国地处齐孝王之齐国故地东境。元狩六年,武帝在故齐孝王封国东部置新齐国,因"王国境内无侯国"制度所限,上述五个侯国连同同一地域内的四个甾川王子侯国分别迁徙到泰山、琅邪、东莱、济南四郡安置。由此才出现齐孝王子侯国不在齐孝王封域境内的现象。

这里还要分析定、山、柳、云、高乐五侯国始封地问题。根据上文梳理,这五个侯国皆在《汉志》勃海郡南部。关于《汉志》勃海郡南部在秦汉之际的归属,谭其骧先生认为属于济北郡。① 这一看法后来被周振鹤先生继承。若基于这样的认识,则上述地区并不在文帝十六年齐孝王封域范围内。那么这五个侯国地处勃海郡,是否也是迁徙造成?即五侯国原本地处齐孝王封国东境,元狩六年迁徙到勃海郡安置。可是元狩六年从齐郡还迁出了相当数量的甾川王子侯国,为何没有甾川王子侯国被迁到勃海郡,而只有齐王子侯国迁徙到勃海郡呢?

仔细分析上述五侯国,可以发现他们基本地域相连,且都位于沿海地区。这似乎表明五侯国初封地即位于此。谭先生把上述地区视为秦汉之际济北郡辖域,并没有任何证据,只是基于地理形势的判断。而若基于王子侯国裂父王封国地分封的原则,我们不能忽视上述五侯国本就地处齐孝王封国境内的可能。就是说,基于王子侯国地域择取原则,以"逆推法",上述五侯国之地原本皆是齐孝王封地。秦汉之际,《汉志》勃海郡南部沿海地区都属于临淄郡辖域范围,而非济北郡。这对于我们重新审视秦代齐地置郡范围,具有重要参考意义。

总而言之,秦代临淄郡的西界,应在《汉志》勃海郡南部的柳、高乐一线,从黄河入海口至《汉志》北海郡丹水入海口的沿海地区皆为临淄郡辖域。西汉初年的齐国内史,文帝十六年的齐孝王封国都继承了这一地域格局。《史记·三王世家》褚少孙记述武帝分封皇子刘闳之语:"关东之国无大于齐者。齐东负海而城郭大,古时独临菑中十万户,天下膏腴地莫盛于齐者矣。"② 谭其骧先生以为这描述的是刘闳齐国封域。③ 笔者已经指

---

① 谭其骧:《秦郡界址考》,收入《长水集》上册,第 19 页。
② 《史记》卷三〇,第 2115 页。
③ 谭其骧:《西汉地理杂考》"汉初千乘之地属齐"条,收入《长水集》上册,第 94 页。

出谭先生的这个认识不准确。① 现在看来,这段对齐国封域的描述,应该是齐孝王之齐国封域。此时的齐国不仅只拥有漯水、济水入海口这一小块滨海地区,②而是还拥有黄河入海口以南的大块滨海地区,如此才与"齐东负海"的描述相契合。

　　元狩六年,武帝分封皇子刘闳为齐王时,乃是将齐郡一分为三,东部置为齐国,中部置为千乘郡,而将西部划入勃海郡。地处原齐郡东部的齐孝王子、甾川王子侯国,因新建齐国的缘故,被集中迁徙至济南郡、琅邪郡、东莱郡安置。而地处原齐郡西部的齐孝王子侯国因地处千乘郡、勃海郡而留于原地,直至西汉末年。

---

① 拙文《西汉郡国更置与侯国迁徙——兼论千乘郡的始置年代》。
② 谭其骧:《西汉地理杂考》"汉初千乘之地属齐"条,收入《长水集》上册,第94页。

第三章　异族归义侯国地理分布

景帝末年以后，随着汉帝国与周边政权交流与征战的日益频繁，相继有异族首领归降汉廷，汉廷对某些归降的异族首领会采取封侯的形式予以优容。在汉代，这类因归降而封侯的异族首领，被称为"归义侯"。《汉书·卫青传》载："故归义侯因淳王复陆支、楼剸王伊即轩皆从票骑将军有功，封复陆支为杜侯，伊即轩为众利侯。"《侯表》杜侯、众利侯功状皆曰"匈奴归义"。异族归义侯也成为继功臣侯、王子侯、外戚侯之后的一种新的封侯类型。司马迁在列举惠帝至景帝封侯类别时称："孝惠讫孝景间五十载，追修高祖时遗功臣，及从代来，吴楚之劳，诸侯子若肺腑，外国归义，封者九十有余。"这之中的王子侯、归义侯分别是惠帝、景帝新创的封侯类型。

前一章已经提到，汉代王子侯国分布具有明显的地域特征，那么异族归义侯的封国分布是否也存在地域特征呢？在本章，笔者将对匈奴、南粤、东越、朝鲜归义侯之封国分布进行考察，以期能够回答这一问题。

一、匈奴归义侯国地理分布

西汉异族归义侯的分封，始于景帝中三年。需要辨析的是，文帝十六年汉廷分封匈奴相国韩颓当、韩婴为弓高侯（204）、襄城侯（205）。其实，此二人本为韩王信子孙，汉廷封二人为列侯乃是遵照功臣封侯行事，并不将其视为异族首领。《史记·周亚夫列传》的记载可以作为辅证：

  其后匈奴王徐卢等五人降，景帝欲侯之以劝后。丞相亚夫曰："彼背其主降陛下，陛下侯之，则何以责人臣不守节者乎？"景帝曰："丞相议不可用。"乃悉封徐卢等为列侯。亚夫因谢病。

此即中三年景帝封匈奴首领为列侯之事。从"景帝欲侯之以劝后"来看，此次分封异族首领为列侯，乃是景帝的首创，正因如此，才会招致丞相周亚夫的强烈反对。如果文帝十六年，韩颓当、韩婴被视为异族首领，则分封异族归义侯已是前朝既有政策。景帝按照前朝成制行事，绝不会遭到丞相的抵制。显然景帝中三年匈奴归降首领的受封，才应当是汉廷分封归义侯的开端。

（一）景帝时代的匈奴归义侯国地理分布

  景帝中三年，汉廷封置匈奴归义侯国七：

  安陵（230） 匈奴降王于军之封国。《汉志》右扶风有安陵，为惠帝陵邑，显非安陵侯国所在。前人所考订于军封国地望，或以为颍川郡傿陵，①或以为汝南郡召陵县之安陵乡，②皆不得要领。今按同年受封之匈奴归义侯，封国皆在涿郡，安陵侯国不应例外。战国燕国货币有一种方足小布，铸有燕国置县名"安阳"。③ 关于燕国安阳县地望，学者多以为《水经·滱水注》提到的安阳亭，此说未必准确。《史记·齐悼惠王世家》："文帝十六年，复以齐悼惠王子安都侯志为济北王。"张守节《正义》曰："安都故城在瀛州高阳县西南三十九里。"张守节将齐王子刘志之安都侯国指认为瀛州高阳县西南的安都故城显然不正确，但却透露出，在唐代瀛州的高阳县境内有一座安都古城，从地理方位来看这座古城正位于战国时代的燕国境内。战国时代的燕国称县为都，故安都即安县，亦可写为安阳、安陵，④于军受封之安陵侯国当与此安都古城有关，景帝时地处涿郡境内。

---

① 《汉志》颍川郡傿陵县，颜师古注引李奇曰："六国为安陵。"梁玉绳、钱大昭主此说。
② 王恢主此说。见《汉王国与侯国之演变》，第 228 页。
③ 裘锡圭：《战国货币考（十二篇）》，《北京大学学报（哲学社会科学版）》1978 年第 2 期。
④ 参看本编第二章第二节对齐王子安陵侯国地望的考证。

第三章　异族归义侯国地理分布　287

垣(231)　匈奴降王赐之封国。《汉志》河东郡有垣县,非赐之封国。梁玉绳已有辨析:

> 《索隐》以为河东垣县,似误。河东之垣,其时景帝改封曲成侯矣。考《水经注》十二云:"垣水东迳垣县故城北,涿有垣县,景帝封匈奴降王赐为侯国,王莽之垣翰亭。"则此垣疑即《汉志》涿郡之武垣也。①

梁玉绳指出赐之封国即《水经·圣水注》之垣县故城,所言极是,但称垣县即《汉志》涿郡武垣则存在差错。杨守敬曰:

> 郦氏叙垣水于垣县自不误。河间之武垣是本《赵世家》之武垣,别自立县,与涿之垣县无涉。《一统志》谓垣城在涿州北,此必古方志说。②

《汉志》涿郡武垣县与《圣水注》之垣县绝非一地。根据曲英杰考证,垣县故城在今河北省涿州市东仙坡镇,③此即垣侯国所在。

道(232)、容成(233)、易(234)、范阳(235)　以上四地,皆见于《汉志》涿郡,故四侯国初封之时皆地处涿郡境内。

翕(236)　匈奴降王邯郸之封国。翕,《汉志》无,地望不详。同年受封之匈奴归义侯,封国皆在涿郡。翕侯国当同处涿郡境内。又元光四年,武帝分封匈奴归降首领赵信为翕侯(259),《汉表》下注"内黄",则赵信之翕侯国地处魏郡。笔者以为,翕侯国曾发生迁徙,景帝中三年邯郸初封之时,其封国地处涿郡,武帝初年迁往魏郡,元光四年邯郸获罪,武帝复以翕侯国分封赵信,故《汉表》翕侯赵信条下注有"内黄"。

景帝中五年,汉廷封置匈奴归义侯国一:

亚谷(238)　匈奴降王卢它之封国。《汉志》无亚谷。《太平寰宇记》雄

---

① 梁玉绳:《史记志疑》卷十一,第645页。
② 《水经注疏》卷一二,第1105页。
③ 曲英杰:《燕地古城考》,第170—172页。

州容城县载:"浑泥城,在县南四十里,《水经注》云'泥同口有浑泥城,汉景改为亚谷城,封东胡降王卢它之为亚谷侯',即此也。"①亚谷侯国地处《汉志》涿郡容城县西南,即今河北省安新县安新镇,②初封之时同处涿郡境内。

以上笔者对景帝所封八个匈奴归义侯之封国地望进行了考证。可以发现除安陵、翕地望不明外,其余六侯国皆位于涿郡境内。由此反推安陵、翕两侯国也应地处涿郡。景帝时代,匈奴归义侯之封国皆置于涿郡,其侯国分布的地域特征是非常明显的。

(二)武帝元光四年至元狩元年匈奴归义侯国地理分布

元光年间,武帝封置匈奴归义侯国二:

翕(259)　匈奴相国赵信之封国,元光四年封。《汉表》注"内黄",地处魏郡。

特辕(267)　匈奴都尉乐之封国,元光六年封。《汉表》注"南阳",地处南阳郡。

元朔年间,武帝封置匈奴归义侯国五:

亲阳(274)　匈奴相月氏之封国,元朔二年封。《汉表》注"舞阳",当为"舞阴"之误。王念孙曰:

> 舞阳当作舞阴,此涉下文舞阳而误也。《史表》索隐曰"《汉表》在舞阳",则所见本已误。"亲"与"瀙"同。《说文》、《地理志》、《水经》并言瀙水出南阳舞阴,此侯所封在瀙水之北、舞水之南,故曰"瀙阳侯",而其地则属于舞阴也。舞阴与瀙水皆在舞水之南,而舞阳乃在舞水之北,则瀙阳之不属舞阳审矣。③

瀙水即今汝河。《水经》曰:"瀙水出舞阴县东上界山,东过吴房县南",由

---

① 《太平寰宇记》卷六七,第1365页。
② 曲英杰:《燕地古城考》,第99—101页。
③ 王念孙:《读书杂志》,南京:江苏古籍出版社,2000年,第203页。

此可知亲阳侯国应在汉代舞阴(今泌阳县羊册镇古城寨)、吴房(今遂平县文城镇文城村)之间的汝河北岸,与舞阴相近,约在今泌阳县春水镇一带。

若阳(275)　匈奴相猛之封国,元朔二年封。《汉表》注"平氏",地处南阳郡。

涉安(354)　匈奴单于太子于单之封国,元朔三年封。涉安,《汉志》无,《汉表》亦无下注郡县名。笔者以为,此涉安即元封元年所封南粤降将嘉之涉都侯国(492),地处南阳郡。① 涉安、涉都乃同一地名的不同书写形式。

昌武(387)　匈奴王赵安稽之封国,元朔四年封。《汉表》注"舞阳",今按,《汉表》所注记元朔二年至元狩元年匈奴归义侯国方位"舞阳",多为"舞阴"之误,疑昌武侯国地处舞阴,属南阳郡。

襄城(388)　匈奴相国无龙之封国,元朔四年封。《汉志》颍川郡有襄城县,前人多以为无龙之封国即此地。但对照同时所封匈奴归义侯国,皆在南阳郡,此侯不应例外。《续汉志》南阳郡有襄乡县。疑无龙之封国即此地,《汉表》注"襄垣",当为"襄乡"之误。

元狩元年,武帝封置匈奴归义侯国一:

潦(426)　匈奴王援訾之封国。《汉表》注"舞阳",亦为"舞阴"之误。钱穆曰:

> 《水经·潕水注》:"荥水上承堵水,东流,左与西遼水合,又东,东遼水注之,俱导北山,而南流注于荥。荥水又东北,于舞阴县北左会潕水。"据此,遼水近舞阴,不近舞阳。此侯封潦,盖即因水得名。《清一统志》:"南阳有潦河,一源出今南阳县马崤坪,一出县北曹峰山;南流俱合为一,经镇平县东,又南至新野县界,合湍水。"《汉表》当作在"舞阴",或云在"南阳";今作"舞阳",必有伪字。②

又元鼎六年,汉廷复封南粤降将毕取为膫(同"潦")侯(475),《汉表》注"南阳"。《史记·南粤传》:"苍梧王赵光者,越王同姓,闻汉兵至,及越

---

① 见上编第一章第一节考述。
② 钱穆:《史记地名考》卷二六,第1218页。

揭阳令定自定属汉；越桂林监居翁谕瓯骆属汉，皆得为侯。"《索隐》引韦昭语："随桃、安道、滕三县皆属南阳。滕音辽也。"可见潦侯国确在南阳郡，钱穆认为《汉表》潦侯条下注"舞阳"为"舞阴"之误，可从。①

若将《㶌水注》与地图对照，可知荥水即今河南省方城县境内之沙河，西辽水为今桂河，东辽水为今贾河，故潦侯国当在今沙河、桂河、贾河交汇附近的杨楼乡附近。今杨楼乡梁城村有一座汉代古城遗址，②梁、潦音近，很有可能与潦侯国有关。此地与汉代舞阴县（今泌阳县羊册镇古城寨）相近，与《表》注"舞阴"亦相合。

通过对元光四年至元狩元年武帝所封八个匈奴归义侯国地望的梳理，可以发现这一时段的匈奴归义侯国除翕侯国地处魏郡外，其余七侯国皆位于南阳郡境内，地域分布特征仍十分明显。

（三）武帝元狩二年以后匈奴归义侯国地理分布

元狩二年至元鼎四年，武帝封置匈奴归义侯国十一：

下麾（430）　匈奴王呼毒尼之封国，元狩二年封。《汉表》注"猗氏"，地处河东郡。③

漯阴（432）　匈奴王浑邪之封国，元狩三年封。《汉表》注"平原"，即《汉志》平原郡之漯阴。

煇渠（433）　匈奴王扁訾之封国，元狩三年封。《汉表》注"鲁阳"，地处南阳郡。此地见于北京大学藏秦代水陆里程简册。根据简册记载的里程信息，该侯国地处河南省鲁山县熊背乡。④

河綦（434）　匈奴王乌黎之封国，元狩三年封。《汉表》注"济南"，地处济南郡。

常乐（435）　匈奴大当户稠雕之封国，元狩三年封。《汉表》注"济

---

① 又包山楚简见有魐（简179），《左传·宣公四年》见有䩉阳，当与瞭侯国为一地。
② 国家文物局主编：《中国文物地图集·河南分册》，北京：中国地图出版社，1991年，第234、572页。
③ 元鼎三年，下麾侯国因"广关"而迁徙。参见本编第五章考述。
④ 见附篇《北京大学藏秦代水陆里程简册释地五则》。

南",地处济南郡。

壮(438)　匈奴王复陆支之封国,元狩四年封。《汉表》注"重平",地处勃海郡。

众利(439)　匈奴王伊即轩之封国,元狩四年封。元朔六年,汉廷封功臣郝贤为众利侯(420),《汉表》注"故莫",即《汉志》琅邪郡姑幕县。元狩二年,郝贤获罪国除。元狩四年,汉廷复以琅邪郡众利侯国故地分封复陆支。

湘成(440)　匈奴王敞屠洛之封国,元狩四年封。《汉表》注"阳成"。而元鼎六年所封湘成侯(479)居翁,《汉表》注"堵阳",其实堵阳亦名"阳成",谭其骧先生已有考证。① 故《汉表》湘成侯敞屠洛条下注"阳成"当理解为"堵阳",其封国地处南阳郡堵阳县境。

散(441)　匈奴都尉董舍吾之封国,元狩四年封。《汉表》注"阳成",其方位应与前述湘成侯国一样,地处南阳郡堵阳县境。

臧马(442)　匈奴王雕延年之封国,元狩四年封。《汉表》注"朱虚",地处琅邪郡。②

瞭(466)　匈奴王次公之封国,元鼎四年封。其封国即元狩元年匈奴降王援訾之封国(426),地处南阳郡。

汉宣帝时代封匈奴义降侯国三:

归德(618)　匈奴王先贤掸之封国,神爵三年封。《汉表》注"汝南",即《汉志》汝南郡之归德侯国。

信成(633)　匈奴左大将军王定之封国,五凤二年封。《汉表》注"细阳",地处汝南郡。

义阳(635)　匈奴王单于厉温敦之封国,五凤三年封。其封国即元狩四年卫山受封之义阳侯国(437),《汉表》义阳侯卫山条下注"平氏",故厉温敦之封国地处南阳郡。

这一时期,有部分匈奴归义首领因立有战功而被封侯,如宜冠侯(427)高不识、昆侯(470)渠复累、开陵侯(512)成娩,这部分匈奴首领并非

---

① 谭其骧:《陈胜乡里阳城考》,《长水集》下册,第336—341页。
② 《古玺汇编》录有齐国私印"臧马达信玺"(3087),可证《表》注"琅邪"之可信。

是因为归降汉廷而封侯,应当归入功臣侯,对这些匈奴人的封国地望,本文不再进行考证。

下面将武帝元狩二年以后封置的十四个匈奴归义侯国按照各自所属汉郡进行分类(参看表3-1)。

表3-1 匈奴归义侯国分域统计表

郡 名	侯 国
河东	下摩(430)
平原	湿阴(432)
济南	河綦(434) 常乐(435)
勃海	壮(438)
琅邪	众利(439) 臧马(442)
南阳	辉渠(433) 湘成(440) 散(441) 瞭(466) 义阳(635)
汝南	归德(618) 信成(633)

从上表可以看到,元狩二年以后所封置的十四个匈奴归义侯国,散布于河东、平原、济南、勃海、琅邪、南阳、汝南七郡,地域特征已不明显。

二、南粤、东越、朝鲜归义侯国地理分布

武帝元鼎、元封年间,随着南粤、闽越、朝鲜等政权相继灭亡,又有许多异族首领归降汉朝,受封为列侯。下面分别对南粤、东越、朝鲜归义侯国地理分布进行考证。

(一) 南粤归义侯国

元鼎、元封年间,武帝封南粤归义侯国八:

术阳(467) 南粤王兄建德之封国,元鼎四年封。《汉表》注"下邳",地处东海郡。

瞭(475) 南粤降将毕取之封国,元鼎六年封。《汉表》注"南阳",地处南阳郡。

安道(477)　南粤降将定之封国,元鼎六年封。《汉表》注"南阳",地处南阳郡。

湘成(479)　南粤桂林监居翁之封国,元鼎六年封。《汉表》注"堵阳",地处南阳郡。

随桃(478)　南粤苍梧王赵光之封国,元鼎六年封。随桃,《汉志》无,《汉表》亦无下注郡县名。但《史记·南粤传》:"苍梧王赵光者,越王同姓,闻汉兵至,及越揭阳令定自定属汉;越桂林监居翁谕瓯骆属汉,皆得为侯。"《索隐》引韦昭语:"随桃、安道、膫三县皆属南阳。"据此,随桃侯国地处南阳郡。

仔细分析元鼎六年所分封的膫、安道、湘成三侯国,存在一个共同的特点:都由元鼎五年废免的侯国改置而来。膫侯国,本为匈奴归义侯次公之封国(466);安道侯国,本为长沙王子刘恢之封国(401);①湘成侯国,本为匈奴归义侯敞屠洛之封国(440)。以上三侯国皆因元鼎五年的"酎金案"而国除。元鼎六年,武帝乃是利用了这些旧有侯国的建制,来分封归附的南粤降将。这样看来,随桃侯国应当同样由元鼎五年废除的南阳郡某侯国改置而来。那么随桃侯国的前身又是哪一个侯国呢？答案是桃侯国(136)。

湖北随州孔家坡汉墓简牍的发现,揭示了景帝末年以后的桃侯国地处南阳郡。② 元鼎五年,第四代桃侯刘自为因卷入"酎金案"而国除。从孔家坡汉墓的方位来看,桃侯国应与南阳郡随县相邻,③笔者推测元鼎五年桃侯国废除后并入随县,随县由此改称为随桃县。次年,武帝恢复桃侯国的建制,把随桃县分封予赵光,这便是随桃侯国的由来。

下郦(482)　骆越降将黄同之封国,元封元年封。《汉表》注"南阳",即《汉志》南阳郡之郦县。《水经·湍水注》:"(湍水)东南流迳南郦县故城东,《史记》所谓下郦也。汉武帝元朔(封)元年,封左将黄同为侯国。"④故黄同之封国地处南阳郡。

---

① 《史表》、《汉表》记刘恢为中山靖王子,误,应为长沙王子。见本编第二章附考。
② 见本编第一章第四节考述。
③ 武家璧:《"随桃侯"考》,《中国文物报》2007年8月31日第7版。
④ 《水经注疏》卷二九,第2463—2464页。

临蔡(489) 南粤降将孙都之封国,元封元年封。《汉表》注"河内",后世学者多以为临蔡侯国即《续志》河内郡山阳县之蔡城。此说不足据。元鼎五年以后,汉廷不于河内郡封置侯国。且元鼎六年、元封元年所封南粤归义侯国皆在南阳郡,临蔡侯国亦当地处南阳郡。《水经·沔水注》云:"沔水又西迳蔡阳县故城东,……应劭曰:'蔡水出蔡阳,东入淮。'"①根据《水经注》的记载,南阳郡有蔡水,临蔡侯国当在此水附近,约在南阳郡蔡阳县境。

涉都(492) 南粤南海太守嘉之封国,元封元年封。《汉表》注"南阳",又《续志》南阳郡筑阳县有涉都乡。《水经·沔水注》云:"(沔水)又东南过涉都城东北。"郦道元注曰:"故乡名也。案《郡国志》筑阳县有涉都乡者也。汉武帝元封元年封南海守降侯子嘉为侯国。"②故嘉之封国地处南阳郡。

通过以上考证,武帝所封八个南粤归义侯国,除术阳侯国外,皆置于南阳郡(参看图3-1),南粤归义侯国存在着集中分布于南阳郡的特征。

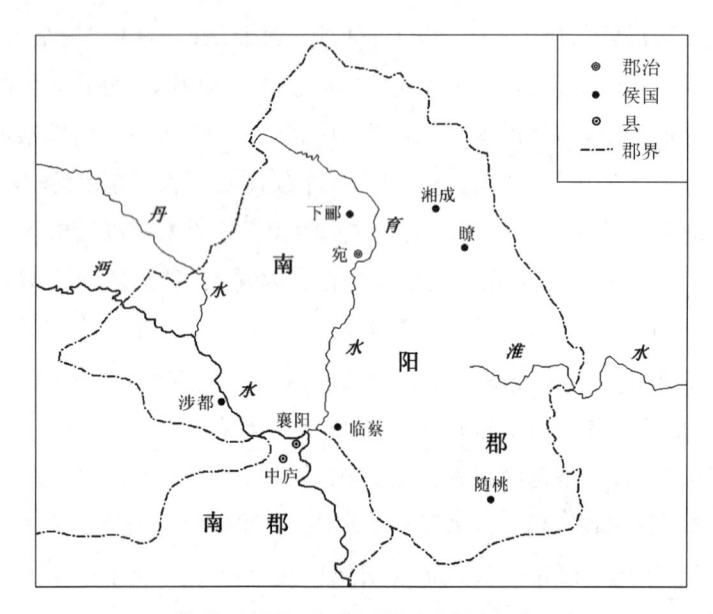

说明:安道侯国地望不详,未在图中标绘。
图3-1 元封元年南粤归义侯国分布图

---

① 《水经注疏》卷二九,第2385页。
② 《水经注疏》卷二九,第2355页。

（二）东越归义侯国

元封元年，汉灭闽越国，武帝封东越首领四人为列侯：

北石（481）　故东越衍侯吴阳之封国。《汉表》注"济阳"。钱大昭曰："（外石侯）《索隐》曰'《汉表》在济南'。今闽本与《索隐》同，汲古阁本误。"① 故今本《汉表》下注"济阳"当为"济南"之讹误。北石侯国地处济南郡。

又《汉书·闽粤传》载吴阳封国名为"卯石"。笔者怀疑吴阳封国或与《左传·成公二年》所载之"石窌"有关。杜预注曰："石窌，邑名。济北卢县东有地名石窌。"《元和郡县图志》齐州长清县载县东三十里有石窌故城。② 约在今济南市长清区崮山镇附近，其地正在西汉济南郡境内。

开陵（488）　故东越建成侯敖之封国。《汉表》注"临淮"，即《汉志》临淮郡之开陵。

东城（490）　故东越繇王居股之封国。《汉表》注"九江"，即《汉志》九江郡之东城县。

无锡（491）　故东越将军多军之封国。《汉表》注"会稽"，即《汉志》会稽郡之无锡县。

元封元年所封四个东越归义侯国分别地处济南、临淮、九江、会稽郡。从所属郡目上看，四侯国地域分布似乎并无关联，但四郡除济南郡外，皆地处江淮流域，故东越归义侯国存在着分布于江淮流域的地域特征。

（三）朝鲜归义侯国

元封三年，汉灭朝鲜国，武帝封朝鲜首领五人为列侯：

平州（500）　朝鲜降将王唊之封国。《汉表》注"梁父"，地处泰山郡。

荻苴（501）　朝鲜相韩阴之封国。《汉表》注"勃海"，地处勃海郡。《读史方舆纪要》北直隶沧州庆云县载："荻苴城，《邑志》云：在县东城下。旧有荻苴河，直抵海丰。汉武帝封朝鲜降将韩陶为荻苴侯，疑邑于此。"③

---

① 钱大昭：《汉书辨疑》卷七，第 112 页。
② 《元和郡县图志》卷九，第 280 页。
③ 顾祖禹：《读史方舆纪要》卷一三，第 585 页。

据此，荻苴侯国约在勃海郡阳信县境。

澅清（502）　朝鲜相参之封国。《汉表》注"齐"。《孟子·公孙丑下》："孟子去齐，宿于昼。"赵岐注："昼，齐西南邑也。"① 又临淄封泥见有"畫乡"。②《后汉书·耿弇传》："张步都剧，使其弟蓝将精兵二万守西安，诸郡太守合万余人守临淄，相去四十里。弇进军画中，居二城之间。"李贤注："画中，邑名也……故城在今西安城东南。有澅水，因名焉。"《水经·淄水注》云："又有澅水注之，水出时水东，去临淄城十八里，所谓澅中也。"③ 根据以上记载，澅清侯国约在《汉志》齐郡临淄县西。

幾（507）　朝鲜王子张骼之封国。《汉表》注"河东"，有误。元鼎三年以后，汉廷不在太行山以西封置侯国。④ 又《史记·赵世家》惠文王二十三年"楼昌将，攻魏幾，不能取。十二月，廉颇将，攻幾，取之"。《战国策·赵策三》"秦攻赵蔺离石祁拔"章"秦败于阏与，反攻魏幾。廉颇救幾，大败秦师"。⑤ 本于《史记》、《战国策》，幾县当在魏赵之间。《读史方舆纪要》大名府元城县"幾城"条引《括地志》"在元城县东南"。⑥《史记地名考》幾侯国条："故城今河北大名县东南。战国魏邑，于汉属魏郡。《表》属河东未详。"⑦ 综合以上记载，幾侯国当在魏郡，《汉表》幾侯条下注"河东"显然有误。⑧

涅阳（508）　朝鲜降将最之封国。《汉表》注"齐"，地处齐郡。⑨

元封元年所封五个朝鲜归义侯国分别地处泰山、勃海、齐、魏等郡。从所属郡目上看，五侯国地域分布似乎并无关联，但细查荻苴侯国方位，

---

① 杨伯峻：《孟子译注》卷四，北京：中华书局，1960年，第107页。
② 孙慰祖：《古封泥集成》，第335页。另王献唐已提到临淄封泥中之"畫乡"与齐之畫邑、汉之澅清侯国有关。见《临淄封泥文字》，第326—327页。
③ 《水经注疏》卷二六，第2245页。
④ 参见本编第五章考述。
⑤ 诸祖耿：《战国策集注汇考》，南京：江苏古籍出版社，1985年，第1009页。
⑥ 顾祖禹：《读史方舆纪要》卷一六，第698页。
⑦ 钱穆：《史记地名考》，第1237页。
⑧ 笔者怀疑《汉表》幾侯下注"河东"为前一格"瓡讘侯"下注"河东"之衍抄。《汉表》在流传过程中，下注郡名错格、脱漏、衍抄的现象十分普遍。如《王子侯表》安平侯下注"巨鹿"，而安平侯国《汉志》属豫章郡。此安平侯下注之"巨鹿"乃为前一格"桃侯"下注"巨鹿"之衍抄。
⑨ 战国齐兵器铭文有"呈宛"（《集成》10983、11836），或与涅阳侯国有关。

本为齐郡地；①而幾侯国则地处战国时代的赵、魏、齐三国交界地带。② 因此，五侯国在地域分布上，皆属于齐地的范畴，朝鲜归义侯国存在着分布于"齐地"的地域特征。

三、归义侯国地理分布特征形成之原因

在对匈奴、南粤、东越、朝鲜归义侯国地理方位进行梳理后，我们发现异族归义侯国分布具有明显的地域特征，同一族类的归义侯国存在着集中分布于某一特定区域的现象。这一现象的产生显然不是巧合，其背后应当存在深层次的原因。

分析东越人口流动的情况，也许会给我们一些启示。元封元年，汉灭闽越国，武帝鉴于闽越国地偏远险阻，越人彪悍骁勇，难于治理，故采取徙民虚地的方针。《史记·东越列传》曰："天子曰东越狭多阻，闽越悍，数反覆，诏军吏皆将其民徙处江淮间。"《汉书·武帝纪》载："（元封元年）诏曰：'东越险阻反复，为后世患，迁其民于江、淮间。'遂虚其地。"迁出的东越人被武帝安置在江淮流域。其实，徙越人于江淮乃是西汉政府的一贯政策。建元三年，闽越围攻东瓯，东瓯无力抵抗，举国内附。《东越列传》记载："东瓯请举国徙中国，乃悉举众来，处江淮之间。"《史记·汉兴以来将相名臣年表》建元三年："东瓯王光武侯望率其众四万来降，处庐江郡。"由于西汉以来，不断有越人被安置在江淮流域，这对当地的风俗也产生了影响。《史记·货殖列传》载："合肥受南北潮，皮革、鲍、木输会也。与闽中、于越杂俗。"合肥地处九江郡，九江郡的风俗与闽越、于越相近，显然与徙居当地的大量越人移民有关。

江淮流域为内徙越人的主要安置区，而东越归义侯国也主要分布在江淮流域，这两者之间的关联十分明显。汉廷在分封东越归降首领时，显然存在着置封国于越人聚居区的考虑。汉廷将越人首领分封在本民族内徙安置区，既是对归降首领的优容，同时也可以借助他们的影响来控制内徙

---

① 见本编第二章附考二。
② 谭其骧：《中国历史地图集》第一册，第39—40页。

的越人。或许北石、开陵、东城、无锡四侯国境内就分布有大量越人移民，汉廷所封置的归义侯国在某种程度上也具有保留越人部族形态的作用。

东越归义侯国集中分布于越人内徙安置区的现象不禁让我们联想，匈奴、南粤、朝鲜归义侯国集中分布于某一区域的现象也与民族内徙有关。笔者认为，这样的关联性是存在的。让我们再来看看南粤的情况。史籍中虽然没有南粤灭国后汉廷徙民的记载，但是近几十年来的考古发掘表明，湖南地区部分西汉晚期墓葬存在许多南粤国文化因素。[①] 刘瑞结合西汉晚期"岭南经济文化发展迟缓"的现象，指出武帝灭南粤国后采取了打压南粤地方势力的移民虚地政策。在消灭异民族政权后，中原王朝往往采取徙民的形式来削弱地方势力，因此刘先生的上述意见无疑是正确的。在消灭南粤国后，武帝把大批南粤国人迁出南粤故地，安置于内地，南阳地区也接纳了部分移民。《通典·州郡七》记载：

> 襄阳郡襄州襄阳县。汉中庐县也。盖貉越人徙于此，在襄水之阳。[②]

如果说《通典》的记载还比较隐晦的话，那么《太平寰宇记》则明确提到了襄阳县与南粤移民之间的关联：

> 襄州襄阳县。本汉旧县，属南郡。应劭曰"在襄水之阳"，县因名焉。《州郡志》云："襄阳，本汉中庐县地，汉初徙骆越之人居之。"[③]

根据《太平寰宇记》的记载，西汉襄阳县本为中庐县地，因汉廷在中庐县安置骆越移民而从中庐县析置。骆越，本居住于岭南，是南粤国的主要构成民族之一。《史记·南粤列传》载文帝初年："（赵）佗因此以兵威边，

[①] 详见刘瑞：《秦汉华南社会进程研究——从考古视角出发》（复旦大学历史系博士论文，2009年）第四章第七节第4部分《战后南海郡出现大规模的移民外迁》所引宋少华、柴焕波两位先生对长沙西汉墓、里耶西汉墓以及湖南省博物馆关于资兴西汉墓文化特征的叙述。
[②] 杜佑：《通典》卷一七七，北京：中华书局，1988年，第4676页。
[③] 《太平寰宇记》卷一四五，第2814页。

财物赂遗闽越、西瓯、骆,役属焉,东西万余里。"骆越归降汉廷发生在南粤国平定以后,《汉书·南粤传》载"粤桂林监居翁谕告瓯骆四十余万口降,为湘城侯",《汉书·景武昭宣元功臣表》湘成侯居翁条"以南越桂林监闻汉兵破番禺,谕瓯骆民四十余万降,侯,八百三十户"。从《通典》和《太平寰宇记》的记载来看,当数十万骆越人降汉后,汉廷并没有将骆越人就地遣散,而是将许多骆越人内徙至中庐县安置。有关骆越移民内徙中庐县之事,《后汉书》也留有一些线索。该书《臧宫传》载:"(建武)十一年,(臧宫)将兵至中庐,屯骆越。"章怀太子注曰:"中庐,县名,属南郡,故城在今襄州襄阳南。盖骆越人徙于此,因以为名。"《臧宫传》的记载表明,两汉之际中庐县境内仍然有骆越人的部落组织存在,可见《通典》和《太平寰宇记》有关骆越内徙中庐县的记载是可信的。①

襄阳县、中庐县虽然为南郡辖县,但两县地处南郡北部,与南阳郡仅一水之隔(参看图 3-1),数十万的骆越人内徙,不可能只安置在中庐一县,而应当散布于中庐县周围。可以想见,武帝元鼎、元封之际,南郡、南阳郡交界地带的沔水流域一定安置有大量的骆越人,而涉都、临蔡两侯国就分布在襄阳县周边。因此笔者认为,南粤国灭亡后,汉廷把相当数量的骆越人、南粤人迁徙至南阳郡、南郡安置,南粤归义侯国密集分布于南阳郡的现象与大量南粤降民徙置南阳郡存在关联。

新近发现的松柏汉墓 53 号木牍记录有武帝早期某年的南郡各县人口数字。② 其中对江陵县的人口统计中有"其千五百四十七人外越"一项。彭浩先生已经指出,这里的"外越"即"外粤",与南粤国有关。53 号木牍的记载表明,武帝早期即有南粤降众被安置在南郡,松柏汉墓出土木牍中,还有一份《归义簿》,其内容尚未公布。③ 笔者结合 35 号木牍所载《免老

---

① 如果襄阳县是因为内徙骆越人才得以设置的话,则襄阳县的设置应在元鼎六年南粤国灭亡以后。在张家山汉简《秩律》和松柏汉墓 35 号木牍中,皆不见襄阳之名,说明直到武帝早期南郡仍无襄阳县的建制,则襄阳县始置于武帝晚期的可能性甚大。
② 朱江松:《罕见的松柏汉代木牍》,荆州博物馆:《荆州重要考古发现》,第 210—211 页。53 号木牍释文见彭浩:《读松柏出土的西汉木牍(三)》,简帛网(http://www.bsm.org),2009 年 4 月 7 日。
③ 荆州博物馆:《湖北荆州纪南松柏汉墓发掘简报》,《文物》2008 年第 4 期。

簿》、《新傅簿》、《罷癃簿》文书形制推测,此《归义簿》记载的应是南郡各县接收南粤降众的人口统计数字。彭浩先生称"移民中的'外越'单独统计,似乎反映他们仍然维持原来的社会组织结构,由君长管理,并不与汉族居民比伍、同里"。笔者认为彭先生的看法很值得注意。

接下来再看看朝鲜归义侯国的情况。朝鲜归义侯国主要分布在齐地,而秦汉时期朝鲜半岛与中原地区的物资、人员、文化交流主要依靠的是山东半岛、朝鲜半岛之间的海路交通。如卫满统治朝鲜时,其境内的汉人为"故燕、齐亡在者"。文帝三年,齐地不其人王仲为避济北王刘兴居反叛,"乃浮海东奔乐浪山中,因而家焉"。① 元封三年,武帝兴兵攻打朝鲜,其主力部队为"从齐浮渤海"的楼船将军杨仆部众。② 朝鲜国灭亡后,汉廷在迁徙朝鲜国人时,将他们安置在齐地的可能性甚大。这样一来,朝鲜归义侯国多封置于齐地的原因也就不难理解了。

景帝置匈奴归义侯国于涿郡,武帝元朔年间置匈奴归义侯国于南阳郡也应当作同样的理解。匈奴首领降汉,不会只是个人流亡,而是举部归降。如《史记·孝景本纪》记中三年匈奴首领归降之事为"匈奴王二人率其徒来降,皆封为列侯"。对于这些匈奴部众,汉廷自然会就近安置于汉郡。《史记·匈奴列传》记载匈奴全盛时,其国分为三部"诸左方王将居东方,直上谷以往者,东接秽貉、朝鲜;右方王将居西方,直上郡以西,接月氏、氐、羌;而单于之庭直代、云中:各有分地,逐水草移徙"。由此来看,景帝中元年间投降汉廷的匈奴诸王,很有可能为左方诸王,而景帝中五年所封亚谷侯为匈奴东胡王,此人可明确为左方王。中三年、五年,匈奴左方诸王率部降汉,汉廷将其集中安置在与匈奴左部属地相近的涿郡,故此年所封匈奴归义侯亦置封国于涿郡。

元朔二年至元朔四年,大将军卫青连年出云中、上郡、陇西,大破匈奴。此期间汉廷所封匈奴降王应属右方诸王。从元朔年间所封置匈奴归义侯国集中于南阳郡来看,这些匈奴部众应被汉廷安置于该郡。但南阳远离匈奴右部属地,汉廷为何不把匈奴降众就近安置于陇西、上郡。其

---

① 《后汉书》卷七六《循吏列传》,第 2464 页。
② 《史记》卷一一五《朝鲜列传》,第 2987 页。

实,这一现象不难理解。陇西、上郡与内史相近,把匈奴右部徙置于南阳郡有利于保障京畿的安全,也更符合"关西不置侯国"的政策。

不过,元狩二年以后匈奴归义侯国的地域分布特征逐渐消失,这一现象又当作何理解?葛剑雄师曾经提到,汉廷对归降匈奴人的安置方式在元狩二年出现转变。

> 元狩二年秋,昆邪王率四万余众降汉,至此,原有的安置办法已完全不适应了。于是,"乃分处降者于五边郡故塞外,而皆在河南,因其故俗为属国"。这就是五属国的设置。①

元狩二年,由于归降匈奴数量的激增,汉廷难以把众多匈奴降人迁徙至关东安置,于是改变策略,让归附的匈奴部众继续生活在塞外故地,保留原有的部族形态,由汉边塞军队和朝廷派驻的属国都尉实施监护。在异族归义侯国置于本民族内徙安置区的前提下,匈奴内徙安置政策的中止,自然使原有的归义侯国封置方法无法实行。因此,元狩二年以后匈奴归义侯国集中分布之特征逐渐消失。新封的匈奴归义侯国散布于河东、平原、颍川、济南、勃海、琅邪、南阳、汝南诸郡,其封国地域分布与功臣侯国地域分布基本相同。同样,元狩二年以后封置的匈奴归义侯国已不具有管理匈奴降众的功能,其性质与功臣侯国并无差别。

结　语

在本章,笔者对西汉所封匈奴、南粤、东越、朝鲜归义侯国地理分布进行了全面清理,由此发现各族归义侯国存在着集中分布于某一特定区域的现象。经过进一步的考察,这些异族归义侯国集中分布的区域往往是该民族的内徙安置区,西汉异族归义侯国地理分布存在着与本民族内徙安置区相重合的地域特征。

---

① 葛剑雄:《中国移民史(第二卷)》,福州:福建人民出版社,1997年,第191页。

异族归义侯国地处本民族内徙安置区的特征表明，汉廷分封异族归降首领不仅是让他们享受衣食租税的经济特权，还有利用他们管理内徙部民的考虑。显然异族在迁入内地后，仍会保留自身原有的部落组织，这样汉廷才能够利用各族首领对内徙民族实施管理。由此可以想见，各归义侯国内部一定存在着相当数量的内徙异族，归义侯国在某种程度上还起到管理内徙异族的行政效用。汉廷通过对原有封侯制度的利用和改造，把侯国制度与内徙民族安置政策结合起来，从而体现了汉廷"从俗而治"的民族方针。

西汉时代，朝廷对少数民族实施特殊的地方行政管理制度，归结起来有"道制"、"初郡制度"、"属国都尉制度"。① 对于以上三种地方行政制度之间的差别，学界尚无明确的界定，笔者倾向于三种制度乃是针对不同性质少数民族聚居区域而采取的不同管理方式。对于原本就定居在汉帝国版图内的少数民族，汉廷采取道制进行管理；对于汉帝国开疆拓土而新征服的少数民族，汉廷通过设置初郡进行管理；对于迁徙到汉帝国边疆地区的少数民族，汉廷采取"属国都尉制度"进行管理。而现在看来，对于内徙安置的少数民族，汉廷也有一套管理制度。这一制度的特征是保留各民族的部落建制，利用原部落首领对内徙族人进行管理。同时，汉廷还封赐异族首领不同等级的爵位，从而把对异族首领的管理纳入原有的爵位管理体系。② 由于列侯是有实土封国的爵位，这就使异族归义侯国具备了一种管理内徙民族的行政功能。就此而言，归义侯国的设置与西汉的"道制"、"初郡制度"、"属国都尉制度"可以视为西汉政府为管理少数民族而实行的特殊地方行政制度。在日后的政治制度研究中，有关西汉归义侯国制度的许多问题，还有深入探研的必要。

---

① 周振鹤先生曾提到秦汉时代少数民族地区的特殊行政制度有道和初郡两种（见周振鹤：《中国地方行政制度史》，第364—365页）。笔者以为，属国都尉也是汉代一种重要的少数民族地区特殊地方行政制度。另外，需要强调的是，"属国都尉制度"与"属国制度"存在差别。秦汉，中央官制设有典属国，"掌蛮夷降者"（见《汉书·百官公卿表》）。典属国是中央主管异族归降者的机构，并非地方行政制度，而武帝元狩二年设置的属国都尉才是管理各地归降少数民族的地方行政组织。
② 《史记·南越列传》、《汉书·武帝纪》载元鼎六年汉廷发兵灭南粤，有"故归义越侯二人"、"驰义侯遗"，这些归义侯不见于《汉表》，应当是与关内侯同级别的爵位。

第四章　文帝"迁淮南国三侯邑"史事考辨

汉初,文帝曾把分布在淮南国境内的三个侯国迁出,重新安置于汉郡。对此事件,历代学者并未深究。20世纪初,钱穆先生率先提出,文帝即位后不欲使"侯国错在王国",于是将王国境内的侯国悉数迁出。文帝迁淮南国境内之侯邑,便与该举措有关。钱穆先生的看法随即为学界接受,严耕望、王恢均表示赞同。而李开元的《西汉轪国所在与文帝的侯国迁移策》则可以看作是对钱穆先生上述观点的全面阐释。

笔者在前文已经论证过,文帝时代并不存在通行于全国的"侯国迁移策","易侯邑"仅是针对淮南国的政策。① 那么,文帝"迁侯国出淮南国"举措的真实用意又是什么?2005年,陈苏镇先生发表《汉文帝"易侯邑"及"令列侯之国"考辨》,②对文帝"易侯邑"之事作以深入解析。陈先生把"易侯邑"与当时的"令列侯之国"制度联系起来,指出文帝迁淮南国境内侯国,其用意在于利用"令列侯之国"的制度将淮南王舅父赵兼调离淮南国,从而达到削弱淮南王宗族势力的目的。陈先生视角独到,揭示出文帝"易侯邑"举措的内在动机,将这一问题的研究推向深入。对于这些看法,笔者非常赞同。不过,陈先生在具体论证中,还存在一些疏漏,影响到对相关史事的疏解。在本章,笔者将分别就"文帝所迁三侯国名目"以及"易侯邑"与"令列侯之国"制度之间的联动关系作以补释,以阐明文帝利用侯国

---

① 参见本编第一章第一节考述。
② 陈苏镇:《汉文帝"易侯邑"及"令列侯之国"考辨》,《历史研究》2005年第5期。以下笔者所引述陈苏镇先生观点,俱出自该文,不再一一注明。

政策瓦解淮南王宗族势力的运作过程。

一、文帝迁淮南国三侯邑名目考

据史书记载,文帝从淮南国境内迁出了三个侯国,但却没有记录三侯国的名目。李开元《西汉轵国所在与文帝的侯国迁移策》曾利用《史表》、《汉表》来考订迁徙侯国的名目。李先生指出,文帝从淮南国迁出了轵、松兹、阴陵、安平、蓼五个侯国。

李先生所考订侯国数目有五个,显然与史籍"迁三侯国"的记载不符,故陈苏镇先生在《汉文帝"易侯邑"及"令列侯之国"考辨》对李开元先生所列五侯国一一进行考辨,进而指出阴陵、安平两侯国不在淮南国境内,不应列入迁徙侯国名目,"被文帝从淮南国迁出的三个侯国应是蓼、松兹和轵"。

周振鹤先生对文帝所迁三侯国名目的认识与陈苏镇先生有所不同。周先生认为这三侯国中有蓼和期思,另外一个也许是汤沐邑。①

由此可以看到,有关文帝所迁三侯国名目,各家的看法还不统一。因此,分析"易侯邑"史事,首先需搞清楚文帝初年淮南国境内三侯国的名目。

下面笔者分别就陈苏镇、周振鹤两位先生提到的蓼、期思、轵、松兹四侯国一一进行分析:

1. 蓼侯国(23)

高帝六年,刘邦封功臣孔聚为蓼侯。《汉志》六安国有蓼县,历代学者均以为此蓼县即孔聚封国所在。六安国汉初为淮南国地,故李开元、陈苏镇、周振鹤三位先生均将蓼侯国列入三侯邑名目。不过,笔者此前曾经论证过,高帝时代存在异姓诸侯王国境内不置侯国的限制。② 高帝

---

① 周振鹤:《〈二年律令·秩律〉的历史地理意义》(修订),中国社会科学院简帛研究中心:《张家山汉简〈二年律令〉研究文集》,桂林:广西师范大学出版社,2007年,第353—361页。笔者按,周先生对文帝所迁淮南国三侯邑的表述为修订《〈二年律令·秩律〉的历史地理意义》一文时添加,不见于《学术月刊》2003年的初刊文稿。
② 见中编第二章第三节考述。

六年淮南国为英布封地,故刘邦不可能把孔聚分封在淮南国境内。历代学者对孔聚封国方位判断有误,孔聚封国应为《汉志》千乘郡之蓼城,初封之时地处临淄郡。蓼城之"城"乃通名,故"蓼城"与"蓼"相同。又《孔子家语》载孔聚为孔子后裔,临淄郡与鲁地相近,而孔聚又为齐王韩信旧部,因此定蓼城为蓼侯国所在合乎情理。蓼侯国当从淮南国三侯邑名目中剔除。

1999年发掘的山东章丘市洛庄汉墓5号陪葬坑出土有12件刻有"蓼城鼎"铭文的铜鼎。① 就汉代铜器铭文辞例来看,这里的"蓼城"应为侯邑或汤沐邑。宁荫棠指出,铜鼎铭文"蓼城"即蓼侯孔聚,②如宁先生所言不误,则可为笔者上述推断增添有力佐证。

2. 期思侯国(131)

高帝十二年,刘邦分封贲赫为期思侯。期思,《汉志》属汝南郡,但查期思县地望,位于淮河以南的今河南省淮滨县境内。据周振鹤先生考证,《汉志》汝南郡淮河以南之期思、弋阳两县,本为淮南国地,元朔五年因淮南王刘安获罪而削入汝南郡。③ 据此,文帝初年淮南国境内当有期思侯国,故周振鹤先生将其列入三侯邑名目。笔者同意周先生的意见。贲赫本为淮南国中大夫,因告发英布而封侯,刘邦择其封邑于淮南国,符合"故国本籍受封"原则。文帝所迁淮南国三侯当包括期思侯国。

3. 轪侯国(145)

惠帝二年,汉廷封长沙国相利苍为轪侯。《汉志》江夏郡有轪县,自注云:"故弦子国。"由弦子国地望可推知,《汉志》所载轪县在今河南光山县境。而《水经·江水注》则称:"(江水)又东径轪县故城南。……汉惠帝元年封长沙相利仓为侯国,城在山之阳,南对五洲也。……湖水又南流径轪县东而南流注于江,是曰希水口者也。"④根据《水经注》的记载,轪县在希

---

① 宁荫棠:《洛庄汉墓墓主考辨》,载《汉代考古与汉文化国际学术研讨会论文集》,济南:齐鲁书社,2006年。
② 洛庄汉墓陪葬坑整理者也有类似的看法,故释"蓼城"为蓼城国,见济南市考古研究所等:《山东章丘市洛庄汉墓陪葬坑的清理》,《考古》2004年第8期。
③ 周振鹤:《西汉政区地理》,第51页。
④ 《水经注疏》卷三五,第2918—2920页。

水与长江交汇之处,为今湖北浠水县境。本来《汉志》对于轪县方位的记载比较明确,但由于《水经注》明言希水口的轪县是利仓受封之国,这就为后世判断轪县所在带来了麻烦。明清以来的地理志大多采取两说并存的处理方法。如《读史方舆纪要》和《大清一统志》把轪县故城分别记于河南光山县和湖北蕲水县下。王先谦在《汉书补注》中也难断是非,只得在轪侯条下注称:"轪,见《志》,亦见《江水注》。"①

1972 年长沙马王堆汉墓的发掘,使墓主轪侯的封国所在引起学界的关注。当年 7 月出版的《长沙马王堆一号汉墓发掘简报》依据《水经注》定轪侯国在湖北浠水县。同年 9 月,《文物》月刊发表了马雍先生和黄盛璋先生有关马王堆汉墓的两篇论文,②两位先生都认为轪侯国应位于河南光山县,湖北浠水县之轪县实乃东晋时代的侨县。此后,两位先生的看法逐渐为学界接受,1973 年正式发表的《马王堆一号汉墓》发掘报告即采纳了这一观点。

经过学者们的考辨,虽然明确轪侯国地处河南光山县境,但此地与淮南国故地甚为接近。而据王国维和周振鹤先生的考证,江夏郡为元狩二年武帝析南郡东部数县与衡山郡西部数县合置。③ 因此在江夏郡设置之前,轪侯国有可能属南郡,也有可能属衡山郡。文帝初年,淮南王刘长辖有衡山郡,如果轪侯国地处衡山郡,必为文帝所迁淮南国三侯邑之一。

陈苏镇即认为轪侯国在文帝初年位于淮南国境内,其依据是《二年律令·秩律》不载有"轪",且《秩律》所展现的江淮地区的郡国分界在阳安、朗陵、比阳、平氏、胡(湖)阳、春陵、随、西陵、沙羡、州陵一线,④轪侯国地处此线以东,故文帝时代轪侯国地处淮南国。笔者认为陈先生的判断较为

---

① 王先谦:《汉书补注》,第 257 页。
② 马雍:《轪侯和长沙国丞相》;黄盛璋、钮仲勋:《有关马王堆汉墓的历史地理问题》,两文同载《文物》1972 年第 9 期。
③ 王国维:《汉郡考上》,收入《观堂集林》卷一二;周振鹤:《西汉政区地理》,第 53 页。
④ 见陈苏镇:《汉初王国制度考述》,《中国史研究》2004 年第 3 期。笔者按,《秩律》中的春陵,简文作南陵,整理者疑为"春陵"之误,陈先生采纳了这一观点。其实南阳郡的春陵是汉元帝时期从零陵郡迁置而来,参见本编第二章附考,周振鹤先生亦有辩证(见《〈二年律令·秩律〉的历史地理意义》)。

武断,因为高后初期汉中央直辖区域内的侯国绝大多数不见于《秩律》,①而从轪侯国的地理方位来看,正位于汉初郡国交界地带,故不能轻易排除轪侯国地处南郡的可能。

新近公布的松柏汉墓35号木牍使得汉初轪侯国归属问题真相大白。35号木牍记录了南郡免老簿、新傅簿、罢癃簿三份文书,②三份文书载录有武帝早期南郡管辖的县、道、侯国名目。从这些县邑名目来看,三份文书记录的是江夏郡设置之前的南郡建制,③而这之中恰好有轪侯国之名,说明西汉初年轪侯国地处南郡,而不在淮南国境内。轪侯国并非文帝所迁淮南国三侯邑之一。

4. 松兹侯国(166)

高后四年,汉廷分封徐厉为松兹侯。④ 松兹,《汉志》属庐江郡,以往认为其地望在今安徽省宿松县东北。⑤ 此说其实不可信,今宿松境内的松兹县为东晋设置的侨县。汉至西晋的松兹县位于河南省商城县境。⑥ 松兹侯国吕后时期应在淮南国内史,为文帝所迁淮南国三侯邑之一。

经过考辨,蓼、期思、轪、松兹四侯国中,只有期思、松兹两侯国位于淮南国境内,文帝所迁淮南国三侯邑名目由此可得其二。至于另外一个侯国,还需要做进一步考察。

细检史籍,笔者以为文帝所迁侯邑还应当包括淮南王舅父赵兼的封国。文帝元年,汉廷分封赵兼为周阳侯(183)。周阳,《汉志》无,⑦其地望似乎无从考证。而钱大昕却找到破解周阳侯国方位的线索:

---

① 参见拙作《张家山二四七号汉墓〈二年律令·秩律〉抄写年代研究》,《江汉考古》2013年第2期。
② 荆州博物馆:《湖北荆州纪南松柏汉墓发掘简报》,《文物》2008年第4期。
③ 参见拙作《荆州松柏汉墓35号木牍侯国问题初探》,《中国史研究》2011年第2期。
④ 《汉表》、《史记·孝文本纪》、《史记·将相表》、《史记·绛侯世家》皆误作"祝兹侯",考辨见梁玉绳:《史记志疑》卷七,第262页。
⑤ 谭其骧主编:《中国历史地图集》第二册,第24—25页。
⑥ 笔者拟另撰文详细考述。
⑦ 《史表》周阳侯条《索隐》曰:"县名,属上郡。"查《汉志》上郡有阳周,而无周阳。又西汉关西不置侯国,司马贞之说不足据。

予谓驷钧以齐王舅父得侯,即裂齐地而封之;赵兼以淮南舅父得侯,其封邑亦当在淮南境内。且兼得罪失侯未几,即以淮南王子赐为周阳侯,同时侯者,阜陵、东城皆淮南故地,则此周阳亦宜在淮楚之间,不特非上郡之阳周,恐亦非河东之周阳矣。①

钱氏所论极为精到,从与赵兼同日受封的齐王舅父驷钧置封国于齐地,②以及淮南王子刘赐受封为周阳侯(200)来看,③赵兼之周阳侯国即刘赐受封之周阳,地处淮南国无疑。文帝所迁三侯国名目应当补上周阳侯国。

综上所述,文帝从淮南国境内迁出的三个侯国应当是:期思、松兹和周阳。

二、文帝"易侯邑"与"令列侯之国"制度

陈苏镇先生在《汉文帝"易侯邑"及"令列侯之国"考辨》中首次提出,文帝"易侯邑"与同时推行的"令列侯之国"制度存在关联,"这两项措施同时发挥作用才能解决某个问题"。这是该文在文帝"易侯邑"史事研究上的一个创见。

根据陈先生的考证,文帝在分封赵兼时,有意将其封国置于河东郡。当"令列侯之国"的诏书下达后,赵兼就不得不离开淮南国,落入汉廷的控制。可是,如果史事的进程真是这样,文帝置赵兼封国于汉郡就已经达到了预设目的,他为何还要"易淮南国三侯邑"呢?

对此,陈先生的解释是:按照汉朝惯例,诸侯王外戚的封国要封置在本王国境内,为了改变这一制度,文帝首先将淮南国境内的侯国全部迁出,从而把淮南国改造成无侯国分布的地区。于是当文帝分封赵兼时,就可以名正言顺地把他封到河东郡了。用陈先生的话说:"唯其(行事)迂回曲折,更可见文帝当时用心之良苦。"

---

① 钱大昕:《廿二史考异》卷一,第26页。
② 见附表清郭侯国(182)条备注。
③ 见本编第二章第二节考述。

虽然陈先生努力揭示了"易侯邑"与"令列侯之国"之间隐晦曲折的联系，但这样的解释还是存在一些疑问。首先，赵兼封侯在元年四月，如"易侯邑"在此之前，则文帝刚刚即位便开始谋划此事。而从史书的记载来看，文帝即位伊始忙于掌控长安权力，在中枢安插代国旧臣，并对功臣、宗室进行封赏和拉拢，以巩固刚刚到手的帝位。在此局势未稳之时，文帝何以想到要设计一系列复杂的政策去干涉淮南国内政？其次，薄昭在给淮南王刘长的信中提到："皇帝初即位，易侯邑在淮南者，大王不肯。皇帝卒易之。使大王得三县之实，甚厚。"①如果"易侯邑"发生在赵兼受封之前，且更易的侯国与淮南王无关，那无论怎样看，"易侯邑"都是一件令淮南王受益的好事，可淮南王却"不肯"。莫非文帝"迂回曲折"之计谋甫一实施就被淮南王识破。而在计谋败露的情况下，文帝接下来的一系列举动何异于"掩耳盗铃"？

以上种种疑点的产生，表明陈先生对相关史事的疏解还存在缺漏，从而使得论证环节难以衔接。而造成陈先生理解出现偏差的原因，主要在于他对文帝所迁三侯国名目存在误解。在明确文帝所迁三侯国为期思、松兹和周阳之后，我们便可以对"易侯邑"事件作出更为合理的解释。

文帝所迁三侯国包括周阳侯国，说明赵兼的封邑乃是文帝"易侯邑"的主要目标，此事必发生在元年四月赵兼受封之后。薄昭致淮南王书提到"易侯邑"后，接续言及刘长"杀列侯以自为名"。所谓"杀列侯以自为名"，是指文帝三年四月刘长借入朝之机椎杀辟阳侯审食其之事，故"易侯邑"当发生在三年四月之前。二年十月，文帝颁布"令列侯之国"诏，那么"易侯邑"究竟实施于"令列侯之国"诏颁布之前，还是颁布之后？

笔者认为，"易侯邑"实施于元年四月至九月的可能性很小。因为文帝不会在赵兼受封后，马上对封邑进行调整，而且这时的文帝正忙于稳定长安局势，不大可能抽出精力来干预淮南国内政，故"易侯邑"应当实施于文帝二年，即"令列侯之国"诏颁布之后。了解到"易侯邑"发生在"令列侯之国"诏颁布之后，而且文帝所易侯邑包括周阳侯国，则文帝利用"易侯

---

① 《汉书》卷四四《淮南衡山济北王传》，第2137页。

邑"和"令列侯之国"两项措施来瓦解淮南王宗族势力的运作过程就十分清晰了。

元年四月,刚刚即位的文帝为笼络淮南王刘长,分封刘长舅父赵兼为列侯,按照诸侯王外戚封侯置封邑于本王国境内的惯例,文帝以淮南国境内的周阳县为赵兼封邑。二年十月,已经控制长安局势的文帝,颁布"令列侯之国"诏,其目的是遣散聚居于长安的高帝功臣,达到削弱长安功臣集团势力的目的。

当长安功臣集团的威胁解除后,文帝开始考虑王国问题。这时齐哀王刘襄、楚元王刘交已相继病逝,对文帝的威胁就只剩下淮南王刘长了。大约在同时,淮南王刘长不服从汉廷管束的倾向越来越明显。薄昭致淮南王书曰:"汉法,二千石缺,辄言汉补,大王逐汉所置,而请自置相、二千石。皇帝骫天下正法而许大王,甚厚。"此前,高帝所置淮南相张苍已于高后八年调任汉廷御史大夫,故刘长所逐丞相必为文帝派置。文帝二年,淮南王刘长刚满二十岁,①他驱逐汉廷派置的丞相、二千石官员或与居国辅政的赵兼有关。早在高后八年群臣商议帝位人选时,淮南王便以"母家又恶"而被排除在外,可见赵兼名声不佳。② 文帝要想约束淮南王,把赵兼从他身边调离无疑是行之有效的办法。

于是,就在汉廷严格执行"令列侯之国"诏的同时,文帝提出将淮南国境内的三个侯国迁出,重新安置于汉郡。此举表面看来,似乎是文帝优遇淮南王,令淮南王"得三县之实",但真正的目的是将赵兼的封国从淮南国迁出。这样一来,遵照"列侯之国"制度,赵兼就必须离开淮南国,前往汉郡内的新封国居住。对此,淮南王当然心知肚明,所以才"不肯",而文帝只能以强行更易侯国的方式达到把赵兼从淮南王身边调离的意图。

这里附带讨论一下文帝实施"令列侯之国"政策的用意。文帝于二年十月、三年十一月先后两次下达"令列侯之国"的诏书,文帝即位后为何要坚持列侯就国。廖伯源先生分析道:

---

① 刘长生于高帝九年(前198年),至文帝二年(前178年)刚满二十岁。
② 《史记》卷九《吕太后本纪》,第411页。

> 功臣列侯群居京师,同功一体,成帮结党,官高爵显,干预政治,自高帝以来,施政常顾及反应。文帝由诸侯王为所立,对功臣列侯集团之力量感受更深。欲分散此列侯之集团力量,唯有使之离开京师,各归其国。①

马雍先生的看法与廖先生基本相同。② 李开元先生则进一步指出,文帝此举是为了解除以列侯为代表的"军功收益阶层"对皇权的威胁,以避免军事政变的重演。文帝"令列侯就国"是为了削弱功臣集团势力,这一看法已基本为学界接受。

而陈苏镇先生在发现"易侯邑"与"令列侯之国"存在关联后,对传统看法产生怀疑,提出"将居住长安的列侯遣回关东各地,反不利于对他们的控制","诸侯王之子弟和外戚所受的影响比功臣侯更大,因而王国势力很可能是文帝此举之不便明言的主要打击目标"。陈先生认为文帝制定"令列侯之国"政策是为了打击诸侯王子弟和外戚,笔者认为陈先生的这一看法很难成立。

文帝即位之初,共有列侯约160余人,其中诸侯王外戚只有两人。③文帝为了把两个诸侯王外戚调离本王国,竟制定了一项涉及百余位列侯的政策,让160余位列侯因2个列侯而不得不离开长安,这样的施政方式未免不合情理。而且陈先生还特别强调,把列侯集中在长安才有利于对其控制,而文帝为了两个诸侯王外戚,使大多数的列侯游离于朝廷控制之外,实在是得不偿失。

从文帝初年列侯集团的构成来看,95%以上是功臣侯,文帝让所有的列侯就国,显然是针对功臣列侯集团制定的措施。因此,廖伯源、马雍、李开元三位先生的看法较之陈苏镇先生的看法更为合理,不应轻易否定。

---

① 廖伯源:《试论西汉时期列侯与政治之关系》,载《新亚学报》第十四卷,香港:香港新亚图书馆,1984年,第139页。
② 马雍:《轪侯和长沙国丞相》,《文物》1972年第9期。
③ 另有两个长沙王子,封国皆在长沙国境内,"列侯之国"制度对长沙国内政起不到什么影响。

结　语

最后,笔者将本章的主要结论概述如下:

文帝即位之初,从淮南国境内迁出的三个侯国是:期思、松兹和周阳。此前各位学者对文帝所迁三侯国名目的考证结果皆有偏差,应当予以修正。

"易侯邑"乃是文帝直接针对淮南王舅父赵兼的策略。文帝即位以后,制定"列侯之国"制度,并严格执行。在这一背景下,文帝把赵兼的封国从淮南国迁出,就意味着赵兼必须离开淮南国。失去了赵兼的辅佐,年轻的淮南王刘长在政治上很难有所作为,所以淮南王才会不肯"易侯邑",而文帝则要"强易之"。

文帝最初制定"列侯之国"制度是为了打击盘踞于京城的功臣集团势力,而此后文帝通过"易侯邑",使得赵兼也受到"列侯之国"制度的波及。文帝通过对"列侯之国"制度的巧妙运用,收到了瓦解淮南王宗族势力的成效。虽然"易侯邑"与"令列侯之国"存在紧密关联,但打击王国势力并非文帝制定"列侯之国"制度的初衷,两者不可本末倒置。

第五章　武帝"广关"与河东地区侯国迁徙

武帝元鼎三年的"广关"政策，是汉王朝进行政治地域格局调整的重要举措。《史记·平准书》、《汉书·食货志》将"益广关"与"置左右辅"相提并论，足见此事影响深远。但有关此次"广关"的内涵，向来不甚明了，前人多以为"益广关"所指即《武帝纪》"(元鼎)三年冬，徙函谷关于新安"之事。① 20世纪80年代，邢义田先生对汉代"关西"、"关东"概念进行阐释，始触及问题的关键。② 邢先生指出，元鼎年间的"广关"乃是将关西、关东的分界由原来的秦晋间黄河南流河道推展至太行山一线。此后，日本学者大栉敦弘对西汉畿辅制度进行一系列研究，提出武帝"广关"的用意是要拓展京畿范围。③ 近来，辛德勇先生从地域控制策略的角度对汉武帝"广关"政策进行论述，其对"广关"拓展地域范围的见解与邢义田、大栉敦弘基本相同。④

---

① 《史记·平准书》"益广关，置左右辅"，《集解》引徐广曰："元鼎三年，丁卯岁，徙函谷关于新安东界。""益广关"即迁徙函谷关的说法一直为后人所沿袭。清末学者王荣商察觉到太行山在"广关"中地位特殊，但未作详细论证(《汉书补注》，第1014页)。有关元鼎年间"广关"政策的主旨，则鲜有学者予以阐发。
② 邢义田：《试释汉代的关东、关西与山东、山西〉补正》，收入氏著《治国安邦》，北京：中华书局，2011年，第205—209页。
③ 参阅大栉敦弘：《前汉"畿辅"制度的展开》，收入《出土文物による中国古代社会の地域的研究》，平成二·三年度科研费报告书(1991)，第87—106页；《汉代三辅制度の形成》，池田温主编：《中国礼法と日本律令制》，东京：东方书店，1992年，第93—116页；《关中·三辅·关西——关所と秦汉统一国家》，《南海史学》第35号(1997年)，第1—20页。
④ 辛德勇：《两汉州制新考》第四节《汉武帝之广关拓边与改行十二州的地理背景》；《汉武帝"广关"与西汉前期地域控制的变迁》，《中国历史地理论丛》2008年第2期。与大栉氏所论略有不同的是，辛先生提出汉代柱蒲关、进桑关的设置也是"广关"的举措之一。

有所区别的是,辛先生强调"广关"拓展的是"关西"范围,其意图在于"增强了朝廷依托关中以控制关东这一基本治国方略的效力"。① 两相比较,笔者以为辛先生的看法更切合实际,武帝"广关"的用意应是将原属关东地区的西河、河东、上党三郡以及代王国一并纳入关西,从而使"关西"地域范围大大拓展。②

关西地域范围的拓展相应引发区域行政建构的调整。元鼎三年,代王徙封清河便与"广关"有关。《汉书·文三王传》载:"元鼎中,汉广关,以常山为阻,徙代王于清河,是为刚王。"拓展后的关西不能容纳诸侯王国,通过徙代王于清河,更置代国为太原郡,汉廷便把代国故地纳入中央直辖。武帝时期,河东地区除代王国外还分布有相当数量的侯国。③ 此次关西的地域拓展,也会把这些侯国纳入关西范围。西汉时代存在"关西无侯国"的地域特征。而"广关"政策的执行,将使关西含纳侯国,这显然与"关西不置侯国"通例相违。那么,在汉武帝推行"广关"政策的同时,是否会对河东地区的侯国进行调整?本章拟对元鼎时期河东地区侯国分布状况予以梳理,通过考察"广关"政策执行前后的侯国变动,期望能对该问题作出解答。

一、元鼎二年河东地区侯国分布

检阅《史记》、《汉书》相关侯表,武帝元鼎二年位于河东地区的侯国可能有十四个,今试考辨如下:

平阳(1) 高帝六年,刘邦封曹参为平阳侯,武帝征和二年曹宗获罪

---

① 秦汉之际,存在狭义和广义的"关中"概念。狭义的关中是指京畿所在的内史地区,广义的关中则泛指"关西"(战国晚期的秦国旧地)。见王子今、刘华祝:《说张家山汉简〈二年律令·津关令〉所见五关》,《中国历史文物》2003 年第 1 期。辛德勇先生在文章中使用的是广义"关中"概念。这一点还需读者留意。
② 笔者之所以倾向于辛先生的看法,主要因为太行山以西的西河、太原、上党三郡在"广关"后并不具备京畿的种种特点,因此将"广关"理解为畿辅区域的拓展是不妥当的。韩国学者崔在容在赞同大栉敦弘"广关"为扩大京畿这一看法的同时,只论证出弘农、河东两郡具有"准京畿"的性质,可见"扩张京畿"的说法自身存在较大缺陷。见《西汉京畿制度的特征》,《历史研究》1996 年第 4 期。
③ 本文为行文方便,将西汉时期地处黄河、太行山之间的河东、上党、西河、太原四郡泛称为河东地区。本文所言之"河东"与秦汉河东郡及唐代河东道之地域范围皆有区别。

国除。平阳，《汉志》属河东郡。另据《汉书·霍光传》"（霍光）父中孺，河东平阳人也，以县吏给事平阳侯家"，可知平阳侯国地处河东郡。

阳阿（69）　《史表》载有阳河侯卞䜣。《汉表》亦作阳河侯。《汉志》上党郡有阳阿县。古书"阿"、"河"两字常可通用。如《汉表》所载河陵侯，《史表》作阿陵侯。① 又《史表》阳河侯条《索隐》曰："县名，属上党。"则司马贞所见《史记》写作"阳阿侯"。《水经·沁水注》："（泽水）东迳阳陵城南，即阳阿县之故城也。汉高帝七年，封卞䜣为侯国。"②是卞䜣之阳阿侯国地处上党郡。③

阏氏（93）　《史表》、《汉表》载有阏氏侯冯解散，高帝八年封，武帝元鼎五年国除。《史记索隐》曰："县名，属安定。"今检《汉志》安定郡无阏氏县，而有乌氏县。王先谦曰："阏氏，即乌氏也。"④司马贞、王先谦均以安定郡之乌氏县比附阏氏侯国。但西汉关西、边郡例不置侯国，乌氏一说显然有误。《水经·清漳水注》云："（梁榆）南水亦出西山，东迳文当城北，又东北迳梁榆城南，即阏与故城也。……汉高帝八年，封冯解散为侯国。"⑤《水经注》称清漳水附近的阏与城即冯解散之阏氏侯国。⑥《中国历史地图集》依据《水经注》将阏与城标绘于今山西省和顺县。

不过，阏与多见于《史记》、《战国策》，为沟通太行山东西的重要隘口。《史记·赵世家》武灵王二十一年"赵与之陉"，《集解》引徐广曰："陉者，山绝之名。常山有井陉，中山有苦陉，上党有阏与。"《史记·魏世家》哀王八年："如耳见成陵君曰：'昔者魏伐赵，断羊肠，拔阏与，约斩赵，赵分而为二。'"《集解》注"阏与"引徐广曰"在上党"。和顺县地处太行山以西，与史

---

① 《汉书·高后纪》："（高后六年）匈奴寇狄道，攻阿阳。"颜师古注："阿阳，天水之县也。今流俗书本或作河阳者，非也。"可见唐本《汉书》"阿"、"河"互用的现象仍很常见。
② 《水经注疏》卷九，第822—823页。
③ 另《河水注》载："河水又东北，迳阳阿县故城西。高帝七年，封郎中万䜣为侯国。"赵一清、杨守敬据此以为西汉平原郡之阿阳县当为卞䜣封邑。此说显然有误，梁玉绳、熊会贞已有辨析。赵一清、杨守敬、熊会贞诸说见《水经注疏》卷五，第503—504页；梁玉绳之说见《史记志疑》卷十一，第558页。
④ 王先谦：《汉书补注》卷一六，第248页。
⑤ 《水经注疏》卷十，第1005—1007页。
⑥ 张文虎曰："《冯奉世传》：冯亭，上党潞人。与赵括距秦，战死长平。宗族由是分散，或留潞，或在赵。疑解散亦冯亭族，上党乃其故乡，故封之于此。郦说当有所本。"见张文虎：《舒艺室随笔》卷四，沈阳：辽宁教育出版社，2003年，第93页。

籍中阏与为太行山隘口的描述略为不符。

《史记·赵奢列传》中的一段记载,对于我们确定阏与的方位十分重要。该篇记载"秦伐韩,军于阏与",随后记作"秦军军武安西"。① 可证阏与距离武安不远,且就在武安以西。战国至汉代的武安县位于今河北省武安县冶陶乡固镇村,②扼控由山西省左权县(古代仪州、辽州)至河北省邯郸市的交通要道,位于此道山西、河北两省交界处的黄泽关是历史上翻越太行山的重要隘口。③ 这一地理形势与《史记》《战国策》把"阏与"描绘为太行山交通要隘非常契合。今按山西省左权县羊角乡羊角村有一片汉代遗存,④黄泽关就在附近,此地亦在清漳水附近,或与阏与县有关。秦至汉初,阏与县属上党郡。

垣(243) 《史表》曲城侯条:"垣。(景帝)中五年,复封恭候捷元年。"景帝中五年,汉景帝封故曲城侯虫捷为垣侯。垣,《汉志》属河东郡,故垣侯国亦在河东地区。

下麾(430) 匈奴王呼毒尼之封国,元狩二年封。《汉表》注"猗氏"。猗氏,《汉志》属河东,则该侯国地处河东郡。又战国三孔布币铭文见有地名"乇",或与下麾有关。⑤

除高帝、景帝、武帝所封五功臣侯国外,武帝所封代王子侯国亦地处河东地区。据《史记·建元以来王子侯者年表》及《汉书·王子侯表》,元朔三年武帝封代共王九子为离石侯(334)、邵侯(335)、利昌侯(336)、蔺侯(337)、临河侯(338)、濕成侯(339)、土军侯(340)、皋狼侯(341)、千章侯(342)。⑥ 其

---

① 《史记》卷八一,第 2445 页。
② 武安市地方志编纂委员会编:《武安县志》,北京:中国广播电视出版社,1990 年,第 43 页。
③ 严耕望:《唐代交通图考》第五卷《河东河北区》,上海:上海古籍出版社,2007 年,第 1431 页。
④ 国家文物局主编:《中国文物地图集·山西分册》上册,第 279 页。
⑤ 何琳仪:《三孔布币考》,收入氏著《古币丛考》,合肥:安徽大学出版社,2002 年。
⑥ 千章,《史表》《汉表》《汉志》皆作"千章"。1976 年内蒙古自治区伊克昭盟杭锦旗发现一件西汉铜漏壶,铭文刻有"干章",知今本《史记》《汉书》之"千章",皆为"干章"之误。见伊克昭盟文物工作站:《内蒙古伊克昭盟发现西汉铜漏》,《考古》1978 年第 5 期;裘锡圭:《考古发现的秦汉文字资料对于校对古籍的重要性》,《中国社会科学》1980 年第 5 期。

中离石、蔺、隰成、土军、皋狼、干章皆见于《汉志》西河郡。另《汉志》西河郡有临水县,梁玉绳、全祖望称临水即临河侯国所在,①梁、全之说可以信从。因临水县地望在黄河以东,②而西河郡黄河以东皆为代国故地,故临水县即临河侯国所在,当无疑义。以上七侯国,本代国地,元朔三年分封后别属上郡,元朔四年置西河郡,随之改属西河。③

利昌、䣙两地,《汉志》失载,但依据"推恩令",王子侯国皆裂王国地而封,故两地亦在代王国附近。梁玉绳及周振鹤先生以为利昌侯国、䣙侯国同在西河郡。④ 笔者按,利昌于史籍无征。⑤ 䣙则见载于《左传·襄公二十三年》:"齐侯遂伐晋,取朝歌。为二队,入孟门,登大行,张武军于荧庭,戍郫、䣙,封少水。"杜预注:"取晋邑而守之。"⑥另《说文·邑部》:"䣙,晋邑也。从邑,召声。"⑦许慎、杜预只称"䣙"为晋邑,而不言其具体方位,说明汉晋之际人们已不清楚䣙邑所在。但分析《左传》所载齐军行军路线,仍可大致推测出䣙邑的方位。传文中的"孟门"为太行山隘口,"少水"即沁水。据此,郫、䣙二邑当在太行山以西的沁水流域,⑧此地战国时期属韩国。韩国铜器铭文"䣙左库"之"䣙"即"䣙"。⑨《中国历史地图集》所绘太行山以西的沁水上游地区为西汉太原、上党两郡交界,则䣙侯国于元朔三年从代王国析出后,当别属上党郡。

通过以上分析可大致复原出武帝元鼎二年河东地区的侯国分布状况。河东郡有平阳侯国、垣侯国、下麊侯国;上党郡有阳阿、阏氏、䣙三侯

---

① 梁玉绳:《史记志疑》卷一四,第 715 页。全祖望:《汉书地理志辑疑》卷五,第 2575—2576 页。
② 谭其骧主编:《中国历史地图集》第 2 册,第 17—18 页。
③ 有关西河郡建制沿革,详见周振鹤:《西汉政区地理》,第 74 页。
④ 梁玉绳:《史记志疑》卷一四,第 714—715 页。周振鹤:《西汉政区地理》,第 74 页。
⑤ 钱穆以为,利昌即《汉志》西河郡之方利。聊备一说。见钱穆:《史记地名考》,第 1264 页。
⑥ 《春秋经传集解》,上海:上海古籍出版社,1997 年,第 998—999 页。
⑦ 许慎:《说文解字》,北京:中华书局,1963 年。
⑧ 《续汉书·郡国志》河东郡垣县注有䣙亭,在今河南省济源市西。唐宋以来治《左传》者,倾向于此䣙亭即《左传》䣙邑所在。但此䣙亭之地理方位与传文所载齐军行军路线多有不符,故本文不取此说。
⑨ 吴良宝:《新见战国地名"郱"、"䣙"考》,武汉大学简帛研究中心主编:《简帛》第 10 辑,上海:上海古籍出版社,2015 年。

国;西河郡有离石、蔺、隰成、土军、皋狼、干章、临河七侯国(见图5-1)。另有利昌侯国,不知所属,但也应位于河东地区。

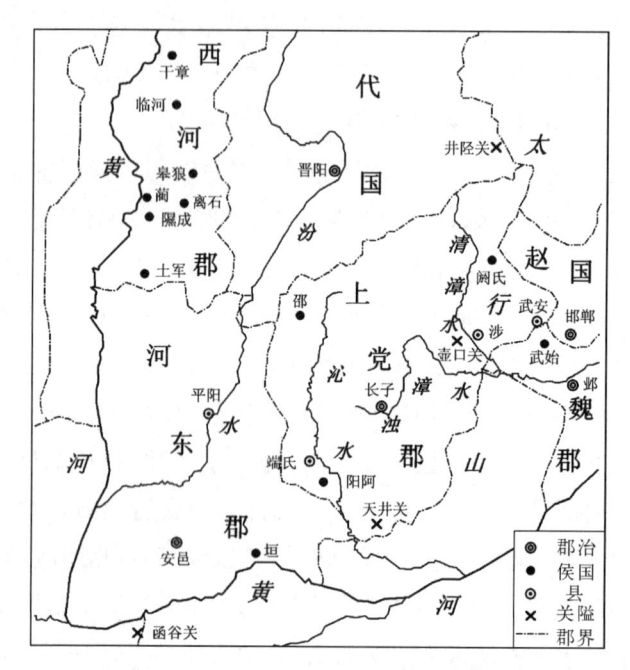

说明: 1. 底图依据《山西省历史地图集》政区图组"西汉政区图"改绘。①
2. 图中涉、武安、端氏三县依据《秩律》标绘于上党郡境。
3. 下麋侯国、利昌侯国地望无法确定,故未在图中标绘。

图5-1 元鼎二年河东地区侯国分布示意图

二、代王子侯国迁徙考

细检《汉书·王子侯表》,代王子侯国分封后,相继发生更封。《王子侯表》离石侯条载"(元朔三年)正月壬戌封,后更为涉侯";蔺侯条,"后更为武原侯";隰成侯条,"后更为端氏侯";干章侯条,"后更为夏丘侯";临河侯条,"后更为高俞侯";土军侯条,"后更为钜乘侯"。②

元朔年间所封九个代王子侯国,有六个更封他处。而没有更封记录

---

① 山西省地图集编纂委员会编:《山西省历史地图集》,北京:中国地图出版社,2000年。
② 查阅《汉志》可知,涉属魏郡,武原属楚国,端氏属河东,夏丘属沛郡。高俞、钜乘地望不详。

第五章　武帝"广关"与河东地区侯国迁徙　319

的皋狼、邵、利昌三侯国,仍有深究之处。皋狼侯,《王子侯表》下注"临淮"。邵侯,《史记索隐》曰"《表》在山阳",说明司马贞所见《汉书·王子侯表》邵侯条注有"山阳"。① 若本于《汉表》,皋狼、邵两侯国当分别地处临淮郡和山阳郡。前面提到,皋狼《汉志》属西河,邵虽地望不详,但也应位于河东地区,而临淮、山阳两郡远在太行山东,故梁玉绳、钱大昕以为"临淮"、"山阳"为《王子侯表》误注。② 梁、钱二人于古史考订用力甚勤,但对《汉表》下注郡名体例则未予细查。《汉表》所注郡名,主要利用西汉末年版籍资料,故有时所注侯国方位已非初封所在。《王子侯表》皋狼侯、邵侯下注郡名与侯国地望之间的矛盾也许正透露出两侯国发生过迁徙。清末学者王荣商似乎看出此中玄机,故称邵侯"山阳与代不相接,疑邵侯徙封山阳也",称皋狼侯"疑此侯徙封临淮,故《表》以临淮系之"。③ 临淮郡、山阳郡当是皋狼、邵两侯国迁徙后的方位。与其他六个代王子侯国不同的是,皋狼、邵两侯国徙封后,侯国名称并未改变,所以在侯表中不见"更封"的记载。④

居延汉简常见昌邑国"邟"县,见诸简文有以下六例:

1. 田卒昌邑国邟良里公士费涂人年廿三　　　　　19·36⑤
2. 田卒昌邑国邟宜年公丁奉德年廿三　　　　　　303·40
3. 田卒昌邑国邟成里公士□叨之年廿四　　　　　303·47
4. 田卒昌邑国邟灵里公士包建　　　　　　　　　509·30
5. 田卒昌邑国邟成里公士公丘异　　　　　　　　513·8,513·41
6. 田卒昌邑国邟灵里公士朱广年廿四　　　　　　513·35

"邟"由劳榦释定,并为大多数学者接受。⑥ 但《汉志》并无邟县,"邟"

---

① 参见上编第二章第二节考述。
② 梁玉绳:《史记志疑》卷一四,第 716 页。钱大昕:《廿二史考异》卷六,第 101 页。
③ 王荣商:《汉书补注》卷五,第 1034 页。
④ 周振鹤先生曾归纳西汉侯国迁徙的两种类型:"城阳瓬侯国迁往北海,这是带着原侯国名迁徙的;另有一类是更封,改变侯国名的,如代王子离石侯国更封涉侯国。"见《西汉政区地理》,第 94 页。
⑤ 此类简号见谢桂华、李均明、朱国炤:《居延汉简释文合校》,北京:文物出版社,1987 年。
⑥ 劳榦:《居延汉简考释(释文之部)》,上海:商务印书馆,1949 年。

字亦不见于《说文》及历代字书，故该字释义的讨论余地很大。陈直认为，"邴"即《汉书·地理志》山阳郡橐县，"（邴）从石，存橐字之声；从邑，标地名之义"。① 于豪亮也持有同样的看法。② 1980年出版的《居延汉简甲乙编》则把"邴"字全部改作"郧"。③《甲乙编》的这种释法也许是受日本学者日比野丈夫观点的影响。日比野氏以为"邴"与居延简所见昌邑国"东郧"、"西郧"中的"郧"是一个字，依据是"隶书的郧、邴二字极为相似，几乎没有区别"。④ 但细查汉简图版，郧、邴二字写法差别较大，且汉简中不见有"东邴"、"西邴"或"昌邑国郧"之类的词例，此说显然有误。裘锡圭、周振鹤两位先生在引用上述汉简材料时便不取"郧"字，而仍然采用"邴"字。⑤ 今查各简图版，509·30简之"邴"字比较清晰，此字左半部从刀、从口，当释为"邵"字。1959年出版的《居延汉简甲编》将509·30简之"邴"字改释作邵字是正确的。⑥ 另外，洛阳南郊东汉刑徒墓地出土P10M35：1墓志铭文砖中"汝南邵陵"之"邵"字也写作"邴"形。⑦ 居延汉简中的"邴"字应为"邵"字的误释。《汉志》山阳郡昌邑县自注："武帝天汉四年更山阳为昌邑国。"昌邑国为山阳郡改置而来，故昌邑国邵县与山阳郡邵侯国存在承继关系，即邵侯国后由上党郡迁徙至山阳郡，天汉元年邵侯获罪国除，邵侯国改置为邵县，一直延续到昌邑国时期。宣帝以后，邵县被省并，故不见于《汉志》。凭借居延汉简不仅证明《王子侯表》邵侯条下注"山阳"是可信的，也使邵侯国迁徙之事得到佐证。

利昌侯国《汉志》无载，且《王子侯表》利昌侯条亦无下注郡名，故利昌

---

① 陈直：《居延汉简解要》，收入氏著《居延汉简研究》，天津：天津古籍出版社，1986年，第378页。
② 于豪亮：《居延汉简释地》，收入氏著《于豪亮学术文存》，第227—228页。
③ 中国社会科学院考古研究所编：《居延汉简甲乙编》，北京：中华书局，1980年。
④ ［日］日比野丈夫：《汉简所见地名考》，张亚平译、中国社会科学院历史研究所战国秦汉史研究室编：《简牍研究译丛》第二辑，第339—351页。
⑤ 裘锡圭：《〈居延汉简甲乙编〉释文商榷（续一）》，《人文杂志》1982年第3期。周振鹤：《新旧汉简所见县名和里名》，复旦大学历史地理研究所编：《历史地理》第12辑，上海：上海人民出版社，1995年。
⑥ 中国科学院考古研究所编：《居延汉简甲编》，北京：科学出版社，1959年，2053简，第85页。
⑦ 中国社会科学院考古研究所编：《汉魏洛阳故城南郊东汉刑徒墓地》，附图二五五。

侯国地望向为悬案。① 而《居延新简》的公布则为探寻利昌侯国方位提供了线索。居延破城子 EPT53∶63 号汉简见有利昌侯国之名。简文内容有"今东郡遣利昌侯国相力白马司空佐梁将戍卒☐"。② 此记载可补史籍之阙，对校订《汉志》有十分重要的价值，并曾引起周振鹤先生的注意。但周先生以为利昌侯国在代王国附近，故怀疑此侯国地处河东郡，简文"东郡"前脱漏"河"字。③ 但细读简文，"利昌侯国相力"之后书有"白马司空佐梁"，而白马县地属东郡无疑，故此简脱漏"河"字的可能甚微，其有关利昌侯国属东郡的记载是可靠的。更为难得的是，简文有明确纪年"元康二年"，据此可知宣帝时期的利昌侯国地处东郡，而本应分封于河东地区的利昌侯国在元康年间出现在东郡，说明此侯国发生过迁徙，东郡并非初封所在。

九个代王子侯国分封后全部发生了迁徙，显然不是孤立事件，应当存在内在关联，即代王子侯国是出于共同的原因而被集中迁徙。对于此次迁徙发生的年代，史无明载，但可作出大致判断。九个代王子侯中，临河侯、土军侯、千章侯皆"坐酎金免"，所谓"坐酎金"是指元鼎五年武帝以列侯所献酎金成色不足而废免 106 个列侯的事件。④ 临河（时为高俞侯）、土军（时为钜乘侯）、千章（时为夏丘侯）三侯卷入"酎金案"，表明这次徙封发生在元鼎五年之前。而在元朔三年至元鼎四年的 13 年间，代王徙封清河事件显然与代王子侯国的集体迁徙存在关联。前人对此已有察觉，如梁玉绳称："离石、蔺、临河、隰成、土军、千章六人书更封为某侯，亦无年月。考共王子义于元鼎四年徙清河，诸子更封，必因代王徙清河耳。"⑤ 沈家本亦言："离石、蔺、临河、土军、千章当亦同时改封。代王改封清河在元鼎三年。代既徙，故其子孙亦从之徙也。"⑥ 梁玉绳称代王徙清河在元鼎四年，

---

① 《史表》利昌侯条《索隐》曰："昌利，《志》属齐郡。"司马贞将利昌误作昌利，且《汉志》齐郡并无昌利侯国。司马贞之说不足取信。
② 甘肃省文物考古所等合编：《居延新简》，北京：中华书局，1994 年，第 124 页，图版见第 262 页。
③ 周振鹤：《新旧汉简所见县名和里名》。
④ 见本编第六章考述。
⑤ 梁玉绳：《史记志疑》卷一四，第 714 页。
⑥ 沈家本：《汉书琐言》，收入《二十四史订补》第三册，北京：书目文献出版社，1996 年，第 84 页。

有误,应作元鼎三年。沈家本则遗漏了隰成侯。总之,梁玉绳、沈家本都认为代王子侯国更封与代王徙封存在关联。而代王是因武帝"广关"而徙封他处,因此有理由相信,代王子侯国的集体徙封也是汉王朝为配合"广关"政策而采取的调整举措。

代王子侯国因"广关"而迁徙,其徙封地域应在太行山以东。九个代王子侯国中除高俞、钜乘地望不详,其余七个有六个亦在太行山东,唯有隰成侯例外。《王子侯表》隰成侯条,"后更为端氏侯"。端氏,《汉志》属河东郡。但从"广关"政策的实质及用意来看,隰成侯不应留在河东地区。故今本《王子侯表》之"端氏"存在讹误的可能。①

三、河东地区功臣侯国之变动

"广关"政策执行后,代王子侯与代王一并徙封太行山以东。而高帝、景帝所封五功臣侯的状况又是如何?

阳阿(69) 《汉表》阳河侯条:"埤山。元鼎四年,共侯章更封。"《史表》记作:"埤山。元鼎四年,恭侯章元年。"《史记》、《汉书》载阳阿侯于元鼎四年更封,这一时间与"广关"之元鼎三年略有出入。而对照阳阿侯世系,此次更封恰好发生在第三代、第四代阳阿侯侯位更替之时。秦汉时期,帝王纪年采用逾年称元法,即"前代君主去世之年继续被当作前代君主的年代,直到逾年后新君才于正月称元年的方法"。② 而西汉列侯与诸侯王一样有独立的纪年。③ 元鼎三年正是第三代阳阿侯去世之年。笔者推测,元鼎三年第四代阳阿侯继位后正值汉廷推行"广关"政策,阳阿侯被更封为埤山侯。但这一年在纪年上已经是第三代阳阿侯三十三年,故史家只能将更封之事推延记于埤山侯元年,即元鼎四年。

---

① 也许还存在另外一种可能,即当时在太行山以东,另有一处端氏县。西汉时代,异地同名的现象十分常见,故不能排除武帝时存在两个端氏县的可能。
② [日]平势隆郎:《历与称元法》,[日]佐竹靖彦主编:《殷周秦汉史学的基本问题》,北京:中华书局,2008年,第106—126页。
③ 黄汝成:《日知录集释》卷二〇"年号当从实书"条,第1143—1146页;陈直:《史记新证》,第43页。

以上推论还可以找到两条辅证。元鼎三年,常山宪王刘舜薨,太子刘勃即位数月因罪废免,常山国除。一个多月后,武帝复封常山宪王子刘平为真定王。① 至于真定王受封之年,《史记·汉兴以来诸侯王年表》系于元鼎四年,而《汉书·诸侯王表》明言"元鼎三年,(真定)顷王平以宪王子绍封"。据清人杨于果考订,《史表》、《汉表》之间的分歧正与"逾年称元法"有关,"《史记》于元鼎四年始书(真定王)元年者,常山宪王以元鼎三年薨,国君逾岁乃称元年也"。② 同样是在元鼎三年,代王徙封清河,次年改元为清河王元年。③ 但在《史记·汉兴以来诸侯王年表》"清河"一栏中,因元鼎三年尚无清河王纪年,故将此事推延一年,记于"元鼎四年"格。想必梁玉绳根据这条记载才误称代王"于元鼎四年徙清河"。第四代阳阿侯卞章更封为埤山侯,同样是受"广关"的影响。埤山地望,史籍无载,从"广关"政策的实质来看,埤山当在太行山东。

平阳(1) 《史记》、《汉书》皆不见平阳侯国更封的记载。但细察史籍,可以找到平阳侯国迁徙的线索。东汉永元三年(91年),和帝下诏绍封曹参后人:

> 高祖功臣,萧、曹为首,有传世不绝之义。曹相国后容城侯无嗣。朕望长陵东门,见二臣之垅,循其远节,每有感焉。忠义获宠,古今所同。可遣使者以中牢祠,大鸿胪求近亲宜为嗣者,须景风绍封,以章厥功。④

这里值得注意的是,和帝称曹参后人为容城侯,而非平阳侯。钱大昕指出,《汉书·曹参传》《后汉书·韦彪传》载东汉初年曹参后人仍名"平阳侯",故疑《和帝纪》有误。⑤ 但王忱《魏书》载曹操家族世系:"汉高祖之起,曹参以功封平阳侯,世袭爵土,绝而复绍,至今適嗣国于容城。"⑥ 王忱言魏

---

① 《史记》卷五九《五宗世家》,第2103页。《汉书》卷五三《景十三王传》,第2435页。
② 杨于果:《史汉笺论》卷六,清道光乙巳非能园刊本,第3页。
③ 《汉书》卷一四《诸侯王表》,第409页;《史记》卷五八《梁孝王世家》,第2081页。
④ 《后汉书》卷四《和帝纪》,第172页。
⑤ 钱大昕:《廿二史考异》卷十,第190页。
⑥ 《三国志》卷一《武帝纪》,北京:中华书局,1959年,第10页。

室世系不应有误。笔者推测平阳侯国后迁徙至容城,故又有"容城侯"之称。此"容城"即《汉志》涿郡容城县。元寿二年,汉哀帝绍封曹参后裔曹本始为平阳侯。这个平阳侯国仍然在涿郡容城县。《汉书·曹参传》曰:"哀帝时,乃封参玄孙之孙本始为平阳侯,二千户,王莽时薨。子(曹)宏嗣,建武中先降河北,封平阳侯"。① 曹宏于河北归附刘秀,正与其封国地处容城县有关。据此,元鼎三年"广关"之时,平阳侯国迁徙至涿郡安置。

垣(243) 《史表》曲城侯条:"元鼎三年,侯皋柔坐为汝南太守知民不用赤侧钱为赋,国除。"《汉表》系此事于元鼎二年。查《史记·平准书》,汉廷于元鼎二年始行赤侧钱,元鼎四年废。故垣侯因不纳赤侧钱而获罪除国,于元鼎二年、三年皆有可能。② 垣侯国之废除与"广关"无关。

阆氏(93) 经过一一排除,除垣侯国先前废免外,元鼎三年"广关"政策推行后,河东地区的十二个侯国有十个被迁出。若以此推论,阆氏侯国、下麃侯国亦应在迁徙之列。但细察阆氏侯国地理方位,也许还存在另外一种可能。这可先从武安县、涉县的隶属问题谈起。

武安、涉两县地处太行山东麓,在《汉志》中隶属魏郡。但两县与魏郡治所邺县之间隔有武始县(见图5-1),而武始县本赵国地,武帝元朔三年因封赵肃敬王子刘昌(351)而别属魏郡。这样一来,元朔三年之前魏郡如何跨越赵国管辖武安县、涉县便成为一个难题,周振鹤先生因而提出"元朔二年以前魏郡的武安、涉县两地将属何郡"的疑问。③ 而张家山汉简《二年律令·秩律》的公布使这一难题终获破解。武安、涉两县均见于《秩律》,根据简文中的位置关系,两县属上党郡。④ 可见元朔二年之前,两县由上党郡管辖,其转属魏郡发生在元朔三年以后。笔者推测,两县转属魏

---

① 《汉书》卷四〇,第2021页。
② 《汉表》载鄣侯周仲居"元鼎三年,坐为太常收赤侧钱不收,完为城旦"。鄣侯与垣侯同因不收赤侧钱废,故垣侯于元鼎三年废免的可能较大。另蒋若是先生以为,赤侧钱始铸于元鼎三年,废于元鼎四年(《郡国、赤仄与三官五铢之考古学验证》,《文物》1989年第4期)。若蒋先生所论不误,则垣侯废免之年只能在元鼎三年。
③ 周振鹤:《〈水经·浊漳水注〉一处错简——兼论西汉魏郡邯会侯国地望问题》,复旦大学历史地理研究所编:《历史地理》创刊号,上海:上海人民出版社,1981年,第182—186页。
④ 周振鹤:《〈二年律令·秩律〉的历史地理意义》(修订);晏昌贵:《〈二年律令·秩律〉与汉初政区地理》。

郡亦与"广关"举措有关,因为"广关"的用意在于利用太行山作为天然的界限和屏障,将"关西"与东部其他地区隔绝开来。但上党郡原本横跨太行山东西,"广关"之后势必造成上党郡领有关东县的局面。而若将武安、涉两县调整入魏郡,则可以使上党郡的东部界址与太行山走势重合,从而使"关西"在地理上形成完整的封闭空间。武安、涉两县由上党郡转属魏郡同样是为了配合"广关"政策而进行的政区调整。① 而与武安、涉县相邻,且地处太行山隘口的阏氏侯国也可能随之转属魏郡,但同时也不排除阏氏侯国徙封他郡的可能。

通过以上梳理可以发现,汉武帝元鼎年间河东地区的侯国分布出现剧烈变动,该变动与元鼎三年"广关"密切相关。"广关"政策执行后,河东地区的侯国或被迁出,或别属他郡,从而使拓展后的"关西"地域范围不再存有诸侯王国和侯国。

四、武帝晚期河东地区封置侯国考辨

元鼎三年,随着"广关"政策的执行,河东地区的侯国被集中迁出,从而形成"河东无侯国"的局面。不过,检阅《汉表》,武帝晚期河东地区似乎又分封有三个侯国。

元鼎五年,汉廷分封驹几为骐侯(471);元封四年分封小月氏降将扞者为瓡讘侯(506)。骐侯国,《汉志》属河东郡,《汉表》骐侯条下注"北屈",北屈为河东郡属县。依据《汉表》体例,骐侯国地处北屈县境。又《汉表》瓡讘侯条下注"河东",查《汉志》河东郡有狐讘县,前人均以为河东郡之狐讘县即瓡讘侯国所在。② 据此,至武帝元封四年,河东地区存有骐侯国、瓡

---

① 辛德勇先生曾推测,秦始皇统一天下后,为使全国行政区划与"关西"地域范围相适应,将原属黔中郡的乌江流域划归巴郡,从而使"乌江同澧水、沅江之间的分水岭"成为"关西"地域的天然屏障。见辛德勇:《秦始皇三十六郡新考(下)》,《文史》2006 年第 2 辑。如此则元鼎年间"关西"地域范围拓展后,汉王朝对上党郡辖域进行相应调整亦在情理之中。

② 徐广、司马贞之说见《史记》卷二〇《建元以来侯者年表》,第 1056—1057 页。颜师古之说见《汉书》卷一七《景武昭宣元成功臣表》,第 660 页。

讘侯国。

另元封四年汉廷封朝鲜王子张陷为幾侯(507),《汉表》幾侯条下注"河东"。其实幾侯国地处魏郡,《汉表》所注郡名有误,本编第三章第二节已有考述,兹不赘言。

经过分析,幾侯国虽然可以排除。但骐侯国、瓡讘侯国地处河东郡似乎了无疑问。关西之地何以出现侯国,实在令人费解。这一现象是否暗示"广关"政策仅是权宜之举,并未长期执行?邢义田、大栉敦弘、辛德勇三位先生都曾留意《汉书》中的两条记载:

> 大司农中丞耿寿昌以善为算能商功利得幸于上,五凤中奏言:"故事岁漕关东谷四百万斛以给京师,用卒六万人。宜籴三辅、弘农、河东、上党、太原诸郡,足供京师,可以省关东漕卒过半。"(《汉书·食货志》)

> (阳朔二年)秋,关东大水,流民欲入函谷、天井、壶口、五阮关者,勿苛留。(《汉书·成帝纪》)

第一条记载中,耿寿昌将河东、上党、太原与三辅、弘农并举,且与"关东"加以区别,说明河东、上党、太原三郡仍属关西地域范围。第二条记载提到的天井、壶口、五阮三关皆是太行山关隘(见图5-1),显然成帝时期太行山仍是关西与关东的分界。基于两条记载,西汉末年河东地区仍属关西地域范围,以太行山为关西、关东界限的区域划分格局至汉末仍被遵行。

河东地区的河东、上党、太原三郡直至汉末仍被视为关西地域范畴,这在《汉志》中同样有所反映。《汉志》分叙西汉郡国,首叙三辅、弘农、河东、上党、太原、河内、河南。曾有学者试图从"州部"的角度解释《汉志》的郡国排序,但对于为何在同属司隶校尉部的三辅、弘农、三河中插入属于并州刺史部的上党、太原两郡,一直难以得出合理的解说。如侯甬坚先生便提出:"汉志郡国(尤其是郡)之排序,从州域的角度来看,是不太理想的,何以司隶部未叙完,就要去叙太原、上党,何以不在完全兼顾州域的前提下,按'地域毗连法'去排完全部郡和王国。"①现在看来,《汉志》之所以在首叙三辅、弘农郡之后,接以河东、上党、太原三郡,正是因为这七个行政区属于"关西"范畴。《汉志》的郡国排序显然存在首叙京师(三辅),再叙关西郡(弘农、河东、上党、太原),再叙关东郡(河内—零陵),再叙边郡(汉中—日南),最后叙诸侯王国(赵国—长沙国)的编排顺序。这便使《汉志》展现出一种以京师为核心,外层再环绕以内郡(由里至外又可分为关西郡、关东郡两个层次)、边郡的"圈层式结构"。②《汉志》郡国排序的"义例"进一步证实汉末"关西"仍包括河东地区。

从以上诸例可以看出,元鼎年间以后以太行山为关西、关东分界的政治区划格局被延续下来,直至西汉灭亡。细检《汉表》,武帝元封四年以后河东地区不再有侯国分封,说明"关西不置侯国"通例在河东地区同样被严格执行。以此反观《汉书》骐侯国、瓡讘侯国相关记载,未免令人生疑。特别是骐侯国,昭帝以后只有该侯国孤悬于关西地区。从《汉志》所反映的西汉末年侯国地理分布来看,太行山、新函谷关一线以西的关西范围仅存有骐侯国一例。查《史记》《汉书》,骐侯驹几并无显赫功绩,其事迹仅见于侯表"以属国骑击匈奴,捕单于兄功侯"一条,看不出驹几有何理由独享封邑于关西。因此若本于"关西不置侯国"之通例,《汉书》有关骐侯国、瓡讘侯国地处河东郡的记载可能存在讹误。

元封四年所封瓡讘侯扞者为小月氏降将,而同年所封另一位小月氏降将骡兹侯稽谷姑(504),其封国地处琅邪郡。元鼎元年武帝封城阳王子刘息为瓡侯(453),从城阳王子侯国封置的情况看,瓡侯国别属琅邪郡的

---

① 侯甬坚:《〈汉书·地理志〉志例的整理及补充》,收入氏著《历史地理学探索》,北京:中国社会科学出版社,2004年,第223—247页。相较而言,何慕的观点更值得注意。她提出"西汉后期州的概念还没有到根深蒂固的程度,所以《汉志》排序'兼顾州部'只是个假象。……《汉志》的排序应当没有考虑州的因素在内"。见何慕:《张家山汉简〈二年律令·秩律〉所见吕后二年政区及相关问题》,武汉大学历史学院2006年硕士学位论文,第50—51页。
② 有关历史上政治地理格局的圈层式结构的论述,请参见周振鹤:《中国历史上两种基本政治地理格局的分析》,复旦大学历史地理研究所编:《历史地理》第20辑,上海:上海人民出版社,2004年。

可能性很大。这个瓠县有可能就是后来扞者的封国。① 元封四年所封小月氏降将的封国均在琅邪郡。笔者推测,东汉班昭在为瓠讘侯国标注方位时,因看到河东郡有狐讘县,误将狐讘县当作瓠讘侯国所在,故在"瓠讘侯"条下标注"河东",从而造成讹误。至于骐侯国方位记述之讹误缘何产生,目前还找不到合理的解释,只能先将问题提出,有待以后作进一步的探讨。

结　语

汉代,存在"关西"(又称山西)和"关东"(又称山东)两大地域概念。但对两项地域概念所蕴含的政治意义,长期以来未能引起学界的注意。《二年律令·津关令》的公布,展现出西汉初年为了将"关西"和"关东"隔绝开来,汉廷制定了严格的通关制度,以限制两地的人员、物资交流,从而形成"关西"与"关东"的对峙态势。陈伟先生称《津关令》正是娄敬所言"强本弱末之术"的体现。② 而杨建先生则从《津关令》中读出汉代存在一项以充实、保障关西实力为主要内容的"关中政策"。③ 辛德勇先生从地缘政治的角度作以考察,提出汉代存在一种"依托关西,控御关东"的战略思维,可谓一语中的。

但汉初之"关西"直接承袭自列国时代的秦国,其地域范围和人口数量较为有限。司马迁曾言:"关中之地,于天下三分之一,而人众不过什三。"④ 与地域范围广阔且人口众多的关东相比,关西的综合实力并不占优势。在这种区域力量对比的前提下,如何防范关东诸侯王国一直是汉天子所面临的首要问题。景帝三年关东"七国之乱"一度给汉王朝造成巨大军事压力。"七国之乱"平定后,关东诸侯王国虽然受到限制和削弱,但还

---

① 元封四年,刘氏瓠侯国尚在。不过,这时的瓠侯国已经迁到北海郡了。详见附表瓠侯(453)备注。
② 陈伟:《张家山汉简〈津关令〉涉马诸令研究》,《考古学报》2003年第1期。
③ 杨建:《西汉初期津关制度研究》第七章第二节《强化皇权与"关中政策"》,第139—168页。
④ 《史记》卷一二九《货殖列传》,第3262页。司马迁所言为"大关中"概念,等同于"关西"范畴。

具有相当实力,依然对汉中央构成潜在威胁,故主父偃上疏武帝称"今诸侯或连城数十,地方千里。缓则骄奢易为淫乱,急则阻其强而合从以逆京师"。① 时至元鼎年间,随着"推恩令"的执行以及诸侯王国的相继废免,王国疆域逐渐缩小,汉郡的数量则大大增加,汉初鲜明的郡国分界也被打破。② 这为汉中央扩大"关西"地域范围,增强关西区位优势创造了条件。武帝元鼎三年的"广关"政策,便是汉中央为强化"关西"区位优势以遏制"关东"而采取的重要举措。

刘邦立汉以后,陆续分封诸侯王和列侯,从而形成汉天子与诸侯"共治天下"的局面。前人对汉代的封建格局多有阐发,③但往往忽视分封制度施行的地域特征。即,汉代所谓郡县与封国并行的"双轨体制"只施行于关东地区,而在汉王朝立国根基的关西地区则采取全面郡县的一元统治体制。因此,汉代之天下可以明显区分为全面郡县制的关西,与郡县、封国并存的关东,这两个判然有别的地域版块。

元鼎年间"广关"政策执行后,汉中央将原属"关东"的河东地区纳入"关西",而如果保留河东地区原有的王国和侯国,显然会与"关西"全面郡县制的行政构建相违。因此,为配合"广关"政策的执行,汉中央对河东地区的行政构建进行大幅调整。前人多着眼代王徙封清河与"广关"之间的关联。本文通过对元鼎年间河东地区侯国地理分布变动的考察,发现河东侯国亦在此次调整之列,而上党郡的郡界变化可能也与"广关"有关。这次行政构建调整的结果,是使拓展后的"关西"地域范围不含有王国和侯国,而关西的东部边界也基本与太行山重合。自此,汉中央立足于幅员辽阔且凭据山河形胜之"新关西",在地域格局上占有全面优势,诸侯与天子"分庭抗礼"的地域基础不复存在。

---

① 《汉书》卷六四《主父偃传》,第 2802 页。
② 汉景帝中六年关东地区共有二十五王国。武帝即位后,济川、燕、齐、淮南、衡山、江都、济东、清河、山阳、常山十王国相继废免。武帝虽然新建有胶东、齐、燕、广陵四国,但封域已大大缩小。至元鼎三年,王国数量有十九个,汉郡数量却有八十余个。
③ 有关汉初封建格局的研究,可参看周振鹤:《中国地方行政制度史》第二章第一节《汉代部分封建制的恢复》,第 38—52 页。李开元:《汉帝国的建立与刘邦集团—军功收益阶层研究》结语第二节《汉帝国国家论》,第 246—254 页。

第六章　元鼎五年"酎金案"研究

元鼎五年九月,汉武帝以所献酎金成色不足为由,一次废免列侯106人,①此即西汉著名的"酎金案"。在酎金案发生之前,共有列侯210余人,而酎金案竟将半数的列侯废除,其打击范围之广可谓绝无仅有。有关酎金案的政治内涵,已有多位学者予以阐发。② 学界普遍认为,所谓"进献酎金成色不足"只是一种托辞,武帝废免百余位列侯乃是出于打击列侯集团的需要。对于学界的上述看法笔者深表赞同,但在赞同之余,仍心存疑问:如果"酎金成色不足"只是托辞,那么武帝择取废免列侯的依据又是什么?这106人名单的形成,是从列侯名籍中随机抽取的结果,还是暗含着武帝特殊的考虑?

在笔者看来,元鼎五年106位列侯的集体废免,乃是多种因素共同促成的结果。而探寻这些列侯卷入酎金案的原因,则是一个饶有趣味的问题。本章的主旨,就是以酎金案106列侯名单为基础,从不同角度进行解析,当我们发现名单中的某些列侯具备一些共同特征的时候,也许武帝网织酎金案的真实动机便会得以显现。

一、"酎金失国"列侯名目统计

要想对"酎金失国"列侯进行深入分析,首先要明确106位列侯的名

---

① 《汉书·武帝纪》载元鼎五年"九月,列侯坐献黄金酎祭宗庙不如法夺爵者百六人"。
② 如廖伯源:《汉代爵位制度试释(上)》,载《新亚学报》第十卷,第127—128页;焦克华:《汉代的"酎金"与"酎金案"》,《平顶山师专学报》2002年增刊;韩秀丽:《西汉王侯坐罪废黜考》,《哈尔滨学院学报》2008年第2期。

目。此前已有学者利用《汉表》对酎金案所涉列侯进行统计,就笔者所见,有以下两位:

廖伯源先生在《汉代爵位制度试释(上)》提到:"今考汉书侯表,以酎金失侯者,王子侯表六十八人,高惠高后文功臣表二十一人,景武昭宣元成功臣表七人,外戚恩泽侯表四人,共一百人;其中在元鼎五年失侯者九十人,而前引武帝本纪谓百六人,或是侯表有遗漏。"则廖先生根据《汉表》统计出有 90 人因酎金案而失去爵位。

日本学者楯身智志也对元鼎五年"酎金失国"列侯进行了统计。楯身氏的分类方式与廖伯源略有不同,他指出《汉表》记载酎金案的受害者有高祖功臣列侯 20 人、吕后至武帝功臣列侯 9 人、非汉人列侯(笔者按:即异族归义侯)2 人,王子侯 63 人,共计 94 人。①

从以上两位学者的统计数字可以看到,同样是利用《汉表》,两人的统计结果却各不相同。而更为重要的是,两位学者只给出了最终的统计数字,并没有列出所统计列侯的名目。因此,我们无法根据两人的研究成果复原"酎金失国"列侯名单,更无法对两人统计结果的准确性进行核对。有鉴于此,笔者在进行相关分析之前,有必要对《汉表》重新梳理,这样才能够得到一份相对可靠的"酎金失国"列侯名单。

通过对《汉表》的梳理,可知高祖所封列侯,有 18 人因酎金案而失爵,他们是:梁邹(21)、新阳(28)、汁方(30)、故市(42)、斥丘(57)、安国(59)、平皋(67)、中水(77)、橐(83)、清(86)、阏氏(93)、陆梁(99)、开封(105)、临辕(117)、中牟(124)、德(129)、壮(134)、桃(136)。

惠帝所封列侯,有 1 人涉入酎金案:便(144)。

文帝所封列侯,有 1 人涉入酎金案:南皮(209)。

景帝所封列侯,有 7 人涉入酎金案:棘乐(216)、建陵(219)、江阳(222)、盖(242)、南(251)、塞(253)、平曲(254)。

武帝所封功臣侯,有 5 人涉入酎金案:南奅(403)、龙雒(409)、阴安(411)、发干(412)、从骠(429)。

---

① 楯身智志:《汉初高祖功臣位次考——前汉前半期における宗庙制度の展开と高祖功臣列侯の推移》,《东洋学报》第 90 卷第 4 号,2009 年 3 月,第 1—32 页。

武帝所封异族归义侯,有 2 人涉入酎金案:湘成(440)、暸(466)。

武帝所封王子侯,有 63 人涉入酎金案:宜春(262)、容陵(264)、杏山(265)、浮丘(266)、广戚(268)、盱台(270)、淮陵(273)、龙丘(279)、寿梁(288)、雷(292)、辟(294)、尉文(295)、榆丘(297)、襄嚵(298)、将梁(304)、薪馆(305)、陆成(306)、薪处(307)、距阳(314)、广(320)、盖胥(321)、周坚(324)、陪(325)、前(326)、五據(328)、胡母(332)、高俞(338)、钜乘(340)、夏丘(342)、博阳(343)、郁狼(347)、西昌(348)、陆地(349)、邯平(350)、参䣙(355)、沂陵(356)、叶(362)、运平(366)、山州(367)、海常(368)、广陵(371)、杜原(372)、高平(375)、广川(376)、鄏(392)、柳宿(395)、戎丘(396)、曲成(398)、安险(400)、安道(401)、终弋(419)、麦(421)、钜合(422)、昌(423)、蕡(424)、文成(447)、挍(448)、翟(450)、鱣(451)、彭(452)、东淮(455)、栒(456)、涓(457)。

经过重新梳理,《汉表》所载列侯因酎金夺爵者共 97 人,廖伯源和楢身智志两位先生对"酎金失国"列侯的统计都不准确。进一步分析后,可以看到楢身智志先生对王子侯国和异族归降侯的统计数字是准确的。而他得出高祖分封列侯 20 人涉入酎金案,是因为他把景帝时期分封的南侯(251)、平曲侯(254)分别视为阿陵侯(51)、绛侯(17)的延续,①他与笔者在高祖分封列侯统计数字上的分歧是因统计方式不同造成,并非统计有误。楢身先生的失误出现在对惠帝至景帝分封列侯的统计上。他所列出"吕后至武帝功臣列侯 9 人"只是见于《景武昭宣元成功臣表》的 9 个涉入酎金案的列侯。而漏掉了《高惠高后文功臣表》所载惠帝元年分封的便侯(144),以及分别见于《王子侯表》的棘乐侯(216)和《外戚恩泽侯表》的南皮侯(209)。至于廖伯源先生,他对《高惠高后文功臣表》的统计是准确的,对《景武昭宣元成功臣表》的统计漏掉了 4 个人,对《王子侯表》的统计遗漏了 3 个人,故只检出 90 人。

《汉书·武帝纪》记载元鼎五年因"酎金失国"的列侯共 106 人,而《汉

---

① 景帝所封平曲侯周坚、南侯郭延居分别是绛侯和阿陵侯的后代。

表》所载卷入酎金案的列侯只有 97 人,这之间尚有 9 人的缺漏。廖伯源先生以为,《汉表》与《武帝纪》所载"酎金失国"列侯数字不能对应,是因为《汉表》存在遗漏。廖先生的看法有一定道理,不过笔者认为,《汉表》中还有一些列侯废免年代和废免缘由不详,而这些列侯也有可能是酎金案的受害者。

离(101) 此侯废免年代及废免缘由《史表》、《汉表》失载,不能排除此侯免于酎金案的可能。

谷阳(133) 此侯废免年代及废免缘由《史表》、《汉表》失载,但两《表》记有第五代谷阳侯冯偃于建元四年嗣位。《史记·高祖功臣侯者年表》序云:"至太初百年之间,见侯五,余皆坐法陨命亡国,耗矣。"《正义》曰:"谓平阳侯曹宗、曲周侯郦终根、阳阿侯齐仁、戴侯祕蒙、谷陵侯冯偃也。"此乃张守节据《汉表》统计,其中平阳、曲周(时为缪侯)、阳阿(时为埤山侯)、戴四侯皆除于太初元年以后,所缺一侯,张守节以为当即废除年代不详之谷阳侯。其实张守节统计有误,江邹侯(474)靳石为高祖功臣汾阳侯(120)靳强之后,元鼎五年封,太始四年废免,则司马迁太初年间所见五个高祖功臣侯应包括江邹侯,①而谷阳侯当在太初元年以前废免,此侯因酎金案废免的可能性甚大。

轵(180) 此侯废免年代及废免缘由《史表》、《汉表》亦失载。《表》载第三代侯薄梁于建元二年嗣位,亦不能排除此侯免于酎金案的可能。

沈阳(390) 此侯《史表》失载,《汉表》虽载有沈阳侯,但未录封年、绝年。今按,沈阳侯刘自为是河间献王子,而河间献王子皆受封于元朔三年、四年,此侯不当例外,其免于酎金案的可能性同样存在。

综上,笔者以为《汉表》所载免除年代和免除缘由不详的离、谷阳、轵、沈阳四侯,有可能涉入酎金案。若将四侯补入名单,则《汉表》所遗漏"酎金失国"列侯仅有 5 人。由此,我们可以复原出一份相对完整的"酎金失国"列侯名单(见表 6-1)。

---

① 梁玉绳已发现张守节在统计"太初百年之间,见侯五"时,遗漏了江邹侯。但梁玉绳以为《史记》"侯五"应为"侯六"之误(见《史记志疑》卷一一,第 504 页)。今按,司马迁所言"侯五"乃为亲见,不应有误。太初年间所存高祖功臣侯应为平阳、缪侯、埤山、戴、江邹五侯。见赵生群:《论〈史记〉记事讫于太初》,收入《〈史记〉文献学丛稿》,南京:江苏古籍出版社,2000 年,第 3 页。

表 6-1 《汉表》所见元鼎五年"酎金失国"列侯名目

	侯　　国	数量
高帝封侯	梁邹(21)　新阳(28)　汁方(30)　故市(42)　斥丘(57)　安国(59)　平皋(67)　中水(77)　櫜(83)　清(86)　阙氏(93)　陆梁(99)　<u>离(101)</u>　开封(105)　临辕(117)　中牟(124)　德(129)　<u>谷阳侯(133)</u>　壮(134)　桃(136)	20
惠帝封侯	便(144)	1
文帝封侯	<u>轵(180)</u>　南皮(209)	2
景帝封侯	棘乐(216)　建陵(219)　江阳(222)　盖(242)　南(251)　塞(253)　平曲(254)	7
武帝封侯	南奅(403)　龙额(409)　阴安(411)　发干(412)　从骠(429) ——以上为功臣侯 湘成(440)　瞭(466) ——以上为异族归义侯 宜春(262)　容陵(264)　杏山(265)　浮丘(266)　广戚(268)　盱台(270)　淮陵(273)　龙丘(279)　寿梁(288)　雷(292)　辟(294)　尉文(295)　榆丘(297)　襄嚵(298)　将梁(304)　薪馆(305)　陆成(306)　薪处(307)　距阳(314)　广(320)　盖胥(321)　周坚(324)　陪(325)　前(326)　五据(328)　胡母(332)　高俞(338)　钜乘(340)　夏丘(342)　博阳(343)　郁狼(347)　西昌(348)　陆地(349)　邯平(350)　参醱(355)　沂陵(356)　叶(362)　运平(366)　山州(367)　海常(368)　广陵(371)　杜原(372)　高平(375)　广川(376)　<u>沈阳(390)</u>　鄗(392)　柳宿(395)　戎丘(396)　曲成(398)　安险(400)　安道(401)　终弋(419)　麦(421)　钜合(422)　昌(423)　蒉(424)　文成(447)　挍(448)　瞿(450)　鳣(451)　彭(452)　东淮(455)　栒(456)　涓(457) ——以上为王子侯	71
合计		101

说明：加下划线者为笔者后补入的列侯。

二、酎金案与汉廷财政危机

对于元鼎五年武帝为何要以"进献酎金成色不足"为由废免106位列

侯，学者们普遍认为与当时汉廷财政收支紧张有关，其中以宋人王观国的观点最具代表性：

> 《武帝纪》曰："元鼎五年九月，列侯坐献黄金酎祭宗庙不如法夺爵者百六人。"服虔注曰："因八月献酎宗庙时使诸侯各献金来助祭也。"颜师古注曰："酎，丈救反，三重酿醇酒也。"观国观古之诸侯，自非大恶不道，则不至于夺爵失侯。今酎金不如法，罪不至于夺爵，而武帝削夺之典，如此其重，读《食货志》，然后知其事有所因。《志》曰："南粤反、西羌侵边。""齐相卜式上书，愿父子死南粤。天子下诏褒扬，赐爵关内侯，黄金四十斤，田十顷。布告天下，天下莫应。列侯以百数，皆莫求从军。至饮酎，少府省金，而列侯酎金失侯者百余人。"按武帝数事征伐，末年国耗民贫，四方骚然，及南粤反，西羌侵边，中国困乏，卜式知其危，故身先以率天下，武帝擢式既峻，欲以此动诸侯，而觊诸侯之来应也，然诸侯惮于从军，各自顾望，莫有应者，武帝因此发怒，乃以酎金不如法，而列侯夺爵者百余人。此在汉法未之有，特以私怒而加威，故酎金之罪虽轻，而削夺之典特重，权一时之宜可也，非不刊之法也。①

王观国总结武帝网织酎金案的根本原因是"国耗民贫"的经济形势，而武帝鼓励列侯从军的旨令没有得到响应则是引发酎金案的直接原因。王观国对酎金案的分析合乎情理，近年来学者们对酎金案的看法基本延续了王观国的思路。② 酎金案乃是元鼎年间汉廷财政危机的产物，已成为学界共识。

西汉列侯封邑的税收皆归列侯所有，武帝一次性废免106位列侯，就意味着把106个侯国的财税收入收归中央。就此而言，网织酎金案可以增加汉廷财税收入显而易见。而从"酎金失国"列侯名单构成来看，武帝借酎金案以扩大政府财税来源的经济意图则更为明显。仅从表6-1似乎

---

① 王观国：《学林》卷三"酎金夺爵"条，北京：中华书局，1988年，第84—85页。
② 参见焦克华：《汉代的"酎金"与"酎金案"》，韩秀丽：《西汉王侯坐罪废黜考》。

看不出废免列侯与汉廷扩大财政收入的关联，但如果我们将"酎金失国"列侯构成与元鼎五年八月（酎金案发生前）的列侯构成进行对比，会发现一些耐人寻味的现象（参见表6-2）。

表6-2 "酎金失国"列侯与元鼎五年八月列侯构成对比

列侯类型		元鼎五年八月	酎金失国	所占比例
高帝封侯		24	20	83%
惠帝至景帝封侯		18	10	56%
武帝封侯	功臣	21	5	24%
	异族	11	2	18%
	王子	135	64	47%
合计		209	100	48%

根据《汉表》可以复原出元鼎五年八月的列侯数量为209个。酎金案发生后，有101位列侯被废免（另有5人《汉表》失载），因酎金案而废免的列侯数量占到元鼎五年八月列侯总数的48%，可见酎金案牵涉范围之广。但如果我们将列侯依照分封时代加以区分，会发现不同类型的列侯涉入酎金案的比例各不相同。武帝分封的功臣侯、异族归义侯、王子侯因酎金案失爵的人数，在各自群体中所占比例均低于48%。特别是武帝分封的功臣侯和异族归义侯，只有不到1/4涉入酎金案。相较而言，高帝至景帝所封列侯受酎金案牵连十分严重，特别是高帝所封列侯，在元鼎五年八月有24人，但在酎金案中有20人被废免，占总数的83%。从这些统计数据不难看出，酎金案明显带有重点打击高帝至景帝封置列侯的倾向。

为何高帝至景帝时期封置的列侯是酎金案的主要受害者，这还要从经济因素上着眼。西汉的列侯封置制度在武帝元光、元朔之际（推恩令颁布前后）有过一次较大变化。高帝至武帝早期封置的列侯，基本都是整县受封。但在元朔年间以后，列侯主要以乡聚受封，整县受封的例子十分罕见。那些武帝以前受封的侯国，无论是在地域面积上，还是在人口上都要比武帝以后受封的侯国高出一等。至元鼎五年，汉初受封的列侯虽然数量较少，但经济总量十分可观。特别是高帝分封的列侯，初封之时便占有

名城大邑,封户繁庶,在经过百余年的发展后,其封国的人口增殖更为迅速。《汉书·高惠高后文功臣表》序云:

> (高帝)时大城名都民人散亡,户口可得而数裁什二三,是以大侯不过万家,小者五六百户。……逮文、景四五世间,流民既归,户口亦息,列侯大者至三四万户,小国自倍,富厚如之。

武帝时期,高帝所封列侯的富贵程度由此可见一斑。这些封户数量达到三四万户的"超级侯国"使大量税收流失于中央财政之外,这必然令武帝感到痛心。元朔年间以后,武帝不断扩大对外战争的规模,汉廷财政收支已不堪重负。武帝为此采取种种措施以扩大财源,但收效甚微。而若能将这些封户逾万的侯国废免,无疑可大大增加汉廷的财政收入。

元鼎五年,武帝因进献酎金成色不足,对列侯集团进行全面清算。由此我们看到一个令人费解的现象,同样身为列侯,武帝分封的 21 个功臣侯只有 5 人涉入酎金案,而高帝分封的 24 个功臣侯,却有 20 人涉入酎金案。元鼎年间,高帝功臣侯收入丰厚,进献酎金的质量竟不如武帝所封功臣侯。① 由此不难想象,高帝功臣侯被废免的原因绝非酎金成色不足,而是武帝欲侵夺他们封国的税收。当武帝决定网织酎金案以打击列侯集团时,税收丰厚的高帝功臣侯随即沦为重点打击的对象。

武帝重点打击高帝功臣侯恐怕还有一层考虑。大约在元鼎年间,西汉的诸侯王分封制度也出现了变化。景帝时代,诸侯王封地多为半郡,少数为整郡,而在元鼎年间,武帝分封诸侯王却以户数为准。元鼎三年,武帝封刘平为真定王、刘商为泗水王,其诏书曰:"常山宪王蚤夭,后妾不和,適孽诬争,陷于不义以灭国,朕甚闵焉。其封宪王子平三万户,为真定王;封子商三万户,为泗水王。"②该年所封真定王、泗水王皆三万

---

① 郭献功先生经过计算得出,汉代封邑千户的列侯所献酎金约合万钱,而年收入却可达到二十万钱,因此酎金并非列侯的沉重负担,并无偷工减料的必要。见《汉代的"酎金"与"酎金案"》。
② 《史记》卷五九《五宗世家》,第 2103 页。

户,而当时的高祖功臣侯也有封户达三四万者,列侯封户竟多于诸侯王,这在等级森严的汉帝国显然有悖礼法。而武帝借酎金案将绝大多数高帝功臣侯废免后,诸侯王封户少于列侯封户的不合理现象自然随之消除。①

综上,就"酎金失国"列侯名单构成来看,元鼎五年的酎金案明显带有重点打击高帝至景帝封置列侯的倾向。武帝此举使得封户逾万的侯国基本上被消灭,朝廷财税收入大大增加,而列侯封户超越诸侯王的不合理现象也得到解决。

三、酎金案与元鼎年间地域控制政策调整

根据前一节的分析,元鼎五年的酎金案带有重点打击汉初封置列侯的倾向。那么,武帝在网织酎金案时,是否还存在其他考虑呢?酎金案发生后,半数的侯国遭到废除,全国范围内的侯国地域分布格局也发生了变化。接下来,让我们对比一下酎金案前后的侯国分布态势,也许会给我们一些新的启示。

通过对《汉表》的梳理,可知元鼎五年八月酎金案发生前,共有侯国209个。现根据各侯国的地理方位确定其所在郡目,分别列出各郡境内酎金案前后的侯国名目(见表6-3、6-4)。

表6-3 酎金案前后各郡所辖侯国名目

郡目	元鼎五年八月侯国名目	元鼎五年九月侯国名目
河内	平皋(67) 轵(180)	
河南	故市(42) 开封(105) 中牟(124)	
颍川	周子南君(464) 成安(469)	周子南、成安

---

① 酎金案之后,高祖所封功臣侯仅余有平阳(1)、堁山(69)、襄平(96)、戴(121)四侯国。其中平阳侯国征和二年除时,有户数二万三千。由此看来,元鼎五年之时,四侯国封户皆不满三万。

（续表）

郡目	元鼎五年八月侯国名目	元鼎五年九月侯国名目
南阳	桃(136)　山都(165)　攸舆(358)　安众(361)　叶(362)　昌武(387)　襄城(388)　安道(401)　冠军(418)　辉渠(428)　鄏(431)　义阳(437)　湘成(440)　散(441)　瞭(466)	山都、攸舆、安众、昌武、襄城、冠军、辉渠、鄏、义阳、散
南郡	便(144)	
江夏	钛(145)	钛
东郡	清(86)　黎阳(202)　阳平(244)　周坚(324)　富(329)　利昌(336)　发干(412)	黎阳、阳平、富、利昌
魏	斥丘(57)　阕氏(93)　邯会(299)　毕梁(312)　盖胥(321)　武始(351)　梁期(472)　阴安(411)	邯会、武始、梁期、毕梁
广平	尉文(295)　封斯(296)　襄嚽(298)　朝(300)　阴成(302)　邯平(350)　象氏(352)　易(353)　东野(374)　广川(376)　柏阳(391)　鄢(392)　甘井(462)　襄隄(463)　昆(470)	封斯、朝、阴成、象氏、易、东野、柏阳、甘井、襄隄、昆
勃海	南皮(209)　盖(242)　平曲(254)　参户(317)　广(320)　平津(333)　参䩭(355)　沂陵(356)　临乐(373)　定(379)　山(381)　柳(383)　杜(438)　沈阳(390)	参户、平津、临乐、定、山、柳、杜
涿	平阳(1)　安国(59)　中水(77)　谷阳侯(133)　遒(232)　容成(233)　亚谷(238)　广望(303)　将梁(304)　薪馆(305)　陆成(306)　薪处(307)　距阳(314)　萎(315)　阿武(316)　州乡(318)　陆地(349)　桑丘(393)　柳宿(395)　戎丘(396)　樊舆(397)　曲成(398)　安郭(399)　安险(400)	平阳、遒、容成、亚谷、广望、萎、阿武、州乡、桑丘、樊舆、安郭
平原	临辕(117)　陪(325)　前(326)　安阳(327)　羽(331)　高平(375)　龙颔(409)　麦(421)　湿阴(432)　朸(446)　龙(468)	安阳、羽、湿阴、朸、龙、牧丘(473)
济南	梁邹(21)　德(129)　宜成(290)　钜合(422)　博阳(343)　河綦(434)　常乐(435)	宜成、河綦、常乐
泰山	五据(328)　胡母(332)　柴(386)	柴
千乘	被阳(378)　繁安(382)	被阳、繁安

(续表)

郡目	元鼎五年八月侯国名目	元鼎五年九月侯国名目
北海	剧(280) 平望(282) 益都(285) 平的(286) 剧魁(287) 寿梁(288) 瓡(453) 陆(458) 广饶(459) 俞闾(461)	剧、平望、益都、平的、剧魁、瓡、陆、广饶、俞闾
东莱	平度(289) 临朐(291) 牟平(385)	平度、临朐、牟平
琅邪	龙丘(279) 临原(283) 海常(368) 驺丘(369) 广陵(371) 稻(380) 云(384) 昌(423) 零殷(425) 邘离(436) 众利(439) 石洛(443) 挟术(444) 挟(445) 柊(448) 庸(449) 虚水(454) 缾(460)	临原、驺丘、稻、云、零殷、邘离、众利、石洛、挟术、挟、庸、虚水、缾
东海	建陵(219) 雷(292) 䢜(294) 运平(366) 山州(367) 南城(370) 杜原(372) 賁(424) 文成(447) 翟(450) 鳣(451) 彭(452) 东淮(455) 枸(456) 涓(457)	南城
沛	汁方(30) 棘乐(216) 杏山(265) 浮丘(266) 广戚(268) 夏丘(342)	
淮阳	张梁(278) 长平(308)	张梁、长平
汝南	新阳(28) 江阳(222) 南(251) 终弋(419)	
山阳	邵(335) 宁阳(344) 瑕丘(345) 公丘(346) 郁狼(347) 西昌(348)	邵、宁阳、瑕丘、公丘
临淮	睢陵(258) 盱台(270) 淮陵(273)	睢陵
豫章	安成(261) 宜春(262) 容陵(264) 茶陵(359)	安成、茶陵
桂阳	离(101) 夫夷(402) 舂陵(413) 都梁(414) 泉陵(416)	夫夷、舂陵、都梁、泉陵
武陵	陆梁(99)	
无考	垾山(69) 稾(83) 襄平(96) 戴(121) 壮(134) 缪(237) 塞(253) 怀昌(281) 榆丘(297) 高俞(338) 钜乘(340) 南奇(403) 从骠(429) 下摩(430) 骐(471)	垾山、襄平、戴、缪、怀昌、下摩、骐

说明：楷体字为涉入酎金案的侯国。

表 6-4 酎金案前后各郡所辖侯国数量

郡 目	元鼎五年八月侯国数量	酎金案废除侯国数量	元鼎五年九月侯国数量
河内	2	2	0
河南	3	3	0
颍川	2	0	2
南阳	15	5	10
南郡	1	1	0
江夏	1	0	1
东郡	7	3	4
魏	8	4	4
广平	15	5	10
勃海	14	7	7
涿	24	13	11
平原	11	6	6①
济南	7	4	3
泰山	3	2	1
千乘	2	0	2
北海	10	1	9
东莱	3	0	3
琅邪	18	5	13
东海	15	14	1
沛	6	6	0
淮阳	2	0	2
汝南	4	4	0
山阳	6	2	4

① 元鼎五年九月,武帝封石庆为牧丘侯(473),故该年九月平原郡的侯国数量为:11(元鼎五年八月的侯国数量)-7(酎金案废免侯国数量)+1(九月新封的侯国数量)=5。

(续表)

郡 目	元鼎五年八月侯国数量	酎金案废除侯国数量	元鼎五年九月侯国数量
临淮	3	2	1
豫章	4	2	2
桂阳	5	1	4
武陵	1	1	0
无考	15	8	7
总计	209	101	109

通过表6-3、6-4,我们看到一些值得注意的现象。在酎金案中,河内、河南、南郡、沛、汝南、武陵六郡的侯国被全部废除,至元鼎五年九月此六郡成为无侯国分布的地区。上述六郡中,南郡、武陵郡境内原本只有一个侯国,这两个郡的侯国变动并不能说明什么问题。而河内、河南、沛、汝南四郡境内的侯国数量较多,四郡境内的侯国在酎金案中被全部废除不能仅看作是一种巧合,其背后应当存在武帝特殊的考虑。接下来,让我们分析四郡侯国变动的原因。

(1) 河内郡、河南郡

汉代,河南、河内、河东三郡合称"三河",被视为"天下之中",[①]地理地位异乎寻常。而在高帝至景帝时代,由于三郡地处汉中央控御诸侯王国的前沿,区位优势并不突出。武帝元朔年间以后,随着诸侯王国的相继废免以及"推恩令"的执行,关东地区中央直辖区域大大拓展,原汉帝国京畿地区(左右内史)偏离帝国疆域几何中心的不利地位愈加明显,而地处天下之中的"三河",其特殊的区位优势逐渐凸显出来。为适应地缘政治格局的变化,汉廷的地域控制政策也需要随之进行调整。

据辛德勇先生研究,元封年间西汉的州制发生了由"九州"到"十二

---

① 司马迁曾言:"昔唐人都河东,殷人都河内,周人都河南。夫三河在天下之中,若鼎足,王者所更居也。"《史记》卷一二九《货殖列传》,第3262—3163页)王充曰:"九州之内五千里,竟三河土中。"《论衡》卷二四《难岁篇》,上海:上海人民出版社,1974年,第377页)

州"的变化。变化的核心内容,是把原属雍州的左右内史、弘农郡与原属冀州的河东郡以及原属豫州的河南、河内二郡抽出,重新组合为"中州"。①"中州"的设置显然赋予了"三河"与左右内史同等的京畿地位。而自汉初以来便有"京畿不行分封"的限制,因此若要将"三河"纳入京畿范围,首先要消灭三郡境内的封国形态。

了解到元封年间汉帝国地域控制政策的上述转变,则酎金案过程中河内、河南两郡境内侯国的集体废除便不难理解了。元鼎年间,武帝已计划把"三河"纳入京畿区域范围,②从而改变京畿地区偏离帝国疆域几何中心的不利地位,而"三河"境内侯国的存在,便成为武帝实现上述计划的最大障碍。元鼎五年九月,酎金案的发生被武帝视为消灭"三河"境内侯国的最佳时机,因此在扩大酎金案打击范围的过程中,把河南、河内两郡境内的侯国全部废除。而在此前的元鼎三年,河东郡境内的侯国已因"广关"而迁出,③故至元鼎五年九月,"三河"境内的侯国已全部消除,武帝扩大京畿区域范围的障碍得以扫清,而随后"中州"的设置便成为水到渠成的事情。④

(2) 汝南郡、沛郡、东海郡、临淮郡

元鼎五年八月,汝南郡境内有 4 个侯国,沛郡境内有 6 个侯国,酎金案发生后,两郡境内的侯国被全部废除。值得注意的还有东海郡和临淮郡,酎金案之前,东海郡境内有 15 个侯国、临淮郡境内有 3 个侯国,酎金案使东海郡的 14 个侯国、临淮郡的 2 个侯国被废除。查东海郡仅存的南城侯国(370)地望,约在东海郡、泰山郡交接地带,笔者怀疑元鼎五年之时,南城侯国地处泰山郡。而临淮郡之睢陵侯国(273)有可能在元鼎五年之前已迁往他处。酎金案实际起到了消灭汝南郡、沛郡、东海郡、临淮郡

---

① 辛德勇:《两汉州制新考》。
② 元鼎三年的"广关"举措便与武帝的州制改革存在关联。见辛德勇:《两汉州制新考》第四节《汉武帝之广关拓边与改行十二州的地理背景》。
③ 参见本编第五章考述。
④ 有关武帝改"九州"为"十二州"的年代,辛德勇先生认为在元封三年灭亡朝鲜之后。而笔者认为元鼎五年九月河内、河南二郡境内侯国的集体废除乃是武帝为改革州制而采取的准备工作,两件事件的发生不应相差四年之久。笔者倾向于州制改革发生在元鼎六年前后。

境内侯国的作用。酎金案过后,整个淮河流域成为没有侯国分布的地区。

不过,淮河流域无侯国分布的现象并未维持很久。元封元年,武帝分别在临淮郡和九江郡分封东越归义侯国。太初年间,武帝又于东海郡分封葛绎(509)、海西(510)两侯国。征和二年,武帝又将两个赵王子侯国迁置于沛郡。① 至武帝末年,淮河流域除汝南郡外,皆有侯国分布,这说明武帝将淮河流域变更为无侯国分布区域的举措并非长期贯彻的政策,而仅是执行于元鼎五年至六年的权宜之举,至于武帝为何要在这一短暂的时间内集中消灭淮河流域的侯国,目前还不得而知,只能有待今后作进一步的探讨。

淮河流域向来为汉廷控御东越的前沿基地,而自元鼎五年开始,武帝已经在筹备征伐东越的战争。元鼎五年九月,淮河流域侯国的集体废除或许与此存在关联。此仅为笔者的推测,聊备一说。

河南、河内、汝南、沛、东海、临淮六郡因酎金案成为无侯国分布的地区,此外其他各郡的侯国分布也受到不同程度的影响。不过也有受酎金案影响较小的地区,如山东半岛渤海沿岸的千乘、北海、东莱三郡,只有1个侯国因酎金案废除,酎金案前后该地区的侯国分布态势没有显著变化(参见《太初元年侯国分布图》)。

在本节,笔者从封国地域分布的角度对"酎金失国"列侯名单进行解析。由此发现,封国地处河南、河内、汝南、沛、东海、临淮六郡的列侯,在酎金案中被全部废免。这一现象透露出,元鼎五年武帝曾利用酎金案对全国范围内的侯国地域分布格局进行调整。这次调整的结果,是将河南、河内两郡以及淮河流域改造成无侯国分布的地区。河内、河南两郡侯国的废除,使"三河"境内的封国形态得以消除,为日后京畿区域的扩张扫清了障碍。而淮河流域侯国的集体废除或许与武帝对东越的战争有关。武帝通过网织酎金案实现了地域控制政策的调整,使侯国地域分布格局与元鼎年间地缘政治形势更为契合,这是深入理解酎金案的另一个重要背景。

---

① 参见本编第七章第二节考述。

结　语

　　武帝即位之初,全国范围内的侯国数量在 100 个左右。元朔年间,随着"推恩令"的执行以及对外战争的扩大,侯国数量迅速增加,至元鼎年间侯国数量达到 200 余个,已是建元、元光年间侯国数量的两倍。

　　侯国数量的激增带来一系列问题。首先,大量侯国的分封增加了汉廷的财政负担。其次,元朔年间以后列侯封置方式的改变,使得武帝封置的侯国规模大大缩小。元朔年间以后,全国范围内既有封户数百的小侯国,也有封户数万的大侯国,侯国建制趋于混乱。再有,侯国数量的激增使得侯国地域分布愈加凌乱,汉初相对稳定的侯国分布体系已难以为继。

　　时至元鼎年间,全国的政治态势出现一系列变动。连年的对外战争使得汉廷财政收入不堪重负,而汉帝国疆域的扩张以及关东直辖区域的拓展又使得地缘政治格局发生了变化,高帝所构建的侯国地域分布体系已很难适应新形势的需要。在这样的政治环境下,侯国建制改革已不可避免。

　　元鼎五年,武帝号召列侯从军的指令没有得到响应,这使武帝更加坚定了打击列侯集团的决心,故于当年九月借"进献酎金成色不足"对列侯集团进行清算。在网织酎金案的过程中,武帝逐渐扩大打击范围以实现他改革侯国建制的目的,一些特定的列侯群体因此成为废免对象。酎金案随即呈现出重点打击汉初封置侯国和特定区域内侯国的倾向。酎金案过后,全国范围内的侯国数量又恢复到 100 个左右,封户过万的侯国基本被消灭,而新的侯国地域分布格局与开疆拓土后的帝国地缘政治态势更为契合。

　　从本章的分析不难看出,元鼎五年的酎金案并非仅是打击列侯集团那么简单。武帝实际利用酎金案实现了对侯国地域分布格局的调整,同时推进侯国制度的改革。元鼎五年以后,全国范围内的侯国在规模、数量、地域分布上更为规整,也更适应新地缘政治形势的需要。高帝以来相对稳定的侯国地域分布体系由此改观,侯国地域分布的"武帝体系"已经形成。

第七章　郡国更置与
　　　　侯国迁徙

　　景帝中六年以后，诸侯王国不辖侯国成为定制，所有的侯国都分布在汉郡境内。① 不过，西汉的郡国属性并非一成不变，皇帝常择取汉郡改置为王国作为诸侯王的封地。具体到某郡，随着诸侯王的分封和除废，其性质常在郡国之间转化。而因王国不能辖有侯国，所以每一次郡国改置都会引发郡境内侯国隶属关系的变更。如元朔三年，武帝分封鲁共王子刘政为瑕丘侯（345）。瑕丘侯国，《汉志》属山阳郡，但在居延汉简中却常见"大河郡瑕丘"（498·11，499·3②）。出土文献与传世文献所载瑕丘侯国隶属关系的不同，正与郡国更置有关。据周振鹤先生考证，瑕丘侯国本隶属大河郡，甘露二年大河郡改置为东平国，瑕丘侯国因不能隶属王国而改属山阳郡，直至汉末。③《汉志》所载为成帝元延三年的版籍，④这时的瑕丘侯国隶属山阳郡。而居延汉简所反映的瑕丘侯国隶属于大河郡则应当是甘露二年之前的情形。瑕丘侯国隶属关系的变更足以证明，"王国不辖侯国"制度在武帝以后一直被严格奉行。⑤

　　地处汉郡边缘地带的侯国，在郡国更置过程中会通过改变隶属关系

---

① 见本编第一章考述。
② 此类简号见谢桂华、李均明、朱国炤：《居延汉简释文合校》。下同。
③ 周振鹤：《西汉政区地理》，第30页。
④ 见中编第一章考述。
⑤ 宁阳侯国（344）分封后隶属关系的反复变动与瑕丘侯国十分相似。周振鹤先生指出："这个情况表明汉制诸侯王国不能属有王子侯国。"（见《西汉政区地理》，第30页）严谨起见，周先生只称诸侯王国不能属有王子侯国，其实功臣侯国、外戚恩泽侯国也不能属王国管辖。详见后文所举高平侯国之例。

来保证"王国不辖侯国"制度的执行。但如果某侯国地处汉郡中心,不与他郡相邻;或是所邻也是王国,则显然难以别属汉郡。对于此类侯国,西汉政府又会作以怎样处理?文献对此没有明确记载,不过东汉时期对此类问题的解决方式也许会给我们一些启发。《后汉书·刘般传》载:"(建武九年)光武下诏,封般为菑丘侯,奉孝王祀,使就国。后以国属楚王,徙封杼秋侯。"刘般初封为菑丘侯,属楚郡。建武十五年,光武帝改楚郡为楚国,分封皇子刘英。因诸侯王国不得辖有侯国,刘般被徙封为杼秋侯,属梁郡管辖。① 与之相类似的还有丁鸿之鲁阳侯国。鲁阳,李贤注引《东观记》曰:"鲁阳乡在寻阳县也。"元和三年,丁鸿徙封为马亭乡侯。李贤注引《东观记》曰:"以庐江郡为六安国,所以徙封为马亭侯。"②丁鸿之鲁阳侯国位于庐江郡寻阳县。元和二年,汉章帝改庐江郡为六安国,徙江陵王刘恭为六安王。丁鸿因郡国更置而徙封马亭乡。马亭乡,地望不详,但地处汉郡应当没有什么问题。由以上两例可以看出,在郡国更置过程中,东汉政府会将王国中的侯国迁出,重新安置于汉郡,从而保障"王国不辖侯国"定制的执行。

对于那些在郡国更置过程中无法改属汉郡的侯国,西汉政府是否也会以侯国迁徙的方式来解决这一问题?换句话说,东汉政府在郡国更置过程中的侯国迁徙方针,是否是对西汉相关政策的承袭?在本章,笔者将通过考证一些侯国迁徙的实例,以证明西汉同样存在类似的政策,以往的一些观点也会由此得到修正。

一、元狩六年齐国设置与
淄川王子侯国迁徙

元朔二年,汉武帝分封淄川懿王子刘奴为临朐侯(291)。据《王子侯表》,临朐侯至王莽败绝。《汉志》齐郡和东莱郡皆有临朐,都不注"侯国"。显然,齐郡临朐和东莱郡临朐中有一个失注"侯国",至于哪一个是刘奴

---

① 李晓杰:《东汉政区地理》,第35页。
② 《后汉书》卷三七《丁鸿传》,第1264—1265页。

封国所在,历来的解说存在分歧。《王子侯表》临朐侯条下注"东海",但东海郡远离淄川国,与王子侯国分封通例相违,《表》注显然有误。全祖望曰:

> 本《表》曰"东海",而《地志》属东莱。案东海是朐,东莱是临朐,本《表》误也。①

全祖望认为《表》注"东海"是错误的。但全氏只提到《汉志》东莱郡之临朐,而不提及齐郡临朐,显然认为"东海"是"东莱"的误写。梁玉绳也持有类似的看法:

> 《索隐》谓"《表》在东海",今本无。而临朐有二县,一属齐郡,一属东莱。据《水经·巨洋水注》,此侯封于东莱。"东海"乃"东莱"之讹。②

梁玉绳明确提出《表》注"东海"为"东莱"之误,并举《巨洋水注》作为辅证。不过,梁氏援引《水经注》是有问题的。《巨洋水注》提到的临朐侯国乃是齐郡之临朐,并非东莱郡临朐。③ 梁玉绳因对巨洋水方位未予细查,错将郦道元提到的临朐侯国当作东莱郡临朐,结果犯了张冠李戴的错误。

乾嘉以来,考订《王子侯表》者对临朐侯国地望所持见解,多与全、梁二人相同。如钱大昭、王念孙便全取梁玉绳之说。④ 钱大昕对《汉志》所载侯国进行梳理,亦将临朐侯国系于东莱郡。⑤ 惟有王先谦取信《水经注》的说法,将临朐侯国定于齐郡。⑥对于临朐侯国地望解说的分歧,周振鹤先生

---

① 全祖望:《汉书地理志辑疑》卷五,第 2572 页。
② 梁玉绳:《史记志疑》卷一四,第 703 页。
③ 《水经注疏》卷二六,第 2207 页。笔者按,巨洋水即今山东省弥河,发源于沂山,汇入渤海。
④ 钱大昭:《汉书辨疑》卷四,第 46 页;王念孙:《读书杂志》,第 192 页。
⑤ 钱大昕:《廿二史考异》卷九,第 179 页。
⑥ 王先谦:《汉书补注》卷一五上《王子侯表》临朐侯条,第 176 页。

曾从"推恩法"的角度予以辨析。依据"推恩令",王子侯国当在王国附近,东莱郡不与淄川国接邻,而齐郡之临朐却与淄川国相近(见图7-2)。周先生因而指出"甾川国邻齐郡,故王子封国应在齐,不可能远至东莱"。①周先生的解释合乎情理,但临朐侯国并非不能远至东莱,元狩年间齐郡更置王国之事值得注意。

《史记·齐悼惠王世家》:"齐厉王立五年死,无后,国入于汉。"按齐厉王元光四年嗣,五年薨,无后国除,故齐国除国于元朔二年。同年分封淄川王子刘奴为临朐侯,时齐国已国除为郡,故临朐侯国当如周振鹤先生所言由淄川国别属齐郡(见图7-1)。但元狩年间齐郡复置为王国。《汉书·武帝纪》:"(元狩六年)夏四月乙巳,庙立皇子闳为齐王,旦为燕王,胥为广陵王。初作诰。"元狩六年,汉武帝分封皇子刘闳为齐王,更齐郡为王国。而这时的齐郡辖有临朐侯国,根据"王国不辖侯国"的定制,临朐侯国当别属他郡,而这时与临朐侯国相邻唯有淄川国。因此,无论临朐

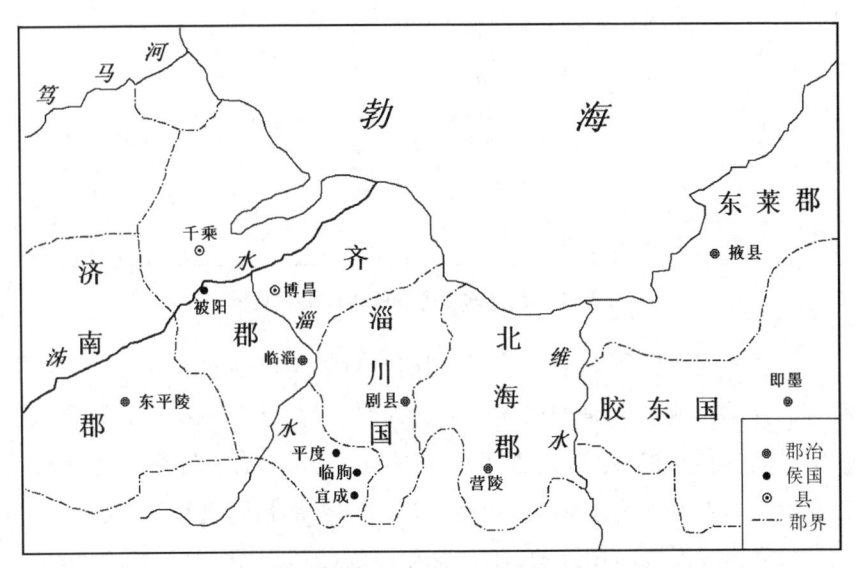

说明:1. 平度侯国、宜成侯国方位为笔者依据临朐侯国方位推测而绘。
2. 繁安侯国地望无法确定,故未在图中标绘。

图7-1 元狩五年齐郡侯国分布示意图

---

① 周振鹤:《汉书地理志汇释》,合肥:安徽教育出版社,2006年,第225页。

侯国继续留在齐国，还是回属淄川国，都会出现诸侯王国辖有侯国的状况。如果我们理解了元狩六年临朐侯国所处的特殊态势，则东莱郡之临朐应当是临朐侯国迁徙后的方位所在。即，元狩六年汉廷为了保证"王国不辖侯国"定制的执行，将原本地处齐郡的临朐侯国迁往东莱郡，原临朐侯国恢复为临朐县仍属齐国。东莱郡之临朐侯国一直延续到新莽时期，而齐国的临朐县也未省并，于是在《汉志》中便出现齐郡、东莱郡皆有临朐的现象。

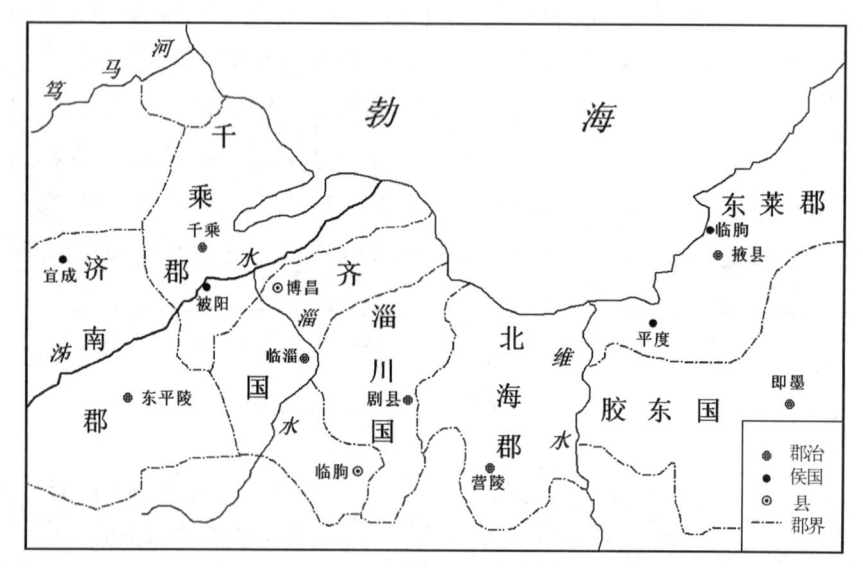

图 7-2　元狩六年齐国侯国迁徙示意图

清楚了临朐侯国的迁徙过程，则前贤对临朐侯国地望的分歧可迎刃而解。齐郡临朐实际是刘奴侯国初封所在。《汉志》东莱郡之临朐乃是临朐侯国迁徙后的方位。《王子侯表》临朐侯条下注"东海"当如全、梁二人所述，为"东莱"的误写。今本《汉志》东莱郡临朐当补注"侯国"。①

与临朐侯国情形相近的，还有龙丘侯国（279）。元朔二年，淄川王子刘代受封为龙丘侯。《王子侯表》下注"琅邪"，说明此侯国地处琅邪郡。《汉志》琅邪郡无龙丘，前人多称此侯国方位无考。龙丘侯国方位其实并

---

① 见中编第一章第三节。

非毫无线索。《水经·淄水注》曰:"(女水)又迳东安平城东,东北迳垄丘东,东北入钜定"。① 王荣商指出此地与淄川国相近,即刘代封国所在。② 今按,《淄水注》之"垄丘"即今山东省广饶县大王镇东营村之"垄丘遗址"。③ 此地与淄川国邻近,无疑就是刘代封国。但是此地并不在琅邪郡辖域范围内,与《表》注"琅邪"不合。仔细分析龙丘地望,正在淄川国与齐郡之间。该侯国分封后,当别属齐郡。元狩六年,齐郡改置为王国,该侯国既不能留在齐国,也不能回属淄川国。所以《表》注"琅邪",应该是元狩六年龙丘侯国迁徙后的方位。

写到这里,笔者又联想到平度侯国(289)和宜成侯国(290)地望问题。元朔二年,汉廷还分封淄川懿王子刘衍为平度侯、刘偃为宜成侯。平度,《汉志》属东莱郡。又《水经·胶水注》载:"(胶水)又北迳平度县,汉武帝元朔二年,封菑川懿王子刘衍为侯国。"④《元和郡县图志·莱州胶水县》:"平度故城,在(胶水)县西北六十七里。"⑤据此,汉平度侯国当在今山东省平度市西北。⑥ 宜成,《汉志》属济南郡。清人钱坫定宜成地望于山东济阳县西北,《中国历史地图集》亦从此说。⑦ 可以看出《汉志》之平度侯国、宜成侯国皆远离淄川国,显然与王子侯国分封通例不符。若以临朐侯国地望变迁作为参照,则平度、宜成两侯国远离淄川国也与侯国迁徙有关。元朔二年平度、宜成两侯国分封后,当与临朐、龙丘侯国一并由淄川国别属齐郡。元狩六年,齐郡更置为王国,两侯国因不能留在王国而分别迁徙到东莱郡和济南郡。与临朐侯国不同的是,平度、宜成侯国迁徙后,原封国被省并,故不见载于《汉志》齐郡(参见图 7-1、7-2 平度侯国、宜成侯国位置变化)。

明确平度侯国迁徙之事,可附带解决汉初淄川国的界址划分问题。

---

① 《水经注疏》卷二六,第 2243 页。
② 王荣商:《汉书补注》卷五,《二十四史订补》第二册,第 1032 页。
③ 国家文物局主编:《中国文物地图集·山东分册》,第 184 页(图),第 212 页(文)。
④ 《水经注疏》卷二六,第 2284 页。
⑤ 《元和郡县图志》卷一一,第 309 页。
⑥ 参见《中国历史地图集》西汉"东郡北海间诸郡"图。谭其骧主编:《中国历史地图集》第二册,第 21 页。
⑦ 钱坫:《新斠注地理志集释》,《二十五史补编》第一册,第 1095 页。

周振鹤先生在复原文帝十六年淄川国初封界址时,由于把东莱郡平度侯国理解为裂淄川国地分封,故将平度侯国以西地划入淄川国。这样一来,文景之际的淄川国与胶东国地域相接,胶西国便成为不濒海的内陆诸侯王国。① 而在景帝三年"七国之乱"时,胶西太子刘德曾劝说胶西王"汉兵远,臣观之已罢,可袭,愿收大王余兵击之,击之不胜,乃逃入海,未晚也",②此言可证胶西国濒临大海。现已知东莱郡平度侯国是由齐郡迁徙而来,则淄川国东界不应远至东莱郡平度,而应当在《汉志》北海郡平望、寿光、益、剧一线,与《图集·秦图》所示临淄郡、胶东郡分界相当。③

二、广平、清河"郡国更置"与侯国迁徙

西汉时期分封的数百个王子侯国中,有时会出现王子侯国远离本王国的特例。那么,这些特例是否也能用"郡国更置引发侯国迁徙"的规律来加以解释?应该是可以的。

对征和年间所封赵王子侯国地望的考订,便可以验证这种可能性。征和元年,汉武帝分封赵敬肃王子刘乐、刘周舍、刘起、刘道为栗侯(514)、浽侯(515)、猇侯(516)、揤裴侯(517)。而在此前,汉武帝还曾分封赵敬肃王子刘庆为南陵侯(495)、刘当为爰戚侯(498)。通过检索《汉志》可以确定,栗侯国、浽侯国地处沛郡,猇侯国地处济南郡,揤裴侯国地处魏郡,爰戚侯国地处山阳郡。南陵侯国虽不见于《汉志》,但《王子侯表》南陵侯条下注"临淮",说明南陵侯国地处临淮郡。④ 这六个王子侯国中,除揤裴侯国与赵国相邻外,另外五侯国皆远离赵国。清末学者王荣商对这一现象疑惑不解,其《汉书补注》曰:

---

① 见周振鹤:《西汉政区地理》地图十八、地图十九,第98、99页。
② 《史记》卷一〇六《吴王濞列传》,第2835页。
③ 谭其骧主编:《中国历史地图集》第二册,第7—8页。
④ 《汉志》京兆尹有南陵县。此为文帝母薄太后陵县,非赵王子侯国。

南陵侯庆。临淮。荣商案：临淮非赵封地。此下爰戚侯在山阳，栗侯、浽侯在沛，猇侯在济南，皆与赵地远不相接。未详其故。①

赵王子侯国远离赵国的现象并非不可解，我们可从"郡国更置"的角度来予以诠释。通过复原征和元年赵国周边的郡国态势，②可以看出，这一年赵国与魏、上党、常山、广平四郡相接壤。查对以上四郡建制沿革，广平郡在征和年间恰有更置王国的经历。《汉志》曰："（广平郡）武帝征和二年置为平干国，宣帝五凤二年复故。"由此我们可以大致推断出，赵王子刘庆、刘当、刘乐、刘周舍、刘起五人分封后，其封国由赵国别属广平郡。征和二年，广平郡更置为平干国。因王国不能辖有侯国，五侯国既不能留在平干国，也不能回属赵国，于是被汉廷分别更封为南陵侯、爰戚侯、栗侯、浽侯、猇侯，从而使五侯国地处汉郡之中，不与王国相涉。周振鹤先生在《西汉政区地理》中推测栗、浽、猇三地作为赵王子侯封地是因侯国更封他县所致。③ 现在看来，这个说法无疑是正确的，而导致三侯国更封他县乃是因广平郡改置为王国。

与前述临朐侯国不同，南陵、爰戚、栗、浽、猇五个赵王子侯国名当是更封后的新名，并非初封之名号。何以知之？《史记·绛侯周勃世家》云："（周勃）攻爰戚、东缗，以往至栗，取之。"又《汉志》沛郡浽侯国，颜师古引应劭注曰："浽水所出，南入淮。"则爰戚、栗、浽等县本在梁楚之间，绝非赵国地名的移植。④ 至于五个赵王子侯国初封所在，亦可大致考出。元朔二年，武帝封赵敬肃王子刘义为朝侯（300），封刘苍为阴城侯（302）。朝，即《汉志》广平郡之朝平。阴城，《汉志》无，梁玉绳考其地望曰：

---

① 王荣商：《汉书补注》卷五，《二十四史订补》第二册，第1037页。
② 参见《西汉政区地理》所附"西汉郡国沿革表"。
③ 周振鹤：《西汉政区地理》，第80页。
④ 周振鹤先生曾归纳西汉侯国迁徙的两种类型："城阳瓝侯国迁往北海，这是带着原侯国名迁徙的；另有一类是更封，改变侯国名的，如代王子离石侯国更封涉侯国。"（见《西汉政区地理》，第94页）临朐侯国迁徙后，封号并未改变，当属第一种类型。南陵、爰戚、栗、浽、猇等五侯国徙封当属第二种类型，即侯国封号已发生变化。

考《战国·赵策》:"魏王朝邯郸,抱阴城,负葛孽为赵蔽。"《魏策》:"抱葛孽、阴城为赵养邑。"《方舆纪要》:葛孽城在曲周县西。阴城当亦在其处。①

《读史方舆纪要》载葛孽城于肥乡县西,非曲周县西。② 梁氏引文有误,但所论确为精要。③ 如果把朝、阴城落实在地图上,可以看到两地与赵国都城邯郸之间,尚有曲梁、广年、南和三县。元朔二年,赵国不可能越此三县而有朝、阴城二地。所以武帝初年之赵国当辖有上述三县(参见图7-3),而此三县地应当就是南陵、爰戚、栗、浟、猇五侯国初封所在。五侯国初封之名号当为曲梁侯国、广年侯国、南和侯国,另有两侯国在征和二年侯国

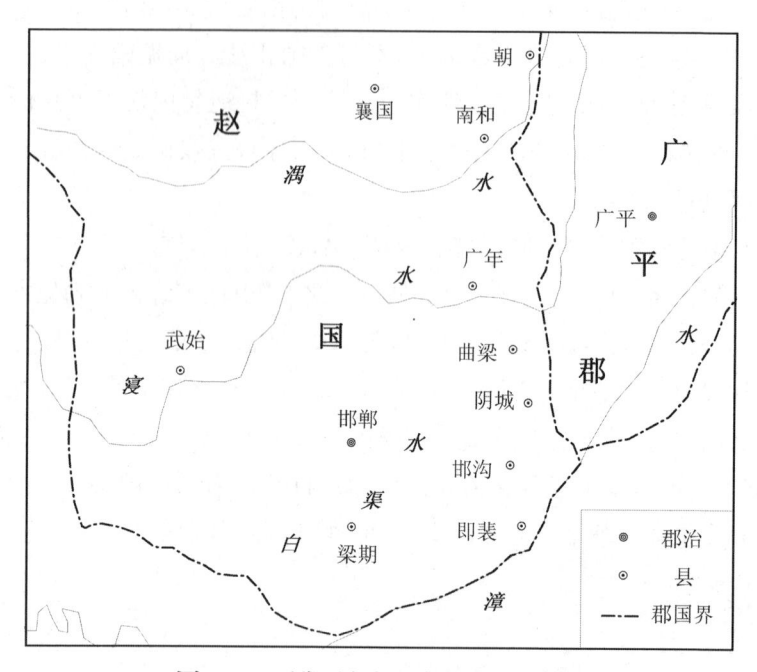

图7-3 元朔元年赵国东部界址示意图

---

① 《史记志疑》卷一四,第707页。
② 《读史方舆纪要》卷一五,第680页。
③ 另战国魏国封泥见有"佥城守"。徐在国:《"佥城"封泥考》,《中国文字研究》2007年第1辑,南宁:广西教育出版社,2007年。《国策》所记阴城地处赵、魏之间可信。

迁徙后省并，其名号无从考证。

征和二年，广平郡更置平干国，导致了赵王子侯国的集体更封。元鼎三年，清河郡更置王国的变动同样引发了侯国迁徙。元朔三年，汉武帝分封广川惠王子刘婴为毕梁侯（312）。毕梁，《汉志》无载。《王子侯表》毕梁侯条下注"魏"，说明毕梁侯国地处魏郡，但魏郡不与广川国相接。梁玉绳对《表》注持怀疑态度，故称毕梁"《汉表》在魏，未详"。① 今考元朔三年所封广川王子，除毕梁侯外，尚有蒲领（309）、西熊（310）、枣强（311）三侯。其中西熊地望无考，蒲领、枣强两侯国分封后别属清河郡。笔者怀疑元朔三年武帝所封广川王子侯国，皆别属清河郡。元鼎三年，汉武帝徙代王于清河，更清河郡为王国。② 时蒲领、西熊、枣强三侯国已除，③而仅存的毕梁侯国因地处清河、广川两王国间，不能别属汉郡，故被迁徙至魏郡。同受这次郡国更置影响的，还有盖胥侯国（321）。盖胥侯刘让为河间献王子，元朔三年封，元鼎五年国除。盖胥，《汉志》无载，《表》注"魏"。魏郡远离河间国，此侯国显然也发生过迁徙，迁徙原因当与毕梁侯国相同。即元朔三年盖胥侯国分封时，清河为汉郡，故该侯国由河间国析出，别属清河郡。元鼎三年，清河郡更置为王国，盖胥侯国因不能别属汉郡而与毕梁侯国一道迁往魏郡，从而形成毕梁、盖胥两王子侯国远离本王国的局面。

初元二年，元帝封刘竟为清河王，清河郡复置为王国。④ 在这次郡国更置的过程中，同样有侯国迁往他郡。神爵四年，宣帝封平干顷王子刘梁为平纂侯（625），《汉表》平纂侯条下注"平原"，平原郡不与平干国相接。结合以上王子侯国迁徙的例子，我们可以推测出平干王子侯国远封至平原郡的原因。神爵四年，平纂侯封置后，由平干国别属清河郡。初元二年，因清河郡改置为王国，故平纂侯国被迁徙至平原郡安置。⑤

---

① 《史记志疑》卷一四，第709页。
② 《汉书》卷一四《诸侯王表》，第409页。
③ 毕梁侯国废于元封四年。蒲领、西熊、枣强三侯国除国年不详，但从元鼎三年所置清河国领有蒲领、枣强两县来看，三侯国当除国于元鼎三年以前。
④ 《汉书》卷一四《诸侯王表》，第409、423页。
⑤ 平纂侯废免年代不详，由初元二年平纂侯国迁徙来看，该侯废免当在初元二年之后。

三、郡国更置过程中对侯国分布因素的兼顾

在对西汉所封数百个王子侯国地望进行梳理后，可以发现一个奇怪的现象：王子侯国远离本王国的特例几乎都出现在武帝时期，宣帝以后此类现象极为罕见，而宣帝、元帝、成帝时期郡国更置的频繁程度要远远高于武帝时期。郡国的频繁更置与王子侯国迁徙数量的减少，这两者之间的反常关系该如何解释？这是笔者在作进一步思考后所遇到的疑惑。

在对宣、元、成时期诸侯王国置废年代进行排比后，一个耐人寻味的现象逐渐显现出来。即，宣帝以后极少出现相邻两郡同时置为王国的现象。为方便叙述，笔者择取地域相邻的信都郡、清河郡以及山阳郡、济阴郡作为两组对比的标本。

根据《诸侯王表》，信都郡于地节四年至甘露四年、建昭二年至阳朔二年、建平二年至初始元年置为王国，清河郡于元鼎三年至地节四年、初元二年至永光元年置为王国，山阳郡于建昭五年至河平四年置为王国，济阴郡于甘露二年至黄龙元年、河平四年至建平二年置为王国。为方便考述，笔者编制表7-1、7-2，分别对宣帝至哀帝时期信都郡、清河郡，山阳郡、济阴郡的郡国更置情况进行排比（图表中的黑色部分为某郡置为王国的时段）。

表7-1 本始四年至元始二年信都郡、清河郡置国简表

信都郡								
清河郡								
本始四年	地节四年	甘露四年	初元二年	永光元年	建昭二年	阳朔二年	建平二年	元始二年

表7-2 五凤元年至元始二年山阳郡、济阴郡置国简表

山阳郡							
济阴郡							
五凤元年	甘露二年	黄龙元年	建昭五年	河平四年		建立二年	元始二年

从两份图表可以清楚地看到，宣帝以后从未出现信都、清河两郡，山阳、济阴两郡同时置为王国的情况。尤为值得关注的是地节四年和河平四年两个年份。地节四年，宣帝绍封广川戴王子刘文为广川王，改广川郡（即《汉志》信都郡）为广川国。宣帝择取绍封广川王的年份，恰为清河国除国之年。[①] 河平四年，济阴郡改置定陶国也在山阳国除国之时。发现这一规律后，笔者的上述疑问可以得到化解。由于汉廷不再将相邻两郡同时置为王国，从而避免了侯国因地处王国之间而必须迁徙的先决条件。

若再作以深入思考，西汉后期"相邻两郡不同时置为王国"现象的出现应该是对侯国地理分布的兼顾。推恩令执行以后，随着时代的推移，那些曾置为王国的汉郡，其境内已经累积了数量庞大的王子侯国，若使相邻两郡同时成为王国，势必引发侯国迁徙。侯国迁徙并非仅是变更封地那么简单，随之而来的还有地方行政区划的变更和一整套侯国官制系统的重建，其调整过程十分繁复。大量侯国的异地安置将带来巨大的行政成本支出，这是汉廷所难以承受的。为了避免庞大的行政支出，皇帝不得不将汉郡境内的侯国分布作为改置王国的考虑条件。其表现为，当皇帝分封皇子时，会尽量避免在王国周边新置王国，从而消除侯国因地处王国之间而必须迁徙的矛盾。于是在随后的郡国更置过程中，侯国只需要通过改变隶属关系来保障"王国不辖侯国"制度的执行，而无需迁徙他郡了。

皇帝在郡国更置过程中对侯国分布因素的兼顾，还有另外一种表现：

[①] 《汉书·诸侯王表》载刘文绍封于地节四年五月。而据《宣帝纪》，清河国除国于当年十二月。似乎广川国之设置与清河国之除国没有关系。但细查《汉书·代孝王参传》，地节年间冀州刺史林已上奏清河王刘年无道。地节四年有司又"奏年淫乱"。笔者怀疑地节四年五月置广川国时，宣帝已决定废免清河王。十二月当为汉廷正式下诏之时。

汉廷从不将某些汉郡改置为王国。这一类汉郡包括北海、琅邪、巨鹿、涿、沛等郡。仔细分析这些汉郡的地理方位，均处于诸侯王国之间，在"推恩令"颁布后这些汉郡接纳了大量王子侯国。显然，如果汉廷将这些汉郡改置为王国，也会引发侯国迁徙。为了避免这一情况的发生，汉廷便把上述汉郡规划为不封置王国的地区。这些汉郡由于从不建置王国，得以不断接纳王子侯国，至西汉末年均成为侯国密集分布的地区。①

结　　语

景帝中六年的封建制度改革将原本处于独立地位的侯国纳入地方行政系体制，使侯国成为与汉县地位相当的基层行政组织，由汉郡统一管理。要使侯国处于汉郡管辖之下，就必须保证侯国地处汉郡境内，而不能分布在王国之中。因此，在这次政治变革后，"王国不辖侯国"制度得以确立，"王国境内无侯国"也成为武帝以后侯国地理分布的显著特征。

由于西汉郡国性质处于变动之中，当一个领有侯国的汉郡要改置为王国时，便会出现"王国辖有侯国"的局面。为了避免这一局面，汉廷又制定了相应的补救措施。郡国更置过程中的侯国隶属关系的变化就是这项措施的重要内容。对于地处汉郡边缘地带的侯国可以通过改变隶属关系的形式来别属他郡。至于那些地处汉郡中心，或是与王国相邻的侯国，就只能以迁徙的方式来避免"王国辖有侯国"局面的出现。西汉政府的此项措施一直没有引起学界的注意，本章通过对一系列侯国迁徙实例的考证，意在说明西汉即已存在此类制度，而见于东汉郡国更置过程中的侯国迁徙乃是对西汉制度的承袭。

在文献记载中，常出现王子侯国远离本王国的特例。通过揭示郡国更置与侯国迁徙的关系，我们有理由相信，王子侯国远离本王国是因侯国迁徙所致。"郡国更置"则是引发侯国迁徙的重要原因，这对于我们分析西汉侯国地理分布以及侯国迁徙制度具有非常重要的意义。另外，掌握

---

① 参见中编第一章表1-2。

"郡国更置引发侯国迁徙"的规律还有助于解决西汉政区研究中的一些问题。例如将侯国分布纳入考虑范畴,一些郡国的置废年代可以得到进一步的限定。如对千乘郡始置年代的考订就是对这一研究设想的实践。①

在西汉政区研究中,武帝以后的皇子分封,在封地择取上似乎没有规律可循。而根据本章的考察,侯国分布有可能成为左右皇帝择取诸侯王封地的因素。受到侯国分布因素的制约,可供皇帝选择改置为王国的汉郡,数量可能很有限。西汉后期,相邻两郡不能同时置为王国,以及某些汉郡从不置为王国现象的出现,都应当是皇帝对侯国分布兼顾的结果。在汉代政区地理研究中,那些看似繁复的郡国更置,其背后是否还存在着诸如侯国分布这类制约上层权力运作的因素?笔者认为这是学界今后所要关注的方向。

---

① 参见拙文《西汉郡国更置与侯国迁徙——兼论千乘郡的始置年代》,《中国史研究》2012年第4期。

附　篇

河西汉简所见与西汉侯国相关的几个地名

20世纪30年代、70年代，在内蒙古额济纳河流域汉代烽燧遗址先后出土数万枚汉代简牍，是20世纪中国重要的考古发现。根据发掘批次，这批简牍被陆续定名为"居延汉简"、"居延新简"、"肩水金关汉简"、"额济纳汉简"，本文将这批简牍泛称为"河西汉简"。就内容来看，河西汉简主要是汉代政府行政公文，其中县邑地名是经常见到的信息。这些县邑地名信息可与史籍记载相互参证，对于校订西汉政区研究具有重要价值。前辈学者曾利用河西汉简成功解决了西汉政区研究的某些问题，为后人利用这批汉简中的地名信息打下了坚实的基础。

不过，受学术条件所限，河西汉简中某些地名信息并未得到充分发掘。这主要由两方面原因造成：一是文字释读。以往对某些地名的释读并不准确，释字既然存在问题，其地名信息自然无法得到正确利用。二是汉代地名学术研究的深度。在河西汉简公布之初，学界对西汉政区建置沿革的了解十分有限。对河西汉简县邑地名的比对，主要利用《汉书·地理志》（以下简称《汉志》）。而《汉志》记录的是西汉末年的行政建制，无法反映西汉一代的县邑设置情况。学者们对汉简地名的认识由此受到局限。近三十年来，随着额济纳河流域和中国其他地区汉代简牍的陆续发现与公布，以及西汉政区研究的不断深入，学界对简牍文字的辨识和简牍地名的理解有所提高，重新发掘居延汉简中的地名信息成为可能。笔者不揣鄙陋，试对河西汉简中与西汉侯国相关的几个地名进行阐释，同时将这些地名信息与文献记载相互参证，阐发其学术研究价值。如所论有不当之处，还望学界同仁批评指正。

一、魏郡繁阳县

戍卒魏郡繁阳宜岁里公乘李广宗　　198·21

该简20世纪30年代出土于破城子遗址，属"居延汉简"。从图版来看，第五字左半部从"车"，显然不应释为"繁"。仔细观察图版，该字的右半部依稀可辨识为"尞"。该简所载县邑名应订正为"䌷阳"。

《汉书·景武昭宣元成功臣表》载有"䌷阳侯江德"（524），征和二年（前91年）封，永光四年（前40年）废免，则西汉置有䌷阳侯国（县）。又《汉书·昭帝纪》载元凤四年（前77年）"太常䌷阳侯德免为庶人"。颜师古注引文颖曰："䌷阳在魏郡清渊。"文颖所言与居延汉简198·21的记载完全吻合，将该简地名释为"䌷阳"可以得到文献记载的支持。

1972—1974年，甘肃省博物馆文物队对破城子遗址再次进行发掘，在探方56出土的224号简中出现地名"魏郡□阳"（EPT56·224）。① 1994年中华书局版《居延新简》将缺释之字补为"犁"。② 而核对图版，缺释之字的左半部明显从"车"，右半部虽然较为模糊，但已经可以排除"犁"字的可能。何双全则将此字改释为"轵"。③ 何先生的意见，后来得到李家浩的肯定。李先生认为，破城子EPT56·224简之"轵阳"与张家山汉简《二年律令·秩律》简447中的"轵杨"有关。张家山汉简整理小组把轵、杨当作两县的意见是错误的。④ 而在明确居延汉简198·21所记载的地名为"魏郡䌷阳"之后，我们完全

简 198·21

---

① 此类简号见甘肃省文物考古研究所等编：《居延新简》，北京：文物出版社，1990年，第323页。以下不再注明。
② 甘肃省文物考古研究所等编：《居延新简》下册，北京：中华书局，1994年，第304页。
③ 何双全：《〈汉简·乡里志〉及其研究》，刊《秦汉简牍论文集》，兰州：甘肃人民出版社，1989年，第169、204页。
④ 李家浩：《战国开阳布考》，刊《古文字研究》第25辑，北京：中华书局，2004年，第391—396页。

有理由相信,居延新简 EPT56·224 所记载的地名同样是"魏郡繟阳",何双全"轵阳"的释法并不可信。李家浩有关张家山汉简 447 所载"轵杨"即魏郡轵阳县的看法自然也失去了凭据。

《景武昭宣元成功臣表》"繟阳侯"条下注郡名"清河",可知繟阳地处清河郡。但居延汉简、文颖注称繟阳属魏郡,与《汉志》不合。其实,两者并不矛盾,《汉志》记载的是汉成帝元延三年(前 10 年)的行政建制,而河西汉简所记载的行政建制多为昭帝、宣帝时期的情形。河西汉简的记载表明,汉末清河郡缭(繟)县,在昭帝、宣帝时期归属魏郡管辖。

从河西汉简所反映的地名信息来看,汉末清河郡南部地区在昭帝、宣帝时期属于魏郡管辖。如《汉志》清河郡辖有贝丘县、厝县、鄃县,而在居延汉简则记录为"魏郡贝丘"(82·9)、"魏郡厝"(EPT51·700)、"魏郡鄃"(73EJT9:262①)。结合这些信息,繟阳在昭帝、宣帝时期隶属魏郡管辖也是十分正常的。

简 EPT56·224

接下来再结合简 198·21 谈一谈繟阳侯国地理方位和建置沿革问题。《水经注》保留了汉代繟阳县地理方位。《淇水注》曰:"淇水又东北径榆杨城北。汉武帝封太常江德为侯国。文颖曰:邑在魏郡清渊。世谓之清渊城,非也。"熊会贞已指出,这里的"榆杨"乃"繟阳"之讹误。② 淇水先流经清渊县故城(今河北省馆陶县路桥乡清阳城村)西,又流经繟阳城北,再流经广宗县故城(今河北省威县方家营乡方家营村)南。由此可以限定,繟阳城约在今河北省临西县西部的摇鞍镇一带。另外,《景武昭宣元成功臣表》载繟阳侯国封置于武帝末年,废除于成帝时期。但简 198·21 载李广宗为繟阳县人,而非繟阳侯国人,说明昭宣时期繟阳侯国曾有中

---

① 此类简号见甘肃简牍保护研究中心等编:《肩水金关汉简(壹)》,上海:中西书局,2011 年。以下不再一一注明。
② 《水经注疏》卷九,第 869 页。

断,这也验证了《昭帝纪》元凤四年"𨲠阳侯德免为庶人"的记载。只是𨲠阳侯国何时复国,已无从考证。

二、平干国襄喛县

<small>田卒平干国襄垣石安里李强年卅七　本始五年二月丁未疾心腹丈满死右农前丞报□　293·5</small>

该简所载县名,劳榦、《居延汉简甲编》皆释作"广平",显然与图版不合。《居延汉简释文合校》改释"襄垣"。但《汉志》襄垣县属上党郡,远离平干国。周振鹤怀疑《合校》的释法同样有误。① 今查图版,《合校》所释"襄"字可信,但所释"垣"字则不确,该字字形从口从免,应隶定为"晚"。"襄晚"不见于《汉志》,应是一个不存于汉末的废县。但此襄晚县并非毫无线索可寻,该县应与史籍中的襄喛侯国(298)有关。

《汉书·王子侯表》载武帝元朔二年(前127年)分封赵敬肃王子刘建为襄喛侯,元鼎五年(前112年)废免。《王子侯表》"襄喛侯"条下注郡名"广平",说明襄喛侯国归属广平郡管辖。《汉志》广平国自注"武帝征和二年置为平干国,宣帝五凤二年复故。"则居延汉简293·5所载"平干国襄晚",与史籍记载的襄喛侯国建置沿革完全吻合,两者应当存在对应关系。

在西北出土汉简中,为了便利文书书写,抄手常对某些构造复杂的文字作以简化。如张掖郡觻得县中的"觻"字,其右半部常简化作"乐"(253·5)。而武威郡鸾鸟县,因为"鸾"字上部笔划繁复,在居延汉简中该字上部常省写作"亠"(51·5)。敦煌悬泉置出土Ⅱ90DXT0214①:130木牍中,

简293·5
(局部)

---

① 周振鹤:《新旧汉简所见县名和里名》,复旦大学历史地理研究所编:《历史地理》第12辑,上海:上海人民出版社,1995年,第163页。

"鸾"字的"言"和"纟"被省略，而写成"䲿"。① 因此，居延汉简 293·5 中的"䖘"应当是"曪"的简写形式。

根据《王子侯表》的记载，襄曪侯国于武帝元鼎五年废除。而简 293·5 表明，襄曪侯国废除后，改置为襄曪县，一直延续到平干国时代。襄曪县应在元帝、成帝时期省废，故不见载于《汉志》。

三、昌邑国郁狼县

田卒昌邑国湖陵始昌里士五李□年廿四　　501·1

该简中的"湖陵"二字自劳榦释定以来，一直为各家所承袭。不过根据图版，劳氏的考释似乎不可信。但因图版较为模糊，二字难以论定。笔者后与任攀讨论此简，任攀怀疑二字是"郁狼"。在核对台湾"中央研究院历史语言研究所"收藏的该简红外线照片后（见附图），②可以明确二字为"郁狼"，任攀的意见准确无误。

郁狼，《汉志》无载，却见于《史记·建元以来王子侯者年表》。《表》载元朔三年武帝封鲁共王子刘骑为郁狼侯（347），元鼎五年废免。《汉书·王子侯表》作郁桹侯。山东省滕县出土西汉早期封泥见有"郁狼乡印"，③现结合居延汉简 501·1 可以明确《史记》对刘骑封国名称的记述是准确的。

从西汉早期的"郁狼乡印"封泥可知，郁狼本为鲁国属下的乡聚。元朔三年因分封鲁王子而建置为侯国。对于郁狼侯国封置后的归属，史籍没有任何记载。而简 501·1 揭示出，郁狼侯国封置后转属山阳郡管辖。元鼎五年郁狼侯国废除，改置为郁狼县，一直延续到昌邑国时期。郁狼县约在元帝、成帝时期省

简 501·1（局部）

---

① 郝树声、张德芳：《悬泉汉简研究》，兰州：甘肃文化出版社，2009 年，第 107 页。
② 该简红外线照片见"历史语言所藏汉代简牍数据库"，http://ndweb.iis.sinica.edu.tw/woodslip_public/System/Main.htm。对于该数据库的使用，游逸飞先生提供诸多帮助，在此仅致感谢。
③ "郁狼乡印"封泥著录于《封泥存真》，转引自孙慰祖主编：《古封泥集成》，第 301 页。

废，故不见于《汉书·地理志》。

关于郁狼县的地理方位。《左传·隐公元年》"夏四月，费伯帅师城郎"，杜预注曰："郎，鲁邑。高平方与县东南有郁郎亭。"西晋高平郡方与县即西汉山阳郡方与县，可知西汉郁狼县（侯国）在山阳郡方与县、湖陵县之间，约在今山东省鱼台县谷亭镇附近。

四、大河郡平县

田卒大河郡平富西里公士昭遂年卅九庸举里严德年卅九　　303·13

从图版来看，前人对该简的文字释读并无问题，但对该简所记录的西汉行政建制信息的理解似乎存在偏差。前人均认为"昭遂"是大河郡平富县西里人。平富，《汉志》无载，故陈直称平富县无考。① 而周振鹤则怀疑"平富"即《汉志》东平国之富城县。② 从传世文献及出土文献来看，汉代的里名直接使用东、南、西、北来命名的情况十分罕见。遍检各类汉代简牍数据，只能在居延新简中找到"穰邑西里"（EPT52·93）一例。③ 相反，诸如"某东里"、"某南里"之类的里名则十分常见。因此，简303·13所记录的行政建制信息很有可能是平县之富西里，而非平富县之西里。

河西汉简记载的大河郡，即《汉志》东平国的前身。《汉志》东平国自注"故梁国，景帝中六年别为济东国，武帝元鼎元年为大河郡，宣帝甘露二年为东平国"。检索《汉志》东平国及周边郡国，并无"平县"。但根据史籍记载，武帝时期的大河郡附近存在一个"平侯国"（330）。《汉书·王子侯表》载元朔三年，武帝分封济北式王子刘遂为平侯，元狩元年（前122年）废除。汉武帝时期的济北国约相当于《汉志》泰山郡及平原郡南部地，④正与大河郡（元鼎元年之前为济东国）相邻。所以我们完全有理由相信，简303·13所载之"大河郡平县"，其前身就是从济北国析置出来的平侯国。

---

① 陈直：《汉书新证》，天津：天津人民出版社，1979年，第221页。
② 周振鹤：《新旧汉简所见县名和里名》，复旦大学历史地理研究所编：《历史地理》第12辑，第164页。
③ 另居延汉简280·8载有"长安南里"。但从图版看，"南"字的释读可能存在问题。
④ 参见中编第五章第一节考述。

《王子侯表》"平侯"条没有注记郡名,故元朔三年以后平侯国之隶属沿革不详。而结合简303·13"大河郡平县"的记载,我们可以大致复原出平县(侯国)之隶属沿革:平县本为济北国属县,元朔三年因为建置侯国而从济北国析出。这时的大河郡尚未建置,仍为济东国。汉景帝中六年以后,王国不能管辖侯国,故封置后的平侯国当转属与济东国、济北国相邻之东郡管辖。元狩元年,平侯国废除,改置为平县,仍属东郡。元鼎元年,济东国除为大河郡,这时平县转属大河郡管辖,并一直延续到昭帝、宣帝时期。平县大约在元帝、成帝时期废省,故《汉志》东平国属县中,不见平县。

分析西汉富城侯国(329)之隶属沿革可以辅证笔者对平县(侯国)隶属沿革的看法。元朔三年,汉武帝在分封济北王子刘遂为平侯的同时,还分封济北王子刘龙为富侯。周振鹤先生已指出,富侯国即《汉书·地理志》东平国之富城县,并复原富侯国(县)隶属沿革如下:"初封时别属东郡,元鼎元年后属大河郡。元封元年侯国除为县,后大河郡置为东平国,仍属之不变。"[①] 同为济北国故地的平县、富城县,两者的行政建制变动应当是一致的。

关于西汉平侯国之地理方位,历来没有记载。而以简303·13为契机,我们可以对此问题略作分析。从平县(侯国)先后隶属济北国、东郡、大河郡的情况来看,平县应位于汉末东郡、泰山郡、东平国三郡国交界地带,其方位应在西汉富城县附近。《左传·襄公十八年》载有齐邑平阴,即今山东省平阴县。此地恰在前面所考订平侯国分布地域范围内,可能与平侯国有关。

五、赵国尉文县

田卒赵国尉文翟里韩□☑   73EJT1:32

此简记载,田卒韩某为赵国尉文县人。查《汉志》赵国属县,未见有尉文县。但据史籍记载,武帝元朔二年(前127年)封置有尉文侯国(295),为赵王子侯国。《汉书·王子侯表》"尉文节侯丙"条下注"南郡",表明尉文侯国地处南郡。但是根据西汉王子侯国分封制度,王子侯国皆裂王国

---

① 周振鹤:《西汉政区地理》,第106页。

地分封,故尉文侯国当在赵国附近,不应远至南郡。另《史记·赵世家》、《史记·廉颇列传》皆载有"尉文",为战国赵将廉颇封邑。① 清儒全祖望、梁玉绳、钱大昕都以为廉颇所封之尉文邑与西汉尉文侯国有关,其地在赵国,《汉表》注"南郡"有误。② 而唐人司马贞却有不同见解,他在为《赵世家》"赵以尉文封廉颇为信平君"所做的注释称:"《汉书》表有'尉文节侯',云在南郡。盖尉,官也;文,名也。谓取尉文所食之邑复以封颇。"③司马贞以为《史记》所载"尉文"为人名,非地名,此"尉文"与尉文侯国无关,不可据此称尉文侯国必在赵地。

肩水金关 73EJT1∶32 简的发现,为前人的争论画上了句号。根据简文,西汉时期的赵国确实置有尉文县,此尉文县应当就是廉颇和赵王子刘丙的封邑,《王子侯表》尉文侯条下注"南郡"有误,清儒的看法是正确的。

不过,讨论尚未结束。根据西汉制度,王子侯国分封后必须别属汉郡。尉文侯国分封于元朔二年,则元朔二年以后尉文已不隶属赵国。而河西汉简所记录的内容为汉武帝太初年间(前 104 年—前 101 年)以后的情况,④这说明尉文侯国废除后,其地一度回属赵国,所以在肩水金关汉简中才会看到"赵国尉文"这样的行政建制信息。查《王子侯表》,尉文侯国于元鼎五年(前 112 年)除,则元鼎五年以后某年尉文县又划属赵国,尉文县元延三年(前 10 年)之前被省并,故不见载于《汉志》。

明确西汉尉文县的建制沿革,还有助于我们分析鄗侯国沿革问题。根据《汉书·王子侯表》的记载,汉武帝先后分封赵敬肃王子刘延年(392)、刘舟为鄗侯(496)。两个赵王子为何会封在一地,此现象颇为费解。周振鹤先生曾提出一种解释,"疑元朔五年封延年时,未得鄗县全部。元鼎五年后又以鄗县其余部分封舟,别属常山,其后两鄗又合为一县"。⑤

---

① 《史记》卷四三,第 1828 页;《史记》卷八一,第 2448 页。
② 全祖望:《汉书地理志稽疑》卷五,朱铸禹:《全祖望集汇校集注》本,第 2572 页;梁玉绳:《史记志疑》,第 704 页;钱大昕:《廿二史考异》卷六,第 29 页。
③ 《史记》卷八一,第 2448 页。
④ 根据史书记载,居延塞始建于汉武帝太初三年。另从肩水金关遗址所出汉简纪年来看,最早纪年为太初五年,故肩水金关汉简不可能记载武帝元朔二年以前的行政信息。
⑤ 周振鹤:《西汉政区地理》,第 79—80 页。

现结合尉文侯国建置沿革,笔者认为刘延年之鄗侯国于元鼎五年废除,其侯国恢复为鄗县。后汉廷又将鄗县益封赵国,故赵王得以再将鄗县封予王子刘舟。刘丙之尉文侯国与刘延年之鄗侯国同在元鼎五年因"酎金案"废除,因此鄗县在元鼎五年以后回属赵国的可能性甚大。

六、梁国载县

　　□要虏隧卒梁国载秋里李游子　六石具弩一完
　　　　　　　　　　　　　　稾矢铜鍭五十　□　73EJT4∶153

　　简文载隧卒李游子为梁国载县人。查《汉志》梁国属县无"载县"。笔者按,此载县应与《汉志》梁国甾县有关。《汉志》甾县自注"故戴国"。而在传世文献中,"戴"常书作"载"。如《春秋·隐公十年》:"宋人、蔡人、卫人伐戴。"春秋三传记此事皆书作"载"。①《诗经·周颂·丝衣》"载弁俅俅",郭璞《尔雅注》引此句作"戴弁俅俅"。② 又东汉何休注《春秋公羊传·哀公十四年》"麟者,仁兽也"曰"(麟)一角而戴肉",③日本古抄本《天地瑞祥志》抄此句为"角上载肉"。④ 唐人司马贞注"戴"字音"再",⑤可见"戴"、"载"两字古音相同,为假借关系。现73EJT4∶153简文表明,《汉志》梁国甾县于西汉时期书为"载县"。另《封泥考略》著录有"载丞之印"封泥,为西汉官府之物,可资印证。⑥ 西汉之载县乃承继春秋载国之名。明确"载县"之书写形式,可以纠正

"梁蓸农长"印

---

① 杨伯峻:《春秋左传注》,北京:中华书局,1990年,第67页。
② 《尔雅注疏》,北京:北京大学出版社,2000年,第79页。
③ 《春秋公羊传注疏》,北京:北京大学出版社,2000年,第711页。
④ 《天地瑞祥志》卷十九,日本东京前田育德会尊经阁文库藏本。此处为笔者参加"复旦大学中古中国共同研究班"研读《天地瑞祥志》时发现,在此谨向研究班的组织者及各位成员致以谢意。
⑤ 《史记》卷一八《高祖功臣侯者年表》,第962页。
⑥ 吴式芬、陈介祺:《封泥考略》卷五,收入严一萍主编:《封泥考略汇编》,台北:艺文印书馆,1982年,第642、644页。

《陈留风俗传》的记载。《水经·汳水注》"汳水又东迳济阳考城县故城南",郦道元引《陈留风俗传》曰:"(考城)秦之穀县也,后遭汉兵起,邑多灾年,故改曰甾县。王莽更名嘉穀。"①清人赵一清辩证曰:

> 道元此说非也。《汉书·靳歙传》略梁别西击邢说军甾南,破之。师古曰,甾,县名也,后为考城。则秦时已名甾县,非自汉始。盖因王莽更为嘉穀,而造作是说。②

赵一清对《陈留风俗传》的记载持怀疑态度。今已知甾县在西汉时期书作"载县",则春秋至西汉,载国之地一直称"载",未称穀县,更不会有改名之事。《陈留风俗传》的说法不足凭信。③

"载丞之印"封泥

另据史籍记载,汉高帝十一年刘邦分封祕彭祖为戴侯(121)。关于戴侯国地望,历代学者均以为即考城县之戴国故城。而《齐鲁封泥集存》著录有汉代封泥"载国大行",为载侯国之物。王国维据此封泥以为《侯表》所记"戴侯"为"载侯"之讹误。④ 现在肩水金关73EJT4:153汉简的公布,验证了前辈学者的看法。载(戴)侯国的地望可明确为今河南省民权县东北的戴国故城。

综合肩水金关汉简"梁国载县",传世西汉封泥"载丞之印"、"载国大行",以及汉高帝封置载侯国等情况来看,《汉志》梁国甾县在西汉时期书为"载县",那么这是否意味着《汉志》"甾县"的写法是错误的呢?我们还不能下这样的结论,因为在传世文献和出土文字资料中,也能找到"梁国甾县"这一书写形式存在的证据。

---

① 《水经注疏》卷二三,第 1964 页。
② 《水经注疏》卷二三,第 1964 页。
③ 后晓荣取信《陈留风俗传》的说法,认为秦代砀郡置有穀县(见《秦代政区地理》,第 215 页)。此说应改正。
④ 王国维:《齐鲁封泥集成序》,收入《观堂集林》卷 18,上海:上海古籍出版社,王国维遗书本,1983 年。

例如肩水金关 73EJT9∶39 简见有"梁国菑"。另《封泥考略》著录有"菑令之印"封泥，①为西汉官府之物。另传世西汉官印有"梁菑农长"，②罗福颐、裘锡圭二位先生都已指出，这里的"梁"即梁国，"菑"即菑县。③ 以上为西汉"梁国菑县"书写形式存在之出土文字资料证据。

再来看文献记载的证据。《汉志》梁国甾县自注"莽曰'嘉穀'"，《续汉书·郡国志》陈留郡考城县自注："故菑，章帝更名。"郦道元《水经注》抄录有汉章帝更改菑县之名的诏书，"陈留菑县，其名不善。高祖鄙柏人之邑，世宗休闻喜而显获嘉。应亨吉之符，嘉皇灵之故，赐越乃光烈考武王，其改菑县曰考城"。④ 王莽、汉章帝先后更改县名，都是针对"菑"字而发。《说文》曰："菑，不耕田也。"⑤"菑"有灾害之意。《诗·大雅·皇矣》"其菑其翳"，毛亨《传》曰："木立死曰菑。"⑥《尔雅·释地》"田一岁曰菑"，宋人邢昺注曰"菑者，灾也"。⑦ 王莽因"菑"字"不耕田"之本义，故改名"嘉穀"；章帝因"菑"字有灾害之意，故称"其名不善"。这些记载都可以印证汉代"菑县"书写形式的存在。

从出土文字资料和文献记载来看，"梁国菑县"、"梁国甾县"的书写形式并存于西汉时期。这不禁让人疑惑。西汉政府在县名书写上为何没有统一的形式？甚至在官印刻制上，也会出现"甾县"、"菑县"两种写法？

在对有关"甾县"、"菑县"的各种资料进行排比后，可以发现一个值得注意的现象。即，有关"甾县"的资料多集中于西汉初期、中期，而有关"菑县"的资料则多集中于西汉末期和东汉时期。结合这一现象，我们似乎可以得出这样的结论："梁国甾县"、"梁国菑县"反映的是西汉不同时期的用字规范，"菑县"乃是"甾县"更名而来。

---

① 吴式芬、陈介祺：《封泥考略》卷 5，收入《封泥考略汇编》，第 578 页。
② 罗福颐主编：《秦汉南北朝官印征存》，第 49 页。
③ 裘锡圭：《从出土文字资料看秦和西汉时代官有农田的经营》，载台湾"中央研究院历史语言研究所"1997 年"中国考古学与历史学之整合研究"会议论文集，第 429—478 页。此文承蒙施谢捷先生提示。谨志谢忱。
④ 《水经注疏》卷二三，第 1964—1965 页。
⑤ 段玉裁：《说文解字注》，上海：上海古籍出版社，1981 年，第 41 页。
⑥ 马瑞辰：《毛诗传笺通释》，北京：中华书局，1989 年，第 841 页。
⑦ 《尔雅注疏》，北京：北京大学出版社，2000 年，第 220 页。

高帝十一年(前196年),刘邦封置载侯国,说明古载国之名直到西汉初年仍被延续。武帝后元年(前88年),载侯国除。肩水金关汉简"梁国载县"的记载表明,在载侯国废除后,载县之名延续使用到昭帝、宣帝时期。传世汉封泥"载丞之印"应当是昭帝、宣帝时期之物。而《汉志》"甾(菑)县"的书写形式表明,汉成帝元延三年"载县"已更名为"菑县"。"载县"更名"菑县"当发生在宣帝至成帝时期。

又元帝建昭元年(前38年),汉廷封置梁王子菑乡侯国(692)。周振鹤先生推测菑乡侯国乃析梁国菑县地置,因菑县而得名。① 如周先生所言不误,则"载县"更名"菑县"应在建昭元年之前,以宣帝时期的可能性最大。裘锡圭先生根据篆书风格,推测"梁菑农长"汉印"似为武、昭时代物"。② 如果考虑到"载县"更名"菑县"的时代,则此印或推定为宣帝时物更为妥当。

西汉政府虽然改"载县"为"菑县",但仍保留了"载"的读音。笔者此前注意到,汉武帝时期南郡的"便县(侯国)"后来改名为"编县",也是利用同音字更改地名。这样的例子在《汉志》中也能找到。《汉志》京兆尹湖县自注:"故曰胡,武帝建元年更名湖。"在更改某些地名的时候,西汉政府会尽量保留原地名的读音,这是否可视作西汉政府更改地名的一种规范? 笔者以为这是很值得思考的问题。

七、魏郡鄃县、魏郡厝县

乞鞠戍魏郡鄃文里□　　　　　　　73EJT9∶235
□魏郡鄃园　　有□　　　　　　　73EJT9∶262
戍卒魏郡厝平阳里公士华捐年廿五　73EJT10∶108

另1973年额济纳河流域破城子遗址出土汉简见有"惊虏隧卒魏郡厝苏成里□□☑"(EPT51∶700)的记载。查《汉志》,鄃、厝二县属清河郡。而据四简简文,鄃县、厝县曾隶属魏郡管辖。笔者现对两县隶属魏郡的时

---

① 周振鹤:《西汉政区地理》,第58页。
② 裘锡圭:《从出土文字资料看秦和西汉时代官有农田的经营》,第454页。

代略作考察。

　　以上所举四简无纪年信息，故无法直接判断两县归属魏郡的时代。不过，从地理方位来看，西汉魏郡郡治邺县与鄃、厝两县之间尚有贝丘县（《汉志》属清河郡，地理方位见附图），如鄃、厝两县属魏郡，则贝丘县也应隶属魏郡。破城子遗址出土汉简常见"魏郡贝丘"的行政建制信息，其中EPT56∶260号木简除"魏郡贝丘"外，书有纪年甘露三年（前51年），则宣帝甘露三年贝丘县隶属魏郡管辖。又EPT58∶6号木简书有"戍卒魏郡贝丘临□里郭□□，有方一，完□"。从书写格式来看，此简所记内容应属"被兵名籍"。① 而同探方所出木简见有"·甲渠候长赏部元康二年四月戍卒被兵名籍"（EPT58∶33）的文书标题。笔者以为，该探方所出EPT58∶6、EPT58∶31、EPT58∶75三枚木简同为《甲渠候长赏部元康二年四月戍卒被兵名籍》所记录的内容，则元康二年（前64年）贝丘县隶属魏郡管辖。这样看来，鄃、厝两县也应在宣帝元康至甘露年间（前65年—前50年）隶属魏郡管辖。

　　另外，根据西汉王子侯国分封特征，也可以大致判断鄃、厝二县隶属魏郡的时代。本始四年（前70年），汉宣帝分封清河纲王子刘豹为新乡侯（570）、刘弘为东阳侯（572）。新乡侯国即《汉志》清河郡之信乡侯国，其地望在汉代清阳县与厝县之间。东阳侯国则在汉代东武城县与鄃县之间（见图一）。按照西汉王子侯国分封制度，王子侯国分封后，需从本王国析出，别属汉郡。所以西汉所封王子侯国，皆在王国与汉郡的交界地带。本始四年分封新乡侯国、东阳侯国，说明该年新乡、东阳构成清河国南界，则新乡、东阳以外的贝丘、鄃、厝等县不属清河国，而属魏郡。此与肩水金关汉简、破城子汉简所反映三县隶属魏郡的行政建制信息相符。

　　通过对贝丘县建制沿革的分析，再辅之以清河王子侯国分封情况，我们可以明确汉宣帝在位时期，贝丘、鄃、厝、灵等县不属清河国（郡）管辖，而隶属魏郡。查阅史籍，未见清河国在武帝、昭帝时期有削地之事，则武帝元鼎三年设置清河国后，②贝丘、鄃、厝、灵等县即已归属魏郡管辖。

---

① 李天虹：《居延汉简簿籍分类研究》，北京：科学出版社，2003年，第90—96页。
② 《汉书》卷一四《诸侯王表》代孝王参条："元鼎三年，徙(代王刘义)清河。"第409页。

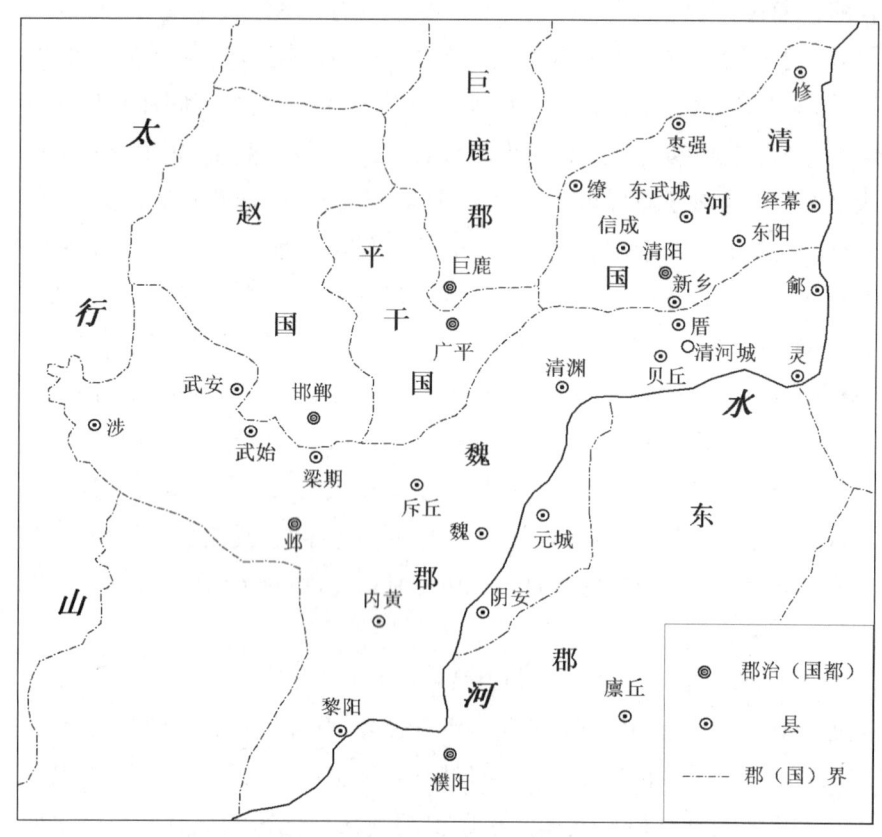

图一　西汉魏郡、清河国分界示意图（元凤元年—本始三年）①

西汉之魏郡乃景帝中三年析清河郡南部地、河内郡北部地设置。② 现在是否可以根据肩水金关汉简、破城子汉简的记载推测魏郡在初置之时即辖有贝丘、鄃、厝、灵等县。笔者以为，还不能做出上述判断。因为厝县南有清河城，战国末年至汉景帝末年为清河郡郡治所在。③ 景帝末年魏郡

---

① 本图据《中国历史地图集》第二册"西汉冀州刺史部"图（第26页）改绘。
② 参见中编第五章第一节考述。
③ 《汉志》清河郡首书清阳县，则清阳县为汉末清河郡郡治。汉初清河郡不治于清阳，因高帝六年已封王吸为清阳侯，清阳既为侯国，必非清河郡治。今按，《水经·河水注》："屯氏别河又东北，迳清河郡南；又东北，迳清河故城西。……《地理风俗记》曰：'甘陵郡东南十七里，有清河故城者，世谓之鹊城也。'"据此，厝县（后汉改为甘陵县）南有清河故城。清河郡置于秦代，秦郡之名多袭自治所名称，则清河为清河郡初治所在。汉初清河郡仍治清河。清河郡改治清阳县，应在景帝中六年清阳侯国迁出清河国之后。

不可能越过清河郡治管辖鄃、厝二县,当时贝丘、鄃、厝、灵等县乃为清河郡辖县,四县改属魏郡当在武帝以后。

检核西汉清河郡(国)沿革,笔者以为四县改属魏郡可能发生在元鼎三年清河郡更置为王国之时。景帝、武帝封置王国,多不以整郡分封。其方式主要有三:一是从汉郡中析置数县之地新置为王国。如元狩二年所封六安国,乃析九江郡数县地设置;元鼎三年所封真定国,乃析常山郡数县地设置。① 二是将汉郡改置为王国时,从中析置新郡。如元狩六年所封齐国乃以齐郡部分地设置,余地新置为千乘郡;②同年所封广陵国乃以广陵郡部分地设置,余地合沛郡南部地新置为临淮郡。③ 三是以汉郡部分地改置为王国,余地划归周边汉郡管辖。如甘露二年所封定陶国,乃以济阴郡南部地置,北部数县划属东郡管辖。④ 元鼎三年,汉武帝在改置清河国时,应当采取了第三种形式,即把清河郡北部地改置为清河国,南部数县则划归魏郡管辖。武帝把贝丘、鄃、厝、灵等县划归魏郡,可能还有防治黄河的考虑。西汉时期,黄河常徙决于贝丘县、灵县,⑤把贝丘、鄃、厝、灵等县划归魏郡,可使黄河大堤直接处于汉廷管控之下,更有利于统划治河全局。

宣帝地节四年(前66年),清河国除。但从破城子汉简EPT56:260、EPT58:6的记载来看,直到元康、甘露年间(前65年—前50年)贝丘、鄃、厝、灵四县仍属魏郡管辖。而元帝初元二年至初元四年(前47年—前45年),清河郡复置为清河国。⑥ 四县不可能在此时回属清河,四县回属清河郡必在初元四年清河国除之后。又《汉书·沟洫志》载:"元帝永光五年,河决清河灵鸣犊口,而屯氏河绝。"⑦灵县地处贝丘、鄃、厝三县以南,灵

---

① 周振鹤:《西汉政区地理》,第52页、第93页。
② 参见拙作《西汉郡国更置与侯国迁徙——兼论千乘郡的始置年代》,《中国史研究》2012年第4期。
③ 周振鹤:《西汉政区地理》,第38页。
④ 参见拙作《西汉梁国封域变迁研究(附济阴郡)》,《史学月刊》2013年第5期。
⑤ 参见《汉书》卷二九《沟洫志》。
⑥ 《汉书·中山哀王刘竟传》载:"中山哀王竟,初元二年立为清河王。三年,徙中山。"(第3326页)而《汉书·诸侯王表》"中山哀王竟"条载:"初元二年二月丁巳立为清河王,五年,徙中山王。"(第423页)《传》、《表》所载刘竟为清河王的时间不同,今暂取信《传》。
⑦ 《汉书》卷二九《沟洫志》,第1687页。

县既属清河郡,贝丘、鄃、厝三县也应隶属清河郡管辖,如此则永光五年四县已回属清河郡。四县由魏郡回属清河郡应在元帝初元五年(前44年)至永光五年(前39年)之间。

综上所述,笔者以为破城子汉简、肩水金关汉简有关贝丘、鄃、厝三县隶属魏郡的记载,反映的是汉武帝元鼎三年至汉元帝初元五年之间的行政建制。

最后,笔者附带谈一下肩水金关汉简所见"魏郡廪丘"问题。肩水金关73EJT10∶122号木简释文作"田卒魏郡廪丘曲里大夫年卅姓朱氏"。廪丘县地处东郡、济阴郡之间(见图一)。魏郡何以跨越东郡管辖廪丘县?今查木简图版,被整理者释作"廪"的字从广,从羊,应隶定为"庠"。"庠"乃"庍(斥)"字的异写,庠丘即斥丘,破城子遗址159.5号汉简、地湾遗址353.5号汉简皆书"斥丘"为"庠丘"。① 廪丘为整理者的误释,应改正。

八、魏郡揤裴县

自东汉《汉书》编定以来,历经两千年的传抄翻刻,文字讹误错乱的现象比较严重。《汉志》也存在同样的问题。我们目前所见《汉志》中的某些地名,已发生文字讹变或文字错乱,而出土文献则为我们校释《汉志》讹误提供了宝贵的参照资料。肩水金关汉简记载的某些地名,便可以用来纠正今本《汉志》之误。先看编号为73EJT21∶438的木简:

魏郡揤悲瞿□里大夫田忠年□　　73EJT21∶438

"揤裴国尉"印

细查图版,释文中的"悲"字应为"裴"字的误释。隶书"心"、"衣"两旁写法相近,极易混淆。木简上的"揤裴",即《汉志》魏郡即裴侯国(517)。《汉志》写作"即裴",而《汉书·王子侯表》写作"揤裴",又《说文·手部》:"揤。捽也,从手即声。魏郡有揤裴侯国"。段玉裁注曰:"《汉地理志》作即,《王子侯表》作揤,据此则今本

---

① 两简图版见中国社会科学院考古研究所编:《居延汉简甲乙编》,甲图版柒叁,乙图版贰肆叁。

《地理志》误也。"① 段玉裁结合《说文》、《汉书·王子侯表》的记载，怀疑《汉志》之"即"为误字。清人瞿中溶《集古官印考》著录有一方汉代官印摹本"挼裴国尉"（见图一）。② 该印文字后为罗福颐《汉印文字征》收录。③ 陈直据此印文，称《汉志》"即裴"有误。④ 不过，所谓"挼裴国尉"官印目前只见拓本，而未见实物，未免令人生疑。肩水金关73EJT21：438简的发现，又提供了一条确凿的出土文献证据，完全验证了段玉裁、陈直的说法。今本《汉志》之"即裴"，可据出土文献校改为"挼裴"。

九、淮阳郡赞县

淮阳郡费备成里上造□肠年卅　　第卅车　　73EJT21：468
戍卒淮阳郡赞匠里满愿年廿六　　□　　　73EJT22：80

细查图版，73EJT21：468木简中的"费"字，显然是"赞"字的误释。⑤ 两枚木简所反映的行政建制信息是一致的。由这两枚木简，笔者联想到20世纪30年代在额济纳河流域大湾遗址出土的另外一枚木简。

田卒淮阳郡嚻堂邑里上造赵德　　498·14A

此简中的"嚻"字为劳榦释定，⑥ 并为学界普遍接受。以往该木简中的"嚻"被学者们认定为《汉志》缺载的县邑。⑦ 不过对照图版，所谓"嚻"字十分模糊，实在无法准确判定为何字。⑧ 后来劳榦在修订释文时，又将此字改为缺释。⑨

---

① 段玉裁：《说文解字注》，第599页。
② 瞿中溶：《集古官印考》卷二，续修《四库全书》本，上海：上海古籍出版社，1995年。
③ 罗福颐：《汉印文字征》第八，北京：文物出版社，1978年。
④ 陈直：《汉书新证》，第204页。
⑤ 周波先生亦指出73EJT21：468简之"费"是"赞"的误释，并对汉代"赞"的字形作了较为细致的梳理。参见《说肩水金关汉简、张家山汉简中的地名"赞"及其相关问题》，复旦大学出土文献与古文字研究中心网，2013年5月31日，http://www.gwz.fudan.edu.cn/SrcShow.asp?Src_ID=2060#_edn12。
⑥ 劳榦：《居延汉简考释（释文之部）》，上海：商务印书馆，1949年，第407页。
⑦ 陈直：《汉书新证》，第220页。
⑧ 劳榦：《居延汉简（图版之部）》，台北："中央研究院历史语言研究所"，1958年，第501页。
⑨ 劳榦：《居延汉简考释（释文之部）》，台北："中央研究院历史语言研究所"，1960年。

而吴昌廉先生则将此字改释为"贵"。① 周波先生释此字为"谯"。② 2012年，笔者在台湾大学游逸飞博士的帮助下，获得台湾"中央研究院历史语言研究所"拍摄的该木简红外线照片（见附图）。从红外线照片可以看到，所谓"嚣"字的下半部明显从"贝"，虽然上部还比较模糊，但已能排除"嚣"字的可能，吴昌廉释作"贵"有一定合理性。现在结合肩水金关73EJT21∶468、73EJT22∶80两枚木简，我们可以判定498·14A记载的县名也是"赞"。《居延汉简（图版之部）》所附该简照片还可以大致分辨出"赞"字的形体。

上述三枚木简记载的"淮阳郡赞"，其实就是《汉志》沛郡酂县。《汉志》沛郡酂县自注："莽曰赞治。"颜师古注曰："此县本为鄌，应音是也。中古以来借酂字为之耳，读皆为鄌，而莽呼为赞治，则此县亦有赞音。"③河西汉简证明，《汉志》沛郡酂县在汉代写作"赞"，颜师古等人认为汉代该县写作"鄌"的看法是不正确的。值得注意的是，汉简"赞"的写法与《汉志》"酂"的写法不同。对此现象，陈直已有留意："《隶释》卷七，杨统碑阴有'故吏赞陈俊'题名。据此，赞读本音，与王莽改名相同，与应劭音嵯异。"④除了汉简、汉碑，20世纪60年代在汉魏洛阳故城南郊发掘的东汉刑徒墓砖中，编号T1M11、P8M7的铭文砖皆刻有"沛国赞"。⑤结合这些汉代简帛、碑刻、砖铭资料，汉代沛郡此县的写法应为"赞"，王莽改名"赞治"仍然保留了原地名的用字，今本《汉志》沛郡"酂"的写法可能是后人传抄文献过程中误添加义旁"邑"所致。⑥

图二　498·14A 简局部

---

① 吴昌廉：《居延汉简所见郡国县邑乡里统属表》，《简牍学报》第七期，1980年，第170—171页。
② 周波：《说肩水金关汉简、张家山汉简中的地名"赞"及其相关问题》。
③ 段玉裁也持有与颜师古相类似的看法。见《说文解字注》，第284页。
④ 陈直：《汉书新证》，第204页。
⑤ 中国社会科学院考古研究所编：《汉魏洛阳故城南郊东汉刑徒墓地》。
⑥ 周波先生注意到，杜预《春秋左传注》有"谯国酂县是东北有棘亭"，而《经典释文》曰："酂，或作赞。"（见《说肩水金关汉简、张家山汉简中的地名"赞"及其相关问题》）似乎晋代的杜预原文写作"谯国赞县"。

在《汉志》中，记载有两个"酂"，除沛郡酂县以外，还有南阳郡酂县。在汉魏洛阳故城南郊东汉刑徒墓出土铭文砖中还有一个值得注意的现象。编号为 T2M9 的铭文砖刻有"南阳郡酂"。刑徒铭文砖中"沛国赞"、"南阳郡酂"两种写法的出现，似乎暗示汉代两个酂县的写法是有所区别的。"赞"专指沛郡（国）酂，而"酂"专指南阳郡酂。《说文·邑部》："酂。百家为酂。酂，聚也。从邑，赞声。南阳有酂县。"许慎在解释酂字时，只提到南阳郡酂县，表明在汉代用字习惯中，"酂"字专用于南阳郡酂县。

如果明确汉代以添加"邑旁"来区别沛郡赞、南阳郡酂，可以帮助我们理解张家山汉简《秩律》载录县名的含义。《秩律》简 449 同时载录有酂和赞。竹简整理小组认为酂是指沛郡酂县，赞是指南阳郡酂县。① 而晏昌贵先生提出一种假设："我怀疑《秩律》中'酂'当是南阳郡属县，'赞'则是《秩律》始作者所注的音，后来抄写者不明其故，乃一并抄入，遂成其误。"② 现在看来，张家山汉简整理小组把"赞"、"酂"当作两个县名的意见是正确的。只是"赞"应为沛郡酂县，而"酂"是南阳郡酂县，与竹简整理小组的意见恰恰相反。

以上根据肩水金关汉简、居延汉简、洛阳南郊东汉刑徒墓砖校订了今本《地理志》的用字讹误，阐明了《秩律》简 449"酂"、"赞"两县名所指。根据肩水金关汉简、居延汉简"淮阳郡赞"的记载，还可以附带讨论《汉志》沛郡赞县的隶属沿革。《汉志》赞县隶属沛郡管辖，反映的是汉成帝元延三年（前 10 年）的行政建制。肩水金关汉简、居延汉简"淮阳郡赞"反映的是汉宣帝元康三年（前 63 年）淮阳郡改置为淮阳国之前的行政建制。关于西汉初年赞县的隶属关系，谭其骧先生根据《史记·梁孝王世家》"吴楚齐赵七国反，吴楚先击梁棘壁"的记载指出，汉初梁楚分界在"棘壁"，地处

---

① 张家山二四七号汉墓竹简整理小组：《张家山汉墓竹简〔二四七号墓〕（释文修订本）》，北京：文物出版社，2006 年，第 73 页。又廖伯源先生也基本赞同整理小组的看法，见《〈张家山汉简·秩律〉酂侯国及雍县考》，《汉学研究》第 21 卷第 2 期，汉学研究中心，2003 年。
② 晏昌贵：《〈二年律令·秩律〉与汉初政区地理》，复旦大学历史地理研究所编：《历史地理》第 21 辑，第 49 页。

"棘壁"附近的赞县汉初隶属梁国。① 而周振鹤、晏昌贵二位先生认为汉初赞县隶属楚国。② 笔者曾撰文指出,汉初刘邦不在彭越之梁国境内封置侯国,而高帝六年刘邦封置萧何为酂侯(15),故赞县于汉初必不在梁国境内,当如周、晏二位先生所言地处楚国。③ 而肩水金关汉简、居延汉简"淮阳郡赞"的记载表明,汉宣帝元康三年以前赞县隶属淮阳郡。结合这一记载,汉初赞县隶属淮阳郡(国)的可能性要更大一些(参见图二)。

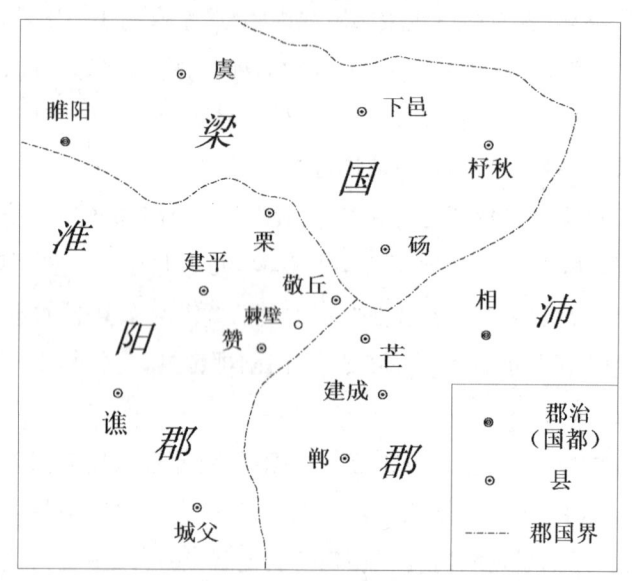

图二 淮阳郡、沛郡、梁国分界(元狩元年至元康三年)

十、淮阳郡栗侯国

淮阳郡栗侯国☐　73EJT22∶18

此简记载之栗侯国,即《汉志》沛郡栗侯国(514)。与前述肩水金关

---

① 谭其骧:《秦郡界址考》砀郡条,收入《长水集》上册,第15页。
② 晏昌贵:《〈二年律令·秩律〉与汉初政区地理》;周振鹤:《〈二年律令·秩律〉的历史地理意义》(修订),中国社会科学院简帛研究中心编:《张家山汉简〈二年律令〉研究文集》,桂林:广西师范大学出版社,2007年。
③ 参见拙文《西汉梁国封域变迁研究(附济阴郡)》,《史学月刊》2013年第5期。

73EJT21∶468、73EJT22∶80 木简一样，73EJT22∶18 木简载录"淮阳郡栗侯国"反映的是汉宣帝元康三年以前的行政建制。该简记载表明，元康三年以前栗侯国隶属淮阳郡管辖。

以 73EJT22∶18 木简为契机，笔者尝试系统梳理西汉时期栗县（侯国）的建制沿革。《大清一统志》记载汉代栗县即河南省夏邑县。① 根据这一地理定位，栗县地处"棘壁"以北，汉景帝以前应隶属梁国（参见图二）。而肩水金关 73EJT22∶18 木简记载汉宣帝时期栗侯国隶属淮阳郡。显然，景帝至昭帝时期栗县曾有改属。《史记·梁孝王世家》载武帝元朔年间"削梁八城，枭任王后首于市，梁余尚有十城"。周振鹤先生曾推定武帝元朔年间（前 128—123 年）梁国所削八县名目为谯、酂、芒、敬丘、建平、薄、僖、宁陵，其中并无栗县。② 栗县地处敬丘、建平以北，周先生推定元朔年间削县名目，为何独将栗县排除在外？ 笔者推测，周先生不计入栗县，可能因为《汉志》栗县为侯国。据《汉书·王子侯表》，武帝征和元年（前 92 年）封赵敬肃王子刘乐为栗侯。武帝以后封置之侯国多以乡聚改置，周先生据此推测武帝征和元年之前并无栗县，故在推定元朔年间梁国削县名目时，未计入栗县。

其实，栗县汉初便已存在。《史记·项羽本纪》："章邯军至栗。"《集解》引徐广曰："县名，在沛。"同书《高祖本纪》："沛公引兵西，遇彭越昌邑，因与俱攻秦军，战不利，还至栗。"《索隐》引韦昭曰："县名，属沛。"由此可见，刘乐受封之侯国乃以栗县改置，并非以乡聚立国。武帝元朔年间，栗县是明确存在的，当即梁国所削八县之一。③

由此我们可以大致梳理出西汉栗县之建制沿革。西汉初年，栗县属梁国。武帝元朔年间因梁王获罪而削入淮阳郡。征和二年，武帝迁徙赵

---

① 《大清一统志》卷一九四《河南统部·归德府·古迹》，上海：上海古籍出版社影印《四部丛刊续编》本，2008 年。《中国历史地图集》也采纳了这一说法。见谭其骧主编：《中国历史地图集》第二册，第 19—20 页。
② 周振鹤：《西汉政区地理》，第 57—58 页。
③ 关于元朔年间，梁国所削八县名目，笔者曾重作考订，参见拙文《西汉梁国封域变迁研究（附济阴郡）》。

王子刘乐之封国于此。① 元康三年,宣帝改淮阳郡为王国,封置皇子刘钦。因王国不能辖有侯国,栗侯国改属沛郡,并一直延续至汉末。肩水金关73EJT22∶18木简载录的"淮阳郡栗侯国"反映是汉武帝征和二年至宣帝元康三年(前91—前63年)的行政建制。

本篇出自笔者三篇论文:《居延汉简地名校释六则》,《文史》2013年第4辑;《谈肩水金关汉简中的几个地名》,《中国历史地理论丛》2012年第3期;《谈肩水金关汉简中的几个地名(二)》,《中国历史地理论丛》2014年第2期。收入本书时,略作修订。

---

① 参见下编第七章第二节考述。

北京大学藏秦水陆里程
简册释地五则

近年出土的秦汉简牍文献中,有一类称作"道里簿"的文书十分特殊。这种文书的基本内容为交通沿线地点间的里程记录,载录的地点以亭燧、传置、县邑为主。① 由于记载了聚落之间的相对里程,"道里簿"对于秦汉交通地理以及秦汉城邑定位具有十分重要的研究价值。目前,学界利用此类文书已取得丰硕研究成果,其中不乏精彩的研究范例。②

2010年,北京大学获赠一批秦代简牍。据介绍,这批简牍包括一类记录江汉地区水陆交通路线和里程的文书,整理者暂定名为"道里书"。③ 显然,北京大学入藏的"道里书"也属于简牍文献中的"道里簿"范畴。2013年,辛德勇先生先后发表《北京大学藏秦水陆里程简册的性质和拟名问题》、《北京大学藏秦水陆里程简册初步研究》(以下简称《初步研究》),公布了部分"道里书"的竹简释文。④ 就简文内容来看,北京大学藏水陆里程

---

① 李天虹:《居延汉简簿籍分类研究》,168页;李均明:《秦汉简牍文书分类辑解》,北京:文物出版社,2009年,第341页。
② 以往在额济纳河流域汉代烽燧遗址、甘肃省敦煌悬泉置遗址、湖南省龙山县里耶遗址都曾发现过此类文书。相关研究可参阅李并成:《河西走廊历史地理研究》,兰州:甘肃人民出版社,1995年;郝树声:《敦煌悬泉里程简地理考述》,《敦煌研究》2000年第3期;郝树声:《敦煌悬泉里程简地理考述(续)》,《敦煌研究》2005年第6期;初师宾:《汉简长安至河西的驿道》,《简帛研究二〇〇五》,桂林:广西师范大学出版社,2008年,第88—115页;张春龙、龙京沙:《里耶秦简三枚地名里程木牍略析》,《简帛》第一辑,上海:上海古籍出版社,2006年,第265—274页。
③ 北京大学出土文献研究所:《北京大学藏秦简牍概述》,《文物》2012年第6期。
④ 两文分别刊载于《简帛》第八辑,上海:上海古籍出版社,2013年,第17—28页;《出土文献》第四辑,上海:中西书局,2013年,第176—278页。两文俱收入作者文集《石室賸言》,北京:中华书局,2014年。

简册(以下简称"里程简册")主要记录了以江陵为中心的南郡、南阳郡道路里程,涉及的地名包括秦代南郡、南阳郡、三川郡的县邑、乡里、津关、亭邮,地名信息极为丰富,是研究秦汉南郡、南阳郡政区地理和交通路线不可多得的宝贵资料。《初步研究》已利用这批资料阐发了荆楚地理和秦汉政区地理相关问题,取得了令人瞩目的研究成绩。

笔者在阅读里程简册时,发现其中某些地名可以与传世文献对读。结合传世文献和简牍文献的相关记载,可以进一步阐发这批简牍文书所蕴含的学术价值,也可附带解决一些秦汉政区地理问题。现不揣浅陋,对里程简册涉及的五个地名进行讨论,以求教于学界同仁。

一、阳新乡

在目前所见里程简册简文中,有一支简涉及"阳新乡"。该简内容为"西陵水道到阳新乡百卅八里"(04-075),①记载了从西陵县经由水路行至阳新乡共计一百四十八里的里程信息。里程简册多处提到由西陵出发经由水路北上其他地点的里程。《初步研究》已经指出,里程简册提到的"西陵水道到某地"主要是指从西陵出发,溯比水(今唐河)而上的水路交通。根据里程推算,阳新乡应在西陵东北的比水沿岸,约在今湖北省襄阳县朱集镇境内。②

《初步研究》将这支简中的"阳新乡"理解为阳县之新乡,这种解读方式可能存在问题。③ 据《初步研究》考订,秦代的阳县约在今河南省方城县南,而简文提到的阳新乡位于今湖北省襄阳县北,两地相距十分遥远,跨越了今天社旗、唐河两县(参见图一)。阳县辖域如此辽阔,令人难以想象。④

---

① 以下引用里程简册简文编号及释文,俱出自《初步研究》,不再一一注明。
② 里程简册简 04-231 记载:"淯口到西陵十二里。"淯口即淯水(今白河)与汉水的交汇处,故阳新乡在淯口上游一百六十里,约在今湖北省襄阳县朱集镇。
③ 同样的解读亦见作者《北京大学藏秦水陆里程简册与战国以迄秦末的阳暨阳城问题》,《北京大学学报》2015 年第 2 期。后收入作者文集《旧史舆地文编》,上海:中西书局,2015 年。
④ 《初步研究》也注意到了这个问题,于是说:"秦阳县辖境是沿比水亦即今唐河谷地向西南方向大幅度延展……愈可见阳县之南北地域,相当辽阔。"见《石室賸言》,第 182 页。

在里程简册记载的阳新乡北部不远,即是汉代新都侯国遗址。① 汉代新都侯国原是新野县乡聚。《汉书·王莽传》曰:"永始元年,封莽为新都侯,国南阳新野之都乡,千五百户。"②《续汉书·郡国志》南阳郡新野县自注:"有东乡,故新都。"可见新都侯国设置之前、废除之后都在新野县境内。新野县战国时期便已设置,③而新近公布的岳麓书院藏秦简也出现了新野县。④ 秦汉时代的县域辖境较为稳定,因此今河南省新野县王庄镇唐河沿岸应当隶属秦代新野县管辖,故阳县不可能跨越新野、胡阳二县去管辖比水下游的阳新乡。

就阳新乡所处方位而言,其在秦代应隶属于新野县。我们在史籍中能找到一条稍晚的证据。西汉建平四年(前3年),哀帝分封郑业为阳新侯(《汉书·哀帝纪》、《汉书·外戚传》记为"阳信侯",古书新、信二字通用)。《汉书·外戚恩泽侯表》"阳信侯郑业"条下注"新野"。⑤ 根据《汉书》"侯表"下注县名体例,阳新侯国地处汉代新野县境内。⑥ 汉武帝以后,多以乡聚分封侯国,郑业受封之侯国,前身当即新野县阳新乡。汉代的阳新乡明确隶属新野县管辖,秦代的阳新乡也应隶属于新野县。

里程简册中的阳新乡乃是新野县辖乡,并非阳县之新乡,《初步研究》的理解方式并不准确。同样,在里程简册中还载录有"西陵水道新乡百五十一里"(04-076)。⑦ 因《初步研究》将"阳新乡"解读为"阳县之新乡",所以认为简04-076中的"新乡"就是简04-075中的"阳新乡",并结合两支简连续排列的现象,推测简04-076是对简04-075的修正。这种说法存在一定缺陷。如果简04-075所记里程有误,抄手应将错误信息削去或勾

---

① 国家文物局主编:《中国文物地图集·河南分册》,第224页。
② 《汉书》卷九九,北京:中华书局,1962年,第4040页。
③ 后晓荣:《秦代政区地理》,第274—275页。
④ 岳麓书院藏秦简《为狱等状四种》载录的秦王政二十二年发生的"学为伪书案"多次提及新野县。见朱汉民、陈松长主编:《岳麓书院藏秦简(叁)》,上海:上海辞书出版社,2013年,第65—69页。
⑤ 《汉书》卷一八,第713页。
⑥ 参见上编第一章考述。
⑦ 结合水陆里程简册简文格式,此简释文应为"西陵水道到新乡百五十一里"。整理者释文或遗漏"到"字。此处承蒙林志鹏先生提示。

掉,而不应不做任何处理,又补抄正确信息。而现已知阳新乡不同于新乡,则《初步研究》的推论失去了依据。这两支简连续排列,应是指从西陵溯比水而上,一百四十八里为阳新乡,一百五十一里为新乡。《初步研究》称:"从西陵到'阳新乡'或'新乡'两地的里至十分接近,仅仅相差三里,且又都是同样行走水路,这又实在不大可能会是两个不同的地点。"《初步研究》的说法过于绝对。实际上,常有聚落夹河相对的现象,如夹汉水而立的襄阳与樊城、夹长江而立的武昌与汉阳,所以相距仅三里的阳新乡与新乡应当是分立于比水两岸的两个乡级聚落。① 从比水沿岸的阳新乡、都乡(西汉新都侯国)皆隶属新野县来看,两乡之间的新乡也应隶属新野县管辖。

建平三年(前4年),哀帝封丞相王嘉为新甫侯,封户一千六十八,与阳新侯封户一千相当。《汉书·外戚恩泽侯表》"新甫侯王嘉"条下亦注"新野",②则此新甫当同为新野县属乡。此新野县新甫乡或与里程简册记录的新野县新乡有关。

里程简册还记录有"西陵水道到阳平乡五十九里"(04-199)。《初步研究》同样将此"阳平乡"理解为阳县之平乡。现已知阳平乡上游九十里的阳新乡隶属新野县,则阳平乡肯定也与阳县无关。根据其里程,阳平乡约在今湖北省襄阳县双沟镇,在秦代应隶属附近的邓县或西陵县管辖(参见图一)。

二、栎　　陵

里程简册还有一条与比水航路相关的记载为"比口到栎陵四百卌一里"(04-208)。简文中的比口即比水与淯水(今唐河与白河)的交汇处,以此为起点溯比水四百余里,相当于今唐河县大河屯镇境内。

《初步研究》注意到,《水经注》记载有一条叫作"泺(灤)水"的比水支流③,并已指出栎陵即位于泺水沿岸。至于"泺水"究竟是今天的哪一条河流,

---

① 此处承蒙凌文超兄提示,谨志感谢。
② 《汉书》卷一八,第712页。
③ 《水经注》记作"灤"水。两汉魏晋南北朝,常为文字添加"艹"头(参见辛德勇:《北齐〈大安乐寺碑〉与长生久视之命名习惯》,收入作者文集《石室賸言》,第302—325页),故此水亦可写作"泺"水。

《初步研究》并未指明。由于栎陵的定位与溴水紧密相关,因此我们有必要对溴水作以考订。先来看《水经·比水注》的记载:

> 比水又西,澳水注之。水北出苋丘山,东流,屈而南转,又南入于比水。按《山海经》云:"澳水又北入视",不注比水。余按吕忱《字林》及《难字》《尔雅》并言瀙水在比阳,脉其川流所会,诊其水土津注,宜是瀙水,音药。①

溴水发源于苋丘山,亦即历代地志所载之慈丘山,乃今河南省泌阳县官庄乡北之大寨子山,又称三山。② 清代地志均将发源于慈丘山的梁河比定为溴水。《大清一统志》曰:"澳水,在泌阳县西北,俗名凉河。"③《泌阳县志》曰:"瀙水,源出虎头山,《水经》谓之澳水……今讹为凉河。"④ 杨守敬编绘《水经注图》亦根据清代地志把溴水标注在梁河。⑤ 不过,清代地志的说法并不准确。《水经注》记载溴水源出慈丘山后,"东流,屈而南转,又南入于比水",而今天的梁河河道呈西南流向,并无东流的趋势。另外,《水经注》明确记载,比水先与蔡水交汇,再与溴水汇合。《水经·比水注》曰:"蔡水南出盘石山,故亦曰盘石川,西北流注于比。"⑥ 盘石山,即今天泌阳县陈庄乡盘古山,发源于此山的蔡水,即今天的甜水河,又名田市河。⑦ 甜水河在今泌阳县赊湾镇汇入比水,位于梁河交汇口的下游,这一河流交汇形势,与《水经注》的记载不符(参见图一)。

笔者注意到,在梁河之西还有一条洪河,同样发源于慈丘山。此洪河在源出慈丘山后,河道呈东南流向,随后又转为西南流向。这一形势与《水经

---

① (清)杨守敬、熊会贞疏,段熙仲点校,陈桥驿复校:《水经注疏》卷二九,第2479—2480页。原文标点有误,引文已作修改。
② (清)倪明进修,栗鄠纂:《泌阳县志》卷二,清道光八年刻本。
③ 《大清一统志》卷二一〇《河南统部·南阳府》,第5册第314页上。
④ (清)倪明进修,栗鄠纂:《泌阳县志》卷二。又卷首舆图将今梁河标绘为瀙水。
⑤ (清)杨守敬:《水经注图》,北京:中华书局,2009年,第353页。
⑥ (清)杨守敬、熊会贞疏,段熙仲点校,陈桥驿复校:《水经注疏》卷二九,第2479页。
⑦ (清)倪明进修,栗鄠纂:《泌阳县志》卷二;《大清一统志》卷二一〇《河南统部·南阳府》,第5册第314页上。

注》溮水"东流,屈而南转"的描述正相吻合。洪河在流出泌阳县后,在今唐河县大河屯镇汇入比水,其交汇口位于蔡水下游,也与《水经注》所述溮水、蔡水方位相同,而里程简册记录的栎陵正在大河屯镇附近,所以今天的洪河才应当是古溮水,①栎陵应在今唐河县大河屯镇境内的比水北岸。

《汉书·地理志》(以下简称《汉志》)南阳郡辖有乐成侯国。关于西汉乐成侯国所在,顾祖禹引旧地志认为即河南省邓州南三十里的乐乡城。②顾祖禹的看法影响极大,《大清一统志》即据此将汉代乐成侯国定于邓州南,《中国历史地图集》、《中国文物地图集》把西汉乐成标绘在邓县西南显然受上述记载影响(参见图一)。③ 不过,若仔细分析汉代乐成侯国方位,顾祖禹所引旧志的说法并不能成立。

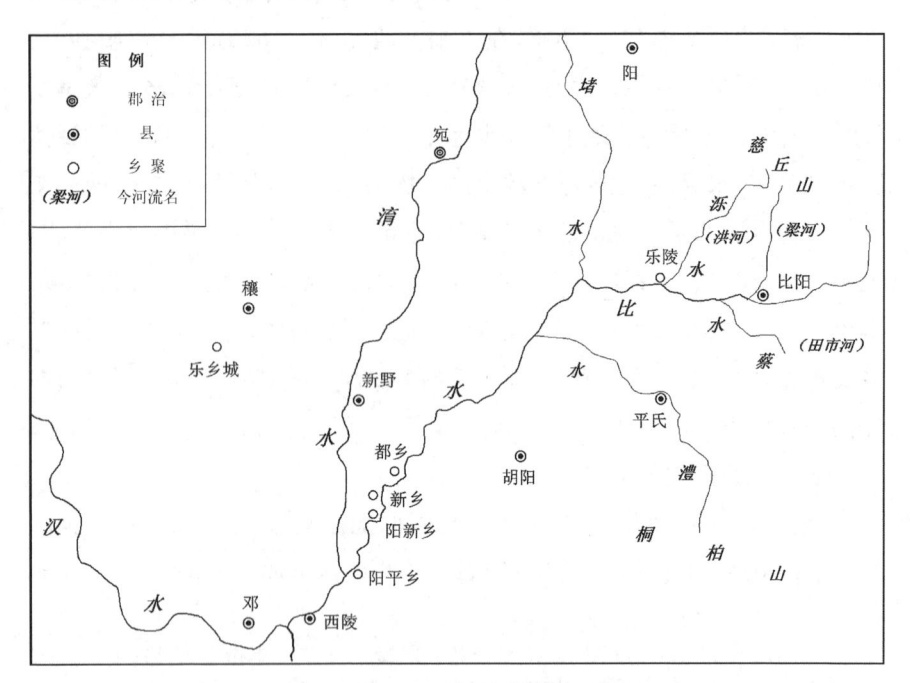

图一　秦代比水流域聚落分布示意图

---

① 鲁西奇先生已经指出《水经·比水注》记载的澳水应即今天的洪河,但未作论证。见《城墙内外:古代汉水流域城市形态与空间结构》,北京:中华书局,2011年,第101页。
② (清)顾祖禹:《读史方舆纪要》卷五一《南阳府·邓州》,第2417页。
③ 谭其骧主编:《中国历史地图集》第二册,北京:中国地图出版社,1982年,第22页;国家文物局主编:《中国文物地图集·河南分册》,第230页。

《汉志》载录的南阳郡乐成侯国为许延寿封国。《汉书·外戚恩泽侯表》"乐成敬侯许延寿"栏下注"平氏",[①]根据《汉书》"侯表"下注县名体例,乐成侯国地处平氏县境内。汉代平氏县即今天河南省桐柏县平氏镇,[②]距离邓县西南的乐乡城十分遥远(参见图一),所以邓县之乐乡城绝不可能是汉代的乐成侯国。对于《汉表》透露的乐成侯国方位信息,郑威已有注意,他结合《水经注》泝水的记载,提出汉代乐成侯国应位于泝水附近。[③]笔者对此非常赞同。不过郑威在对泝水定位时,出现了偏差,将其认定为比水以南,发源于桐柏山的某条河流,因而把汉代乐成侯国定位在今河南省泌阳县、桐柏县之间。前面已经提到,《水经注》记载泝水发源于慈丘山,南流注入比水,所以泝水绝不可能位于比水之南,而应当是比水以北的洪河。汉代的乐成侯国应定位于今洪河一带。

里程简册对"栎陵"方位的描述,可以说进一步验证了笔者的看法。里程简册中的"栎陵"正位于唐河县大河屯镇一带,不仅证实了古泝水即今洪河,同时也为乐成侯国的定位提供了依据。秦汉时代的地名,常常在地名专名后,附加"陵"、"阳"、"成"、"原"等后缀。而古书乐、栎相通,[④]故里程简册之"栎陵"即汉代之"乐成",位于今唐河县大河屯镇比水之北。此地与汉代平氏县相近,在汉代应隶属平氏县管辖,完全符合《侯表》乐成为平氏县乡聚的记载。由此逆推,秦代的乐成(陵)也应隶属平氏县管辖。

三、厗 渠

里程简册记录了一个叫作"厗渠"的地名。目前公布的简册简文中,共有三支简涉及厗渠:

厗渠庚到鲁阳卅一里(04-056)

---

① 《汉书》卷一八,第700页。
② 国家文物局主编:《中国文物地图集·河南分册》,第233页。
③ 郑威:《楚国封君研究》,武汉:湖北教育出版社,2012年,第80—83页。
④ 如秦代栎阳虎符即将"栎阳"写作"乐阳"。见吴镇烽编著:《商周青铜器铭文暨图像集成》第34册编号"19175",上海:上海古籍出版社,2012年,第549页。

石城到朐渠庾卅五里(04-062)

朐渠庾到阳新城庾百四里(04-063)

以上三支简文,记录的是朐渠庾到不同地点的陆路里程。此外,简04-061记载有"雉到石城十七里",此简与04-062、04-063编号相连,记录了由雉经由石城、朐渠庾到阳新城庾的完整里程。朐渠庾中的"庾"字,《初步研究》已经指出即"仓"之意,则朐渠庾即设在朐渠之仓。04-061简提到的雉,即秦代之雉县。04-056简中的鲁阳,即秦代鲁阳县。雉县与鲁阳县南北相邻,朐渠地处两县之间。朐渠距离雉县六十二里,距离鲁阳四十一里,就里程来看,朐渠极有可能是隶属鲁阳县的乡聚。

西汉武帝时期,曾两次分封煇渠侯国。元狩二年,武帝封功臣匈奴人仆朋为煇渠侯,次年又封匈奴降王应疕为煇渠侯。《汉书·景武昭宣元成功臣表》在两个煇渠侯下皆注"鲁阳",① 根据《汉书》"侯表"下注县名体例,煇渠应为鲁阳县之乡聚。笔者以为,《汉书》中的煇渠侯国应当与里程简册中的朐渠有关。上古音"朐"为群母幽部,"煇"为晓母微部(或归文部)。② 群、晓二母同属牙喉音,发音部位相近。从诸家所拟上古音系来看,幽与微、文二部似乎声音远隔,但刘钊先生结合清代乾嘉以来关于幽觉与微物文相通的研究成果,指出"不论是传世典籍和出土资料,都充分证明了上古汉语中幽觉与微物文之间相当常见的音转现象"。③ 朐从"九"声,龙宇纯先生曾注意到从"九"之字(幽部)与微部字相通的例子。如《礼记·明堂位》"昔殷纣乱天下,脯鬼侯",《史记·殷本纪》及《周本纪》"鬼侯"并作"九侯";又如"朹"字,《说文》以为"簋"之古文,"鬼"、"簋"均微部字。此外,"艽"、"馗"二字俱从"九"声,《广韵》同见"巨鸠切"(鸠在上古为幽部)、"渠追切"(追为微部),亦可说明从"九"之字往往

---

① 《汉书》卷一七,第648页。
② 学界多把"煇"字归入微部,但郭锡良认为从"军"的字《诗经》时代应在文部。参见《汉字古音手册》(增订本),北京:中华书局,2010年,第227页注1。
③ 刘钊:《古玺格言玺考释一则》,收入氏著《书馨集:出土文献与古文字论丛》,上海:上海古籍出版社,2013年,第264页。

有微部之音读，①故垔与辉亦存在相通的可能。

根据里程简册所载垔渠与鲁阳、雉县的相对里程，其地约在今河南省鲁山县熊背乡境内（参见图二），此地恰好存在黄岗寺汉代聚落遗址，遗址面积达 7000 平方米，符合汉代乡一级聚落的规模，②或与垔渠乡有关。里程简册不仅验证了《汉表》"辉渠侯"条下注"鲁阳"之可信，同时也为汉代辉渠侯国的定位提供了可贵的文献依据。

四、输民（轮氏）

里程简册记载了一条出南阳郡抵达雒阳的交通干线。由三支简构成，相关简文如下：

鲁阳到女阳百一十里（04-067）

女阳到输民八十九里（04-068）

输民到雒阳百一十里（04-069）

《初步研究》提到"输民"不见于传世文献记载，根据简文载录里程，可大致推定输民在今汝州临汝镇一带。③ 其实简文中的"输民"并非不见于传世文献，此地即《汉书·地理志》颍川郡纶氏县。今试论证如下：

《汉志》颍川郡之纶氏县，《续汉书·郡国志》记为"轮氏"。《后汉书》某些篇章亦将此县记作"轮氏"。《张玄传》载："（玄）强起至轮氏，道病终。"④《陈寔传》："郡中士大夫送（寔）至轮氏传舍。"⑤不过《后汉书》也有将此县书作"纶氏"的情况，似乎当时的写法并不固定。但是洛阳南郊东汉刑徒墓砖"P3M10：下 9A"载有"无任颍川轮氏司寇张孙元初六年二月

---

① 龙宇纯：《上古音刍议》，收入《中上古汉语音韵论文集》，台北：五四书店，2002 年，第 439 页。
② 国家文物局主编：《河南省文物地图集》，文物单位简介第 91 页。
③ 辛德勇：《北京大学藏秦水陆里程简册初步研究》，收入《石室賸言》，195 页。
④ 《后汉书》卷三六，北京：中华书局，1965 年，第 1244 页。
⑤ 《后汉书》卷六二，第 2065 页。

四日死"。① 另外《水经注》载临睢县立有东汉《豫州从事皇毓碑》,树碑者有"二千石丞轮氏夏文则"。② 东汉刑徒墓砖铭文及汉碑碑文表明,"轮氏"才是当时通行的写法。

我们再来看里程简册中的"输民"。古书"俞"、"仑"二字在字形上非常接近,"仑"字极易讹误为"俞"。《战国策·齐策四》"孟尝君逐于齐而复反"章有"请以市谕"的文字。③ 而《风俗通义》载此事则写作"请以市论"。④ 就文意而言,"以市论"更佳,《国策》"谕"应是"论"讹误。而在释读出土简牍文字时,也容易将"仑"误释为"俞"。孔家坡汉简《日书》曾记载古史人物"緰",刘乐贤先生认为不能排除为"纶"字误释的可能。⑤ 这里再举两个误将汉简文字"轮"释为"输"的实例。居延汉简 72·53 有"输一具□□视□枳轴完"的字样。⑥ 就文字内容来看,该简应属于"折伤牛车出入簿"的一段,为检视牛车损坏状况的记录。⑦ 相类似的文字可以参考居延新简 EPT51·251"南阳叶车父武后。第十七车。轮一具……枳轴完"的记录。⑧ 这类簿录中,检视车轮、车轴完好与否,是非常重要的项目。显然简 72·53 中的"输"是"轮"字的误释。仔细核对图版,该简轮字虽然右半部略残,但仍能辨识,⑨前人的释读显然存在错误。又肩水金关汉简 73EJT2∶18 释文作"□□者省择其十人作牛车输工遣诣天水郡□",核对图版,整理者显然把"轮"误释为"输"。⑩ 综合以上例证,里程简册输民中的"输"应是"轮"字的误释。

至于输民中的"民"字,我们也有理由相信为"氏"字的误释。古书民、

---

① 中国社会科学院考古研究所编:《汉魏洛阳故城南郊东汉刑徒墓地》,附图三一。
② (清)杨守敬、熊会贞疏,段熙仲点校,陈桥驿复校:《水经注疏》卷二四,第 2018 页。
③ 诸祖耿:《战国策集注汇考》卷一一,南京:江苏古籍出版社,1985 年,第 606 页。
④ 王利器:《风俗通义校注》卷七,北京:中华书局,1981 年,第 330 页。此例证承蒙任攀告知。
⑤ 刘乐贤:《释孔家坡汉简〈日书〉中的几个古史传说人物》,《中国史研究》2010 年第 2 期。
⑥ 谢桂华、李均明、朱国炤:《居延汉简释文合校》,北京:文物出版社,1987 年,第 127 页。
⑦ 李天虹:《居延汉简簿籍分类研究》,第 154 页。
⑧ 甘肃省文物考古研究所等编:《居延新简》,北京:文物出版社,1990 年,第 195 页。
⑨ 劳榦主编:《居延汉简(图版之部)》,185 页。
⑩ 甘肃简牍保护研究中心:《肩水金关汉简(壹)》,上海:中西书局,2011 年。释文见下册第 22 页,图版见上册第 41 页,中册第 41 页。

氏二字的写法极为相近，常常混用。而将"氏"写作"民"形，是秦文字的一个特点。如睡虎地秦简中的"氏"皆写作"民"，"昏"皆写作"昏"。① 秦代刑徒墓瓦文中的"杨氏"写作"杨民"。② 秦文字的这种写法，在汉代仍有保留。汉代简牍、石刻文字常能见到写作"民"形的氏字。相关文字例证，梁春胜先生举出很多，这里就不重复列举了。

那么秦代有没有可能把地名"轮氏"写作"输氏"呢？笔者认为不存在这种可能性。因为该地名从"仑"的写法在战国时期便十分稳定。在战国时期韩国的银器、印章和兵器上都出现过地名"仑氏"。③ 而在韩国陶文及钱币上，还出现过从仑从邑的字形。④ 该地名在汉代以后的文献也从未出现从"俞"的写法。结合以上考述，我们有理由相信里程简册中的"输民"是"轮氏"的误释。秦代里程简册"轮氏"的写法，表明由秦至东汉该县都书写为"轮氏"，今本《汉志》"纶氏"并非汉代通用的写法，这对于校订《汉志》文字讹误，无疑具有非常重要的价值。

关于汉代轮氏县的地理方位，历代地志均有明确记载，约在今河南省登封市颍阳镇（参见图二）。⑤ 颍阳镇距离汉魏洛阳城遗址的道路距离约为50公里，相当于秦代120里，与里程简册记录的里程信息基本吻合。

五、女（汝）阳

《汉志》汝南郡辖有汝阳县，古书"女"、"汝"二字通用，故"女阳"即"汝阳"。不过，就里程简册载录的交通路线和里程来看，简文中的女阳并非汉代汝南郡之汝阳，《初步研究》对此已有详尽讨论。至于简文"女阳"方

---

① 梁春胜：《楷书部件演变研究》，上海：线装书局，2012年，第106页。
② 陕西省考古研究所、临潼县文物工作队编：《秦陵徭役刑徒墓》，西安：陕西旅游出版社，1992年，第35页。
③ 后晓荣：《战国政区地理》，北京：文物出版社，2013年，第42页。又解放前长沙出土韩国银器以及某私人收藏韩国兵器也见有地名"仑氏"。这两件例证承蒙董珊先生提示，谨致感谢。
④ 施谢捷：《古玺汇考》，安徽大学中文系2006年博士学位论文，第133页。
⑤ 《大清一统志》卷二〇六《河南统部·河南府》"颍阳故城"条，第5册第248页上；谭其骧主编：《中国历史地图集》第二册，第19—20页。

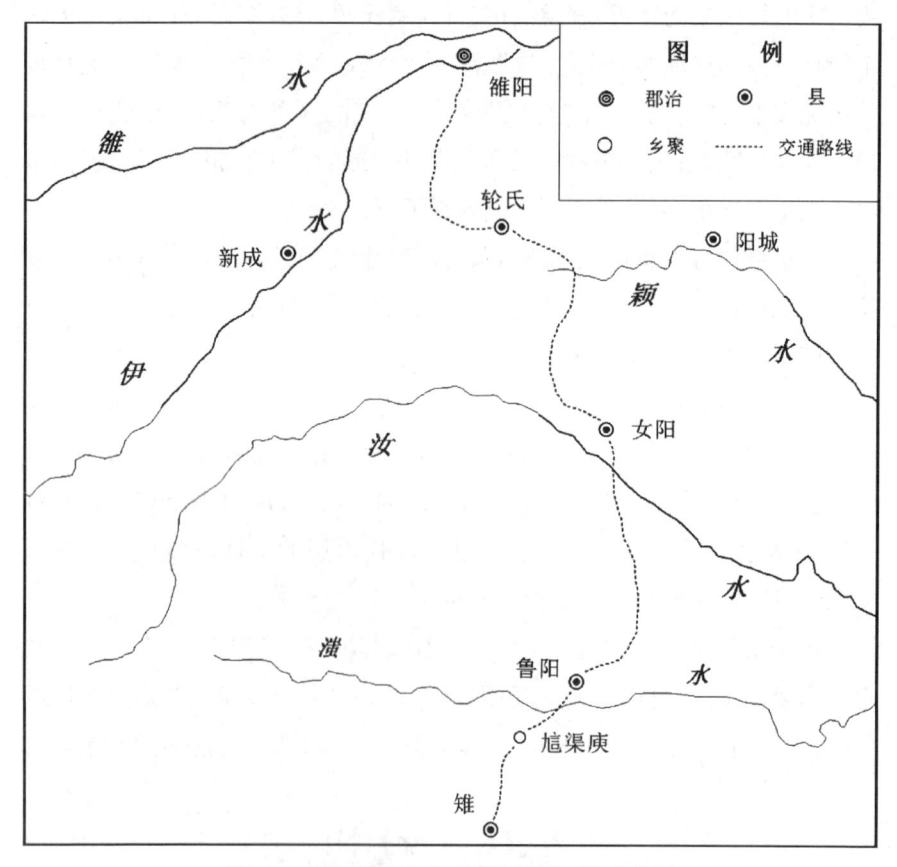

图二 秦代南阳郡至三川郡交通路线示意图

位,《初步研究》根据简册里程信息,大致推定在今河南省郏县境内的汝河北岸。现在明确里程简册载录的"输民"即"轮氏"后,我们可以对里程简册之"女阳"方位做出更为精确判断。

里程简册载录女阳距轮氏八十九里,距离鲁阳一百一十里。秦汉轮氏故城在今登封市颍阳镇,秦汉鲁阳故城在今鲁山县县城南关。① 以秦汉轮氏故城、鲁阳故城为基点,可以推算出里程简册载录的女阳约在今河南省汝州市纸坊乡境内的汝水北岸(参见图二)。

在今汝州市纸坊乡康街村存有一片汉代遗址,据传为汉代周承休侯

---

① 国家文物局主编:《河南省文物地图集》,第89页。

国遗址。① 《汉书·元帝纪》《汉书·外戚恩泽侯表》载初元五年,元帝更封周子南君为周承休侯。② 此为周承休侯国建置之始。就该侯国名号来看,"周承休"显然是嘉号,而非地名。③ 至于周承休侯国建置之前,其所在乡聚的名称不详。周承休侯国于东汉省并。北魏时期,又在其故地设置汝原县,至隋代更名为承休县。④ 北魏设置的汝原县,很有可能就是周承休侯国设置前的古名。秦汉时代,常在专有地名后附加陵、阳、城、原等通名。如《史记·建元以来王子侯者年表》载武帝元朔四年封山侯国,《汉书·王子侯表》作"山原"。⑤《汉书·王子侯表》所载武帝元朔二年封临众侯国,即《汉志》琅邪郡临原侯国。⑥ 故"汝原"可与"汝阳"相通。里程简册所载录之女(汝)阳,应当是西汉周承休侯国的前身。

本文原刊于杨振红、邬文玲主编:《简帛研究》2016 年秋冬卷,桂林:广西师范大学出版社,2017 年。收入本书时,略作修订。

---

① 国家文物局主编:《河南省文物地图集》,第 83 页,文物单位简介 74 页。
② 《汉书》卷九,第 285 页;《汉书》卷一八,第 698 页。
③ 如元鼎元年,武帝东巡获鼎,有司赞曰:"今鼎至甘泉,光润龙变,承休无疆。"见《汉书》卷二五《郊祀志》,第 1225 页。
④ 《魏书·地形志》汝北郡有南汝原县。《隋书·地理志》襄城郡承休县注曰:"旧曰汝原,置汝北郡。后改曰汝阴郡。后周郡废。大业初,改县曰承休,置襄城郡。"
⑤ 《史记》卷二一,第 1102 页;《汉书》卷一五,第 465 页。
⑥ 《汉书》卷一五,第 440 页;《汉书》卷二八,第 1586 页。

西汉桂阳郡阳山侯国、阴山侯国考辨

《汉书·地理志》(以下简称《汉志》)桂阳郡有阳山侯国、阴山侯国。《汉书·王子侯表》载录长沙王子刘宗于初元元年(前48年)封为阳山侯,且《侯表》"阳山节侯宗"栏下注"桂阳"。① 依据《王子侯表》,刘宗之封国显然是《汉志》桂阳郡阳山侯国,这也成为清代以前的主流观点,为学者普遍接受。②

乾嘉时期,文献考辨风气大兴,这一局面发生变化,陆续有学者质疑"阳山说"。这之中以王念孙最具代表,其在《读书杂志》中系统阐发了自己的观点:

> 阳山侯国。应劭曰:"今阴山也。"师古曰:"下自有阴山,应说非也。"念孙案:《水经》曰:"洣水西北过阴山县南。"注云:"县本阳山县,即长沙孝王子宗之邑也(见《王子侯表》),形家言其势王,故堑山堙谷,改为阴山县。"是后汉之阴山,即前汉之阳山。故应云:"今阴山也。"师古自未之考耳。③

---

① 《汉书》卷一五《王子侯表下》,北京:中华书局,1962年,第500页。
② 如全祖望、钱大昕均将桂阳郡阳山侯国考订为刘宗封国。分见全祖望:《汉书地理志稽疑》卷五,朱铸禹:《全祖望集汇校集注》本,上海:上海古籍出版社,2000年,第2590页;钱大昕:《廿二史考异》卷九《侯国考》,上海:上海古籍出版社,2004年,第181页。不过,受后来学界争论的影响,钱大昕的观点有所动摇,认为传统的看法仍需深考。见钱大昕:《三史拾遗》卷三,收入《廿二史考异》,第1424页。
③ 王念孙:《读书杂志》卷六,南京:江苏古籍出版社,2000年。

王念孙留意到应劭和郦道元都提及阳山改为阴山之事，因而提出刘宗之封国实为桂阳郡阴山侯国的新观点。王念孙的"阴山说"影响很大，钱坫在此基础上，进一步指出《汉志》阳山下注"侯国"为衍文。① 自此，传统观点受到严重动摇，学界出现或持"阳山说"，或持"阴山说"的众讼纷纭的态势。直到上世纪八十年代，这一局面才再度发生改观。

上世纪八十年代，周振鹤围绕"西汉郡国级政区演变"进行一系列研究，其研究思路之一是通过复原西汉诸侯王国裂分王子侯国的过程，揭示王国疆域变化的基本特征。而在复原长沙国疆域时，周先生注意到阳山侯国问题。在比较前人各种说法后，周先生相信了"阴山说"，同时举出一条强有力的证据：西汉的阳山县位于今广东省阳山县境，阴山县位于今湖南省攸县境。根据西汉王子侯国分封之"推恩法"，王子侯国皆裂王国地分封，阳山县地处桂阳郡南部边境，远离长沙国，而阴山县恰在桂阳郡、长沙国交界，因而可以排除阳山县是刘宗封国的可能。最后，周先生阐述了刘宗封国的隶属沿革：初元元年长沙国裂阳山县分封刘宗，别属桂阳郡，而此时桂阳郡已有阳山县，为了避免地名重复，汉廷更阳山侯国之名为阴山侯国，这便是应劭、郦道元称阳山改为阴山的由来。其最终结论是，《汉志》桂阳郡阴山侯国为刘宗封国，阳山之"侯国"为衍文。②

周振鹤的观点充分考虑到王子侯国的空间分布特征，同时合理地解释了传世文献"阳山改为阴山"的记载，其结论一经刊布，立刻为学术界以及地方文史爱好者接受。③ 时至今日，"阴山说"俨然成为定论，而"阳山说"则被学界彻底摒弃，仅仅作为"学术早期发展的错误认知"被偶尔提及。

---

① 钱坫：《新斠注地理志集释》，《二十五史补编》第一册，上海：开明书店，1936年，第1118页。
② 周振鹤：《西汉政区地理》，第125—126页；《汉书地理志汇释》，合肥：安徽教育出版社，2006年，第286—287页。
③ 学术界的接受状况略举以下两例。胡阿祥：《宋书州郡志汇释》，合肥：安徽教育出版社，2006年，第199页；张修桂：《阳山关与阳山县》，收入氏著《龚江集》，上海：上海人民出版社，2014年，第330—338页。地方文史爱好者接受状况略举一例。欧阳峻峰：《试解"后汉并阳山入阴山"之谜》，《广东史志》2014年第2期。各类历史地名辞典也采纳了周先生的考证结论。如中国历史大辞典编纂委员会：《中国历史大辞典》"阴山县"、"阳山县"条，上海：上海辞书出版社，2000年。

然而，正如辛德勇所言："学术研究的历程，往往是在不断的循环往复中向前演进。"①有关阳山侯国、阴山侯国的讨论似乎也在验证这一规律。笔者在通读传世文献后，发现"阴山说"仍然存在缺陷，而"阳山说"更合乎历史文献的记载，就目前的研究现状而言，还不能轻易摒弃。

一、岭南阳山县的始置年代

在先前的研究中，阳山县因地理方位偏远而被排除作为刘宗封国的可能性。的确，地处岭南的阳山县不仅距离长沙国十分遥远，而且又在阳山关以南，在西汉初年是南越国领地。因此若从空间视角，这个阳山县无论如何也不可能成为长沙王子侯的封地。不过，这一认识是基于西汉桂阳郡阳山县地处今广东省阳山县境的地理定位，也就是《中国历史地图集》(以下简称《图集》)所标绘的西汉桂阳郡阳山县的方位(参见图一)。②我们不禁要问，《图集》对西汉阳山县的定位可靠吗？

在正式进入讨论之前，我们先来看《后汉书·循吏传》的一段记载：

(卫飒)政有名迹，迁桂阳太守。郡与交州接境，颇染其俗，不知礼则。……先是，含洭、浈阳、曲江三县，越之故地，武帝平之，内属桂阳。③

这段文字记载了汉代桂阳郡南部的含洭、浈阳、曲江三县本属南越国，于武帝平定南越国后，内属桂阳郡的史实。该记载不仅验证了周振鹤"(西汉初年)桂阳郡与南越以阳山关为界"的论断，④也与马王堆三号汉墓出土"驻军图"所示西汉初年长沙国南界相符，具有很高的史料价值。因而辛先生特将此条拈出，讨论《后汉书》在研究西汉政区地理上

---

① 辛德勇：《秦始皇三十六郡新考》，初刊《文史》2006年第1辑、第2辑，后收入氏著《秦汉政区与边界地理研究》，北京：中华书局，2009年，第3—92页。
② 谭其骧主编：《中国历史地图集》第二册《荆州刺史部》，北京：中国地图出版社，1982年，第22—23页。
③ 《后汉书》卷七六，第2459页。
④ 周振鹤：《西汉政区地理》，第127页。

的史料价值。①

卫飒出任桂阳太守在建武十五年至二十五年。刘宋时代的范晔何以对东汉初年桂郡的情况如此明晰,辛先生并未予以讨论。而笔者认为,范晔此语可能直接继承成书于东汉的《东观汉记》。根据吴树平所作的辑佚工作,《东观汉记》也有《卫飒传》。而且就目前保留的两条佚文来看,《后汉书·卫飒传》的文字与《东观汉记·卫飒传》十分接近。② 因此,《后汉书·卫飒传》有关桂阳郡南部三县本属南越国的记述应当是东汉史家之语,所以才具有极为可贵的史料价值。③

这段文字值得注意的还有一点,即《卫飒传》在叙述桂阳郡内的南越故地时,只提到含洭、浈阳、曲江三县。而若根据《图集》定位,阳山县与含洭、浈阳、曲江三县一样,也在阳山关以南,同属于南越国故地(参见图一)。那么东汉史家在列举桂阳郡内的南越故地时,为何唯独遗漏了阳山县呢?

当然我们需要考虑这样的可能:《续汉书·郡国志》桂阳郡并没有阳山县,而且《后汉书·光武帝纪》有建武六年六月辛卯"条奏并省四百余县"的记载。④ 在卫飒出任桂阳太守的建武十五年,阳山县可能已被省并。不过,笔者更倾向于另外一种可能:《图集》对西汉桂阳郡阳山县的定点有误,当时的阳山县并不在阳山关以南,所以东汉史家在提及桂阳郡内的南越故地时,才会没有出现阳山县。

要想验证笔者的判断,首先应当分析,今广东省阳山县境内的古阳山县,究竟是什么时候设置的。检阅史籍,若除去《汉志》,这个阳山县最早见于《宋书·州郡志》(《晋书·地理志》因成书于唐代,暂且不论)。《宋书·州郡志》(以下简称《宋志》)"广兴公相"下见有"阳山侯相",自注:"汉旧县,后汉曰阴山,属桂阳。吴始兴郡无此县,当是晋后立。"⑤ 这段注文中,"汉旧县,

---

① 辛德勇:《〈后汉书〉对研究西汉以前政区地理的史料价值及相关文献学问题》,《中国历史地理论丛》2012年第4期。
② 吴树平:《东观汉记校注》卷一八,北京:中华书局,2008年,第798页。
③ 晋代华峤《后汉书》亦有《卫飒传》,应当也取自《东观汉记》。周天游:《八家后汉书辑注》,上海:上海古籍出版社,1986年,第588页。
④ 《后汉书》卷一,第49页。
⑤ 《宋书》卷三七,北京:中华书局,1974年,第1133页。

后汉曰阴山,属桂阳"其实是与《汉志》的简单比对,稍后还会作细致分析,这里暂且不论。从"吴始兴郡无此县,当是晋后立"的注文来看,至迟到孙吴时期,还没有设置阳山县。沈约在《宋志》序例中明确讲到,他编纂《州郡志》利用了晋代的《太康地志》、王隐《晋书·地道记》。沈约注阳山侯相"当是晋后立",说明在《太康地志》、《晋书·地道记》两书中,至少有一种已经出现阳山县。而《太平寰宇记》引《太康地志》则有"阳山县属始兴郡"的记载。① 根据顾江龙的研究,《太康地志》载录西晋政区年代断限是太康十年(289年)。② 沈约注文及《太康地志》表明,至迟晋武帝太康十年已经设置了阳山县。那么阳山县的设置年代应当在孙吴设置始兴郡之后,太康十年之前。另据《宋志》广兴公相自注:"吴孙皓甘露元年,分桂阳郡南部都尉,立为始兴郡。"③则阳山县的设置,当在孙皓宝鼎元年(266年)至晋武帝太康十年之间。④

关于岭南之阳山县的设置时代,《水经注》保留有一段非常重要的记载。《水经·洭水注》曰:"洭水又径阳山县南,县故含洭县之桃乡,孙皓分立为县也。"⑤《水经注》这段记载提供了两点重要信息:一是阳山县本来是含洭县的桃乡;二是阳山县是在东吴孙皓在位时期设置成县的。郦道元此处对阳山县的由来和设置时代记载非常详细。特别值得注意的是,郦道元对阳山县设置时代的记述与《宋志》可以相互印证。综合《水经注》和《宋志》的记述,今广东省阳山县的古阳山县是在孙皓甘露元年始兴郡建置之后设置的,⑥其前身乃含洭县的桃乡,与西汉桂阳郡的阳山县并没

---

① 乐史:《太平寰宇记》卷一一七《江南西道·连州·阳山县》,第2368页。此条为毕沅所辑《太康地记》遗漏。见毕沅:《晋太康三年地志·王隐晋书地道记》,收入《丛书集成初编》"史地类",第3059册,北京:中华书局,1985年。
② 顾江龙:《〈太康地记书〉考》,《文史》2018年第4期。
③ 《三国志·吴志·孙皓传》亦载:"(甘露元年十一月以)桂阳郡南部为始兴郡。"
④ 《宋志》注阳山侯相"吴始兴郡无此县",说明沈约见到的孙吴始兴郡资料没有阳山县。现在无法明确沈约所见始兴郡资料反映的是哪一年的建置,只能保守地推断阳山县设置于始兴郡设立后的某一年,故取始兴郡设置后的第二年,即宝鼎元年为上限。
⑤ 杨守敬、熊会贞疏,段熙仲点校,陈桥驿复校:《水经注疏》卷三九,第3200页。
⑥ 这样一来,阳山县的始置时代可以进一步限定为孙皓宝鼎元年(266年)至天纪四年(280年)之间。《中国行政区划通史·三国两晋南朝卷》忽视了《水经注》的记载,仅依据《宋志》,定阳山县设置于西晋太康元年,其结论并不准确。见胡阿祥、孔祥军、徐成:《中国行政区划通史·三国两晋南朝卷》第四编第一章"广州始兴郡沿革",上海:复旦大学出版社,2014年,第765页。

有关系。①

原本与西汉桂阳郡阳山县没有关系的孙吴阳山县,又是如何与之扯上瓜葛的呢?笔者以为,将两者混为一谈的始作俑者是沈约。沈约编纂《宋志》的基本做法,是以何承天、徐爰的两部《宋书·州郡志》为基础,附注前代地志的各类记载。② 即《宋志》序例中所说的"参伍异同,用相征验。自汉至宋,郡县无移改者,则注云'汉旧'"。③ 然而,由于汉宋之间相距六七百年,沈约对许多汉县的对应,并不准确。这里试以《宋志》误注汉代轪县为例。《宋志》郢州刺史西阳太守下有孝宁侯相,自注:"本轪县,汉旧县。孝武自此伐逆,即位改名。"④刘宋轪县地处今湖北省浠水县境,而两汉轪县地处今河南省光山县。⑤ 沈约乃误注刘宋轪县为"汉旧县"。究其原因,是因为东晋时曾在今湖北省浠水县境侨置轪县,这个侨置轪县所属的西阳郡是曹魏时期从江夏郡分置而来。而原本地处今河南省光山县的汉代轪县也隶属于江夏郡。沈约不察,误以为西阳郡的轪县与汉代江夏郡轪县是一个地方,所以误把东晋侨置的轪县指认为汉代的轪县。

沈约注释广兴公国阳山县的思路与前述轪县极为相似。沈约在注释广兴公国阳山县时,见到《汉志》桂阳郡有阳山县,而广兴公国的前身始兴郡恰好是孙吴时期从桂阳郡分置而来。沈约想当然地认为两个阳山县是同一地,所以在广兴公国阳山县下注释"汉旧县,后汉曰阴山,属桂阳"。殊不知这个阳山县是孙吴末年才由含洭县桃乡改置而来,与西汉的阳山县没有任何关系。

受到沈约注释的误导,之后的地志大多相信岭南之阳山县即是汉代阳山县的说法,特别是对后世影响较大的《元和郡县志》和《太平寰宇记》

---

① 张修桂已经注意到《洭水注》对阳山县始置年代的记述。但是由于取信周振鹤的考证结论,张先生将此处记载判定为郦道元的误记。见《阳山关与阳山县》。
② 见胡阿祥:《宋书州郡志汇释》之"代序"。
③ 《宋书》卷三七,第1028页。
④ 《宋书》卷三七,第1128页。
⑤ 参见拙文《松柏汉墓35号木牍侯国问题初探》之"轪侯国及相关历史地理问题",《中国史研究》2011年第2期(该文后作修订,收录于余欣主编:《存思集:中古中国共同研究班论文萃编》,上海:上海古籍出版社,2013年,第1—20页)。

都言之凿凿地称岭南阳山县为"汉县",为了弥合《宋志》和《水经注》有关孙吴、西晋设置阳山县的记述,又衍生出"后汉省入含洭,晋平吴,又分含洭复置"的说法。① 到了清代,《读史方舆纪要》和《大清一统志》在岭南阳山县均列有阳山故城,并称"汉县治此"。② 而以二书为主要古城定点依据的《图集》,把西汉阳山县错标在今广东省阳山县也就不足为奇了。

如果仔细分析《水经注》有关岭南阳山县建置由来的记述,不难发现后世地志混淆了汉代阳山县和孙吴阳山县,清人杨守敬及今人曲英杰都已注意到这一点。杨守敬在为《水经注》作疏证时特别强调:"吴之阳山县,即因秦之阳山关而名,与汉封长沙孝王子之阳山无涉。乃《元和志》、宋本《寰宇记》并移汉之阳山于此,失之。"③而曲英杰则针对历代地志对岭南阳山县的记载指出"《元和志》及《寰宇记》均以此阳山县相沿于西汉时期之阳山县,不确。其城当兴筑于孙吴分立阳山县之时"。④ 上述意见与本文的考证结论已经非常接近,足见二人读史之精审。

二、汉代桂阳郡阳山县之方位

前面提到,岭南之阳山县乃孙吴末年析含洭县桃乡设置,因秦汉阳山关而得名,与西汉桂阳郡之阳山县(侯国)并无关联。那么西汉时代的阳山县又在何处呢?

同样是《水经注》为我们保留了寻找汉代阳山县方位的宝贵线索。郦道元在为《水经》"(洣水)又西北过阴山县南"作注时称:

(阴山)县本阳山县也。县东北犹有阳山故城,即长沙孝王子宗

---

① 李吉甫:《元和郡县志》卷二九《江南道·连州·阳山县》,第711—712页;乐史:《太平寰宇记》卷一一七《江南西道·连州·阳山县》,第2367—2368页。
② 顾祖禹:《读史方舆纪要》卷一〇一《广东·广州府》,北京:中华书局,2005年,第4625页;穆彰阿、潘锡恩等纂修:《大清一统志》卷四五五《广东统部·连州》。
③ 杨守敬、熊会贞疏,段熙仲点校,陈桥驿复校:《水经注疏》卷三九,第3200页。
④ 曲英杰:《水经注城邑考》,北京:中国社会科学出版社,2013年,第587页。

之邑也。言其势王,故堑山堙谷,改为阴山县。①

这条记载便是清代乾嘉以来学者们用来证明"阴山说"的重要资料。然而诸家在使用这条记载时,大多强调阳山改为阴山的记述,却忽视了郦道元提及的另一条重要信息:在汉代阴山县东北,还有一座阳山故城,而这座阳山故城正是西汉长沙王子刘宗的封邑。郦道元在此阳山故城标明为刘宗封邑,而在注释岭南阳山县时却不言及分封长沙王子之事,也从侧面验证了郦道元未将岭南阳山县视作汉代桂阳郡阳山县的事实。

郦道元对汉代阳山县方位的叙述并非孤证。汉代阳山县位于洣水流域的历史,直到唐代还留有印迹。《通典·州郡典》衡阳郡湘潭县自注曰:"有南岳衡山。汉阳山县。"②唐代的湘潭县位于今湖南省衡山县,恰好位于洣水流域,与《水经注》的记载可以相互印证。汉代的阳山县应当大致位于今洣水下游地区。

要想对汉代阳山县作更为精确的定位,首先需要搞清阴山县的方位。历代对阴山县的定位主要依靠的是《水经》"洣水出茶陵县上乡,西北过其县西,又西北过攸县南,又西北过阴山县南,又西北入于湘"的记载。③《水经》记载的郡县信息基本反映的是东汉时代的行政建制。从中可知,茶陵、攸、阴山三县均位于洣水沿岸,茶陵、攸位于阴山上游,而阴山县接近洣水与湘水的交汇之处。另外,汉代的容陵县也位于洣水流域。郦道元注曰:"(阴山)县上有容水,自侯昙山下注洣水,谓之容口。"历代舆地学者均认为《汉志》长沙国容陵县即在容水附近,其说可以信从。但是对于容陵的具体方位,却没有清晰的认识。《图集》根据《水经注》文意,将容陵大致确定在"今攸县西南,洣水北侧一带",④将其标绘在今攸县南部。从《图集》释文来看,当时的工作者似乎把容水认定为洣水北岸某水。但是这种

---

① 杨守敬、熊会贞疏,段熙仲点校,陈桥驿复校:《水经注疏》卷三九,第3222页。
② 杜佑:《通典》卷一八三《古荆州》,第4877页。
③ 杨守敬、熊会贞疏,段熙仲点校,陈桥驿复校:《水经注疏》卷三九,第3220—3224页。
④ 参见复旦大学历史地理研究中心CHGIS系统"容陵侯国"、"容陵县"地名词条。该系统地名词条均来自《图集》释文。

理解并不符合实际,因为传世史籍对容水发源之"侯昙山"有清晰明确的记载。此山位于今安仁、耒阳两县交界,主峰在安仁县境,土语称"侯昙仙"。①《舆地纪胜》荆湖南路衡州"景物下"载有"侯堂山",注曰:"在安仁县西南";又载有"侯昙山",注曰:"在耒阳县东南百余里。"②此二山实为一山。"昙""堂"音近,王象之误将其析而为二。《大明一统志》衡州府山川载有侯昙山,注曰:"在耒阳县东南八十里,一名侯堂山,跨安仁县界。"③同治《安仁县志》载:"侯昙仙,在县南二十里。"④发源于此山,且流注于洣水的容水,显然就是今安仁县的永乐江。⑤ 永乐江是洣水第一大支流,流域面积广,汉代在此设容陵县合情合理。在今安仁县县城西南部,永乐江西岸的清溪镇,是一片较为宽阔的冲积盆地,分布有密集的汉魏墓葬、遗存,⑥此地极有可能是汉代容陵县城所在。

最后让我们来看汉代阴山县的地理方位。《水经》曰:"(洣水)又西北过阴山县南。"依据此记载,阴山县显然位于洣水以北,而在今攸县西南的洣水以北恰好有一条叫作阴山港的小河。《图集》于是将汉代阴山县定于"湖南省攸县城关镇驻地西北阴山港一带"。不过,这一定位仔细分析起来还是有问题的。首先,根据《汉志》、《续汉书·郡国志》(以下简称《续汉志》)的记载,西汉晚期至东汉,阴山县隶属桂阳郡,而容陵、攸、茶陵三县隶属长沙国(郡)。通过前面对容陵、攸、茶陵地理方位的描述,三县均位于洣水上游,长沙国显然是通过洣水对三县实施管辖的。而如果阴山县

---

① 湖南省地图集编纂委员会:《湖南省地图集》,长沙:湖南地图出版社,2000年,第164页。
② 王象之撰,李勇先点校:《舆地纪胜》卷五五《衡州》,成都:四川大学出版社,2005年,第2094页。
③ 李贤等撰:《大明一统志》卷六四《衡州府》,西安:三秦出版社,1990年,第988页。
④ 《安仁县志》卷之二《地舆志·山川》,《中国地方志集成·湖南府县志辑》第23册,南京:江苏古籍出版社,2002年,第455页。
⑤ 杨守敬已经意识到这一点,所以在其编绘的《水经注图》,把永乐江标注为容水。见《水经注图》,《杨守敬集》第5册,武汉:湖北人民出版社,1988年,第268页。需要指出的是,《水经注》称容水发源于侯昙山,盖受当时认识水平所限,以永乐江支流为其正源。实则永乐江正源发源于今湖南省资兴市毛鸡山。《大明一统志》已认识及此,该书卷六四载:"永乐水,在安仁县南,源出郴州清溪,流经县境,北流至衡山县义塘江,北合洣水,入于湘。"(上揭本,第989页)
⑥ 国家文物局主编:《中国文物地图集湖南分册·安仁县文物图》,第94—95页。

地处洣水北岸,则桂阳郡已将洣水拦腰截断(参见图一),那么长沙国又是如何对容陵、攸、茶陵进行管理的呢?其次,郦道元记述:"(阴山)县上有容水,自侯曇山下注洣水,谓之容口。"这说明,洣水是先与容水交汇,再流经阴山县的。而今天的阴山港却在容口之上,与郦注相违。① 而且若阴山县在容口之上,则容口当在桂阳郡境内,这样桂阳郡就把容陵县的交通出口死死堵住,容陵县又如何与长沙国沟通呢?第三,洣水源出万洋山后,呈西北流向,在流经今攸县县城后,转为西南流向,至容口(今衡东县草市

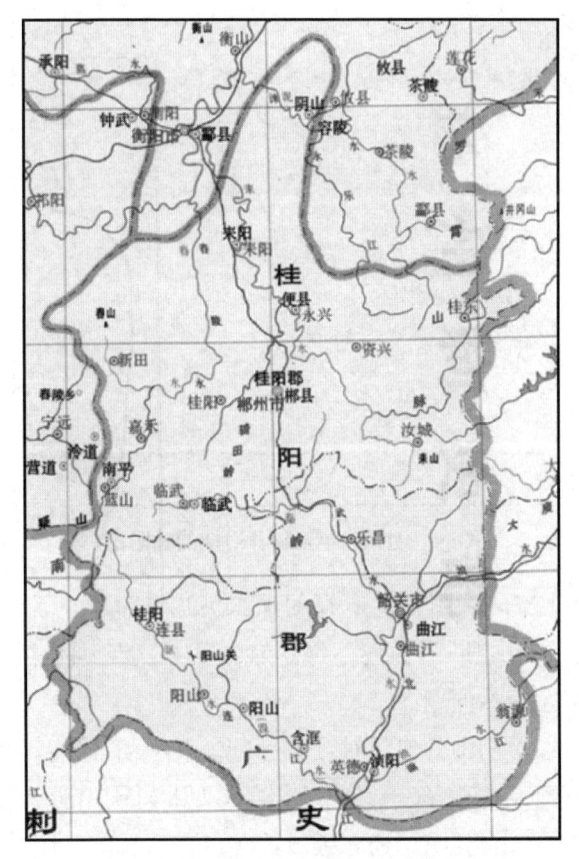

图一 《中国历史地图集》西汉桂阳郡

---

① 汪士铎和杨守敬均根据《水经注》文意,将阴山定位于容口之下。分见汪士铎:《水经注图》图本,济南:山东画报出版社,第126页;杨守敬:《水经注图》,第257页。

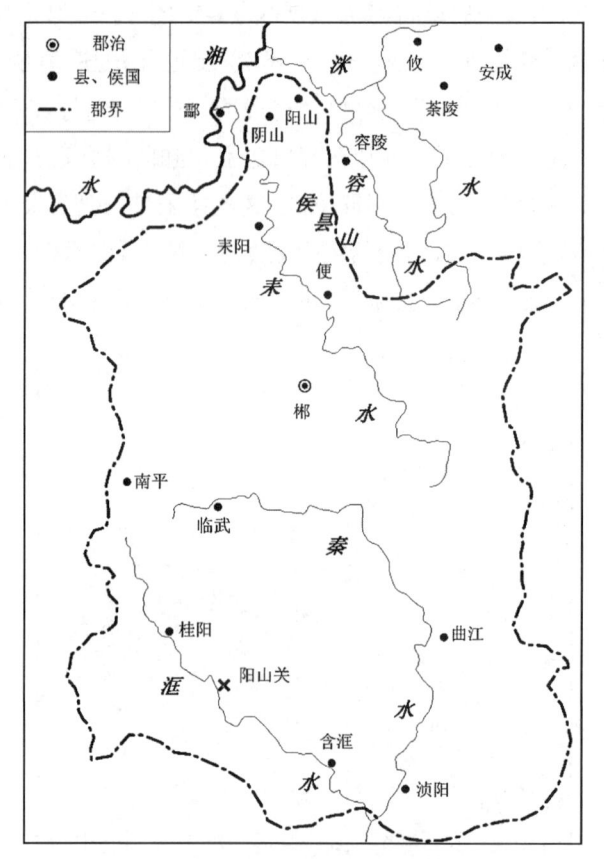

图二　初元四年至新莽时期的桂阳郡

镇)复转为西北流向。阴山港所在的洣水河道乃呈西南流向,与《水经》"(洣水)西北过阴山县"的描述不符。综合以上三点,《图集》对汉代阴山县的定位应当也存在问题。

以往学界在对阴山县定位时,过于偏重《水经》的记述,却忽视了郦道元的注文。郦道元在注释《水经》"(洣水)又西北过阴山县南"时写道:"洣水又西北径其(阴山)县东。"杨守敬曰:"《经》言过县南,《注》无辨语,南字必不误。此言径县东,不合,东当南之讹。"①杨守敬敏锐地注意到注文与经文之间的差异,但所作结论却显草率。首先,《水经注》常有注文与经文

---

① 杨守敬、熊会贞疏,段熙仲点校,陈桥驿复校:《水经注疏》卷三九,第3222—3223页。

不符,而郦道元未指出经文有误的状况。① 这种状况的出现,不可能都是字讹造成,恐怕与郦道元注释《水经》的方式有关。郦道元注释《水经》,主要摘抄各类文献,只要引用的文献与《水经》不存在明显抵牾,便不会进行考辨。因此,郦道元未对"南"、"东"二字进行考辨,并不意味注文的"东"是误字。其次,就算两者有一个是误字,杨守敬焉知经文"南"字不是"东"字的讹误? 所谓我们还不能轻易下"某字为误字"的判断。

从郦道元的注文来看,至少说明他所引录的文献,有"洣水西北径阴山县东"的记载。郦道元注释湘水,主要依据晋人罗含的《湘中记》。② 罗含为耒阳人,耒阳又与阴山相邻。因此,若"洣水西北径阴山县东"出自《湘中记》,其可信度自然较高,可以反过来纠正《水经》记载之疏误。

如果明确洣水"西北过阴山县东",则前述文献与史实不合之处,皆能迎刃而解。洣水在流经容口后,转为西北流向,这时流经阴山县东境,说明阴山县在洣水的西南岸。西汉末年至东汉的桂阳郡北界应在洣水以南,并未将洣水截断,长沙国可以畅通无阻地通过洣水管理上游的容陵、攸、茶陵三县。容口则位于阴山县之上,容口以下的河道呈西北流向,与注文"(阴山)县上有容水"、"西北过阴山县东"皆能相合。因此汉代的阴山县应当位于容口以下的洣水西南岸,约在今湖南省衡东县境。

汉代阴山县的方位约在洣水南岸、湘水东岸的两水交汇之处。《水经》:"(湘水)又东北过阴山县西,洣水从东南注之"的记载也与笔者所判定的阴山县方位大致相合。而这一区域在唐代属衡山县境。《元和郡县志》记载衡州衡山县"本汉阴山县"可资验证。③ 今衡东县洣水南岸的岭茶附近有较为密集的汉文化遗存,④汉代阴山县应当位于这一地区。而地处阴山县东北的阳山侯国故地则应当在今衡东县洣水南岸的吴集

---

① 如《水经·河水》:"又东北过卫国县南,又东北过濮县北。"郦注:"河水东北流而径濮阳县……又东北径卫国县南。"经、注所记河水流经二县次第相违,而郦氏不辨;又如《水经·澧水》:"又东过作唐县北。"郦注:"(澧水)东转径作唐县南。"澧水与作唐县相对方位,经、注相违而郦氏不辨。此处蒙黄学超博士告之。
② 鲍远航:《罗含〈湘中记〉考》,《东南大学学报(哲学社会科学版)》2006年第2期。
③ 李吉甫:《元和郡县志》卷二九,第706页。
④ 国家文物局主编:《中国文物地图集湖南分册·衡东县文物图》,第86—87页。

镇一带。①

笔者所考订的西汉阳山县方位，恰好在长沙国、桂阳郡的交界地带，其上游的容陵、攸、荼陵以及安城都曾作为长沙王子侯国封地。据《王子侯表》，武帝元光六年分封安城、容陵两长沙王子侯国，恰好是洣水流域最边缘的两个县。元朔四年分封的荼陵、攸两长沙王子侯国则地处洣水中游。元帝初元元年分封的阳山王子侯国则已地处洣水下游。这种长沙王子侯国由洣水上游至下游渐次分封的态势，与西汉王子侯国由王国外围向核心地带逐渐迫近的空间分布规律也是吻合的。所以，《汉志》桂阳郡阳山侯国当为长沙王子刘宗之封国，"侯国"二字并非衍文。

三、试析"阳山改为阴山"说法的由来

在进行西汉桂阳郡阳山侯国、阴山侯国考辨时，后世流传的"阳山改为阴山"的说法是不可回避的问题。而这一说法，也恰恰是清儒用以证明"阴山说"的坚实证据。若不能对这一说法做出合理的解释，则本文的考辨结论仍有令人难以信服之处。

"阳山改为阴山"的说法，最早见于东汉末年的应劭。颜师古在注释《汉志》桂阳郡阳山侯国引述应劭之说"今阴山也"。应劭此语似乎是说西汉的阳山侯国就是东汉的阴山县。因应劭是东汉人，其说法自然引起后世的重视。《宋志》注岭南阳山县"后汉曰阴山"当由此而来。到了郦道元注释《水经》时，此事变得更为具体，不仅明确说"（阴山）县本阳山县也"，还对更名的原因作以叙述，其"言其势王，故堑山堙谷，改为阴山县"更是

---

① 王恢论及西汉阳山侯国方位为"湖南今县南二里阳山镇。洣水注以为阴山县。与汉志、表所注相去甚远，盖误"(《汉王国与侯国之演变》，台北："国立"编译馆中华丛书委员会，1984年，第310页）。似乎将阳山侯国定位于湖南省阳山县。但查清代、民国行政建制，湖南省未曾设置阳山县。细析王恢原文，"今县南二里阳山镇"显然源自《大清一统志》"阳山故城"条，所指乃广东省阳山县，而非湖南省阳山县，"湖南"二字乃笔误。王恢仍取信阳山侯国为广东省阳山县的旧说，并无新解。其所谓"与汉志、表所注相去甚远"应是把《王子侯表》"阳山节侯宗"栏下注"桂阳"误解为桂阳郡之桂阳县。至于与《汉志》相去甚远"之语，不知依据为何。王恢此条错误迭出，不足凭信。

绘声绘色。虽然这种更名的说法与其所叙述"县东北犹有阳山故城,即长沙孝王子宗之邑也"自相矛盾,但是由于这里明确讲出了阳山改为阴山的原因,清儒还是普遍认为郦道元是支持应劭说法的。所以在证明阴山即刘宗封国时,都要以应劭、郦道元的说法为证据。不过,这种说法显然与《汉志》桂阳郡兼有阳山、阴山两侯国的记载相冲突,所以颜师古才会驳斥"(《汉志》)下自有阴山,应说非也"。本文也可以依据《汉志》以及《水经注》"(阴山)县东北犹有阳山故城"把应劭的说法归为"不实之说"。但笔者却更有兴趣追索应劭说法致误的缘由,这样才能对"阳山改为阴山"之说的产生给出合理的解说。

笔者在进行汉魏地名考证工作时,常常留意到传世史籍中某些"A县更为B县"的沿革叙述存在不实之处。这里举三个例子:

《汉志》右扶风槐里县,班固自注:"周曰犬丘,懿王都之。秦更名废丘。高祖三年更名。"据此,槐里乃废丘之更名,历代地志均从此说。但是《史记·绛侯周勃世家》载:"攻槐里、好畤,最。……围章邯废丘。"①同书《樊哙列传》载:"攻赵贲,下郿、槐里、柳中、咸阳;灌废丘,最。"②周勃、樊哙还定三秦皆在高祖二年,在班固所注废丘更名槐里之前,两处记载不仅提到了槐里,还同时提到了废丘,显然槐里和废丘是两座城。《史记》的记载可以得到出土文物的验证。传世秦代官印、秦铜器,以及新出相家巷秦封泥、秦代陶文、睡虎地秦简常见"废丘"。③而西北大学历史博物馆收藏的一件秦代陶蒜头壶则有"槐里市久"戳印。另外秦代"葴阳鼎"也有"槐里"的刻铭。④显然秦代分别设置废丘、槐里两县,槐里并非废丘的更名。正如后晓荣所说:"秦末,废丘城因灌水而废,故汉合秦槐里、废丘二县为槐里县。"班固所注"高祖三年更名(槐里)"并不符合实际。

《汉志》颍川郡长社县,颜师古注引应劭曰:"宋人围长葛是也。其社中树暴长,更名长社。"按照应劭的说法,长社县乃长葛县更名而来,此说

---

① 《史记》卷五七,第2067页。
② 《史记》卷九五,第2655页。
③ 后晓荣:《秦代政区地理》,第131页。
④ 后晓荣:《秦代政区地理》,第139页;周晓:《葴阳鼎跋》,《文物》1995年第11期。

多为后世地志所承。但是《续汉志》颍川郡长社县却注"有长葛城"。另外应劭所提及"宋人围长葛"乃《春秋·隐公五年》"宋人伐郑,围长葛"之事,而晋人杜预注长葛曰:"颍川长社北有长葛。"①可见长社、长葛本为两地,应劭"长葛更名为长社"之说并不准确。

《续汉志》东郡乐平侯国自注"故清,章帝更名。"又颜师古注《汉志》东郡清县引应劭曰"章帝更名乐平",可见《续汉志》自注也源于应劭。后人据此以为汉代乐平县、清县为一地。但是高帝八年封室中同为清侯,高后四年封冯无择为乐平侯,说明西汉初年东郡同时存在乐平、清两县。汉代乐平县约在今山东省聊城市东昌府区张炉集镇。②而汉代清县,应该就是《水经·济水注》记载的"清亭"。《济水注》曰:"济水自鱼山北,迳清亭东。《春秋·隐公四年》,公及宋公遇于清。京相璠云:今济北东阿东北四十里有故清亭,即《春秋》所谓清者也。"③据此,清县约在今山东省东阿县顾官屯镇西程铺村附近。乐平、清两县并不在一地,应劭"清县,章帝更名乐平"之说不准确。

传世史籍在记载汉魏县邑沿革时,错将两地认为同地更名的例证还有许多,这里不再一一列举。史籍中此类现象的大量出现,恐怕还不能简单以注释者的失误一概而论,其中一定存在某种共同的原因。这里,笔者尝试对此类现象的产生作以解释。

笔者此前在研究《汉书》"侯表"下注县名体例时注意到,班昭在"侯表"各侯国条目下标注的县名,其实是这些西汉侯国在东汉的具体方位。也就是说,班昭是在使用东汉的县邑给西汉的侯国标注方位。④ 例如《景武昭宣元成功臣表》"平陵侯苏建"栏下注"武当"。此处之"武当"意为西汉平侯国地处当时的武当县境。⑤ 此用法与后世标注历史地名时常称"故某地,位于今某县境"的做法类似。由此可知,东汉时代已存在利用当时的地名标注古

---

① 杜预:《左传(春秋左传集解)》,上海:上海古籍出版社,1997年,第30页。
② 王汝涛等点注:《续山东考古录》,济南:山东文艺出版社,1997年,第150页。
③ 杨守敬、熊会贞疏,段熙仲点校,陈桥驿复校:《水经注疏》卷八,第730页。
④ 参上编第一章第一节考述。
⑤ 据《旧唐书·地理志》记载,隋代义宁二年析武当县置平陵县,可知西汉平陵侯国废除后,其地并入武当县,隋代又重新立县。见梁玉绳:《史记志疑》卷一三,第656—657页。

代地名的做法。以《说文》为例:"邢,周武王子所封,今河内野王是也"、"郾,姬姓之国,在淮北,从邑鬳声,今汝南新息是也。"①而在应劭的注释中也能轻易找到这样的例证。如《汉志》汝南郡平舆县,应劭注:"故沈子国,今沈亭是也。"《汉书·扬雄传》"扬在河、汾之间",应劭注曰:"扬。今河东扬县。"②这可以说明东汉使用当时地名标注古地名的做法较为普遍。

像废丘、长葛、清这类已经省并、撤销的县邑名称,东汉时期若要标注其方位,自然会以这些故地当时所在的县邑来说明。即如"废丘,今槐里"、"长葛,今长社"、"清,今乐平"等形式。而这种地名标注形式,稍不留意,便会误解为"某县改为某县"。例如当班固见到"废丘,今槐里"的注记,又见到高祖三年撤销废丘的记载,很容易理解为高祖三年将废丘更名为槐里。而像长葛、长社这样,既名称相近,又存在省并关系的县邑,当人们看到"长葛,今长社"的记载,很容易误解两者为同地更名的关系。

理解了上述现象,我们再返过来看应劭"(阳山)今阴山也"的注释,也应是类似的误解。阳山侯国在废除之后,并入邻近的阴山县,成为阴山县的乡聚。当东汉时代标注西汉阳山侯国方位时,若采用当时的行政建制,就会出现"阳山,今阴山"的记录。应劭在看到这条记录后,直接将"今阴山"录入注文。或许当时应劭还没有"阳山改为阴山"的理解,而仅仅照录所见到的资料。但是后人却将此误解为"阳山改为阴山"。像沈约就将此信息误读为"(阳山)后汉曰阴山",而到了北魏这种误解流传更广,以致衍生出"言其势王,故堑山堙谷,改为阴山县"的故事,这与应劭误传"(长葛)其社中树暴长,更名长社"何其相似。

总而言之,后世所理解的"阳山改为阴山"应是对东汉时代"以今地注古地"注释方式的误读,实际并不存在阳山县改名阴山县之事。

结　语

经过上述考辨,我们可以重新复原汉代阳山县(侯国)的行政隶属沿

---

① 段玉裁:《说文解字注》,第285、291页。
② 《汉书》卷八七,第3513页。

革,以及后世史籍相关记载致误的缘由。

西汉时代的阳山县位于洣水下游,约在今湖南省衡东县洣水南岸,西汉初年隶属长沙国管辖。汉元帝初元元年,长沙炀王刘旦以阳山县分封兄长刘宗为侯国,①别属桂阳郡管辖。东汉时期,阳山县废除,其地并入邻近的阴山县。

东汉时代,由于西汉阳山侯国故地位于当时的阴山县境内,当史家标注阳山方位时,出现了"阳山,今阴山"的记录。而东汉末年的应劭在注释《汉志》桂阳郡阳山侯国时,将"今阴山"直接录入。刘宋沈约不明此注释体例,径称"(阳山)后汉改曰阴山"。受此误读的影响,后世又衍生出"言其势王,故堑山堙谷,改为阴山县"的改名故事,并被郦道元录入《水经注》。

而在孙吴甘露元年,孙皓析分桂阳郡南部设置始兴郡,此后又升含洭县桃乡为阳山县,以秦汉阳山关为名。沈约编纂《宋志》时,误以为始兴郡阳山县就是《汉志》桂阳郡阳山侯国。所以在广兴公国阳山侯国下注释:"汉旧县",从而造成西汉阳山县和孙吴阳山县的混淆。这种误解被后世地志承袭,最终被标绘入《图集》,从而误导学者将汉代阳山县排除为长沙国王子侯封国。

若根据以上梳理,《汉志》桂阳郡阳山标注"侯国"并无衍误,似乎阴山标注的"侯国"才是衍文。但笔者还想指出另外一种可能。汉代的阴山县地处洣水与湘水的交汇处,同属于西汉长沙国和桂阳郡的交界。因此就地理方位而言,阴山也非常符合分封长沙王子侯国的条件。而我们今天所见到的《汉书》"侯表"存在漏载侯国的现象。例如《汉书·楚孝王嚣传》载阳朔二年:"成帝复立文弟平陆侯衍,是为思王。"②平陆侯刘衍在"侯表"中就没有任何记载。当然,这或许并非"侯表"漏载,因为"表"这类文献,在传抄过程中,极易发生条目脱漏。例如文帝四年分封之杨丘侯,③不见于《史记·惠景间侯者年表》,当是后世传抄《史表》出现整栏脱漏的现象。

---

① 《王子侯表》记刘宗为长沙孝王子,有误,应为长沙剌王子。详见周振鹤:《西汉政区地理》,第126—127页。
② 《汉书》卷八〇,第3319页。
③ 《汉书》卷一五《王子侯表》,第431页。

《史记·齐悼惠王世家》载文帝四年,"孝文帝尽封齐悼惠王子罢军等十人皆为列侯",①而《惠景间侯者年表》仅载录九侯即是明证。结合这些现象,笔者认为不能排除今本《王子侯表》脱漏阴山侯国条目的可能。如果西汉确实存在长沙王子阴山侯国,结合阳山侯国的分封情况,阴山侯的封置年代应当在汉元帝初元元年前后。所以《汉志》桂阳郡阴山侯国的记载有其合理性,还不能轻易下"侯国"二字为衍文的结论。

本文原刊于《文史》2017 年第 3 辑。收入本书时,于第三节增补"乐平"一条。

---

① 《史记》卷五二,第 2005 页。原文作"七人"。古书"十"、"七"极易讹混。原书应作"十人",此处梁玉绳、王先谦均已指出。分见梁玉绳:《史记志疑》卷二六,第 1156 页;王先谦:《汉书补注》,第 975 页。

汉晋阜陵县地望再探

——以新发现"阜陵丞印"封泥为契机

2015年10月,复旦大学历史地理研究中心研究生张靖华赴安徽省巢湖东部地区调查明清聚落分布情况,在巢湖市苏湾镇司集意外发现一处古文化遗存,采集到大量古陶片及封泥一枚。后张靖华将封泥带回上海交予笔者辨认,判定封泥文字为"阜陵丞印"(参见封泥照片及拓片),并得到复旦大学出土文献与古文字研究中心程少轩先生确认。不过,鉴于该封泥为地表采集物,真伪难辨,笔者后联系到上海博物馆孙慰祖研究员,委托代为鉴别。2016年6月24日,笔者携带封泥前往上海博物馆,经孙先生当面检验,确定为真品,并根据封泥文字风格断代为西汉中晚期。清末,山东临淄曾出土"阜陵邑长"、"阜陵邑印"封泥,著录于《临淄封泥文字》。① 但两种封泥的形态与文字风格,与此次发现的"阜陵丞印"封泥存在较大差异,且"阜陵丞印"封泥文字在目前公开披露的古封泥中,属首次发现。因而这枚封泥对于丰富汉代封泥研究具有一定价值。

与某些来源不明,流散到藏家和博物馆的封泥不同,这枚"阜陵丞印"封泥的采集地是明确的。西汉阜陵县属九江郡,而封泥采集地点也在西汉九江郡范围内,这不禁让人联想,封泥采集地与西汉阜陵县是否存在某种关联?然而,查阅各类地名辞典以及《中国历史地图集》可知,西汉的阜陵县地处今安徽和县西,东汉魏晋的阜陵县地处今安徽全椒县东(相关地理定位考释详见后文),与此次封泥采集地点相距甚远。对于玺印、封泥这类流动性

---

① 孙慰祖:《古封泥集成》,第135—136、279—280页。

较大的文物，发现在距离置用地较远的地区也属正常，前举"阜陵邑长"、"阜陵邑印"封泥出土于山东临淄即是明证。但是考虑到地名辞典与《中国历史地图集》秦汉城邑定位常常存在误差，因而笔者认为仍有必要以"阜陵丞印"封泥的发现为契机，重新检讨前人对汉晋阜陵县的地理定位。

一

通过检索文献，阜陵县最早见于记载是西汉文帝八年（前172年）封淮南王子刘安为阜陵侯。① 西汉阜陵县隶属九江郡（国），东汉隶属阜陵国，并一度作为王都。② 直至东晋，阜陵县逐渐淡出历史舞台。咸和元年（326年），后赵石聪攻晋，"遂寇逡遒、阜陵，杀掠五千余人"，③次年又有阜陵令匡术劝苏峻反叛。④ 这是阜陵作为县级政区出现在史籍中的最晚记录。《宋书·州郡志》、《南齐书·州郡志》、《魏书·地形志》皆不见阜陵之名。及梁天监二年，阜陵再次出现在史籍，仅为"城戍"，此后便湮没无闻。⑤ 由此可以大致判断，阜陵县最晚设置于西汉初年，后在东晋与北方胡族政权的江淮拉锯战中遭到严重破坏，约在晋宋之际撤销县级政区建制。顾祖禹判断阜陵县于刘宋时省并大抵不误。⑥

关于汉晋阜陵县城的方位，唐代即有记录。李贤注《后汉书》阜陵县方位为"滁州全椒县南"。⑦《通典·州郡志》滁州全椒县附注："有汉阜陵县故城，在今县之南也。"⑧《太平寰宇记》则提供了更为明确的方位信息："阜陵故城，在（全椒）县西南八十里，汉县废城。"⑨北宋时期的地理总志

---

① 《史记》卷一一八《淮南衡山列传》，第3080页。
② 两汉阜陵县隶属沿革，参见周振鹤：《西汉政区地理》；李晓杰：《东汉政区地理》。
③ 《晋书》卷一〇五《石勒载记下》，第2743页。
④ 《魏书》卷九六《司马睿传》，北京：中华书局，1974年，第2097页。
⑤ 《梁书》卷一八《冯道根传》，北京：中华书局，1973年，第287—288页。
⑥ 顾祖禹：《读史方舆纪要》卷二九《南直隶·滁州·全椒县》，北京：中华书局，2005年，第1414页。
⑦ 《后汉书》卷二《明帝纪》，第121页。
⑧ 杜佑：《通典》卷一八一，第4808页。
⑨ 乐史：《太平寰宇记》卷一二八《滁州·全椒县》，第2527页。

《舆地广记》《元丰九域志》仍然沿袭了唐代"全椒县南"的说法。然而到了南宋,关于阜陵故城方位出现了新说。《舆地纪胜》曰:"在全椒县东十五里,地名赤土冈,高一丈四尺。"①此说与唐代旧说明显不同,却后来居上,逐渐成为汉晋阜陵县定位的主流观点,被日后各类地志载录。虽然某些地志也同时载录《太平寰宇记》的记载,但仍取信"全椒县东十五里"之说。《中国历史地图集》(以下简称《图集》)亦据明清地志将东汉至西晋的阜陵县标绘于全椒县东十五里。② 在今安徽省全椒县陈浅乡百子村有一片汉代文化遗存,文物部门登记为"阜陵城遗址"。③ 安徽全椒县百子村即汉晋阜陵县所在,被各类数据著录,几乎成为共识。

通过文献梳理,可以看到"全椒县东十五里"的说法晚出,而且与唐代"全椒县南"、"全椒县西南八十里"的记述明显不合。若是仔细考察这一地理方位,也能发现此说存在极为明显的缺陷。

首先,根据历代地志记载,汉晋时期的全椒县即今全椒县城,也就是说全椒县的地理方位自汉代以来未曾发生改变。而若阜陵县位于今全椒县东十五里,则两县距离过近,我们很难想象汉晋时期会在如此狭小的地域范围内设置全椒、阜陵两个县级政区,而且两县之间并无高山大川分隔,这显然有悖于县级政区设置的基本规律。

其次,分析东汉时期江淮流域的郡国级政区辖域变迁,也可以排除汉晋阜陵县地处全椒县东的可能性。永平十六年(73年),汉明帝封置阜陵王国。《后汉书·阜陵质王延传》载:"有司奏请诛延,显宗以延罪薄于楚王英,故特加恩,徙为阜陵王,食二县。"阜陵王国建置之初,辖有两县,其中一县必为阜陵县,乃王都所治。④ 建初元年(76年),阜陵王国废除,刘延贬为阜陵侯。章和元年(87年),汉章帝复置阜陵王国,辖五县。《阜陵质王延传》载章帝诏书曰:"今复侯为阜陵王,增封四县,并前为五县。"之后的阜陵王国大体保持五县的规模,直至东汉末年废除。而在建初四年

---

① 王象之撰,李勇先点校:《舆地纪胜》卷四二《滁州·全椒县·古迹》,第1812—1813页。
② 谭其骧主编:《中国历史地图集》,北京:中国地图出版社,1982年。
③ 国家文物局主编:《中国文物地图集·安徽分册》,北京:中国地图出版社,2014年,(图)第149页、(文)第164页。
④ 李晓杰:《东汉政区地理》第十一章第一节《阜陵国沿革》,第220页。

(79年),汉章帝益封下邳王国辖域,"以临淮郡及九江之钟离、当涂、东城、历阳、全椒合十七县益下邳国"。① 此后下邳王国疆域稳固延续约50年,直至汉顺帝永建元年(126年)才再次发生变化。②

若将阜陵王国、下邳王国在汉章帝至顺帝时期的辖域加以排比,可以发现建初四年之后的下邳王国长期管辖原属九江郡的钟离、当涂、东城、历阳、全椒五县。分析五县地理方位,当涂、东城、全椒构成下邳王国的西界。而章和元年,章帝复置阜陵王国,管辖包括阜陵县在内的五县。如果当时的阜陵县地处全椒县东,那么阜陵王国东部辖域将与下邳王国西部辖域重迭,这种情况显然不会出现(参见图一)。所以若以阜陵、下邳两王国在章和元年以后的辖域判断,阜陵县绝不可能位于全椒县以东。李晓

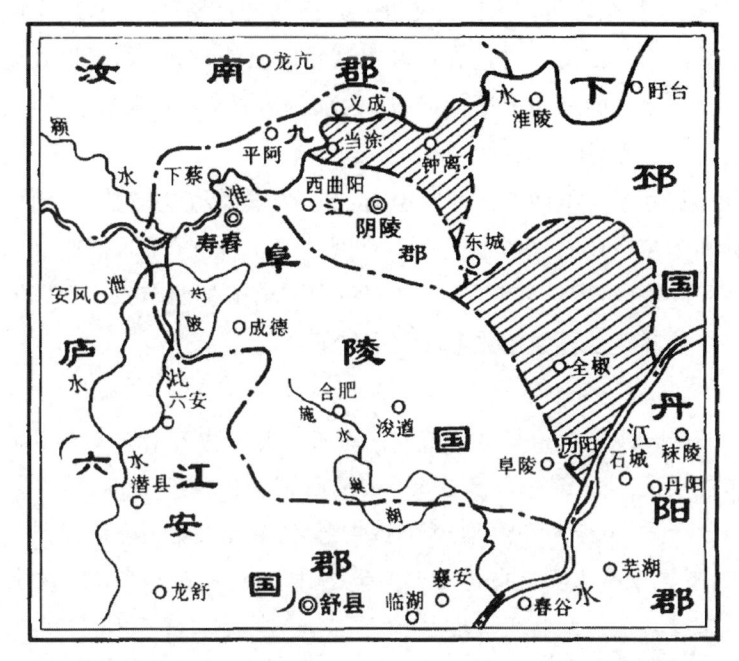

图一 章帝章和元年—顺帝建康元年九江郡及阜陵国各自领域示意图③
(图中阴影部分为顺帝永建元年后九江郡所增之领域)

---

① 《后汉书》卷五〇《下邳惠王衍传》,第1674页。
② 李晓杰:《东汉政区地理》第四章第四节《下邳国沿革》,第75—81页。
③ 李晓杰:《东汉政区地理》图二十,第219页。

杰先生在排比两王国辖域变迁后，即指出《图集》把东汉阜陵县标绘于今全椒县东南是错误的，并把阜陵县改绘在历阳县西。①

综上，无论是从汉晋县级政区地域分布特征来看，还是从东汉的王国辖域变迁来看，今全椒县东十五里的百子村绝对不可能是汉代阜陵县所在。南宋以后开始出现的汉晋阜陵县位于"全椒县东十五里"的说法并不可信。

二

否定了"全椒县东十五里"的说法，我们对阜陵县方位的寻找则要回溯到年代更早的"全椒县南"、"全椒县西南八十里"的说法。其实，虽然南宋以后"全椒县东十五里"之说成为主流意见，但仍有学者坚信阜陵县位于全椒县西南。如清人姚鼐在谈及汉代阜陵县方位时，称其地处全椒县西南、含山县北，即采纳了唐代旧说。② 而当《中国历史地图集》对西汉阜陵县进行定位时，唐代旧说也发挥了影响。

《图集》将东汉至西晋的阜陵县标绘在今安徽省全椒县东，而西汉的阜陵县则标绘在今安徽省和县西。查阅《图集》释文可知，把西汉阜陵县标绘在和县境内，正是采纳了《太平寰宇记》"全椒县西南八十里"的说法。《图集》汉晋阜陵县释文相关考证文字如下：

> 据《晋志》淮南郡阜陵县云："汉明帝时沦为麻湖。"是东汉时阜陵县有迁徙。……今据《寰宇记》、《纪胜》"历阳湖一名麻湖，在历阳县西三十里"。宋历阳县即今和县。光绪《江南安徽全图》和州图有麻湖，适在今全椒县西南约八十里处，当即西汉阜陵县所在。东汉以后之阜陵县址，《纪胜》《清统志》均有记载……其基址所在之阜陵城，当即自麻湖所徙之阜陵县也。③

---

① 李晓杰：《东汉政区地理》第十一章第一节《阜陵国沿革》，第220页。不过，李先生由此得出唐代李贤注阜陵在全椒县南的说法不可信，则失之绝对。
② 姚鼐：《惜抱轩诗文集》卷二《汉庐江、九江二郡沿革考》，上海：上海古籍出版社，1992年，第23页。
③ 《中国历史地图集释文》，复旦大学历史地理研究中心资料室收藏。

《图集》注意到《晋书·地理志》(以下简称《晋志》)淮南郡阜陵县附注"汉明帝时沦为麻湖",①指出汉晋阜陵县曾发生徙置,唐代北宋地志"全椒县南""全椒县西南八十里"乃西汉阜陵县方位,而南宋以后地志"全椒县东"乃是东汉以后的阜陵县方位,两种说法都具有合理性,只是存在时代差异。这种解释,似乎真的可以圆满解决传世地志关于汉晋阜陵县地望的分歧了。

不过,《图集》有关阜陵县发生徙置,以及定西汉阜陵县于今安徽省和县西南"麻湖"的意见都立足于《晋志》阜陵县"汉明帝时沦为麻湖"的注记。而仔细考辨这条史料,可以发现其存在较大问题,并不能作为相关研究的依据。

成书于唐代的《晋书》,其《地理志》部分漏洞百出,多与西晋史事不符,其质量为历代学者诟病。具体到阜陵县"汉明帝时沦为麻湖"的注记,也曾引发学者怀疑。② 清人王先谦注释《汉书》阜陵县方位时,便对《晋志》注记提出质疑:

> 《晋志》"明帝时沦为麻湖"。《纪要》"历湖一名麻湖",则与历湖一事也。然历阳为湖已见《淮南子》,非明帝时,《晋志》殆传伪耳。③

王先谦上述意见亦被《晋书斠注》采纳。④ 所谓"麻湖陷城"之事详细载录于《太平寰宇记》和《太平御览》,后世地志亦多转录,但所记陷湖之城皆为历阳。⑤ 诚如《舆地纪胜》所言,麻湖的"麻"字乃"历"字的讹误。⑥ 陷入历湖的应当是历阳城,而非阜陵城。

《晋志》阜陵县沦为麻湖之事并不可信,舒峤、薛从军二位先生均有辨

---

① 《晋书》卷一五,第460页。
② 宋人王象之怀疑"麻湖"应作"巢湖"。见《舆地纪胜》卷四八,第2012页。
③ 王先谦:《汉书补注》卷八,上海:上海古籍出版社,2008年,第2365页。
④ 吴士鉴、刘承干:《晋书斠注》卷一五,北京:中华书局,2008年,第338页。
⑤ 乐史:《太平寰宇记》卷一二四,第2456页;《太平御览》卷四三《地部》"鸡笼山",北京:中华书局,1960年,第208页。
⑥ 见《舆地纪胜》卷四八,第2012页。

析。① 而舒先生则对《晋志》阜陵县"汉明帝时沦为麻湖"的注记给出一个较为合理的解释。他认为这段注记本不在阜陵县下,而在历阳县下。② 笔者注意到《太平御览·州郡部》和州注记"汉明帝时历阳沦为麻湖"。③ 这段注记显然源于《晋志》,则北宋时《太平御览》编撰者所见《晋志》"汉明帝时沦为麻湖"的注记仍在历阳县下。今本《晋书》"汉明帝时沦为麻湖"八字注记于阜陵县,应当是文献传抄过程中文字窜乱所致。这种情况在《晋志》并非孤例。《晋志》荥阳郡卷县注记"有博浪长沙,张良击秦始皇处"。清人毕沅曰:"遍检诸地志,皆云博浪沙在阳武。疑此十二字注本在'阳武'下,错简入卷县耳。"④这些都可以左证舒先生的观点。⑤

总之,《晋志》"汉明帝时沦为麻湖"本应在历阳县下,与阜陵县并无瓜葛。《图集》根据这条史料得出种种判断,自然不可凭据。不过,虽然阜陵县迁置之说不能成立,但是《图集》所定西汉阜陵县恰好位于全椒县西南八十里。那么,这一地理定位有无可能就是汉晋阜陵县所在呢?

笔者认为《图集》西汉时期图组对阜陵县的定位同样不可信。首先这一地理定位主要根据的是古麻湖的方位,而前面提到麻湖与阜陵县并无关系。其次,《图集》所定西汉阜陵县方位虽然符合全椒县西南八十里,但此地在北硖山山系(古称"岘山")及昭关以南(参见图二)。北硖山山系与昭关是古代江淮流域的重要地理分界线,从历史上的全椒县辖域来看,其南界从未跨越昭关。而且麻湖一带距离历阳县及含山县均不到三十里,之间又无山川阻隔,所以该地唐宋时期理应隶属历阳县或含山县管辖,而绝不可能隶属于北硖山以北的全椒县。这在《图集》唐时期图组、北宋时

---

① 舒峤:《〈晋书·地理志〉阜陵沦为麻湖说辨误》,《中国历史地理论丛》1995 年第 2 期;薛从军:《"历湖"与古"历阳城"遗址》,《巢湖学院学报》2013 年第 5 期。
② 舒峤、薛从军二位先生都指出,历阳陷county一事见载于《淮南子》,故绝不可能发生于汉明帝时期。故《晋书·地理志》所注"汉明帝时"亦不可信。
③ 《太平御览》卷一六九,第 823 页上。
④ 《晋书》卷一四"校勘记",第 442—443 页。此条承蒙南京大学聂溦萌提示。
⑤ 《舆地纪胜》称《晋书·地理志》阜陵县注记"汉明帝时沦为麻湖",则至迟南宋《晋书·地理志》"汉明帝时沦为麻湖"注记已窜乱于阜陵县下。

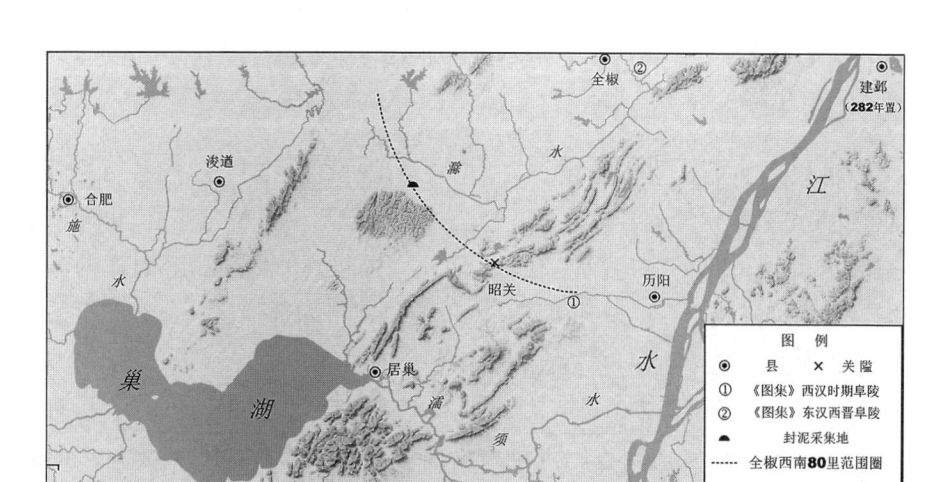

图二　汉晋时期巢湖流域县邑分布图

期图组都有非常明确的标识。①

以上从今巢湖流域山川地理形势的角度论证阜陵县不可能位于昭关以南,而从相关历史记载来看,也能印证笔者的判断。东晋咸和元年、梁天监二年,后赵、北魏先后进军江淮,在攻至阜陵后,即停止相关军事行动。倘若阜陵县位于昭关以南的历阳县西,这里与历阳迩近,且无山川阻隔,北朝军队为何不一鼓作气,攻下历阳,与南朝隔江对峙?又天监二年,冯道根以豫州南梁太守的身份整治阜陵城戍,而当时昭关以南为南豫州属地,②冯道根又何以至他州辖域整治城戍?结合上述史实,阜陵城显然地处昭关以北,北朝军队因昭关阻隔而不能进逼历阳,冯道根也是在本州岛辖域内整治城戍。

结合巢湖、长江之间的山川地理形势,以及相关历史记载,再辅以《太平寰宇记》阜陵城位于全椒县西南八十里的记述,我们可以大致判断,汉晋阜陵县应位于今全椒县西南八十里的肥东县、巢湖市东部,含山县北部的滁河沿岸地区。

---

① 分见谭其骧主编:《中国历史地图集》第五册,第 54 页;第六册,第 22—23 页。
② 谭其骧主编:《中国历史地图集》第四册,第 27—28 页。

三

通过以上考述,基本排除了汉晋阜陵县地处今全椒县东、和县西的可能性,并可以限定阜陵县大致位于今全椒县西南八十里的肥东县、巢湖市东部,含山县北部的滁河沿岸地区。而此次采集到"阜陵丞印"封泥的苏湾镇司集恰好位于今全椒县西南八十里的巢湖市东部地区。那么此次采集到封泥的古文化遗存,会不会就是汉晋阜陵县呢?

带着这样的疑问,2016年2月20日笔者在张靖华同学的引领下,对封泥采集地进行实地踏查。封泥采集地位于巢湖市苏湾乡司集村东的331省级公路南侧,是一处长宽各约100米的方形岗地。岗地高出地表2米,北部残留有明显的壕沟遗迹,岗地上则散落大量古陶片,陶片年代从商周跨越至汉代,周边村民家中保存有从岗地采集到的秦汉时期铜器和钱币。虽然此处遗址带有丰富的秦汉文化遗存,但是遗址规模过小,不符合汉晋县级城市等级,可以排除是汉晋阜陵县城的可能性。

如此狭小的岗地,虽然达不到县级城市的规模,但是其丰富的文化堆积,以及岗地周边清晰的壕沟遗存,依然暗示此地在古代具有特殊的职能。笔者在翻阅相关文献及考古资料后,认为此遗址应为汉晋阜陵县所属的一处亭署机构。今试论证如下:

秦汉时代全国基层普遍设置有亭,承担治安、食宿、文书传递等职能。关于亭的形制,严耕望先生曾结合传世文献做出如下总结:"亭基皆高出地面,且树华表以识衢路;亭门有塾,检弹人民;亭内有正堂,以供重要官员居止;又有高楼,以供候望盗贼;此其形制之大略也。"① 又戴卫红女士补充,亭的四边筑有围墙,呈封闭结构。② 结合前人研究,亭应当是修建在高台上,筑有围墙,配有高楼、房舍的一组封闭建筑群。③ 至于亭的具体规

---

① 严耕望:《中国地方行政制度史——秦汉地方行政制度》,上海:上海古籍出版社,2007年,第63页。
② 戴卫红:《魏晋南北朝时期亭制的变化》,《社会科学战线》2016年第2期。
③ 苏卫国:《秦汉乡亭制度研究——以乡亭格局的重释为中心》,哈尔滨:黑龙江人民出版社,2010年,第36页。

模,学界较少涉及。传世文献保留有一条珍贵记录。颜师古注《汉书》引如淳曰:"旧亭传于四角面百步筑土四方,上有屋。"①表明亭修筑于边长百步的土台之上。秦汉百步约合今115米,与司集岗地遗址规模相当。另外,劳榦先生提及,边塞的燧与亭性质相同,因此可以通过分析西北烽燧遗址来讨论亭的具体形制。②根据吴礽骧先生介绍,西北地区的鄣燧遗址边长在70—180米之间。③而内蒙古自治区阴山一带的汉代鄣燧遗址规模也与之相当。④司集岗地遗址规模同在此范围内,符合汉代亭的形制。⑤

另据前人研究,秦汉时代的亭多设置于交通要道,以便官员行宿、文书传递。⑥今安徽省311省道东西横向穿越司集古文化遗址北侧。当地乡镇干部介绍,在合肥至南京的高速公路建成以前,两地交通主要依靠331省级公路。该公路所经的司集一段位于东黄山北麓、滁河南岸的山前台地(参见图二),就微地貌而言,乃是当地东西向交通的必经之地,可以想见汉代即是一条交通干线。在此交通干线沿线设亭,亦符合秦汉亭制。

因此就遗址规模、地理方位而言,司集岗地古文化遗址符合汉代亭署建制。宫崎市定先生曾指出,汉代的亭大多沿用前代旧城,⑦修筑于司集岗地的汉亭,有可能也利用了商周时期的聚落遗址。

作为地方基层行政、治安机构的亭,与上属县之间文书传递极为频繁。汉代很多诏令都要求"扁书乡亭市里显见处",⑧这些诏令文书是通过

---

① 《汉书》卷九〇《尹赏传》,第3675页。
② 劳榦:《再论汉代的亭制》,收入《古代中国的历史与文化》,北京:中华书局,2006年,第175—194页。
③ 吴礽骧:《河西汉塞调查与研究》,北京:文物出版社,2005年,第187—189页。
④ 盖山林、陆思贤:《内蒙古境内战国秦汉长城遗迹》,收入《中国考古学会第一次年会论文集》,北京:文物出版社,1980年。
⑤ 目前虽然没有秦汉乡亭遗址的发掘报道,但是秦汉亭与邮关系密切,甘肃省文物考古研究所曾对敦煌悬泉置遗址进行发掘,揭示悬泉置包含有坞院、马厩、房屋等建筑,可供参考。甘肃省文物考古研究所:《甘肃敦煌汉代悬泉置遗址发掘简报》,《文物》2000年第5期。
⑥ 孙毓棠:《汉代的交通》,收入《孙毓棠学术论文集》,北京:中华书局,1995年,第296页。
⑦ 宫崎市定:《关于中国聚落形态的变迁》,收入《日本学者研究中国史论著选译》第3卷,北京:中华书局,1993年,第1—29页。
⑧ 胡平生:《"扁书"、"大扁书"考》,收入《胡平生简牍文物论稿》,上海:中西书局,2012年,第307—313页。

县传递给所属乡亭的。在同属亭邮系统的敦煌汉代悬泉置遗址出土的木简中，相当数量是悬泉置与上属效穀县之间往来的行政文书。今试举二例：

例一 三月戊戌、效谷守长建、丞、谓县（悬）泉置啬夫，写移书到、如律令。/掾武、卒史光、佐辅。（Ⅱ0216②：244）

例二 九月甲戌，效谷守长光、丞立，谓遮要、县（悬）泉置，写移书到，趣移车师戊己校尉以下乘传，传到会月三日，如丞相史府书律令。/掾昌、啬夫辅。（Ⅴ1812②：120）①

以上两例是效穀长、效穀丞签转下发给悬泉置的文书。可以想见，汉代的阜陵县每年也会传递大量行政公文给所属乡亭。汉代县级文书签发主要通过县丞，文书封缄时自然要钤印县丞印章。因此在阜陵县所属亭署遗址发现"阜陵丞印"封泥也就不足为奇了。②

虽然采集到"阜陵丞印"封泥的古文化遗存并非汉晋阜陵城址，但这枚封泥的发现，仍为寻找汉晋阜陵县城址方位提供了宝贵线索。若司集岗地古文化遗址是汉代阜陵县所属之亭，则阜陵城必在司集附近。司集位于东黄山北麓、滁河南岸的山前台地，地处江淮交通要冲，符合汉代城市选址的基本条件。当地乡镇文化部门工作人员还带领笔者实地踏查了司集西部的大片汉墓群，并参观了散置于地表的汉代石质墓门和汉代石质半身人像。另据笔者查阅数据，1954年司集乡头庄曾出土战国时代铜质编钟6枚。③ 种种迹象表明，在巢湖市苏湾乡司集附近应当存在一座战国至汉代的高等级城址。

采集到"阜陵丞印"封泥的司集，恰好位于今全椒县西南八十里，今距全椒县古河镇辖界仅3公里，在唐宋时期应隶属全椒县管辖，可以与唐代北宋地志载录汉晋阜陵县地处"全椒县南"、"全椒县西南八十里"等信息对应。而且此地位于昭关以北，其地理方位可以合理解释传世史籍与阜

---

① 胡平生、张德芳：《敦煌悬泉汉简释粹》，上海：上海古籍出版社，2001年。
② 关于司集岗地遗址可能是乡亭一级官署的意见，承蒙孙慰祖先生提示。
③ 国家文物局主编：《中国文物地图集·安徽分册》下册，第9页。

陵县相关的各种史事(参见图二)。另据李晓杰先生对东汉阜陵王国辖域的复原结论,章和元年之后阜陵王国所辖五县,包括阜陵县及王都寿春县,其余三县应为两县之间的成德、合肥、浚遒。① 不过,由于李先生对阜陵县的定位采纳的是《图集》西汉图组的结论,导致复原的阜陵王国辖域呈现出南北狭长的形势(参见图一)。现在如果明确汉代阜陵县位于今巢湖市司集附近,则阜陵王国南界在昭关以北,所呈现的王国辖域更符合江淮之间的山川形势,也更契合李晓杰先生的研究结论。

如果排列东汉时期滁河流域的县级城邑分布,可以发现距离今巢湖市司集最近的两个汉县分别是东部的全椒县和西部的浚遒县(参见图二)。汉代浚遒县位于今安徽省肥东县龙城乡龙城村,②到司集的直线距离为六十里。汉晋阜陵县如果在司集一带,那么距离最近的县城无疑就是浚遒县。东汉永平十六年阜陵王国初置时,仅辖两县,李晓杰先生已指出阜陵王国所辖两县必有阜陵县,另一县则推测是浚遒县。③ 李先生的这一判断非常敏锐,不过由于李先生采纳《图集》西汉图组对阜陵县的定位,这一定位距离汉代浚遒县的直线距离有一百三十里,过于遥远,难免让人怀疑(参见图一)。而如果明确汉代阜陵县在司集,那么两者仅相距六十里,无疑是对李先生结论的有力支持。就地理方位而言,浚遒、阜陵皆位于

"阜陵丞印"封泥照片　　　　"阜陵丞印"封泥拓片

① 李晓杰:《东汉政区地理》,第 221—222 页。
② 国家文物局主编:《中国文物地图集·安徽分册》,(图)第 115 页、(文)第 14 页。
③ 李晓杰:《东汉政区地理》,第 220 页。

昭关以北的滁河上游沿岸,两者关系更为紧密,东晋咸和元年石聪同时攻克浚遒、阜陵两县,进逼昭关,导致东晋京师震动,就是很好的证明。

总之,巢湖市司集"阜陵丞印"汉代封泥的发现,为我们指示了汉晋阜陵县地处司集一带的可能性,而这一地理方位可以与东汉、东晋、萧梁诸史事相对应,同时也符合《后汉书》李贤注、《通典》、《太平寰宇记》对汉晋阜陵县地处"全椒县南"、"全椒县西南八十里"的记述,应当是目前汉晋阜陵县地理定位的最佳结论,理应得到学界关注。

本文原刊于《出土文献》第 11 辑,上海:中西书局,2017 年。

汉代阜城、蠡吾、临乐地望考辨

——读《水经注》河北诸水札记三则

一、东汉阜城县

《水经》载录漳水下游流路为：

> 又北过堂阳县西，又东北过扶柳县北，又东北过信都县西，又东北过下博县之西，又东北过阜城县北，又东北至昌亭，与滹池河会。又东北至乐成陵县，别出北。①

《水经》描述的河流走向和政区建置，基本反映的是东汉时期的面貌。②根据上述记载，东汉阜城县在下博县和乐成陵县之间的漳水南岸。汉代下博县和乐成陵县（西汉乐成县）的地理方位都比较明确，分别位于今河北省深州市乔屯乡康王城村，③河北省献县万村乡孙东城村。④所以根据《水经》记述，东汉阜城县大约在今河北省武强县、武邑县境内（见图一）。

司马彪《续汉书·郡国志》（以下简称《续汉志》）安平国阜城县自注

---

① 杨守敬、熊会贞疏：《水经注疏》卷十，第969—991页。
② 黄学超：《〈水经〉文本研究与地理考释》第二章第三节《〈水经〉地理信息断代与材料来源》，复旦大学历史地理研究中心博士学位论文，2015年，第88—94页。
③ 衡水地区地名办公室编：《衡水地名志》，河北省地名办公室，1985年，第283—284页。
④ 国家文物局主编：《中国文物地图集·河北分册》，北京：文物出版社，2013年，图版第345页，文物单位简介第640页。

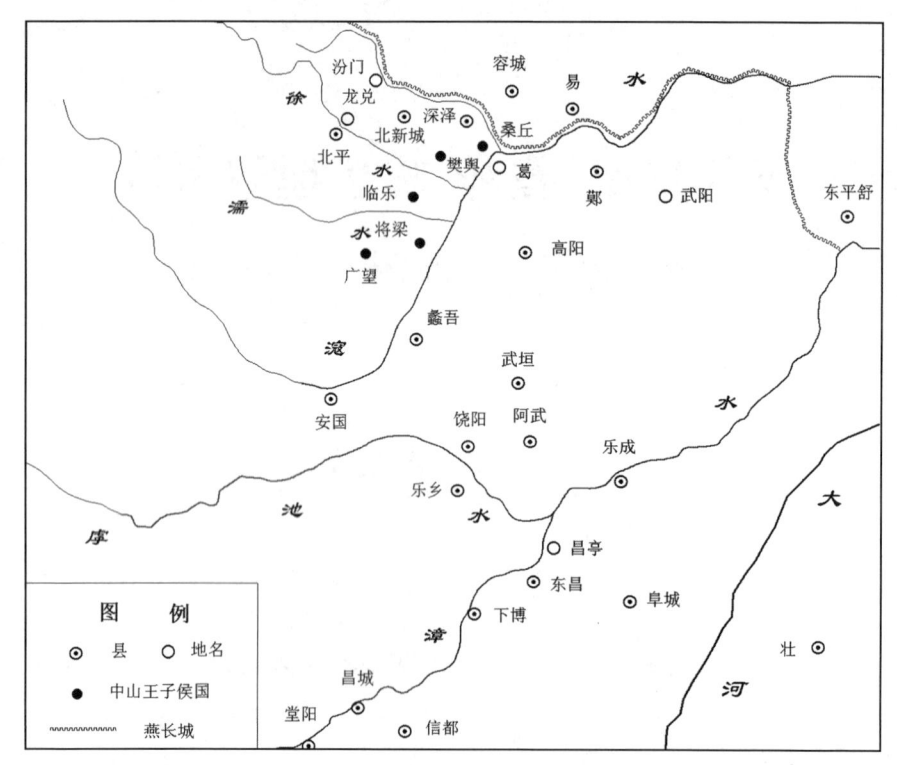

* 图中所绘漳水河道为东汉面貌。西汉漳水不与滹池水交汇,而在东昌县东南流,经阜城县南,汇入大河。

图一　西汉漳水、滱水流域城邑分布图

"故昌城"。① 《汉书·地理志》(以下简称《汉志》)信都国有昌成侯国(汉代地名"城"、"成"二字相通)。② 以往认为,东汉阜城县即西汉昌城县。郦道元注《水经·浊漳水》曰:

> 扶柳县故城在信都城西,衡水迳其西。县有扶泽,泽中多柳,故曰扶柳也。衡水又北,迳昌城县故城西。《地理志》,信都有昌城县。汉武帝以封城阳顷王子刘差为侯国。阚骃曰:昌城本名阜城矣。应劭曰:堂阳县北三十里,有昌城,故县也。世祖之下堂阳,昌城人刘植

---

① 《后汉书志》第二〇,第 3435 页。
② 《汉书》卷二八,北京:中华书局,1964 年,第 1633 页。

率宗亲子弟,据邑以奉世祖是也。①

汉代堂阳县的方位也较为明确,约在今河北省衡水市冀州区码头李镇南顾城村。② 以此地向北三十里,可以大致判断西汉昌城县约在今冀州区官道李镇附近。又阚骃曰:"昌城本名阜城矣。"熊会贞已指出此语有倒错,应订正为"阜城本名昌城矣"。③ 阚氏此语显然是转引《续汉志》安平国阜城县自注。郦道元引阚氏之说,表明他认为《续汉志》提到的昌城,即《汉志》信都国昌成侯国。

不过,郦道元记述的昌城县地处汉代扶柳县、信都县之间。漳水在流经扶柳县后,即应经过阜城县。《水经》何以在流经信都县、下博县之后,才经过阜城县?(见图一)《水经》对阜城县方位的记述,显然与郦道元载录的东汉阜城县方位相矛盾。

郦道元为《水经》漳水"东北过阜城县北,又东北至昌亭"作注时,即进行辨析:

《经》叙阜成于下博之下,昌亭之上,考地非比,于事为同。渤海阜城又在东昌之东,故知非也。④

熊会贞对郦道元此语进行阐释:

前《汉》渤海之阜城,详《注》后文。后汉安平之阜城,详《注》前文。《经》作于三国时,自指安平之阜城。《注》言衡水先迳昌城(即阜城,非《经》之昌亭),后迳下博,则阜城在下博之上。而《经》叙于下博之下,故云考地非比。下博之下,又适有渤海之阜城,故云于事为同。但渤海之阜城在东昌(即昌亭)之东,则在昌亭之下,不在昌亭之上,

---

① 杨守敬、熊会贞疏:《水经注疏》卷十,第 973—974 页。
② 黄学超:《〈水经〉文本研究与地理考释》,第 183 页。
③ 杨守敬、熊会贞疏:《水经注疏》卷十,第 973—974 页。
④ 杨守敬、熊会贞疏:《水经注疏》卷十,第 987 页。

故知非《经》之阜城也。①

郦道元为《水经》作注时，留意到《水经》对阜城县方位的描述与东汉阜城县（西汉昌城县）方位不符。而西汉勃海郡另有阜城县，但是这个阜城县在昌亭以东，与《经文》也不相符（见图一）。故他在为西汉阜城做注时称"非《经》所谓阜城也"。② 显然郦道元对《水经》"东北过阜城县北，又东北至昌亭"一语相当困惑。

黄学超对《水经》"东北过阜城县北，又东北至昌亭"也进行了阐发：

> 《续汉志》安平国："阜城，故昌城。"是东汉阜城县系西汉昌城县更名，与西汉阜城县不同。《寰宇记》冀州阜城县："本汉旧城也，属渤海郡，故城在今县东二十二里阜城故城是。"其地即今阜城县古城镇。此系西汉阜城县所在。东汉阜城县则在"堂阳县北三十里"（郦注引应劭语），即今辛集市南境。依《水经》所载漳水过地之次序，若阜城县指东汉之址，则与水过堂阳、扶柳、信都之次序相违；若指西汉之址，则与水过昌亭之次序、方位不协。不过，细玩文句，《水经》既言漳水"过堂阳县西"、"过扶柳县北"，又言"过阜城县北"，堂阳、扶柳二县相迩，若此阜城为东汉址，则在扶柳之北，漳水连过二县之北，似乎不太合理；而若定于西汉址，则也可勉强理解为漳水流过阜城县西北侧而至昌亭，最多是一处文句次序或个别文字的微谬而已。两相权衡，似仍以定于西汉址，即今阜城县古城镇较为合适。③

黄学超比较了东汉阜城县和西汉阜城县的方位，认为把《水经》阜城比对为东汉阜城县是行不通的。而比对为西汉阜城县，可以勉强解释为漳水先流经阜城县西北境，然后再流经昌亭，相对于东汉阜城县，更为合理（见图一）。不过，总体反映东汉面貌的《水经》在描述阜城县时，为何舍

---

① 杨守敬、熊会贞疏：《水经注疏》卷十，第987页。
② 杨守敬、熊会贞疏：《水经注疏》卷十，第998页。
③ 黄学超：《〈水经〉文本研究与地理考释》，第183页。

弃东汉阜城县而采用已废弃的西汉阜城县呢？况且西汉阜城县距离漳水又很远。这样的解读方式，终归令人感到不妥。

其实，如果我们充分尊重《水经》文意，再仔细分析各种文献记载，可以发现"东北过阜城县北，又东北至昌亭"并非与东汉政区设置情况不符。这之中的关键，在于对《续汉志》阜城县自注"故昌城"的理解上。

司马彪注《续汉志》阜城县"故昌城"，并未指明这个"昌城"在何处。郦道元引阚骃曰"阜城本名昌城"。前面提到这句话的来源就是《续汉志》。阚骃可能在撰写《十三州志》叙及阜城县时，转录了《续汉志》的记载，还看不出他把《续汉志》"昌城"理解为何地。南朝沈约追述阜城县沿革为："前汉勃海有阜城县，《续汉》安平有阜城县，注云'故昌城'。汉信都有昌成，未详孰是。"①沈约注意到《汉志》信都国有昌成侯国，但是他并不敢肯定这就是《续汉志》提到的"故昌城"。

就目前所见古代文献留存状况来看，首先把《续汉志》"昌城"与《汉志》信都国昌成侯国联系起来的，可能就是郦道元。笔者以往分析《水经注》著录西汉侯国时提到，郦道元对西汉侯国定位的依据仅是地名，因此常有"张冠李戴"的现象。② 例如前引《水经注》把信都国昌城侯国对应为城阳王子刘差封国，就是典型的"错误对应"。③ 推彼及此，郦道元把《续汉志》"昌城"与《汉志》信都国昌成侯国联系起来，恐怕也是基于地名的相似性，而非持有坚实的依据。

郦道元对应《续汉志》阜城县自注"故昌城"时，只看到《汉志》信都国昌成侯国。而实际上，在信都国境内还另有一处"昌城"，即《汉志》信都国之"东昌"。汉宣帝本始四年分封清河王子刘成为东昌侯，此即《汉志》信都国东昌侯国。笔者此前曾撰文讨论汉代在县名前加"东、西、南、北"方位词的现象。其基本结论是，地名前添加方位词，主要用于国家行政层面区别"异地同名"现象，而在当地的使用中，并不附加方位词。④ 所以这个

---

① 《宋书》卷三六《州郡二》，第1102页。
② 本书上编第二章第一节《〈水经注〉侯国地理信息之史料来源》。
③ 《汉志》信都国昌城侯国其实是汉宣帝神爵三年所封广川王子刘元封国。而城阳王子刘差受封之昌侯国，乃琅邪郡昌县。见本书"620 昌城"条，"423 昌"条。
④ 拙文：《定县北庄汉墓墓石题铭及其相关问题研究》，《考古》2012年第10期。

"东昌",其本来名称就是"昌(城)"。这里有一条证据,即《水经》"东北过阜城县北,又东北至昌亭"中的"昌亭",其实就是东昌之亭(详见后文考述)。这可以反过来证明"东昌"的本名就是"昌(城)"。郦道元亦曰:"西有昌城,故目是城为东昌矣。"本始四年,汉廷分封清河王子刘成为昌侯,其封地本属清河国。依据"推恩令",王子侯国裂王国地分封,别属汉郡的制度,这个昌城别属信都郡。而当时信都郡境西部有昌城县,为了两相区别,故在清河王子昌侯国之前添加方位词"东"。这就是清河国昌城后称为"东昌"的由来。

按照笔者的理解,《续汉志》安平国阜城县自注"故昌城",并非《汉志》信都国昌成侯国,而是《汉志》信都国东昌侯国,郦道元的看法有误。关于这个东"昌城"的方位,《水经注》亦有记述:

> 衡漳又迳东昌故城北,《经》所谓昌亭也,王莽之田昌也,俗名之曰东相,盖相昌声韵合,故致兹误矣。西有昌城,故目是城为东昌矣。①

东昌俗名东相,其地名至今犹存,即今河北武邑县韩庄乡相城村,当地有大片汉代遗存。② 此地与《水经》描述东汉阜城县在下博县、乐成陵县之间正相吻合。值得注意的是,此地亦与西汉阜城县相邻。以往把《续汉志》"故昌城"理解为《汉志》信都国昌成侯国,此地距离西汉阜城县甚远,为何东汉要把此地改名为"阜城"? 现在了解到所谓"故昌城"即《汉志》信都国东昌侯国,可以明白东汉乃是将原西汉阜城县、东昌县合并,迁阜城县治于故东昌县治,故"阜城本名昌城"的政区演变过程,非常合理。

东汉阜城县与西汉阜城县相距不远,还有一条证据。东汉郑玄注《尚书禹贡》"覃怀厎绩,至于衡漳"之"衡漳"曰:

> 衡漳者,漳水横流。《地理志》云:"漳水出上党沾县大黾谷,东北

---

① 杨守敬、熊会贞疏:《水经注疏》卷十,第990—991页。
② 国家文物局主编:《中国文物地图集·河北分册》,图版第363页,文物单位简介第673页。

至安平阜城入河。"①

此处郑玄所引《地理志》乃《汉志》上党郡沾县自注:"大黾谷,清漳水所出,东北至阜成入大河。"②稍有不同的是,郑玄根据他生活的时代,指出漳水入河处,在安平国阜城。③ 如果这个阜城县是今冀州区西部的"昌城",显然与漳水入河的地理形势不符。而如果是今武邑县境内的"东昌",其地与西汉阜城县相邻。前面提到,西汉阜城县在东汉时期与昌城(东昌)合并,在汉明帝永平十二年黄河尚未改道之前,黄河正在其境与漳水交汇。可证在郑玄所处的东汉末年,阜城县仍然在西汉阜城县附近,而不在今冀州区西部。

这里还需要解释一个疑问。《水经》"东北过阜城县北,又东北至昌亭"。从地名来看,这个昌亭也有可能是西汉东昌县,郦道元即作此理解。而按照笔者前面的分析,东昌即东汉阜城县,则东昌县与昌亭并不在一地。其实,类似这种同名县、亭不在一地的情况,在汉代十分普遍。《水经·济水注》"(济水)又东,迳小黄县之故城北。县有黄亭近济"。④ 此为黄县、黄亭不在一地之例。《水经·沁水注》:"(邘)水南流迳邘城西,故邘国也。城南有邘台。……京相璠曰:今野王西北三十里有故邘城,邘台是也。……邘水东南迳邘亭西。京相璠曰:又有亭在台西南三十里。"⑤此为邘城、邘亭不在一地之例。《水经·汝水注》:"(青)陂水又东,迳新息亭北,又东为绸陂。陂水又东,迳新息县结为墙陂。"⑥此为新息亭、新息县不在一地之例。由此看来,汉代的昌亭乃在东昌县东北,郦道元把东昌对应为《水经》昌亭

---

① 李学勤主编:《十三经注疏·毛诗正义》卷二《邶鄘卫谱》孔颖达疏,北京:北京大学出版社,1999年,第128页。原书标点有误,引文已做修正。
② 《汉书》卷二八,第1553页。
③ 马楠认为郑玄注《禹贡》所引《地理志》为《东观汉记·地理志》(说见《郑玄注〈禹贡〉所引地理志系〈东观汉记〉之地理志考》,《中国典籍与文化》2019年第4期)。但汉桓帝元嘉年间作《东观汉记·地理志》时,黄河已不与漳水交汇。故就此条而言,郑玄所引《地理志》仍为《汉书·地理志》。
④ 杨守敬、熊会贞疏:《水经注疏》卷七,第681页。
⑤ 杨守敬、熊会贞疏:《水经注疏》卷九,第830—832页。
⑥ 杨守敬、熊会贞疏:《水经注疏》卷二一,第1789—1790页。

也是基于地名的相似性,并不可信。

由此,我们可以重新梳理两汉阜城县、昌城县建置沿革。西汉勃海郡有阜城县,治今河北省阜城县古城镇;另清河国有昌城县,治今河北省武邑县韩庄乡相城村。本始四年,宣帝分封清河王子刘成为昌城侯,别属信都郡。此时信都郡境内已有一处昌城县(治今河北省河间市冀州区官道李镇),为了与这个昌城相区别,故改称原清河国昌城为东昌。《汉志》信都国有昌成侯国、东昌侯国,实际反映的是汉成帝元延三年(前10年)信都郡时期的面貌。① 建平二年(前5年),哀帝置信都国,因"王国境内不辖侯国",昌成侯国、东昌侯国皆别属他郡。昌成侯国别属巨鹿郡。《后汉书·刘植传》曰:"刘植字伯先,钜鹿昌城人也。"②这里反映的正是建平二年以后昌城县的隶属关系。至于东昌侯国,从地理方位上来看,只能别属勃海郡。因东昌、昌城已不在一郡,故东昌当恢复"昌城"之名。东汉初年,昌城(东昌)与阜城县合并,阜城县治由原西汉阜城县(今阜城县古城镇)迁徙到原昌城县(今武邑县韩庄乡相城村),这就是《续汉志》安平国阜城县"故昌城"的由来。

《晋书·地理志》冀州勃海郡辖阜城县。③《晋书·地理志》载录西晋政区建制多不可信,不过《魏书·地形志》冀州武邑郡阜城县自注"前汉属勃海,后汉属安平,晋属勃海,后属"。④《魏书》西晋建制主要得自《太康地志》,可证西晋阜城县确实归勃海郡管辖。由于西晋勃海郡辖域未达到今河间市冀州区一带(此地西晋属安平国),所以以往认为西晋时代阜城县又从今冀州区迁回到今阜城县古城镇的西汉阜城县旧址。一个县既然已经在东汉迁徙到百余里外,为何又在西晋迁回?现在经过上述考述,可知东汉阜城县迁徙到东昌县后,再未发生迁徙,而是一直位于今武邑县相城村,直到北齐天保七年(556年)才迁徙至今阜城县城区。

又《史记·赵世家》"(孝成王)十年,燕攻昌壮,五月拔之。"张守节《正

---

① 《汉志》郡国名目断限为汉平帝元始二年,郡国辖县名目断限为汉成帝元延三年。见本书中编第一章第一节、第二节。
② 《后汉书》卷二一,第760页。
③ 《晋书》卷一四,第424页。
④ 《魏书》卷一〇六,第2465页。

义》曰:"壮字误,当作'城'。《括地志》云:'昌城故城在冀州信都县西北五里'。此时属赵,故攻之也。"①张守节称"壮"字乃"城"字讹误,此说流行甚广,几成定论,但仔细思考,其实并不可信。"壮"、"城"两字字形并不相近,且裴骃《集解》引徐广曰"一作'社'"。此"社"应为"杜"字讹误,汉代"壮"、"杜"字形相近,常讹混。《史记·十二诸侯年表》周惠王元年"楚堵敖囏"。司马贞《索隐》曰:"楚杜敖囏。音艰。系家作'莊敖'。刘音'壮'。"②又汉武帝封复陆之为壮侯,③《汉书》之《景武昭宣元成功臣表》《宣帝纪》《霍光传》皆作"杜侯"。南朝某些《史记》抄本把《赵世家》"壮"抄作"杜",说明这个"壮"字并非"城"字讹误。笔者认为,《赵世家》"昌壮"二字当点断,实际为昌、壮两县。这个壮县一直延续到西汉,高帝、武帝先后分封功臣许倩、复陆支为壮侯。④ 壮侯国约在汉成帝河平四年(前25年)废除。⑤

《赵世家》之"昌",以往受到张守节的影响,都认为是《汉志》信都国昌成侯国。现在明确东昌本名"昌(城)",则《赵世家》之"昌"也可能是汉代东昌县。那么《赵世家》记载的究竟是哪一个"昌城"呢?

《赵世家》载"燕攻昌、壮",可知这个"昌"距离"壮"不远,且位于燕赵边界附近。壮县不见两《汉志》,其方位历来不明。但《汉书·景武昭宣元成功臣表》"杜侯复陆支"条下注"重平",⑥表明故壮县(侯国)在东汉重平县境内。⑦ 重平,《汉志》属勃海郡,其地在今山东省陵县宋家镇崇兴街村。⑧ 战国至西汉的壮县约在今山东省宁津县境内。又《韩非子·有度》"燕襄(昭)王以河为境"。⑨ 战国时期赵燕两国一度以大河为南界。此大河即《禹贡》大河,相当于《汉志》滹池河(即图一所绘虖池水—漳水)。⑩ 今

---

① 《史记》卷四三,第1827页。
② 《史记》卷一四,第573—574页。
③ 《史记》卷二〇《建元以来侯者年表》,第1044页。
④ 《史记》卷一八《高祖功臣侯者年表》,第970页;《史记》卷二〇《建元以来侯者年表》,第1044页。
⑤ 《史记》卷二〇《建元以来侯者年表》,第1044页。
⑥ 《汉书》卷一七,第651页。
⑦ 本书上编第一章第一节。
⑧ 曲英杰:《燕地古城考》,第246页。
⑨ 陈奇猷:《韩非子集释》卷二,上海:上海人民出版社,1974年,第85页。
⑩ 邹逸麟、张修桂主编:《中国历史自然地理》,北京:科学出版社,2013年,第209页。

武邑县境的东昌在汉代滹池河南岸,地处战国时期的燕赵分界,而且与壮县很近。而今冀州区西部的昌城距离燕赵边界、壮县都非常遥远(见图一),故《赵世家》孝成王十年之"昌"显然为今武邑县境的东昌。

二、汉代蠡吾县

汉代有蠡吾县,其隶属沿革较为复杂。与之相关的史料有如下几条:

> (赵广汉)涿郡蠡吾人也,故属河间。(《汉书·赵广汉传》)①
> 〔汉成帝元延三年(前10年)〕涿郡蠡吾县。(《汉书·地理志》)
> 〔汉顺帝永建五年(130年)〕父(河间王刘)开上书,愿分蠡吾县以封(刘)翼,顺帝从之。(《后汉书·河间孝王开传》)
> 〔汉顺帝永和五年(140年)〕中山国蠡吾侯国。(《续汉书·郡国志》)②
> 〔汉桓帝建和元年(147年)〕秋七月,勃海王鸿薨,立帝弟蠡吾侯悝为勃海王。(《后汉书·桓帝纪》)③
> 〔汉桓帝建和二年(148年)〕(桓帝)尊(刘)翼夫人马氏为孝崇博园贵人,以涿郡之良乡、故安,河间之蠡吾三县为汤沐邑。(《后汉书·河间孝王开传》)④

根据上述记载,可以简要梳理两汉蠡吾县隶属沿革:西汉初年蠡吾县属河间国,后改属涿郡。汉和帝永元二年(90年)复置河间国,蠡吾县属河间国。汉顺帝永建五年因分封河间王子刘翼为蠡吾侯,而别属中山国。⑤本初元年(146年)蠡吾侯刘志被立为皇帝,其弟刘悝继承蠡吾侯。次年,

---

① 《汉书》卷七六,第3199页。
② 《续汉志》载录政区年代断限为汉顺帝永和五年。见李晓杰:《东汉政区地理》,第14—15页。
③ 《后汉书》卷七《桓帝纪》,第290页。
④ 《后汉书》卷五五,第1809页。
⑤ 李晓杰:《东汉政区地理》,第102页。

刘悝晋封勃海王,蠡吾侯国除,回属河间国。由此可知,汉代蠡吾县大致位于中山、河间、涿三郡国之间。

关于蠡吾县方位最为详细的记述见于《水经·滱水注》:

> 滱水历(安国)县东,分为二水,一水枝分,东南流,迳解渎亭南。汉顺帝阳嘉元年,封河间孝王子淑于解渎亭,为侯国。孙宏,即灵帝也。又东南迳任丘城南,又东南迳安郭亭南。汉武帝元朔五年,封中山靖王子刘博为侯国。其水又东南流入于虖池。滱水又东北流,迳解渎亭北,而东北注也。滱水东北,迳蠡吾县故城南。《地理风俗记》曰:县故饶阳之下乡者也。自河间分属博陵。汉安帝永初七年,封河间王开子翼为都乡侯,顺帝永建五年更为侯国也。又东北,迳博陵县故城南,即古陆城。汉武帝元朔二年,封中山靖王子刘贞为侯国者也。《地理风俗记》曰:博陵县,《史记》蠡吾故县矣。汉质帝本初元年,继孝冲为帝,追尊父翼陵曰博陵,因以为县,又置郡焉。汉末,罢还安平。晋太始元年复为国,今谓是城为博野城。①

根据《滱水注》的描述,蠡吾县故城大约位于今河北省博野县境。至于其具体方位,有城东乡里村②和北杨村乡南祝村③两种说法。

《滱水注》之蠡吾县故城,一般认为就是汉代初置之蠡吾县。北朝以后对汉代蠡吾县的定位,都取自《滱水注》蠡吾县故城。如唐代李贤注《后汉书》和《通典·州郡典》称汉代蠡吾县在唐代博野县西,所指即《滱水注》蠡吾县故城。④ 不过,这样的看法与汉代郡国辖域形势并不符合。根据《汉书·赵广汉传》,蠡吾县本属河间国。汉代中山国、河间国为东西分布,中山国在西,河间国在东,蠡吾县必在中山国以东。而《滱水注》蠡吾县故城以东,还有汉代陆城县、安郭亭(见图二)。两地在汉武帝时期分封

---

① 杨守敬、熊会贞疏:《水经注疏》卷一一,第1071—1074页。
② 河北省地方志编纂委员会编:《河北省志》第2卷《建置志》,石家庄:河北人民出版社,1993年,第26页。
③ 曲英杰:《燕地古城考》,第90—95页。
④ 《后汉书》卷七《桓帝纪》,第287页。

中山王子，可知武帝以前属中山国。据此，蠡吾县位于中山国境内，不可能隶属河间国。另外，应劭《地理风俗记》载汉代蠡吾县故为"饶阳之下乡"。汉代饶阳县的地理方位较为明确，在今河北省饶阳县饶阳镇故城村。①《滱水注》之蠡吾县故城距离汉代饶阳县有百里之遥，两地之间还隔着中山国的陆城、安郭两县，很难想象《滱水注》蠡吾县故城曾是饶阳县下乡。

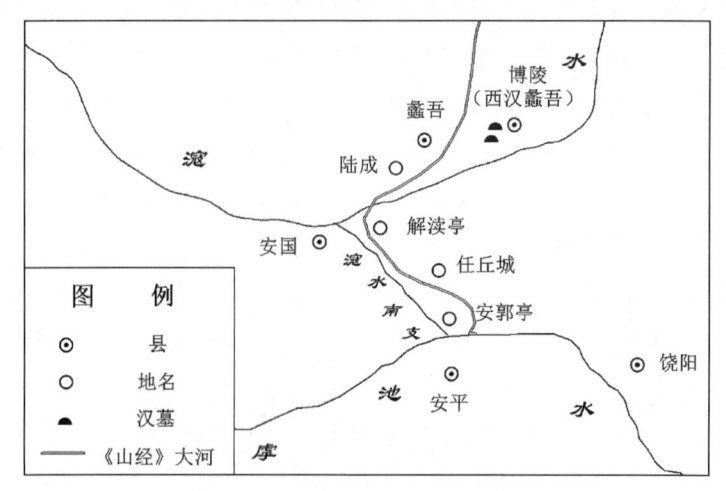

图二 东汉博陵县周边城邑分布图

如果按照汉代郡国辖域形势，汉代蠡吾县应在中山国陆城县、安郭县以东，绝不可能位于两县以西。因此《滱水注》之蠡吾县故城显然不是西汉蠡吾县。那么西汉蠡吾县究竟在哪里呢？

应劭《地理风俗记》"博陵县。《史记》蠡吾故县"非常值得注意。由于郦道元明确提到博陵县本为中山国陆城县，因而应劭的说法没有引起注意。但是应劭为东汉人，其对汉代蠡吾县方位的表述理应受到重视。检核史事，应劭的说法确有合理性。

关于博陵县设置始末，见于《后汉书·河间孝王开传》：

（刘）翼卒，子志嗣，（本初元年）为大将军梁冀所立，是为桓帝。

---

① 国家文物局主编：《中国文物地图集·河北分册》，图版第358页，文物单位简介第664页；曲英杰：《燕地古城考》，第162—166页。

梁太后诏追尊河间孝王为孝穆皇,夫人赵氏曰孝穆后,庙曰清庙,陵曰乐成陵;蠡吾先侯曰孝崇皇,庙曰列庙,陵曰博陵。皆置令、丞,使司徒持节奉策书、玺绶,祠以太牢。建和二年,更封帝弟都乡侯硕为平原王,留博陵,奉翼后。①

本初元年(146年),梁太后立蠡吾侯刘志为帝,随即下诏把刘志祖父河间孝王刘开,父蠡吾侯刘翼的陵园提升到帝陵的规制,并设置陵邑。刘开、刘翼陵邑设置的方式,是以陵园所在县改置。河间国都城为乐成县,河间王刘开的陵园在此,故改乐成县为乐成陵县。刘翼为蠡吾侯,其陵园自然在蠡吾县境内,因此博陵县自然由蠡吾县改置而来。《河间孝王开传》载"建和二年,更封帝弟都乡侯硕为平原王,留博陵,奉翼后"。桓帝让其弟刘硕以平原王的身份留居博陵县,以刘翼后嗣的身份奉祀,也显示出博陵县就是刘翼封地之蠡吾县。应劭"博陵县。《史记》蠡吾故县"的说法非常可靠。

《滱水注》载录的博陵县故城约在今河北省蠡县驻地蠡吾镇。1980年,河北省文物研究所在蠡吾镇西一公里处,清理了一座大型东汉墓葬。该墓虽然早已盗毁,但仍出土了玉衣残片(玉匣)、鎏金车马饰、金银器等高等级文物。文物工作者根据出土的高等级文物,以及《后汉书》关于蠡吾侯的记载,推测墓主属蠡吾侯家族。② 今按,此墓部分墓砖刻有"贵人大寿"文字。而刘志即位皇帝后,遵其母为孝崇博园贵人。东汉蠡吾侯共三代,第二代蠡吾侯刘志后继帝位,第三代蠡吾侯刘悝后晋封勃海王。三代蠡吾侯唯有第一代蠡吾侯夫人马氏获"贵人"封号。元嘉二年(152年)博园贵人马氏薨,"敛以东园画梓寿器、玉匣、饭含之具,礼仪制度比恭怀皇后。……将作大匠复土,缮庙,合葬博陵"。博园贵人葬于博陵,随葬品又有"玉匣",与蠡县汉墓出土文物完全对应。所以蠡县汉墓毫无疑问就是桓帝母亲博园贵人的陵墓。另外,蠡县周边分布有多座大型汉墓,当地群众反映这些汉墓亦有玉衣残片出土。今蠡县西南大宋台村有一座现存封土残高11米,占地面积近4千平方米的巨型汉墓。唐代李贤称刘翼陵墓

---

① 《后汉书》卷五五,第1809页。
② 河北省文物研究所:《蠡县汉墓发掘纪要》,《文物》1983年第6期。

之博园在博野县(今蠡县)西,①所指当即此墓。基于博陵故城周边蠡吾侯家族墓分布状况,东汉博陵县的前身,无疑是蠡吾县。

今蠡县蠡吾镇距今饶阳县故城村的汉代饶阳故城的距离约为60里,与蠡吾县本"饶阳下乡"的记载亦能对应。另外《滱水注》记载,滱水在流经博陵县故城后,又相继流经侯世县故城、陵阳亭、依城(葛城)、阿陵县故城。其中侯世县、陵阳亭不见于先秦两汉文献。《续汉志》河间国高阳县自注"有葛城"。高阳县、阿陵县在西汉初年都明确是河间国属县。在博陵县、葛城之间再无明确的中山国城邑,因此以博陵县(西汉蠡吾县)作为西汉初年河间国的西界,是非常合理的。

可是根据文献记载,在博陵县设置后,仍然存在蠡吾县。建和元年(147年)仍有蠡吾侯刘悝。次年蠡吾县又成为博园贵人马氏之汤沐邑。又立于灵帝建宁五年(172年)的《成阳灵台碑》载济阴郡成阳令管遵为博陵郡蠡吾县人,②则汉末蠡吾县犹存。此后蠡吾县的建制一直延续到北齐。因北魏仍有蠡吾县,郦道元可能才没有取信应劭的说法。

既然桓帝已将蠡吾县改置为博陵,那么为何之后还会存在蠡吾县呢?《旧唐书·地理志》深洲博野县沿革曰:

　　博野　汉蠡吾县,属涿郡。后汉分置博陵县,后魏改为博野。③

此处记载博野县(东汉至北魏博陵县)的前身是汉代蠡吾县,而非郦道元所说的陆城县。同时《旧唐志》称博陵县是从蠡吾县分置,即汉桓帝乃是把蠡吾县析分为博陵、蠡吾两县。这个说法值得注意。如果原来的蠡吾县驻地已改置为博陵县,那么析分博陵县后的蠡吾县当迁往他处。而这个迁出的蠡吾县,应该就是《滱水注》提到的蠡吾县故城。

本初元年,桓帝将原蠡吾侯国改置为博陵县,但他并不想中断蠡吾侯世系,绍封其弟刘悝为蠡吾侯,故在原蠡吾县以西另置新蠡吾县。郦道元

---

① 《后汉书》卷七《桓帝纪》,第289页。
② (宋)洪适:《隶释》卷一,北京:中华书局,1986年,第15页上。
③ 《旧唐书》卷三九,北京:中华书局,1975年,第1506页。

《滱水注》提到的蠡吾县故城应该是本初元年以后新置蠡吾县,而非西汉至东汉初年的蠡吾县。《魏书·地形志》瀛洲高阳郡蠡吾县注有"蠡吾城",说明北魏之前蠡吾县又有迁徙。① 此蠡吾城当即《滱水注》之"蠡吾县故城"。至于北魏蠡吾县方位,当即今博野县城东乡里村。《大清一统志》引《旧志》曰:"(博野县)今有蠡吾乡,分管县西路村社。其地蠡村有蠡吾故城,后魏时为滹沱水所淹,东南城角犹存。"②此蠡吾乡历史悠久,可追述至唐代。宋代韩琦五代祖即葬于博野县蠡吾乡北原。③ 北齐并蠡吾县入博野县后,当改置为蠡吾乡,一直延续至清朝初年。

另外,郦道元称博陵县前身为汉代陆城县,恐怕也不是空穴来风。《魏书》瀛洲高阳郡博野县注有"博陆城"。这个博陆城可能就是汉代陆城县。《读史方舆纪要》北直隶保定府博野县载:"陆成废县,在县南十六里。汉置陆成县,属中山国。武帝封中山靖王子贞为陆城侯,邑于此,后汉废入蠡吾县。"④东汉废陆城县入蠡吾县,蠡吾县后改博陵县。可能因博陵县境内有陆城故城,故郦道元称博陵县前身为汉代陆城县。今博野县西南六、七公里东风村、徐家营村、大苑村有大片战国至汉代遗存,⑤与《读史方舆纪要》所记陆成废县方位相合。这里的东王墓村还有一座巨型汉墓,当地称"王子坟"。⑥ 笔者推测此墓葬与陆成侯家族有关。因陆成侯刘贞为中山王子,故当地相沿"王子坟"。此地恰在今蠡县(汉代蠡吾县)以西,与安郭亭相近,皆在汉代中山国境内。

这里附带谈一下汉代解渎亭、安郭亭的定位。《元和郡县志》载解渎故城在义丰县东北九里。⑦ 唐代义丰县即今安国市城区,曲英杰据此将汉

---

① 《魏书》卷一〇六《地形志》,第 2469 页。
② 《大清一统志》卷一四,《四部丛刊续编》,景旧抄本。
③ (宋)韩琦:《录载五代祖庶子并其二弟墓志序》,收入《安阳集》卷四五,明正德九年张士隆刻本。
④ (清)顾祖禹:《读史方舆纪要》卷一四,第 526 页。
⑤ 国家文物局主编:《中国文物地图集·河北分册》,图版第 301 页,文物单位简介第 505 页。
⑥ 国家文物局主编:《中国文物地图集·河北分册》,图版第 301 页,文物单位简介第 506 页。
⑦ (唐)李吉甫:《元和郡县图志》卷一八,北京:中华书局,1993 年,第 511 页。

代解渎亭定于今博野县冯村乡沙窝村的"沙窝遗址",把安郭亭定在东风村的"东风遗址"。① 可是《滱水注》记载滱水在汉代安国县(今安国市西安国城乡)东分为南北两支,南支东南流,经解渎亭、任丘城、安郭亭入滹沱河,故三地应该在汉代安国县东南。而曲先生对三地的定位皆在汉代安国县东北,明显与《滱水注》相违。《元和郡县志》对汉代解渎亭方位的描述不可信。根据《滱水注》,解渎亭应在今安国市石佛镇固显村一带。固显,当即"故县"之谐音,暗示当地历史上有古城存在。任丘城当在今博野县南。安郭亭当在今安平县辛营村一带(见图二)。

明确汉代蠡吾县、解渎亭、安郭亭方位,有助于进一步明确《山经》大河的走向。《山经》大河、《禹贡》大河是先秦时期两条黄河河道。战国时期赵国曾置河间郡,后为秦、西汉继承。"河间"所指地域范围,即《山经》大河、《禹贡》大河之间。故战国至西汉初年的河间郡西界、北界即《山经》大河。这条分界也是西汉初年中山国与河间国的分界。基于这样的认识,《山经》大河应在汉代中山国陆城县、安郭县以东,河间国饶阳县解渎亭、蠡吾县(原饶阳县下乡)以西。谭先生认为《山经》大河部分河道即《滱水注》所载博陵故城以下之滱水河道,故在《山经河水下游及其支流图》中把《山经》大河标绘在今蠡县以东。② 吴忱先生依据古河道证据,对今蠡县一带《山经》大河河道的复原结论与谭先生基本一致。③ 但依照这样的复原,则汉初河间国蠡吾县、解渎亭都在《山经》大河以西,与当时中山国、河间国分界形势不符。依据重新定位后的各汉县方位,我们可以发现《山经》大河的部分河道其实就是《滱水注》载录的滱水南支。《山经》大河应该在安郭亭以东往北流,然后沿滱水南支流经河间国饶阳县解渎亭(解渎亭的得名,或与大河旧渎有关)西、中山国安国县东,再沿滱水北支东北流,经中山国陆城县,东北流经河间国蠡吾县西,再入《滱水注》滱水下游河道。至于谭其骧、吴忱二位先生揭示的今蠡县以东之古河道,应为东汉

---

① 曲英杰:《燕地古城考》,第 94—96 页。
② 谭其骧:《〈山经〉河水下游及其支流考》,收入《长水集》下册,北京:人民出版社,2011年,第 42 页。
③ 吴忱等:《黄河下游河道变迁的古河道证据及河道整治研究》,复旦大学历史地理研究所主编:《历史地理》第 17 辑,上海:上海人民出版社,2001 年。

以后的滱水河道。

三、西汉中山国临乐县

元朔四年(前128),汉武帝封中山靖王子刘光为临乐侯,至新莽败绝。①《汉志》勃海郡有临乐侯国,即其地。勃海郡临乐侯国方位见于《淇水注》,据曲英杰考证在河北省南皮县潞灌乡芦庄子村。②

根据"推恩令",王子侯国裂王国地分封,临乐侯国本在中山国境内。但勃海郡临乐侯国却远离中山国。周振鹤先生针对这一现象论述:

> 中山王子不当封入勃海,当为易地所置。《史记·赵世家》载孝成王十九年,赵燕易地,赵与燕临乐。可见临乐在故燕赵边界,即汉中山、涿郡边界。先为中山地,封王子侯国后入涿,而后又迁往勃海,其原地已不可考。③

周先生所论极是。中山王子临乐侯国原本应在中山国、涿郡交界,其地即《史记·赵世家》之"临乐"。勃海郡之临乐为侯国迁徙后的方位。那么中山国的临乐县究竟在何处?

南朝徐广注《赵世家》"临乐"曰:"方城有临乡。"张守节《正义》引《括地志》曰:"临乡故城在幽州固安南十七里也。"④徐广之说影响甚广,此后历代学者皆持此说。至今各类论著据此定战国临乐县于今河北省固安县南。⑤

今按,徐广所注之"临乡",乃《汉志》涿郡临乡侯国。此为初元五年

---

① 《汉书》卷一五《王子侯表》,第463页。
② 曲英杰:《燕地古城考》,第237—238页。
③ 周振鹤:《西汉政区地理》,第94页。
④ 《史记》卷四三,第1829页。
⑤ 李晓杰:《中国行政区划通史·先秦卷》,上海:复旦大学出版社,2009年,第491页;朱本军:《战国诸侯疆域形势图》,北京:北京大学出版社,2019年。

（前44年）汉元帝所封广阳王子刘云之侯国。① 此地本属广阳国，而非中山国。另外临乡在今河北省固安县彭村乡一带，②位于战国至西汉初年的燕国腹地，并不在战国时期燕国、赵国交界，距离西汉初年中山国也非常遥远。所以徐广把"临乐"对应为涿郡临乡县，并不可信。

战国至西汉初年赵地之临乐县当如周振鹤先生所言，应在西汉中山国、涿郡交界地区寻找。《水经·滱水注》曰：

（濡）水出蒲阴县西、昌安郭南。……濡水又东，与苏水合……濡水又东，得蒲水口。……又东北迳乐城南，又东入博水。③

濡水即今河北省顺平县、保定市清苑区境内的曲逆河—新金线河。这里提到的"乐城"值得注意。此乐城又称乐乡，北魏置乐乡县。《太平寰宇记》保州清苑县沿革曰：

本乐乡县也，《史记》云："汉高祖过赵，问'乐毅有后乎？'对曰：'有乐叔。'封于乐乡。"即此，属信都国。后汉省。后魏复置，属高阳郡。
汉县废城，在今县东南三十里。后汉省。④

这里称北魏乐乡县本汉代信都国乐乡县，其实不可信。《汉志》信都国乐乡侯国为河间王子侯国，《漳水注》载有其地，约在今河北饶阳县南，与北魏乐乡县绝非一地（见图一）。前人已有辨析，此不赘言。⑤《太平寰宇记》虽然把《滱水注》乐城、北魏乐乡县与《汉志》信都国乐乡侯国混淆，但是称乐城本汉县可能别有依据。笔者推测北魏至唐代，当地人仍知道乐乡在汉代曾置为县，而学者却将其直接对应为《汉志》信都国乐乡侯国，

---

① 《汉书》卷一五《王子侯表》，第501页。
② 曲英杰：《燕地古城考》，第146—148页。
③ 杨守敬、熊会贞疏：《水经注疏》卷一一，第1078—1082页。
④ （宋）乐史：《太平寰宇记》卷六八，第1376页。
⑤ 参见王文楚校勘记。《太平寰宇记》卷六八，第1387页。

犯了"张冠李戴"的错误。如果乐城确实在汉代设置为县,那会是何县呢?笔者认为,这个乐城(乡)就是战国至西汉初年的临乐县。

《史记·赵世家》载赵孝成王十九年赵、燕易地事为:"赵与燕易土,以龙兑、汾门、临乐与燕,燕以葛、武阳、平舒与赵。"①裴骃《集解》引徐广曰:"龙兑、汾门在北新成。"②张守节《正义》以为"龙兑"在唐代遂城县西南二十五里之龙山,约在今满城县大册营镇。《滱水注》所载徐水所经之"龙门"亦在附近。③ 汾门,见于《易水注》,在今保定市徐水区遂城镇。④ 葛,见于《滱水注》,⑤即今河北省安新县安州镇。⑥ 武阳,周振鹤先生以为《汉志》涿郡武垣县,⑦此说不可信,因为根据燕国货币、玺印资料,同时存在武阳、武垣县。据笔者考证,武阳应在今河北省高阳县、任丘市境内。⑧ 平舒,周振鹤先生以为《汉志》勃海郡东平舒,⑨即今天津市静海县陈官屯乡西钓台古城。⑩ 而根据《滱水注》和《太平寰宇记》对乐城(乡)方位的记载,其地约在今保定市清苑区石桥乡一带,与上述城邑非常接近。如果把这六个地名方位一一落实,可以发现这次赵、燕易地,乃是赵国把徐水(今易县、满城县、保定市之漕河—府河)沿岸城邑与燕,而燕国把滱水(《山经》大河)以南城邑与赵。易地的结果,使得燕国、赵国大致形成一条以徐水—《山经》大河的边界线(见图一)。

战国末年燕赵易地所形成的边界线,在汉代也相当稳定。西汉初年,刘邦伐燕王臧荼,"(郦)商以将军从击荼,战龙脱,先登陷阵,破荼军易下"。⑪ "龙脱"即《赵世家》之"龙兑"。又《汉志》曰:"(燕地)南得涿郡之

---

① 《史记》卷四三,第1829页。
② 中华书局点校本无此句,见于清乾隆武英殿刻本。今按,中华书局点校本在"龙兑"后引张守节《正义》注北新成方位。可知原本应有"徐广曰'龙兑、汾门在北新成'"之语。
③ 杨守敬、熊会贞疏:《水经注疏》卷一一,第1085页。
④ 杨守敬、熊会贞疏:《水经注疏》卷一一,第1036页。
⑤ 杨守敬、熊会贞疏:《水经注疏》卷一一,第1089页。
⑥ 曲英杰:《燕地古城考》,第117页。
⑦ 周振鹤:《西汉政区地理》,第67页。
⑧ 吴良宝、马孟龙:《三孔布地名"武阳"新考》,未刊稿。
⑨ 周振鹤:《西汉政区地理》,第66—67页。
⑩ 国家文物局主编:《中国文物地图集·天津分册》,北京:中国大百科全书出版社,2002年,图版第86页,文物单位简介第92页。
⑪ 《史记》卷九五《郦商列传》,第2661页。

易、容城、范阳、北新城、故安、涿县、良乡、新昌。"①其中涿郡北新城,于《汉志》属中山国,可知北新城亦为燕国之地。这表明西汉初年燕国、赵国分界仍然在徐水一线。该分界也是东汉幽州涿郡与冀州中山国的分界,《滱水注》载徐水上游之东汉熹平四年(175年)所立幽、冀二州界碑可为证。

西汉元朔四年武帝封中山王子之临乐侯国。而武帝时期所封中山王子,有相当数量分布在今清苑区境内的乐城(乡)附近。如元朔二年所封之广望侯国、将梁侯国,分别在今清苑区冉庄、全昆乡清凉寺。元朔五年所封桑丘侯国、樊舆侯国,前者在今保定市徐水区、安新县交界地带(见后文),后者在今保定市徐水区大因镇防陵村(见图一)。因此,乐城(乡)既在《赵世家》燕赵易地诸城之间,也在西汉所封众多中山王子侯国之间,同时也符合地处中山国、涿郡交界地带的前提条件,将其对应为临乐县非常合理。

这里附带谈一下汉代桑丘侯国、深泽县的定位。元朔五年,汉武帝封中山靖王子刘将夜为桑丘侯。此桑丘不见于《汉志》。司马贞《索隐》曰:"《表》在深泽。"②则司马贞所见唐代《汉书·王子侯表》桑丘侯条注有"深泽",为今本所脱漏。这表明桑丘侯国在《汉志》中山国深泽县境。但是中山国深泽县方位历代史籍无载。《史记·齐世家》:"(桓公五年)齐因起兵袭燕国,取桑丘。"此燕国之"桑丘"与汉代中山王子之桑丘侯国为一地。张守节《正义》引《括地志》:"桑丘故城俗名敬城,在易州遂城县。"③曲英杰据此将桑丘城推定在今徐水区瀑河乡解村,又据桑丘城定位推定汉代深泽县在今徐水区大王店镇。④今按曲先生对两地的定位并没有确凿的证据。而且结合史籍各种记载,两地的定位并不合理。两地皆在汉代北新城县(今徐水区南留乡空城店村)西北,桑丘城定位更在战国燕长城以北,西汉初年中山国不能越涿郡北新城县管辖两地。而两地距离战国初年齐燕边界也很远。又《汉志》涿郡容城县自注"莽曰深泽",可证深泽县与容

---

① 《汉书》卷二八,第1657页。
② 《史记》卷二一《建元已来王子侯者年表》,第1104页。
③ 《史记》卷四六,第1887页。
④ 曲英杰:《燕地古城考》,第81—84页。

城县相近。结合这些记载,两地显然应在今徐水区东部,约在今徐水区、安新县交界地带,与汉代中山国樊舆县(今徐水区大因镇防陵村)相近。战国时期,齐国一度占有滱水以东诸城。如《汉志》涿郡鄚、易,战国初年即属齐国。① 而从出土文字资料来看,齐国还曾占有《汉志》涿郡高阳、阿武。② 这些县邑与本文考订桑丘所处地域范围相邻,齐国夺取此处的桑丘较为合理(见图一)。

樊舆、桑丘、深泽三县皆在徐水以北,而临乐在徐水以南,表明战国至西汉初年燕赵两国在徐水下游并不严格以徐水为界。燕国有徐水以南之临乐,而赵国有徐水以北之樊舆、桑丘、深泽。而到了西汉初年,徐水以南之临乐县已属恒山郡,这个变化可能发生在秦代。《中国历史地图集》对秦代恒山郡、广阳郡分界的标绘方式是非常精确的。③

附:大陆泽、安郭亭之间 《山经》大河河道考

谭其骧先生曾利用《山经》《汉志》《水经注》所载河流水道复原出一条先秦黄河古河道,并绘制《山经河水下游及其支流图》予以说明。这条古河道学界通常称为"《山经》大河",谭先生绘制的《山经河水图》也被很多黄河史论著引用。

然而受到文献记载缺失的限制,再加上《水经注》载录的诸水河道反映的是北魏时期的面貌,所以谭先生据此复原的《山经》大河河道只是反映了这条黄河河道的大致流向,必然与先秦实际状况存在差距。由于文献没有关于这条黄河河道的任何记载,因而细化《山经》大河河道研究也成了困扰学界的难题。此后有地理学家尝试利用古河道遗存复原《山经》大河走向,但是如何将各种古河道遗存与文献记载对应,仍然存在难度。

---

① 雁侠:《先秦赵国疆域变化》,《郑州大学学报(哲学社会科学版)》1991年第1期。
② 吴良宝:《谈战国时期齐国的置县问题》,收入作者文集《出土文献史地论集》,上海:中西书局,2020年,第286—298页。
③ 谭其骧主编:《中国历史地图集》第二册,北京:中国地图出版社,1982年,第9—10页。

中国古代政区边界划分常遵循"山川形便"原则，因此利用古代政区边界复原某些河流河道便成为可行之路径。具体到《山经》大河，笔者发现战国至西汉初年河间郡的边界划分就与这条河道存在密切关系。"河间"从字面来看，即是"大河之间"之意。而通过分析西汉初年河间郡的辖域范围，可以发现其西界、北界与古滱水存在密切关联。据谭先生研究，古滱水下游河道即《山经》大河河道遗存。这提示我们，河间郡的西界、北界即《山经》大河。至于河间郡的东界、南界，根据西汉初年的郡国辖域来看，基本以《汉志》滹沱河为界。而《汉志》滹沱河下游河道，学界通常认为即《禹贡》所载黄河河道。经过这样的梳理，我们不难发现所谓"河间"即《山经》大河与《禹贡》大河之间，与应劭注"河间"为"在两河之间"正相吻合。这反映了战国初期，在黄河以《禹贡》大河河道为主要流向时，原《山经》大河仍有河水所经，当时人因熟悉两条黄河河道，故将两条河道之间的区域称为"河间"。而后来战国设置的河间郡，即立足于这一地域范围。

种种迹象表明，战国时期赵国设置的清河郡也部分利用《山经》大河作为西界。遵循这样的思路，若能精确复原战国至西汉初年河间郡、清河郡的西界，便相当间接复原了《山经》大河部分河道。正文笔者根据汉代蠡吾县周边河间郡城邑分布，复原部分《山经》大河河道，即是采用了这样的研究思路。

遵循同样研究思路，笔者再对秦汉大陆泽至安郭亭之间的《山经》大河河道进行复原。谭先生认为《山经》大河在古大陆泽以下乃是走《汉志》《水经》漳水河道（约相当于今滏阳河）至今深州市东，脱离漳水河道北流，至蠡县东部合《水经》滱水河道。吴忱先生根据古河道遗存复原的《山经》大河河道与谭先生不同，认为不走古漳水，而是在古漳水以西地区北流，经深州市西部，再北流至今蠡县。现在陆续考订这一段相关汉代地名。

历乡侯国、西梁侯国、乐信侯国。《汉志》历乡侯国、乐信侯国属巨鹿郡，西梁侯国属信都国。三侯国方位见载于《漳水注》。其中历乡侯国方位明确，为今宁晋县贾家口镇历城村。西梁侯国、乐信侯国方位根据《漳水注》可判定分别地处今辛集市马庄乡、今深州市前磨头镇一带。三侯国皆为汉宣帝神爵年间分封广川王子侯国。广川国在西汉初年为清河郡地，由此可知《山经》大河河道在三侯国以西。由于三侯国皆在《水经》漳水以西，可知《山经》大河不走《水经》漳水河道。这一段《山经》大河河道与吴忱先生的复原结论相合。

《山经》大河在今深州市至安平县辛营（西汉中山国安郭县）之间的走向，谭、吴二位先生基本认为是南北走向，河道较为平直，经今安平县东部北流。这一意见也可以得到西汉初年河间郡分界的佐证。

《汉志》涿郡谷丘、南深泽、安平三县方位明确，分别在今安平县南王庄镇角丘村、今深泽县铁杆镇故城村、今安平县城区。关于三县在西汉初年的归属，《史记·灌婴列传》保存了一条重要线索：

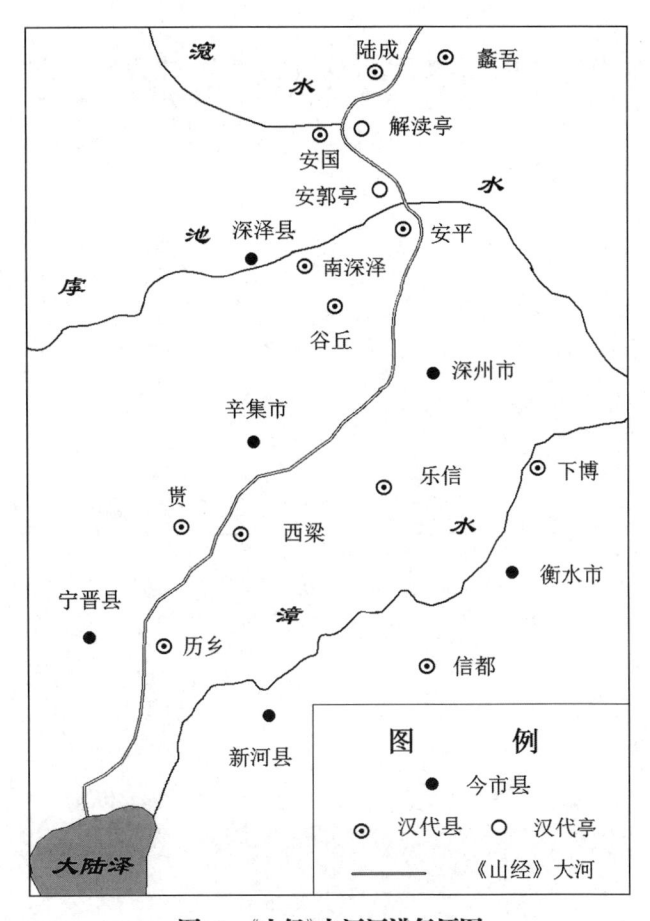

图三　《山经》大河河道复原图

（灌婴）从击陈豨，受诏别攻豨丞相侯敞军曲逆下，破之，卒斩敞及特将五人。降曲逆，卢奴，上曲阳，安国，安平。攻下东垣。

此处灌婴所下城邑均为恒山郡属县，其中存在安平，说明安平县属恒山郡。地处安平县以西的南深泽，谷丘县同属恒山郡。《山经》大河当在安平县东，与谭、吴二位先生的复原结论完全一致。

以上根据战国末年至西汉初年清河郡、河间郡西界，复原出一条流路更为细致的《山经》大河河道。至于这样的复原结论是否符合历史实况，还有待日后的验证。

本文原刊于《中国中古史研究》第八卷，上海：中西书局，2020年。

附 录

西汉侯国建置沿革综表

本表以封置年代为序,收录高帝六年(前201年)至汉成帝绥和二年(前7年)汉廷封置侯国之建置沿革。下面分别对本表各类项体例作以简要说明:

序号　本表所录侯国皆有序号,作为检索的依据。侯国序号根据侯国封置年代编制,共录有侯国787个。

由于统计方式存在差别,本表所录高帝六年至绥和二年侯国数目与王恢的统计有所不同。王恢对侯国数目的计算以列侯宗系为准,同一宗系所封置的不同侯国,以及先后多次绍封的侯国,王先生皆作一个侯国计算。如高帝九年封张敖为宣平侯,高后八年封张敖庶子张侈为信都侯、张受为乐昌侯,文帝元年绍封张敖嫡子张偃为南宫侯,武帝元光三年绍封张偃之孙张广国为睢陵侯。王恢将信都、乐昌、南宫、睢陵四侯国皆附于宣平侯国条,按一个侯国计算,编号为102。又如宣帝本始三年封韦贤为扶阳侯,其侯国于甘露元年除,永光三年元帝复封其子韦玄成为扶阳侯。王先生将韦贤受封之扶阳侯国与韦玄成绍封之扶阳侯国按一个侯国计算,编号为728。本表排序以侯国建置沿革为准,侯国既废,便销其序号,如后世绍封,则重新予以编号。在本表,宣平(102)、信都(174)、乐昌(175)、南宫(185)、睢陵(258)按五个侯国计算,各有编号;韦贤之扶阳侯国(567)与韦玄成之扶阳侯国(674)按两个侯国计算,也各有编号。

某些侯国曾发生更封,如新利侯国于甘露四年更封为户都侯国。因这类侯国之建置沿革并未中断,故本表仍作一个侯国处理,统一编号616。

侯国　记录侯国的名称。对于文献记载有误的侯国名,本表以"()"的形式标注其正确名称。对于发生更封的侯国,则会用符号"—"来予以标注。对于初封或更封后名称不详的侯国,以符号"?"标注。

置年 废年 记录侯国的封置年代和废除年代。对于王莽废除的侯国,在"废年"栏中统一标注为"莽绝"。

类别 对侯国属性的标识,共分"功臣"、"王子"、"外戚"、"归义"、"恩泽"五类。

汉志 对见录于《汉书·地理志》的地名,在该栏标注该地所在《汉书·地理志》属郡。

表注 标注《汉书》相关"侯表"所注侯国之郡名和县名(关于《汉表》下注郡县名体例,参见上编第一章考述)。

地望 利用今天的行政区划信息对侯国地理方位予以定位。笔者主要利用《中国文物地图集》、《中国历史地图集释文》。采自《中国文物地图集》的地望信息本表标注"文",采自《中国历史地图集释文》的地望信息标注"释"。对于两部书所载侯国地望信息的择取次序,以《中国文物地图集》为首选,《中国历史地图集释文》次之。由于《中国历史地图集释文》反映的"今地"行政区划为上世纪70年代,很多政区设置至今已发生改变,本表均按照当前行政区划对《图集释文》进行修正。另外,对于学界有关西汉侯国地望考释的最新成果以及考古发现,本表亦予以吸收,并以脚注的形式标注出处。

某些侯国曾发生迁徙,本表标注"1"、"2"分别记录该侯国迁徙前后的地望信息。某些侯国曾发生更封,本表亦分别标明该侯国更封前后的地望信息。

隶属沿革(所在郡国) 标注侯国的上属郡。景帝中六年以前,侯国享有独立地位,不属所在郡国管辖(参见下编第一章考述),故本表(一)高帝六年至景帝中五年封置侯国之"隶属沿革"更改为"所在郡国"。因为侯国迁徙、郡国更置、郡国行政建制变化的原因,某侯国的所属郡(或所在郡国)会发生变化,本表以符号"-"标注属郡变化情况。景帝中六年以前,某些侯国所在郡有时会更置为王国,本表以标注"某郡(国)"的形式来表明该侯国所在郡曾一度置为王国。

某些侯国曾发生更封,对于初封或更封后地望不详的侯国,以符号

"?"标注该侯国的属郡。某些侯国虽属郡不明,但可推知必隶属于某两郡之一,对此类情况本表以"A 郡/B 郡"的形式予以标注。景帝中六年以后,因"王国不辖侯国",某些侯国的隶属关系会因郡国更置而在两郡之间转变(参见下编第七章)。对这种情况,本表以"A 郡 = B 郡"的形式予以标注。

现以陈平之"户牖—曲逆"(9)侯国为例。陈平之户牖侯国初封于河南郡;高帝七年更封常山郡曲逆县;高后元年至八年常山郡置为常山国;景帝三年汉廷析常山郡置中山国,曲逆侯国地处中山国;景帝中六年因王国境内不能存留侯国,曲逆侯国迁出中山国,迁徙后的方位不详。故该侯国"所在郡国"一栏标注为"河南-常山(国)-中山国-?"。

再以王奉光之邛成侯国(604)为例。邛成侯国于元康二年封置于济阴郡;甘露二年济阴郡改置定陶国,邛成侯国别属山阳郡;黄龙元年,定陶国除,邛成侯国回属济阴郡。河平四年,济阴郡再次改置定陶国,邛成侯国别属山阳郡;建平二年,定陶国除,邛成侯国再度回属济阴郡,直至汉末。因郡国更置,邛成侯国反复隶属于济阴、山阳二郡,故该侯国"隶属沿革"一栏标注为"济阴 = 山阳"。

备注 附考　对侯国名称、封年、废年、地望、隶属沿革等信息的考辨,同时辑录前人的相关考证成果。对于简要的考证文字,本表录入备注;对于相对繁复的考证文字,笔者另制附考以备读者查询。

该类项收录有多种前人研究成果,出于篇幅的考虑,本表俱作简称,现将征引书籍简称与全称对应关系排列如下:

《志》——班固《汉书·地理志》

《续志》——司马彪《续汉书·郡国志》

《魏志》——魏收《魏书·地形志》

《纪要》——顾祖禹《读史方舆纪要》

《稽疑》——全祖望《汉书地理志稽疑》

《考异》——钱大昕《廿二史考异》

《志疑》——梁玉绳《史记志疑》

《辨疑》——钱大昭《汉书辨疑》

《杂志》——王念孙《读书杂志》
《谦补》——王先谦《汉书补注》
《商补》——王荣商《汉书补注》
《地名考》——钱穆《史记地名考》
《图集》——谭其骧《中国历史地图集》
《演变》——王恢《汉王国与侯国之演变》
《西政》——周振鹤《西汉政区地理》

(一) 高帝六年—景帝后三年

序号	侯国	置年(公元纪年)	废年	类别	汉志	地望	所在郡国	备注
1	平阳	高帝六年十二月(前201)	武帝征和二年(前91)	功臣	河东	1 今山西临汾市金殿镇① 2 今河北容城县境	河东—？	武帝时徙封涿郡。见下编第五章第三节考述。
2	信武	高帝六年十二月(前201)	文帝后元三年(前161)	功臣	无	无考		《稽疑》《志疑》《演变》以为信武为"嘉号",非县名。相家巷秦封泥有"信武丞印",知秦代有信武县。地望无考。
3	清阳	高帝六年十二月(前201)	武帝元光元年(前133)	功臣	清河	今山东武城县老城镇南关②	清河(国)—？	《汉表》作清河,但汾阴侯条载"比清阳侯",《楚汉春秋》亦作清阳侯,知侯名作清阳。景帝中六年迁出清河国,徙地不详。
4	汝阴	高帝六年十二月(前201)	武帝元鼎二年(前115)	功臣	汝南	今安徽阜阳市颍州区楼古街道③	淮阳(国)—汝南(国)	

① 刘绪毅:《平阳城与白马城》,《山西师范大学学报(社会科学版)》1990年第3期。
② 《中国文物地图集山东分册·武城县文物遗址》"老城遗址",第321页(图),第822页(文)。
③ 《中国文物地图集安徽分册·阜阳市文物志》,第152页(图),第112页(文)。

(续表)

序号	侯国	置年(公元纪年)	废年	类别	汉志	地望	所在郡国	备注
5	阳陵—武忠	高帝六年十二月(前201)	武帝元狩元年(前122)	功臣	无	阳陵—无考 武忠—不详,应在齐地		《汉表》"位次曰武忠侯",知高后二年已更封武忠侯。临淄封泥有"武邑丞",知武忠在齐地。
6	广	高帝六年十二月(前201)	文帝后元七年(前157)	功臣	齐	今山东青州市五里镇下圈村周围 文①	临淄(齐内史)—留川国	临淄封泥有"广侯相印"、"广侯邑丞"。元帝封留川王子为广侯,知广县后属留川。
7	广平	高帝六年十二月(前201)	景帝中二年(前148)	功臣	广平	今河北鸡泽县吴官营乡旧城营村 释	赵内史	《志》作中三年国除。《汉表》临淮郡、广平郡皆有广平。临淮之广平侯所置,当为广平郡之广平,汉初属赵内史。
8	博阳	高帝六年十二月(前201)	景帝五年(前152)	功臣	无	无考	齐内史	《志》汝南郡之博阳乃宣帝封邑当即武帝所封齐王子博阳侯国(343)。临淄封泥常见"博阳邑丞"。陈濞之封所齐王子博阳侯国(343)。

① 《中国文物地图集山东分册·青州市文物图》第212—213页(图),第296页(文)。

西汉侯国建置沿革综表　461

（续表）

序号	侯国	置年（公元纪年）	废年	类别	汉志	地望	所在郡国	备注
9	户牖—曲逆	高帝六年十二月（前201）	武帝元光五年（前130）	功臣	中山	户牖—今河南开封县罗王镇曲逆—今河北顺平县北城子城村[文]①	河南—常山（国）—中山国？	户牖，即《志》陈留郡东昏县。据《济水注》，约在今开封市东。高帝七年，更封为曲逆侯。景帝中六年，迁出中山国，徙地不详。
10	堂邑	高帝六年十二月（前201）	武帝元鼎元年（前116）	功臣	临淮	1 今江苏南京市六合区雄州镇冶浦村② 2 今山东冠县定远寨乡千户营村	东阳（吴内史）—江都国—东郡	景帝中六年，迁出江都至东郡安置。见下编第一章第四节考述。
11	周吕—郦	高帝六年正月（前201）	高后元年（前187）	外戚	无左冯翊	周吕—无考 郦—今陕西洛川县土基镇鄜城村[文]③	？—内史	《地名考》以为周吕即《志》楚国吕县。存疑。高帝九年更封。见下编第二章考述。

① 《中国文物地图集河北分册·顺平县文物图》，第307页（图）第527页（文）。
② 薛林《江苏南京地区最大的西汉侯国遗址开始勘察调查》，载中华人民共和国国家文物局网站（http://www.sach.gov.cn/tabid/300/InfoID/4249/Default.aspx）。
③ 《中国文物地图集陕西分册·洛川县文物图》，西安：西安地图出版社，1998年，第293页（图），第880页（文）。

(续表)

序号	侯国	置年(公元纪年)	废年	类别	汉志	地望	所在郡国	备注
12	建成—沛—不其	高帝六年正月(前201)	高后八年九月(前180)	外戚	沛 沛 琅邪	建成—今河南永城县东南释 沛—今江苏沛县 不其—今山东青岛市城阳区驻地古不其[文]①	楚 内史 胶东	《志》沛、豫章皆有建成。汉初豫章为边郡,不置侯国。当为沛郡建成。高后元年更封为沛侯。不其,更封为不其侯。高后七年更封为不其,地处齐长城之北,汉初在胶东郡。
13	留	高帝六年正月(前201)	文帝五年(前175)	功臣	楚	今江苏铜山县、沛县交界处的微山湖中[文]③	楚	
14	射阳	高帝六年正月(前201)	惠帝三年(前192)	功臣	临淮	今江苏宝应县射阳湖镇集镇东南[文]④	东阳	
15	鄚	高帝六年正月(前201)	文帝元年(前179)	功臣	南阳	1 今河南永城县鄚乡城南[文]⑤ 2 今湖北老河口市仙人渡镇柴店闵村⑥	淮阳—南阳	《志》沛、南阳皆有鄚。初封于沛郡之鄚、后更封南阳郡,故见载于《秩律》。高后元年短暂削除。南阳郡鄚县,《图集》定点有误。

① 《中国文物地图集江苏分册·沛县文物图》,北京:中国地图出版社,2008年,第314—315页(图),第751页(文)。
② 《中国文物地图集山东分册·青岛市城阳区文物图》,第148页(图),第89页(文)。
③ 《中国文物地图集江苏分册·铜山县文物图》,第316—317页(图),第754页(文)。
④ 《中国文物地图集江苏分册·宝应县文物图》,第244—245页(图),第563页(文)。
⑤ 《中国文物地图集河南分册·永城县文物图》,第182页(图),第403页(文)。
⑥ 王先福、余秤:《襄阳地区汉代南阳郡属县治所初考》,《江汉考古》2014年第3期。

西汉侯国建置沿革综表　463

（续表）

序号	侯国	置年（公元纪年）	废年	类别	汉志	地望	所在郡国	备注
16	曲周	高帝六年正月（前201）	景帝中二年（前148）	功臣	广平	今河北邱县古城营乡城角村 文①	赵内史	临淄封泥见有"曲周邑丞"。
17	绛	高帝六年正月（前201）	文帝后元年（前163）	功臣	河东	今山西曲沃县乐昌镇西南街村 文②	河东	
18	舞阳	高帝六年正月（前201）	景帝中六年（前144）	功臣	颍川	今河南叶县保安乡前古城村 文③	颍川	
19	颍阴	高帝六年正月（前201）	武帝建元六年（前135）	功臣	颍川	今河南许昌市区④	颍川	
20	汾阴—建平	高帝六年正月（前201）	文帝后元年（前163）	功臣	河东 沛	汾阴—今山西万荣县荣河镇庙前村北约500米 建⑤—今河南夏邑县马头乡 释	河东—淮阳	《史表》哀侯格书"建平"，《汉书·叙传》称周昌为建平侯，知后更封为建平侯。《吕太后本纪》载惠帝元年"迺相建平侯周昌谓使者曰……"，则周昌更封当任惠帝元年之前，今暂定更封于高帝十一年。

① 《中国文物地图集河北分册·邱县文物图》，第410页（图），第818页（文）。
② 《中国文物地图集山西分册·曲沃县文物图》，第304—305页（图），第856页（文）。
③ 《中国文物地图集河南分册·叶县文物图》"古城村城址"，第90页（图），第96页（文）；黄学超：《〈水经〉文本研究与地理考释》，复旦大学历史地理研究中心博士学位论文，2015年，第247页。
④ 陈有忠：《许昌城址考》，《中原文物》1985年第1期。
⑤ 《中国文物地图集山西分册·万荣县文物图》，第344—345页（图），第1083页（文）。

(续表)

序号	侯国	置年(公元纪年)	废年	类别	汉志	地望	所在郡国	备注
21	梁邹	高帝六年正月(前201)	武帝元鼎五年(前112)	功臣	济南	今山东邹平县韩店镇旧口村①	齐内史—济南(吕国)	即《续志》济北国之成，地望见《汉水注》。徐州土山出土"城侯邑印"封泥。
22	成	高帝六年正月(前201)	景帝七年(前150)	功臣		今山东宁阳县东庄乡南故城村西北②	薛	
23	蓼	高帝六年正月(前201)	武帝元朔三年(前126)	功臣	千乘	今山东滨州市滨城区中单寺乡西石村③	齐内史—？	即《志》千乘郡蓼城。见下编第四章第一节考证。景帝中六年迁出齐国，徙地不详。
24	费	高帝六年正月(前201)	景帝中二年(前148)	功臣	东海	今山东费县上冶镇古城里村④	城阳(国)	据《西政》，费县汉初属城阳郡。今从此说。
25	阳夏	高帝六年正月(前201)	高帝十年八月(前197)	功臣	淮阳	今河南太康县釋	淮阳	《韩王信传》载七年封。
26	隆虑	高帝六年正月(前201)	景帝中元年(前149)	功臣	河内	今河南林州市大菜园村⑤	河内	

① 《中国文物地图集山东分册·邹平县文物图》第346—347页(图)，第882页(文)。
② 《中国文物地图集山东分册·宁阳县文物图》第261页(图)，第553页(文)。
③ 黄学超：《水经》文本研究与地理考释》，第158页。
④ 《中国文物地图集山东分册·费县文物图》，第300页(图)，第752页(文)。
⑤ 林县志编纂委员会：《林县志》，郑州：河南人民出版社，1989年，第8页。

西汉侯国建置沿革综表　465

(续表)

序号	侯国	置年（公元纪年）	废年	类别	汉志	地望	所在郡国	备注
27	阴都	高帝六年正月（前201）	景帝二年（前155）	功臣	城阳	今山东沂南县砖埠镇孙家黄疃村北①	城阳（国）	
28	新阳	高帝六年正月（前201）	武帝元鼎五年（前112）	功臣	汝南	今安徽界首市光武镇尹城子村②	淮阳（国）	《汉表》作阳信。《志》汝南、东海皆有新阳。东海郡新阳为成帝所置鲁王子侯国（743），当为汝南郡新阳。
29	东武	高帝六年正月（前201）	景帝六年（前151）	功臣	琅邪	今山东诸城市密州街道古城子村③	胶西（国）	据《西政》，东武汉初属胶西郡。
30	汁方	高帝六年三月（前201）	武帝元鼎五年（前112）	功臣	无	今山东金乡县兴隆乡	楚内史？	即《续志》山阳郡之防东县。见中编第二章附考。
31	棘蒲（满）	高帝六年三月（前201）	文帝后元年（前163）	功臣		今河北魏县牙里镇	河内	地望见《图集·秦图》。临淄封泥有"棘满丞印"。《演变》误接奇谋反为陈国年。
32	都昌	高帝六年三月（前201）	景帝中元年（前149）	功臣	北海	今山东昌邑市奎聚街道青年路④	胶西（国）—北海	临淄封泥见有"都昌侯相"。

① 《中国文物地图集山东分册·沂南县文物图》，第288页（图），第706页（文）。
② 《中国文物地图集安徽分册·界首市文物区》，第156页（图），第120页（文）。
③ 《中国文物地图集山东分册·沂南县文物图》，第216页（图），第319页（文）。
④ 《中国文物地图集山东分册·昌邑市文物图》，第211页（图），第346页（文）。

（续表）

序号	侯国	置年（公元纪年）	废年	类别	汉志	地望	所在郡国	备注
33	武强	高帝六年三月（前201）	武帝元鼎二年（前115）	功臣	无	今河南中牟县白沙乡古城村[文]①	河南	《曹相国世家》载"还攻武强"，《集解》引薛瓒曰"武强城在阳武"。据《续志》，知武强为秦置县。地在阳武县境。《渠水注》
34	贳	高帝六年三月（前201）	武帝元鼎元年（前116）	功臣	巨鹿	今河北辛集市南智邱镇大车城村②	恒山	
35	海阳	高帝六年三月（前201）	景帝中六年（前144）	功臣	临淮	今江苏姜堰市俞垛镇仓场庄[文]③	东阳	即《志》临淮郡海陵。考证见杨守敬《水经注疏》。
36	南安	高帝六年三月（前201）	景帝中元年（前149）	功臣	无	无考		《索隐》以为犍为郡南安，误。《志疑》已有辨析，但以豫章郡之南楚当之，亦误。宣帝时仍有南安县，后裔诏复家。
37	肥如	高帝六年三月（前201）	景帝元年（前156）	功臣	无	无考		非《志》辽西郡肥如县。边郡不置侯国。宣帝时仍有肥如县，后裔诏复家。

① 《中国文物地图集河南分册·中牟县文物图》"圃田故城"，第72页（图），第53页（文）。
② 辛集市人民政府网站·历史沿革，www.xinji.gov.cn。
③ 《中国文物地图集江苏分册·姜堰市文物图》，第234—235页（图），第523页（文）。

(续表)

序号	侯国	置年（公元纪年）	废年	类别	汉志	地望	所在郡国	备注
38	曲成—夜	高帝六年三月（前201）	景帝中元年（前149）	功臣	东莱	曲成—今山东招远市蚕庄镇东曲城村南[文]①夜—今山东莱州市文昌街道东村昌南[文]②	胶东（国）—东莱	《汉金文录》著录有"曲成侯虎符"。《汉表》"位次曰夜侯"。《楚汉春秋》亦作夜侯，则高后二年时已更封为夜侯。文帝八年至十四年短暂失国。世系附考。
39	河阳	高帝六年三月（前201）	文帝四年（前176）	功臣	平原	今山东禹城市中街道于庄	济北	《志》河内郡有河阳县，但此地距洛阳甚近，不当置封国。古文"阿"、"河"相通，当为《志》平原郡之阿阳，临淄封泥有"河阳邑丞"，当与河阳侯国有关。
40	淮阴	高帝六年四月（前201）	高帝十一年（前196）	功臣	临淮	今江苏淮安市郊城南乡韩城村[文]③	东阳	
41	芒	高帝六年四月（前201）	高帝十二年（前195）	功臣	沛	今河南永城县陈集乡刘寨[文]④	楚内史	《史表》脱漏彭越世系。汉初属楚国，见拙文《西汉梁国封域变迁研究》。

① 《中国文物地图集山东分册：招远市文物图》，第200页（图），第258页（文）。
② 《中国文物地图集山东分册：莱州市文物图》，第196页（图），第240—241页（文）。
③ 《中国文物地图集江苏分册：淮阴市文物图》，第252—253页（图），第588页（文）。
④ 《中国文物地图集河南分册：永城县文物图》，第183页（图），第402页（文）。

(续表)

序号	侯国	置年(公元纪年)	废年	类别	汉志	地望	所在郡国	备注
42	故市	高帝六年四月(前201)	武帝元鼎五年(前112)	功臣	河南	今河南郑州市惠济区新城街道固城村①	河南	《汉表》误作敬市侯。
43	柳丘	高帝六年六月(前201)	景帝后元年(前143)	功臣	勃海	同柳(383)	齐内史?	《考异》以为《志》勃海郡之柳县。今从此说。
44	魏其	高帝六年六月(前201)	景帝三年(前154)	功臣	琅邪	今山东即墨市东南②	胶东(国)	《图集》定点有误。钱坫认为魏其与不其相近，在即墨东南。言之有理，今从此说。
45	祁	高帝六年六月(前201)	武帝元光二年(前133)	功臣	沛	今河南虞城县谷熟镇文③	淮阳(国)	即《志》沛郡祁乡。地望见拙文《西汉梁国封域变迁研究》考述。
46	平—聊城	高帝六年六月(前201)	景帝中五年(前145)	功臣	无	平—同平(330)聊城—今山东聊城市东昌府区闫寺镇申李庄"聊古庙"释	博阳—东郡	非《志》河南郡平县。元朔三年封济北王子为平侯(330)。此平县当为沛南封国所在。《汉表》"位次曰沛嘉封城侯"。高后二年更封为聊城侯。

① 韩炜炜:《郑州地区汉代城址》,《华夏考古》2014年第4期。
② 钱坫《新斠注地理志集释》,《二十五史补编第一册,上海:开明书店,1936年,第1105页。
③ 《中国文物地图集河南省分册·虞城县文物图》,第180页(图)。

西汉侯国建置沿革综表　469

(续表)

序号	侯国	置年(公元纪年)	废年	类别	汉志	地望	所在郡国	备注
47	鲁—重平	高帝六年六月(前201)	高后五年(前183)	功臣	鲁国 勃海	鲁—今山东曲阜市鲁城街道驻地[文]① 重平—今山东陵县宋家镇崇兴街村②	薛—济北	《史表》《汉表》"鲁"作封"栏书""重平"。初封为鲁侯,高帝末年以鲁县为长公主汤沐邑,故徙封重平。考辨见《地名考》。
48	城父	高帝六年六月(前201)	高后三年(前185)	功臣	沛	今安徽亳州市谯城区城父乡城父村③	淮阳(国)	《史表》作故城侯。
49	任	高帝六年六月(前201)	高后三年(前185)	功臣	广平	今河北南和县侯郭乡西任城村[文]④	赵内史	南和县西任城村有汉代遗址。其他在今任县东南,与古地志记载相符。
50	棘丘	高帝六年六月(前201)	高后元年(前187)	功臣	无	无考		《史表》误作高后四年除国。考辨见《志疑》。又《表》无位次,《益证》除国在高后元年,《志疑》以为阴霍之上棘城。存疑。

① 《中国文物地图集山东分册·曲阜市文物图》第235页(图),第385页(文)。
② 曲英杰:《燕地古城考》,第246页。
③ 《中国文物地图集安徽分册·亳州市谯城区文物图》第127页(图),第54页(文)。
④ 《中国文物地图集河北分册·南和县文物图》第391页(图),第745页(文)。

(续表)

序号	侯国	置年(公元纪年)	废年	类别	汉志	地望	所在郡国	备注
51	阿陵	高帝六年七月(前201)	景帝中二年(前148)	功臣	涿	今河北任丘市陵城乡陵城村文①	河间—涿	《汉表》作河陵。本在河间，后入涿郡。
52	昌武	高帝六年七月(前201)	武帝元朔三年(前126)	功臣	胶东	1 今山东莱西市境 2 同昌武(387)	胶东(国)—南阳	钱坫以为任东郡昌阳附近。景帝中元六年徙封南阳。见下编第一章第四节考述。
53	高苑	高帝六年七月(前201)	武帝建元三年(前138)	功臣	千乘	今山东邹平县长山镇苑城村②	齐内史—济南(吕国)	《史表》作高苑。阴陵出土有"高苑之印"封泥。③
54	宣曲	高帝六年七月(前201)	景帝四年(前153)	功臣	无	无考		《志疑》《演变》以为上林苑宣曲宫，显误。见序章第一节第一分节考述。
55	绛阳	高帝六年七月(前201)	景帝四年(前153)	功臣	济南	今山东邹平县临池镇古城村东南文④	齐内史—济南(吕国)	《汉表》误作终陵，临淄封泥"绛陵邑丞"可证。地望即济南郡於陵，考辨见《杂志》。

① 《中国文物地图集河北分册·任丘市文物图》第349页(图)，第648页(文)。
② 马良民、言家信：《山东邹平县苑城村出土陶文考释》《文物》1994年第4期。
③ 曹龙：《西汉帝陵陪葬制度初探》，《考古与文物》2012年第5期。
④ 《中国文物地图集山东分册·邹平县文物图》第346—347页(图)，第881页(文)。

(续表)

序号	侯国	置年(公元纪年)	废年	类别	汉志	地望	所在郡国	备注
56	东茅	高帝六年八月(前201)	文帝十六年(前164)	功臣	无	今山东鱼台县张黄镇	薛	即《汉书·五行志》《续志》所载山阳郡高平县之茅乡城。高平，本《志》橐。
57	斥丘	高帝六年八月(前201)	武帝元鼎五年(前112)	功臣	魏	今河北成安县李家疃镇[释]	赵内史—魏	侯尊在位年《汉表》误四年作二年。
58	合	高帝六年八月(前201)	景帝三年(前154)	功臣	济南	今山东济南市历城区唐王镇亓家庄①	齐内史—济南(吕国)	景帝三年因参与七国之乱除国。临淄封泥有"合侯邑丞"、"合陵邑丞"。
59	安国	高帝六年八月(前201)	武帝元鼎五年(前112)	功臣	中山	今河北安国市西安国城乡东城村[文]②	恒山—中山国—涿	汉初当属恒山郡，后入涿郡。成帝时改属中山。
60	乐成	高帝六年八月(前201)	武帝元鼎五年(前112)	功臣	南阳	今河南唐河县大河屯镇③	南阳	即《志》南阳郡乐成，考辨见《志疑》。元鼎五年"坐言五利侯不道，弃市"。《侯表》无五利侯，疑为众利侯。非酎金免。

① 黄学超：《〈水经〉文本研究与地理考释》，第172页。
② 《中国文物地图集河北分册·安国市文物图》，第299页(图)，第501页(文)。
③ 《图集》定点有误，见附篇《北京大学藏秦水陆里程简册释地五则》。

(续表)

序号	侯国	置年(公元纪年)	废年	类别	汉志	地望	所在郡国	备注
61	辟阳	高帝六年八月(前201)	景帝三年(前154)	功臣	无	无考	齐内史—甾川国	地望见下编第一章第一节考述。
62	安平	高帝六年八月(前201)	武帝元狩元年(前122)	功臣	涿	今河北安平县城区①	恒山(国)—中山国—涿	《志》涿、豫章皆有安平。汉初豫章为边郡,当为涿郡安平。汉初隶属关系见附篇《汉代阜城、蠡吾、临乐地望考辨》。
63	？—鄡成	高帝六年八月(前201)	文帝五年(前175)	功臣	无	？—鄡成市境	？—淮阳(国)	初封地不详,高帝十二年定封鄡成。《索隐》引三苍云:"鄡乡在城父县"。《演变》主此说。
64	北平	高帝六年八月(前201)	武帝建元五年(前136)	功臣	中山	今河北满城县北城北村②	常山(国)—中山国—？	景帝中元六年迁出中山国,徙地不详。
65	高胡	高帝六年八月(前201)	文帝五年(前175)	功臣	无	无考		《志疑》引《后汉书·光武帝纪》"诸贼高湖、上江、檀乡"等,称高胡在魏赵间。
66	厌次	高帝六年八月(前201)	文帝五年(前175)	功臣	无	同富平(553)	齐内史	即《志》原郡富平。考辨见《志疑》、《地名考》。临淄封泥见有"厌次丞印"。

① 曲英杰:《燕地古城考》,第118—119页。
② 保定地区文物管理处:《保定地区文物资料汇编》,1981年编印,第82页。

西汉侯国建置沿革综表　473

(续表)

序号	侯国	置年(公元纪年)	废年	类别	汉志	地望	所在郡国	备注
67	平皋	高帝七年十月(前200)	武帝元鼎五年(前112)	功臣	河内	今河南温县赵保乡北平皋村[文]①	河内	《志》南阳、清河皆有复阳。
68	复阳	高帝七年十月(前200)	武帝元狩二年(前121)	功臣	清河	今河北枣强县大营镇	清河(国)—？	《水经注》《志》疑从清河，取此说。景帝中六年迁徙。
69	阳河—堲山	高帝七年十月(前200)	武帝征和三年(前90)	功臣	上党	阳河—今山西阳城县芹池镇阳陵村西[文]②堲山—无考	上党—？	即《志》上党郡之阳阿。地望及更封见下编第五章考述。
70	朝阳	高帝七年三月(前200)	武帝元朔二年(前127)	功臣	济南	今山东邹平县魏桥镇[释]	济北—济南	《志》南阳、济南皆有朝阳。据《河水注》，当是济南郡朝阳。
71	棘阳	高帝七年七月(前200)	武帝元朔五年(前124)	功臣	南阳	今河南新野县前高庙乡前张楼村[文]③	南阳	《图集》棘阳县定点有误。参见《文物地图集》和徐少华考释。

① 《中国文物地图集·河南分册·温县文物图》，第116页(图)，第180页(文)。
② 《中国文物地图集·山西分册·阳城县文物图》，第234页(图)、第499页(文)。据《图集释文》，阳陵村即汉阳阿县旧址。
③ 《中国文物地图集·河南分册·新野县文物图》，第224页(图)、第543页(文)；徐少华：《〈中国历史地图集〉先秦汉晋若干地理补正》。

（续表）

序号	侯国	置年（公元纪年）	废年	类别	汉志	地望	所在郡国	备注
72	涅阳	高帝七年七月（前200）	文帝五年（前175）	功臣	南阳	今河南邓州市穰东镇灌庄村张寨[文]①	南阳	
73	平棘	高帝七年七月（前200）	文帝五年（前175）	功臣	常山	今河北赵县赵州镇[文]②	恒山（国）	《史表》作文帝六年除。
74	羹颉	高帝七年七月（前200）	高后元年（前187）	恩泽	无	今安徽全椒县境内	荆国一吴国	《楚元王传》作高帝七年十月封。《太平寰宇记》载全椒县有羹颉侯墓。
75	深泽	高帝七年十月（前200）	景帝中二年（前148）	功臣	中山	今河北徐水县崔庄镇	常山（国）—中山国	《侯表》封年有误，见附考。高后元年夺爵，二年复封。另《史表》载高后四年复封，文帝十四年复封。地望见附篇《汉代阜城、蠡吾、临乐地望考辨》。
76	柏至	高帝七年十月（前200）	武帝元鼎二年（前115）	功臣	无	无考		高后二年夺爵，三年复封。《汉表》作高后元年夺爵。
77	中水	高帝七年正月（前200）	武帝元鼎五年（前112）	功臣	涿	今河北献县段村乡南皇亲庄村[文]③	河间—涿	中水本在河间郡，后人涿郡，见《西汉政》考证。

① 《中国文物地图集河南分册·邓州市文物图》，第230—231页（图），第558页（文）。
② 《中国文物地图集河北分册·赵县文物图》，第164页（图），第91页（文）。
③ 《中国文物地图集河北分册·献县文物图》，第345页（图），第640页（文）。

(续表)

序号	侯国	置年(公元纪年)	废年	类别	汉志	地望	所在郡国	备注
78	杜衍	高帝七年正月(前200)	武帝元狩五年(前118)	功臣	南阳	今河南南阳市卧龙区卧龙岗①	南阳	《史表》除国年作元狩四年。景帝中六年短暂失爵。
79	赤泉	高帝七年正月(前200)	景帝中三年(前147)	功臣	无	无考		临淄封泥有"赤泉邑丞",疑赤泉在齐地。高后元年夺爵,高后二年复封。
80	枸	高帝八年十月(前199)	景帝中四年(前146)	功臣	无	今山东营县附近	城阳(国)	非《志》右扶风之枸县,当为齐地之枸。见中编第二节第三节考述。
81	历(磿)	高帝八年十月(前199)	景帝中元年(前149)	功臣	济南	今山东济南市市区	齐内史—济南(国)	《史表》误作磿,误作七月封。即《志》济南郡历城,见序章第一节第二节考述。
82	武原	高帝八年十二月(前199)	景帝后二年(前142)	功臣	楚国	今江苏邳州市戴庄镇李圩村文②	楚内史—?	景帝中六年,徙出楚国,徙地不详。

① 鲁西奇:《城墙内外:古代汉水流域城市的形态与空间结构》,北京:中华书局,2011年,第90页。
② 《中国文物地图集江苏分册·邳州市文物图》"梁王城址",第318页(图)、第764页(文);孔令远:《春秋时期徐国都城遗址的发现与研究》,《东南文化》2003年第11期。

(续表)

序号	侯国	置年(公元纪年)	废年	类别	汉志	地望	所在郡国	备注
83	槀	高帝八年十二月(前199)	武帝元鼎五年(前112)	功臣	真定国	今河北藁城县岗上镇故城村[文]①	恒山(国)—?	《水经注》以为山阳郡槀县,误。汉封泥有"槀侯相印"。景帝中五年,迁出常山国,徙地不详。
84	宋子	高帝八年十二月(前199)	景帝中二年(前148)	功臣	巨鹿	今河北赵县各子镇宋城村[文]②	恒山(国)	
85	猗氏—长陵	高帝八年三月(前199)	景帝四年(前153)	功臣	河东	猗氏—今山西临猗县猗氏镇铁匠营村东[文]③ 长陵—无考	河东—?	《汉表》"位次曰长陵侯",知高后二年时已更封为长陵侯。长陵,地不详,非高祖陵邑之长陵。
86	清	高帝八年三月(前199)	武帝元鼎五年(前112)	功臣	东郡	今山东东阿县顾官屯镇西程铺村	东郡	临淄封泥有"清侯邑丞"。地望见附篇《西汉桂阳郡阴山侯国,阴山侯国》第三节考述。

① 《中国文物地图集·河北分册·藁城县文物图》,第161页(图),第87页(文)。
② 《中国文物地图集·河北分册·赵县文物图》,第164页(图),第91页(文)。
③ 《中国文物地图集·山西分册·临猗县文物图》,第343页(图),第1077页(文)。

西汉侯国建置沿革综表　477

(续表)

序号	侯国	置年(公元纪年)	废年	类别	汉志	地望	所在郡国	备注
87	强	高帝八年三月(前199)	文帝十五年(前165)	功臣	无	无考		《汉表》第三代侯嗣位年前脱漏"十"字。《地名考》以为在弘农郡新安县境，不足据。临淄封泥有"疆侯邑丞"，平舆封泥见有"强侯邑丞"。
88	彭	高帝八年三月(前199)	景帝后元年(前143)	功臣	无	今山东费县费城镇郭家园村[文]①	城阳(国)—?	《志》无。武帝封城阳王子为彭侯(452)，知彭本属城阳郡。临淄封泥"彭侯邑丞"，可证。铢拈以为彭在费县境。可从。
89	吴房	高帝八年三月(前199)	景帝后元年(前143)	功臣	汝南	今河南遂平县治[文]②	淮阳(国)—汝南(国)	《汉表》除国年误作"景帝后三年"。
90	宁	高帝八年四月(前199)	景帝四年(前153)	功臣	无	今山东宁阳县泗店镇古城村南400米[文]③	薛(鲁国)	《表》作"甯侯"，临淄封泥有"鄞侯邑丞"，知本作"鄞侯"，传世封泥有"宁阳家丞"，即《志》泰山郡之宁阳。"宁阳侯相"。①《汉表》"宁阳"纪年有误。从《史表》。

① 《中国文物地图集山东分册·费县文物图》，第301页(图)，第752页(文)。
② 《中国文物地图集河南分册·遂平县文物图》，第195页(图)，第450页(文)。
③ 《中国文物地图集山东分册·宁阳县文物图》，第260页(图)，第556页(文)。
④ 周晓陆、刘瑞、李凯、汤超：《在京新见秦封泥中的中央职官内容》，《考古与文物》2005年第5期。

(续表)

序号	侯国	置年(公元纪年)	废年	类别	汉志	地望	所在郡国	备注
91	昌	高帝八年六月(前199)	景帝三年(前154)	功臣	琅邪	今山东诸城市昌城镇昌城村①	胶西(国)	昌本胶西郡地,后属城阳国,武帝时封城阳王子(423)。
92	共	高帝八年六月(前199)	文帝后元四年(前160)	功臣	河内	今河南辉县治文②	河内	《演变》误系陈国子景帝后四年。
93	阏氏	高帝八年六月(前199)	武帝元鼎五年(前112)	功臣	无	今山西左权县羊角乡羊角村文③	上党—魏	惠帝元年至文帝元年失爵。地望见下编第五章第一节考证。
94	安丘	高帝八年七月(前199)	武帝元鼎四年(前113)	功臣	北海	山东安丘市凌河镇牟山前村牟山水库文④	胶西(国)—北海	
95	合阳	高帝八年九月(前199)	惠帝二年(前193)	恩泽	左冯翊	今陕西合阳县洽川镇文⑤	内史	即左冯翊郃阳,见中编第二章考述。
96	襄平	高帝八年后九月(前199)	武帝元封元年(前110)	功臣	无	无考		非《志》辽东郡襄平。《志》临淮郡之襄平侯国为成帝所封,亦非。地望不详。

① 《中国文物地图集山东分册·诸城市文物图》第217页(图),第315页(文)。
② 《中国文物地图集河南分册·辉县文物图》,第132—133页(图),第243页(文)。
③ 《中国文物地图集山西分册·左权县文物图》,第279页(图),第722页(文)。
④ 《中国文物地图集山东分册·安丘市文物图》,第223页(图)。
⑤ 《中国文物地图集陕西分册·合阳县文物图》,第233页(图),第564页(文)。

（续表）

序号	侯国	置年（公元纪年）	废年	类别	汉志	地望	所在郡国	备注
97	龙	高帝八年后九月（前199）	文帝后元元年（前163）	功臣	无	今山东泰安市北集坡镇泉林庄[文]①	博阳—济南（国）	《汉表》作龙阴。《水经注》载龙乡在博县与亭山之间，即今泰安市泉林遗址。
98	繁	高帝九年十一月（前198）	武帝元狩元年（前122）	功臣	无	繁—同繁安（382）	齐内史—？	《汉表》误作平侯。景帝中六年迁出齐国，徙地不详。地望见附考。
99	陆梁	高帝九年三月（前198）	武帝元鼎五年（前112）	功臣	无	今湖南省溆浦县龙潭镇	武陵	《汉表》作"陆量"。长沙汉墓曾出土"陆粮尉印"，②知陆梁为长沙国属县。《汉志》武陵郡又陵县注有"鄜梁山"，鄜、陆古音相近，陆梁侯国或在鄜陵梁山附近。
100	高京	高帝九年四月（前198）	文帝后五年（前159）	功臣	无	无考		《汉表》作高苑。《志疑》以为《志》沛郡高侯国、景为谥号，其说不足据。传世封泥所见有"高泉家丞"，③疑与此侯国有关。

① 《中国文物地图集山东分册·泰安市文物图》第253页（图），第521页（文）。
② 周世荣：《从出土官印看汉长沙国的南北边界》，《考古》1995年第3期。
③ 周晓陆、刘瑞、汤超：《在京新见秦封泥中的中央职官内容》，《考古与文物》2005年第5期。

(续表)

序号	侯国	置年(公元纪年)	废年	类别	汉志	地望	所在郡国	备注
101	离	高帝九年四月(前198)	除国年代不详	功臣	无	今广西兴安县溶江镇	长沙内史桂阳	《稽疑》以为任零陵郡漓水附近。可从。疑除国于元鼎五年,见下编第六章考述。
102	宣平	高帝九年四月(前198)	高后六年(前182)	功臣	无	无考		地望见附考。
103	义陵	高帝九年九月(前198)	高后七年(前181)	功臣	武陵	今湖南溆浦县马田坪乡梁家坡村[文]①	武陵	
104	东阳	高帝十一年十二月(前196)	武帝建元元年(前140)	功臣	清河	今山东武城县甲马营乡②	清河—?	《志》清河、临淮皆有东阳。临淮郡东阳,江都西汉治所,不置侯国。景帝中六年,江都清河国、徙地不详。
105	开封	高帝十一年十二月(前196)	武帝元鼎五年(前112)	功臣	河南	今河南开封市朱仙镇古城村[文]③	河南	《汉表》误除国年为元狩五年。
106	沛	高帝十二年十二月(前195)		恩泽	沛	今江苏沛县[文]④	楚内史	

① 《中国文物地图集湖南分册·溆浦县文物图》,第178—179页(图),第442页(文)。
② 武城县党史史委:《武城县历史沿革》,武城县人民政府网站:www.wucheng.gov.cn。
③ 《中国文物地图集河南分册·开封县文物图》,第73页(图),第58页(文)。
④ 《中国文物地图集江苏分册·沛县文物图》,第314—315页(图),第751页(文)。

西汉侯国建置沿革综表　481

（续表）

序号	侯国	置年（公元纪年）	废年	类别	汉志	地望	所在郡国	备注
107	慎阳	高帝十一年十二月（前196）	武帝元狩五年（前118）	功臣	汝南	今河南汝南县王庄乡木屯村[文]①	汝南（国）	河南省平舆出土有西汉封泥"慎阳国丞"。
108	禾成	高帝十一年正月（前196）	文帝十四年（前166）	功臣	无	今河北宁晋县苏家庄镇	恒山	据《浊漳水注》，其地在巨鹿郡敬武、贳两县之间。
109	堂阳	高帝十一年正月（前196）	景帝中六年（前144）	功臣	巨鹿	今河北冀州市码头李镇南顾城村②	清河	中国历史博物馆收藏有"堂阳侯虎符"。据传20世纪60年代出土于河北新河县。③
110	祝阿	高帝十一年正月（前196）	文帝后三年（前161）	功臣	平原	今山东济南市槐荫区段店镇古城村北[文]④	济北（国）	
111	长修—信平	高帝十一年正月（前196）	景帝中元年（前149）	功臣	河东	长修—今山西新绛县古交镇泉掌村北[文]⑤ 信平—无考	河东—？	《汉表》"位次曰信平侯"，知高后二年时已更封为信平侯。信平，地不详。

① 《中国文物地图集河南分册·汝南县文物图》，第202—203页（图），第472页（文）。
② 黄学超：《〈水经〉文本研究与地理考释》，第183页。
③ 傅振伦：《西汉堂阳侯虎符考释》，收入《傅振伦文录类选》，北京：学苑出版社，1994年。
④ 《中国文物地图集山东分册·济南市槐荫区文物图》，第136—137页（图），第1页（文）。据《图集释文》，此古城址即祝阿县遗址。
⑤ 《中国文物地图集山西分册·新绛县文物图》，第346页（图），第1096页（文）。

（续表）

序号	侯国	置年(公元纪年)	废年	类别	汉志	地望	所在郡国	备注
112	江邑	高帝十一年正月（前196）	高后元年（前187）	功臣	无	今河南正阳县皮店乡朱店村①	淮阳（国）	《志疑》以为其地即春秋江国。即《志》汝南郡安阳，地望见徐少华考证。②
113	营陵	高帝十一年正月（前196）	高后七年（前181）	功臣	北海	今山东昌乐县马宋镇古城村[文]③	胶西	
114	土军—信成	高帝十一年二月（前196）	武帝元朔二年（前127）	功臣	西河	土军—今山西石楼县[释]信成—1今河北清河县城关乡城关村[释][文]2同信成（633）	太原—清河（国）—淮阳	《汉表》"位次曰信成侯"，知高后二年时已更封为信成侯。景帝中六年由清河国迁往淮阳郡。见下编第一章第四节考述。
115	广阿	高帝十一年二月（前196）	武帝元鼎二年（前115）	功臣	巨鹿	今河北隆尧县旧城乡旧城村[文]④	赵内史	《百官表》作广安侯。
116	须昌	高帝十一年二月（前196）	景帝五年（前152）	功臣	东郡	今山东东平县老湖镇老埠子村[文]⑤	薛郡—梁国	

① 《中国文物地图集河南分册·正阳县文物图》"临淮故城"，第199页（图），第462页（文）。
② 徐少华《周代南土历史地理与文化》武汉：武汉大学出版社,1994年,第111页。《中国文物地图集河南分册》定江国故城于罗山县高店乡高店镇，恐有误。
③ 《中国文物地图集山东分册·昌乐县文物图》，第228页（图），第367页（文）。
④ 《中国文物地图集河北分册·隆尧县文物图》，第379页（图），第718页（文）。
⑤ 《中国文物地图集山东分册·东平县文物图》，第262页（图），第569页（文）。

（续表）

序号	侯国	置年（公元纪年）	废年	类别	汉志	地望	所在郡国	备注
117	临辕（袁）	高帝十一年二月（前196）	武帝元鼎五年（前112）	功臣	平原	今山东齐河县焦庙镇	济北（国）—平原	即《志》平原郡瑗县，考辨见《志疑》。据"临袁邑丞"封泥，临袁侯虎符知国名应作"临袁"。①
118	汲（波）	高帝十一年二月（前196）	武帝元光五年（前130）	功臣	河内	今河南沁阳县柏香乡贺村西北[文]②	河内	《济水注》作"波"。《考异》、《谦朴》、赵一清皆以为"波"是。今亦从波。
119	宁陵	高帝十一年二月（前196）	景帝五年（前152）	功臣	陈留	今河南宁陵县东南宁王城[释]	梁国	
120	汾阳	高帝十一年二月（前196）	景帝后元年（前141）	功臣	太原	1 今山西岚县东村镇古城村[文]③ 2 今河南淅川县陈营村	太原（代国）—南阳	《汉表》误作三月封。景帝中六年，迁出代国，徙至南阳郡。详见下编第一章考证
121	戴（载）	高帝十一年二月（前196）	武帝后元年（前88）	功臣	梁国	今河南民权县林七乡何庄村（旧县集）	梁国—？	《索隐》曰音"再"。即《志》梁国留县，见附篇《河西汉简所见与西汉侯国相关的几个地名》。

① 《汉书·高帝纪》"辕生说汉王"，《史记·高祖本纪》作"袁生"，"袁"似为"辕"之本字。
② 《中国文物地图集河南分册·沁阳县文物图》，第122页（图），第203页（文）。
③ 《中国文物地图集山西分册·岚县文物图》，第383页（图），第1254页（文）。

(续表)

序号	侯国	置年(公元纪年)	废年	类别	汉志	地望	所在郡国	备注
122	衍	高帝十一年七月(前196)	武帝元朔元年(前128)	功臣	陈留	今河南封丘县荆隆宫乡衍东寨村①	东郡	《苏秦传》载魏国有卷、衍,知衍为魏置县。汉封县汉初仍存。"衍丞之印",据《汉志》陈留郡封丘县汉前身即衍县。《济水注》,《汉志》(延乡)。
123	平州	高帝十一年八月(前196)	武帝元狩五年(前118)	功臣	无	今山东泰安市岱岳区化马湾乡城前村文②	博阳—济南(吕国)—济北国—?	地望见中编第二章第三节考证。景帝中六年,迁出济北国,徙地不详。
124	中牟	高帝十二年九月(前195)	武帝元鼎五年(前112)	功臣	河南	今河南中牟县韩寺乡城古城村文③	河南	
125	邔	高帝十二年十月(前195)	武帝元鼎元年(前116)	功臣	南郡	今湖北宜城县小河镇大堤城④	南郡	

① 黄学超:《〈水经〉文本研究与地理考释》,第170页。
② 《中国文物地图集山东分册·泰安市岱岳区文物图》"堿语城遗址",第253页(图),第520—521页(文)。
③ 《中国文物地图集河南分册·中牟县文物图》,第72页(图),第53页(文)。
④ 叶植、胡俊玲:《〈北京大学藏秦水陆里程简册〉所见邔乡、鄢路户津小考》,楼劲、陈伟主编:《秦汉魏晋南北朝史国际学术研讨会论文集》,北京:中国社会科学出版社,2018年。

西汉侯国建置沿革综表 485

（续表）

序号	侯国	置年(公元纪年)	废年	类别	汉志	地望	所在郡国	备注
126	博(傅)阳	高帝十二年十月(前195)	景帝中五年(前145)	功臣	楚国	今山东枣庄市台儿庄区张山子镇侯塘村东南 [文]①	楚内史	即《志》楚国傅阳。考辨见《考异》《志疑》。
127	阳义	高帝十二年十月(前195)	文帝十二年(前168)	功臣	无	无考		《汉表》作阴羡。《演变》以为《志》会稽郡阳羡。汉初会稽为边郡，不置侯国。应作阳义。地望不详。
128	下相	高帝十二年十月(前195)	景帝三年(前154)	功臣	临淮	今江苏宿迁市宿城区古城村 [文]②	楚内史	景帝三年参与七国之乱除国。
129	德	高帝十二年十一月(前195)	武帝元鼎五年(前112)	恩泽	无	今山东济南市中区党家庄镇西	齐内史一济南(国)	《表注》"泰山"。地望见附考。临淄封泥作有"德侯邑丞"。
130	高陵	高帝十二年十二月(前195)	景帝三年(前154)	功臣	琅邪	无考	胶西(国)	《志》琅邪。地望无考。景帝三年高陵侯参与七国之乱。武帝颇疑其地在胶西国，元朔中削入琅邪。

① 《中国文物地图集山东分册·枣庄市台儿庄区文物图》，第174页（图），第177页（文）。
② 《中国文物地图集江苏分册·宿迁市宿城区文物图》，第296页（图），第701页（文）。

(续表)

序号	侯国	置年（公元纪年）	废年	类别	汉志	地望	所在郡国	备注
131	期思	高帝十二年十二月（前195）	文帝十四年（前166）	功臣	汝南	今河南淮滨县期思乡期思村[文]①	九江郡（淮南国史）—？	期思本淮南国地，文帝初年迁出淮南国，徙地不详。见下编第四章第一节考述。
132	戚	高帝十二年十二月（前195）	武帝元狩五年（前118）	功臣	无	今河南濮阳市区南戚城村[文]②	东郡	《志》东海郡有戚县，非李必所封。乃《河水注》之戚亭考辨见《考异》《志疑》。
133	谷阳	高帝十二年正月（前195）	除国年不详，在太初元年以前	功臣	涿	今河北安平县南王庄镇角丘村③	恒山（国）—中山国—涿	《史表》作谷陵。疑除国于元鼎五年，见下编第六章第一节考述。地望见附考。
134	壮	高帝十二年正月（前195）	武帝元鼎五年（前112）	功臣	无	今山东宁津县境	河间—勃海	《汉表》作严侯。乃避汉明帝之讳，改"壮"作"严"。地望见附篇《汉代阜城、蠡吾、临乐地望考辨》。
135	成阳	高帝十二年正月（前195）	武帝建元元年（前140）	功臣	济阴	今山东荷泽市胡集乡胡集村[文]④	梁国—？	汝南、济阴皆有成阳。汝南郡成阳侯国乃成帝所置，《淮水注》以此当之，误。为济阴郡成阳，奚意为魏地，故封人在魏地。

① 《中国文物地图集河南分册·淮滨县文物图》，第209页（图），第492页（文）；
② 《中国文物地图集河南分册·濮阳市区文物图》，第151页（图），第299页（文）。
③ 曲英杰：《燕地古城考》，第69页。
④ 《中国文物地图集山东分册·荷泽市牡丹区文物图》，第349页（图），886页（文）。

（续表）

序号	侯国	置年（公元纪年）	废年	类别	汉志	地望	所在郡国	备注
136	桃	高帝十二年三月（前195）	武帝元鼎五年（前112）	功臣	无	1 今河南清县王庄镇 2 今湖北随州市东北	梁国—南阳	《百官表》作姚丘侯。高后元年失爵，《汉表》误惠帝七年失爵，二年复封。地望、徙封见下编第一章第四节考述。
137	高梁—武阳	高帝十二年三月（前195）	武帝元狩元年（前122）	功臣	无	高梁—今山西临汾市高河店① 武阳—无考	河东—？	高梁即《续志》河东郡杨县之高梁亭，详见《汾水注》。文帝初更封为武阳侯，考辨见《演变》。武阳，地望不详。
138	纪信	高帝十二年六月（前195）	景帝三年（前154）	功臣	无	今山东寿光市纪台镇纪台村②文	临淄（齐内史）—淄川国	《史表》作"纪"，脱漏"信"，临淄封泥即《续志》北海国剧县之纪亭。纪信侯因吴楚之乱废除，与封邑地处叛国淄川国境内有关。
139	景	高帝十二年六月（前195）	景帝七年（前150）	功臣	勃海	今河北沧县旧村乡景城村③文	河间	即《志》勃海郡景成，本属河间。《史表》误作甘泉十年"，景帝纪载除年为"孝景十年"，景帝无"十年"，应为"七年"之讹。

---

① 谢鸿喜：《〈水经注〉山西资料辑释》，太原：山西人民出版社，1990年，第73页。
② 《中国文物地图集山东分册·寿光市文物图》，第221页（图），第333页（文）。
③ 《中国文物地图集河北分册·沧县文物图》，第336页（图），第627页（文）。

（续表）

序号	侯国	置年（公元纪年）	废年	类别	汉志	地望	所在郡国	备注
140	煮枣	高帝十二年六月（前195）	景帝中四年（前146）	功臣	无	今山东东明县小井乡	梁国	即《济水注》冤句县之煮枣城。《汉表》载煮枣侯惠帝七年至文帝元年失国。
141	张	高帝十二年六月（前195）	景帝中六年（前144）	功臣	广平	今河北任县岭南乡	赵内史	宣帝地节二年分封赵王子（579），知张本为赵国地。《图集》定点有误，地望见附考。
142	鄢陵	高帝十二年六月（前195）	文帝七年（前173）	功臣	颍川	今河南鄢陵县彭店乡古城村①	颍川	《史表》作鄢陵。
143	卤（鹵）	高帝十二年六月（前195）	文帝四年（前176）	功臣	代	今山西繁峙县大营镇小庄村北②	太原	《史表》作菌侯，应为"蔄"字之误。地望见中编第二章第二节考证。
144	便	惠帝元年九月（前194）	武帝元鼎五年（前112）	长沙王子	桂阳	1 今湖南永兴县 释 2 今湖北荆门市仙居乡 释	长沙内史—南郡	景帝中六年由长沙国迁任南郡。地望见下编第二章第一节考述。迁徙见下编第一章第四节考述。
145	轵	惠帝二年四月（前193）	武帝元封元年（前110）	功臣	江夏	今河南罗山县竹竿镇河口寨	南郡—江夏	地望见徐少华考证。③

① 《中国文物地图集河南分册·鄢陵县文物图》第161页（图），第328页（文）。
② 《中国文物地图集山西分册·繁峙县文物图》第234页（图），第615页（文）。
③ 徐少华：《周代南土历史地理与文化》第92页。

西汉侯国建置沿革综表　489

（续表）

序号	侯国	置年（公元纪年）	废年	类别	汉志	地望	所在郡国	备注
146	平都	惠帝五年六月（前190）	景帝后二年（前142）	功臣	无	今山西和顺县仪城村①	上党	非《志》上郡之平都，边郡不置侯国。《赵世家》《战国策》载赵国有平都，当即刘到所封，地处今山西和顺县境。
147	扶柳	高后元年四月（前187）	高后八年九月（前180）	外戚	信都	今河北冀县小寨乡扶柳城村[释]	河间	《胶水注》以琅邪郡扶县当之，误。
148	郏	高后元年四月（前187）	高后六年（前182）	外戚	沛	今安徽固镇县濠城乡城下村[文]②	楚内史	汉封泥有"郏侯邑丞"。《索隐》、《汉兴以来诸侯王表》作汶，《汉表》误作"汝"。
149	南宫	高后元年四月（前187）	高后八年九月（前180）	功臣	信都	今河北南宫县西郑旧城村[文]③	河间	《汉表》记孝武初除国，误。见下编第一章第四节考述。
150	梧	高后元年四月（前187）	武帝元狩五年（前118）	功臣	楚国	今安徽淮北市杜集区石台镇梧北村[文]④	楚内史一？	景帝中元六年迁出楚国，徙地不详。

① 张润泽、孙继民：《赵简子平都故城考》，《中国史研究》2011年第1期。
② 《中国文物地图集安徽分册·固镇县文物图》，第151页（图），第107页（文）。
③ 《中国文物地图集河北分册·南宫县文物图》，第382页（图），第733页（文）。
④ 《中国文物地图集安徽分册·淮北市杜集区文物图》，第120页（图），第46页（文）。

(续表)

序号	侯国	置年（公元纪年）	废年	类别	汉志	地望	所在郡国	备注
151	平定	高后元年四月（前187）	武帝元鼎四年（前113）	功臣	无	无考		非《志》西河郡平定，考辨见《演变》。临淄封泥有"平定邑丞"，当即齐封邑。齐受以齐相封，其封邑在齐地合乎情理。
152	博成	高后元年四月（前187）	高后八年九月（前180）	功臣	泰山	今山东泰安市泰山区邱家店镇后旧县村西400米[文]①	吕国	即《志》泰山博县。说见《志》疑。又秦封泥见有"博城"。周晓陆、路东之以为即《志》泰山郡博县。
153	胡陵	高后元年四月（前187）	高后七年（前181）	外戚	山阳	今江苏沛县龙固镇前程子[文]②	薛郡	《汉表》误胡陵作汉阳。《汉表》作九月丙寅封。今查吕后元年九月无丙寅，当为四月丙寅封，与诸吕同时。
154	襄成	高后元年四月（前187）	高后二年（前186）	恩泽	颍川	今河南襄城县城区[释]	颍川	《汉表》作高后三年为常山王，误。

① 《中国文物地图集山东分册·泰安市泰山区文物图》第253页（图），第485页（文）。
② 《中国文物地图集江苏分册·沛县文物图》，第314页（图），第751页（文）。

西汉侯国建置沿革综表

（续表）

序号	侯国	置年（公元纪年）	废年	类别	汉志	地望	所在郡国	备注
155	轵	高后元年四月（前187）	高后四年（前184）	恩泽	河内	今河南济源市轵城乡东西轵城村[文]①	河内	《史表》除国年作高后五年。
156	壶关	高后元年四月（前187）	高后六年（前182）	恩泽	上党	今山西长治市区②	上党	
157	沅陵	高后元年七月（前187）	景帝后元三年（前141）	长沙王子	武陵	今湖南沅陵县太常乡窑头村[文]③	武陵	《史表》封年误作"十一月"。
158	上邳	高后二年五月（前186）	文帝二年（前178）	楚王子	无	今山东微山县欢城镇[文]④	薛郡（鲁国）	地望见下编第二章第一节考述。
159	朱虚	高后二年五月（前186）	文帝二年（前178）	齐王子	琅邪	今山东临朐县柳城头村	齐内史	地望见下编第二章第一节考述。
160	筑阳—酂	高后二年（前186）	景帝元年（前156）	功臣	南阳	筑阳—今湖北谷城县城关镇肖家营村⑤酂—同郑（15-2）	南阳	文帝元年，更封为酂侯。筑阳，《图集》定点有误。

① 《中国文物地图集河南分册·济源市文物图》，第114—115页（图），第169页（文）。
② 黄学超：《〈水经〉文本研究与地理考释》，第180—181页。
③ 《中国文物地图集湖南分册·沅陵县文物图》，第177页（图），第437页（文）。
④ 《中国文物地图集山东分册·微山县文物图》"欢城遗址"，第240页（图），第448页（文）。
⑤ 王先福、余桥：《襄阳地区汉代南阳郡属县治所初考》。

(续表)

序号	侯国	置年(公元纪年)	废 年	类别	汉志	地 望	所在郡国	备 注
161	昌平	高后四年二月(前184)	高后七年(前181)	恩泽	无	无考		《汉表》封年脱漏"四年"。《索隐》以为上合都昌平。误。边郡不置侯国。《吕大后本纪》、《吕太后本纪》作平昌。据汉印"昌平家丞",应以昌平为是。①
162	赘其	高后四年四月(前184)	高后八年九月(前180)	外戚	临淮	今安徽明光市旧县镇[文]②	东阳	
163	中邑	高后四年四月(前184)	景帝后三年(前141)	功臣	勃海	今河北南皮县店子镇刘文庄村[文]③	河间—勃海	
164	乐平	高后四年四月(前184)	武帝建元六年(前135)	功臣	无	今山东聊城市东昌府区张炉集镇[释]	东郡	
165	山都	高后四年四月(前184)	武帝元封元年(前110)	功臣	南阳	今湖北襄阳市樊城区太平店镇乔索冈村④	南阳	

① 陈根远:"昌平家丞"印考释",《文博》1991年第6期。
② 《中国文物地图集安徽分册·明光市文物图》,第172页(图),第155页(文)。
③ 《中国文物地图集河北分册·南皮县文物图》,第343页(图),第637页(文);曲英杰:《燕地古城考》,第217—218页。
④ 王先福、余栲:《襄阳地区汉代南阳郡属县治所初考》。

（续表）

序号	侯国	置年（公元纪年）	废年	类别	汉志	地望	所在郡国	备注
166	松兹	高后四年四月（前184）	武帝建元六年（前135）	功臣	庐江	今河南省商城县境①	淮南内史？	《汉表》、《孝文本纪》作祝兹。文帝初年迁出淮南国，徙地不详。
167	成阴	高后四年四月（前184）	文帝十五年（前165）	功臣	无	无考		《史表》作成陶。《稽疑》疑"成"为"武"之讹，即《志》疑巨鹿郡之武陶。《志疑》以为成阴即高密。皆存疑。
168	俞	高后四年四月（前184）	高后八年九月（前180）	外戚	清河	今山东省夏津县雷集镇古城村	清河	即《志》清河郡之鄃，亦见《河水注》。据《括地志》，地约在今夏津县东。
169	滕	高后四年四月（前184）	高后八年九月（前180）	外戚	无	今山东省滕州市姜屯镇东滕城村[文]②	薛	沛郡公丘县自注"古滕国"，即此。
170	醴陵	高后四年四月（前184）	文帝四年（前176）	功臣	无	今湖北松滋县东北③	南郡	见于《秩律》，松柏汉墓35号木牍，知其地属南郡。
171	吕成	高后四年四月（前184）	高后八年九月（前180）	外戚	楚国	今江苏铜山县伊庄镇吕梁村[文]④	楚内史	即《志》楚国吕县。传世汉封泥见有"吕成丞"。

① 《图集》定点有误，应在今河南省商城县境。笔者拟另撰文详考。
② 《中国文物地图集山东分册·滕州市文物图》，第178页（图），第190页（文）。
③ 何蒙：《张家山汉简〈二年律令·秩律〉所见吕后二年政区及相关问题》武汉大学历史学院2006年硕士学位论文，第14—16页。
④ 《中国文物地图集江苏分册·铜山县文物图》，第316—317页（图），第754页（文）。

（续表）

序号	侯国	置年（公元纪年）	废年	类别	汉志	地望	所在郡国	备注
172	东牟	高后六年四月（前182）	文帝二年（前178）	齐王子	东莱	今山东烟台市牟平区 释	胶东	
173	睢—东平	高后六年四月（前182）	高后八年十月（前180）	外戚	东莱东平	睢—今山东烟台市福山区驻地 释 东平—同东平（178）	胶东—吕国	《史表》作䑛。《集解》一作"䑛"，皆误。临淄封泥"䑛丞之印"、"䑛丞可证。《吕太后本纪》《汉兴以来诸侯王年表》作"东平侯吕通"，后更封为东平侯。
174	信都	高后八年四月（前180）	文帝元年（前179）	赵王子	信都	今河北冀州市北关洼乡村 文	清河	地望见下编第二章第一节考述。
175	乐昌	高后八年四月（前180）	文帝元年（前179）	赵王子	东郡	今河南乐县梁村乡 释	清河	地望见下编第二章第一节考述。《商朴》亦有辨析。
176	祝兹	高后八年四月（前180）	高后八年九月（前180）	外戚	无	今山东胶南市六汪镇柏乡村 文 ②	胶东	据《胶水注》，祝兹在今山东胶南市境。武帝封胶东王子，知祝兹本胶东国地。
177	建陵	高后八年四月（前180）	高后八年九月（前180）	功臣	无	今山东枣庄市薛城区沙沟镇南常村 文 ③	薛	

① 《中国文物地图集河北分册·冀州市文物图》，第359页（图），第667页（文）。
② 《中国文物地图集山东分册·胶南市文物图》，第150页（图），第111页（文）。
③ 《中国文物地图集山东分册·枣庄市薛城区文物图》"南常城址"，第173页（图），第169页（文）。

西汉侯国建置沿革综表　495

（续表）

序号	侯国	置年（公元纪年）	废年	类别	汉志	地望	所在郡国	备注
178	东平	高后八年五月（前180）	高后八年九月（前180）	外戚	东平	今山东东平县东平镇宿城村[文]①	济川	
179	阳信	文帝元年三月（前179）	景帝六年（前151）	功臣	勃海	今山东无棣县阳信乡谢家村西南[文]②	齐内史	
180	织	文帝元年四月（前179）	除国年不详，应在建元二年后	外戚	河内	同织（155）	河内	建元二年薄梁嗣，元鼎五年，见下编第六章第一节考述。
181	壮武	文帝元年四月（前179）	景帝中四年（前146）	功臣	胶东	今山东即墨市蓝村镇古城村[文]③	胶东（国）	
182	清郭	文帝元年四月（前179）	文帝六年（前174）	外戚	无	无考	济北（国）	《汉表》作邹，《孝文本纪》作清郭，《文帝纪》作靖郭。战国齐王封田婴以清郭，知清郭在齐，临淄封泥"清郭邑丞"、"表""靖郭乡印"可为证。《靖郭（驷钧）坐济北王兴居举兵反弗救，免"，疑清郭在济北国境。

① 《中国文物地图集山东分册·东平县文物图》，第263页（图），第568页（文）。
② 《中国文物地图集山东分册·无棣县文物图》，第343页（图），第866页（文）。
③ 《中国文物地图集山东分册·即墨市文物图》，第154页（图），第97页（文）。

（续表）

序号	侯国	置年（公元纪年）	废年	类别	汉志	地望	所在郡国	备注
183	周阳	文帝元年四月（前179）	文帝六年（前174）	外戚	无	1 无考 2 今山西绛县横水镇①	淮南内史—河东	地望见下编第四章第一节。文帝二年由淮南国迁任河东郡。
184	樊	文帝元年四月（前179）	武帝元鼎四年（前113）	功臣	东平国	今山东兖州市黄屯镇堌城村[文]②	薛—梁国—汝南	初封在薛郡，后入梁国。景帝中六年迁任汝南郡。见下编第一章第四节考述。
185	南宫	文帝元年（前179）封月不详	武帝元光元年（前134）	功臣	信都	1 同南宫（149） 2 无考	清河—广川（国）—北海	景帝中六年由广川国迁任北海郡。见下编第一章第四节考述。
186	管（菅）	文帝四年五月（前176）	景帝三年（前154）	齐王子	济南	今山东章丘市黄河镇临济村③	济北（国）	即《志》济南郡之菅。见下编第二章第二节考述。
187	瓜丘	文帝四年五月（前176）	景帝三年（前154）	齐王子	无	无考	济南（国）	《汉表》作氏丘。地望见下编第二章第二节考述。
188	营平	文帝四年五月（前176）	景帝三年（前154）	齐王子	无	今山东济南市历城区港沟街道	济南（国）	《史表》脱漏"平"。地望见下编第二章第二节考述。

① 李晓杰主编：《水经注校笺图释·汾水涑水流域诸篇》，北京：科学出版社，2020年，第93—94页。
② 《中国文物地图集山东分册·兖州市文物图》，第237页（图），第413页（文）。
③ 黄学超：《水经》文本研究与地理考释》，第173页。

西汉侯国建置沿革综表　497

(续表)

序号	侯国	置年(公元纪年)	废年	类别	汉志	地望	所在郡国	备注
189	杨(阳)丘	文帝四年五月(前176)	景帝四年(前153)	齐王子	济南	今山东章丘市绣惠镇回村 [释]	济南(国)	《史表》失载此侯。即《汉志》济南郡阳丘。见下编第二章第二节考述。
190	杨虚	文帝四年五月(前176)	文帝十六年(前164)	齐王子	平原	今山东茌平县乐平铺镇土城村 [文]① [释]	济北	即《志》平原郡楼虚。《志》"楼虚"乃"杨虚"之误。见下编第一章第二节考述。
191	朸	文帝四年五月(前176)	文帝十六年(前164)	齐王子	平原	今山东商河县沙河乡棘城村 [释]	济北	《齐悼惠王世家》作制侯。
192	安都	文帝四年五月(前176)	文帝十六年(前164)	齐王子	无	同安阳(327)	济北	见下编第二章第二节考述。临淄封泥见有"安都丞印"。
193	平昌	文帝四年五月(前176)	文帝十六年(前164)	齐王子	平原	今山东商河县怀仁镇古城村②	济北	见下编第二章第二节考述。《齐悼惠王世家》误作昌平。
194	武成	文帝四年五月(前176)	文帝十六年(前164)	齐王子	无	无考	济北	见下编第二章第二节考述。

① 《中国文物地图集山东分册·茌平县文物图》,第331页(图),第848—849页(文)。
② 《中国文物地图集山东分册·商河县文物图》,第144页(图),第60页(文)。

(续表)

序号	侯国	置年(公元纪年)	废年	类别	汉志	地望	所在郡国	备注
195	白石	文帝四年五月（前176）	文帝十六年（前164）	齐王子	无	今山东陵县滋镇	济北	见下编第二章第二节考述。
196	波陵	文帝七年三月（前173）	文帝后元二年（前162）	外戚	无	今河南尉氏县水坡镇	河南	《史表》作涿陵。《渠水注》"尉氏具有波乡、波亭"，疑在此地。以阳陵君侯。
197	南䜣	文帝七年三月（前173）	除国年不详，当在文帝后期	外戚	无	无考	河南	除国年不详。《史表》明言孝文时除国。《索隐》引李彤语"河南有郎亭"。波陵、南郯两侯盖文帝外戚，封君，后进为列侯。如宣帝封许广汉为昌成君，后进为平恩侯。
198	阜陵	文帝八年五月（前172）	文帝十六年（前164）	淮南王子	九江	今安徽巢湖市苏湾乡司集村	九江	《图集》定点有误，参见附篇《汉晋阜陵县望地再探》。
199	安阳	文帝八年五月（前172）	文帝十六年（前164）	淮南王子	无	今安徽寿县板桥乡安城村[文]①	九江	即《志》六安国安风县。见下编第二章第二节考述。

① 《中国文物地图集安徽分册·寿县文物图》"安城遗址"，第186页(图)，第195页(文)。

（续表）

序号	侯国	置年（公元纪年）	废年	类别	汉志	地望	所在郡国	备注
200	周阳	文帝八年五月（前172）	文帝十六年（前164）	淮南王子	无	无考	九江	《史表》《汉表》误作"阳周"。见下编第二章第二节考述。
201	东城	文帝八年五月（前172）	文帝十五年（前165）	淮南王子	九江	今安徽定远县大桥乡油坊李村[文]①	九江	
202	犁	文帝十年四月（前170）	武帝元封六年（前105）	功臣	东郡	今山东郓城县陈坡乡	东郡	《汉表》作黎侯。《潜夫论》作黎阳侯。
203	瓶	文帝十四年三月（前166）	景帝三年（前154）	功臣	琅邪	今山东临朐县上林镇西桃花村	齐内史—淄川国	元鼎元年封淄川王子（460），知其地属淄川国。
204	弓高	文帝十六年六月（前164）	武帝元朔五年（前124）	功臣	河间	1 今河北泊头市富镇 2 同营陵（113）	河间（国）—北海	《孝文本纪》作十四年封。景帝中六年由河间国徙往北海郡。见下编第一章第四节考述。
205	襄成	文帝十六年六月（前164）	武帝元朔四年（前125）	功臣		今河北大名县东	清河（国）—魏	《表》注魏郡。《纪要》载大名府元城县有襄城，为韩婴所封。暂取此说。

① 《中国文物地图集安徽分册·定远县文物图》，第181页（图），第169页（文）。

(续表)

序号	侯国	置年(公元纪年)	废年	类别	汉志	地望	所在郡国	备注
206	修	文帝后元二年(前162)	景帝中五年(前145)	功臣	信都	今河北景县杜桥镇胡庄村①	清河(国)	《史表》误作脩侯。《汉金文录》著录之"脩鼎"可证。《史表》载景帝中六年免,亦误,考辨见《志疑》。宣帝本始四年封清河王子(568)为修侯,知修本属清河郡。
207	故安—清安	文帝后元三年四月(前161)	武帝元鼎元年(前116)	功臣		故安—无考 清安—无考	?	元狩三年,更封为清安侯。《史记·张丞相列传》集解引徐广语作"靖安"。地望见中编第四章第三节考述。
208	章武	文帝后元七年六月(前157)	武帝元狩元年(前122)	外戚	勃海	今河北黄骅市常郭乡故县村②[文]	勃海	
209	南皮	文帝后元七年六月(前157)	武帝元鼎五年(前112)	外戚	勃海	今河北南皮县汤庄乡张三拨村③[文]	勃海	《西政》以为南皮本属河间,宣帝时削入勃海。李启文先生已证南皮侯国本在勃海郡。④当以李说为是。

① 景县志编撰委员会:《景县志》,天津:天津人民出版社,1991年,第751页。
② 《中国文物地图集河北分册·黄骅市文物图》,第352页(图),第654页(文)。
③ 《中国文物地图集河北分册·南皮县文物图》,第342页(图),第637页(文)。
④ 李启文:《西汉勃海郡初置领县考》,复旦大学历史地理研究所编:《历史地理》第13辑,上海:上海人民出版社,1996年。

西汉侯国建置沿革综表　501

（续表）

序号	侯国	置年（公元纪年）	废年	类别	汉志	地望	所在郡国	备注
210	平陆	景帝元年四月（前156）	景帝三年（前154）	楚王子	东平	今山东汶上县次邱镇中店村东北 文①	薛	即《志》东平国之东平陆。见下编第二章第三节考述。《图集》定点有误，见附考。
211	休一红	景帝元年四月（前156）	武帝元朔五年（前124）	楚王子	沛	休一今山东滕州市大坞镇休城村北 文②　红一今安徽萧县张庄寨镇	薛一沛	见下编第二章第三节考述。景帝三年更封为红侯。红侯国地望见下编第二章第三节考述。
212	沈犹	景帝元年四月（前156）	武帝元狩五年（前118）	楚王子	无	1 无考　2 同高宛（53）	薛（鲁国）一济南	初封地望见下编第二章第三节。景帝中六年迁往济南郡。见下编第一章第四节。
213	宛朐	景帝元年四月（前156）	景帝三年（前154）	楚王子	无	今山东梁山县小安山镇东	薛	地望见下编第二章第三节考述。
214	武阳	景帝二年（前155）	武帝元朔二年（前127）	功臣	无	无考		郑侯复封。《地名考》"武疆"。《地名考》以为汉中郡武疆，大谬。地望不详。
215	魏其	景帝三年六月（前154）	武帝元光四年（前131）	外戚	琅邪	同魏其（44）	胶东（国）一？	景帝中六年迁出胶东国，徙地不详。

① 《中国文物地图集山东分册・汶上县文物图》，第247页（图），第468页（文）。
② 《中国文物地图集山东分册・滕州市文物图》，第176页（图），第193页（文）。

（续表）

序号	侯国	置年（公元纪年）	废年	类别	汉志	地望	所在郡国	备注
216	棘乐	景帝三年八月（前154）	武帝元鼎五年（前112）	楚王子	无	无考	沛	地望见下编第二章第三节考述。
217	张	景帝三年（前154）	武帝元朔六年（前123）	功臣	无	今山西永济市开张镇古城村①	河东	废芒侯复封。初封时张侯有"张"、《志疑》以为别即《曹相国世家》之"东张"，其地"张"，不无道理。见《地名考》。
218	俞	景帝六年四月（前151）	武帝元符六年（前117）	功臣	清河	同俞(168)	清河（国）—?	景帝中六年迁出清河国，见下编第一章第四节考述，徙地不详。
219	建陵	景帝六年四月（前151）	武帝元鼎五年（前112）	功臣	东海	今山东郯城县红花乡龙湖村文②	东海	即《沭水注》之建陵。
220	建平	景帝六年四月（前151）	武帝元光四年（前131）	功臣	沛	同建平(20)	淮阳	

① 李晓杰主编：《水经注校笺图释·汾水涑水流域诸篇》，第118页。
② 《中国文物地图集山东分册·郯城县文物图》"龙湖遗址"，第291页（图），第719页（文）；吕朋：《〈水经注〉校笺—以〈泗水〉〈沂水〉〈沭水〉等篇为中心》，复旦大学历史地理研究中心2013年硕士学位论文，第43页。

(续表)

序号	侯国	置年(公元纪年)	废年	类别	汉志	地望	所在郡国	备注
221	平曲	景帝六年四月(前151)	景帝中四年(前146)	功臣	无	今河北霸州市辛章乡策城村[文]①	勃海	非东海郡之平曲。乃《魏志》文安县之平曲城。
222	江阳	景帝六年四月(前151)	武帝元鼎五年(前112)	功臣	无	同江邑(112)	汝南	《孝景本纪》作江陵。非《志》犍为郡江阳县。巴蜀不置封国。昭帝封城阳王子为江阳侯,此江阳当为乡聚。疑江阳乃江阴,即汉初江邑。《古玺汇编》有"江陵行序大夫玺"(0101),或有关。
223	郪	景帝中元年(前149)	武帝元鼎三年(前114)	功臣	沛	今安徽涡阳县丹城镇[释]	沛	故削成侯复封。
224	绳	景帝中元年(前149)	武帝元狩四年(前119)	功臣	无	今山东淄博市博山区境	济南	故景侯复封。《淄水注》载有绳水,在今淄博市博山区境内,绳侯国当在附近。
225	遽	景帝中二年四月(前148)	景帝后元二年(前142)	功臣	无	今河北石家庄市附近	常山(国) —?	元康四年封真定王子(615),本常山郡地,景帝中六年迁出常山国,徙地不详。曲英杰:《燕地古城考》第152—153页。

① 《中国文物地图集河北分册·霸州市文物图》"益昌故城遗址",第281页(图),第464页(文)。

(续表)

序号	侯国	置年（公元纪年）	废年	类别	汉志	地望	所在郡国	备注
226	新市	景帝中二年四月（前148）	武帝元光四年（前131）	功臣	中山	今河北正定县新城铺镇新城铺村[文]①	常山（国）？	地望见郝红暖考证。②景帝中六年迁出常山国，徙地不详。初封所在郡见中编第五章第二节考证。
227	商（南）陵	景帝中二年四月（前148）	武帝元鼎五年（前112）	功臣	无	今河南新野县境③	南阳	《百官表》作南陵。《史记·申屠嘉传》、《将相表》作高陵。④应以南陵为是。考证见上编第三章第二节。非酎金免。
228	山阳	景帝中二年四月（前148）	武帝元朔五年（前124）	功臣	河内	今河南焦作市待王乡马村北[文]⑤	河内	
229	安阳	景帝中二年四月（前148）	武帝建元元年（前140）	功臣	无	无考		故汾阴侯复封。《景帝纪》作中元年封。《志》汝南郡安阳侯国为成帝所封，非周氏封国。

① 《中国文物地图集河北分册·正定县文物图》，第147页（图）、第35页（文）。
② 郝红暖：《西汉中山"新市侯国"小考》，《邢台学院学报》2006年第2期。
③ 晏昌贵：《张家山汉简释地六则》，《江汉考古》2005年第2期。
④ 六朝抄本《史记·张丞相列传》作"商陵侯"（见贺次君：《史记书录》，北京：商务印书馆，1958年，第2—3页。疑今本《史记》之"高陵"皆为"商陵"之讹。
⑤ 《中国文物地图集河南分册·焦作市文物图》，第112—113页（图），第161页（文）。

（续表）

序号	侯国	置年（公元纪年）	废年	类别	汉志	地望	所在郡国	备注
230	安陵	景帝中三年十一月（前147）	武帝建元六年（前135）	匈奴归义	无	今河北蠡县留史镇	涿	地望见下编第三章第一节考述。
231	垣	景帝中三年十二月（前147）	景帝中六年（前144）	匈奴归义	无	今河北涿州市东仙坡镇①	涿	《汉表》作"桓"。地望见下编第三章第一节考述。
232	遒	景帝中三年十二月（前147）	武帝元年（前88）	匈奴归义	涿	今河北涞水县涞水镇北夫村文②	涿	
233	容成	景帝中三年十二月（前147）	武帝后元二年（前87）	匈奴归义	涿	今河北容城县贾光乡城子村③	涿	
234	易	景帝中三年十二月（前147）	景帝后元年（前141）	匈奴归义	涿	今河北容城县东晾马台乡南阳村文④	涿	
235	范阳	景帝中三年十二月（前147）	武帝元光四年（前131）	匈奴归义	无	今河北兴定县固城⑤	涿	《汉金文录》著录有"范阳侯壶"。
236	翕	景帝中三年十二月（前147）	武帝元光四年（前131）	匈奴归义	无	同翕（259）	涿→魏	初封于涿郡，后徙封魏郡。见下编第三章第一节考述。

① 曲英杰：《燕地古城考》，第170—172页。
② 《中国文物地图集河北分册·正定县图文物》，第319页（图），第585页（文）。
③ 曲英杰：《燕地古城考》，第97—101页。
④ 《中国文物地图集河北分册·容城县图文物》，第323页（图），第602页（文）。
⑤ 曲英杰：《燕地古城考》，第84—89页。

(续表)

序号	侯国	置年（公元纪年）	废年	类别	汉志	地望	所在郡国	备注
237	缪	景帝中三年（前147）	武帝后元二年（前87）	功臣	无	无考	涿	曲周侯复封。
238	亚谷	景帝中五年四月（前145）	武帝征和二年（前91）	匈奴归义	无	今河北安新县安新镇	涿	地望见下编第三章第一节考述。
239	隆虑	景帝中五年五月（前145）	武帝元鼎元年（前116）	公主子	河内	同隆虑(26)	河内	《史记·孝景本纪》误作前五年封。考辨见《考异》。
240	乘氏	景帝中五年五月（前145）	景帝中六年（前144）	梁王子	济阴	今山东巨野县柳林镇毕庄①	梁国	《文三王传》作垣邑侯。
241	桓邑	景帝中五年五月（前145）	景帝中六年（前144）	梁王子	陈留	今河南长垣市满村镇陈墙村②	梁国	《志》陈留郡长垣县，考辨见《志疑》。
242	盖	景帝中五年五月（前145）	武帝元鼎五年（前112）	外戚		无考	勃海	前人以为《志》泰山郡盖县。此地景帝末年地处济北、城阳、淄川三国之间，不应置侯国。《汉表》引《索隐》注"勃海"。

① 黄学超：《〈水经〉文本研究与地理考释》，第171页。
② 长垣市人民政府网站"历史沿革"，www.changyuan.gov.cn。

西汉侯国建置沿革综表　507

（续表）

序号	侯国	置年（公元纪年）	废年	类别	汉志	地望	所在郡国	备注
243	垣	景帝中五年（前145）	武帝元鼎三年（前114）	功臣	河东	今山西垣曲县王茅镇上亳村南①	河东	故曲成侯复封。《汉表》除国年作元鼎二年。
244	阳平	景帝中五年（前145）	武帝元封三年（前108）	功臣	东郡	今山东莘县[释]	东郡	故长修侯复封。《史表》除国年作元封四年
245	临汝	景帝中五年（前145）	武帝元光二年（前133）	功臣	无	今河南上蔡县邵店乡[释]	汝南	故赤泉侯复封。地望见序章第一节第二分节考述。
246	平棘	景帝中五年（前145）	武帝元朔元年（前122）	巨鹿	同平棘（73）	广平	故广平侯复封。
247	剸	景帝中五年（前145）	武帝元朔五年（前124）	功臣	无	今山东莒县东	琅邪	故深泽侯复封。《春秋·昭公十年》作剸侯。"伐莒取郠"，《说文》"郠"，琅邪莒邑。"约任今莒县东。
248	发娄	景帝中五年（前145）	景帝中六年（前144）	功臣	无	无考	无	故宣曲侯复封。
249	节（筯）氏	景帝中五年（前145）	武帝元狩三年（前120）	功臣	无	今山东临沂市河东区汤河镇张故县村[文]②	东海	故"成侯"复封。《稽疑》以为即东海郡之即丘县，暂取此说。

① 中国社会科学院考古研究所山西工作队：《山西垣曲古文化遗址的调查》，《考古》1985年第10期。
② 《中国文物地图集山东分册·临沂市河东区文物图》"祝丘故城"，第287页（图），第697—698页（文）。

（续表）

序号	侯国	置年（公元纪年）	废年	类别	汉志	地望	所在郡国	备注
250	塞	景帝中五年（前145）	景帝后元年（前143）	功臣	无	无考		故博阳侯复封。传世有"塞公孙信文匜"、"塞之王戟"，为故国置塞县，此塞器。则楚国置汉塞侯国楚县可能与西汉塞侯国有关。①
251	南	景帝中六年（前144）	武帝元鼎五年（前112）	功臣	无	无考	汝南	故阿陵侯（51）复封。河南省平舆出土有"南侯国丞"、"南侯国尉"封泥，则南侯国属汝南郡。又九店东周墓出土兵器铭文所见"南君"②，或与西汉南县有关。
252	巢	景帝中六年（前144）	景帝后元三年（前141）	功臣	无	今河南新野县前高庙乡③	南阳	故费侯复封。《谦补》取庐江居巢。误。据《说文》，鄀在南阳棘阳。
253	塞	景帝后元年八月（前143）	武帝元鼎五年（前112）	功臣	无	同塞（250）		

① 黄锡全：《记新见塞公屈颛戈》收入氏著《古文字与古货币文集》，北京：文物出版社，2009年。又何琳仪先生以为，楚地之"塞"即"瘦"，地望在今河南省南阳市桐柏县境（何琳仪：《释塞》，收入氏著《古币丛考》）。聊备一说。
② 湖北省文物考古研究所《江陵九店东周墓》，北京：科学出版社，1995年，第228页。
③ 杨宽：《西周列国考》，收入氏著《杨宽古史论文选集》，上海：上海人民出版社，2003年。

（续表）

序号	侯国	置年（公元纪年）	废年	类别	汉志	表注	地望	所在郡国	备注
254	平曲	景帝后元年（前143）	武帝元鼎五年（前112）	功臣	无		同平曲（221）	勃海	故绛侯复封。
255	武安	景帝后三年三月（前141）	武帝元朔三年（前126）	外戚	魏		今河北武安县冶陶乡固镇村[文]①	上党	武安汉初属上党郡，见下编第五章第三节考述。
256	周阳	景帝后三年三月（前141）	武帝元符元年（前121）	外戚	无		同周阳（183）	河东	《汉表》误作元符三年除国。

（二）武帝元光三年—武帝后元年

序号	侯国	置年（公元纪年）	废年	类别	汉志	表注	地望	隶属沿革	备注
257	临汝	元光三年五月（前132）	元朔五年（前124）	功臣	无	无	同临汝（245）	汝南	颍阴侯复封。地望见临汝侯（245）附考。《表》曰二年封。据《武帝纪》，应为三年五月。
258	睢陵	元光三年五月（前132）	太初二年（前103）	功臣	临淮	无	今江苏睢宁县睢城镇	沛—临淮	南宫侯复封。《史表》作睢阳，《图集》五月封。《武帝纪》载国年作太初三年。地望见附考。定点有误。

① 《中国文物地图集集河北分册·武安市文物图》第399页（图），第773页（文）。

(续表)

序号	侯国	置年(公元纪年)	废年	类别	汉志	表注	地望	隶属沿革	备注
259	翕	元光四年七月(前131)	元朔六年(前123)	匈奴归义	无	内黄	今河南内黄县东庄乡旧城村[文]①	魏	内黄,《志》属魏郡。
260	兹	元光五年正月(前130)	元朔三年(前126)	河间王子	无	无	无考		《志疑》疑为太原郡兹氏或琅邪郡兹乡,不可信。
261	安城	元光六年七月(前129)	五凤二年(前56)	长沙王子	长沙	豫章	今江西莲花县城区	豫章	地望见下编第二章附考。
262	宜春	元光六年七月(前129)	元鼎五年(前112)	长沙王子	豫章	无	今江西宜春市市区[释]	豫章	
263	句容	元光六年七月(前129)	元鼎元年(前128)	长沙王子	无	无	无考	豫章	《商补》以为江都王子误,非《汉志》丹阳郡之句容。见下编第二章附考。
264	容陵	元光六年七月(前129)	元鼎五年(前112)	长沙王子	长沙	无	今湖南安仁县清溪镇	豫章	《史表》误作句陵。初封别属桂阳,初元元年长沙除国后回属。《图集》定点有误。见附篇《西汉桂阳郡阴山侯国、阴山侯国考辨》。
265	杏山	元光六年后九月(前129)	元鼎五年(前112)	楚王子	无	无	无考	沛	封时当与浮丘侯国一同属沛郡。

① 今暂取汉内黄县故城遗址定点。《中国文物地图集河南分册·内黄县文物图》,第147页(图),第292页(文)。

西汉侯国建置沿革综表 511

(续表)

序号	侯国	置年(公元纪年)	废年	类别	汉志	表注	地望	隶属沿革	备注
266	浮丘	元光六年后九月(前129)	元鼎五年(前112)	楚王子	无	沛	无考	沛	徐州土山封泥见有"浮丘乡印",即其地。另汉初有浮丘伯传诗,当以地为氏。
267	特辕	元光六年后九月(前129)	元鼎元年(前116)	匈奴归义	无	南阳	无考	南阳	《史表》作特辕。《汉表》封年作元朔元年后九月。
268	广戚	元朔元年十月(前128)	元鼎五年(前112)	鲁王子	沛	无	今山东微山县夏镇[文]①	沛	《西政》以为广戚当为威,其说有误,郑威已有辨析。②
269	丹阳	元朔元年十二月(前128)	元狩元年(前122)	江都王子	丹阳	无湖	今江苏南京江宁区丹阳镇[文]	鄣	《史表》作丹杨。
270	盱台	元朔元年十二月(前128)	元鼎五年(前112)	江都王子	临淮	无	今江苏盱眙县官滩镇甘泉村甘泉山西麓[文]③	沛—临淮	封后别属沛郡。《西政》以为盱台不属汉郡,误。
271	胡孰	元朔元年正月(前128)	元鼎五年(前112)	江都王子	丹阳	丹阳	今江苏南京江宁区湖熟镇[释]	鄣—丹阳	《史表》作湖孰。南京湖熟镇东汉朱建墓出土木牍作"胡孰"。④ 非酇金免。

① 《中国文物地图集山东分册·微山县文物图》,第241页(图),第448页(文)。
② 郑威:《西汉东海郡所辖戚县、建陵、东安侯国地望考辨》,《中国历史地理论丛》2006年第2期。
③ 《中国文物地图集江苏分册·盱眙县文物图》,第262页(图),第620页(文)。
④ 南京市博物馆、江宁区文化局:《南京湖熟汉代朱氏家族墓地》,南京市博物馆编:《南京文物考古新发现》,南京:江苏人民出版社,2006年。

（续表）

序号	侯国	置年(公元纪年)	废年	类别	汉志	表注	地望	隶属沿革	备注
272	秣陵	元朔元年正月（前128）	元鼎四年（前113）	江都王子	丹阳	无	今江苏江宁县南秣陵关[释]	鄣—丹阳	《史表》误作秩阳。
273	淮陵	元朔元年正月（前128）	元鼎五年（前112）	江都王子	临淮	淮陵	今安徽明光市潘村镇南[释]	沛—临淮	《景十三王传》作淮阳。《史表》误作睢陵，淮陵。《演变》以之为"临淮"讹误，可从。
274	亲阳	元朔二年十月（前127）	元朔五年（前124）	匈奴归义	无	舞阳	今河南泌阳县春水镇	南阳	《表》注舞阳乃舞阴之误，见下编第三章第一节考述。
275	若阳	元朔二年十月（前127）	元朔五年（前124）	匈奴归义	无	平氏	今河南桐柏县平氏镇[文]①	南阳	平氏，《志》属南阳。疑《表》以为即春秋鄀国，《演变》以为即顺阳，即《志》博山。存疑。
276	平陵	元朔二年三月（前127）	元朔六年（前123）	功臣	无	武当	今湖北丹江口市习家店镇汉水北岸②	南阳	地望见附考。包山楚简见有"平陵"，"坪陵者"，当与平陵侯国有关。
277	岸头	元朔二年五月（前127）	元狩元年（前122）	功臣	无	皮氏	今山西河津市阳村乡太阳堡村[文]③	河东	皮氏，《志》属河东。

① 今暂取汉平氏县故城遗址定点。《中国文物地图集河南分册·桐柏县文物图》，第233页（图），第568页（文）。

② 鲁西奇：《城墙内外：古代汉水流域城市的形态与空间结构》，第41页。

③ 今暂取汉皮氏县定点。《中国文物地图集山西分册·河津市文物图》，第339页（图），第1053页（文）。

(续表)

序号	侯国	置年(公元纪年)	废年	类别	汉志	表注	地望	隶属沿革	备注
278	张梁	元朔二年五月(前127)	征和三年(前90)	梁王子	无	无	今河南虞城县营廓乡	淮阳	《史表》误作江都王子。《志疑》以为即《续志》梁国睢阳县之杨梁聚。可从。
279	龙丘	元朔二年五月(前127)	元鼎五年(前112)	菑川王子	无	琅邪	1 今山东广饶县大王镇东营村文① 2 无考	齐—琅邪	《史表》误作江都王子。初封属齐郡,元狩六年徙封琅邪。见下编第七章第一节考述。
280	剧	元朔二年五月(前127)	莽绝	菑川王子	北海	无	今山东昌乐县乐镇戴家庄②	北海	
281	怀昌	元朔二年五月(前127)	莽绝	菑川王子	无	无	无考	北海/琅邪	《史表》误作"嬽",解说见附考。
282	平望	元朔二年五月(前127)	莽绝	菑川王子	北海	无	今山东寿光市首口镇西黑冢子村释	北海	临淄封泥有"平望乡印",当与此侯国有关。
283	临原	元朔二年五月(前127)	莽绝	菑川王子	琅邪	临原	今山东昌乐县朱汉镇	琅邪	《汉表》误作临众。③ 地望见附考。

① 《中国文物地图集山东分册·广饶县文物图》"垄丘遗址",第184页(图),第212页(文)。
② 《中国文物地图集山东分册·昌乐县文物图》,第228页(图),第366页(文)。
③ 吴良宝、孔令通:《战国秦汉传世文献中的地名讹字问题》《吉林大学社会科学学报》2018年第1期。

(续表)

序号	侯国	置年(公元纪年)	废年	类别	汉志	表注	地望	隶属沿革	备注
284	葛魁	元朔二年五月(前127)	元鼎三年(前114)	淄川王子	无	无	无考	北海/琅邪	
285	益都	元朔二年五月(前127)	元凤三年(前78)	淄川王子	北海	无	今山东寿光市古城乡古城村 文①	北海	即《志》北海郡益县。考辨见《志疑》。《图集》定点有误。
286	平的(酌)	元朔二年五月(前127)	莽绝	淄川王子	北海	无	无考	北海	《史表》作平酌。传世官印见有"平酌国丞"(259),知应作"平酌"。
287	剧(劇)魁	元朔二年五月(前127)	莽绝	淄川王子	北海	无	今山东昌乐县尧沟街道	北海	《封泥考略》著录有"劇魁侯相"。《山东通志》载其地在昌乐县西十里。
288	寿梁	元朔二年五月(前127)	元鼎五年(前112)	淄川王子	无	寿乐	今山东寿光市洛城镇牟城村东北 文②	北海	《志》无寿梁。《西政》以为寿梁即北海郡之寿光。可从。《志疑》《辨疑》以为东郡之寿良。误。
289	平度	元朔二年五月(前127)	莽绝	淄川王子	东莱	无	1 无考 2 今山东平度市灰埠镇附近③	齐—东莱	元狩六年因置齐国而徙封。见下编第七章第一节考证。

① 《中国文物地图集山东分册·寿光市文物图》,第221页(图),第334页(文)。
② 暂取寿光故城定点。《中国文物地图集山东分册·寿光市文物图》,第221页(图),第334页(文)。
③ 青岛市文物局,平度市博物馆:《山东青岛市平度界山汉墓的发掘》,《考古》2005年第6期。

西汉侯国建置沿革综表　515

（续表）

序号	侯国	置年（公元纪年）	废年	类别	汉志	表注	地望	隶属沿革	备注
290	宜成	元朔二年五月（前127）	太初元年（前104）	菑川王子	济南	平原	今山东济阳县西北，确址不详 释	齐—平原	《表》注平原。元符六年徙封平原。见下编七章第一节考证。
291	临朐	元朔二年五月（前127）	莽绝	菑川王子	东莱	无	1 今山东临朐县 释 2 今山东莱州市平里店镇石姜村 文①	齐—东莱	元符六年因置齐国而徙封东莱郡。见下编第一节考证。今莱州市石姜城址与临朐城第七章第一节考证。今莱州市石姜城址与临朐城《记》载故临朐城"在郡北二十里去海二十里"相符，当即东莱郡临朐侯国。
292	雷	元朔二年五月（前127）	元鼎五年（前112）	城阳王子	无	东海	无考	东海	《沂水注》以为城阳郡户县。汉末户县仍属城阳国。此说显误。
293	东莞	元朔二年五月（前127）	元朔五年（前124）	城阳王子	琅邪	无	今山东沂水县城区 文②	琅邪	

① 《中国文物地图集山东分册·莱州市文物图》"石姜城址"，第197页（图），第240页（文）。
② 《中国文物地图集山东分册·沂水县文物图》，第295页（图），第730页（文）。

(续表)

序号	侯国	置年(公元纪年)	废年	类别	汉志	表注	地望	隶属沿革	备注
294	辟(壁)	元朔二年五月(前127)	元鼎五年(前112)	城阳王子	无	东海	今山东莒南县大店镇难井子村[文]①	东海	即《志》琅邪郡椑县。初属东海,后属琅邪。《汉表》误"壁"作"辟土"。
295	尉文	元朔二年六月(前127)	元鼎五年(前112)	赵王子	无	南郡	今河北永年县南沿村镇	广平	《表》注"南郡"有误。沿革见附篇《河西汉侯国相关的与西汉侯国简中几个地名》。地望见《地名考》。
296	封斯	元朔二年六月(前127)	莽绝	赵王子	常山	无	今河北赵县高村乡东、西封斯村	广平—常山	初封时常山为国,当别属广平,后改属常山。
297	榆丘	元朔二年六月(前127)	元鼎五年(前112)	赵王子	无	无	无考	广平	《地名考》以为即《洪水注》之榆阳。有误。
298	襄嚵	元朔二年六月(前127)	元鼎五年(前112)	赵王子	无	广平	无考	广平	隶属沿革见附篇《河西汉简所见与西汉侯国相关的几个地名》。
299	邯会	元朔二年六月(前127)	莽绝	赵王子	魏	无	今河北肥乡县辛安镇②	魏	

---

① 《中国文物地图集山东分册·莒南县文物图》"向城故城",第304页(图),第791页(文)。
② 周振鹤:《水经·浊漳水注》一处错简——兼论西汉魏郡会侯国邯会邯郡郡邯》,《历史地理》创刊号,上海:上海人民出版社,1981年。

西汉侯国建置沿革综表 517

(续表)

序号	侯国	置年（公元纪年）	废年	类别	汉志	表注	地望	隶属沿革	备注
300	朝	元朔二年六月（前127）	五凤四年（前54）	赵王子	广平	无	今河北任县西固城乡	广平	即《志》广平郡朝平。《志》赵国襄国县载蓼水（今牛尾河）、冯水入漳（今漳河）。故朝平约在今任县西固城乡。
301	东城	元朔二年六月（前127）	元鼎元年（前116）	赵王子	无	无	今河北邯郸县南堡乡城子村	魏	《志》九江郡有东城，不当分封赵王子。地望见《地名考》考证。
302	阴城	元朔二年六月（前127）	太初元年（前104）	赵王子	无	无	今河北肥乡县西	魏	地望见下编第七章第二节考述。
303	广望	元朔二年六月（前127）	莽绝	中山王子	涿	无	今河北清苑县冉庄镇	涿	《浓水注》载广望在阳城、清凉城之间的博水南岸，约在今清苑县冉庄镇。
304	将梁	元朔二年六月（前127）	元鼎五年（前112）	中山王子	无	涿	今河北清苑县全昆乡清凉城村[文]①	涿	《浓水注》载清凉城即将梁侯国。
305	新馆	元朔二年六月（前127）	元鼎五年（前112）	中山王子	无	涿	无考	涿	《史表》作新馆。

① 《中国文物地图集·河北分册·清苑县文物图》第297页（图），第498页（文）。

（续表）

序号	侯国	置年（公元纪年）	废年	类别	汉志	表注	地望	隶属沿革	备注
306	陆城	元朔二年六月（前127）	元鼎五年（前112）	中山王子	中山	涿	今河北博野县博陵镇东凤村	涿	《史表》《田叔传》作陉城。地望见附篇《汉代阜城、蠡吾、临乐地望考辨》。
307	蒯处	元朔二年六月（前127）	元鼎五年（前112）	中山王子	中山	涿	今河北望都县固店乡固店村 文①	涿	《史表》作新处。
308	长平	元朔二年三月（前127）	天汉二年（前99）	外戚	汝南	无	今河南西华县田口乡董城村 文②	淮阳	居延简常见"淮阳长平"，知长平本属淮阳。《西政》以为元康三年改属汝南。其说可从。
309	蒲领	元朔三年十月（前126）	元鼎三年以前	广川王子	勃海	东海	今河北阜城县将坊乡前郭村③	清河	《表》注误"勃海"为"东海"。隶属沿革，除国年见《西政》《考述④》。
310	西熊	元朔三年十月（前126）	元鼎三年以前	广川王子	无	无	无考	清河	隶属沿革，除国年见下编第七章第二节考述。
311	枣强	元朔三年十月（前126）	元鼎三年以前	广川王子	清河	无	今河北枣强县王均乡东故城村 释	清河	隶属沿革，除国年见下编第七章第二节考述。

① 《中国文物地图集河北分册·望都县文物》，第304页（图），第525页（文）。
② 《中国文物地图集河南分册·西华县文物》，第184—185页（图），第412页（文）。
③ 曲英杰：《燕地古城考》，第272—273页。
④ 周振鹤：《西汉政区地理》，第88—89页。

西汉侯国建置沿革综表 519

（续表）

序号	侯国	置年（公元纪年）	废年	类别	汉志	表注	地望	隶属沿革	备注
312	毕梁	元朔三年十月（前126）	元封四年（前107）	广川王子	无	魏	无考	清河—魏	初封别属清河。元鼎三年徙封魏郡。见下编第七章第二节考述。
313	旁光	元朔三年十月（前126）	元鼎元年（前116）	河间王子	无	魏	无考	勃海/涿—魏	《史表》作房光。河间国不与魏郡相接，疑初封别属勃海或涿郡，后徙封魏郡。
314	距阳	元朔三年十月（前126）	元鼎五年（前112）	河间王子	无	无	无考	涿	《志疑》以为《楚世家》之距阳，显误。《古玺汇编》录有燕系玺印"柜易都左司马"（0051），当即《侯表》之距阳，可知距阳地处燕赵交界，该侯国封时后当别属涿郡。
315	娄	元朔三年十月（前126）	建始四年（前29）	河间王子	无	无	今河北饶阳县饶阳镇草芦村[①]	涿	《续志》安平国饶阳县注"故属涿，有无娄亭"。西汉饶阳县与河间国相邻，此无娄亭当即刘退封国所在。

[①] 曲英杰：《燕地古城考》，第166—167页。

520 附录

（续表）

序号	侯国	置年（公元纪年）	废年	类别	汉志	表注	地望	隶属沿革	备注
316	阿武	元朔三年十月（前126）	莽绝	河间王子	涿	无	今河北饶阳县楚留乡南·北空城村	涿	《寰宇记》载阿武故城在乐寿县（今献县）西北三十九里。
317	参户	元朔三年十月（前126）	莽绝	河间王子	勃海	无	今河北青县王店镇乡①	勃海	
318	州乡	元朔三年十月（前126）	莽绝	河间王子	涿	无	今河北河间市留古寺镇宁家庄村文②	涿	
319	成平	元朔三年十月（前126）	元狩三年（前120）	河间王子	勃海	南皮	今河北泊头市齐桥镇大傅村③	勃海	《汉表》引《汉表》注南皮。《索隐》《西政》以为成平乃析置于南皮，有误。见上编第一章第一节考述。
320	广	元朔三年十月（前126）	元鼎五年（前112）	河间王子	无	勃海	无考	勃海	《陕西新出土古代玺印》著录有燕印"广都尉"释文据施谢捷博士学位论文《古玺汇考》当与广侯有关。

① 曲英杰：《燕地古城考》，第224—229页。
② 《中国文物地图集河北分册·河间市文物图》，第350页（图），第650页（文）；曲英杰：《燕地古城考》，第117—118页。
③ 范凤驰等：《泊头历史遗迹》，上海：东方出版社，2010年，第9页。

（续表）

序号	侯国	置年（公元纪年）	废年	类别	汉志	表注	地望	隶属沿革	备注
321	盖胥	元朔三年十月（前126）	元鼎五年（前112）	河间王子	无	魏	无考	清河—魏	隶属沿革见下编第七章第二节考述。
322	陪安	元朔三年十月（前126）	元鼎三年（前114）	济北王子	无		无考		《汉表》作阴安，考辨见《西政》。《表》注"魏"应为盖胥下注之衍文。
323	荣关	元朔三年十月（前126）	元狩三年（前120）	济北王子	无	任平	今山东茌平县韩集乡高垣墙村，南新村[文]①	东郡	《史表》作荣简，《索隐》引《汉表》作营关。徐广引《汉表》作营简。地望见营胥下注之衍文。编第一章第一节考述。
324	周坚	元朔三年十月（前126）	元鼎五年（前112）	济北王子	无	无	今山东平阴县东阿镇大和村[文]②	东郡	《汉表》作同望。《地名考》以为即《左传》文十一年之"周首"，《济水注》载周首亭在谷城县、石门之间。
325	陪	元朔三年十月（前126）	元鼎五年（前112）	济北王子	无	平原	无考	平原	《史表》作菆。疑与《六国年表》齐康公十一年"伐鲁，取最"之"最"有关。
326	前	元朔三年十月（前126）	元鼎五年（前112）	济北王子	无	平原	无考	平原	

① 暂取《文物地图集》汉茌平故城定点。《中国文物地图集山东分册·茌平县文物图》，第143页（图），第55页（文）。
② 《中国文物地图集山东分册·平阴县文物图》，第330页（图），第848页（文）。

(续表)

序号	侯国	置年(公元纪年)	废年	类别	汉志	表注	地望	隶属沿革	备注
327	安阳	元朔三年十月（前126）	莽绝	济北王子	平原	平原	今山东在平县广平乡	平原	即《志》平原郡之安国。地望见附考。
328	五据	元朔三年十月（前126）	元鼎五年（前112）	济北王子	无	泰山	无考	济南—泰山	
329	富	元朔三年十月（前126）	元封元年（前110）	济北王子	东平	无	今山东平阴县店子乡	东郡—大河	《汉表》误陈国作平原元年。隶属沿革见《西政》。
330	平	元朔三年十月（前126）	元狩元年（前122）	济北王子	无	无	今山东平阴县平阴镇	东郡	非《志》河南郡平县。考辨见《考异》。地望、隶属沿革见附篇《河西汉简所见与西汉侯国相关的几个地名》。
331	羽	元朔三年十月（前126）	莽绝	济北王子	平原	无	无考	平原	《图集》定点不可信。
332	胡母	元朔三年十月（前126）	元鼎五年（前112）	济北王子	无	泰山	无考	济南—泰山	《儒林传》载有胡母生，齐人。《古玺汇编》录齐私印"胡母家"(5678)，证齐地确有胡母。《汉表》误封月为二月。

西汉侯国建置沿革综表 523

(续表)

序号	侯国	置年(公元纪年)	废年	类别	汉志	表注	地望	隶属沿革	备注
333	平津	元朔三年十一月(前126)	元封四年(前107)	恩泽	无	高城	今河北盐山县大付庄乡故城赵村[文]①	平原—勃海	高城,《志》属勃海。中华书局点校本《史表》改元封五年,有误。
334	离石—涉	元朔三年正月(前126)	除国年不详,当在元鼎三年以后	代王子	西河 魏	无	离石—今山西吕梁市离石区驻地[释]城区 涉—今河北涉县	西河—魏	元鼎三年更封为涉侯。见下编第五章第二节考述。
335	邬	元朔三年正月(前126)	天汉元年(前100)	代王子	无	山阳	1 今山西沁源县境 2 无考	上党—山阳	《索隐》引《汉表》注山阳。元鼎三年徙封。见下编第五章第二节考述。
336	利昌	元朔三年正月(前126)	莽绝	代王子	无	无	1 无考 2 无考	西河—东郡	初封或即西河郡方利,元鼎三年徙封东郡。见下编第五章第二节考述。
337	蔺—武原	元朔三年正月(前126)	除国年不详	代王子	西河 楚国	西河	蔺—今山西临县曜头古城② 武原—同武原(82)	西河—东海	元鼎三年更封为武原侯。见下编第五章第二节考述。

① 暂取汉高城故城定点。《中国文物地图集河北分册·盐山县文物图》,第340页(图),第634页(文)。
② 傅淑敏:《临县曜头古城址》,《中国考古学年鉴(1994)》,北京:文物出版社,1997年。

(续表)

序号	侯国	置年(公元纪年)	废年	类别	汉志	表注	地望	隶属沿革	备注
338	临河—高俞	元朔三年正月(前126)	元鼎五年(前112)	代王子	西河	无	临河—今山西临县故县村① 高俞—无考	西河—？	《稽疑》《志疑》以为临河即《志》西河郡临水。可从。元鼎三年更封为高俞侯，见序章第一节考述。
339	湿成—端氏	元朔三年正月(前126)	除国年不详	代王子	西河 河东	无	隰成—今山西柳林县穆村镇穆村文② 端氏—无考	西河—？	《史表》《志》作隰成，乃"湿成"之误。③ 元鼎三年更封端氏侯，此端氏侯似误。见下编第五章第二节考述。
340	土军—钜乘	元朔三年正月(前126)	元鼎五年(前112)	代王子	西河	无	土军—同上军(114) 钜乘—无考	西河—？	元鼎三年更封为钜乘侯。见下编第五章第二节考述。
341	皋狼	元朔三年正月(前126)	除国年不详	代王子	西河	临准	1 今山西离石县东北南村古城④ 2 不详	西河—临淮	《汉表》作皋琅。元鼎三年徙封临淮郡。见下编第五章第二节考述。

① 《山西省历史地图集》，第23页。
② 《中国文物地图集山西分册·柳林县文物图》，《故宫博物院刊》1982年第1期。
③ 罗叔颐：《史印新证举隅》，《故宫博物院刊》1982年第1期。
④ 傅淑敏：《南单于庭、汉左国都城、汉左国都城发掘记》，《中国文物报》1993年5月9日。

（续表）

序号	侯国	置年（公元纪年）	废年	类别	汉志	表注	地望	隶属沿革	备注
342	干（千）章—夏丘	元朔三年正月（前126）	元鼎五年（前112）	代王子	西河 沛	平原	千章—今山西兴县西①夏丘—今安徽泗县泗城镇[文]②	西河—？	《史表》《汉表》误作干章。元鼎三年更封为夏丘侯。《表》注"平原"有误。见下编第五章第二节考述。
343	博阳	元朔三年三月（前126）	元鼎五年（前112）	齐王子	无	济南	1 无考 2 今山东章丘市双山街道	齐—济南	本地处齐郡。元符六年迁任济南郡。详见下编第二章附考一。
344	宁阳	元朔三年三月（前126）	莽绝	鲁王子	泰山	无	同宁（90）	山阳—河—泰山	隶属沿革见《西政》考辨。
345	瑕丘	元朔三年三月（前126）	莽绝	鲁王子	山阳	无	今山东兖州市新兖镇古城村[文]③	山阳—河—山阳	隶属沿革见《西政》考辨。
346	公丘	元朔三年三月（前126）	莽绝	鲁王子	沛	无	今山东滕州市姜屯镇庄里西村[文]④	山阳—沛	元朔三年所封鲁王子侯国，皆别属山阳郡。此侯国当初属山阳郡，后转属沛郡。

① 干章，《图集》无定点。《汉志释地略》称千章在兴县西。《山西省历史地图集》据此定点。暂从此说。
② 《中国文物地图集安徽分册·泗县文物图》，第143页（图）、第90页（文）。
③ 《中国文物地图集山东分册·兖州市文物图》"古城遗址"，第236页（图）、第421页（文）；吕朋：《〈水经注〉校笺——以〈泗水〉〈沂水〉〈沭水〉等篇为中心》，第38页。
④ 《中国文物地图集山东分册·滕州市文物图》，第178页（图）、第185页（文）。

（续表）

序号	侯国	置年（公元纪年）	废年	类别	汉志	表注	地望	隶属沿革	备注
347	郁狼	元朔三年三月（前126）	元鼎五年（前112）	鲁王子	无	无	今山东鱼台县谷亭镇附近	山阳	《汉表》作郁桹。地望、隶属沿革见附篇《河西汉侯国所见与西汉侯国相关的几个地名》。
348	西昌	元朔三年三月（前126）	元鼎五年（前112）	鲁王子	无	无	无考	山阳	《志疑》误以为东郡须昌。元朔三年所封鲁王子侯国，皆属山阳郡。《齐鲁封泥集存》有"西昌乡印"，或与此有关。
349	陆地	元朔三年三月（前126）	元鼎五年（前112）	中山王子	无	辛处	今河北望都县固店乡古城镇村[文]①	涿	辛处，即《志》中山国新处。
350	邯平	元朔三年四月（前126）	元鼎五年（前112）	赵王子	无	广平	今河北肥乡县附近	广平	《汉表》误作三月封。《演变》疑即《志》广平之朝平，非。当与邯会、邯沟相近。
351	武始	元朔三年四月（前126）	征和元年（前92）	赵王子	魏	魏	今河北武安市午汲村[文]②	魏	地望见附考

① 暂取辛处定点。《中国文物地图集河北分册・望都县文物图》第305页（图），第525页（文）。
② 《中国文物地图集河北分册・武安市文物图》第398页（图），第773页（文）。

（续表）

序号	侯国	置年（公元纪年）	废年	类别	汉志	表注	地望	隶属沿革	备注
352	象氏	元朔三年四月（前126）	莽绝	赵王子	巨鹿	无	今河北隆尧县固城镇户曹村[文]①	广平—巨鹿	
353	易	元朔三年四月（前126）	始元元年（前86）	赵王子	无	鄗	今河北柏乡县境	广平—巨鹿	《志》涿郡有易县，但涿郡不与赵国相接，此易当为乡聚，除国后并入鄗县。
354	涉安	元朔三年四月（前126）	元朔三年（前126）	匈奴归义	无	无	同涉都（492）	南阳	与涉都侯国当为一地。
355	参戚	元朔三年（前126）	元鼎五年（前112）	广川王子	无	东海	无考	勃海	《史表》无。《汉表》无封年。广川惠王子皆封于元朔三年，此侯不应例外，暂定元朔三年封。《表》注东海，《衍变》以之为"勃海"之误。可从。
356	沂陵	元朔三年（前126）	元鼎五年（前112）	广川王子	无	东海	无考	勃海	封年、隶属关系同参戚国（355）。

① 《中国文物地图集·河北分册·隆尧县文物图》第379页（图），第718页（文）。

528 附录

(续表)

序号	侯国	置年(公元纪年)	废 年	类别	汉志	表注	地 望	隶属沿革	备 注
357	路陵	元朔四年三月（前125）	元狩二年（前121）	长沙王子	无	南阳	1 今湖南武冈县新东乡七里桥村[文]① 2 无考	桂阳—南阳	《史表》作洛陵。地望见下编第二章附考一。
358	攸舆	元朔四年三月（前125）	太初元年（前104）	长沙王子	长沙	南阳	今湖南攸县网岭镇罗家坪村②	豫章—南阳	即《志》长沙国攸县。见下编第二章附考一。
359	荼陵	元朔四年三月（前125）	太初元年（前104）	长沙王子	长沙	桂阳	今湖南茶陵县火田镇莲溪村③	桂阳	见下编第二章附考一。
360	建成	元朔四年三月（前125）	元鼎二年（前115）	长沙王子	豫章	无	今江西高安县[释]	豫章	《索隐》曰"《表》在豫章"。知今本《表》注脱"豫章"二字。
361	安众	元朔四年三月（前125）	居摄元年（6）	长沙王子	南阳	无	1 无考 2 今河南邓州市元庄乡南王村大王营④	桂阳—南阳	后徙至南阳郡，见下编第二章附考一。敦煌汉简见有"安众侯"。

① 《中国文物地图集湖南分册·武冈县文物图》"都梁侯国故城"，第 135 页（图），第 298 页（文）。
② 湖南省攸县地方志编纂委员会编：《攸县志（1871—1949）》，内部发行，2002 年，第 50 页。
③ 黄学超：《〈水经〉文本研究与地理考释》，第 287 页。
④ 《中国文物地图集河南分册·邓州市文物图》，第 230—231 页（图），第 559 页（文）。

（续表）

序号	侯国	置年（公元纪年）	废年	类别	汉志	表注	地望	隶属沿革	备注
362	叶	元朔四年三月（前125）	元鼎五年（前112）	长沙王子	南阳	无	1 无考 2 今河南叶县旧县乡旧县街[文]①	桂阳—南阳	《汉表》作叶平。后迁徙至南阳郡，见下编第二章附考一。
363	利乡	元朔四年三月（前125）	元狩三年（前120）	城阳王子	东海	无	今江苏东海县横沟乡罗庄村[文]②	东海	即《志》东海之利城。《淮水注》。陕西利成家丞"封泥"出土"利成家丞"封泥。③
364	有利	元朔四年三月（前125）	元狩元年（前122）	城阳王子	无	东海	今山东莒南县相沟乡圈子村④	东海	
365	东平	元朔四年三月（前125）	元狩三年（前120）	城阳王子	无	东海	无考	东海	《汉水注》以《志》东平国无盐县当之，时无盐县属济东国，此说甚误。
366	运平	元朔四年三月（前125）	元鼎五年（前112）	城阳王子	无	东海	无考	东海	《志疑》以《续志》琅邪郡东莞县郓亭当之，此地西汉属琅邪郡，不足信。

① 《中国文物地图集河南分册·叶县文物图》"昆阳城"，第90—91页（图），第96页（文）。
② 《中国文物地图集江苏分册·东海县文物图》，第288页（图），第687页（文）；南京博物院等：《江苏徐海地区汉代城址调查报告》，《东南文化》2014年第5期。
③ 郑洪春：《陕西新安机砖厂汉初积炭墓发掘报告》，《考古与文物》1990年第4期。
④ 吕朋：《〈水经注〉校笺——以〈泗水〉〈沂水〉〈洙水〉等篇为中心》，第42页。

(续表)

序号	侯国	置年(公元纪年)	废年	类别	汉志	表注	地望	隶属沿革	备注
367	山州	元朔四年三月(前125)	元鼎五年(前112)	城阳王子	无	无	无考	东海/琅邪	《演变》以为东海郡山乡侯国(641)。误。山乡为鲁王子侯国,与山州无关。
368	海常	元朔四年三月(前125)	元鼎五年(前112)	城阳王子	无	琅邪	无考	琅邪	《南粤传》徐广云在东莱。《演变》以为郡邪郡海曲。误。
369	驺丘	元朔四年三月(前125)	本始二年(前72)	城阳王子	无	无	无考	东海/琅邪	《史表》作钓丘。封后或人琅邪,或人东海。《志疑》以鲁国胳县当之。显误。
370	南城	元朔四年三月(前125)	莽绝	城阳王子	东海	无	今山东平邑县魏庄乡南武城村东文①	东海	《志》作"南成"。《齐鲁封泥集存》著录有"南成乡印",当与南城侯国有关。
371	广陵	元朔四年三月(前125)	元鼎五年(前112)	城阳王子	无	无	无考	琅邪	分封后地人琅邪郡,见序章第一分节考述。
372	杜原	元朔四年三月(前125)	元鼎五年(前112)	城阳王子	无	无	无考	东海/琅邪	《史表》作庄原。分封后或人琅邪,或人东海。

① 《中国文物地图集山东分册·平邑县文物图》,第303页(图),第781页(文)。

西汉侯国建置沿革综表 531

(续表)

序号	侯国	置年(公元纪年)	废年	类别	汉志	表注	地望	隶属沿革	备注
373	临乐	元朔四年四月(前125)	莽绝	中山王子	勃海	无	1 今河北清苑县石桥乡 2 今河北南皮县潞灌乡芦庄子村[文]①	涿—勃海	地望见附篇《汉代阜城、蠡吾、临乐地望考辨》。
374	东野	元朔四年四月(前125)	太初四年(前101)	中山王子	无	无	今河北新乐县境	广平	地望见附考。
375	高平	元朔四年四月(前125)	元鼎五年(前112)	中山王子	无	平原	无考	涿—平原	《志》临淮郡有高平侯国,《志疑》以此当之。误。初封别属涿郡,后徙封平原,如临乐侯国。
376	广川	元朔四年四月(前125)	元鼎五年(前112)	中山王子	无	无	无考	涿—广平	《志》信都国有广川,元朔间为广川国都,不当置侯国。
377	重	元朔四年四月(前125)	元狩二年(前121)	河间王子	平原	平原	今山东陵县神头镇后石庄西[文]②	平原	《史表》作干钟。即《志》平原郡之重丘。《淇水注》以勃海郡千童当之。不足据。考辨见《西政》。

① 《中国文物地图集集河北分册·南皮县文物图》,第 288 页(图),第 687 页(文);曲英杰:《燕地古城考》,第 237—238 页。
② 《中国文物地图集山东分册·陵县文物图》,第 316 页(图),第 816 页(文)。《图集释文》定神头古城为汉重丘县,《文物地图集》称神头古城为汉厌次县。据史籍记载,厌次与富平县相近,当在今阳信县境。故从《图集》,定神头古城为重丘县。

532　附　录

（续表）

序号	侯国	置年（公元纪年）	废　年	类别	汉志	表注	地　望	隶属沿革	备　注
378	披阳	元朔四年四月（前125）	莽绝	齐王子	千乘	无	今山东高青县高城镇[释]	齐—千乘	《史表》作祋阳。
379	定	元朔四年四月（前125）	莽绝	齐王子	勃海	无	今山东乐陵市城区①	齐—勃海	元狩六年转属勃海郡。见下编第二章附考二。出土有"定陵邑印"，或与此有关。
380	稻	元朔四年四月（前125）	莽绝	齐王子	琅邪	无	今山东高密市双羊镇郑公村[释]	齐—琅邪	初封在齐郡，元狩六年迁徙至琅邪郡。见下编第二章附考二。
381	山	元朔四年四月（前125）	建昭四年（前35）	齐王子	无	勃海	无考	齐—勃海	《汉表》误除国年为建始五年。路温舒为山邑丞当即此地。元狩六年转属勃海郡。见下编第二章附考二。
382	繁安	元朔四年四月（前125）	莽绝	齐王子	千乘	无	无考	齐—千乘	

① 曲英杰：《燕地古城考》，第205—206页。

西汉侯国建置沿革综表 533

(续表)

序号	侯国	置年(公元纪年)	废年	类别	汉志	表注	地望	隶属沿革	备注
383	柳	元朔四年四月(前125)	薨绝	齐王子	勃海	无	今河北海兴县小山乡小山村①	齐—勃海	元狩六年转属勃海郡。见下编第二章附考二。
384	云	元朔四年四月(前125)	薨绝	齐王子	琅邪	无	1 今山东阳信县阴信镇东关村[文]② 2 无考	齐—琅邪	初封在齐郡,元狩六年迁至琅邪郡。见下编第二章附考二。
385	牟平	元朔四年四月(前125)	薨绝	齐王子	东莱	无	1 无考 2 今山东烟台市福山区古现镇三十里堡村南200米[文]③	齐—东莱	初封在齐郡,元狩六年迁至东莱郡。见下编第二章附考二。
386	柴	元朔四年四月(前125)	除国年不详	齐王子	泰山	无	1 无考 2 今山东新泰市楼德镇柴城村④	齐—泰山	除国年不详。元康三年以后柴侯国传两代。《西政》以为柴侯国除于元延四年以后。初封在齐郡,元狩六年迁至泰山郡。见下编第二章附考二。

① 邢承宗：《西汉柳侯国(柳县)的建置沿革及其遗址考证》,《渤海学刊》1995年第4期。
② 《中国文物地图集山东分册·阳信县图集文物图》,第343页(图),第865页(文)。
③ 《中国文物地图集山东分册·烟台市福山区文物图》,第188页(图),第229页(文)。
④ 《中国文物地图集山东分册·新泰市文物图》,第256页(图),第528页(文)。

（续表）

序号	侯国	置年（公元纪年）	废年	类别	汉志	表注	地望	隶属沿革	备注
387	昌武	元朔四年七月（前125）	太初元年（前104）	匈奴归义	无	舞阳	今河南泌阳县羊册乡古城村[文]①	南阳	地望见下编第三章第一节考述。中华书局点校本改封邑为十月，有误。《汉表》作太初四年除国。
388	襄城	元朔四年七月（前125）	后元二年（前87）	匈奴归义	无	襄垣	今湖北枣阳县北城街道东园村[文]②	南阳	《表》注"襄垣"乃"襄郷"误写。地望见下编第三章第一节考述。
389	高乐	元朔四年（前125）	除国年不详	齐王子	勃海	济南	1 今河北孟村县新县镇新县村[文]③ 2 无考	齐—济南	封年，除国年不详。《表》注"济南，初封任齐郡，迁徙至济南郡。见下编第二章附考二。
390	沈阳	元朔四年（前125）	除国年不详	河间王子	无	勃海	无考	勃海	封年，除国年不详。暂定封年为元朔四年，除国年见下编第六章第一节考述。

---

① 暂取舞阴县定点。《中国文物地图集河南分册·泌阳县文物图》，第198页（图），第457页（文）。
② 王先福、余桥：《襄阳地区汉代南阳郡属县治所初考》，《江汉考古》2014年第3期。
③ 《中国文物地图集河北分册·孟村县文物图》"新县古城址"，第338页（图），第631页（文）；曲英杰：《燕地古城考》，第222—223页。

（续表）

序号	侯国	置年（公元纪年）	废年	类别	汉志	表注	地望	隶属沿革	备注
391	柏阳	元朔五年十一月（前124）	始元三年（前84）	赵王子	无	中山	今河北临城县西竖乡东柏畅村南①〔文〕	广平—常山	《史表》作柏畅山。《表》注中山。《西政》以为常山之误，可从。初封时常山为王国，当属广平，后入常山。
392	鄗	元朔五年十一月（前124）	元鼎五年（前112）	赵王子	常山	无	今河北柏乡县固城店镇固城店村〔文〕②	广平	《汉表》误作歊安。初封别属广平。
393	桑丘	元朔五年三月（前124）	元康四年（前62）	中山王子	无	无	今河北安新县寨里乡③	涿	《汉表》误作乘丘。《史表》误十一月封。《索隐》引《汉表》下注"涿泽"。
394	高丘	元朔五年三月（前124）	元鼎元年（前116）	中山王子	无	无	无考	涿	《西政》以为即《志》涿郡合丘县。恐非。
395	柳宿	元朔五年三月（前124）	元鼎五年（前112）	中山王子	无	无	今河北望都县贾村乡柳絮村④	涿	《索隐》引《表》注涿郡。地望见上编第二章第二节考证。

① 《中国文物地图集河北分册·临城县文物图》，第373页（图），第699页（文）。
② 暂取鄗县定点。《中国文物地图集河北分册·柏乡县文物图》，第376页（图），第714页（文）。
③ 见附篇《汉代阜城、蠡吾、临乐地望考辨》。
④ 曲英杰：《燕地古城考》，第109—110页。

(续表)

序号	侯国	置年(公元纪年)	废年	类别	汉志	表注	地望	隶属沿革	备注
396	戎丘	元朔五年三月（前124）	元鼎五年（前112）	中山王子	无	无	无考	涿	地望不详。《铁云藏印初集》录有"戎丘"，为三晋玺印。此年所封中山王子侯国皆入涿郡，此侯国亦当入涿郡。
397	樊舆	元朔五年三月（前124）	莽绝	中山王子	涿	无	今河北徐水县大因乡防陵村[文]①	涿	地望见《易水注》
398	曲成	元朔五年三月（前124）	元鼎五年（前112）	中山王子	无	涿	无考	涿	《谦补》以为《志》涿郡成侯国。误。
399	安郭	元朔五年三月（前124）	元康元年（前65）	中山王子	无	涿	今河北博野县博陵镇东风村[文]②	涿	《西政》以为即《志》涿郡安郭国，恐非。《滱水注》载有安郭亭。当是。
400	安险	元朔五年三月（前124）	元鼎五年（前112）	中山王子	中山	无	今河北定州市东亭镇固城村③	涿	初封别属涿郡。五凤三年，中山国除，安险县回属中山。

① 《中国文物地图集河北分册·徐水县文物图》，第327页（图），第610页（文）。
② 《中国文物地图集河北分册·博野县文物图》，第301页（图），第505页（文）；曲英杰：《燕地古城考》，第96页。
③ 黄学超：《〈水经注〉文本研究与地理考释》，第188页。

(续表)

序号	侯国	置年(公元纪年)	废年	类别	汉志	表注	地望	隶属沿革	备注
401	安道	元朔五年三月(前124)	元鼎五年(前112)	长沙王子	无	无	1 湖南道县境 2 无考	桂阳—南阳	《史表》误作安遥。《表》误作中山王子。见下编第二章附考一。
402	夫夷	元朔五年三月(前124)	莽绝	长沙王子	零陵	无	今湖南邵阳县金称市镇①	桂阳—零陵	《文物地图集》邵阳县标绘之"夫夷侯国故城"不可信。
403	南㮛	元朔五年四月(前124)	元鼎五年(前112)	功臣	无	无	无考		《茂陵书》亦作"南㮛",《青传》作"南㮛"。今按战国魏国魏戈铭文见有"㮛令",②疑南㮛在魏地。
404	合骑	元朔五年四月(前124)	元狩二年(前121)	功臣	无	高城	同平津(333)	勃海	《志》勃海、南郡皆有高城。胡三省以为勃海郡高城,可从。
405	织	元朔五年四月(前124)	元狩元年(前122)	功臣	无	西安	今山东淄博市临淄区朱台镇南高阳村西200米[文]③	齐	《史表》作涉织。西安《志》属齐郡。临淄封泥有"织乡"、"织乡之印",当与此侯国有关。

① 黄学超:《〈水经〉文本研究与地理考释》,第277页。
② 王峰:《三年㮛令戈考》,《考古》2011年第11期。
③ 暂取西安定点。《中国文物地图集山东分册·淄博市临淄区文物图》,第164页(图)、第136页(文)。据《图集释文》,南高阳村古城即汉西安县。

(续表)

序号	侯国	置年（公元纪年）	废年	类别	汉志	表注	地 望	隶属沿革	备 注
406	从平	元朔五年四月（前124）	元狩二年（前121）	功臣	无	乐昌	暂取乐昌（175）定点	东郡	乐昌，《志》属东郡。
407	随成	元朔五年四月（前124）	元狩二年（前121）	功臣	无	千乘	无考	齐	《史表》除国年作元狩三年。
408	乐安	元朔五年四月（前124）	元狩五年（前118）	功臣	千乘	昌	今山东博兴县兴镇贤城村[文]①	齐	《汉表》误作安。《济水注》载乐安在高昌，博昌之间。《谦补》以为《表》"博"字、"昌"前脱漏"高"或"博"字。
409	龙𩲡（雒）	元朔五年四月（前124）	元鼎五年（前112）	功臣	平原	无	今山东齐河县华店乡	平原	或作"龙𩲡侯"、"龙雒侯"。未央宫遗址出土骨签有"五凤二年龙雒侯工囗缮"（3：15097），②知作"龙雒"。《寰宇记》载龙𩲡在禹城县东南二十五里。
410	宜春	元朔五年四月（前124）	元鼎元年（前116）	功臣	汝南	无	今河南汝南县和孝镇林楼村[文]③	汝南	《志》豫章、汝南皆有宜春。豫章宜春已封长沙王子，当以汝南郡宜春为是。

① 《中国文物地图集山东分册·博兴县文物图》，第345页（图），第869页（文）。
② 刘庆柱、李毓芳：《汉长安城》，北京：文物出版社，2003年，第102页。
③ 《中国文物地图集河南分册·汝南县文物图》，第202—203页（图），第472页（文）。

西汉侯国建置沿革综表　539

(续表)

序号	侯国	置年(公元纪年)	废年	类别	汉志	表注	地望	隶属沿革	备注
411	阴安	元朔五年四月(前124)	元鼎五年(前112)	功臣	魏	无	今河南清丰县古城乡古城村[文]①	魏	
412	发干	元朔五年四月(前124)	元鼎五年(前112)	功臣	东郡	无	今山东莘县河店乡马桥村[文]②	东郡	
413	舂陵	元朔五年六月(前124)	莽绝	长沙王子	南阳	无	1 今湖南宁远县柏家坪镇柏家村东南[文]③ 2 今湖北枣阳市吴店镇舂陵村[文]④	桂阳—零陵—南阳	见下编第二章附考。
414	都梁	元朔五年六月(前124)	莽绝	长沙王子	零陵	无	今湖南隆回县桃花坪街道⑤	桂阳—零陵	
415	洮阳	元朔五年六月(前124)	元符六年(前117)	长沙王子	零陵	无	今广西全州县永岁乡梅潭村古城⑥	桂阳	

① 《中国文物地图集河南分册·清丰县文物图》,第154页(图),第310页(文)。
② 《中国文物地图集山东分册·莘县文物图》,第328页(图),第844页(文)。
③ 《中国文物地图集湖南分册·宁远县文物图》,第146—147页(图),第331页(文)。
④ 《中国文物地图集湖北分册·枣阳市文物图》,北京:中国地图出版社,2002年,第144—145页(图),第119页(文)。
⑤ 黄学超:《〈水经〉文本研究与地理考释》,第276页。
⑥ 蒋廷瑜:《广西考古四十年概述》,《考古》1998年第11期。

（续表）

序号	侯国	置年(公元纪年)	废年	类别	汉志	表注	地望	隶属沿革	备注
416	泉陵	元朔五年六月（前124）	莽绝	长沙王子	零陵	无	今湖南永州市区①	桂阳—零陵	《汉表》误作众陵。西汉墓所出铜器"泉陵家官"铭文可证。
417	博望	元朔六年三月（前123）	元鼎二年（前121）	功臣	南阳	无	今河南方城县博望镇②	南阳	
418	冠军	元朔六年四月（前123）	元封元年（前110）	功臣	南阳	无	今河南邓州市张村镇冠军村③	南阳	赵生群先生考证，冠军侯封于五月，非四月。④
419	终弋	元朔六年四月（前123）	元鼎五年（前112）	衡山王子	无	汝南	今河南潢川县西	汝南	地望见《西政》考证。河南平舆出土有"终弋国丞"封泥，证《西政》可信。
420	众利	元朔六年五月（前123）	元狩二年（前121）	功臣	无	姑莫	今山东安丘市石埠子镇石埠子村⑤	琅邪	故莫，即《汉志》琅邪郡姑幕。

① 此据西汉泉陵侯家族墓群定位。湖南省文物考古研究所、永州市芝山区文物管理所：《湖南永州市鹞子岭二号西汉墓》，《考古》2001年第4期。
② 《中国文物地图集河南分册·方城县文物图》，第234—235页(图)，第572页(文)。
③ 《中国文物地图集河南分册·邓州市文物图》，第230—231页(图)，第559页(文)。
④ 赵生群：《读〈汉书·外戚恩泽侯表〉札记》，《古籍整理研究学刊》1989年第1期。
⑤ 《中国文物地图集山东分册·安丘市文物图》，第222页(图)，第340页(文)。暂取姑幕城遗址定点。

（续表）

序号	侯国	置年（公元纪年）	废年	类别	汉志	表注	地望	隶属沿革	备注
421	麦	元狩元年四月（前122）	元鼎五年（前112）	城阳王子	无	琅邪	1 无考 2 今山东商河县西	琅邪—平原	《汉表》误作元鼎元年封，地望见附考。
422	钜合	元狩元年四月（前122）	元鼎五年（前112）	城阳王子	无	平原	1 无考 2 今山东章丘市龙山镇龙山三村文①	琅邪／东海—济南	《汉表》误作元鼎元年封。《济水注》载有巨合城，为刘发封国，在济南郡境，与《表》注不合。济南国相接，盖初封别属琅邪或东海，后徙封济南。
423	昌	元狩元年四月（前122）	元鼎五年（前112）	城阳王子	琅邪	琅邪	同昌（91）	琅邪	《汉表》误作元鼎元年封，见叶（421）附考。
424	费	元狩元年四月（前122）	元鼎五年（前112）	城阳王子	无	无	同费（24）	东海	《汉表》误作元鼎元年封，见叶（421）附考。《索隐》引叶"费"，颜师古、《汉志》皆以"费"为"费"之误。可从。
425	雩殷	元狩元年四月（前122）	莽绝	城阳王子	琅邪	无	无考	琅邪	《汉表》作摩叚，《志》作雩段。《汉表》误作元鼎元年封，见叶（421）附考。

① 《中国文物地图集山东分册·章丘市文物图》"巨河城遗址"，第141页（图），第45页（文）。

(续表)

序号	侯国	置年(公元纪年)	废年	类别	汉志	表注	地望	隶属沿革	备注
426	潦	元狩元年七月(前122)	元狩二年(前121)	匈奴归义	无	舞阳	今河南方城县杨楼乡梁城村区①	南阳	《表》注"舞阳",为"舞阴"之误。地望见下编第三章第一节考述。
427	宜冠	元狩二年正月(前121)	元狩四年(前119)	功臣	无	昌	暂取昌县(423)定点	琅邪	昌,《汉志》属琅邪。《汉表》作五月封,元狩五年除国。
428	辉渠	元狩二年二月(前121)	征和三年(前90)	功臣	无	鲁阳	今河南鲁山县熊背乡	南阳	地望见附篇《北京大学藏秦水陆里程简册释地五则》。
429	从骠	元狩二年五月(前121)	元鼎五年(前112)	功臣	无	无	无考		《汉表》作从票。
430	下麾	元狩二年五月(前121)	神爵三年(前59)	匈奴归义	无	猗氏	1 暂取猗氏(85)定点 2 无考	河东—?	《汉表》作下摩。猗氏属河东。元鼎三年徙封,见下编第五章考述。
431	鄂	元狩三年五月(前120)	元封四年(前107)	功臣	南阳	无	同鄂(15)	南阳	《武帝纪》载五月封。

① 《中国文物地图集河南分册·方城县文物图》"梁城城址",第234页(图),第572页(文)。

(续表)

序号	侯国	置年(公元纪年)	废年	类别	汉志	表注	地望	隶属沿革	备注
432	湿阴	元狩三年七月(前120)	元封五年(前106)	匈奴归义	平原	平原	今山东齐河县表白寺镇释	平原	《史表》《汉志》误作"湿阴"。《齐鲁封泥集存》著录"湿阴丞印"可证。
433	辉渠	元狩三年七月(前120)	元鼎三年(前114)	匈奴归义	无	鲁阳	同辉渠(428)	南阳	元狩二年已封辉渠侯,此年辉渠同以再封。不可解。
434	河綦	元狩三年七月(前120)	本始二年(前72)	匈奴归义	无	济南	无考	济南	
435	常乐	元狩三年七月(前120)	太始三年(前94)	匈奴归义	无	济南	无考	济南	
436	邔离	元狩四年六月(前119)	太初元年(前104)	功臣	无	朱虚	暂取朱虚(159)定点	琅邪	《史表》作符离。地望见附考。
437	义阳	元狩四年六月(前119)	太始四年(前93)	功臣	无	平氏	今河南桐柏县吴城乡朝城村文①	南阳	地望见附考。河南平舆出土有"义阳侯相"封泥。
438	壮	元狩四年六月(前119)	河平四年(前25)	匈奴归义	无	重平	同壮(134)	勃海	《汉表》作杜。

① 《中国文物地图集河南分册•桐柏县文物图》,第233页(图),第568页(文)。

(续表)

序号	侯国	置年(公元纪年)	废年	类别	汉志	表注	地望	隶属沿革	备注
439	众利—诸	元狩四年六月(前119)	始元五年(前82)	匈奴归义	无	无	众利—同众利(420)诸—今山东诸城市枳沟镇桥庄[文]①	琅邪	地望见下编第三章第一节考证。更封见附考。
440	湘成	元狩四年六月(前119)	元鼎四年(前112)	匈奴归义	无	阳成	今河南省方城县境内	南阳	地望见下编第三章第一节考证。
441	散	元狩四年六月(前119)	征和三年(前90)	匈奴归义	无	阳成	今河南省方城县境内	南阳	地望下编第三章第一节考证。
442	瞰马	元狩四年六月(前119)	元鼎五年(前118)	匈奴归义	无	朱虚	暂取朱虚定点	琅邪	朱虚,《志》属琅邪。地望下编第三章第一节考证。
443	石洛	元鼎元年四月(前116)	征和三年(前90)	城阳王子	无	琅邪	今山东诸城市皇华镇(159)	琅邪	《汉表》误作原洛。清朝末年,山东诸城皇华镇出土"石洛侯印"(253)。封年见附考。
444	扶术	元鼎元年四月(前116)	天汉元年(前100)	城阳王子	无	琅邪	今山东诸城市南郊	琅邪	《史表》作扶漫。《潍水注》有扶淇水,即今扶洪河,当在附近。

① 《中国文物地图集山东分册·诸城市文物图》,第218页(图),第321页(文)。

（续表）

序号	侯国	置年（公元纪年）	废年	类别	汉志	表注	地望	隶属沿革	备注
445	挟（拔）	元鼎元年四月（前116）	莽绝	城阳王子	琅邪	无	1 今山东诸城市南 2 今山东昌乐县红河镇	琅邪	即《志》琅邪郡 挟侯国。《史表》作拔，封校侯刘集误。《图集》彼侯国定点有误。地望见附考。《汉表》作"拔"，《齐鲁封泥集存》有"拔乡之印"，疑与彼侯国有关。
446	朸	元鼎元年四月（前116）	太初四年以后	城阳王子	平原	平原	1 无考 2 同朸（191）	琅邪/东海一平原	初封属琅邪或东海，后更封平原。《史表》"太初"仍有年数，国除在太初以后。
447	文成	元鼎元年四月（前116）	元鼎五年（前112）	城阳王子	无	东海	无考	东海	《史表》误作父考误。见上编第三章第二节考述。
448	挍	元鼎元年四月（前116）	元鼎五年（前112）	城阳王子	无	无	1 今山东诸城市南 2 今山东昌乐县高崖镇	琅邪	《史表》误校侯，挍侯为一侯。地望见附考。
449	庸	元鼎元年四月（前116）	太初四年以后	城阳王子	无	琅邪	无考	琅邪	除国年不详，《史表》"太初"格仍有年数，则国初在太初四年以后。
450	翟	元鼎元年四月（前116）	元鼎五年（前112）	城阳王子	无	东海	无考	东海	

(续表)

序号	侯国	置年（公元纪年）	废年	类别	汉志	表注	地望	隶属沿革	备注
451	鳢	元鼎元年四月（前116）	元鼎五年（前112）	城阳王子	无	襄贲	今山东临沂县东北	东海	襄贲，《志》属东海。《纪要》载临沂东北有鄫丘。《商朴》以为即鳣。可从。
452	彭	元鼎元年四月（前116）	元鼎五年（前112）	城阳王子	无	东海	同彭(88)	东海	钱坫以为即《续志》费县矜亭。可从。
453	瓠	元鼎元年四月（前116）	五凤二年（前56）	城阳王子	北海	无	1 无考 2 无考	东海、琅邪—北海	瓠侯国初封当别属东海或琅邪，后徙封北海郡。
454	虚水	元鼎元年四月（前116）	莽绝	城阳王子	琅邪	无	无考	琅邪	《汉表》第一代侯在位年数应为"四十八"年。
455	东淮	元鼎元年四月（前116）	元鼎五年（前112）	城阳王子	无	北海	无考	东海	《索隐》引《汉表》作东海。今本"北海"为"东海"之误。
456	枸	元鼎元年四月（前116）	元鼎五年（前112）	城阳王子	无	千乘	同枸(80)	东海	《汉表》作枸。《索隐》《表》注千乘。《索隐》引《汉表》作东海，当以东海为是。《商朴》《演变》以东海郡朐县当之。误。
457	洎	元鼎元年四月（前116）	元鼎五年（前112）	城阳王子	无	东海	今山东平邑县西	东海	《汉表》作湣。《志疑》以为地在《潍水注》之湣水。但此地在琅邪，显误。《泗水注》载南梁水称湣水，当在此。

西汉侯国建置沿革综表　547

（续表）

序号	侯国	置年（公元纪年）	废年	类别	汉志	表注	地望	隶属沿革	备注
458	陆	元鼎元年七月（前116）	五凤三年（前55）	菑川王子	无	寿光	同寿梁（288）	北海	寿光，《志》属北海。
459	广饶	元鼎元年七月（前116）	薨绝	菑川王子	齐	无	今山东寿光市王高镇①	北海—齐	初封时，齐为王国，《西政》以为初封则属北海，后改属齐郡。
460	斟	元鼎元年七月（前116）	薨绝	菑川王子	琅邪	无	同斟（203）	琅邪	《汉表》所记第一代侯在位年数有误。
461	俞闾	元鼎元年七月（前116）	初元三年（前46）	菑川王子	无	无	今山东寿光市孙家集镇	北海	地望见《地名考》。《汉表》所记第一代侯在位年数有误。
462	甘井	元鼎元年七月（前116）	征和二年（前91）	广川王子	无	巨鹿	无考	广平	
463	襄隄	元鼎元年七月（前116）	地节四年（前66）	广川王子	无	巨鹿	无考	广平	《史表》作襄陵。《志疑》以信都国高隄当之，非。
464	周子南君	元鼎四年十一月（前113）	地节三年（前67）	周后裔	无	长社	今河南长葛市老城镇钴䦆湾村[文]②	颍川	长社，《志》属颍川。肩水金关汉简见有"周子南国"（73EJT8：40）。

① 周振鹤：《西汉齐郡北乡侯国地望考》。
② 暂取长社县治定点。《中国文物地图集河南分册·长葛县文物图》"十二连城"，第160页（图），第325页（文）。

(续表)

序号	侯国	置年(公元纪年)	废年	类别	汉志	表注	地望	隶属沿革	备注
465	乐通	元鼎四年四月(前113)	元鼎五年(前112)	方术	无	高平	今山东微山县两城镇①	山阳	《表》注"高平"，应是东汉山阳郡高平。非酎金免。
466	滕	元鼎四年六月(前113)	元鼎五年(前112)	匈奴归义	无	舞阳	同漅(426)	南阳	《汉表》作滕，即漅(426)。
467	邥阳	元鼎四年(前113)	元鼎五年(前112)	南粤归义	无	下邳	今江苏新沂市棋盘镇	东海	《志》琅邪郡东莞县自注"沭水南至下邳入泗"。沭阳当在下邳县沭水北岸。《汉表》误作元鼎五年封。非酎金免。
468	龙	元鼎五年三月(前112)	元封六年(前105)	功臣	无	无	同龙(97)	泰山	《史表》作龙亢。《索隐》引萧该云："广德所封土是'龙'，有'亢'者误也。"
469	成安	元鼎五年三月(前112)	元封六年(前105)	功臣	颍川	郏	今河南汝州市小屯镇	颍川	郏，《志》属颍川。地望见《汝水注》。
470	昆	元鼎五年五月(前112)	地节四年(前66)	功臣	无	巨鹿	无考	广平—巨鹿	

---

① 黄学超：《〈水经〉文本研究与地理考释》，第226页。

西汉侯国建置沿革综表 549

(续表)

序号	侯国	置年(公元纪年)	废年	类别	汉志	表注	地望	隶属沿革	备注
471	骐	元鼎五年五月(前112)	阳朔二年(前23)	功臣	河东	北屈	无考		详见下编第五章第四节考述。
472	梁期	元鼎五年七月(前112)	太始四年(前93)	功臣	魏	无	今河北磁县高庚镇	魏	据《漳水注》,约在今磁县高庚镇。
473	牧丘	元鼎五年九月(前112)	天汉元年(前100)	恩泽	无	平原	今山东在平县杜郎口镇合子高村[文]①	平原	传世官印有"牧丘家丞"即《左传·僖公十五年》之"牡丘"。《纪要》载在聊城东北七十里。
474	江邹	元鼎五年(前112)	太始四年(前93)	功臣	无	无	无考		《百官表》作江都。
475	滕	元鼎六年三月(前111)	后元二年(前87)	南粤归义	无	南阳	同溇(426)	南阳	初封匈奴降王(466),次年封南粤降将。
476	将梁	元鼎六年三月(前111)	元封四年(前107)	功臣	无	涿	同将梁(304)	涿	初封中山靖王子(304),《表》注涿。元鼎五年除国,次年封杨仆。
477	安道	元鼎六年三月(前111)	征和四年(前89)	南粤归义	无	南阳	无考	南阳	初封长沙王子(401)。元鼎五年除国,次年封南粤降将。

① 《中国文物地图集集山东分册·茌平县文物图》第331页(图),第847页(文)。

550 附录

(续表)

序号	侯国	置年(公元纪年)	废年	类别	汉志	表注	地望	隶属沿革	备注
478	随桃	元鼎六年四月(前111)	本始元年(前73)	南粤归义	无	无	同桃(136-2)	南阳	地望见下编第三章第二节考证。
479	湘成	元鼎六年五月(前111)	五凤四年(前54)	南粤归义	无	堵阳	同湘城(440)	南阳	初封匈奴降王(440)。元鼎五年陈国,次年封南粤降将。
480	海常	元鼎六年七月(前111)	太初元年(前104)	功臣	无	无	无考	琅邪	初封城阳王子(368)。元鼎五年国际,次年转封苏弘。
481	北石	元封元年正月(前110)	后元二年(前87)	东越归义	无	济南	今山东济南市长清区崮山镇	济南	《史表》作外石,《南粤传》作卯石。《表》注"济南"为"济南"讹误。地望见下编第三章第二节考证。
482	下郦	元封元年四月(前110)	后元二年(前87)	南粤归义	无	南阳	今河南内乡县赵店乡郦城村[文]①	南阳	《南粤传》亦作下郦。《汉表》误作下鄜。即《志》南阳郡郦县,见下编第三章第二节考证。
483	缭嫈	元封元年五月(前110)	元封二年(前109)	功臣	无	无	无考		故海常侯(368)复封。

① 《中国文物地图集河南分册·内乡县文物图》第227页(图),第549页(文)。

西汉侯国建置沿革综表 551

(续表)

序号	侯国	置年(公元纪年)	废年	类别	汉志	表注	地望	隶属沿革	备注
484	桌莫	元封元年五月(前110)	莽绝	胶东王子	琅邪	无	今山东即墨市温泉镇东桌虞村[文]①	琅邪	《史表》作元鼎元年封,误。
485	魏其	元封元年五月(前110)	莽绝	胶东王子	琅邪	无	同魏其(44)	琅邪	《史表》作元鼎元年封,误。
486	祝兹	元封元年五月(前110)	元封五年(前106)	胶东王子	无	琅邪	同祝兹(176)	琅邪	《史表》作元鼎元年封,误。
487	葡儿	元封元年闰月(前110)	太初元年(前104)	功臣	无	无	今浙江桐乡市崇福镇	会稽	《两粤传》作语儿。即《浙水注》葡儿乡。
488	开陵	元封元年闰月(前110)	征和三年(前90)	东越降将	临淮	临淮	无考	临淮—?	又天汉二年成娩为开陵侯(512),两人未当同食一邑。颇疑此侯后徙封。
489	临蔡	元封元年闰月(前110)	太初元年(前104)	南粤归义	无	河内	今湖北枣阳市蔡阳镇霍家古城村[文]②	南阳	《表》注"河内",有误。地望见下编第三章第二节考证。
490	东城	元封元年闰月(前110)	征和三年(前90)	东越归义	九江	九江	今安徽定远县大桥乡油坊李村[文]③	九江	

① 《中国文物地图集山东分册·即墨市文物图》第155页(图),第96页(文)。
② 暂取汉蔡阳县遗址定点。《中国文物地图集湖北分册·枣阳市文物图》,第144页(图),第118页(文)。
③ 《中国文物地图集安徽分册·定远县文物图》,第181页(图),第169页(文)。

552 附 录

(续表)

序号	侯国	置年(公元纪年)	废年	类别	汉志	表注	地望	隶属沿革	备注
491	无锡	元封元年(前110)	征和四年(前89)	东越归义	会稽	会稽	今江苏无锡市[释]	会稽	
492	涉都	元封元年(前110)	太初二年(前103)	南粤归义	无	南阳	今湖北丹江口市区西之库区中①	南阳	地望见下编第三章第二节考证。
493	漳北	元封元年(前110)	元凤三年(前78)	赵王子	无	魏	今河北成安县境	魏	以下六赵王子侯封年见附考。漳北,地不详,由地名来看,当在漳水北岸。
494	南䜌	元封元年(前110)	征和二年(前91)	赵王子	巨鹿	巨鹿	今河北巨鹿县北夏旧城[释]	广平	
495	南陵	元封元年(前110)	后元二年(前87)	赵王子	无	临淮	？一今河北永年县,南和县之间南䜌一无考	广平-临淮	《汉表》除国年作后元三年。按武帝后元仅两年。"三"当为"二"之误。隶属沿革见下编第七章第二节考证。
496	鄗	元封元年(前110)	征和四年(前89)	赵王子	常山	常山	同鄗(392)	常山	该侯国设置情况见漳北(493)附考。

① 鲁西奇:《城墙内外:古代汉水流域城市的形态与空间结构》,第41—42页。

(续表)

序号	侯国	置年（公元纪年）	废年	类别	汉志	表注	地望	隶属沿革	备注
497	安檀	元封元年（前110）	后元二年（前87）	赵王王子	无	魏	今河北成安县境	魏	《汉表》误作后元三年国除。其地当距漳北（493）不远。
498	爰戚	元封元年（前110）	后元二年（前87）	赵王王子	山阳	济南	？—今河北永年县，南和县之间爰戚一同爰戚（575）	广平—济阴	《汉表》误作后元三年国除。《表》注"济南"为"济阴"讹误。初封所在，隶属沿革见下编第七章第二节考证。
499	按道	元封元年（前110）	征和四年（前89年）	功臣	无	齐	无考	齐	《史表》《东越列传》作案道。
500	平州	元封三年四月（前108）	元封四年（前107）	朝鲜归义	无	梁父	同平州（123）	泰山	
501	荻苴	元封三年四月（前108）	征和二年（前91）	朝鲜归义	无	勃海	今山东庆云县常家镇	勃海	地望见下编第三章第二节考证。
502	瀆清	元封三年六月（前108）	天汉二年（前99）	朝鲜归义	无	齐	今山东临淄市临淄区梧台镇	齐	地望见下编第三章第二节考证，齐陶文有"夐易"，孙敬明称与瀆有关。①

① 孙敬明：《齐陶新探》，载《古文字研究》第14辑，北京：中华书局，1986年。

(续表)

序号	侯国	置年（公元纪年）	废年	类别	汉志	表注	地望	隶属沿革	备注
503	浞野	元封三年（前108）	太初二年（前103）	功臣	无	无	无考		
504	騠兹	元封四年十一月（前107）	太初元年（前104）	月氏归义	无	琅邪	无考	琅邪	
505	浩	元封四年正月（前107）	元封四年（前107）	功臣	无	无	无考		
506	瓡讘	元封四年正月（前107）	天汉二年（前99）	月氏归义	无	河东	无考	琅邪	疑《表》注"河东"有误。此侯国当在琅邪郡。详见下编第五章第四节考述。
507	幾	元封四年三月（前107）	元封六年（前105）	朝鲜归义	无	河东	今河北大名县东	魏	《表》注"河东"有误。详见下编第三章第二节考证。
508	涅阳	元封四年三月（前107）	太初二年（前103）	朝鲜归义	无	齐	无考	齐	《汉书·朝鲜传》作沮阳。《史记·朝鲜传》作温阳。《汉表》误陕国年为太初元年。
509	葛绎	太初二年（前103）	征和二年（前91）	功臣	无	无	今江苏睢宁县古邳镇巨山	东海	《志》东海郡下邳县有葛峰山，《辨疑》以此当之。暂从此说。

西汉侯国建置沿革综表　555

(续表)

序号	侯国	置年(公元纪年)	废 年	类别	汉志	表注	地 望	隶属沿革	备 注
510	海西	太初四年四月(前101)	征和三年(前90)	外戚	东海	无	今江苏灌南县大圈乡龙沟村北张店镇新云村[文]①	东海	《志》东海郡之"海曲"实为"海西"之误。考辨见《考异》。尹湾汉牍已证《考异》之说至确。
511	新畤	太初四年四月(前101)	太始三年(前94)	功臣	无	齐	无考	齐	
512	开陵	天汉二年(前99)	莽绝	功臣	临淮	无	无考	临淮	《表》无封年。《汉书·西域传》载成帝天汉二年封。
513	承父	太始三年五月(前94)	征和四年(前89)	功臣	无	东莱	无考	东莱	
514	栗	征和元年(前92)	莽绝	赵王子	沛	无	？一今河北永年县，南和县之间一今河南夏邑县栗[释]县	广平一淮阳一沛	初封所在，隶属沿革下编第七章第二节考证。又见《河西汉简所见西汉侯国相关的几个地名》
515	汝(郏)	征和元年(前92)	莽绝	赵王子	沛	无	？一今河北永年县，南和县之间一同郑(148)	广平一沛	初封所在，隶属沿革下编第七章第二节考证。

① 《中国文物地图集集江苏分册·灌南县文物图》，第292—293页(图)，第697页(文)。

(续表)

序号	侯国	置年(公元纪年)	废年	类别	汉志	表注	地望	隶属沿革	备注
516	猇	征和元年(前92)	莽绝	赵王子	济南	无	？一今河北永年县，南和县之间；后一今山东章丘市刁镇旧军丘村	广平—济南	初封所在，隶属沿革下编第七章第二节考证。
517	揤裴	征和元年(前92)	莽绝	赵王子	魏	东海	今河北成安县城区附近	魏	《志》误作"即裴"。《商朴》以为《表》"东海"为揤裴(518)下注错格，见附篇《河西汉简所见与西汉侯国相关的几个地名》。
518	遽(彭)	征和二年三月(前91)	征和三年(前90)	恩泽	无	东海	同彭(88)	东海	中山王子刘屈釐以丞相身份受封，故裂汉地而封，非裂中山国地封。
519	秺	征和二年七月(前91)	后元元年(前88)	功臣	济阴	济阴	今山东成武县伯乐集镇①	济阴	《汉表》除国年为后元二年，《武帝纪》载商丘成于后元元年六月自杀。
520	重合	征和二年七月(前91)	后元元年(前88)	功臣	勃海	勃海	今山东陵市西段乡张元标村释	勃海	《汉表》除国年为后元二年，据《武帝纪》，《霍光传》应作后元元年除国。

① 成武县人民政府网站"文物古迹"栏目，www.chengwu.gov.cn。

西汉侯国建置沿革综表　557

（续表）

序号	侯国	置年(公元纪年)	废年	类别	汉志	表注	地望	隶属沿革	备注
521	德	征和二年七月(前91)	后元元年(前88)	功臣	无	济南	同德(129)	济南	《汉表》除国年为后元二年。据《武帝纪》、《霍光传》应作后元元年除国。
522	题	征和二年七月(前91)	后元二年(前87)	功臣	无	巨鹿	无考	巨鹿	《汉纪》作堤。
523	邢	征和二年七月(前91)	征和三年(前90)	功臣	无	河内	无考		《汉纪》作抱侯。夏燮以为即《沁水注》邢城。不足据。元封以后河内郡不置侯国，《表》注有有误。地望无考。
524	櫟阳	征和二年十一月(前91)	永光四年(前40)	功臣	清河	清河	今河北临西县摇鞍镇	魏—清河	《史表》作潦阳。地望及隶属沿革见附篇《河西汉简所见与西汉侯国相关的几个地名》。
525	当涂	征和二年十一月(前91)	莽绝	功臣	九江	九江	今安徽怀远县马城乡胡圩村[文]①	九江	
526	蒲	征和二年十一月(前91)	鸿嘉三年(前18)	功臣	无	琅邪	无考	琅邪	

① 《中国文物图集集安徽分册·怀远县文物图》，第147页(图)，第97页(文)。

(续表)

序号	侯国	置年(公元纪年)	废 年	类别	汉志	表注	地 望	隶属沿革	备 注
527	丞父	征和四年三月(前89)	始元元年(前86)	功臣	无	东莱	同承父(513)	东莱	前身即承父侯国。
528	富民	征和四年六月(前89)	本始三年(前71)	恩泽	无	蕲	今安徽宿州市埇桥区蕲县镇蕲县集村[文]①	沛郡	蕲,《志》属沛郡。
529	龙额(雒)	后元元年(前88)	鸿嘉元年(前20)	功臣	平原	无	同龙额(409)	平原	按道侯(499)绍封。

(三)昭帝始元元年—成帝绥和二年

序号	侯国	置年(公元纪年)	废 年	类别	汉志	表注	地 望	隶属沿革	备 注
530	秺	始元元年九月(前86)	初元五年(前44)	功臣	济阴	无	同秺(519)	济阴—山阳	《表》载始元二年封,误。当作始元元年,见《谦朴》。《表》注"济阴"误入建平侯格,当为"济阴"之误。
531	博陆	始元二年正月(前85)	地节四年(前66)	外戚	无	北海河同东	今山东昌邑市饮马镇山阳村②	北海	

① 暂取汉蕲县遗址定点。《中国文物图集安徽分册·宿州市埇桥区文物图》,第135页(图),第76页(文)。
② 刘乃贤主编:《昌邑古迹通览》,北京:科学出版社,2012年,第20页。

西汉侯国建置沿革综表 559

(续表)

序号	侯国	置年(公元纪年)	废 年	类别	汉志	表注	地 望	隶属沿革	备 注
532	安阳	始元二年正月(前85)	元凤元年(前80)	外戚	无	汤阴	今河南安阳县白璧镇	魏	汤阴,《志》属河内郡。而河内郡武帝元封年间以后不封侯国。《魏土地记》载安阳城属邺县,疑安阳侯国本在魏郡境,国除后并入河内郡汤阴县。
533	松兹	始元五年六月(前82)	莽绝	六安王子	庐江	无	同松兹(166)	庐江	
534	温水	始元五年六月(前82)	本始二年(前72)	胶东王子	无	无	无考	琅邪/东莱	
535	兰旗	始元五年六月(前82)	莽绝	鲁王子	东海	无	今山东枣庄市台儿庄区泥沟镇乡兰城店村 汉①	东海	即《志》东海郡之兰祺侯国。尹湾汉牍作"兰旗",知《志》误。《图集》将兰祺列为"无考县名"。
536	容丘	始元五年六月(前82)	莽绝	鲁王子	东海	无	今江苏邳州市四户镇竹园村 文②	东海	

① 《中国文物地图集山东分册·枣庄市台儿庄区文物图》,第175页(图),第177页(文)。
② 《中国文物地图集江苏分册·邳州市文物图》,第318页(图),第763页(文)。

(续表)

序号	侯国	置年(公元纪年)	废年	类别	汉志	表注	地望	隶属沿革	备注
537	良成	始元五年六月(前82)	莽绝	鲁王子	东海	无	今江苏省邳州市炮车镇[文]①	东海	
538	桑乐	始元五年六月(前82)	元凤元年(前80)	外戚	无	千乘	无考	千乘	
539	蒲领	始元六年五月(前81)	莽绝	清河王子	勃海	无	今河北阜城县东南	勃海	《图集》定点不与清河国相接,似误。蒲领应在信都、勃海、清河三郡交界,与修市侯国(568)相近。
540	南曲	始元六年五月(前81)	莽绝	清河王子	广平	无	今河北丘县古城营乡南营村[文]②	魏—广平	初封时广平郡为平干国。《西政》以为初封时别属魏郡,五凤二年平干国除国后,改属广平郡。可从。
541	建平	元凤元年十月(前80)	莽绝	功臣	沛	济阴	同建平(20)	沛	《表》注"济阴",当在前一格秺侯下。建平、宜成、七阳、商利《表》作七月封,据《昭帝纪》应作"十月"。

① 《中国文物地图集江苏分册·邳州市文物图》,第319页(图),第765页(文)。
② 《中国文物地图集河北分册·邱县文物图》,第410页(图),第818页(文)。

西汉侯国建置沿革综表　561

(续表)

序号	侯国	置年(公元纪年)	废年	类别	汉志	表注	地望	隶属沿革	备注
542	宜成	元凤元年十月(前80)	莽绝	功臣	济南	济阴	同宜成(290)	济南	《表注》误"济南"作"济阴"。
543	弋阳	元凤元年十月(前80)	莽绝	功臣	汝南	无	今河南潢川县隆古乡隆古集[文]①	汝南	河南省平舆县出土有"弋阳国丞"封泥。
544	商利	元凤元年十月(前80)	元康元年(前65)	功臣	无	徐	今江苏洪泗县魏营镇大庄村[文]②	临淮	徐，《志》属临淮。
545	成安	元凤三年二月(前78)	莽绝	功臣	颍川	颍川	同成安(469)	颍川	
546	宜春	元凤四年二月(前77)	更始元年(23)	恩泽	汝南	汝南	同宜春(410)	汝南	
547	平陵	元凤四年七月(前77)	地节四年(前66)	功臣	无	武当	同平陵(276)	南阳	武当，《志》属南阳。
548	义阳	元凤四年七月(前77)	元康元年(前65)	功臣	无	平氏	同义阳(437)	汝南	平氏，《志》属南阳。

① 《中国文物地图集河南分册·潢川县文物图》，第212页(图)，第504页(文)。
② 暂取徐县定点。《中国文物地图集江苏分册·泗洪县文物图》，第410页(图)，第818页(文)。

（续表）

序号	侯国	置年(公元纪年)	废年	类别	汉志	表注	地望	隶属沿革	备注
549	成	元凤五年十一月（前76）	莽绝	中山王子	涿	涿	无考	涿	
550	新市	元凤五年十一月（前76）	莽绝	广川王子	巨鹿	堂阳	今河北冀州市门家庄乡	巨鹿	《图集》定点不可信。其地在堂阳，扶柳之间，约在今冀州市门家庄乡
551	安平	元凤六年十一月（前75）	五凤四年（前54）	恩泽		汝南	今河南柘城县安平集[文]①	陈留	《表》误作二月封，据将相表。《公卿表》应为十一月。地望见附考。《表》注汝南，疑为宜春侯下注之衍抄。
552	江阳	元凤六年十一月（前75）	元康元年（前65）	城阳王子	无	东海	今山东莒南县附近	东海	
553	富平	元凤六年十一月（前75）	后汉绝	恩泽	平原	平原	1 今河南尉氏县南曹乡 2 今山东阳信县水落坡乡李家村南[文]②	陈留—平原	《陈留风俗传》曰"尉氏县安陵乡，故富平县"。李奇称颍川郡侨废"六国为安陵也。"疑安陵在尉氏，侨废也，约在今尉氏县南。

① 《中国文物地图集河南分册·柘城县文物图》第 177 页（图），第 386 页（文）。
② 《中国文物地图集山东分册·阳信县文物图》，第 343 页（图），第 865 页（文）。

西汉侯国建置沿革综表　563

（续表）

序号	侯国	置年（公元纪年）	废年	类别	汉志	表注	地望	隶属沿革	备注
554	阳武	元平元年七月（前74）	元平元年（前74）	恩泽	河南	无	今河南原阳县陡门乡①	河南	史皇孙刘询封国，同年即皇帝位。《荀纪》作武阳。
555	阳平	元平元年九月（前74）	本始四年（前70）	恩泽	东郡	无	同阳平（244）	东郡	
556	朝阳	本始元年七月（前73）	莽绝	广陵王子	济南	济南	同朝阳（70）	济南	此侯为裂汉地而封。即《志》济南郡朝阳侯国。
557	平曲	本始元年七月（前73）	莽绝	广陵王子	东海	东海	今江苏东海县境	东海	此侯为裂汉地而封。当在东海郡平曲县附近。
558	南利	本始元年七月（前73）	地节二年（前68）	广陵王子	无	汝南	今河南商水县固墙乡三合村旧文释②	汝南	《颍水注》载有南利城。此侯为裂汉地而封。河南平舆出土有"南利丞印"。
559	安定	本始元年七月（前73）	莽绝	燕王子	巨鹿	巨鹿	今河北辛集市旧城镇	巨鹿	此侯为裂汉地而封。
560	营平	本始元年八月（前73）	元延三年（前10）	功臣	无	济南	同营平（188）	济南	尹湾汉简见有"济南郡营平侯国"，可证《表》注可信。

① 黄学超：《〈水经〉文本研究与地理考释》，第170页。
② 《中国文物地图集河南分册·商水县文物图》，第188页（图），第425页（文）。

(续表)

序号	侯国	置年(公元纪年)	废年	类别	汉志	表注	地望	隶属沿革	备注
561	平丘	本始元年八月(前73)	地节二年(前68)	功臣	陈留	肥城	今山东肥城市老城镇老城村[文]①	泰山	肥城,《志》属泰山。今从《表》。
562	昌水	本始元年八月(前73)	本始三年(前71)	功臣	无	于陵	同绛阳(55)	济南	于陵,《志》属济南。
563	阳城	本始元年八月(前73)	本始三年(前72)	功臣	无	济阳	无考	济阴	《索隐》引《汉表》注"济阴",当以"济阴"为定。
564	爰氏	本始元年八月(前73)	地节二年(前68)	功臣	无	单父	今山东单县[释]②	济阴	单父,《志》属山阳。河平四年以前属济阴郡。③
565	东襄	本始三年四月(前71)	建昭元年(前38)	广川王子	无	信都	无考	巨鹿—信都	初封时清河、河间皆为王国,故东襄只能别属巨鹿。甘露四年,回属信都。
566	宜处	本始三年六月(前71)	地节三年(前67)	中山王子	无	无	无考	巨鹿/常山	初封或属巨鹿,或属常山。
567	扶阳	本始三年六月(前71)	甘露元年(前53)	恩泽	沛	萧	今安徽萧县祖楼镇[释]	沛	萧,《志》属沛郡。

① 暂取肥城县定点。《中国文物地图集山东分册·肥城市文物图》"河东遗址",第258页(图),第540页(文)。
② 暂取《图集释文》单父县定点。
③ 参见拙文《西汉梁国封域变迁研究(附济阴郡)》,《史学月刊》2013年第5期。

（续表）

序号	侯国	置年（公元纪年）	废年	类别	汉志	表注	地望	隶属沿革	备注
568	修市	本始四年四月（前70）	莽绝	清河王子	勃海	勃海	今河北景县温城乡	勃海	《漳水注》："旧沟又东迳修市故县北……俗谓之温城"。
569	东昌	本始四年四月（前70）	莽绝	清河王子	信都	无	今河北武邑县韩庄乡相城村①	信都→清河	《漳水注》："衡漳又东迳东昌故城北……俗名之曰东相"。
570	新乡	本始四年四月（前70）	莽绝	清河王子	清河	无	今山东临清市先锋街道李庄	魏→清河	即《志》清河郡之信乡侯国。初封别属魏郡。《王莽传》亦作信乡侯。
571	修故	本始四年四月（前70）	元康元年（前65）	清河王子	信都	清河	同修(206)	信都→清河	《西政》以为即《汉志》信都之修县。暂从此说。传世官印有"修故亭印"。
572	东阳	本始四年四月（前70）	莽绝	清河王子	清河	无	同东阳(104)	魏→清河	《西政》以为初封属信都郡，其实别属魏郡。见附篇《河西汉简所见与西汉侯国相关的几个地名》。

① 《中国文物地图集河北分册·武邑县文物图》"相城遗址"，第363页（图），第673页（文）。

(续表)

序号	侯国	置年(公元纪年)	废年	类别	汉志	表注	地望	隶属沿革	备注
573	长罗	本始四年四月(前70)	建武四年(28)	功臣	陈留	陈留	今河南长垣市张三寨镇[释]	陈留=东郡	永元二年陈留郡改置济阳国,别属东郡。建昭五年济阳国除,回属陈留。
574	新昌	本始四年五月(前70)	莽绝	燕王子	涿	涿	今河北高碑店市辛立庄镇①	涿	
575	爰戚	地节二年四月(前68)	莽绝	功臣	山阳	无	今山东单县境	济阴=山阳	《图集》定爰戚于山东嘉祥县,有误。爰戚当在济阴郡,山阳郡之间。本始元年封爰氏(564),疑爰戚与之相近。
576	邯沟	地节二年四月(前68)	莽绝	赵王子	魏	魏	今河北肥乡县大西韩乡[释]	魏	
577	乐阳	地节二年四月(前68)	莽绝	真定王子	常山	常山	今河北藁城县丘头镇南乐乡村、北乐乡村	常山	《表》乐阳,桑中为赵王子侯国。然两地不与赵国相接,而与真定国相邻。《西政》以为两侯为真定王子,可从。《图集》定点有误,地望见附考。

---

① 曲英杰：《燕地古城考》，第182—183页。

（续表）

序号	侯国	置年(公元纪年)	废年	类别	汉志	表注	地望	隶属沿革	备注
578	桑中	地节二年四月(前68)	莽绝	真定王子	常山	无	今河北鹿泉市大河镇南故城村,北故城村	常山	《漳水注》载桑中在蒲吾、绵曼之间,其地当即今鹿泉市大河镇故城村。
579	张	地节二年四月(前68)	神爵二年(前60)	赵王子	广平	常山	同张(141)	巨鹿	初封广平郡为平干国。《西政》以为初封别属巨鹿,平干国除后,神爵二年国除,地入平干国。肯水金关汉简见有"平干国张"(73EJT1:4)。《表注》"常山"当任"桑中"栏。
580	景成	地节二年四月(前68)	莽绝	河间王子	勃海	勃海	同景(139)	勃海	
581	平隄	地节二年四月(前68)	莽绝	河间王子	信都	巨鹿	今河北深州市境①	信都=巨鹿	隶属沿革见《西政》。另《西政》以为平隄《图集》定点有误,当在河北深县附近,今取此说。
582	乐乡	地节二年四月(前68)	莽绝	河间王子	信都	巨鹿	今河北饶阳县小堤乡小堤村	信都=巨鹿	《漳水注》载白马河在饶阳、乐乡之间。据此,乐乡约在今饶阳县南。隶属沿革同平隄。

① 《西汉政区地理》,第86页。

(续表)

序号	侯国	置年(公元纪年)	废年	类别	汉志	表注	地望	隶属沿革	备注
583	高郭	地节二年四月(前68)	莽绝	河间王子	涿	郑	今河北任丘市天门口乡后赵家庄村[文]①	涿	郑,《志》属涿郡。
584	乐平	地节二年四月(前68)	地节四年(前66)	恩泽	无	东郡	同乐平(164)	东郡	析釐光奉邑东武阳设置。②《史表》误作乐成,与许延寿之封国相混淆。
585	平恩	地节三年四月(前67)	神爵元年(前61)	外戚	魏	无	今河北曲周县侯村镇西呈孟村③	魏	肩水金关汉简见有"平恩侯国"(73EJT2∶77)。
586	冠军	地节三年四月(前67)	地节四年(前66)	恩泽	南阳	南阳	同冠军(418)	南阳	《汉表》误作冠阴。
587	高平	地节三年六月(前67)	甘露元年(前53)	恩泽		柘	今河南柘城县城关镇北大陈庄南[文]④	淮阳—沛	柘,《志》属淮阳。前人多以为《志》临淮郡高平,不可信。

① 《中国文物地图集河北分册·任丘市文物图》,第348页(图),第648页(文);曲英杰:《燕地古城考》,第181—182页。
② 马孟龙:《荆州松柏汉墓35号木牍侯国同题刍探》,《中国史研究》2011年第2期。
③ 黄学超:《〈水经〉文本研究与地理考释》,第182页。
④ 初封地暂取汉柘城遗址。《中国文物地图集河南分册·柘城县文物图》,第177页(图),第386页(文)。

（续表）

序号	侯国	置年（公元纪年）	废年	类别	汉志	表注	地望	隶属沿革	备注
588	乐望	地节四年二月（前66）	莽绝	胶东王子	北海	北海	今山东昌邑市西南胶水、潍水之间①	北海	《图集》乐望、饶、柳泉三侯国定点远离胶东国，有误。见《西政》考辨。
589	饶	地节四年二月（前66）	莽绝	胶东王子	北海	北海	同乐望（588）	北海	《表》误"饶康侯成"作"成康侯饶"，说见《西政》。
590	柳泉	地节四年二月（前66）	莽绝	胶东王子	北海	南阳	同乐望（588）	北海	《表》注南阳，《西政》以为是后一格复阳侯下注之衍抄，可从。
591	平昌	地节四年二月（前66）	莽绝	外戚	平原	无	同昌平（161）	平原	
592	乐昌	地节四年二月（前66）	莽绝	外戚	东郡	汝南	同乐昌（175）	东郡	《表》注"汝南"，为"阳城侯"条前抄。②
593	阳城	地节四年三月（前66）	莽绝	恩泽	汝南	汝南	今河南商水县舒庄乡扶苏村[文]③	汝南	
594	乐陵	地节四年八月（前66）	莽绝	恩泽	临淮	无	无考	临淮	即《志》临淮郡乐陵侯国。河平元年至元延元年短暂除国。

① 周振鹤：《西汉政区地理》，第116—117页。
② 仲山茂：《〈汉书〉侯表封地名注记的体例特征》，复旦大学历史地理研究中心编：《历史地理》第26辑，上海：上海人民出版社，2012年。
③ 《中国文物地图集河南分册·商水县文物图》，第188页（图），第425页（文）。

(续表)

序号	侯国	置年(公元纪年)	废年	类别	汉志	表注	地望	隶属沿革	备注
595	博成	地节四年八月(前66)	建始四年(前29)	功臣	无	淮阳	无考	临淮	《表》注淮阳，乃临淮之误。见上编第二章第二节考述。
596	高昌	地节四年八月(前66)	元寿元年(前2)	功臣	千乘	千乘	今山东博兴县湖滨镇安柴村[文]①	千乘	《文物地图集》定安柴古城为汉代延乡。有误。据《济水注》，应为高昌县。
597	平通	地节四年八月(前66)	五凤三年(前55)	功臣	无	博阳	暂取博成(152)定点	泰山	《汉表》误作元凤四年除国。地望见附考。
598	都成	地节四年八月(前66)	五凤四年(前54)	功臣	无	无	无考		《索隐》称《志》属颍川。查《志》颍川郡无都成。《弧子河注》以为山阳郡都成。误。考辨见《演变》。地望不详。
599	鄢	地节四年(前66)	莽绝	功臣	南阳	无	同郯(15)	南阳	
600	复阳	元康元年正月(前65)	莽绝	长沙王子	南阳	南阳	1 无考 2 今河南桐柏县鸿仪河乡西固庙村[释]	桂阳/零陵→南阳	初封别属桂阳或零陵。元延二年徙封南阳。见下编第二章附考一。

① 《中国文物地图集山东分册·博兴县文物图》"延乡故城"，第345页(图)，第870页(文)。

西汉侯国建置沿革综表　571

(续表)

序号	侯国	置年(公元纪年)	废年	类别	汉志	表注	地望	隶属沿革	备注
601	钟武	元康元年正月(前65)	莽绝	长沙王子	零陵江夏	无	1 今湖南衡阳鼓峰乡荫棠村西[文]① 2 今河南罗山县高店乡历湾[文]②	零陵—江夏	《志》江夏，零陵皆有钟武。初封在零陵，后徙江夏，见下编第一章附考。据《淮水注》，其地约在今罗山县高店乡历湾。
602	高城	元康元年正月(前65)	莽绝	长沙王子	南郡	无	1 无考 2 今湖北松滋市斯家场镇	桂阳—南郡	亦见子《表》始元六年。《西政》以为元康元年为是。暂从此说。③ 地望，革见下编第一章附考。
603	周子南—周承休	元康元年三月(前65)	后汉仍存	恩泽	颍川	长社	周子南—同周子南(464) 周承休—河南汝州市纸坊乡康街村[文]④	颍川	长社，《志》属颍川。初元五年，更封为周承休侯，仍在颍川郡。地望见《北京大学藏秦水陆里程简册释地五则》。

① 《中国文物地图集湖南分册·衡阳县文物图》，第82—83页(图)，第117页(文)。
② 《中国文物地图集河南分册·罗山县文物图》"龙椎子汉墓"，第205页(图)，第480页(文)。
③ 钟山茂先生以为刘梁于始元六年初封，后国际。元康元年，刘梁再次被分封为高城侯(见《汉书》侯表地名注记的体例特征)。聊备一说。
④ 《中国文物地图集河南分册·汝州市文物图》，第82—83页(图)，第74页(文)。

(续表)

序号	侯国	置年(公元纪年)	废年	类别	汉志	表注	地望	隶属沿革	备注
604	邛成	元康二年三月(前64)	莽绝	外戚	山阳	济阴	今山东成武县成武镇郜鼎集村[文]①	济阴=山阳	即《志》山阳郡郜成侯国。考辨见段玉裁《说文解字注》。尹湾汉简载有"山阳郡邛成",可证段玉裁之说至确。
605	富阳	元康二年五月(前64)	建昭二年(前37)	六安王子	无	无	无考	九江	地望不详。六安王子侯国皆别属九江,此侯国不应例外。
606	将陵	元康三年三月(前64)	神爵四年(前58)	外戚	无	无	今山东德州市德城区赵虎镇赵宅村②	平原	隋唐复置将陵县。《表》将陵、平台、博望、乐成作"元康二年"封,有误。据《宣帝纪》应为元康三年。
607	平台	元康三年三月(前64)	莽绝	外戚	常山	常山	无考	常山	成国货币"三孔布"常见铭文"平台"。③
608	博望	元康三年三月(前64)	河平四年(前25)	外戚	南阳	无	同博望(417)	南阳	

① 《中国文物地图集山东分册 · 成武县文物图》,第355页(图),第895页(文)。据《图集释文》,郜鼎集村即汉邛成县。
② (清)叶圭绶:《续山东考古录》卷二,第102页。
③ 张颔:《中山器文字编》序,收入人民著《张颔学术文集》。北京:中华书局,1995年,第38—43页。张颔先生以为三孔布为中山国货币,何琳仪先生则认为是赵国货币。见何琳仪:《三孔布币考》,收入《古币丛考》,合肥:安徽大学出版社,2002年。

西汉侯国建置沿革综表 573

(续表)

序号	侯国	置年(公元纪年)	废年	类别	汉志	表注	地望	隶属沿革	备注
609	乐成	元康三年三月(前64)	鸿嘉三年(前18)	外戚	南阳	平氏	同乐成(60)	南阳	《史表》误作乐平。《汉表》此侯世系紊乱。康侯世系误退人"许修"一格。
610	博阳	元康三年三月(前63)	甘露元年(前53)	恩泽	汝南	南顿	今河南商水县练集镇	汝南	据《额水注》约在商水县东。《表》作二月封,据《宣帝纪》应为三月封。
611	阳都	元康三年三月(前63)	神爵三年(前59)	恩泽		无	无考		阳都,《志》属城阳国,但王国不当置侯国。恐为乡聚之地,与阳都重名。
612	海昏	元康三年三月(前63)	神爵三年(前59)	废昌邑王	豫章	豫章	今江西南昌市新建区铁河乡陶家村①	豫章	《表》作四月封,《宣帝纪》作"三月"封,今从《纪》。
613	曲梁	元康三年七月(前63)	莽绝	平干王子	广平	魏	今河北永年县广府镇[释]	魏—广平	初封别属魏郡,五凤二年平干国除。曲梁当在此后回属广平郡。
614	合阳	元康四年二月(前62)	莽绝	功臣	平原	平原	无考	平原	
615	遽乡	元康四年三月(前62)	神爵二年(前60)	真定王子	无	常山	无考	常山	

① 韦凤妍、杨一帆:《紫金城城址与铁河古墓群历史研究与价值分析》,《遗产与保护研究》2018年第2期。

(续表)

序号	侯国	置年(公元纪年)	废年	类别	汉志	表注	地望	隶属沿革	备注
616	新利—户都	神爵元年四月(前61)	建始三年(前30)	胶东王子	无	无	新利—无考 户都—无考	琅邪—东莱—？	甘露四年更封为户都侯。户都，地望无考。
617	安远	神爵三年四月(前59)	永光三年(前41)	功臣	无	慎	今安徽颍上县江口镇汤圩村[文]①	汝南	慎，《志》属汝南。
618	归德	神爵三年四月(前59)	永平十四年(71)	匈奴归义	汝南	汝南	无考	汝南	河南平舆县出土有"归德侯相"汉封泥。
619	乐信	神爵三年四月(前59)	莽绝	广川王子	巨鹿	巨鹿	今河北深州市前磨头镇	巨鹿	据《漳水注》，乐信约在今深州市南。
620	昌成	神爵三年四月(前59)	建平三年(前4)	广川王子	信都	信都	今河北冀州市官道李镇[释]	巨鹿—信都	初封别属巨鹿，信都国除后回属。
621	广乡	神爵三年七月(前59)	莽绝	平干王子	广平	巨鹿	今河北任县辛店镇	巨鹿—广平	初封别属巨鹿。五凤二年平干国除后转属广平。地望见附考。
622	成乡	神爵三年七月(前59)	鸿嘉三年(前18)	平干王子	广平	广平	无考	巨鹿—广平	隶属变更如上。

① 暂取慎县定点。《中国文物地图集安徽分册·颍上县文物图》，第164页(图)，第132页(文)。

西汉侯国建置沿革综表 575

(续表)

序号	侯国	置年(公元纪年)	废年	类别	汉志	表注	地望	隶属沿革	备注
623	平利	神爵四年三月(前58)	莽绝	平干王子	广平	魏	无考	魏—广平	隶属关系变更同曲梁(613)。战国时期赵国方足布币见有"平利"。①
624	平乡	神爵四年三月(前58)	莽绝	平干王子	广平	魏	今河北平乡县停西口乡大老营村②	魏—广平	隶属关系变更同上。
625	平纂	神爵四年三月(前58)	初元二年以后	平干王子	无	平原	无考	清河—平原	初封别属清河，元帝初元二年徙封平原。见下编第七章第二节考述。
626	成陵	神爵四年三月(前58)	鸿嘉三年(前18)	平干王子	无	广平	无考	巨鹿—广平	隶属关系变更同广乡(621)。地望当与成乡侯国(622)相近。
627	西梁	神爵四年三月(前58)	莽绝	广川王子	信都	巨鹿	今河北辛集市马庄乡	巨鹿—信都	隶属关系变更同昌成(620)。据《水经注》，约在今辛集市东。
628	历乡	神爵四年七月(前58)	莽绝	广川王子	巨鹿	巨鹿	今河北宁晋县贾家口镇历城村③	巨鹿	

① 何琳仪：《战国方足布币三考》，收入《古币丛考》。
② 《中国文物地图集河北分册·平乡县文物图》，第393页(图)、第747页(文)。
③ 宁晋县人民政府：《历城村历史变迁》，宁晋县人民政府网站：www.ningjin.gov.cn。

(续表)

序号	侯国	置年（公元纪年）	废年	类别	汉志	表注	地望	隶属沿革	备注
629	阳城	神爵四年七月（前58）	莽绝	平干王子	广平	无	无考	巨鹿—广平	即《志》广平郡之阳台侯国。隶属关系变更同广乡（621）。
630	柞阳	五凤元年四月（前57）	初元五年（前44）	平干王子	无	广平	无考	巨鹿—广平	隶属关系变更同广乡（621）。
631	武陶	五凤元年七月（前57）	莽绝	广川王子	巨鹿	巨鹿	今河北冀州市小寨乡南,北良村	巨鹿	《浊漳水注》"（长芦水）又北迳武阳城东……十三州志》曰扶柳县东北有武阳城,故县也。"《魏志》信都有武阳城。疑此阳陶与武陶有关。
632	阳兴	五凤元年十二月（前57）	建始二年（前31）	河间王子	无	无	无考		《王子侯表》阳兴以下五侯,《表》注当推后一格。见《西政》第31页考述。
633	信成	五凤二年九月（前56）	永光三年（前41）	匈奴归义	细阳	细阳	同乐昌（592-2）	淮阳—汝南	
634	建成	五凤三年二月（前55）	莽绝	恩泽	沛	沛	同建成（12）	沛	
635	义阳	五凤三年二月（前55）	五凤四年（前54）	匈奴归义	无	无	同义阳（437）	南阳	

西汉侯国建置沿革综表　577

(续表)

序号	侯国	置年(公元纪年)	废年	类别	汉志	表注	地望	隶属沿革	备注
636	利乡	甘露元年三月(前53)	莽绝	中山王子	涿	涿	无考	中山—涿	《表》注常山，乃下一格都乡侯下注，本注涿。参阳兴(632)条备注。初封时中山国已除，故地属中山，永光元年中山复国，转属涿郡。
637	都乡	甘露二年七月(前52)	莽绝	赵王子	常山	常山	河北内丘县大孟村镇郁都城铺村[文]①	常山	《表》注东海，乃下一格昌虑侯下注，本注常山。参阳兴(632)条备注。该侯国地处常山，赵国文界，约在今内丘县南。
638	西平	甘露三年五月(前51)	莽绝	恩泽	临淮	临淮	无考	临淮	《志》汝南、临淮皆有西平。《表》注临淮，当以临淮西平为是。
639	昌虑	甘露四年闰月(前50)	莽绝	鲁王子	东海	东海	今山东滕州市羊庄镇土城村北[文]②	东海	《表》注泰山，乃下一格邑侯下注，本注东海。参阳兴(632)条备注。

① 《中国文物地图集河北分册·内丘县文物图》"郁城铺遗址"，第375页(图)，第708页(文)。
② 《中国文物地图集山东分册·滕州市文物图》，第179页(图)，第194页(文)。

(续表)

序号	侯国	置年（公元纪年）	废年	类别	汉志	表注	地望	隶属沿革	备注
640	平邑	甘露四年闰月（前50）	初元元年（前48）	鲁王子	无	泰山	今山东平邑县平邑镇①	泰山	《表》注东海，乃下一格山乡侯下注，本注泰山。
641	山乡	甘露四年闰月（前50）	莽绝	鲁王子	东海	东海	今山东枣庄市市中区孟庄镇岭山口村[文]②	东海	山乡当与同年所封鲁王子侯国相近，约在今枣庄市北。
642	建陵	甘露四年闰月（前50）	莽绝	鲁王子	东海	东海	同建陵（177）	东海	
643	合阳	甘露四年闰月（前50）	建始元年（前32）	鲁王子	东海	东海	今山东滕州市东沙河镇千年庄③	东海	即《志》东海郡之合乡。
644	东安	甘露四年闰月（前50）	莽绝	鲁王子	东海	东海	今山东枣庄市市中区税郭镇冯庄[文]④	东海	《图集》定点有误。

---

① 周振鹤:《西汉政区地理》,第31页。又平邑镇立有西汉"熊孝禹碑",刻有"平邑成里",亦证平邑镇即汉代平邑县。
② 郑威:《西汉东海郡的辖域变迁与城邑分布》,《复旦大学历史地理研究所编《历史地理》第25辑,上海:上海人民出版社,2011年,第171—188页。
③ 《中国文物地图集山东分册·滕州市文物图》,第177页(图),第198页(文)。吕庙:《〈水经注〉校笺——以〈泗水〉〈沂水〉〈沭水〉等篇为中心》,第8页。
④ 《中国文物地图集山东分册·枣庄市市中区文物图》"安城城址",第171页(图),第166页(文)。

西汉侯国建置沿革综表　579

(续表)

序号	侯国	置年(公元纪年)	废年	类别	汉志	表注	今地望	隶属沿革	备注
645	承乡	甘露四年闰月(前50)	鸿嘉二年(前19)	鲁王子	东海	东海	今山东枣庄市峄城区峄城镇徐楼村西北岳合子南[文]①	东海	即《志》东海郡之承县。尹湾汉陵《东海郡下辖长吏名籍》载有"新阳侯家丞承匡巳,故承乡侯行人"可为证。
646	建阳	甘露四年闰月(前50)	莽绝	鲁王子	东海	东海	今山东枣庄市薛城区邹坞镇北安阳村[文]②	东海	《后汉书》李贤注建阳在沂州承县北。建阳应与建陵相近。枣庄市安阳故城在汉承县北,当即建阳侯国。
647	高乡	甘露四年十一月(前50)	莽绝	城阳王子	琅邪	琅邪	今山东莒南县文疃镇高家柳沟古城③	琅邪	临淄封泥有"高乡",或此侯国有关。
648	兹乡	甘露四年十一月(前50)	莽绝	城阳王子	琅邪	琅邪	今山东诸城市石桥子镇	琅邪	《春秋·昭公五年》杜预注临淄封泥有"兹亭"。临淄封泥有"兹邑丞印",或与此有关。

① 《中国文物地图集山东分册·枣庄市峄城区文物图》,第174页(图),第173页(文)。
② 《中国文物地图集山东分册·枣庄市薛城区文物图》"安阳城址",第172页(图),第169页(文)。
③ 周运中:《汉县地理考》(未刊稿)。

(续表)

序号	侯国	置年(公元纪年)	废年	类别	汉志	表注	地望	隶属沿革	备注
649	藉阳	甘露四年十一月(前50)	建昭四年(前35)	城阳王子	无	东海	无考	东海	
650	都平	甘露四年十一月(前50)	莽绝	城阳王子	东海	东海	无考	东海	
651	栗(柔)	甘露四年十一月(前50)	莽绝	城阳王子	琅邪	琅邪	今山东沂水县杨庄镇	琅邪	《志》作柔。尹湾汉牍作栗侯国。可知《表》误。地望见附考。
652	箕	甘露四年十一月(前50)	莽绝	城阳王子	琅邪	琅邪	今山东五莲县洪凝镇赵家郝村[文]①	琅邪	
653	高广	甘露四年十一月(前50)	莽绝	城阳王子	琅邪	琅邪	今山东莒县招贤镇	琅邪	据尹湾《元延二年日记》高广地处莒县、东武县之间。《图集》定点有误。
654	即来	甘露四年十一月(前50)	莽绝	城阳王子	琅邪	琅邪	无考	琅邪	
655	阳平	初元元年三月(前48)	更始元年(23)	外戚	东郡	东郡	同阴平(244)	东郡	

① 《中国文物地图集山东分册·五莲县文物图》第274页(图),第626页(文);黄学超:《〈水经〉文本研究与地理考释》,第231—232页。

（续表）

序号	侯国	置年（公元纪年）	废年	类别	汉志	表注	地望	隶属沿革	备注
656	胶乡	初元元年三月（前 48）	阳朔四年（前 21）	高密王子	无	琅邪	今山东昌邑县境	琅邪	《谦朴》以北海郡胶阳侯国当之。误。胶阳侯国（718）为成帝所封。胶乡地望当据胶阳不远。
657	桃	初元元年三月（前 48）	莽绝	广川王子	信都	巨鹿	今河北衡水市北沼乡旧城村[文]①	信都＝巨鹿	《西政》以为此侯封年有误。存疑
658	安平	初元元年三月（前 48）	莽绝	长沙王子	豫章	巨鹿	今江西安福县竹江乡	豫章	《表》注"巨鹿"当是桃侯下注衍抄。《西政》怀疑此侯国曾迁徒。《表》以为长沙孝王子，《西政》以为长沙剌王子。
659	阴山	初元元年三月（前 48）	莽绝	长沙王子	桂阳	桂阳	今湖南衡东县吴集集镇	桂阳	地望见附篇《西汉桂阳郡阴山侯国、阴山侯国考辨》。《表》作长沙孝王子，《西政》以为长沙剌王子。
660	庸	初元元年三月（前 48）	永光二年（前 42）	城阳王子	无	琅邪	无考	琅邪	元鼎元年封城阳王刘余为庸侯（449），别属琅邪。盖此侯国除后，回属城阳王子。元帝再封阴阳国。

① 《中国文物地图集·河北分册·衡水市文物图》，第 355 页（图），第 659 页（文）。

(续表)

序号	侯国	置年(公元纪年)	废年	类别	汉志	表注	地望	隶属沿革	备注
661	昆山	初元元年三月(前48)	莽绝	城阳王子	琅邪	琅邪	无考	琅邪	明清地志所载"诸城县西南六十里"之"昆山故城"乃莽侯国。①
662	折泉	初元元年三月(前48)	莽绝	城阳王子	琅邪	琅邪	今山东莒县东莞镇孟家洼村[文]②	琅邪	《潍水注》"(析)水出析泉县北松山,东南流迳析泉县东"。析泉水即今莒县淮河,今淮河西岸孟家洼村有大片汉代遗存,当即折泉县所在。
663	博石	初元元年三月(前48)	莽绝	城阳王子	琅邪	琅邪	无考	琅邪	
664	要安	初元元年三月(前48)	元延三年以前	城阳王子	无	琅邪	无考	琅邪	除年不详。《志》无此侯,知元延三年之前除。《辨疑》以齐郡西安当之。误。
665	房山	初元元年三月(前48)	初始元年(8)	城阳王子	琅邪	琅邪	无考	琅邪	《图集》定点远离城阳国显误。《西政》不取《图集》定点。地望无考。

① 黄学超:《水经》文本研究与地理考释》,第231—232页。
② 《中国文物地图集山东分册·莒县文物图》第276页(图),第631页(文)。

(续表)

序号	侯国	置年(公元纪年)	废年	类别	汉志	表注	地望	隶属沿革	备注
666	式	初元元年三月(前48)	鸿嘉元年(前20)	城阳王子	泰山	泰山	今山东蒙阴县东	泰山	其地应在泰山郡蒙阴县、城阳国阳都县之间，约在今蒙阴县东。
667	平恩	初元元年(前48)	莽绝	外戚恩泽	魏	无	同平恩(585)	魏	故平恩侯绍封。
668	平安	初元元年(前48)	莽绝	外戚	千乘	无	今山东桓台县起凤镇	千乘	《表》误作安平，当作平安。考辨见《考异》。《汉金文录》有平安侯熏炉。
669	海昏	初元三年(前46)	莽绝	恩泽	豫章	豫章	同海昏(612)	豫章	废海昏侯(612)复封。
670	临乡	初元五年六月(前44)	莽绝	广阳王子	涿	涿	今河北固安县彭村乡①	涿	
671	西乡	初元五年六月(前44)	莽绝	广阳王子	涿	涿	今北京房山县长沟镇长沟村东北文②	涿	

① 曲英杰:《燕地古城考》，第146—148页。
② 北京市文物局:《北京文物地图集·房山区文物图(东部)》，北京:科学出版社，2009年，第193页(图)，第302页(文)。

(续表)

序号	侯国	置年(公元纪年)	废年	类别	汉志	表注	地 望	隶属沿革	备 注
672	阳乡	初元五年六月(前44)	莽绝	广阳王子	涿	涿	今河北涿州市义和庄镇长安城村①	涿	
673	益昌	初元五年六月(前44)	莽绝	广阳王子	涿	涿	今河北霸州市城区②	涿	《表》作永光三年封。《演变》以为广阳王子同在初元五年封。今从其说。
674	扶阳	永光二年二月(前42)	莽绝	恩泽	沛	萧	同扶阳(567)	沛	故扶阳侯(567)复封。
675	羊石	永光三年三月(前41)	莽绝	胶东王子	北海	北海	同乐望(588)	北海	
676	石乡	永光三年三月(前41)	莽绝	胶东王子	北海	北海	同乐望(588)	北海	《汉志》自注"一作正乡",临淄封泥多见"正乡",或与此侯国有关。
677	新城	永光三年三月(前41)	莽绝	胶东王子	北海	北海	同乐望(588)	北海	
678	上乡	永光三年三月(前41)	元寿元年(前2)	胶东王子	北海	北海	同乐望(588)	北海	

① 曲英杰:《燕地古城考》,第153—156页。
② 曲英杰:《燕地古城考》,第148—150页。

西汉侯国建置沿革综表　585

（续表）

序号	侯国	置年(公元纪年)	废年	类别	汉志	表注	地望	隶属沿革	备注
679	于(干)乡	永光三年三月(前41)	莽绝	泗水王子	东海	东海	今江苏沭阳县境	东海	据尹湾汉墓简牍，当作"干乡"。此侯国当裂泗水国干县封。
680	就乡	永光三年三月(前41)	建昭五年(前34)	泗水王子	无	东海	今江苏沭阳县境	东海	
681	石山	永光三年三月(前41)	莽绝	城阳王子	琅邪	无	无考	琅邪	传世官印见有"石山国丞"。
682	都阳	永光三年三月(前41)	莽绝	城阳王子	东海	无	今山东临沂市北①	东海	《图集》都阳定点有误，考辨见《西政》。
683	参封	永光三年三月(前41)	莽绝	城阳王子	琅邪	无	无考	琅邪	
684	伊乡	永光三年三月(前41)	除国年不详	城阳王子	琅邪	无	无考	琅邪	此侯仅一代，无后国除。伊乡侯国见于《志》，知元延三年侯国尚存。
685	襄平	永光五年三月(前39)	初始元年(8)	广陵王子	临淮	无	今江苏扬州市境	临淮	《表》误作广阳王子。
686	贳乡	建昭元年正月(前38)	建昭四年(前35)	梁王子	无	无	今山东省曹县曹城镇	山阳	杜预注梁国蒙县西北有贳城。又见于《泗水注》，在己氏县西。

① 《西汉政区地理》，第111页。

(续表)

序号	侯国	置年(公元纪年)	废年	类别	汉志	表注	地望	隶属沿革	备注
687	乐	建昭元年正月(前38)	建昭四年(前35)	梁王子	无	无	无考		
688	中乡	建昭元年正月(前38)	初始元年(8)	梁王子	山阳	无	无考	山阳=济阴/沛	建昭五年山阳郡置为王国,中乡别属沛郡或济阴郡。
689	郑	建昭元年正月(前38)	莽绝	梁王子	山阳	无	无考	山阳=济阴/沛	
690	黄	建昭元年正月(前38)	元寿二年(前1)	梁王子	山阳	济阴	今河南民权县老颜集乡	济阴=山阳	《图集》定点有误。《史记正义》曰:"故黄城在曹州考城县东二十四里。"
691	平乐	建昭元年正月(前38)	莽绝	梁王子	山阳	无	今山东单县终兴镇平城庵村释	山阳=沛	
692	菑乡	建昭元年正月(前38)	莽绝	梁王子	山阳	济南	今河南省民权县东北	济阴=山阳	《表》注"济南"为"济阴"之误。①《西政》以为在菑县北,可从。
693	东乡	建昭元年正月(前38)	莽绝	梁王子	沛	沛	无考	沛	以下七侯国,谭其骧先生以为地处睢阳、栗之间。②

① 周振鹤:《〈汉书·王子侯表〉笺证》,收入民著《周振鹤自选集》,桂林:广西师范大学出版社,1999年。
② 谭其骧:《秦郡界址考》,载《长水集(上册)》,北京:人民出版社,1987年,第15页。

西汉侯国建置沿革综表 587

(续表)

序号	侯国	置年(公元纪年)	废年	类别	汉志	表注	地望	隶属沿革	备注
694	陵乡	建昭元年正月(前38)	建始二年(前31)	梁王子	无	沛	无考	沛	《淇水注》引应劭之说,以清河郡之陵乡故县当之,显误。
695	溧阳	建昭元年正月(前38)	莽绝	梁王子	无	沛	今河南夏邑县境	沛	今本《志》作"溧阳"。宋庆元本《志》作"溧阳"。知今本《志》误。溧阳侯国地望约在栗县附近。
696	鳌乡	建昭元年正月(前38)	鸿嘉四年(前17)	梁王子	无	沛	无考	沛	
697	高柴	建昭元年正月(前38)	莽绝	梁王子	沛	沛	今河南商丘市睢阳区高辛镇	淮阳—沛	《元和郡县志》载谷熟城西南有高辛故城,疑即此地。
698	临都	建昭元年正月(前38)	莽绝	梁王子	沛	无	无考	沛	传世有汉印"临都乡"。
699	高	建昭元年正月(前38)	莽绝	梁王子	沛	无	今河南商丘市睢阳区郜村镇	淮阳—沛	即《睢水注》之高乡亭,在汉代睢阳县西南。
700	乐安	建昭三年七月(前36)	建始四年(前29)	恩泽	无	僮	今安徽泗县路庙乡潼城村[文]①	临淮	僮《志》属临淮。《本传》"衡封僮之乐安乡"。

① 暂取僮县定点。《中国文物地图集安徽分册·泗县文物图》,第142页(图),第89页(文)。

(续表)

序号	侯国	置年(公元纪年)	废 年	类别	汉志	表注	地 望	隶属沿革	备 注
701	北乡	建昭四年六月(前35)	初始元年(8)	菑川王子	齐	无	今山东广饶县大王镇旧石村①	齐	
702	兰陵	建昭五年十二月(前34)	莽绝	广陵王子	临淮	无	今江苏扬州市境	临淮	即《志》临淮郡之兰阳侯国。
703	广平	建昭五年十二月(前34)	莽绝	广陵王子	临淮	无	今江苏扬州市境	临淮	
704	博乡	竟宁元年四月(前33)	莽绝	六安王子	九江	无	今安徽六安市金安区椿树镇祝墩村②图文	九江	《图集》定有误。据泄水注，应在今六安市东南。
705	柏乡	竟宁元年四月(前33)	莽绝	赵王子	巨鹿	无	今河北柏乡县西南十七里释	巨鹿	肓水金关汉简见有"赵国柏"，疑即此地。
706	安乡	竟宁元年四月(前33)	莽绝	赵王子	巨鹿	无	今河北隆尧县境	巨鹿	《图集》定点远离赵国。《西政》巨鹿郡与赵国今隆尧县附近接壤。安乡侯国当在此地。

① 周振鹤：《西汉齐郡北乡侯国地望考》，《复旦学报》1980年8月增刊"历史地理专辑"。
② 《中国文物地图集安徽分册•六安市金安区文物图》，第185页(图)，第185页(文)。

西汉侯国建置沿革综表　589

(续表)

序号	侯国	置年(公元纪年)	废年	类别	汉志	表注	地望	隶属沿革	备注
707	广	竟宁元年四月(前33)	莽绝	菑川王子	齐	齐	同广(6)	齐	即《志》齐郡平广侯国。
708	平	竟宁元年四月(前33)	莽绝	菑川王子	齐	齐	无考	齐	
709	义成一诛邪支	竟宁元年四月(前33)	后汉绝	功臣	沛	无	今安徽蚌埠市淮上区梅桥乡大岗村	沛	地望见嘉庆《怀远县志》。居摄二年更名为诛邪支侯，封地不变。
710	安成	建始元年二月(前32)	莽绝	外戚	汝南	汝南	今河南正阳县寒冻乡固城寺村[文]①	汝南	河南平舆县出土有"安成侯相"，"安成国丞"汉封泥。
711	昌乡	建始二年正月(前31)	元寿二年(前1)	胶东王子	东莱	无	今山东海阳市行村镇庶村[文]②	东莱	即《志》东莱郡昌阳。《图集》见《西政》定点有误，《一统志》莱阳东南说。当取临淄封泥有"昌阳丞印"。
712	顺阳	建始二年正月(前31)	初始元年(8)	胶东王子	琅邪	无	无考	琅邪	即《志》琅邪郡之慎乡侯国。见《西政》《演变》考辩。

① 《中国文物地图集河南分册·正阳县文物图》，第199页(图)，第462页(文)。
② 《中国文物地图集山东分册·海阳市文物图》，第204页(图)，第274页(文)。

(续表)

序号	侯国	置年(公元纪年)	废年	类别	汉志	表注	地望	隶属沿革	备注
713	乐阳(阳乐)	建始二年正月(前31)	初始元年(8)	胶东王子	东莱	无	今山东莱州市柞村镇	东莱	即《志》东莱郡阳乐侯国。传世官印有"阳乐侯相"。《图集》定点有误。《十三州志》载阳乐在当利县东北二十里",约在今莱州市南。
714	平城	建始二年正月(前31)	莽绝	胶东王子	北海	无	今山东昌邑市饮马镇徐家庙子村①	北海	
715	密乡	建始二年正月(前31)	莽绝	胶东王子	北海	无	今山东昌邑市围子镇古城里村西10米[文]②	北海	
716	乐都	建始二年正月(前31)	莽绝	胶东王子	北海	无	今山东潍坊市坊子区眉村镇罗都屯西[文]③	北海	《图集》将乐都列为"无考县名"。
717	卑梁	建始二年正月(前31)	初始元年(8)	高密王子	无	无	无考	北海/琅邪/东莱	《谦补》《演变》以吴邑卑梁当之,显误。传世官印有"卑梁国丞"。

① 刘乃主编:《昌邑古迹通览》,第20页。
② 《中国文物地图集山东分册·昌邑市文物图》,第210页(图),第346页(文)。
③ 《中国文物地图集山东分册·潍坊市坊子区文物图》,第209页(图),第286页(文)。

（续表）

序号	侯国	置年（公元纪年）	废年	类别	汉志	表注	地望	隶属沿革	备注
718	胶阳	建始二年正月（前31）	初始元年（8）	高密王子	北海	无	今山东昌邑市丈岭镇高阳村[文]①	北海	
719	武乡	建始二年正月（前31）	莽绝	高密王子	琅邪	无	无考	琅邪	临淄封泥有"武乡"，当与此侯国有关。
720	成乡	建始二年正月（前31）	莽绝	高密王子	北海	无	今山东安丘市贾戈街道	北海	临淄封泥有"成乡"，此侯国应与高密国成乡相近。
721	丽兹	建始二年正月（前31）	莽绝	高密王子	琅邪	无	无考	琅邪	即《志》琅邪郡丽侯国。传世汉封泥有"丽兹丞印"，《图集》知《表》是，丽侯国定点远离高密，不可信。
722	窦梁	建始二年正月（前31）	河平二年（前27）	河间王子	无	无	无考		
723	平阿	河平二年六月（前27）	建武二年（26）	外戚	沛	沛	今安徽怀远县耿集乡魏家洼村[文]②	沛	
724	成都	河平二年六月（前27）	绥和二年（前7）	外戚	山阳	山阳	今山东郓城县引马乡[释]	济阴—山阳	初封时山阳为王国，当别属济阴，山阳国除后回属。

① 《中国文物地图集·山东分册·昌邑市文物图》，第211页（图），第346页（文）。
② 《中国文物地图集·安徽分册·怀远县文物图》"魏家洼遗址"，第147页（图），第96页（文）。

（续表）

序号	侯国	置年（公元纪年）	废年	类别	汉志	表注	地望	隶属沿革	备注
725	红阳	河平二年六月（前27）	莽绝	外戚	南阳	南阳	今河南舞钢市城区	南阳	《纪要》载红阳在舞阳县西南三十二里红山之南，即今舞钢市区。
726	曲阳	河平二年六月（前27）	莽绝	外戚	九江	九江	今安徽凤阳县龙坝乡淮安村[文]①	九江	
727	高平	河平二年六月（前27）	莽绝	外戚	临淮	临淮	今江苏泗洪县车门乡	临淮	《寰宇记》泗州临淮县有高平郡城。《大清一统志》以之为西汉高平侯国。
728	广戚	河平三年二月（前26）	元始五年（5）	楚王子	沛	无	同广戚(268)	沛	此侯乃裂汉地封推恩。②
729	安昌	河平四年六月（前25）	更始元年（23）	恩泽	汝南	汝南	今河南确山县石滚河乡大黄湾村[文]③	汝南	
730	阴平	阳朔二年正月（前23）	莽绝	楚王子	东海	无	今山东枣庄市峄城区阴平镇阴平村西[文]④	东海	

① 《中国文物地图集安徽分册·凤阳县文物图》"淮安城址"，第182页（图）。
② 郑威：《西汉东海郡所辖戚县、建陵、东安侯国地望考辨》，《中国历史地理论丛》2006年第2期。
③ 《中国文物地图集河南分册·确山县文物图》，第200—201页（图），第466页（文）。
④ 《中国文物地图集山东分册·枣庄市峄城区文物图》，第174页（图），第173页（文）。

(续表)

序号	侯国	置年(公元纪年)	废年	类别	汉志	表注	地望	隶属沿革	备注
731	乐平	阳朔二年正月(前23)	除国年不详	淮阳王子	无	无	无考		除国年不详,知除国在元延三年以前。《演变》以为除国在元延三年(584)。今按,霍山之封国属东郡,不当在淮阳王子。其说有误。
732	郚乡	阳朔四年四月(前21)	建平三年(前4)	鲁王子	东海	无	今山东泗水县圣水峪乡小城子村[文]①	东海	
733	建乡	阳朔四年四月(前21)	莽绝	鲁王子	东海	无	今山东枣庄市薛城区常庄镇	东海	从地名分析,地望当在建阳,建陵附近,临淄封泥有"建乡之印","建乡"。
734	安丘	鸿嘉元年正月(前20)	初始元年(8)	高密王子	琅邪	无	今山东安丘市境	琅邪	当在北海郡安丘县附近。
735	騊望	鸿嘉元年正月(前20)	莽绝	功臣	琅邪	琅邪	无考	琅邪	
736	栗乡	鸿嘉元年四月(前20)	莽绝	东平王子	山阳	无	今山东嘉祥县境	山阳	《西政》指出,此侯国在山阳、东平交界处。

① 《中国文物地图集山东分册·泗水县文物图》"小城子城址",第248页(图)、第475页(文)。

(续表)

序号	侯国	置年(公元纪年)	废年	类别	汉志	表注	地望	隶属沿革	备注
737	桑丘	鸿嘉元年四月(前20)	莽绝	东平王子	泰山	无	今山东兖州市新驿镇东顿村[文]①	泰山	《志》泰山郡"乘丘"乃"桑丘"讹误。见杨守敬考辨。②据历代地志,其地即《文物地图集》之"瑕丘故城"。
738	高阳	鸿嘉元年四月(前20)	绥和二年(前7)	恩泽	琅邪	东莞	今山东沂水县北	琅邪	东莞《志》属琅邪。地望见附考。据《薛宣传》,永始二年至四年失国。
739	武阳	鸿嘉元年四月(前20)	更始元年(23)	恩泽	东海	郯	今山东苍山县长城镇③	东海	据本传,武阳侯国本郯县武强聚。《泗水注》载郯县西有武水,武阳当在此。
740	安阳	鸿嘉元年六月(前20)	莽绝	外戚	汝南	无	今河南正阳县皮店乡朱店村皮[文]④	汝南	《文物地图集》定涂店古城为安阳,误。据《淮水注》,应为朱店古城。
741	博阳	鸿嘉元年六月(前20)	莽绝	恩泽	汝南	南顿	同博阳(610)	汝南	博阳侯(610)复封。河南平舆出土有"博阳侯相"汉封泥。

---

① 《中国文物地图集山东分册·兖州市文物图》"瑕丘故城",第236(图),第417页(文)。
② 杨守敬:《水经注疏》卷二五,第2179—2180页。
③ 郑威:《西汉东海郡的辖域变迁与城邑分布》,复旦大学历史地理研究所编《历史地理》第25辑。
④ 《中国文物地图集河南分册·正阳县文物图》"临淮故城",第199页(图),第462页(文)。

(续表)

序号	侯国	置年(公元纪年)	废年	类别	汉志	表注	地望	隶属沿革	备注
742	桃乡	鸿嘉二年正月(前19)	莽绝	东平王子	泰山	无	今山东汶上县军屯乡南陶村南[文]①	泰山	《图集》定点有误,见郑威考辨。②
743	新阳	鸿嘉二年五月(前19)	莽绝	鲁王子	东海	无	今山东滕州木石镇	东海	
744	陵石	鸿嘉四年六月(前17)	初始元年(8)	胶东王子	东莱	无	今山东莱州市夏邱镇	东莱	《谦朴》以为陵石即《志》东莱郡之阳石。失注侯国。《十三州志》载阳石城在当利县东,约在今莱州市南。
745	成阳	永始元年四月(前16)	建平元年(前6)	外戚	汝南	新息	今河南信阳市长台关乡苏楼村[文]③	汝南	河南省平舆县出土有汉封泥"成国左尉"。
746	新都	永始元年五月(前16)	莽绝	外戚	南阳	南阳	今河南新野县王庄镇九女城村[文]④	南阳	《王莽传》"(侯)国南阳新野之都乡"。包山楚简已见有"新都"。
747	祁乡	永始二年五月(前15)	莽绝	梁王子	沛	无	同祁(45)	沛	

① 《中国文物地图集山东分册·汶上县文物图》,第346页(图),第467页(文)。
② 郑威:《西汉东海郡的辖域变迁与城邑分布》,复旦大学历史地理研究所编:《历史地理》第25辑。
③ 《中国文物地图集河南分册·信阳县文物图》,第206页(图),第484页(文)。
④ 《中国文物地图集河南分册·新野县文物图》,第224页(图),第543页(文)。

(续表)

序号	侯国	置年(公元纪年)	废年	类别	汉志	表注	地望	隶属沿革	备注
748	高陵	永始二年十一月(前15)	居摄元年(6)	恩泽	琅邪	琅邪	无考	琅邪	《图集》定点证据不足,其地盖与富城县相近。
749	富阳	永始三年三月(前14)	初始元年(8)	东平王子	泰山	无	今山东肥城市湖屯镇	泰山	
750	曲乡	永始三年六月(前14)	元始三年(3)	梁王子	山阳	济南	今山东曹县境内	山阳→济阴	《表》注"济南"为"济阴"之误。该侯国先后隶属山阳、济阴,则该侯国地望在梁、山阳、济阴三郡之间。
751	延乡	永始三年十一月(前14)	莽绝	功臣	千乘	无	今山东桓台县唐山镇古城村文①	千乘	《表》作永始四年七月封。《成帝纪》作三年十一月封。考辨见钱大昕《三史拾遗》。地望见附考。
752	新山	永始三年十一月(前14)	莽绝	功臣	琅邪	无	今山东营县东	琅邪	《寰宇记》载在营县东。
753	童乡	永始三年十一月(前14)	除国年不详	功臣	勃海	无	今山东乐陵市朱集镇霍家村文②	勃海	即《志》勃海郡章乡侯国。考证见《稽疑》。除国年不详,童乡侯国见于《志》,知除国于元延四年之后。

① 《中国文物地图集山东分册·桓台县文物图》,第167页(图),第154页(文)。
② 《中国文物地图集山东分册·乐陵市文物图》,第312页(图),第813页(文);曲英杰:《燕地古城考》,第271—272页。

西汉侯国建置沿革综表　597

（续表）

序号	侯国	置年（公元纪年）	废年	类别	汉志	表注	地望	隶属沿革	备注
754	楼（杨）虚	永始三年十一月（前14）	莽绝	功臣	平原	无	同杨虚(190)	平原	《汉表》童乡，楼虚误作七月封，当为十一月封。"楼虚"应作"杨虚"。①
755	桃山	永始四年五月（前13）	初始元年(8)	城阳王子	泰山	无	今山东蒙阴县桃墟镇	泰山	《图集》、《文物地图》定桃山于宁阳县葛石镇。有误。此地远离蒙阴国。应在蒙阴县东，与式侯国(666)相近。
756	昌阳	永始四年五月（前13）	初始元年(8)	泗水王子	临淮	无	今江苏睢宁县境	临淮	《后汉书·楚王英传》"(建武)三十年，以临淮之取虑、须昌二县益楚国。"考异，须昌乃须阴之误，李晓杰《以为须昌阴在取虑，下相之间。②
757	临安	永始四年五月（前13）	初始元年(8)	胶东王子	琅邪	无	无考	琅邪	

① 陈直：《汉书新证》，第206页。
② 李晓杰：《东汉政区地理》，第76页。

(续表)

序号	侯国	置年(公元纪年)	废年	类别	汉志	表注	地望	隶属沿革	备注
758	徐乡	元延元年二月(前12)	莽绝	胶东王子	东莱	齐	今山东招远市阜山镇①	东莱	《表》注作齐。当后退一格，入台乡侯国。《图集》此侯国定点远离胶东，有误。《西政》已有辨析。
759	騏	元延元年六月(前12)	莽绝	恩泽	河东	北屈	同騏(471)		故騏侯(471)绍封。
760	龙额(雒)	元延元年(前12)	莽绝	恩泽	平原	无	同龙额(409)	平原	《汉表》误作元封元年封。
761	式	元延元年(前12)	居摄二年(7)	城阳王子	泰山	泰山	同式(666)	泰山	故式(666)侯绍封。
762	台乡	元延二年正月(前11)	居摄二年(7)	菑川王子	齐	齐	今山东寿光市台头镇②	齐	《表》注误入徐乡侯国格。临淄封泥见有"台乡"。
763	西阳	元延二年四月(前11)	莽绝	东平王子	山阳	东莱	今山东嘉祥县境	山阳	《图集》以为"西阳"即"西防"，其说有误。据居延汉简，西防属昌邑国，非东平国。西阳当在东平、山阳之间。《表》注"东莱"当退入台乡侯国格。

① 《西汉政区地理》，第116页。
② 周振鹤：《西汉齐郡北乡侯国地望考》。

(续表)

序号	侯国	置年(公元纪年)	废年	类别	汉志	表注	地望	隶属沿革	备注
764	博望	元延二年六月(前11)	莽绝	外戚	南阳	无	同博望(417)	南阳	
765	乐成	元延二年(前11)	莽绝	外戚	南阳	平氏	同乐成(60)	南阳	
766	成乡	元延二年(前11)	居摄二年(7)	平干王子	广平	广平	同成乡(622)	广平—？	故成乡侯(622)绍封
767	定陵	元延三年二月(前10)	绥和元年(前8)	外戚	汝南	汝南	今河南舞阳县北舞渡镇释	汝南	《志》颍川，汝南皆有定陵。《表》注汝南，从《表》。
768	殷绍嘉	绥和元年二月(前8)	后汉绝	恩泽	无	沛	无考	沛	
769	宜乡	绥和元年二月(前8)	建平元年(前6)	外戚	无	无	无考		《演变》引《志》平原郡合阳"莽曰宜乡"当之。然合阳侯元延三年尚存，此说误。宜乡为乡聚，地望不详。
770	氾乡	绥和元年四月(前8)	莽绝	恩泽	无	南阳	1 暂取不其(153)定点 2 今河南鲁山县境	琅邪—南阳	据《本传》氾乡即位，哀帝即位，擢之博望，更以南阳翼之博望乡为氾乡侯国。建平元年，徙封南阳。

(续表)

序号	侯国	置年(公元纪年)	废年	类别	汉志	表注	地望	隶属沿革	备注
771	堂乡	绥和元年五月(前8)	建平元年(前6)	胶东王子	无	东莱	今山东平度市东南之甘棠社，村镇唐田村①	东莱	《表》注"东莱"，误入西阳侯格。即《续志》即墨县之棠乡。
772	安国	绥和元年六月(前8)	初始元年(8)	赵王子	无	无	无考		《谦朴》《演变》以为即《志》中山郡之安国。显误。
773	梁乡	绥和元年六月(前8)	初始元年(8)	赵王子	无	无	无考		《考异》《演变》以为涿郡良乡。误。见中编第一章第三节考述。
774	襄乡	绥和元年六月(前8)	莽绝	赵王子	无	无	无考		《演变》以为《河水注》南阳郡之襄乡城。显误。
775	容乡	绥和元年六月(前8)	莽绝	赵王子	无	无	无考		《演变》以《志》涿郡之容城当之。显误。
776	缊乡	绥和元年六月(前8)	初始元年(8)	赵王子	无	无	无考		

① 前人多误作今即墨市东南之甘棠社。见《重修平度州志》卷二五《记遗》"诸家棠乡之讹"条。

（续表）

序号	侯国	置年(公元纪年)	废年	类别	汉志	表注	地望	隶属沿革	备注
777	广昌	绥和元年六月(前8)	初始元年(8)	河间王子	无	无	无考		《谦补》《演变》以为即《志》代郡之广昌，显误。
778	都安	绥和元年六月(前8)	莽绝	河间王子	无	无	无考		
779	乐平	绥和元年六月(前8)	初始元年(8)	河间王子	无	无	今河北涞头市境		《演变》以东郡之乐平当之，显误。《魏志》章武郡成平县注"有乐平城"，即其地。
780	方乡	绥和元年六月(前8)	初始元年(8)	广阳王子	广阳	无	今河北固安县彭村乡方城村①	涿	《演变》以为即《志》广阳国之方城，可从。《续志》属涿郡，当与乡侯国别属涿郡有关。
781	博山	绥和二年三月(前7)	莽绝	恩泽	南阳	顺阳	今河南淅川县旧李官桥镇②	南阳	《志》博山侯国自注"故顺阳"。《图集》博山定点考释偏北，见徐少华考释。

① 曲英杰：《燕地古城考》，第15—18页。
② 徐少华：《〈中国历史地图集〉先秦汉晋若干地理补正》，收入氏著《荆楚历史地理与考古探研》。

(续表)

序号	侯国	置年(公元纪年)	废年	类别	汉志	表注	地望	隶属沿革	备注
782	阳安	绥和二年四月(前7)	莽绝	外戚	汝南	无	今河南汝南县韩庄乡古城湾村[文]①	汝南	
783	孔乡	绥和二年四月(前7)	元寿二年(前1)	外戚	无	夏丘	暂取夏丘(342)定点	沛	夏丘,《志》属沛郡。
784	平周	绥和二年五月(前7)	元始三年(3)	外戚	无	湖阳	今河南唐河县湖阳镇附近(暂取湖阳定点)	南阳	湖阳,《志》属南阳。
785	新成	绥和二年五月(前7)	建平元年(前6)	外戚	河南	穰	今河南省邓县西北七十里	南阳	《演变》以为河南郡新成。不足据。《一统志》载新成在邓州西北七十里。
786	高乐	绥和二年七月(前7)	建平元年(前6)	恩泽	无	新野	今河南新野县境(暂取新野定点)	南阳	新野,《志》属南阳。
787	庸乡	绥和二年七月(前7)	初始元年(8)	六安王子	无	无	今安徽六安市境	九江	《汉表》误封年为绥和三年。六安王子侯国当别属九江郡。《商补》以为即高祖征英布之庸城。可从。

① 《中国文物地图集河南分册·汝南县文物图》,第202—203页(图),第472页(文)。

侯 国 附 考

38 曲成-夜
《史表》载虫捷文帝后三年复封夜侯,在位 18 年,景帝中六年免。但《史表》、《汉表》均载景帝中五年复封虫捷为垣侯,则《史表》所载文帝后三年复封虫捷为夜侯有误。当以《汉表》"文帝十四年复封"为是,在位 18 年,景帝中元年免。

75 深泽
《史表》载高帝八年十月封深泽侯,但随后之柏至、中水、杜衍、赤泉四侯皆高帝七年受封,五人封侯次序颠倒。查侯功,赵将夕"以击平城侯",刘邦征平城在高帝七年,又《史表》载赵将夕高祖时代在位五年,则今本《史表》"八年"当为"七年"讹误。《汉表》同误。

98 繁
非《志》蜀郡繁县,考辨见《志疑》。临淄封泥有"繁丞之印",疑繁侯国即《志》千乘郡繁安。另《汉表》载"元康四年,瞻师玄孙之子敏上造连城诏复家"。《志》无"敏",此"敏"当为"繁"之误。

102 宣平
《楚汉春秋》、《十八侯铭》记作"南宫侯",疑张敖初封为宣平侯,后更封为南宫侯,故文帝元年复以张偃为南宫侯。《史表》"高后"格记有"信平",《谦补》以淮阳国新平县当之,无据,当为"宣平"之误。后汉封宋弘为宣平侯,知宣平确有其地。

129 德
《功臣表》注"泰山"。《王子侯表》德侯(521)注"济南",故德侯国在泰山郡、济南郡交界。今按西汉泰山郡、济南郡分界东段为泰山之齐长城,德侯国不可能位于该区域,只能位于两郡分界西段的今济南市西部。该地域范围内分布有汉代泰山郡卢县(今长清区归德镇褚集村)、茌县(今长清区),平原郡祝阿县(今槐荫区段店镇古城村),故德侯国只能位于市中区党家庄镇一带。今党家庄镇杨台村、殷家林村有大片商周至汉代遗址,很有可能与德侯国有关。

133 谷阳

前人皆以为此侯国为《汉志》沛郡谷阳县。今按谷阳侯国为高帝十二年封,延续至武帝时期。徐州北洞山楚王陵出土"谷阳丞印"印章,徐州狮子山楚王陵出土"谷阳之印"、"谷阳丞印"印章,徐州土山出土西汉封泥有"谷阳之印"。北洞山、狮子山楚王陵时代皆为西汉初年,可知西汉初年谷阳为楚国属县,而非侯国。第一代谷阳侯冯谿因定代地受封,其封国应在赵地,当为《汉志》涿郡谷丘,西汉初年属赵国恒山郡。

141 张

《元和志》载汉张县地处邢州任县东南二十七里。《图集》从之。今按,《汉志》常山郡中丘县自注:"逢山长谷,渚水所出,东至张邑入浊(渦)。"渚水即今白马河,故张县当在白马河下游。又《元和志》称张城一名"渚阳城",亦证张县地处白马河沿岸。其地望应在今河北省任县西北之白马河北岸。

210 东平陆

《图集》据《续山东考古录》定东平陆县于今汶上县北之汶河南岸。《文物地图集》汶上县西南有中店汉代遗址,该遗址原有东汉《衡方碑》,碑文载衡方为平陆人。中店遗址亦在汶河南岸,与《水经注》所载相符,当为汉代东平陆县所在。

258 睢陵

《图集》定睢陵县于洪泗县南洪泽湖中。误。《汉志》曰:"临淮之下相、睢陵、僮、取虑,皆鲁分也。"下相、僮、取虑皆在临淮郡北部,睢陵不应远至淮河沿岸。又《后汉书·陶谦传》:"(陶)谦退保郯。操攻之不能克,乃还过拔取虑、睢陵、夏丘,皆屠之。"李贤注曰:"睢陵县在下邳县东南。"《通典》泗州下邳县自注:"有汉睢陵县故城,在今县东南。"再从地名上分析，睢陵显然与睢水有关，如淮陵、淮阴、淮浦皆在淮河沿岸。《史表》作"睢阳侯"，则睢陵县当在临淮郡境内之睢水北岸，约在今江苏睢宁县城区附近。

276 平陵

《水经·沔水注》"汉水又东南，迳武当县故城北。……汉水又东，平阳川水注之。水出县北伏龙山，南历平阳川，迳平阳故城下，又东南流注于沔。"汉代地名"阳"、"陵"二字相通。此平阳故城即汉代平陵侯国，在汉代武当县相近，与《表》注"武当"相合。隋唐之际复置平陵县。

281 怀昌

《史表》作壤。今按秦汉"懐"、"襄"字可写作"壤"字。如"襄德"，秦兵器铭文、秦封泥、张家山汉简《二年律令·秩律》皆作"壤德"，故《史表》"壤"当为"壤"之讹误。怀昌，地望不详。《稽疑》以为千乘郡博昌。但千乘郡不与甾川国相接。此说显误。

283 临原

《图集》定临原侯国于今山东省临朐县东二十里的陈家河村。此定位有误。《太平寰宇记》临原故城"后汉并入朱虚，在今(临朐)县之东，即辅唐县之北是其地"。由此可知，临原故城在朱虚县(今临朐县柳山镇城头村)、辅唐县(今安丘市)之间，约在今昌乐县朱汉镇附近。

327 安阳

《河水注》载修县东有安陵城。《太平寰宇记》以为此安陵即《志》平原郡之安侯国。后人多从此说。《图集》亦将安侯国(标为安陵)定点于德州东北，但《水经注》明言此安陵本为修县之安陵乡，且此地不与济北国相邻，故安侯国定点显然有误。今按《史记·扁鹊仓公列传》载仓公尝诊治安陵人项处之病症，仓公自言："身居阳虚侯国，因事侯。侯入朝，臣意从之长安，以故得诊安陵项处等病也。"可知安陵地处杨虚赴长安道路之间。查《图集》，杨虚以西之茌平属东郡，故安陵地望当在茌平、杨虚之间。同年所封济北王子荣关侯国亦在茌平、杨虚之间，可辅证上述推论大体不误。

351 武始

《汉志》武始县自注："又有拘涧水，东南至邯郸入白渠"。《水经·浊漳水注》曰:"(拘涧)水导源武始东山,(入)白渠,北俗犹谓是水为拘河也。"孙继民、郝良真已指出,拘涧水即今河北省磁县境内的涧河,故推测武始县在涧河源头之史村(《〈水经·漳水注〉邯郸附近山川城邑考》,载复旦大学历史地理研究所主编《历史地理》第11辑,上海人民出版社,1993年)。今按,涧河发源于今武安市东南之鼓山。《浊漳水注》称拘涧水源出武始东山,则武始县必在鼓山以西。而史村在鼓山以东,与《浊漳水注》不合。《括地志》载"武始故城在洺州武安县西南十里。"唐代武安县即今武安市。武安市西南十里有午汲古城,规模较大,时代为东周至汉代,据传为春秋"五氏城"。"五氏"、"武始"、"午汲"音近,鼓山位于其东南,与《汉志》《浊漳水注》相合,当即战国秦汉之武始县。

374 东野

《志》、《表》俱无。《志疑》以东海郡费县东野当之,大谬。按《赵世家》:"(武灵王)十七年,王出九门,为野台,以望齐、中山之境。"此野台或与东野有关。《正义》引《括地志》云:"野台一名义台,在定州新乐县西南六十三里。"其地与《志》常山郡九门县相近。另元朔四年常山为王国,东野初封当别属巨鹿郡。《汉书·路温舒传》载"路温舒字长君,巨鹿东里人也。"《汉志》无东里县,《辨疑》以为"东里"为里名。但《汉书》所记籍贯,无书里名者。此"东里"当为"东野"之误,可证东野侯国确属巨鹿。

421 麦

麦、钜合、昌、黄、零殷五侯,《史表》作元狩元年封,《汉表》作元鼎元年封。今按,《汉表》虏羫侯条载第一代侯"六十二年薨",第二代侯神爵元年嗣。以神爵元年倒推62年,正是元狩元年,则虏羫前之四侯,同在元狩元年封。《纪要》载山东商河县西北有麦丘城,《志疑》以为麦侯国所在。此麦丘城于西汉属平原郡,不与城阳国相近。盖后有徙封,与钜合侯(422)、朸侯(446)相似。

436 邔离

《史表》作符离。《志》沛郡有符离县,《演变》以此当之。今按,武帝所封功臣,罕有整县分封。且路博德初封一千六百户,不足一县户数。《汉书·武帝纪》元朔二年:"遂西至符离。"师古曰:"幕北塞名也。"《史记·卫将军骠骑列传》"讨蒲泥，破符离"，晋灼曰："二王号。"《汉书·景武昭宣元成功臣表》湘成侯条"以匈奴符离王降，侯"。湘成侯（440）与路博德同时受封。疑路博德因俘获匈奴符离王而得侯号"符离"，与甘延寿破郅支单于得名"诛郅支侯"（709）相似，而与沛郡符离县无关。其侯国地望当据《表》注定于琅邪郡朱虚县境。

437 义阳

《表》注平氏。平氏，《志》属南阳郡。《山海经·海内东经·附篇》："淮出余山，在朝阳东，义乡西。"《水经·淮水注》："石泉水北流注于淮。淮水又迳义阳县故城南……有九渡水注之"。此义阳县即西汉义阳侯国。据《海内东经·附篇》可知，义阳侯国本秦汉平氏县义乡。曹魏又分平氏县置义阳县。石泉水，即今桐柏县县城西南之水帘洞河。九渡水，即今随州市淮河镇之龙潭河。由此可以限定秦汉义乡、义阳侯国即今桐柏县吴城乡"朝城城址"。

439 众利

《表》曰国除"为诸县"。1977 年山东即墨市出土西汉"诸国侯印"。李学勤先生以为，诸县曾并入众利侯国，但众利距诸县较远，且汉代无并汉县入侯国之例。笔者推测众利侯后更封为诸国侯，《表》失载更封之事。另《功臣表》义阳侯卫山条"太始四年，坐教人诳告众利侯当时，弃市"，则众利侯更封诸侯当在太始四年（前 93 年）之后。

443 石洛

石洛以下 21 侯，《史表》作元狩元年封，《汉表》作元鼎元年封。今按，《汉表》原洛侯条载原洛侯在位 26 年，征和三年薨。挟术侯在位 16 年，天汉元年薨。以征和三年倒推 26 年，天汉元年倒推 16 年，正是元鼎元年。知《史表》封年有误。辛德勇《建元与改元》亦指出石洛、缾，甘井三侯受封时间干支与元狩元年不合，当为元鼎元年。（第 43 页）

445 拔　448 挍

《太平寰宇记》青州临朐县曰"汉祓城，汉县，盖在今县东九十里"，"故校城。《汉书》'武帝封城阳顷王子云为侯'，即此地。《十三州志》云：'朱虚东十三里有校亭县'"。所载即西汉拔侯国、挍侯国，其地分别约在今昌乐县红河镇东、高崖镇。两地远离城阳国，其初封地约在今诸城市南，与挟术侯国(444)相近，后迁徙至琅邪郡北部。

493 漳北

以下六赵王子侯封年不详。今按，六侯中有鄗侯。元朔三年，已封赵敬肃王子为鄗侯，元鼎五年坐酎金除国。颇疑鄗侯国废除后，与尉文(295)一同回属赵国，故得封刘舟，则六侯受封在元鼎五年之后。又，六侯除国皆在征和二年以后，无坐元鼎五年酎金者，亦证六侯受封于元鼎五年之后，而南陵、爰戚两侯因征和二年置平干国而徙封。故六侯封年当在元鼎六年至征和元年之间。今暂取元封元年。

551 安平

《水经·阴沟水注》："涡水又东迳大棘城南，故鄢之大棘乡也。……涡水又东迳安平县故城北。《陈留风俗传》曰：'大棘乡，故安平县也。'"安平侯杨敞与富平侯张安世同日受封，张安世之富平侯国地处陈留郡，杨敞之安平侯国当同在陈留郡。涡水所经之安平县故城正在陈留郡境内，应为杨敞之封邑。

577 乐阳

《水经·浊漳水注》载绵蔓水先后流经蒲吾、桑中、绵蔓、乐阳诸县。《大清一统志》定蒲吾、桑中于平山县东南，定绵蔓、乐阳于获鹿县东北。《图集》从之。如此则四县分布过于密集。今按，郦道元注引《东观汉纪》载"光武使邓禹发房子兵……(铫期)别攻真定、宋子余贼，拔乐阳、槀、肥累"。据此，乐阳当在房子、宋子之间，与槀城、肥累相近。又《后汉书·铫期传》李贤注"乐阳"地处恒州槀城县西，据此应定乐阳地望于今石家庄市，藁城县之间。该地有南乐乡、北乐乡，或与乐阳侯国有关。

597 平通

《表》注博阳。《汉志》汝南郡有博阳，非此地。因博阳侯(610)条下注"南顿"，知汝南郡博阳东汉已并入南顿。《表》注"博阳"当为《续志》泰山郡博县，此博县亦称博阳（见周振鹤《西汉政区地理》，第107—108页）。

621 广乡

《魏书·地形志》北广平郡任县有广乡故城。《图集》定广乡于任县西,有误。赵王子朝平侯国(330)位于任县东部之西固城乡。可推知西汉中期赵国、广平郡大致以今洺河为界。故平干王子广乡侯国应在洺河以东。又广乡侯国《表》注"巨鹿",亦证广乡地处洺河以东的广平郡、巨鹿郡交界地区,约在今任县辛店镇一带,与平干王子平乡侯国(624)邻近。

651 枣(柔)

《左传·桓公十年》:"柔会宋公、陈侯、蔡叔盟于折。"杜注"柔,鲁大夫未赐族者",知柔为鲁大夫封邑。邵晋涵《南江札记》以为"折"即《汉志》琅邪郡之折泉侯国,则柔侯国当在折泉以西,故定地望于山东沂水县东北。

738 高阳

《殷周金文集成》著录有"高阳左库"剑(11581),为齐国兵器,或与高阳侯国有关。《续山东考古录》称高阳故城为莒县东南之高羊社。《图集》据此定点。今按《表》体例,高阳侯国地处东莞县境,故当定于沂水县北。

751 延乡

山东省博兴县湖滨镇安柴村有古城遗址,《文物地图集》据清代道光《博兴县志》定为延乡故城。其说不足据。《瓠子河注》曰:"(盖野沟水)源导延乡城东北……又西北流,迳高苑县北,注时水。"据此,延乡县应在汉代高苑县(今邹平县苑城村)东。清代《山东通志》定延乡在新城县(今桓台县新城镇)东,大抵不误。此地有古城村遗址,方位与《水经注》相合,可定为延乡县。

侯国索引

本索引各侯国之后的数字,为"西汉侯国建置沿革综表"各侯国条目所对应的编号。

三画

土军 114 340

下相 128

下摩 430

下郦 482

弋阳 543

于乡(干乡) 679

山 381

山都 165

山阳 228

山州 367

山乡 641

上邳 158

上乡 678

千章(干章) 455

千锺 377

广 6 320 707

广平 7 703

广阿 115

广戚 268 728

广望 303

广陵 371

广川 376

广饶 459

广乡 621

广昌 777

义陵 103

义阳 437 548 635

义成 709

弓高 204

四画

历 81

历乡 628

开封 105

开陵 488 512

不其 12

五据 328

云 384

夫夷 402

无锡	491		平的(旳)	286
中水	77		平度	289
中牟	124		平津	333
中邑	163		平丘	561
中乡	688		平隄	581
丹阳	269		平恩	585 667
长修	111		平通	597
长陵	85		平台	607
长平	308		平利	623
长罗	573		平乡	624
公丘	346		平纂	625
从平	406		平邑	640
从骠	429		平安	668
文成	447		平乐	691
方乡	780		平城	714
户牖	9		平阿	723
孔乡	783		平周	784
			甘泉	139
五画			甘井	462
平	46 98 330 708		东阳	104 572
平阳	1		东武	29
平皋	67		东茅	56
平棘	73 246		东牟	172
平州	123 500		东平	173 178 365
平都	146		东城	201 301 490
平定	151		东莞	293
平昌	161 193 591		东野	374
平陆	210		东淮	455
平曲	221 254 557		东襄	565
平陵	276 547		东昌	569
平望	282		东安	644

东乡　693
节氏　249
石洛　443
石乡　676
石山　681
龙(阳)97
龙(亢)468
龙丘　279
龙额　409　529　760
术阳　467
邗　523
邛成　604
北平　64
北石　481
北乡　701
叶　362
归德　618
斥丘　57
瓜丘　187
白石　195
乐　687
乐成　60　609　765
乐平　164　584　731　779
乐昌　175　592
乐安　408　700
乐通　465
乐阳　577　713
乐乡　582
乐望　588
乐陵　594
乐信　619

乐都　716
禾成　108
句容　263
外石　481
宁　90
宁陵　119
宁阳　344
汁方　30
兰旗　535
兰陵　702
台　58
台乡　762
邵　125
发娄　248
发干　412

六画

成　22　549
成阳　135　745
成陶(阴)167
成平　319
成安　469　545
成乡　622　720　766
成陵　626
成都　724
芒　41
亚谷　238
西熊　310
西昌　348
西梁　627
西平　638

侯国索引

西乡	671			汲	118	
西阳	763			氾乡	770	
朸	191	446		祁	45	
共	92			祁乡	747	
厌次	66			安国	59	772
有利	364			安平	62	551 658 668
戎丘	396			安丘	94	734
式	666	761		安都	192	
毕梁	312			安阳	199	229 327 532 740
吕成	171			安陵	230	
曲周	16			安成	261	710
曲逆	9			安众	361	
曲成	38	398		安郭	399	
曲梁	613			安险	400	
曲阳	726			安道	401	477
曲乡	750			安檀	497	
壮	134	438		安定	559	
壮武	181			安远	617	
当涂	525			安乡	706	
合阳	95	614 643		安昌	729	
合骑	404			庄原	372	
任	49			邬	182	
休	211			州乡	318	
伊乡	684			羊石	675	
朱虚	159			阳陵	5	
众利	420	439		阳夏	25	
延乡	751			阳都	27	611
江邑	112			阳河	69	
江阳	222	552		阳义	127	
江邹	474			阳信	179	
汝阴	4			阳丘	189	

阳周 200
阳平 244 555 655
阳武 554
阳城 563 593 629
阳兴 632
阳山 659
阳乡 672
阳乐 713
阳安 782
阴城 302
阴安 322 411
阴平 730
纪（信）138
红 211
红阳 725
羽 331
牟平 385
丞父 527

七画

更 247
麦 421
邡离 436
邯会 299
邯平 350
邯沟 576
杜 438
杜衍 78
杜原 372
杨丘 189
杨虚 190 754

杏山 265
轪 145
扶柳 147
扶浸 444
扶阳 567 674
折泉 662
赤泉 79
寿梁 288
丽兹 721
运平 366
吴房 89
怀昌 281
谷阳 133
利昌 336
利乡 363 636
攸舆 358
汾阴 20
汾阳 120
沛 12 106
汶 148
沅陵 157
沂陵 356
沈犹 212
沈阳 390
宋子 84
良成 537
阿陵 51
阿武 316
陆 458
陆梁 99
陆城 306

陆地 349

陉城 306

张 141 217 579

张梁 278

邵 335

即来 654

八画

枣 651

枣强 311

武忠 5

武强 33

武原 82 337

武阳 137 214 739

武成 194

武安 255

武始 351

武陶 631

武乡 719

松兹 166 533

郁狼 347

昌 91 423

昌武 52 387

昌平 161

昌水 562

昌成 620

昌虑 639

昌乡 711

昌阳 756

易 234 353

昆 470

昆山 661

盱台 270

岸头 277

范阳 235

若阳 275

周吕 11

周阳 183 200 256

周坚(望)324

周子南君 464 603

周承休 603

肥如 37

阜陵 198

奄 247

牧丘 473

卑梁 717

夜 38

郊 148

房光 313

房山 665

河阳 39

河綦 434

波 118

波陵 196

泜陵 196

宛朐 213

宜春 262 410 546

宜成 290 542

宜冠 427

宜乡 769

定 379

定陵 767

郑　689

诛郅支　709

终陵　55

终弋　419

建成　12　360　634

建平　20　220　541

建陵　177　219　642

建阳　646

建乡　733

参户　317

参戬　355

参封　683

駣丘　369

駣望　735

承父　513

承乡　645

九画

贯　34

贯乡　686

南　251

南安　36

南宫　149　185

南郇　197

南皮　209

南城　370

南峦　403

南䜌　494

南陵　495

南曲　540

南利　558

故市　42

故城　48

故安　207

胡陵　153

胡孰　271

胡母　332

封斯　296

垣　231　243

郮　11

要安　664

柏至　76

柏阳　391

柏乡　705

柳　383

柳丘　43

柳宿　395

柳泉　590

荥关　323

持装　267

挟　445

挟术　444

挍　448

按道　499

城父　48

轵　155　180　405

郚乡　732

临辕　117

临汝　245　257

临原　283

临朐　291

临河　338

侯国索引　617

临乐	373		钜乘	340
临蔡	489		钜合	422
临乡	670		宣平	102
临都	698		宣曲	54
临安	757		宣处	566
顺阳	712		祝阿	110
冠军	418 586		祝兹	176 486
将梁	304 476		兹	260
将陵	606		兹乡	648
信武	2		前	326
信平	111		亲阳	274
信成	114 633		洛陵	357
信都	174		洮阳	415
便	144		浤	148 515
修	206		祚阳	630
修市	568		绛	17
修故	571		绛阳	55
重	377		费	24
重平	47
重合	520
复阳	68 600		**十画**
须昌	116		枸	80 456
俞	168 218		桓邑	241
俞闾	461		桃	136 657
衍	122		桃乡	742
钧丘	369		桃山	755
钟武	601		都昌	32
泉陵	416		都梁	414
爰戚	498 575		都成	598
爰氏	564		都乡	637
饶	589		都平	650
			都阳	682

都安 778
壶关 156
夏丘 342
栗 514
栗乡 736
挿裴 517
载 121
柴 386
茶陵 359
荻苴 501
留 13
射阳 14
脩 206
乘氏 240
特辕 267
秫陵 272
皋狼 341
皋虞 484
胶乡 656
胶阳 718
徐乡 758
殷绍嘉 768
高 699
高宛 53
高胡 65
高京(景)100
高陵 130 227 748
高梁 137
高俞 338
高平 375 587 727
高乐 389 786

高丘 394
高郭 583
高昌 596
高城 602
高乡 647
高广 653
高柴 697
高阳 738
容成 233
容陵 264
容丘 536
容乡 775
离 101
离石 334
旁光 313
海阳 35
海常 368 480
海西 510
海昏 612 669
涅阳 72 508
浮丘 266
涉 334
涉安 354
涉轵 405
涉都 492
涓 457
浞野 503
浩 505
郸 223
益都 285
益昌 673

被阳　378
案道　499
剧　280
剧魁　287
陪　325
陪安　322
陵乡　694
陵石　744
桑丘　393　737
桑乐　538
桑中　578

十一画

聊城　46
埤山　69
梧　150
春陵　413
雩殷　425
营陵　113
营平　188　560
菌　143
菑乡　692
戚　132
黄　690
堂邑　10
堂阳　109
堂乡　771
常乐　435
庱葭　425
虚水　454
距阳　314

犁　202
猗氏　85
猇　516
象氏　352
符离　436
秺　519　530
清　86
清阳　3
清河　3
清郭　182
清安　207
梁邹　21
梁期　472
梁乡　773
淮阴　40
淮陵　273
深泽　75
淯　457
阏氏　93
章武　208
商陵　227
商利　544
盖　242
盖胥　321
庸　449　660
庸乡　787
密乡　715
隆虑　26　239
随成　407
随桃　478
绳　224

巢　252

尉文　295

骐　471　759

十二画

博阳　8　126　343　610　741

博成　152　595

博望　417　608　764

博陆　531

博石　663

博乡　704

博山　781

朝　300

朝阳　70　556

期思　131

散　441

羲枣　140

彭　88　452　518

棘蒲　31

棘丘　50

棘阳　71

棘乐　216

葛魁　284

葛绎　509

菱　315

黄　424

景　139

景成　580

辉渠　428　433

鲁　47

翕　236　259

鉼　203　460

傅阳　126

腄　173

湖孰　271

湿阴　432

湘成　440　479

温水　534

遒　232

鄗　392　496

富　329

富民　528

富平　553

富阳　605　749

就乡　680

童乡　753

强　87

颍阴　19

缊乡　776

幾　507

十三画

雷　292

榆丘　297

鄢陵　142

瑕丘　345

甀　453

甀谳　506

楼虚　754

蒯成　63

蒲　526

蒲领　309　539

路陵　357

睢陵　258

僞陵　142

錘　173

新陽　28　743

新市　226　550

新畤　511

新乡　570

新昌　574

新利　616

新城　677　785

新都　746

新山　752

塞　250　253

慎陽　107

慎乡　712

溧陽　695

窦梁　722

鄜　11

辟　294

辟陽　61

十四画

蓼　23

蔄　337

赘其　162

臧马　442

管　186

箕　652

舞陽　18

槀　83

端氏　339

漳北　493

翟　450

缪　237

十五画

樊　184

樊舆　397

蒯儿　487

题　522

滕　169

稻　380

黎　202

德　129　521

澎　518

潦　426

潦陽　524

缭縈　483

十六画

薪馆　305

薪处　307

遽　225

遽乡　615

滕　466　475

磨　81

澺清　502

隰成　339

壁　294

十七画

磿　81

戴 121
藕阳 649
瞭 466 475
魏其 44 215 485
繁 98
繁安 382
襄平 96 685
襄成 154 205 388
襄噲 298
襄乡 774

十八画
鳌乡 696

酂 15 160 431 599

十九画
赣阳 524
騠兹 504
羹颉 74

二十画
醴陵 170
壤 281

二十一画
鳢 451

参考文献

一、古　籍

《史记》，北京：中华书局，1959 年。

《汉书》，北京：中华书局，1964 年。

《后汉书》，北京：中华书局，1965 年。

《三国志》，北京：中华书局，1959 年。

《国宝：汉书宋庆元本》，东京：朋友书店，1977 年。

《说文解字》，北京：中华书局，1963 年。

《论衡》，上海：上海人民出版社，1974 年。

《春秋经传集解》，上海：上海古籍出版社，1997 年。

《晋书》，北京：中华书局，1974 年。

《通典》，北京：中华书局，1988 年

《元和郡县图志》，北京：中华书局，1983 年。

《资治通鉴》，北京：中华书局，1956 年。

（宋）乐史撰，王文楚点校：《太平寰宇记》，北京：中华书局，2007 年。

（宋）洪适：《隶释》，北京：中华书局影印本，1986 年。

（宋）王观国：《学林》，北京：中华书局，1988 年。

（元）金履祥：《孟子集注考证》，影印文渊阁四库全书本，台北：台湾商务印书馆，1986 年。

《十三经注疏》，北京：中华书局，1980 年。

（清）毕沅：《晋书地道记》，收入《丛书集成初编》，北京：中华书局，1985 年。

（清）顾炎武撰，黄汝成集释：《日知录集释》，上海：上海古籍出版社，2006 年。

（清）顾祖禹撰，施和金点校：《读史方舆纪要》，北京：中华书局，2005年。
（清）纪昀总纂，四库全书研究所整理：《钦定四库全书总目》，北京：中华书局，1997年。
（清）梁玉绳：《史记志疑》，北京：中华书局，1981年。
（清）齐召南：《汉书考证》，影印文渊阁四库全书本，台北：台湾商务印书馆，1986年。
（清）钱大昕：《十驾斋养新录》，收入《嘉定钱大昕全集》，南京：江苏古籍出版社，1997年。
（清）钱大昕撰，方诗铭、周殿杰校点：《廿二史考异》，上海：上海古籍出版社，2004年。
（清）钱大昕撰，吕友仁注释：《潜研堂集》，上海：上海古籍出版社，2009年。
（清）钱大昭：《汉书辨疑》，收入《丛书集成初编》，北京：中华书局，1985年。
（清）钱坫：《新斠注地理志集释》，收入《二十五史补编》，上海：开明书店，1936年。
（清）全祖望：《汉书地理志稽疑》，收入朱铸禹《全祖望集汇校集注》，上海：上海古籍出版社，2000年。
（清）沈家本：《汉书琐言》，收入《二十四史订补》，北京：书目文献出版社，1996年。
（清）王夫之：《楚辞通释》，上海：上海人民出版社，1975年。
（清）王鸣盛：《十七史商榷》，上海：上海书店出版社，2005年。
（清）王念孙：《读书杂志》，南京：江苏古籍出版社影印本，2000年。
（清）王先谦：《汉书补注》，北京：中华书局影印光绪二十六年虚受堂刊本，1983年。
（清）王先谦：《荀子集解》，北京：中华书局，1988年。
（清）王荣商：《汉书补注》，收入《二十四史订补》，北京：书目文献出版社，1996年。
（清）杨守敬、熊会贞疏，段熙仲点校，陈桥驿复校：《水经注疏》，南京：江苏古籍出版社，1989年。
（清）杨于果：《史汉笺论》，清道光乙巳非能园刊本。
（清）张文虎：《校刊史记集解索隐正义札记》，北京：中华书局，1977年。
（清）张文虎：《舒艺室随笔》，万有文库本，沈阳：辽宁教育出版社，2003年。
杨伯峻：《孟子译注》，北京：中华书局，1960年。
王国维：《观堂集林》，收入《王国维遗书》，上海：上海古籍出版社影印，1983年。
王树民：《廿二史札记校证》，北京：中华书局，1984年。
诸祖耿：《战国策集注汇考》，南京：江苏古籍出版社，1985年。
谭其骧主编：《清人文集地理类汇编（第一册）》，杭州：浙江人民出版社，1987年。

陈奇猷：《吕氏春秋校释》，上海：学林出版社，1995年。
阎振益、钟夏：《新书校注》，北京：中华书局，2000年。
陈桥驿校证：《水经注校证》，北京：中华书局，2007年。

二、出土文献及考古报告

安徽省博物馆：《遵循毛主席的指示，做好文物博物馆工作》，《文物》1978年第8期。
北京市文物局：《北京文物地图集》，北京：科学出版社，2009年。
崔大庸、房道国、宁荫堂：《章丘发现洛庄汉墓》，《中国文物报》2000年6月7日。
傅淑敏：《南单于庭、汉左国都城发掘记》，《中国文物报》1993年5月9日。
傅淑敏：《临县曜头古城址》，《中国考古学年鉴》(1994)，北京：文物出版社，1997年。
傅嘉仪：《秦封泥汇考》，上海：上海书店出版社，2007年。
甘肃省文物考古研究所等编：《居延新简》，北京：文物出版社，1990年。
甘肃省文物考古所等合编：《居延新简》，北京：中华书局，1994年。
甘肃简牍保护研究中心等编：《肩水金关汉简(壹)》，上海：中西书局，2011年。
国家文物局主编：《中国文物地图集·河南分册》，北京：中国地图出版社，1991年。
国家文物局主编：《中国文物地图集·湖南分册》，长沙：湖南地图出版社，1997年。
国家文物局主编：《中国文物地图集·湖北分册》，北京：中国地图出版社，2002年。
国家文物局主编：《中国文物地图集·内蒙古自治区分册》，西安：西安地图出版社，2003年。
国家文物局主编：《中国文物地图集·山西分册》，北京：中国地图出版社，2006年。
国家文物局主编：《中国文物地图集·山东分册》，北京：中国地图出版社，2007年。
国家文物局主编：《中国文物地图集·江苏分册》，北京：中国地图出版社，2008年。
湖南省文物考古研究所、永州市芝山区文物管理所：《湖南永州市鹞子岭二号西汉墓》，《考古》2001年第4期。
湖南文物考古研究所：《沅陵虎溪山一号汉墓发掘简报》，《文物》2003年第1期。
湖北省文物考古研究所：《江陵九店东周墓》，北京：科学出版社，1995年。
湖北省文物考古研究所、随州市考古队合编：《随州孔家坡汉墓简牍》，北京：文物出版社，2006年。
济南市考古研究所等：《山东章丘市洛庄汉墓陪葬坑的清理》，《考古》2004年第8期。
荆州博物馆：《湖北荆州纪南松柏汉墓发掘简报》，《文物》2008年第4期。

劳榦：《居延汉简考释(释文之部)》，上海：商务印书馆，1949年。

李育远：《莲花县西汉安城侯墓》，收入《中国考古学年鉴》(2008)，北京：文物出版社，2009年。

连云港市博物馆等编：《尹湾汉墓简牍》，北京：中华书局，1997年。

刘创新：《临淄新出汉封泥集》，杭州：西泠印社，2005年。

罗福颐主编：《秦汉南北朝官印征存》，北京：文物出版社，1987年。

南京博物院、徐州博物馆、邳州博物馆：《邳州梁王城遗址2006~2007年考古发掘收获》，《东南文化》2008年第2期。

青岛市文物局、平度市博物馆：《山东青岛市平度界山汉墓的发掘》，《考古》2005年第6期。

孙慰祖：《古封泥集存》，上海：上海书店出版社，1994年。

天津市文化局考古发掘队：《渤海湾西岸古文化遗址调查》，《考古》1965年第2期。

天长市文物管理所、天长市博物馆：《安徽天长西汉墓发掘简报》，《文物》2006年第11期。

王玉清、傅春喜：《新出汝南郡秦汉封泥集》，上海：上海书店出版社，2009年。

王献唐：《临淄封泥文字》，海岳楼金石丛编本，青岛：青岛出版社影印，2009年。

徐州博物馆：《徐州西汉宛朐侯刘埶墓》，《文物》1997年第2期。

许雄志：《鉴印山房藏古封泥菁华》，郑州：河南美术出版社，2011年。

谢桂华、李均明、朱国炤：《居延汉简释文合校》，北京：文物出版社，1987年。

杨广泰编：《新出封泥汇编》，杭州：西泠印社，2010年。

伊克昭盟文物工作站：《内蒙古伊克昭盟发现西汉铜漏》，《考古》1978年第5期。

张家山二四七号汉墓竹简整理小组编著：《张家山汉墓竹简〔二四七号墓〕（释文修订本）》，北京：文物出版社，2006年。

中国科学院考古研究所编：《居延汉简甲编》，北京：科学出版社，1959年。

中国社会科学院考古研究所编：《居延汉简甲乙编》，北京：中华书局，1980年。

中国社会科学院考古研究所编：《汉魏洛阳故城南郊东汉刑徒墓地》，北京：文物出版社，2007年。

周晓陆、路东之：《秦封泥集》，西安：三秦出版社，2000年。

三、近人论著

［日］阿部幸信：《汉初「郡国制」再考》，《日本秦汉史学会会报》第9期，2008年。

参考文献

［日］阿部幸信：《「統治系統」論的射程》，《早期中国史研究》第三卷第一期，2011 年。

安作璋、熊铁基：《秦汉官制史稿》，济南：齐鲁书社，1984 年。

曹龙：《西汉帝陵陪葬制度初探》，《考古与文物》2012 年第 5 期。

陈梦家：《河西四郡的设置年代》，收入氏著《汉简缀述》，北京：中华书局，1980 年。

陈久金、陈美东：《临沂出土汉初古历初探》，《文物》1974 年第 3 期。

陈直：《史记新证》，天津：天津人民出版社，1979 年。

陈直：《汉书新证》，天津：天津人民出版社，1979 年。

陈直：《居延汉简解要》，收入氏著《居延汉简研究》，天津：天津古籍出版社，1986 年。

陈伟：《秦苍梧、洞庭二郡刍论》，《历史研究》2003 年第 5 期。

陈伟：《张家山汉简〈津关令〉涉马诸令研究》，《考古学报》2003 年第 1 期。

陈苏镇：《汉初王国制度考述》，《中国史研究》2004 年第 3 期。

陈苏镇：《汉文帝"易侯邑"及"令列侯之国"考辨》，《历史研究》2005 年第 5 期。

陈松长：《岳麓书院藏秦简中的郡名考略》，《湖南大学学报（社会科学版）》2009 年第 2 期。

崔在容：《西汉三辅的成立和其机能》，《庆北史学》第 8 辑，庆北：庆北大学出版社，1985 年。

崔在容：《西汉京畿制度的特征》，《历史研究》1996 年第 4 期。

［日］大庭脩：《秦汉法制史研究》，上海：上海人民出版社，1991 年。

［日］大栉敦弘：《前汉"畿辅"制度の展开》，收入《出土文物による中国古代社会の地域的研究》，平成二·三年度科研费报告书（1991）。

［日］大栉敦弘：《汉代三辅制度の形成》，池田温主编：《中国礼法と日本律令制》，东京：东方书店，1992 年。

［日］大栉敦弘：《关中·三辅·关西——关所と秦汉统一国家》，《南海史学》第 35 号（1997）。

邓辉：《论克利福德·达比的区域历史地理学理论与实践》，《中国历史地理论丛》2003 年第 3 期。

董平均：《汉武帝下推恩令非元朔二年考》，《首都师范大学学报（社会科学版）》2001 年第 4 期。

［日］楯身智志：《汉初高祖功臣位次考——前汉前半期における宗庙制度の展开と高祖功臣列侯の推移》，《东洋学报》第 90 卷第 4 号，2009 年。

段宏振：《赵都邯郸城研究》，北京：文物出版社，2009 年。

高敏：《秦汉史杂考十二题》，收入氏著《秦汉史论集》，郑州：中州书画出版社，1982年。
葛剑雄：《秦汉的上计及上计吏》，《中华文史论丛》1982年第2辑。
葛剑雄：《中国移民史（第二卷）》，福州：福建人民出版社，1997年。
葛剑雄：《中国人口史》第一卷，上海：复旦大学出版社，2002年。
郭献功：《汉代的"酎金"与"酎金案"》，《商丘师范学院学报》2004年第3期。
韩秀丽：《西汉王侯坐罪废黜考》，《哈尔滨学院学报》2008年第2期。
郝红暖：《西汉中山"新市侯国"小考》，《邢台学院学报》2006年第2期。
贺次君：《史记书录》，北京：商务印书馆，1958年。
何介钧：《汉桂阳郡建置时间考》，复旦大学历史地理研究所编：《历史地理》第2辑，上海：上海人民出版社，1982年。
何琳仪：《三孔布币考》，收入氏著《古币丛考》，合肥：安徽大学出版社，2002年。
何慕：《张家山汉简〈二年律令·秩律〉所见吕后二年政区及相关问题》，武汉大学历史学院2006年硕士学位论文。
何慕：《秦代政区研究》，复旦大学历史地理研究中心2009年博士学位论文。
黄盛璋、钮仲勋：《有关马王堆汉墓的历史地理问题》，《文物》1972年第9期。
黄展岳：《先秦两汉考古论丛》，北京：科学出版社，2008年。
黄锡全：《记新见塞公屈颗戈》，收入氏著《古文字与古货币文集》，北京：文物出版社，2009年。
侯甬坚：《〈汉书·地理志〉志例的整理及补充》，收入氏著《历史地理学探索》，北京：中国社会科学出版社，2004年。
后晓荣：《〈汉书·地理志〉"道"目补考》，《中国历史地理论丛》2008年第1期。
后晓荣：《秦代政区地理》，北京：社会科学文献出版社，2009年。
蒋若是：《郡国、赤仄与三官五铢之考古学验证》，《文物》1989年第4期。
蒋廷瑜：《广西考古四十年概述》，《考古》1998年第11期。
[日]久村因：《秦の"道"について》，收入《中国古代史研究》，东京：吉川弘文馆，1960年。
罗先文：《近20年来秦汉分封制与郡县制讨论综述》，《湘潭师范学院学报》2002年第5期。
李开元：《西汉轵国所在与文帝的侯国迁移策》，《国学研究》第2卷，北京：北京大学出版社，1994年。
李开元：《汉帝国的建立与刘邦集团》，北京：三联书店，2000年。
李启文：《西汉勃海郡初置领县考》，复旦大学历史地理研究所编：《历史地理》第13

辑，上海：上海人民出版社，1996年。

李晓杰：《东汉政区地理》，济南：山东教育出版社，1999年。

李鄂权：《长沙国墓葬出土钤刻文字地望考证及相关问题研究》，《船山学刊》2002年第1期。

李新峰：《西汉西河郡西北边境考》，《文史》2005年第4辑。

李嘎：《山东半岛城市地理研究——以西汉至元城市群体与中心城市的演变为中心》，复旦大学历史地理研究中心2008年博士学位论文。

李银德：《徐州出土西汉印章与封泥概述》，中国印学博物馆编：《青泥遗珍—战国秦汉封泥文字国际学术研讨会论文集》，杭州：西泠印社，2011年。

廖伯源：《汉代爵位制度试释（上）》，《新亚学报》第十卷，香港新亚图书馆，1973年。

廖伯源：《试论西汉时期列侯与政治之关系》，《新亚学报》第十四卷，香港新亚图书馆，1984年。

廖伯源：《简牍与制度》，桂林：广西师范大学出版社，2005年。

柳春藩：《秦汉封国食邑赐爵制》，沈阳：辽宁人民出版社，1984年。

刘庆柱、李毓芳：《汉长安城》，北京：文物出版社，2003年。

刘志玲：《秦汉道制问题新探》，《求索》2005年第12期。

刘瑞：《武帝早期的南郡政区》，《中国历史地理论丛》2009年第1期。

刘瑞：《秦汉华南社会进程研究——从考古视角出发》，复旦大学历史系2009年博士学位论文。

马雍：《轪侯和长沙国丞相》，《文物》1972年第9期。

马长寿：《氐与羌》，上海：上海人民出版社，1984年。

马良民、言家信：《山东邹平县苑城村出土陶文考释》，《文物》1994年第4期。

马孟龙：《松柏汉墓35号木牍侯国问题初探》，《中国史研究》2012年第2期。

马孟龙：《谈肩水金关汉简中的几个地名》，《中国历史地理论丛》2012年第3期。

马孟龙：《西汉郡国更置与侯国迁徙——兼论千乘郡的始置年代》，《中国史研究》2012年第4期。

马孟龙：《西汉梁国封域变迁研究（附济阴郡）》，《史学月刊》2013年第5期。

马孟龙：《张家山二四七号汉墓〈二年律令·秩律〉抄写年代研究》，《江汉考古》2013年第2期。

马孟龙：《高后元年汉中央直辖区域行政区划复原》，未刊稿。

宁业高、王心源、杨福生：《六安考释》，《巢湖学院学报》2006年第5期。

宁荫棠：《洛庄汉墓墓主考辨》，收入《汉代考古与汉文化国际学术研讨会论文集》，济南：齐鲁书社，2006年。

［日］平势隆郎：《历与称元法》，［日］佐竹靖彦主编：《殷周秦汉史学的基本问题》，北京：中华书局，2008年。

钱穆：《秦汉史》，北京：三联书店，2004年。

钱穆：《古史地理论丛》，北京：三联书店，2004年。

钱穆：《史记地名考》，北京：商务印书馆，2001年。

钱林书：《续汉书郡国志汇释》，合肥：安徽教育出版社，2007年。

裘锡圭：《战国货币考（十二篇）》，《北京大学学报（哲学社会科学版）》1978年第2期。

裘锡圭：《考古发现的秦汉文字资料对于校对古籍的重要性》，《中国社会科学》1980年第5期。

裘锡圭：《〈居延汉简甲乙编〉释文商榷（续一）》，《人文杂志》1982年第3期。

任乃强、张至皋：《温江地区十二县（下）》，《社会科学研究》1981年第1期。

［日］日比野丈夫：《汉简所见地名考》，中国社会科学院历史研究所战国秦汉史研究室编：《简牍研究译丛》第二辑，北京：中国社会科学出版社，1987年。

［日］杉村伸二：《二年律令より見た漢初における漢朝と諸侯王国》，［日］富谷至编：《江陵張家山二四七号墓出土漢律令の研究》，东京：朋友书店，2006年。

山西省地图集编纂委员会：《山西省历史地图集》，北京：中国地图出版社，2000年。

尚景熙：《汝水变迁及其故道遗存》，复旦大学历史地理研究所编：《历史地理》第9辑，上海：上海人民出版社，1990年。

孙敬明：《齐陶新探》，《古文字研究》第14辑，北京：中华书局，1986年。

孙继安：《河北容城县南阳遗址调查》，《考古》1993年第3期。

孙慰祖：《封泥发现与研究》，上海：上海书店出版社，2002年。

孙驰：《两汉武泉今地考》，《中国边疆史地研究》1998年第3期。

石泉：《古鄢、维、涑水及宜城、中庐、邔县故址新探》，收入氏著《古代荆楚地理新探》，武汉：武汉大学出版社，1988年。

施谢捷：《〈秦汉南北朝官印征存〉释文订补》，《文教资料》1995年第2期。

史念海：《新秦中考》，《中国历史地理论丛》1987年第1期。

谭其骧：《长水集》，北京：人民出版社，1987年。

谭其骧主编：《中国历史地图集》，北京：中国地图出版社，1982年。

王恢：《水经注汉侯国辑释》，台北：中国文化大学出版部，1981年。

王恢:《汉王国与侯国之演变》,台北:"国立"编译馆中华丛书编审委员会,1984年。

王利器:《试论轪侯利苍的籍贯》,《人文杂志》1984年第5期。

王子今:《秦汉区域地理学的"大关中"概念》,《人文杂志》2003年第1期。

王子今、刘华祝:《说张家山汉简〈二年律令·津关令〉所见五关》,《中国历史文物》2003年第1期。

王峰:《三年奇令戈考》,《考古》2011年第11期。

吴镇烽:《秦晋两省东汉画像石题记集释——兼论汉代圜阳、平周等县的地理位置》,《考古与文物》2006年第1期。

吴良宝:《谈战国文字地名考证中的几个问题》,《中国史研究》2011年第3期。

辛德勇:《汉武帝"广关"与西汉前期地域控制的变迁》,《中国历史地理论丛》2008年第2期。

辛德勇:《秦汉政区与边界地理研究》,北京:中华书局,2009年。

辛德勇:《重谈中国古代以年号纪年的启用时间》,《文史》2009年第1期。

辛德勇:《越王勾践徙都琅邪事析义》,《文史》2010年第1辑。

邢承荣:《西汉柳侯国(柳县)的建置沿革及其遗址考证》,《渤海学刊》1995年第4期。

邢义田:《〈试释汉代的关东、关西与山东、山西〉补正》,收入氏著《治国安邦》,北京:中华书局,2011年。

许宝蘅撰,许恪儒整理:《许宝蘅日记》,北京:中华书局,2010年。

徐正考:《汉代铜器铭文综合研究》,北京:作家出版社,2007年。

徐少华:《周代南土历史地理与文化》,武汉:武汉大学出版社,1994年。

徐少华:《〈中国历史地图集〉先秦汉晋若干地理补正》,收入氏著《荆楚历史地理与考古探研》,北京:商务印书馆,2010年。

徐在国:《"会城"封泥考》,《中国文字研究》2007年第1辑,南宁:广西教育出版社,2007年。

谢鸿喜:《〈水经注〉山西资料辑释》,太原:山西人民出版社,1990年。

谢桂华:《尹湾汉墓简牍和西汉地方行政制度》,《文物》1997年第1期。

谢桂华:《尹湾汉墓所见东海郡行政文书考述》,连云港市博物馆、中国文物研究所编:《尹湾汉墓简牍综论》,北京:科学出版社,1999年。

严耕望:《中国地方行政制度史(秦汉地方行政制度卷)》,上海:上海古籍出版社,2007年。

晏昌贵:《张家山汉简释地六则》,《江汉考古》2005年第2期。

晏昌贵:《里耶秦简所见的阳陵与迁陵》,《中国历史地理论丛》2006 年第 4 期。

晏昌贵:《〈二年律令・秩律〉与汉初政区地理》,《历史地理》第 21 辑,上海:上海人民出版社,2006 年。

阎步克:《从爵本位到官本位——秦汉官僚品位结构研究》,北京:三联书店,2009 年。

杨宽:《西周列国考》,收入氏著《杨宽古史论文选集》,上海:上海人民出版社,2003 年。

杨光辉:《汉唐封爵制度》,北京:学苑出版社,2001 年。

杨建:《西汉初期津关制度研究》,上海:上海古籍出版社,2010 年。

尹龙九:《平壤出土〈乐浪郡初元四年县别户口簿〉研究》,中国出土资料学会编:《中国出土资料研究》第十三号,2010 年。

于豪亮:《居延汉简释地》,收入氏著《于豪亮学术文存》,北京:中华书局,1985 年。

张颔:《〈中山器文字编〉序》,收入氏著《张颔学术文集》,北京:中华书局,1995 年。

张玉:《"推恩令"与河间献王诸子侯国》,《沧州师范专科学校学报》2004 年第 4 期。

张春龙、龙京沙:《里耶秦简三枚地名里程木牍略析》,武汉大学简帛研究中心编:《简帛》第 1 辑,上海:上海古籍出版社,2006 年。

张润泽、孙继民:《赵简子平都故城考》,《中国史研究》2011 年第 1 期。

赵生群:《读〈汉书・外戚恩泽侯表〉札记》,《古籍整理研究学刊》1989 年第 1 期。

赵平安:《尹湾汉简地名的整理与研究》,连云港市博物馆、中国文物研究所编:《尹湾汉墓简牍综论》,北京:科学出版社,1999 年。

周振鹤:《西汉县城特殊职能探讨》,复旦大学历史地理研究所编:《历史地理研究》第 1 辑,上海:复旦大学出版社,1986 年。

周振鹤:《西汉诸侯王国封域变迁考》,《中华文史论丛》1982 年第 3、4 期。

周振鹤:《西汉政区地理》,北京:人民出版社,1987 年。

周振鹤:《关于〈中国历史地图集〉第二册两项较大修改的说明》,复旦大学历史地理研究所编:《历史地理》第 10 辑,上海:上海人民出版社,1992 年。

周振鹤:《学腊一十九》,济南:山东教育出版社,1999 年。

周振鹤:《周振鹤自选集》,桂林:广西师范大学出版社,1999 年。

周振鹤:《中国历史上两种基本政治地理格局的分析》,复旦大学历史地理研究所编:《历史地理》第 29 辑,上海:上海人民出版社,2004 年。

周振鹤:《中国地方行政制度史》,上海:上海人民出版社,2005 年。

周振鹤:《秦代洞庭苍梧两郡悬想》,《复旦学报》2005 年第 5 期。

周振鹤：《〈汉书·地理志〉汇释》，合肥：安徽教育出版社，2006年。

周振鹤：《〈二年律令·秩律〉的历史地理意义》（修订），中国社会科学院简帛研究中心：《张家山汉简〈二年律令〉研究文集》，桂林：广西师范大学出版社，2007年。

周振鹤：《中国行政区划通史·总论》，上海：复旦大学出版社，2009年。

周晓陆等：《于京新见秦封泥中的地理内容》，《西北大学学报（哲学社会科学版）》2005年第4期。

周天游、刘瑞：《西安相家巷出土秦封泥简读》，《文史》2002年第3辑。

周群：《西汉二千秩级的演变》，《史学月刊》2009年第10期。

周世荣：《从出土官印看汉长沙国的南北边界》，《考古》1995年第3期。

周运中：《汉代县治考：江淮篇》，载《秦汉研究》第4辑，西安：陕西人民出版社，2010年。

郑绍宗：《满城汉墓》，北京：文物出版社，2003年。

郑威：《西汉东海郡所辖戚县、建陵、东安侯国地望考辨》，《中国历史地理论丛》2006年第2期。

郑威：《西汉东海郡的辖域变迁与城邑分布》，复旦大学历史地理研究所编：《历史地理》第25辑，上海：上海人民出版社，2011年。

郑威：《楚国封君研究》，武汉：湖北教育出版社，2012年。

郑同修、胡常春、马前伟：《东平陵城与济南国》，收入《汉代考古与汉文化国际学术研讨会论文集》，济南：齐鲁书社，2006年。

郑宗贤：《国境之北：西汉云中郡的政区变迁蠡测》，《兴大历史学报》第21期，2009年。

朱东润：《史记考索》，上海：华东师范大学出版社，1996年。

朱郑勇：《西汉初期北部诸郡边界略考》，《中国历史地理论丛》2008年第2期。

朱江松：《罕见的松柏汉代木牍》，荆州博物馆编：《荆州重要考古发现》，北京：文物出版社，2009年。

［日］仲山茂：《前漢侯国の分布——〈漢書〉外戚恩沢侯表を中心に》，《名古屋大学东洋史研究报告》第30号，2006年。

［日］仲山茂撰，郭永钦译：《〈汉书〉侯表地名注记的体例特征》，复旦大学历史地理研究中心编：《历史地理》第26辑，上海：上海人民出版社，2012年。

［日］纸屋正和：《〈汉书〉列侯表考证（上）》，《福冈大学人文论丛》第15卷第2期，1983年。

［加］寇·哈瑞斯：《对西方历史地理学的几点看法》，复旦大学历史地理研究所：《历史地理》第4辑，上海：上海人民出版社，1986年。

后记：致我的复旦求学岁月

呈现在各位读者面前的这本书，是我的博士论文。然而倒退十年，我不会想到自己能成为博士，自然也不会想到有博士论文。

大约在本科三年级，我在学校的图书馆意外地翻到一本《中国历史地图集》。在饶有兴致地翻阅过后，我突然萌生要去了解这部地图集由来的冲动。通过向老师请教，我得知这部地图集的编绘，是依靠一门特殊的学问——历史地理学。然而，对于一位中文系的老师，她并不能清楚地解释什么是历史地理学，而我求知的冲动竟被无限放大，于是又一个念头产生：去考历史地理学的研究生，搞清楚这究竟是门什么学问。

对于一个中文系的本科生，要开拓一条与本专业毫无关系的求学道路谈何容易。在检索了各高校的研究生招生简章后，我作出决定，报考南开大学历史学院的历史地理学研究生。选择南开大学的理由很简单，南开大学很有名，南开大学离我家近。

我本科就读的沈阳大学，是一座市属院校，这里的学生在学期间的目标无外乎两种，找工作和谈恋爱，选择继续走学术道路的人寥寥无几。即便有人报考研究生，大多是辽宁大学之类的省属院校。报考南开大学的我，在一般人看来简直不知天高地厚。然而连我也没有想到，一年后自己竟然真的成为南开大学的硕士研究生。

当进入南开大学的喜悦消散之后，一个严峻的问题摆在我的面前，南开大学并没有从事历史地理学研究的老师，招收历史地理学研究生只是一个尝试。在我硕士毕业的那一年，这个研究方向被取消了，所以我毕业证书的研究方向改成"中国古代史"。在南开大学学习期间，我会被同学们反复问到一个问题："既然你想搞历史地理学，为什么不报考复旦大学?"我总是无言以对。对于一个历史学背景的人,这可能是一个常识,但是对于一个中文背景,而且来自没有任何学术研究传统院校的人,这却是一个未曾想过的问题。

在南开大学,我又遇到一个困难。当时学校正在搞学制改革,硕士学制改为两年。在我刚刚熟悉学校和研究专业的时候,就要为毕业做准备。两年学制的弊端很大,这项改革执行了三、四年就停止了,而我们这几届研究生无疑成为改革的"牺牲品"。

在我硕士毕业的那一年,面临着这样的窘境:对于历史地理学知之甚少,中国古代史专业基础也不牢靠。我放弃了继续在南开大学攻读博士学位的想法,准备回到老家沈阳去找一份工作,就此结束我短暂的"学术生涯"。然而就在我忙于撰写毕业论文,同时联系工作单位的时候,又一个想法在我大脑里闪现:既然自己曾经喜爱历史地理学,为何不借着报考博士的名头,去复旦大学历史地理研究所看看呢。我还是不敢贸然行事,通过同学,我询问到历史地理研究所所长葛剑雄先生的电子信箱,并发邮件表达自己希望报考历史地理学博士的意愿。出人意料的是,第二天我就收到了葛先生的回复。他热情地鼓励了我,还推荐了一些专业书籍。葛先生是历史地理学界的权威,得到他的鼓励,让我信心大增。我向同学们传达了葛先生鼓励我的喜讯,还摩拳擦掌、跃跃欲试,然而一位同学的话却如同一盆冷水,把我刚刚燃起的热情彻底浇灭。他说:"你见到葛先生时,他还会记得你吗?"是呀,像我这样写信给葛先生的人,每天不知道有多少,自己实在太天真了。

2007年4月,我出现在复旦大学的校园。我的心态如同"游客",在复旦校园和历史地理研究所牌匾前拍照留念,丝毫没有备考的紧张。两天后的博士面试,我如愿一睹葛先生的尊容。至此,我的任务全部完成,这也算是给曾经的心愿一个交待。

几周后,我得知了落考的结果。这并不意外,我没有受到任何影响,依然专心于硕士论文答辩的准备。然而几天后的晚上,当我像往常一样打开电子信箱时,却意外地发现一封葛先生的来信。在邮件中,葛先生肯定我具有学术研究的潜质,希望我不要放弃。最后他竟提出,如果我愿意,欢迎我去上海,他可以为我提供生活费和住处,我可以一边帮助他做项目,一边准备来年的博士生入学考试。直到今天,当我写下这段文字,内心仍然不能平复,仿佛又回到了6年前的那个夜晚。当我看到这封邮件时,简直不敢相信是真的。我把邮件反反复复地读了十几遍。至今我也想不明白,仅仅通过十几分钟的面试,葛先生是如何判定我具有培养前途,而在南开的两年里,除了我的硕士导师阎爱民先生,没有人认为我有学术研究的能力。因此,我立刻接受了葛先生的邀请。不过我的基础实在太差,葛先生知道我很难在短时间内达到博士生入学考核标准,最后他与学校协商,以破格特招的形式让我成为一名博士研究生。

虽然幸运地成为一名博士研究生,但是我的基础太差。在第一学年,我常常听不懂老师们授课的内容,而且也不知道日后该进行哪方面的研究,博士论文选题迟迟不能确定。为此我非常苦恼,生怕辜负了葛先生的期望。听别人说,博士论文选题大多延续硕士研究,于是我也报上了一个与硕士论文相似的题目。而葛先生认为这个题目很难展开,他劝我不要急于确定选题,而应当利用学校的资源好好弥补自身的不足。葛先生不愧是具有五十年教学经验的教师,正是在他的耐心引导下,我才逐渐平复了急躁的心情。

本以为要绞尽脑汁才能确定的博士论文选题,最后却以非常偶然的形式出现在我的面前。2008年,《文物》月刊公布了几枚湖北省荆州市松柏汉墓出土的简牍,当时中国社会科学院考古研究所的副研究员刘瑞先生正在复旦大学历史系进修博士学位。他很快注意到这批简牍的价值,并在很短的时间内写成研究文章。之前因为共同的研究兴趣,我们已经成为很好的朋友。刘瑞先生谦虚地把文章送交给我,请我提一些批评意见,这令我受宠若惊,因为刘先生已经是学界颇有名气的青年学者,而我只不过是个刚刚入门的研究生。我仔细地阅读文章,逐一核对史料。在阅读的过程中,我觉得刘先生对木牍中某些侯国的分析存在偏差。几周后,刘先生受邀在历史地理研究所介绍他的研究成果,在报告会上,我系统地提出了自己的怀疑。刘先生并没有因为我冒失的举动而感到不快,反而和在场的几位师友热情地鼓励我把看法写出来。受到大家的鼓励,我利用一个暑假的时间，写成我学术道路上第一篇独立完成的论文《荆州松柏汉墓35号木牍侯国问题初探》。

文章完成时，我的热情尚未散尽，竟然不知深浅地把文章投给学界极有影响的学术刊物《中国史研究》。更让人意想不到的是，仅仅三个月后，我就收到了用稿通知。第一篇学术论文就被权威刊物录用，这极大地激发了我的研究热情。《荆州松柏汉墓35号木牍侯国问题初探》只探讨了三个侯国，而西汉时期先后分封了八百余个侯国。我想，如果能把八百余个侯国全部梳理一遍，一定会有更多的发现。我决定把"西汉侯国地理分布研究"作为博士论文的选题。

当我把这个想法告诉葛先生的时候，他仍然存有担心。西汉分封侯国虽多，但资料零散，而且不成体系，再加上周振鹤先生已经对西汉侯国有过精深的研究，所以作为博士论文选题，还有很大的风险。但面对充满热情的我，葛先生不忍打击，而是建议我系统收集一下资料，即便日后达不到博士论文的篇幅，也可以形成几篇文章，不妨作为学术训练。得到葛先生的默许，我立刻投入到资料整理之中，整整一年我几乎天天待在资料室，把西汉封置的八百余个侯国的地理方位和置废年代全部整理了一遍。在整理过程中，果然有新问题显现出来，其中很多问题甚至是前人从未注意到的。我把这些发现不断汇报给葛先生，终于有一天，葛先生在邮件中说，可以将这个选题作为博士论文了。

此后的三年里，博士论文的撰写工作在我的规划中按部就班地进行。在撰写论文的同时，我还把研究过程中的发现总结成文，陆续投寄给各大刊物。然而这时的我，再也没有了之前的幸运。自认为颇有见地的文章，在投出之后，或是石沉大海，或是得到一封冰冷的退稿信，有些文章甚至没有送外审就被编辑直接退回。这时我才意识到，作为一个刚刚出道的研究生，研究成果要想得到学界承认是多么困难的事。在一封封退稿信的打击下，我的心态由期盼转为失落，但博士论文的撰写工作仍在继续。2011年，我按期完成了博士论文答辩，虽然答辩委员一致认为论文创见甚多，并且给了较高的成绩，但我却不得不面对这样的现实：我手中只有一篇发表的论文，而这样的成果在求职时没有任何优势。

在2011年上半年,我不断给各大高校投寄简历,但都杳无音信。我曾幻想能够回到南开大学去做历史地理研究,我的硕士导师阎爱民先生还为此奔波于各部门,但结果仍然是初选即遭淘汰。在日益功利的社会环境下,是没有学校肯给一个只发表过一篇学术论文的研究生机会的,对此我能够理解。于是在我博士毕业的同时,又再度面临中断学术研究的困境。这时候又是葛先生出手相助,他得知复旦历史系有出资培养年轻学者作为师资贮备的计划,把我推荐给历史系的领导。我也要感谢历史系的主任章清先生和党委书记金光耀先生,他们把资助提供给我这个无名之辈,应该说冒着很大的风险。

2011年下半年至2013年上半年,我以历史系师资贮备人才的身份在中文系博士后流动站工作。这两年是我学术研究的转型期,凭借历史系师资贮备人才的身份,我得以结识以余欣先生为代表的一批复旦历史系中国古代史研究的青年学者,并有幸加入他们的研究团体。正是通过与他们的交流,才使我的研究视野跳出政区沿革的局限,而开始关注政区变动与政治制度、知识信仰之间的互动关系。另外,我在中文系的博士后合作导师陈尚君先生是历史文献学大家,在他的指导下,我认识到文献学在历史研究中的基础作用。特别是陈先生关于《旧五代史》成书过程的一系列经典研究,触发我关注秦汉政区研究基本史料《汉书·地理志》的编撰过程和资料来源,并获得一些新的认识。我也由此开始把更多的精力投入到出土文献和利用出土文献校订传世文献的研究方向。

我深知,要想延续学术研究道路,两年博士后的工作经历是最后的机会。我丝毫不敢懈怠,几乎把所有时间都投入到学术研究和学术论文的撰写。也许是获益于研究视野的拓展和研究方法的改进,我的研究成果逐渐被各类学术刊物接受,不仅有历史地理学的专业刊物,还有历史类、文物类、考古类、文献类的刊物。随着发表成果的增多,我明显感受到自己在学界的境遇逐渐改善。很多朋友为我的工作出路提供信息和帮助,甚至还有高校联系到我,愿意提供工作机会。2013年4月,复旦历史系的领导们认为我在两年内取得了一定成绩,已符合师资贮备人才的各项考核标准,决定推荐我留系任教,并通过全系教授投票决议。我终于实现了自己的愿望，能够继续在探索学术的道路上前行。

回首过去的十年，在复旦求学的六年经历是我人生道路上最为关键的阶段。在这六年里，我从学术研究的门外汉转变为青年学者，是复旦大学兼容并蓄、自由开放的学风使我迅速成长。复旦大学培养了我，并最终接纳了我，我对学校和学校的师友们一直心存感激。我的博士论文是我在复旦求学的收获，也是我在学术道路上成长的见证，将博士论文出版是我这个复旦学子向母校和葛先生致敬的一种方式。而此书的出版也同样得到了很多复旦人的帮助。"中古中国知识·信仰·制度研究书系"是复旦大学历史系针对本系青年教师论著出版的资助计划，身为师资贮备人才的我原本是不能享受这项"福利"的。但书系的负责人余欣先生却慷慨地把我纳入资助计划。为了保证此书的顺利出版，余欣先生还不厌其烦地与出版社沟通，解决各类问题。该书的责任编辑顾莉丹女士毕业于复旦大学出土文献与古文字研究中心，我们算得上老朋友了，当年她身为中心期刊室管理员，没有把我这个来自外院系，且频繁造访的"不速之客"拒之门外，而是给予热情的接待。至今，我与她在期刊室相互鼓励的场景仍然历历在目。本书是专门的沿革地理研究专著，内容艰涩而难懂，而顾女士却从中复核出大量错误，她的认真细致保证了本书的出版质量。

时下正值赵薇女士的电影处女作《致青春》热映之际，用她的话说，《致青春》是她们那一代人青春岁月的纪念。现在我的求学岁月即将结束，在复旦求学的六年里，我渡过了人生 26 岁到 32 岁的美好时光，实现了我从事学术研究的理想，我愿把我的博士论文作为复旦求学岁月的纪念……

2013 年 5 月于复旦大学北区公寓

修 订 本 后 记

本书初版于 2013 年,印数只有 1500 册。其中又有相当数量留存于复旦大学历史系用作馈赠,实际市场流通的数量并不多。大约出版后 1 年,市面即难见到此书。此后不断有朋友向我索求,并且询问是否有加印的计划。我也曾几次向出版社咨询。由于本书是枯燥乏味的沿革地理考证之作,受众有限,出版社面临比较大的销售压力。不过承蒙出版社领导厚爱,今年 4 月告知我准备重印此书,并可以进行修订。我非常感谢上海古籍出版社能够支持《西汉侯国地理》这类冷僻的"小众"学术读物重印,使得该书能够与更多读者见面。而我也格外珍惜这次修订的机会。

本书为本人 2011 年完成的博士学位论文。受学力所限,博士论文存在诸多问题,本来应该再沉淀几年细细打磨,但迫于严峻的就业形势,只能提前推出与读者见面。该书出版后,我仍然不断对书稿进行修订,也逐渐意识到原书的一些观点存在错误。此次终于有机会把上述错误改正,弥补博士论文仓促出版带来的遗憾。

博士论文最大的不足在于西汉侯国的地理定位过于依赖《中国历史地图集》和王恢《汉王国与侯国之演变》。当初这么做是基于资料获取的方便。但在日后的研究工作中,我发现两书对汉代城邑定位的错误较多。由于侯国的精确定位是分析侯国地理分布格局的前提,这常令我心存忐忑。此次利用修订的机会,我对西汉八百余个侯国的地理方位做了一次全面梳理,逐一核对了前人定位的史料来源和论证依据。经过这样的工作,我才有了些"底气"。

对于侯国地理方位的标注形式,此次修订也做了很大调整。《中国历史地图集》落实古地名方位的"今地"行政区划为 20 世纪 70 年代的行政建制，《汉王国与侯国之演变》的"今地"政区则早至20世纪30年代。随着数十年来我国行政区划的大幅调整，这些古地名方位的标识已与今天的实际政区状况不能对应。另外，传统的古地名定位标注多为"某县某方位若干里"的形式，无法实现精确定位。最近几年，包括我在内的很多学者已经意识到这个问题，尝试将古代地名与考古调查的古城址、古遗址相对应。此次修订后对西汉侯国地理方位的标注，均落实到《中国文物地图集》著录的文物单位。如果没有古遗址与之对应，则根据传世文献的记载，将其方位限定在某县乡镇一级。同时把"今地"的行政建制信息更新为2015年以后。这些工作，将更便利于读者查找西汉侯国的地理方位。

此次修订另外一项主要工作是结合学界和本人近几年的研究，对西汉初年郡国级政区的设置年代和辖域范围进行修订。由于相当数量的侯国方位进行了修正，再加上西汉初年郡国级政区的调整，很多侯国隶属关系的认识也随之改变，一定程度上影响到原书对某些侯国地理分布格局的判断。

不过，获益于原研究是基于八百余个侯国的整体分析，所以部分侯国方位和隶属关系的改易，并未动摇原书对西汉侯国地理分布格局的基本判断。相对于原书，此次修订后对西汉侯国地理分布格局的认识主要有三点变化：

一、原书以为西汉一代都严格遵守"京畿不置侯国"的制度。此次修订注意到刘邦曾将自己兄长（合阳侯刘仲）和吕后兄长之子（酂侯吕台）封置于京畿，属于非常特殊的"破例"。

二、原书以为景帝以后，除王子侯国，已不在王国境内封置侯国。此次修订将这一时限上推至文帝时期。即文帝元年以后，汉廷原则上除了诸侯王子，不再于王国境内分封列侯。

三、原书注意到西汉初年存在"琅邪郡、东海郡不置侯国"的现象，并指出这一地域封置限制大约在武帝元朔年间废弃。修订后的结论认为，该地域封置规律可能早在景帝初年即已打破。

由于相当数量侯国的方位和隶属关系，以及部分郡国的设置年代和辖域范围进行了修订。本书中编七章的所有《侯国名目综表》和《侯国分布图》都重新作以编写和编绘。另外，博士论文出版后，我陆续发表过几篇与西汉侯国相关的研究文章。此次修订，亦将几篇文章以附篇的形式附录在书后，以便读者查阅。

为了不把修订版后记变成"勘误表"，其他很多修订内容就不一一列举了。此次修订，改易内容极为繁琐。出版社原本希望略作订正，予以重印。最后我却大动干戈，搞成"修订本"，给该书的责任编辑曾晓红女士带来很大负担。在此谨向她表示深挚的歉意和谢意！

马孟龙
庚子大疫之年